플루타르코스 영웅전
제1권

플루타르코스 영웅전 1

발행일
2021년 9월 1일 초판 1쇄
2024년 7월 10일 초판 6쇄

지은이 ｜ 플루타르코스
옮긴이 ｜ 신복룡
펴낸이 ｜ 정무영, 정상준
펴낸곳 ｜ ㈜을유문화사

창립일 ｜ 1945년 12월 1일
주소 ｜ 서울시 마포구 서교동 469-48
전화 ｜ 02-733-8153
팩스 ｜ 02-732-9154
홈페이지 ｜ www.eulyoo.co.kr
ISBN 978-89-324-7448-9 04920
978-89-324-7447-2 (세트)

플루타르코스 영웅전
제1권

신복룡 옮김
을유문화사

BÍOI
PARÁLLĒLOI

PARALLEL LIVES OF
THE NOBLE GRECIANS
AND ROMANS

PLOÚTARCHOS

VOL. 1

"독재자의 자리가
마음 끌리는 곳이기는 하지만
그곳에는 내려오는 길이 없다."
— 솔론

"권력은
가장 아름다운 수의(壽衣)이다."
— 시라쿠사이의 격언

김헌 (서울대학교 인문학연구원 교수)

'신(神, Theos, Deus, God)'은 인간의 놀라움을 담아낸 가장 장엄한 말이다. 인간의 한계 너머에서 경이롭게 빛나는 그 무엇을 직면하는 순간, 탄성을 지르며 표출하는 이름, 그것이 바로 신이다. 그 존재 앞에서 우리는 고개를 숙인다. 그럼에도 불구하고 우리는 인간의 한계 너머 신의 영역을 상상하고 열망한다. 물론, 그 열망은 힘껏 타오르지 못하고 남루한 일상 속에 짓눌려 잠들어 버리곤 한다. 그 뜨거움을 일깨우는 이들이 있다. 옛 그리스 로마인들은 그들을 '영웅(英雄, Hērōs, Hero)'이라 불렀다. 인간이면서도 인간의 조건 안에 갇히지 않고, 한계를 넘어 신의 영역 안으로 도전하는 자, 그래서 영웅은 신과 인간의 결합으로 태어난 반인반신의 존재로 여겨졌다. 그들의 운명은 비극적이다. 고귀한 결단과 탁월한 능력으로 솟구치지만, 극단의 한계에 부딪혀 파멸하기 때문이다. 그러나 그 장렬함은 우리 가슴 속에 잠들어 있던 뜨거움을 살아 오르게 한다.

우린 결국 죽는다. 나무를 태우며 이글거리는 불꽃이 언젠가는 꺼지듯이. 문제는 죽음을 향해 가는 우리의 자세다. 무력하게 '죽어 갈' 것인가, 아니면 뜨겁게 '살아갈' 것인가? 영웅들은 분연히 일어서서 활활 타오를 것을 촉구한다. 고대의 위대한 작가들이 우리에게 보여 준 것이다. 호메로스의 서사시는 불멸의 명성을 위해 싸운 아킬레우스와 헥토르를, 소포클레스의 비극은 운명을 넘어서려고 모든 것을 던진 오이디푸스를, 아리스토파네스의 희극은 전쟁을 끝내고 평화를 되찾고자 하늘로 치솟아 올랐던 트뤼가이오스를 보여 주었다. 그리고 마침내, 플루타르코스는 상상과 신화의 영역이 아닌, 실제 역사의 현장 속에서 뜨겁게 타올랐던 그리스와 로마의 수많은 '영웅'들을 보여 주었다. 알렉산드로스, 카이사르, 페리클레스 등 여기 등장한 영웅들은 그 이름만으로도 가슴을 뛰게 하는 쟁쟁한 인물들이다. 서양의 유명한 장군들은 물론, 많은 작가와 예술가와 사상가 들이 그들의 삶을 읽고 새로운 영웅으로 태어났다. 보다 높은 곳을 바라보려는 독자들 역시 시대의 한계를 뚫고 새로운 역사를 창조한 이 책 속의 인물들로부터 지독한 깨달음을 얻을 것이다. 한 번 사는 인생, 여러분의 가슴 속에도 뜨거움이 있음을 깨닫고, 그 뜨거움을 일깨우는 소중한 기회를 얻기 바란다.

인류에게 커다란 공헌을 남긴
많은 사람이
『플루타르코스 영웅전』을 읽고
자신도 그와 같은
경험을 했다고 기록하고 있다.
— 밀(John S. Mill)의 『자서전』 제4장

주위 환경에서 오는
위험과 기회에 대한 고민은
5만 년 전의 사람이나
현대인이나 다를 것이 없다.
— 슘페터(J. A. Schumpeter), 『자본주의·사회주의·민주주의』, p.121

1

내가 많은 책을 읽지는 않았지만, 강의나 세상살이를 얘기하다 보면 책을 화제로 삼을 때가 가끔 있었다. 철없는 학생들은 얼마나 읽었는가를 묻고, 좀 더 생각이 깊은 학생들은 어떤 책이 가장 감동적이었느냐고 묻는다. 그럴 때면 나는 감동적인 책이야 많았지만 일일이 기억할 수 없고, 비록 크게 이룬 것은 없으나 이나마 사람 노릇을 하고 살도록 가르침을 준 책으로는 『삼국지』와 『플루타르코스 영웅전』과 『장자(莊子)』와 루트비히(Emil Ludwig)의 『나폴레옹 평전』을 들었다. 가끔 보에시우스(Boethius)의 『철학의 위안(*The Consolation of Philosophy*)』과 마르쿠스 아우렐리우스(Marcus Aurelius)의 『명상록(*The Medita-tions*)』을 권고할 때도 있었다.

내가 『플루타르코스 영웅전』 완간본을 처음 읽은 때는 대학 초년생 시절인 1961년이었다. 그때 우리나라에서 처음으로 나온 완역본의 번역자는 박시인(朴時仁) 교수였다. 그 문장이 고아(古雅)하여 좋았기도 했고, 그 무렵에는 완역판이 그것밖에 없기도 했다. 그 뒤 세월이 흘러 내가 건국대학교에서 시간강사를 하며 건국대학교 출판부에서 아르바이트로 생활비를 벌고 있을 때, 학교에서 대학생들의 교양 교육을 강화한다는 취지에서 『명저 해제』를 출판했다. 내가 그것을 맡아서 만들었다.

명저의 선정은 각 필자에게 맡기기로 하고, 필자 선정에 들어가자 나는 박시인 교수님을 우선으로 추천했다. 그런 인연으로 나는 그토록 높아만 보였던 박 교수님을 뚝섬 자택으로 찾아뵐 기회를 얻었다. 꿈 많은 청년 시절에 그 분야의 대가를 만난다는 것이 한 젊은이의 지적(知的) 성장에 얼마나 충격적인 사건인가를 우리는 삶을 통해 직접 경험하곤 한다. 찾아뵌 용건으로 원고 청탁을 드렸더니, 『플루타르코스 영웅전』을 추천하리라던 나의 예상과는 달리 당신께서는 켐피스(Thomas à Kempis)의 『그리스도를 본받아(*The Imitation of Christ*)』에서 깊이 감동한 바 있어 이것을 명저로 추천하여 써 주겠노라고 대답하셨다. 그리고 우랄·알타이 어족 문화 연구와 고대 영토 지리학 분야의 축소에 대한 분노를 많이 말씀하셨다.

원고 청탁의 얘기가 끝나자 나는 『플루타르코스 영웅전』의 독자로서 박 교수님을 뵌 기쁨과 읽은 소감을 말씀드렸다. 필자로서 독자를 만나는 즐거움이 어떤 것인지는 아는 사람만이 아는 일이다. 특히 문장에 일본어 투가 섞여 있다는 점과 그런 식의 표현은 지금의 젊은이들에게 생소하다는 점을 말씀드렸더니 박 교수님께서는 그 점을 깊이 생각하시는 듯했다. 그

러더니 내가 현대문으로 다듬는 일을 맡아 개정판을 함께 내
는 것이 어떠냐고 제안하셨다.

그 무렵 나는 가난한 시간 강사였기에 여유가 없어 선뜻
응낙을 하지 못했다. 대신에 시간이 되면 꼭 박 교수님의 번역
서를 개작하는 작업을 해 보고 싶노라는 정도로 약속을 하고
헤어졌다. 그 뒤 1990년에 박 교수님께서 세상을 떠나시면서
함께 새 번역판을 내자던 약속도 없었던 일로 돌아갔다. 박시
인 교수님과의 약속은 지키지 못했지만 『플루타르코스 영웅
전』을 내 손으로 번역해 보고 싶던 젊은 날의 꿈을 나는 잊지
못했다.

그러다가 정년퇴직을 한 뒤 『한국 정치사상사』를 탈고하
고 다시 무료가 찾아왔을 때 나도 모르게 『플루타르코스 영웅
전』에 손이 갔다. 그동안 모아 둔 영어 판본이 세 가지였고, 인
터넷에서 내려받은 것이 네 가지, 프랑스어 판본이 하나 그리
고 그리스어 판본이 하나 있었다. 나는 지금이야말로 이 책을
번역할 때라고 생각했다.

나는 서양 정치사상사 강의를 준비하면서 마키아벨리
(Niccolò Machiavelli)의 『군주론』을 읽었다. 그러다 차라리 내가
이 책을 번역하여 주석해 보는 것이 좋겠다고 생각해서 1980
년에 이를 역주(譯註)하여 출판한 적이 있었다. 나는 『군주론』
(을유문화사)을 번역하면서 많은 암시를 받았다. 마키아벨리는
『플루타르코스 영웅전』의 열렬한 독자로서 고대사를 깊이 이
해하고 있었다. 나는 이를 주석하면서 로마사에 대한 어느 정
도의 이해와, 번역과 주석에 대한 자신감을 갖게 되었고, 이 자
신감은 이 책을 번역하는 데 한 동기가 되었다.

사실 나는 이 책을 번역하기에 앞서 다소 황당한 꿈을 가
지고 있었다. 다름이 아니라 곧이어 『삼국지』도 번역·출판하
는 것이었다. 나는 우리 출판의 역사에서 처음으로 서양의 『플
루타르코스 영웅전』과 동양의 『삼국지』를 모두 완역·주석한

　　　　　　　　　　　　옮긴이 머리말

인물이 되고 싶었다. 박태원(朴泰遠)의 『삼국지』 이후 그 미묘한 맛을 살린 번역판을 보지 못했고, 원본과는 달리 오역이 많은 번역본을 보면서 그런 생각을 했다.

그러고도 시간이 남는다면 한글판 『신·구약 성경』의 윤문(潤文)을 하고 싶다. 한글 성경은 오역이 있고 없고의 문제가 아니라 우리말답지 않은 부분이 있다고 늘 생각해 왔기 때문이다. 내가 인생을 다 산 것은 아니지만, 남은 생애에 그 세 가지를 다 마칠 수 있을지는 나도 모르겠다. 그것은 하느님의 몫이다.

2

나는 왜 젊은 날에 그토록 이 책에 몰두했는가? 그 무렵 나의 삶이 너무 고달팠다는 게 첫 번째 이유이겠다. 우리 세대가 다 그렇듯이, 일제 강점기에 태어나 한국 전쟁을 거치면서 궁핍 속에 살던 산골 소년에게 삶은 그리 만만하지 않았다. 꿈이 있었다면 그건 아마도 허영이었을 것이다. 고드름으로 주린 배를 채우고, 추위에 떨지 않고 사는 것이 소원이었던 나는 어쩌다 미군 부대의 구호품 가운데에서 C-레이션 하나라도 먹을 수 있으면 그나마 행복했다. 나는 부잣집 아들에게 미루꾸(milk candy) 하나를 얻어먹으려고 말타기 놀이에서 늘 말이 되어야 했다.

나는 중학교를 졸업하고 돈이 없어 고등학교에 진학하지 못했고, 대신에 을지로7가 시구문 밖의 작은 구멍가게에서 점원 노릇을 했다. 낮에는 옆집 송(宋) 씨네 양말 가게의 여고생 딸을 바라보고, 저녁이면 다락방에서 『삼국지』를 읽으며 고단한 삶을 이어 갔다. 나의 사춘기는 그렇게 지나갔다. 그때 나는 인생의 고난을 알았고, 그 책 속에서 우리의 선배들은 그 고난을 어떻게 견디고 이겼는가를 배웠다.

플루타르코스는 이 책에서, "나는 처음에 다른 사람들을 위해 이 『영웅전』을 썼으나, 이제 와서 되돌아보면 (…) 이 글은 나 자신을 기쁘게 하는 것이 되었음을 알게 되었다"(제27장 『파울루스전』, §1)라고 고백한 바 있다. 나도 독자들에게 한국어 판을 보여 주려고 이를 번역했지만, 되돌아보니 이 번역 작업 은 나 자신에게도 기쁨과 교훈을 주었다. 플루타르코스가 이 책에서 쓰고자 했던 것은 역사에 명멸한 영웅들의 거대한 서 사나 역사가 아니었다. 인간의 삶에서 우리가 배워야 할 것은 위대하고 영웅적인 업적이 아니라 일상의 언행들이다. 플루타 르코스는 영웅의 업적을 나열하지 않았다. 그는 그들의 사소 하고도 인간적인 애증을 얘기하고 있다.

플루타르코스가 쓴 영웅들은 결코 하늘에서 뚝 떨어진 사 람도 아니고 어느 날 문득 땅에서 솟은 사람도 아닌, 우리와 같 은 필부필부(匹夫匹婦)들이었다. 그들도 우리처럼 희로애락에 울고 웃었다. 다른 점이 있다면 그들은 우리보다 더 많이 책을 읽었고, 시운(時運)이 따랐다. 플루타르코스는 인간의 삶에서 차지하는 운명, 미신 또는 신의 섭리를 매우 중요하게 생각했 다. 그와 마찬가지로 마키아벨리는 인간의 성공 조건으로 행 운과 덕망[시혜(施惠)] 그리고 역사가 부르는 순간에 그대는 그 자리에 있었던가 하는 시운을 들었는데, 이는 아마도 플라톤 (Platon)의 영향과 무관하지 않을 것 같다.

영웅은 우리의 곁으로 내려와야 한다는 것이 인물사를 공 부한 나의 평소 생각이다. 위대한 영웅의 행적이 우리 같은 필 부로서는 따라갈 수도 없고 바라볼 수도 없는 것이라면, 그것 은 우상이거나 종교이지 영웅전이 아니다. 우리의 자식들에게 영웅들의 인간적인 모습을 들려줌으로써 그들의 꿈을 키워 주 는 것이 영웅전의 가치이다. 사람들은 자기와 닮지 않은 영웅 에게는 친근감을 느끼지 않는다. 호손(Nathaniel Hawthorne)의 「큰 바위 얼굴(The Great Stone Face)」의 소년 이야기가 우리에게 들려주는 의미와 같다.

『플루타르코스 영웅전』이 젊은이들에게 주는 또 다른 교훈은, 당신도 인생을 살아가는 동안에 수없이 많은 '나쁜 사람들을 만날 수 있다'는 경각심을 불러일으킨다는 점이다. 인생이 아름다울 수는 있으나 그만큼 나쁜 사람도 많다는 이야기는, 교과서에서 사필귀정(事必歸正)을 수없이 들어 온 젊은이에게 절망을 줄 수도 있지만, 어쩌면 이 말이 더 정직한 대답일 수 있다. 이 책에는 음모와 배신을 일삼는 추악한 무리가 수없이 등장한다. 세상살이는 정의가 늘 이기는 것이 아니었다.

이 책에 등장하는 주인공 쉰두 명의 죽음을 유형에 따라 나누어 보면, 정적의 손에 죽은 사람이 열여덟 명, 병사한 사람이 열 명, 자연사한 사람이 아홉 명, 자살한 사람이 여덟 명, 전사한 사람이 네 명, 죽음의 원인이 알려지지 않은 사람이 세 명이다. 이들 가운데 병사한 사람 열 명과 천수를 누리고 자연사한 사람 아홉 명과, 죽음의 원인을 알 수 없는 세 명을 뺀다면 나머지 서른 명(58%)은 자기 수명대로 살지 못했으니, 이는 그 무렵의 전쟁과 정치가 얼마나 격동 속에 있었는가를 보여 주는 동시에 영걸(英傑)들의 죽음이 얼마나 비극적인가를 잘 보여 준다.

아울러 정적의 손에 죽거나 정적의 핍박을 견디다 못해 자살한 사람 스물여섯 명(50%)의 목숨은 정치가 얼마나 공의롭지 못한가를 보여 주는 지표가 될 수도 있다. 저자인 플루타르코스는 그러한 인물들의 원혼(冤魂)을 달래 주기라도 하려는 듯이 가해자의 비극적 말로를 빼놓지 않고 덧붙였다. 그러나 냉정히 되돌아보면 의롭지 못한 사람에게 지고 저쪽이 비겁했다고 탓하는 것은 지혜로운 삶이 아니다. 진정으로 지혜로운 고수는 암수(暗數)를 이겨 낼 수 있어야 한다. 『삼국지』의 경우도 마찬가지이다. 나 또한 젊은 날에 그런 아픔을 수없이 겪으면서 여기까지 왔다.

이런 점에서 본다면, 『플루타르코스 영웅전』과 『삼국지』는 수양서가 아니며, 삶의 지혜를 가르쳐 주는 경세서(經世書)

일 뿐이다. 역사가 반드시 의인들의 승리로 끝난 것은 아니다. 그래도 의인들의 삶이 더 아름다웠고 후세의 칭송을 받는다는 사실만으로 세상을 의롭게 살아갈 용기를 얻을 수 있을지는 의문이지만, 나관중(羅貫中)이나 플루타르코스는 그래도 의인의 삶이 더 아름다웠다고 입을 모은다. 플루타르코스는 본디 이 책을 쓰면서 '영웅'이라는 단어를 쓰지 않았다. 그는 다만 『그리스·로마의 고결한 사람들의 비교 생애(*Parallel Lives of the Noble Grecians and Romans*)』를 쓰고 싶었을 뿐이다.

그렇다면 누가 고결한 사람들일까? 그가 '고결한'이라는 용어를 쓰면서 이 『영웅전』에 철학자나 위대한 작가 또는 예술가를 포함하지 않은 것은 기이한 일이다. 그가 다룬 고결한 인사들은 위대한 전쟁 영웅이거나 정치인이었다. 그가 진실로 고결한 사람들을 다루려 했다면 소크라테스(Socrates)나 플라톤을 빼놓아서는 안 되는 일이었다. 그가 철학자나 문학자를 빼놓은 것은 그들이 중요하지 않아서가 아니라, 그들의 전기는 다른 사람들이 써야 할 몫이라고 생각해서였을 것이다.

이 책을 처음 영문으로 번역한 노스 경(Sir Thomas North)의 지적처럼, 우리는 삶의 모범을 위인에게서 배우지 철학자에게서 배우지 않는다. 그가 말하는 삶의 모범이란 명예·사랑·충직·경건·열정·충성심·청렴·검소·우정·신의를 뜻하는 것이었다. 또한 그가 생각한 고결한 인물이란 앞의 덕목과 함께 '우국심'을 기본 가치로 삼는 사람들을 뜻한다. 그러므로 이 책은 훗날 역사학에서 영웅 사관의 출현에 결정적인 영향을 끼쳤다.

3

이 책을 독자들에게 소개하면서 몇 가지 양해와 아울러 권고해야 할 부분이 있다. 다름이 아니라 이 책의 앞부분은 재미도 없으려니와 지루하다는 점이다. 신화가 다 그렇듯이, 때로는 황당하고 불확실하며, 전문적인 내용을 알고자 읽는 게 아니라면 따분하게 느껴질 수도 있다. 그뿐만 아니라 수많은 낯선 신(神)과 발음조차 어려운 외국인의 이름, 그리고 비슷비슷한 지명들은 독자들을 싫증 나게 만든다. 바로 이런 탓으로『플루타르코스 영웅전』을 끝까지 읽은 사람이 드물다. 따라서 독자들은 이 글의 앞부분에서 인내심을 가질 필요가 있다. 재미가 없더라도 앞부분을 생략하지 말고 전편을 모두 읽어야 이 글의 문맥을 파악할 수 있다.

또 한 가지, 그 무렵 성적(性的)으로 타락한 로마와 그리스 귀족 사회, 이를테면 창녀들, 왕실의 애첩들, 근친상간, 난혼(亂婚) 그리고 몽정(夢精)의 문제들을 정직하게 번역함으로써 혹시나 젊은 학생들에게 나쁜 영향을 주지 않을까 하는 점이 걱정스러웠고, 어린 자녀를 둔 학부모에게 미안한 마음이 들었다. 이제까지 한국어 번역판들은 청소년 도서라는 미명 아래 이 부분들을 삭제하거나 에둘러 번역했지만 나는 이 책에서 사실대로 번역했다.

나는 그들의 음란한 삶을 표현하면서 점잖게 비껴가려 하지 않고 사실대로 옮겼다. 번역은 원문에 충실해야 한다는 것이 이제까지 나의 번역에 대한 기본 입장이었다. 필자가 글을 쓸 때는 토씨 하나에도 깊이 고민하는데, 어찌 번역자가 자기 마음대로 넣고 뺄 수 있겠는가? 그러나 내용이 외설스럽지 않으니 학부모들은 크게 걱정하지 않아도 좋다. 그런 것들은 성장기의 우리 아이들이 이미 다 잘 알고 있거나 알아야 할 일들이다.

이제까지 한국어판『플루타르코스 영웅전』이 여럿 있었지만, 이 판본은 지금까지의 영미판은 물론 다른 한국어 판본에서도 누락된「한니발전(Hannibal)」과「스키피오전(Scipio)」그리고 비교 평전 네 편을 더 담고 있다. 본디 플루타르코스가 이 글을 쓸 무렵에는 지금보다 다룬 사람이 더 많았다.

그러나 이 책이 처음 활판으로 나온 1517년에 이르기까지의 오랜 세월 동안 필사본으로 내려오면서 그 가운데 일부가 없어졌다. 없어진 부분 가운데 대표적인 것이 「테미스토클레스(Themistocles)와 카밀루스(Camillus)의 비교」, 「알렉산드로스와 카이사르의 비교」, 「포키온(Phokion)과 소(少)카토(Cato the Younger)의 비교」 그리고 「피로스(Pyrrhos)와 마리우스(Marius)의 비교」 네 편이다.

뒤의 「해제」에서 자세히 논의한 바와 같이, 『플루타르코스 영웅전』에 「한니발전」과 「스키피오전」 그리고 네 편의 비교 평전이 빠진 것을 아쉽게 생각한 프랑스의 주교 아미요(Jacques Amyot)는 「한니발전」과 「스키피오전」 그리고 이제까지 누락된 네 편의 비교 평전을 스스로 써넣었다. 나는 프랑스어 판본에서 이를 찾아 여기에 실었다.

이 프랑스어 판본은 서울대학교 불문학과의 유치정(劉致貞) 박사의 도움을 받아 번역했다. 어려운 부분이 나오면 어문학자와 역사가들에게 물어보았다. 플루타르코스가 직접 쓰지 않은 글들을 영웅전에 포함하는 데에는 논란의 여지가 있을 수 있으나, 그 자체로서 의미 있고 원전에 못지않은 필력을 선보이는 작품이라고 여겨 여기에 수록했다.

그뿐만 아니라 나는 문장과 주석에서도 다른 판본보다 좋은 책을 만들고 싶었다. 나는 판본마다 조금씩 의미가 다른 이유가 어디에 있을까를 마음에 담으면서 여러 판본을 비교했고, 그 가운데 가장 합리적이라 생각되는 문장을 골라 번역했다. 따라서 적어도 얼버무려 넘어간 대목은 없다. 참고한 판본이 많은 만큼 오역의 가능성도 줄어들었다. 이제 더 유려하고 쉬운 문장과 고사성어(故事成語)에 관한 주석으로 독자들에게 더 잘 다가가야 한다는 문제만 남았다. 다만 이 책을 번역하면서 본문에 담긴 수학사(數學史)나 그 무렵의 기계 공학과 같은 자연 과학의 서술에 혹시라도 잘못된 번역이 있지나 않을까 두렵다.

옮긴이 머리말

이 책에서는 문장의 흐름을 이어 가고자 연대나 인명의 소개는 각주로 처리하지 않고, 시카고대학의 주석 규정(Chicago Manual)에 따라 본문 속에 스며들게 했다. 그뿐만 아니라 플루타르코스 시대에는 현대문처럼 따옴표(" ")의 대화체를 쓰지 않고 밋밋하게 서술식으로 기록했는데, 이 책에서는 지루함을 줄이고 읽는 흐름을 원활히 하고자 직접 화법의 대화체로 바꾼 부분이 많다.

그리고 되도록 플루타르코스가 인용한 고전의 원전 출처를 찾아 달았다. 따라서 이 번역본은 정확히 말해서 원문과 조금 다르다. 이 밖에도 플루타르코스가 태생적으로 가지고 있는 서구 문명 중심의 표현들, 이를테면 이방 민족을 모두 '야만(barbarian)'으로 표현한 부분은 경우에 따라 '원주민' 또는 '이방인'으로 표기했다.

4

한 권의 책이 나오기까지 많은 분께 신세를 졌다. 30년 전에 워싱턴에서 공부할 때, 내가 이 영웅전의 번역에 관심이 있다는 말을 듣고 펭귄사 판본(Penguin Classics)을 구해 준 김영덕(Paul Y. Kim) 선생이 먼저 떠오른다. 시를 좋아했던 그분은 나의 글쓰기를 많이 격려해 주었다. 원고가 완성되었을 때 전문을 읽고 교정과 윤문을 해 주고 자신의 의견도 말해 준 건국대학교 김택호(金澤鎬) 실장에 대한 고마움도 크다. 명색이 사제(師弟) 사이라지만, 20여 년 동안 같은 직장에서 나는 그에게 많이 의지하고 살았다.

건국대학교 고성수(高晟洙) 교수의 이바구는 늘 나에게 활력을 주었다. 내 글의 우정 어린 독자이자 비평가인 그는 "무릎 위에 앉아 있는 손자가 들어서 알 만하게 써야 한다"고 말해서 나의 오금을 박았다. 성실한 조교였던 박성진(朴城進) 박사(한국학중앙연구원 선임 연구원)는 내 곁을 떠난 뒤에도 나의 굿

은일을 싫은 내색 없이 도와주었다. 그는 이 『영웅전』의 여러 판본을 인터넷에서 찾아봐 주었다. 나는 노승(老僧)이 상좌에게 의발(衣鉢)을 건네는 심정으로 그에게 나의 색 바랜 박사 학위 가운을 주는 것으로 작게 보답했다.

수학사(數學史)의 어려운 문장은 나의 맏사위 최승진(崔泜盡) 박사의 도움을 받았다. 인연이 거기까지였지만, 당초에 출간을 약속하고 어느 출판사에서 제작을 진행하는 동안 원고를 교열해 준 김동석(金東錫) 선생과 박성규 선생의 노고에 깊이 감사한다. 그들과 함께 편집 출판을 완성하지 못한 것을 매우 미안하게 여기고 고맙게 생각하며, 언젠가 좋은 인연으로 다시 만나기를 바란다.

그리스 정교회의 암브로시오스(Ambrosios) 주교님(그리스 대사 겸임) 그리고 가톨릭대학교 신학과의 백민관 신부님과 김효석 신부님께서는 라틴어와 그리스어의 한글 표기에 대하여 귀중한 조언을 해 주셨다. 건국대학교의 정영섭(鄭榮燮) 교수는 고맙게도 독일의 저명한 플루타르코스 연구자인 진테니스(Karl H. F. Sintenis)에 관한 귀중한 자료를 얻어 풀이해 주었다. 까다로운 문장의 번역과 인터넷 검색은 둘째 사위 이영수(李榮洙) 교수의 도움을 받았다.

아울러 내가 몸담았던 건국대학교 시절에 만난 여러 은사와 동료 교수·직원과 후학들 그리고 도서관 사서들에게 깊이 감사한다. 되돌아보니 이토록 무능한 내가 그 교정에서 산 것이 52년이었다. 남들의 한평생에 맞먹는 시간이다. 그동안에 나는 남자란 밥 먹으면 집을 나가야 하며, 해가 지기 전에는 집에 들어가지 않아야 한다고 생각하며 살았다.

나에게 상처를 준 사람들도 많지만 다 잊으련다. 그저 고마운 일만 기억하고 싶다. 아울러 그동안 나로 말미암아 상처 입은 분들께 진심으로 미안하다. 나는 너그럽지 않았고, 매몰스러웠으며, 많은 사람을 미워했다. 설령 그것이 내가 겪은 한

(恨) 때문이었고 그들의 잘못 때문이었다 해도 잘한 일은 아니었다. 나는 그 점을 후회하며 거듭 용서를 빈다.

그 밖에 뵌 적도 없는 사이에 편지나 전화를 드렸을 때 친절하게 답변해 주신 여러분께 깊이 감사를 드린다. 출판계의 사정이 어려운데도 나의 부족한 원고를 좋은 모습으로 출판해 주신 도서출판 을유문화사의 정상준(鄭相俊) 편집주간과 최원호 편집자와 표지를 아름답게 꾸며 준 김형진 선생께도 깊은 감사를 드린다. 서문을 쓰다 보니 40년 전에 마키아벨리의 『군주론』을 인연으로 뵌 선대 정진숙(鄭鎭肅) 회장님의 손주와 함께 일을 하게 된 인연이 지난날 박시인 교수님과의 추억과 얽혀 만감이 교차한다.

3년에 걸친 번역 작업을 마치고 붓을 놓으며 돌아보니 한 여인이 저만치에서 나를 바라보고 서 있다. 표정이 애잔하다. 세상 물정 모르는 동갑내기 아들(?)의 온갖 투정을 50년 동안 묵묵히 받아 준 아내 최명화(崔明和)의 모습이다. 가난한 고학생이자 생활 능력도 없는 시간 강사였던 나는 신접살림 시절부터 자격지심(自激之心)과 열등감에 눌려 매우 괴로워했다. 그래서 아내와도 많이 다투었지만, 되돌아보니 고마움이 더 크고 미안하다. 그는 가난한 삶에도 한결같이 나의 밥상에 새로 지은 밥과 더운 국을 놓아 주었으며, 출근길에는 구두를 닦아 밖으로 나가는 쪽을 향해 가지런히 놓아 주었다. 14년을 감옥에서 보낸 항일 투사의 딸답게 강인했던 그는 심신이 허약한 나를 고무해 주었다.

나는 이 책이 출판되리라는 아무런 기약도 없이 번역을 시작했다. 『한국 정치사상사』(2011)를 출판했을 때, 내가 작가로서 기도(祈禱)한 소망은 이루어져 더 이상 욕심이 없었다. 다만 나는 "하느님께서 허락하시면 이런 일, 저런 일을 하고 싶었다".(『신약 성서』 가운데 「야고보의 편지」 4:15)

빈둥거림은 죄악이라는 신념 속에 살아온 나는 남은 생애를 무료하게 보낼 수 없었고, 당 태종(唐太宗)이 스스로에게 다짐했던 것처럼, "내 평생토록 손에서 책을 놓지 않으리라"[手不釋卷,『정관정요(貞觀政要)』, 제10장 신종(愼終)]던 나 자신과의 약속과 평소의 염원을 지키고자 할 뿐이다. 그리하여 내가 삶을 마치는 날, "나는 의로운 싸움을 싸웠고, 달려야 할 길을 달렸으며, 나의 믿음을 지켰노라"(『신약 성서』 가운데 「디모테오에게 보낸 둘째 편지」 4:7)고 말할 수 있기를 바란다.

나는 이 책이 절망의 아픔 속에 이 시대를 살아가는 젊은이들에게 꿈과 야망을 주는 데 도움이 되기를 진심으로 빈다. 이 책의 번역과 출판은 가난하고 좌절했던 나의 소년 시절에 대한 약속을 지키려 함이다. 그러므로 나는 조국이 무엇인지를 고민하거나 눈앞의 고난에 좌절하는 젊은이들에게 이 책을 바친다.

언젠가 어느 고관이 박사 학위 논문의 대필을 부탁하기에 거절했더니, 그는 "보호망도 없이 곡예사 같은 삶을 사는 당신이 나 같은 사람 하나 알아 두면 재산이 될 터인데……"라고 말했다. 그의 말이 옳았을 수도 있다. 나의 삶은 그랬다. 그런 삶이 어찌 나쁘랴. 지금 이 순간에도 이 땅의 많은 젊은이가 낙심하며 괴로워하고 있을 것이다. 나는 그들에게 이 책을 주고 싶다. 그리고 그들에게 이렇게 말하고 싶다.

"그대의 삶이 이 영웅전에 등장하는 영웅들의 삶과 많이 닮았다"고.

2021년 여름에
어린 여섯 손주가 이 책을 읽을 날이 오기를 바라며
신복룡 씀

옮긴이 머리말

일러두기

1. 본문에서 [　]안에 표기한 부분 및 주석은 모두 옮긴이가 썼다.
2. 등장하는 인명과 지명 표기는 국립국어원의 기준 또는
   옮긴이의 의견에 따랐다.
3. 무게와 길이 등 측량 단위는 국내에서 사용하는 기준으로 바꾸었으나,
   내용에 따라서는 미국식 난위를 사용했다.

차례

1권

나는 사람들에 담긴 영혼을 그림으로써
그 사람의 생애를 그리고자 하며,
그들의 위대한 투쟁을 그리는 일은
다른 사람들에게 맡기려 한다.
― 플루타르코스, 「알렉산드로스전」, §1

1

한 인간의 삶은 소설보다 더 소설 같다는 말이 있듯이, 어느 사람의 생애는 중요한 이야깃거리가 된다. 그런 이야기들은 문학과 역사학이 분리되기에 앞서 서사(敍事) 문학 시대부터 사람들의 입에 오르내렸다. 그러다가 문학에서 역사학이 나뉘고, 역사학에서 다시 전기학(傳記學)이라는 독특한 장르가 형성되기까지 많은 시간이 흘렀다. 이른바 평전(評傳)이라는 이름으로 역사학의 자료와 문학적 서술 방법을 띠고 이뤄진 전기학은 이제 사회 과학에서도 중요한 주제로 떠오르고 있다.

서구 전기학의 계보를 살펴보면, 서양 역사학의 아버지 헤로도토스(Herodotus, 기원전 490?~430)가 그 첫머리를 장식했다. 지적(知的) 탐구심이 강했던 그는 젊은 시절에는 이집트의 아스완, 메소포타미아, 팔레스타인, 흑해 지방의 남부 러시아, 이탈리아를 여행했다. 그 시대의 교통 여건으로 볼 때 그의 여정은 거의 초인적이었다. 그가 역사학자이기 이전에 지리학자였으리라고 추정하는 데에는 그와 같은 여행 경험을 중요하게 본 점이 있다. 그는 여행 과정이나 그 뒤에도, 그 무렵 외국인을 야만시하던 헬레니즘의 문명인답지 않게 이방 문명에 대한 편견이나 배타성을 보이지 않았다.

헤로도토스가 역사학의 성립에 끼친 공로는 사람을 신의 피조물로 여기지 않고 '사람 그 자체의 살아가는 모습'을 그리고자 했다는 점이다. 아직 역사학이 체계적 학문으로 존재하지 않고 오로지 신과 영웅만이 존재하던 시기에, 그는 완전하다고는 말할 수 없지만, 호메로스(Homeros)의 신화에 나타나는 신(神)과 같은 영웅보다는 우리의 곁에 있는 인간적인 삶의 모습으로 역사를 그리기 시작한 최초의 역사가였다. 그뿐만 아니라 그는 매우 입심이 좋은 사람으로, 시의 형태로 글을 쓰던 무렵에 삶의 모습을 산문으로 기록한 최초의 문필가였으며, 아직 책의 형태가 존재하지 않던 시대에 구전(口傳)을 역사학에 도입했다. 그는 선학(先學)이 없는 역사학을 최초로 학문화함으로써 뒷날 키케로(Cicero)에게서 '역사학의 아버지'라는 칭호를 얻었다.

헤로도토스의 뒤를 이은 사람이 투키디데스(Thucydides, 기원전 460?~400)였다. 그는 아테네인으로서 정확히 펠로폰네소스 전쟁(기원전 431~404)의 시기를 살았던 인물이다. 본디 직업 군인이었던 그는 젊은 나이에 암피폴리스(Amphipolis)의 장군 직위까지 올랐으나, 정치적인 이유로 유배되는 비운을 겪은 뒤 역사에 심취하면서 『펠로폰네소스 전쟁사(History of the Peloponnesian War)』를 썼다. 그는 헤로도토스의 『역사』를 읽고 깊이 사색했음이 틀림없다. 나이가 서른 살 차이밖에 되지 않는 두 사람은 어쩌면 만났을 수도 있다.

투키디데스는 그리스 신화의 후손답게 역사란 인간의 일이지 하늘의 일은 아니라고 생각했다. 그는 또한 원시적 의미로서 그리스 '민족'이라는 정체성(正體性)을 처음으로 표현한 인물이었다. 그는 처음부터 영웅전을 쓰려고 의도하지는 않았지만, 결과적으로 그의 글은 영웅들의 무용담을 다룸으로써 전기학의 토대를 마련해 주었다.

그 대표적인 예로서 페리클레스(Perikles)의 전기 기록과 그의 「전몰장병 추모식 조사(弔辭)」(『펠로폰네소스 전쟁사』, II : 35~46), 웅변가였던 데모스테네스(Demosthenes)의 활약 그리고 알키비아데스(Alcibiades)를 비롯한 많은 전사(戰士)들의 평전은 그리스의 영웅들에 대한 경모심(敬慕心)을 불러일으키기에 충분했다. 그는 헤로도토스와 기본적으로 달랐다. 헤로도토스는 다루는 인물의 신분과는 관계없이 역사의 주인인 각 인간의 삶 자체를 묘사하려고 했지만, 투키디데스는 역사를 영웅전 쪽으로 약간 기울게 만들었다.

이러한 두 선학의 뒤를 이어 전기학을 완성한 사람이 플루타르코스였다. 흔히 '성서 다음으로 많이 읽힌 책'이라는 이 영웅전을 쓰면서 플루타르코스가 영웅의 모습으로 부각하고자 했던 부분은 우국심(憂國心), 수사학(修辭學), 죽음에 대한 초연함, 지혜, 야망, 정의 그리고 악인의 말로였다. 그러나 고대부터 중세에 이르기까지, 곧 인쇄술이 발달하기 이전까지 『플루타르코스 영웅전』은 제한적인 독자만 가지고 있었다.

그러다가 그의 가장 열렬한 독자였던 셰익스피어(W. Shakespeare, 1564~1616)의 등장과 함께 『플루타르코스 영웅전』은 독자들에게 널리 소개되기 시작했다. 플루타르코스에게서 깊은 영향을 받은 셰익스피어는 『플루타르코스 영웅전』을 극화하기 시작했는데, 그의 수많은 작품 가운데에서도 『줄리어스 시저(The Tragedy of Julius Caesar)』(1599), 『안토니우스와 클레오파트라(The Tragedy of Antony and Cleopatra)』(1607), 『코리올라누스(The Tragedy of Coriolanus)』(1607) 등의 사극은 플루타르코스의 필치를 본받고 있으며, 『플루타르코스 영웅전』을 저본(底本)으로 삼고 있다고 해도 지나친 말이 아니다.

시대가 영웅을 만드는가, 아니면 영웅이 시대를 이끄는

해제(解題) ― 판본과 참고 문헌을 겸하여

가의 문제는 역사학에서 오랜 논쟁이 되어 왔다. 이 문제에 대해 영웅의 편에 서서 가장 단호하고도 명쾌한 답안을 처음으로 제시한 인물은 칼라일(Thomas Carlyle, 1795~1881)이었다. 그는 19세기의 산업 혁명으로 영국의 정치와 사회의 기강이 무너져 혼란에 빠졌을 때, 영웅의 정치가 필요함을 제기한 스코틀랜드의 칼뱅주의자였다. "인간은 모두가 무질서를 유발하는 적(敵)으로 태어났다. 이러한 무질서를 종식할 수 있는 사람은 곧 크롬웰(O. Cromwell)과 나폴레옹(Napoléon)이었다. (……) 우리는 제왕인 영웅의 의지에 우리의 의지를 종속시켜야 하고, 그에게 충성을 바쳐야 하며, 그러는 가운데에서 우리의 행복을 발견할 수 있다. 영웅은 우리 모두를 요약한 것이다"라고 주장한 칼라일은 사상사적으로 홉스(Thomas Hobbes)의 제자였다. 그는 일련의 저작을 통하여, 역사란 결국 위인전일 수밖에 없다고 주장하면서 영웅에게 신성 개념을 부여했다. 그는 역사에서 여성의 구실을 부인했다.

양과 질에서 전기를 하나의 장르로 확립한 사람은 아마도 독일의 루트비히(Emil Ludwig, 1881~1948)일 것이다. 그는 독일 태생의 유대인으로 하이델베르크대학에서 법학을 전공했고, 스위스에 살면서 저술 활동으로 일생을 보냈다. 그는 『예수 평전』, 『나폴레옹 평전』, 『비스마르크전』 등 수많은 걸작을 남겼다. 이들 가운데 전기 문학의 최고 걸작으로 꼽히는 『나폴레옹 평전』은 역사상 가장 위대한 전기로 기록될 것이다. 나폴레옹의 위대함은 그 인물의 위대함에 못지않게 『나폴레옹 평전』의 위대함을 의미하는 것이기도 하다.

루트비히는 "애증으로 말미암아 굴곡되지 않은 모습"을 그리려고 노력했으며, "사생활은 공직 생활에 못지않게 그의 인간상을 살피는 중요한 근거가 된다"고 주장함으로써 자신이 플루타르코스의 충실한 제자임을 확인했다. 예수조차도 '사람의 아들'로 묘사하고자 했던 그는 전기의 생명은 '따스함

[體溫]'이라고 생각했다. 그는 나폴레옹을 그리면서 그의 영웅적 치적을 거의 언급하지 않았다. 오히려 역사가 자칫 소홀히 할 수 있는 그의 인간적인 고뇌와 편모들, 이를테면 가난하고 불우했던 섬 소년의 좌절, 여인과 나누었던 사랑과 미움, 헤어짐, 혈육에 대한 그리움, 인간의 배은망덕함과 신의 그리고 어머니의 진한 모정을 보여 줌으로써 영웅은 하늘이 낳은 초인이 아니라 우리 곁에, 또는 우리 안에 있는 한 명의 인간임을 보여 주려고 노력했다. 따라서 그의 작품은 다분히 소설적 분위기를 자아내는 흥미를 유발하고 있다.*

2

플루타르코스가 이 책을 쓴 시기는 서기 100년쯤이었다. 종이가 없던 시절, 파피루스에 썼을 것으로 보이는 원고는 몇몇 독자의 손을 거쳐 필사본으로 보급되었다. 그 무렵에는 이를 옮겨 쓰는 전문 노예들이 있었으므로 필사는 그리 어렵지 않았을 것이다. 그러다가 문예 부흥 시기가 오면서 이탈리아에 보급되기 시작했고, 1470년대에 이르면서 『영웅전』은 이탈리아에 널리 알려진 작품이 되었다.

그러나 구텐베르크(J. Gutenberg)가 1439년에 활자를 발명하여 성서를 처음으로 찍은 해가 1450년임을 감안하면, 1470년대의 영웅전은 여전히 필사본이었을 것이다. 『플루타르코스 영웅전』이 최초로 활판 인쇄된 해는 1517년이었는데, 피렌체에서 출판된 이 책에는 편집자에 대한 아무런 기록도 없다. 그러다가 1519년에 이탈리아 바시아노(Bassiano) 출신의 알두스 마

---

* 위의 글은 나의 「전기 정치학「傳記政治學) 시론(試論) : 그 학문적 정립을 위한 모색」, 『한국정치학회보』(32/3)(서울 : 한국정치학회, 1998/가을), 9~29쪽(요약본); 「전기 정치학 시론: 그 학문적 정립을 위한 모색」, 『한국의 정치사상가』(서울 : 집문당, 1999), 5~53쪽(완간본) 가운데에서 제2절 '서양의 전기 정치학' 부분을 요약한 것임.

누티우스(Aldus Pius Manutius, 1449~1515)가 베네치아에서 알디네 출판사(Aldine Press)를 만들어 『플루타르코스 영웅전』을 출판했다.

그리스·이탈리아어권 밖에서 『플루타르코스 영웅전』을 최초로 번역하여 출판한 사람은 프랑스 역사학자이자 가톨릭 교회 주교였던 아미요(Jacques Amyot, 1513~1593)였다. 아미요는 그의 서문에서 자신이 로마와 베네치아의 고문서 도서관을 뒤져 그 판본을 엮었다고 말하고 있다. 아미요의 『플루타르코스 영웅전』은 그의 『플루타르코스 전집』(*Oeuvers de Plutarque*, Paris : Chez Janet et Cotelle, Libraires, 1818~1819, 초판 1559년) 25권 가운데 1~12권에 수록되어 있으며, 거기에는 오늘날 우리가 읽고 있는 50명보다 40명이 더 많은 90명의 영웅전이 들어 있다. 아미요가 추가한 대표적인 인물들, 이를테면 외전(外傳)이라고 할 만한 것으로는 「한니발전」, 「스키피오전」, 「에파미논다스전」, 「트라야누스전(Trajanus)」, 「콤모두스전(Commodus)」, 「키로스전(Cyrus)」, 「소크라테스전(Socrates)」 그리고 「플루타르코스의 평전」과 아미요 자신의 짧은 전기가 있다.

아미요의 판본에 추가된 40명의 전기는 플루타르코스의 작품이 아니며 그리스와 로마의 역사학자들이 쓴 것으로 보인다. 한니발과 스키피오 두 사람의 전기를 비롯하여 아미요의 부록에 실린 다른 인물들의 전기는 현재 다른 판본들에서는 찾아볼 수 없다. 아마도 후대의 학자들이 그 전기의 진위(眞僞)를 의심했거나 아니면 이야기의 구성이나 극적 효과가 떨어져 뺐기 때문인 것으로 보인다. 그러고 보면 한니발과 스키피오를 다룬 전기의 문체는 플루타르코스의 문체와 조금 다르다는 생각이 든다. 그토록 유명한 두 사람의 전기를 맨 뒤편에 부록으로 편집한 점도 예사롭지 않다.

아미요는 또한 그의 후학인 뒤 아이양(Bernard de Girard du Haillan)에게 없어진 네 편의 비교 평전을 쓰도록 하여 전집에 실었다. 뒤 아이양은 이를 쓰면서 "나는 정치하는 사람들이 이 책을 읽어 보기 바란다"는 말을 남겼다. 아미요의 프랑스어 판본은 플루타르코스의 원본보다 더 미려하고 플루타르코스가 저지른 오류를 바로잡은 것이어서, 서구권에서는 플루타르코스의 원본 대신에 아미요의 프랑스어 판본을 번역하는 경우가 많다. 대표적인 사례가 영국의 번역 문학가인 노스 경(1535?~1601)의 판본이다.

노스 경은 1579년에 아미요의 프랑스어판을 대본(臺本)으로 삼아 최초로 영문판을 출판하면서 거기에 추가된 40명의 전기 가운데 「한니발전」과 「스키피오전」 두 편과 「알렉산드로스와 카이사르의 비교」만을 영문판에 포함했다. 그러면서 그가 에파미논다스, 트라야누스, 콤모두스, 키로스의 전기를 뺀 이유는 알 수 없다. 한편, 플루타르코스가 「데모스테네스전」(§3)에서 "이 전기는 제5권에 들어 있다"든가 「디온전」(§2)에서 "이 전기는 제12권에 들어 있다"고 기록한 것으로 보아 그가 집필할 무렵에 이미 권호(卷號, Volume Number)가 있었던 것으로 보이지만, 어떤 기준에 따른 순서가 있었던 것은 아니며 오늘날의 권호와도 달랐을 것이다.

노스 경이 그리스어 판본을 대본으로 삼지 않고 아미요의 프랑스어 판본을 대본으로 사용한 이유는 아미요의 판본이 그만큼 노작이었기 때문이었을 것이다. 이 원고들을 '플루타르코스 영웅전'이라는 이름으로 집대성하면서 분절(分節, §)의 번호를 넣은 사람은 아미요였고, 이를 다시 오늘의 형태로 넣고 뺀 사람은 노스 경이었다.

그 뒤에 영국의 문필가인 드라이든(John Dryden, 1631~1700)이 번역하여 1683년에 펴낸 판본이 있다. 이 판본은 영국 문단에서 높은 위치를 차지하던 그의 명성을 등에 업고 널리 읽혔으며 고전이라는 평판도 얻었으나, 이미 고문(古文)이 된 데다가 문장에는 단축 구문이 많아 외국인에게는 오역이나 달리

해제(解題) — 판본과 참고 문헌을 겸하여

번역할 가능성이 있어 번역 대본으로 적절하지 않았다. 이 판본은 뒷날 정확성에서 논란이 일어났고, 영국의 시인이자 옥스퍼드대학 교수인 클러프(Arthur H. Clough, 1819~1861)가 많이 손을 본 개정판이 지금까지 읽히고 있다.

『플루타르코스 영웅전』이 위대한 유산이라고는 하지만, 이를 읽으려면 그리스와 이탈리아 그리고 페르시아와 아프리카의 역사에 대한 기본 지식이 매우 필요했다. 이런 어려움을 깊이 인지하고 주석(註釋)에 혼신의 노력을 기울인 사람은 랭혼 형제(John Langhorne, 1735~1779 & William Langhorne, 1721~1772)였다. 성공회 성직자였던 두 사람은 비교적 넉넉한 삶을 누리며 그리스·로마의 고전 번역에 일생을 바쳤는데, 그 주석은 지금까지도 노작으로 평가받고 있다. 아마도 아우 존이 주로 번역하고 형 윌리엄이 도와주었을 것으로 보인다. 이들의 책이 출판된 것은 1770년이었다.

독일의 진테니스(Karl Heinrich Ferdinand Sintenis, 1806~1867)는 체르프스트 프란치스코회(Zerbst Franciscum) 소속 고등학교의 교사이자 교장으로서 평생 그리스·이탈리아 고전을 연구했고, 특히 라틴어 판본의 『플루타르코스 영웅전』을 출판했다. 다섯 권으로 이루어진 이 판본은 14년에 걸친 긴 우여곡절 끝에 1860년에 라이프치히의 쾰러 출판사(Lipsiae : Köhler)에서 출간되었다. 이 책은 독일 문화권에서 더 말할 나위도 없는 고전이 되었으며, 영미권의 번역에도 훌륭한 대본을 제공했다.

현대어 판본 가운데 전질의 형태를 갖춘 가장 우수한 영문 판본은 롱(George Long, 1800~1879)과 스튜어트(Aubrey Stewart, 1844~1918)가 번역하여 1880년에 출판한 것이다. 케임브리지 대학 트리니티 칼리지의 고전 문학 교수였던 두 사제는 2대에 걸쳐 이 작업을 완수했다. 이 주석은 랭혼 형제의 판본보다 110년 뒤에 나온 것이어서 훨씬 현대적인 문체와 편집 체제를 갖추고 있다. 이 판본은 진테니스의 라틴어 판본(Leipsic, 1873)을 대본으로 삼았다.

이 밖에도 스콧-킬버트(Ian Scott-Kilvert), 탤버트(Richard J. Talbert), 워너(Rex Warner) 등이 번역한 펭귄사 판본(Penguin Classics)이 읽을 만하나, 완역이 아니라 35명만을 추린 것이고 비교 평전을 생략한 흠이 있다.

한국어판 완역본으로는 제일 먼저 나온 것으로 『플루타르크 영웅전』(박시인 옮김, 을유문화사, 1960, 전 6권)이 있으나 이미 절판되었고, 『플루타르크 영웅전』(김병철 옮김, 범우사, 2004, 전 8권)과 『플루타르코스 영웅전 전집』(이성규 옮김, 현대지성사, 2007, 전 2권), 그리고 『플루타르크 영웅전』(홍사중 옮김, 동서문화사, 2007, 전 2권)이 있다. 뒤의 세 번역본은 분절[§]의 번호가 없어 참고하기에 불편하다. 『플루타르코스 영웅전』(천병희 옮김, 숲, 2001)이 그리스어를 이해하는 분의 노작이지만, 영웅 50명 가운데 번역자가 좋아하는 열 명의 전기만을 추려서 수록한 아쉬움이 있다. 그러나 페린의 판본을 대본으로 한 그의 번역본의 주석과 부록은 매우 소중하다.

3

이 번역판은 페린(Bernadotte Perrin)이 번역한 하버드대학의 판본[*Plutarch's Lives*(Cambridge : Harvard University Press, 1967)]을 바탕으로 삼았다. 판본의 권위 때문이기도 하지만, 전통적인 평전의 순서를 벗어나 연대기 순서로 편집한 것이 합리적이라고 생각했기 때문이다.

문장이 어렵거나 내용을 대조해야 할 때는 랭혼 형제의 판본[John Langhorne and William Langhorne (Tr.), *Plutarch's Lives, with Notes Critical and Historical, and A Life of Plutarch*(Cincinnati : Applegate and Co. Publisher, 1860)]과 스튜어트와 롱의 판본[Aubrey Stewart and George Long (Tr.), *Plutarch's Lives*, with Notes and a Life of Plutarch(London : George Bell and Sons, 1880)]을 비교하여

해제(解題) – 판본과 참고 문헌을 겸하여

참고했다.

페린 판본의 문장이 어려울 때나 주석을 다는 데는 펭귄 판본(Penguin Classics)이 큰 도움이 되었다. 플루타르코스의 생애에 관해서는 스튜어트와 롱의 판본을 번역하여 실었고, 페린의 판본을 참고했다. 각주는 각 판본에 달린 주석과 토머스(J. Thomas)의 『세계 인명사전(*Universal Pronouncing Dictionary of Biography and Mythology*)』(Philadelphia : J. B. Lippincott and Co., 1883), 『웹스터 인명사전(*Webster's Biographical Dictionary*)』(1943) 그리고 구글(Google)과 위키피디아(Wikipedia)를 주로 이용했다.

영웅전의 마지막 부분에 실린 네 사람, 곧 「아라토스전(Aratus)」, 「아르타크세르크세스전(Artaxerxes)」, 「갈바전(Galba)」 그리고 「오토전(Otho)」과 그들의 비교 전기는 아마도 당시의 필자가 미처 다 쓰지 못한 원고였거나, 아니면 정확히 말해 『영웅전』과는 별개로 썼던 것을 편자들이 이 전집으로 몰아넣은 듯하다.

플루타르코스의 생애*
—그리고『플루타르코스 영웅전』을 세상에 알린 사람들

오브리 스튜어트 & 조지 롱

> 나라가 평화스러우면
> 아들이 아버지를 땅에 묻지만
> 전쟁이 일어나면
> 아버지가 아들을 땅에 묻는다.
> — 헤로도토스, 『역사』, I : 87

플루타르코스는 그리스 보이오티아(Boeotia)의 작은 마을 카이로네이아(Chaeroneia)에서 태어났다. 시기는 아마도 [클라우디우스(Claudius) 황제 임기 말년인] 서기 45~50년 무렵이었을 것이다. [그는 네로(Nero) 황제, 도미티아누스(Domitianus) 황제 그리고 트라야누스(Marcus Trajanus) 황제의 통치 시대를 살았다.] 그의 가족은 이곳에서 오래 살았던 것으로 보인다. 이곳은 그리스의 자유가 무너진 마지막 장소로서, 기원전 338년에 마케도니아의 필리

---

*   이 글은 스튜어트(Aubrey Stewart)와 롱(George Long)이 번역한 *Plutarch's Lives,* Volume 1(London : George Bell and Sons, 1880) : http://www.gutenberg.org. 가운데에서 서문에 해당하는 「플루타르코스의 생애(Life of Plutarch)」를 옮긴 것이다. [   ] 안에 들어 있는 글은 스튜어트와 롱의 글이 아니라 옮긴이가 다른 자료를 참고로 하여 덧붙여 넣은 것이다. 뒤편에 추기(追記)로 실린 번역가들, 곧 아미요, 뒤 아이양, 드 레클루제, 노스 경, 랭혼 형제, 진테니스, 스튜어트와 롱 그리고 페린의 간략한 소개는 옮긴이가 달리 조사하여 넣었다.

포스(Philippos)왕이 아테네와 보이오티아의 군대를 무찌르고, 술라(Sulla)가 미트리다테스(Mithridates)를 격파한 곳이다. 로마에 내란이 일어났을 때 우리는 다시 플루타르코스에게서 카이로네이아의 시민이 겪은 아픈 이야기를 듣게 된다.

플루타르코스의 증조할아버지 니카르코스(Nicharchus)는 여느 시민과 마찬가지로 안토니우스(Marcus Antonius)의 부하들에게 징용되어 카이로네이아에서 안티키라(Anticyra)섬 맞은편에 있는 해안까지 곡물을 운반하는 일에 동원되었다. 그들은 노예처럼 어깨에 곡물을 메고 갔는데, 늦어지면 채찍으로 위협을 받았다. 그들이 운반을 마치고 두 번째 운반을 준비하고 있을 때 안토니우스가 악티움(Actium)의 전투에서 졌다는 기쁜 소식이 들려왔다. 이에 카이로네이아에 주둔해 있던 장교와 병사가 살길을 찾아 도망하자 주민들이 군량미를 나누어 가졌다.(「안토니우스전」, §68)

그러나 플루타르코스가 태어날 무렵에는 그와 같은 전쟁 분위기가 다시 찾아올 것 같지는 않았다. 지중해 연안에는 이제 더 이상 전쟁의 전통이 남아 있지 않았다. 가끔 다뉴브강 주변의 이방 민족에게서 전쟁의 메아리가 들려오기는 했지만, 그 시대에 알려져 있던 모든 세계에는 로마의 평화(Pax Romana)가 자리 잡고 있었다. 실제로 전투도 벌어졌고, 병사들이 로마로 진군하고 있었지만, 그것은 다만 누가 이 거대한 제국의 명목상의 패자(覇者)인가를 결정하려는 행위일 뿐이었다. 한때 독립국이었던 도시와 국가와 민족들은 거역할 수 없는 권력을 움켜쥔 국가에 주저 없이 승복하고 있었다.

그 시대에는 모든 국가의 개별성이 파괴되면서 고결한 의미로서의 애국심을 갖기가 불가능했다. 따라서 문예적인 성격에 역행하는 사조가 지배적이었으리라 생각하는 사람이 있을 수 있지만, 그리스 지역은 스토아 철학자인 에픽테토스(Epictetos)나 콘스탄티노플의 최고 사제였던 디오 크리소스토모스(Dio Chrysostomos) 그리고 위대한 역사학자 화비우스 아리아노스(Fabius Arrianos)를 배출한 시대의 조류를 거스를 수 없었다. 그런가 하면 로마에서는 위대한 작가 소(少)플리니우스(Plinius the Younger), 역사가 타키투스(Tacitus), 풍자 시인 마르쿠스 마르티알리스(Marcus Martialis)와 데키무스 유베날리스(Decimus Juvenalis)와 같은 인물들이 아우구스투스(Augustus) 대제 시절의 추억을 되살리고 있었다.

플루타르코스의 저술 몇 군데를 보면 그가 아테네에서 암모니우스(Ammonius)라는 스승을 만나 공부했음을 알 수 있다. 이를테면 그는 「테미스토클레스전」 끝부분에서 테미스토클레스의 후손이 철학자 암모니우스의 집에서 공부했다고 언급한다. 그의 글에 따르면, 어느 날 오후 수업에 학생들이 떠들고 있자 암모니우스는 자기 아들을 불러내어 회초리로 때린 뒤에 이렇게 말했다고 한다.

"요즘 학생들은 절인 오이 반찬이 없으면 밥을 먹지 않는단 말이야."

그러면서 그는 다른 아이들을 바라봄으로써 왜 자기가 그런 행동을 했는지를 학생들이 깨닫게 했다.

어느 정도의 공부를 마치자 플루타르코스는 이집트로 건너갔다. 그리스인들은 늘 '이집트의 지혜'를 황홀한 눈길로 바라보고 있었다. 특히 그 무렵 유명한 도서관을 비롯해 프톨레마이오스(Ptolemaios), 칼리마코스(Callimachus) 그리고 테오크리토스(Theokritos)의 유산을 가지고 있던 알렉산드리아는 그리스 지식인들의 중요한 활동 무대였다. 이집트의 풍요의 여신 이시스(Isis)와 그의 남편인 저승의 신 오시리스(Osiris)에 관한 플루타르코스의 글은 그가 이집트를 여행하던 청년 시절에 모은 것으로 보인다.

플루타르코스는 그리스와 이집트의 구비 설화(口碑說話)에 조예가 깊었음이 분명하지만, 그가 얼마나 오랫동안 이집트에 머물렀었는지는 알 수 없다. 그는 자기가 알렉산드리아에서 돌아올 때 몇몇 친척이 환영회를 열어 주었다고 말하지만, 그 글만으로는 그때 그가 몇 살이었는지 알 수가 없다. 한편, 플루타르코스의 회고담에는 다음과 같은 글도 담겨 있다.

> 나의 기억에, 젊었을 적에 나는 다른 한 사람과 함께 지방
> 총독에게 파견된 일이 있었다. 그런데 그 사람에게 무슨
> 일이 생겨 함께 갈 수 없게 되어 나 혼자 총독을 만나
> 일을 처리하고 돌아왔다. 돌아온 나는 업무를 어떻게
> 처리했는지를 시민에게 설명했다. 그때 아버지가 회의
> 가운데 일어서서 이렇게 말씀하셨다.
>
> "'내가 갔다'거나 '내가 말했다'고 말하지 말고,
> '우리가 갔다' 또는 '우리가 말했다'고 말함으로써
> 동료에게도 임무의 몫을 나누어 주라."

플루타르코스의 경건하고 평화로웠던 삶에서 가장 중요한 일은 이탈리아와 로마 여행이었다. 그러나 이 시기에 관해서도 우리는 그가 떠날 때 라틴어를 거의 몰랐고, 그곳에서도 너무 바빠 라틴어를 배울 겨를이 없었다는 사실 말고는 아는 것이 없다. 로마에서 그가 한 일은 뒷날 이 책의 로마인 평전을 쓰는 데 도움이 된 고대사의 자료를 모으는 일 이외에 철학을 비롯한 여러 분야의 강의를 하는 것이었다. 그 무렵의 여느 그리스 지식인들과 같은 일을 한 것이다. 내가 추측하건대, 이즈음 있었던 강연의 대부분은 뒷날 그가 쓴 『도덕론(Moralia)』에 담긴 여러 가지 단편으로 나타난 듯하다.

[플루타르코스의 『도덕론』은 『플루타르코스 영웅전』보다 앞서 쓰여 『플루타르코스 영웅전』의 실마리를 풀고 설명하는 데 매우 값진 자료가 되었다. 더욱이 『플루타르코스 영웅전』의 필자가 어떤 유형의 인물이었던가를 알고자 하는 독자들에게는 더없이 중요한 자료이다. 『도덕론』

이 우리에게 들려주는 것은 세상을 바라보는 눈, 도덕, 종교와 같은 것으로서, 이는 어느 한 인생의 문제를 관조(觀照)하는 것이 아니라 인류 보편의 문제를 다루고 있다. 이와 같은 필치가 『플루타르코스 영웅전』에서는 보이지 않는다. 그러나 『도덕론』에 비춰 보면, 플루타르코스는 역사학자라기보다는 도덕론자였다.]

『플루타르코스 영웅전』(London, 1579)의 번역자인 노스 경은 그의 서문에서 플루타르코스가 로마에 머물면서 한 일을 다음과 같이 칭송하고 있다.

내가 생각하기에, 플루타르코스가 로마에 간 이유는 아마도 어떤 친구의 초청이 있었기 때문인 듯하다. 그 사람은 소시우스 세네키오(Sosius Senecio)였을 것이다. 그는 그 무렵에 집정관으로서 트라야누스 황제의 두터운 신임을 받고 있었다. 내가 그렇게 생각하는 이유는 플루타르코스가 그의 첫 작품인 『탁상 한담(卓上閑談, Discourse on Table)』의 첫머리에서, 자신은 "로마와 그리스에서 세네키오와 그 밖의 몇 사람을 만난 이야기들을 모았다"고 썼기 때문이다.

만약 플루타르코스가 세네키오나 다른 어떤 친구의 초청이 없었더라면 언어도 모르는 그 먼 곳의 도시를 찾아가 고생했을 것 같지 않다. 그는 또한 친구들에게서 받은 호의와 영광에 대한 감사의 뜻으로 『플루타르코스 영웅전』과 아홉 권에 이르는 『탁상 한담』을 그들에게 바친다는 헌사(獻辭)를 썼다. 이러한 글을 통하여 우리는 그가 친구나 지인들에게 어떤 신세를 졌는지 알 수 있다.

플루타르코스는 또한 『탁상 한담』의 끝머리에서 자신의 지적(知的) 호기심을 말하고 있다. 이로 미루어 그가 티투스(Titus) 황제와 도미티아누스 황제 시절에 얼마 동안 강의를 했다고 나는 추정한다. 내가 그렇게

플루타르코스의 생애

생각하는 이유는, 그가 루스티코스(Rusticos)라는 귀족을 다루고 있기 때문이다. 루스티코스는 어느 날 강의를 듣다가 황제의 편지를 받았는데, 플루타르코스의 강의를 방해하지 않으려고 강의가 끝나고 다른 학생들이 모두 돌아갈 때까지 그 편지를 뜯어보지 않았고, 그로 말미암아 황제의 지탄을 받고 처형되었다는 것이다.

더 나아가서 플루타르코스는 「데모스테네스전」의 첫머리에서 자신은 로마와 이탈리아에서 머무는 동안 너무 바빠 라틴어를 배우지 못했다고 기록하고 있다. 그 무렵에 그는 처리해야 할 일이 많아 바빴고, 학생들에게 철학을 강의하고 있다는 사실에 만족하고 있었다.

플루타르코스의 저술 목록은 매우 길다. 그에게 가장 큰 명성을 안겨 준 『플루타르코스 영웅전』 말고도 그는 『탁상 한담』을 썼는데, 이는 2세기 후반 그리스의 철학자이자 웅변가였던 아테나이오스(Athenaeus)가 『향연(Symposium)』을 쓰는 데 영감을 주었다. 그의 소품(小品)들 가운데 가장 주목할 만한 것은 「헤로도토스의 실수(On the Malignity of Herodotus)」이다. 영국의 역사학자 그로트(George Grote, 1794~1871)의 말에 따르면, 이 글은 헤로도토스를 공격하려는 강렬한 의지를 가지고 쓴 것이라고 한다. 여기서 플루타르코스는 "명예로움만을 따르는 정직함(honourable frankness)은 실수"라고 말하고 있다. 그러나 그 글은 플루타르코스가 그를 비난하려 쓴 것이 아니라, 그토록 존경하는 저명한 역사학자를 자신이 얼마나 비판할 수 있는지 스스로 알아보고자 한 수사학적 습작이라고 나는 생각한다.

플루타르코스는 로마로 가기에 앞서 이미 저명한 문필가로 알려져 있었다. 오늘날에도 거대한 도시가 동경의 대상이 되듯이, 그 무렵의 대도시가 문학적 천재들을 매혹시킨 것은 당연한 일이었다. 오늘날에도 그렇거늘, 활판 인쇄가 발명되기 이전의 시대, 곧 책을 읽기보다는 남이 읽는 것을 듣는 것이 더 일상화되어 있던 그 시대에는 오죽했겠는가? 헤로도토스가 아테네를 찾은 심정으로 그도 로마를 여행했을 것이다. 당대의 지식인으로 이뤄진 관중의 모습을 보려고 그가 올림픽 경기장을 찾아갔다고 말한 사람도 있다.

플루타르코스가 로마를 여행한 목적이 다만 칭송을 듣고자 함이었는지 아니면 어떤 소득을 얻고자 함이었는지에 대해서는 뭐라 말할 수 없다. 그가 무료로 강의를 하지 않았다는 점은 의심할 나위도 없지만, 거기에 자주 참석한 귀족들의 이름을 볼 때, 플루타르코스의 입장에서는 그들 스스로 찾아왔음이 분명해 보인다. 더 나아가서 지금의 우리 입장에서 보면 이상할지 모르지만, 모든 책을 손으로 베껴 쓰던 그 시절이라 하더라도 책의 수요(需要)는 매우 많았던 것으로 보인다.

마르티알리스의 글을 보면, 그 무렵에는 필경(筆耕)을 직업으로 하는 노예 학급도 있었음을 알 수 있다. 로마의 시인 호라티우스(Horatius)나 마르티알리스가 소시우스 형제를 비롯한 여러 작가에게 끼치고 있는 많은 암시를 보면, 로마에는 서적상이 많았고 수익도 높았음을 알 수 있다. 로마 공화정의 마지막 시대에 이르기까지 귀족들 사이에는 도서관을 세움으로써 문예를 진흥하는 것이 하나의 유행이었으며, 그렇게 되는 데에는 아우구스투스의 장려가 크게 작용했다. 그는 팔라티네 언덕(Mount Palatine)에 있는 아폴론 신전 안에도 공공 도서관을 세웠는데, 이는 지난날 로마의 위대한 군인이자 정치가였던 아시니우스 폴리오(Asinius Pollio)의 업적을 본뜬 것이었다.

이 밖에도 다른 도서관이 많았다. 그 가운데에서 가장 유명한 것이 트라야누스 황제가 세운 울피우스 도서관(Ulpian Library)으로, 이는 황제의 본래 이름인 울피우스에서 따온 것이었다. 오늘날 트라야누스 황제는 우리 작가들에게 친숙한 인물이 되었다. 그의 업적은 플루타르코스 시대에 폭넓은 독서

층이 형성되어 있었고, 로마에는 책의 수요가 많았음을 분명히 증언하고 있다.

플루타르코스의 이탈리아 여행에 관해서는 더 이상 알려진 바가 없다. 플루타르코스는 오가는 말끝에 라벤나(Ravenna)에서 마리우스(Marius)의 흉상과 동상을 보았다고 말하고 있지만, 그가 쓴 글의 무대인 이탈리아의 어느 곳까지 가 보았는지에 대해서는 아무 말도 하지 않았다. 그가 라틴어를 몰랐다는 말은 독해력이 없었다는 의미가 아니라 라틴어를 능숙하게 말하지 못했다는 의미였음이 분명하다. 그가 로마에 처음 가면서 라틴어를 몰랐다는 것은 상상할 수 없는 일이다. 그는 로마에 도착한 이후 라틴어 작품들을 능숙하게 읽었음이 확실하다. 어떤 경우에 그는 리비우스(Titus Livius)의 역사 저술을 정확히 인용하고 있다. 이는 그가 리비우스의 원문이나 번역본을 보았다는 뜻인데, 번역본을 읽은 것 같지는 않다.

오늘날 우리가 보편적으로 추정할 수 있는 것은, 그가 로마에 오래 머물지는 않았으리라는 점이다. 1864년에 『플루타르코스 영웅전』의 탁월한 번역본을 펴낸 클러프(Arthur H. Clough)는 서문에서 다음과 같이 말하고 있다.

> 17세기 프랑스의 저명한 플루타르코스 전기 연구가인 뤼알뒤(Joannes Rualdus) 이래로, 플루타르코스의 초기 전기들은 "플루타르코스가 로마에서 40년을 보냈다"고 기록하고 있다. 이는 전혀 믿을 것이 못 된다. 만약 그렇다면 그의 생애에 대한 해석은 달라질 수밖에 없다. 이와 같은 실수로 말미암아 드라이든(John Dryden)이 번역하면서 윤문(潤文)하고 다시 편집한 판본은 읽을 가치가 없다.

내가 다음에서 노스 경이 쓴 『플루타르코스의 생애』를 인용하는 것을 독자들이 양해해 주리라고 나는 믿는다. 아래의 글은 플루타르코스가 노년에 조용히 문필 작업에 전념했음을 우리에게 잘 보여 주고 있다. 노스 경의 글은 다음과 같다.

비록 플루타르코스는 이탈리아와 로마에서 오래 머무르기는 했지만, 그리스의 달콤한 분위기와 그가 태어난 작은 마을을 잊은 적이 없다. 그는 시간이 날 적마다 고대 그리스의 시구를 읊조렸는데, 그 시는 이렇게 되어 있다.

"사람이 어디에서 자랐든
가슴속에서 그리워하는 것은
고향으로 돌아가고 싶은 마음뿐이라네."

플루타르코스는 고국 그리스로 다시 돌아가 동포들 사이에서 아늑하고 영광스럽게 남은 생애를 보내기로 했다. 동포들은 그를 영광스럽게 맞이했다. 어떤 사람들의 글에 따르면, 그는 트라야누스 황제가 죽은 뒤 좀 더 조용한 삶을 살고 싶어 로마를 떠났는데, 그때 이미 나이가 많았다고 한다. 그렇게 남은 삶을 보내면서 그는 오래전부터 생각해 두었던 『영웅전』을 쓰는 데 온갖 정성을 들였다. 그는 오늘날 우리가 읽고 있는 『영웅전』을 완성하기까지 많은 고통을 겪었다.

어느 자리에서 플루타르코스가 고백한 바에 따르면, 그는 이 작업을 시작하면서 다른 사람들을 위해 이 책을 쓴다고 생각했다. 그러나 마치 거울을 들여다보듯이 영웅들의 행적을 돌아보고, 자신의 삶을 고치면서 영웅들의 미덕을 따라가다 보니 결국에는 이 책이 자기를 위한 것이 되었다고 한다. 그의 말

플루타르코스의 생애

인즉, 영웅들의 삶을 따라가면서 그 삶을 본받았고, 고결한 인물들의 삶을 쓰는 과정에서 그들의 모습이 머릿속을 떠나지 않았다는 것이다.

또한 그의 고백에 따르면, 플루타르코스는 영웅들을 불러 자기 집에 묵게 하고 함께 살면서 그들의 자질을 생각해 보고, 각기 짝을 이루어 두 사람을 비교하고 누구의 삶이 더 위대했는가를 살피면서, 그들의 말과 행동 가운데에서 가장 값지고 후대에 기록할 만한 내용을 뽑는 것을 이 책을 쓰는 원칙으로 삼았다고 한다.

플루타르코스의 가정생활에 관해서는 그의 저작 가운데에서 많은 정보를 얻을 수 있다. 한 대(代)를 건너뛰어 이름을 반복하여 짓는 그리스의 풍습으로 미루어 보건대, 그의 아버지 이름은 니카르코스(Nikarchos)였을 것이다. 그의 글과 말에는 형제 티몬(Timon)과 람프리아스(Lamprias)의 이름이 등장하며, 티몬과의 사이가 매우 돈독했다는 말이 자주 나온다.

1624년에 프랑스어판 『플루타르코스 영웅전』을 펴낸 뤼알뒤는 플루타르코스의 저작을 살펴본 결과, 그의 아내 이름이 티모크세나(Timoxena)였다는 사실을 용케 찾아냈다. 플루타르코스가 아내에게 보낸 감동적인 편지 한 통이 아직 남아 있는데, 그 편지에서 그는 딸의 죽음에 대하여 너무 슬퍼하지 말라며 아내를 위로하고 있다. 딸의 이름은 어머니를 따라 지은 티모크세나였다.

플루타르코스의 아들이 몇 명이었는지는 정확히 알 수 없다. 아우토불로스(Autobulos)와 플루타르코스라는 이름이 그의 아들로 나오는데, 플루타르코스는 플라톤의 철학 대화인 『티마이오스(Timaeus)』에 관한 논문을 아들들에게 주는 형식으로 썼다. 아들 아우토불로스의 결혼 이야기가 그의 『탁상 한담』에서 식사할 때 이야깃거리로 나오기도 한다.

또 다른 사람인 소클라로스(Soklaros)가 아들처럼 보이는 것으로 기록되어 있으나 정확히는 알 수 없다. 또 플루타르코스는 「결혼에 관하여」라는 글을 에우리디케(Eurydike)와 폴리아노스(Pollianos)라는 여인에게 보냈는데, 이 여인들이 그의 가정과 매우 가까웠다고 그는 말하고 있지만, 그들이 그의 딸이었는지는 알 수 없다. 근대의 한 작가는 그의 장년 시절을 다음과 같이 좋게 그리고 있다.

> 플루타르코스는 훌륭한 가문에서 태어나, 좋은 교육을 받았고, 나무랄 데 없이 성장했다. 자존감(自尊感)이 높고 쾌활했던 그는 여행이 인간을 얼마나 뛰어나게 성장시키는지, 또한 단체의 삶이든 개인의 삶이든 열심히 사는 것이 인간을 얼마나 성숙하게 만드는가를 잘 알고 있는 인물이었다. 고대 문학에 깊은 조예를 가지고 있던 그는 비판적인 시각으로 책을 읽었으며, 매우 사교적이었다. 그는 가부장적이었으며, 친구들을 가려 옆에 두었다. 그는 훌륭한 대화가 얼마나 가치 있는 일인가를 잘 알고 있었다. 그는 아내에게 보낸 편지에서 이렇게 단호히 말하고 있다.
> "나는 내가 겪은 인생의 행복 가운데에서 지울 것이 없다. 그것은 나의 책에서 지울 내용이 없는 것과 같다."

플루타르코스는 카이로네이아 시 의회의 열성적인 의원이었다. 그의 임기가 1년이었는지 아니면 종신이었는지는 잘 알려지지 않았으나, 아마도 1년의 임기를 거듭 갱신했을 것이다. 그가 허접한 일에도 열심히 몰두하는 것을 본 시민이 그를 놀려대자, 클러프의 기록을 빌리면, 그는 이렇게 대답했다고 한다.

> 소크라테스의 제자로서 견유학파(犬儒學派)를 창시한 철학자 안티스테네스(Antisthenes)의 이야기가 나에게

도움이 됩니다. 그가 시장에서 절인 생선을 손수 사
들고 오는 것을 보고 시민이 놀라자 그는 이렇게
대답했습니다.

　　"'나를 위해 하는 일이오.'
바꿔 말하자면, 시민은 벽돌을 쌓고 자갈과 회반죽을
나르고 있는데, 나는 곁에 서서 구경만 하다가 욕을
먹으면,
　　'이 일은 나의 일이 아니라 내 조국의 일이오.'
라고 내가 대답해도 괜찮겠소?"

플루타르코스는 델포이에 있는 아폴론 신전의 사제로도 여러
해 동안 일했다. 그때의 일이 『탁상 한담』에 몇 번 나온다. 그
는 사제의 자격으로 신전에서 개최한 시(詩) 짓기 대회에서 우
승한 사람들에게 음식을 대접했다. 아마도 그가 신전에서 얻
은 수입이 적지 않았을 것이다. 그리고 델포이는 카이로네이
아에서 파르나소스(Parnassus)산을 하나만 넘으면 될 만큼 가
까웠기 때문에, 그 일로 말미암아 글을 쓰고 시 의회의 일을
보는 데 방해를 받지 않았다. 그는 「노인이 공직을 맡아야 하
나?」라는 수필에서 다음과 같이 말하고 있다.

　여보게, 에우파네스(Euphanes), 내가 여러 임기[4년] 동안
　아폴론 신전의 사제로 일한 것을 자네도 잘 알고 있지?
　내가 생각하기에, 자네는 나에게 이렇게 말하고 싶겠지.
　　"이 사람아, 플루타르코스, 자네는 신전에서 일할
　만큼 일했네. 자네는 신전의 행렬을 인도하고 춤도 많이
　추었지. 이제 나이도 들었으니 머리에서 화관을 내려놓고
　신전에서 내려와 연금 생활자로 물러나지 않겠나?"

플루타르코스는 모든 사람에게 존경과 사랑을 받으며 평화로

운 노년을 보냈다. 노스 경은 다음과 같이 글을 맺는다.

플루타르코스는 늙었지만 『영웅전』의 집필을 마쳤다.
(......) 존경을 받으며 노년을 보낸 그는 후세에 영원히
읽힐 명작을 남기고 카이로네이아에서 자녀들과
친구들이 바라보는 가운데 조용히 숨을 거두었다. [서기
120년 무렵에 세상을 떠날 때 그는 하드리아누스(Publius Aelius
Hadrianus) 황제가 즉위했다는 소식을 들으며 기쁜 마음으로
눈을 감았다.] 그를 존경한 시민은 그의 덕망을 기려 로마
시민의 정령(政令)에 따라 동상을 세워 주었다. 세월이
흐르면서 이 위대한 작가의 글 가운데 일부는 사라지고
일부는 줄어들었지만, 남아 있는 것도 많아 오늘까지도
우리에게 탁월한 교훈이 되고 있다.

플루타르코스의 생애

추기(追記)
— 옮긴이와 편저자의 약전(略傳)

아미요

Jacques Amyot, 1513~1593

＊

『플루타르코스 영웅전』을 집대성하여 프랑스어판으로 출판한 아미요는 프랑스 북부 도시 믈렁(Melun)에서 가난한 농부의 아들로 태어났다. 그는 파리대학에서 문학을 공부했는데, 이때 부잣집 아들의 개인 교사로 학비를 조달했다. 그 뒤 그는 부르주(Bourges) 대학에 진학하여 공법 박사 학위를 취득했다.

아미요는 이 무렵에 성 암브로스(St. Ambrose) 수도원의 원장 자크 콜뤼르(Jacques Colure)의 소개로 국무 대신 집안의 가정 교사가 되었고, 그의 추천으로 부르주대학의 그리스·라틴어 교수가 되었다. 그는 탁월한 어학 실력을 바탕으로 이탈리아에 유학했는데(1559~1565), 이때 주로 바티칸 교황청 자료실에서 『플루타르코스 영웅전』의 여러 판본을 찾는 일에 몰두했다. 그는 또한 이 기간에 트리엔트 공의회(The Council of Trient, 1545~1563)를 목격하면서 가톨릭에 관심을 두기 시작했다.

귀국한 다음, 아미요는 국왕 앙리 2세(Henry II)의 아들들의 가정 교사가 되었고, 뒷날 왕위에 오른 샤를 9세(Charles IX)와 앙리 3세(Henry III)의 총애를 받았다. 더욱이 앙리 3세는 평민인 그를 프랑스의 유서 깊은 성령 구호 수도회(The Order of the Holy Spirit)의 원장으로 임명했다. 이런 과정에서 그가 언제 신부가 되었는지는 확인할 수 없다. 교황 비오 5세(Pius V)가 오세르(Auxerre)의 주교로 임명하자 그는 주로 『플루타르코스 영웅전』의 번역에 몰두했다.

아미요는 왕실의 후의(厚誼)를 입었으면서도 왕의 사면권에 반대하다가 박해를 받고 오세르를 떠나 살았다. 죽을 때는 모든 재산을 유증(遺贈)한 뒤 "가난하고 헐벗은 몸"으로 파리에 돌아와 묻혔다. 그의 역사적 공헌은 그 무렵까지 여기저기 흩어져 있던 플루타르코스의 전기물과 그의 『도덕론』을 모아 전집 형태로 출판한 것이다. 처음에 그가 펴낸 플루타르코스의 저작은 『플루타르코스 영웅전』과 자신의 평전을 포함하여 90명의 전기로 이뤄져 있었으니, 지금 전해 오는 판본 50명보다 40명이 더 많았다. 그의 역사적 업적에 대해 몽테뉴(Michel de Montaigne)는 다음과 같은 글을 남겼다.

나는 프랑스의 어느 작가보다도 아미요에게 박수를
보낸다. 이는 그가 다른 작가들에 견주어 언어의
간결성과 순수성에서 뛰어났고, 하나의 과업을 이루고자
그토록 일관되게 헌신했고, 해박한 지식을 가졌기
때문만이 아니다. 그토록 값진 작품을 선택하여 후대에
남겨 둔 그의 지혜로움을 고맙게 여기기 때문이다.

뒤 아이양

Bernard de Girard du Haillan, 1535~1610

*

아미요의 업적을 설명하면서 빼놓을 수 없는 인물이 있다. 바로 뒤 아이양이다. 보르도(Bordeaux)에서 태어난 그는 샤를 9세로부터 '역사학자'로 임명되기에 앞서 여러 가지 공직 생활을 하고 있었다. 그러다가 앙리 3세의 사랑을 받아 성령 구호 수도회의 역사학자가 되어 왕실에서 연금을 받으며 역사학 연구에 일생을 바쳤다.

뒤 아이양은 『샤를 7세에 이르기까지의 프랑스 왕정사 (*History of the Kings of France up to Charles VII*)』(1576)를 남겼다. 그가 어떤 인연으로 아미요를 만났는지는 자세히 알 수 없으나 20여 년의 선배 역사학자와 같은 시대를 살면서 서로 만날 기회는 얼마든지 있었을 것이고, 더욱이 성령 구호 수도회와의 인연도 작용했을 것이다.

『플루타르코스 영웅전』과 관련하여 뒤 아이양이 남긴 업적은 플루타르코스가 『영웅전』을 쓴 뒤로 1천3백 년이 흐르면서 사라진 부분을 복원하려고 노력했다는 점이다. 아미요는 필사본을 모으기 시작했을 때 이미 『플루타르코스 영웅전』의 몇 꼭지가 없어진 사실을 발견했는데, 그 대표적인 부분이 「테미스토클레스와 카밀루스의 비교」, 「알렉산드로스와 카이사르의 비교」, 「포키온과 소(少)카토의 비교」 그리고 「피로스와 마리우스의 비교」였다.

아미요는 이 부분이 없어진 것을 너무 안타깝게 여겨 뒤 아이양에게 플루타르코스의 문체를 본떠 지어 넣도록 했다. 이 네 편의 글을 '플루타르코스 영웅전'이라는 이름의 책에 넣는 것이 적절한가에 대한 논의가 있을 수 있으나, 이 책에서는 그 네 편을 넣었다. 그만큼 의미 있는 부분이라고 생각했기 때문이다.

드 레클루제

Charles de l'Escluse, 1526~1609

*

라틴어 판본인 「한니발전」과 「스키피오전」을 프랑스어로 옮긴 이는 드 레클루제이다. 그는 프랑스의 저명한 의사이자 식물학자로서 왕립 빈(Wien) 식물원장과 라이덴(Leiden) 대학 교수를 지냈다. 그는 박학했으며 프랑스에 최초로 토마토를 들여왔다. 아미요가 「한니발전」과 「스키피오전」 대본을 베네치아의 성 마르코 도서관(Library of Saint Mark in Venice)에서 보았다고 기록한 것으로 미루어 보면, 그 대본은 아마도 로마의 어느 역사학자가 라틴어로 쓴 것으로 보인다.

노스 경

Sir Thomas North, 1535?~1601

*

아미요의 프랑스어판 『플루타르코스 영웅전』을 영어로 번역하여 앵글로색슨 문화권에 소개한 사람은 영국의 문학가이자 번역가인 노스 경이었다. 그는 케임브리지대학을 졸업하고 아우와 함께 프랑스를 여행했다. 그는 영국의 저명한 지식인 사교 클럽인 링컨스 인(Lincoln's Inn, 1422년에 창설)의 회원이었다. 1579년에 영문판 『플루타르코스 영웅전』을 출판한 그는 초판을 국왕 엘리자베스 1세(Queen Elizabeth)에게 헌정하여 많은 찬사를 받았다. 셰익스피어와 같은 시대를 살았던 노스 경은 그에게 많은 영감을 주었으며, 그 결과 셰익스피어가 『줄리어스 시저』, 『코리올라누스』 그리고 『안토니우스와 클레오파트라』를 쓰는 데 많은 영향을 끼쳤다.

　노스 경은 지금의 『플루타르코스 영웅전』의 체제를 완성한 사람이다. 그는 아미요의 판본을 번역하면서 90명을 52명으로 줄였다. 그의 판본이 오늘날 보편화한 판본과 다른 점은 한니발과 스키피오의 전기를 넣음으로써 모두 52명으로 이루어진 『플루타르코스 영웅전』의 체제를 완성했다는 점이다. 이 두 편의 글을 '번역한 사람'이 드 레클루제이다.

　더 나아가서 노스 경은 『영웅전』이 전해 내려오는 동안 사라진 것으로 알려졌으나, 앞에서 말한 것처럼 아미요가 제자 뒤 아이양을 시켜 작성하도록 한 네 편의 비교 전기 가운데 「알렉산드로스와 카이사르의 비교」를 영문판에 넣었다는 점에서 남다르다. 다른 세 편은 넣지 않고 굳이 이 한 편만 넣은 것은 이 두 사람의 비교 평전이 그만큼 의미 있다고 여겼기 때문일 것이다. 이렇게 그의 손으로 오늘날 전해지고 있는 영웅전의 차례가 정리되었다. 그는 늦은 나이에 스페인 무적함대(Armada)와의 해전(1588)에 참전한 공로로 작위를 받고 연금으로 노후를 보냈다.

랭혼 형제

John Langhorne, 1735~1779 / William Langhorne, 1721~1772

*

이 번역본은 랭혼 형제의 판본을 부본(副本)으로 썼다. 아우 존 랭혼은 본디 성공회 사제였으나 시인이자 번역가로 활동했다. 그는 영국의 웨스트모어랜드(Westmoreland) 지방의 윈턴(Winton)에서 성직자인 아버지 조지프(Joseph)와 어머니 이저벨(Isabel) 사이에서 태어났다. 그는 어려서 주로 윈턴과 애플비(Appleby)에서 공부했으며, 18세에 영국 최고의 명문가인 리펀가(Ripon Family)의 가정 교사가 되었다.

그 뒤로 존 랭혼은 웨이크휠드(Wakefield)에서 조교사(助教師, Usher)로 일하다가 성공회에서 부제(副祭) 서품을 받았다. 그 뒤 그는 런던에서 보좌 신부로 봉직했으며, 1776년부터 블랙든(Blagdon), 서머싯(Somerset), 웰즈(Wells)에서 자급(自給) 관할 사제(Prebendary)로 봉직했다. 기간은 알 수 없으나 그는 프랑스와 플랑드르(Flanders)를 여행했다. 이 무렵 사제로서만이 아니라 시인으로도 명성을 얻었던 그는 「스터들리 공원(Studley Park)」, 「꽃 이야기(Fables of Flora)」, 「시골 판사(Country

Justice)」 등의 작품을 남겼다.

함께 번역한 형 윌리엄에 대해서는 자세히 알려진 바가 드물다. 그는 훠크스턴(Folkestone)의 종신 보좌 신부였는데, 존은 말년에 형에게로 가서『플루타르코스 영웅전』의 번역으로 남은 생애를 마쳤다. 아마도 존이 주로 번역하고 형의 도움을 받았던 관계로 공역자로 이름을 올린 것으로 보인다. 이들의 책은 1770년에 출간되었다.『플루타르코스 영웅전』의 세계적인 주석자 롱(George Long)의 말에 따르면, 랭혼 형제의 판본은 근대 문학사에서 최초로 대중화된 책이었다고 한다.

카롤루스 진테니스
Karl Heinrich Ferdinand Sintenis, 1806~1867

＊

『플루타르코스 영웅전』의 라틴어 판본을 집대성한 사람은 특이하게도 독일의 고전문학자인 진테니스였다. 그의 독일식 이름은 카를(Karl)이었지만 라틴어를 번역하거나 논문을 쓸 때는 카롤루스(Carolus)라는 라틴식 이름을 썼다. 진테니스는 독일 작센안할트(Saxony-Anhalt) 지방의 체르프스트(Zerbst)에서 태어났다. 그의 할아버지 크리스티안 프리드리히 진테니스(Christian F. Sintenis, 1759~1820)는 독일 문화사에 기록되어 있는 저명한 작가이자 신학자로 윤리와 종교에 관한 많은 글을 남겼다. 아버지 아우구스트 프리드리히 진테니스(August F. Sintenis)는 그 지방 목사였는데, 카를이 13세가 될 때까지 학교를 보내거나 교사를 두지 않고 아버지가 직접 아들을 가르칠 정도의 지식인이었다.

진테니스는 1820년부터 1824년까지 체르프스트 프란치스코회 소속 고등학교를 다녔다. 이 학교는 본디 아시시(Assisi)의 성인 성 프란체스코(Saint Francesco)를 기념하여 지은 수도

57   추기

원(Franziskanerkloster)이었는데, 그 뒤에 고등학교로 체제가 바뀐 곳이었다. 따라서 이 학교가 라틴어 교육에 각별히 유념했다고 짐작할 수 있다. 그래서 그 무렵의 교장은 저명한 언어학자인 홰세(Gottfried Fähse)였고, 교사 가운데 크뤼거(Karl W. Krüger)는 역사학자였으며, 베커(Wilhelm A. Becker)는 언어학자였다. 진테니스는 그들에게서 깊은 영향을 받았다.

진테니스는 라이프치히(Leipzig) 대학에 진학하여 (1824~1829) 세계적인 고전학자 헤르만(Johann G. J. Hermann, 1772~1848) 교수에게 고전어학을 배우면서 일생의 운명을 결정지었다. 이 무렵에 그는 엠페리우스(Adolf Emperius), 프랑케(Friedrich Franke), 하우프트(Moriz Haupt), 리츨(Friedrich Ritschl) 그리고 자우페(Hermann Sauppe) 등과 사귀었다. 라이프치히대학을 졸업한 뒤에는 1837년부터 모교인 체르프스트고등학교의 인문학 교사(Gymnasialprofessor)로 부임하여 봉직하다가 세상을 떠날 때까지 교장(1850~1867)을 역임했다. 재임하고 있을 때 외부에서 많은 초빙 제안을 받았으나 모두 거절하고 일생을 고등학교의 교직으로 마쳤다.

진테니스가 그리스·이탈리아의 고전에 눈을 뜬 것은 고등학교 시절부터였지만, 더 깊이 있는 공부를 하게 된 것은 라이프치히대학에 다니면서부터였다. 그는 고등학교 교사로 부임하기 이전부터 『플루타르코스 영웅전』에 관심을 두고 번역 작업에 착수했는데, 첫 작품이 「테미스토클레스전」(1832)이었던 것으로 미루어 보면 처음부터 전질(全帙)을 번역할 뜻이 있었던 것은 아니었다.

그러다가 3년 뒤에 「페리클레스전」(1835)을 출판하고 나서 진테니스는 아예 전질을 번역하기로 결심한 듯하다. 그리하여 제1~4권이 1839년부터 1846년까지 7년에 걸쳐 라이프치히의 퀼러 출판사에서 출판되었다. 그리고 무슨 이유인지는 알 수 없으나 제4권이 출판된 지 14년이 지난 1860년에 마지막 제5권이 출판된 곳은 라이프치히의 토이브너(Teubner) 출판사였다. 아마도 많은 우여곡절이 있었던 것으로 보인다. 그는 번역서 말고도 플루타르코스와 관련된 두 권의 서적을 출판하여 자기 과목의 교재로 사용했다.

롱과 스튜어트

George Long, 1800~1879 / Aubrey Stewart, 1844~1918

*

『플루타르코스 영웅전』의 권위 있는 주석자인 롱은 영국 랭커셔(Lancashire)주의 풀턴(Poulton)에서 태어났다. 케임브리지 대학 트리니티 칼리지에서 고전 영문학을 전공한 그는 1821년부터 크레이븐(Craven) 대학에서 교수로 활동하다가 1823년에 모교인 트리니티로 돌아와 교수가 되었다. 이후 한때 미국 버지니아대학에서 고대 영문학을 강의하다가 귀국하여 런던대학의 그리스어 교수로 취임했다. 1842년 유니버시티 칼리지로 옮겨 라틴어를 가르친 그는 브라이튼(Brighton) 대학에서 유럽 고전을 강의한 뒤에 퇴임하여 포트휠드(Portfield)에서 일생을 마쳤다.

롱은 왕립 지리학회(RGS)의 창설 회원으로 20년 동안 활약했다. 그는 고대 라틴과 그리스의 법제(法制)와 인명사전의 편찬에 많이 이바지했다. 그의 번역·저술로는 헤로도토스의 『역사』, 크세노폰(Xenophon)의 『로마 내전사』, 마르쿠스 아우렐리우스의 『명상록』, 에픽테토스의 『논고』와 『로마 공화국의 멸망(Decline of the Roman Republic)』이 있다.

롱과 함께 번역한 스튜어트에 대해서는 알려진 바가 별로 없다. 롱처럼 트리니티 칼리지의 교수였던 그는 그리스·로마의 역사와 관련된 번역과 집필에 힘썼다. 스튜어트가 롱보다 마흔네 살 연하이고 같은 대학, 같은 학과의 교수였던 것으로 보아 사제의 사이였으리라는 것을 알 수 있다.『플루타르코스 영웅전』이 롱이 죽은 1년 뒤인 1880~1882년 사이에 출판된 것으로 보아 아마도 롱이 번역하던 작업을 스튜어트가 이어받아 번역과 윤문을 완성하고 주석을 더했으리라고 여겨진다. 이들은 독일의 진데니스가 편집한 라틴어 판본을 대본으로 삼았다.

베르나도트 페린

Bernadotte Perrin, 1847~1920

*

이 번역판의 영문판 저본(底本)의 번역자인 베르나도트 페린은 코네티컷주 고센(Goshen)에서 태어났다. 회중(會衆) 교회 목사의 아들이었던 그는 프랑스 위그노(Huguenot)의 후손이었다. 1871년부터 1873년까지 예일대학 철학과를 다닌 그는 그리스어에 뛰어났다. 1873년에 박사 학위를 취득한 그는 한때 하트훠드(Hartford) 고등학교의 부교장으로 교편생활을 하다가 독일로 건너가 튀빙겐(Tuebingen) 대학과 베를린 대학에서 수학했다(1876~1879).

귀국한 페린은 웨스턴 리저브(Western Reserve) 대학의 그리스어 교수로 봉직하였으며, 다시 영국과 그리스에 유학한(1887~1890) 다음 돌아와 예일대학 그리스어 교수로 봉직했다(1893~1909). 이 무렵에 그는『오디세이아(Odyssey)』를 번역했으며, 동시에『플루타르코스 영웅전』의 번역에 몰두하여 뢰브 고전 출판사(Loeb Classical Library, 1914~1920)에서 출판함으로써 명성을 얻었다. 1897년에는 미국 철학회 회장을 역임했다. 1881년에 육촌 여동생 루엘라(Luella)와 결혼하였으나 1889년 아내가 사망하자 수전 레스터(Susan Lester)와 재혼했다. 심장병으로 갑자기 세상을 떠났다.

테세우스
THESEUS

신화시대

언어와 문학을 이해하는 도시와
원수를 진다는 것은
참으로 슬픈 일로 보인다.
— 플루타르코스

1

소시우스 세네키오(Sosius Senecio)에게.[1]

지리학자들은 자기들의 지식 범위를 벗어나는 지역들을 지도 변두리로 밀쳐 두고 설명하기를, "이곳 너머에는 물도 없고 맹수들이 들끓는 모래사막이 있다"느니, "보이지 않는 늪이 있다"느니, 아니면 "흑해(黑海) 북쪽에는 스키티아(Scythia)족이 사는 동토(凍土)와 얼어붙은 바다가 있다"고 한다.

그와 마찬가지로 나도 이 '비교 평전'을 쓰면서 다음과 같이 말할 수도 있겠다. 그럴듯한 논리를 댈 수 있고 사실만을 다루는 오늘날의 시대가 아닌, 저 고대의 역사를 오늘날의 시점에서 바라보면 "저 너머는 불가사의하고 있을 법하지 않은 일들로 가득하니, 그곳은 시인들이나 우화 작가들만이 살아가는 곳이다. 거기서는 의심스럽고 불투명한 일들만 벌어진다"고 말이다.

그러나 법률가 「리쿠르고스(Lykurgos)」와 「누마(Numa)」를 출판한 뒤,[2] 이제 더 먼 과거로 신화에 해당하는 「로물루스(Ro-

---

I   소시우스 세네키오는 플루타르코스가 로마에 머물 무렵 사귄 친구로서 서기 98~107년 동안 네 번에 걸쳐 집정관을 지냈다. 플루타르코스는 이 장 말고도 「데모스테네스전」과 「디온전(Dion)」의 첫머리에 그의 이름을 기록하고 있는데, 이는 이 글들을 세네키오에게 바친다[獻呈]는 의미를 담고 있다. 그의 이름이 이곳에서는 소키우스(Socius)로 되어 있고, 스튜어트와 롱이 번역한 판본과 「디온전」에는 소시우스(Sossius)로 되어 있고, 「데모스테네스전」에는 소시우스(Sosius)로 되어 있는데, 소시우스(Sosius)가 맞는 듯하여 모두 그렇게 표기했다. 로마에서는 작가가 글을 쓰면서 유력자에게 헌정하는 것이 관례였다. 마키아벨리가 메디치(Medici) 전하에게 헌정한 『군주론(Il Principe)』이 그 대표적인 예이다.

2   테세우스보다 나중에 태어난 리쿠르고스와 누마왕이 테세우스의 기록

mulus)」의 시대까지 거슬러 온 것이 불합리한 결정만은 아닐 것이다. 그의 시대를 다루면서 나는 그리스의 비극 시인 아이스킬로스(Aeschylus)의 시구를 빌려 스스로에게 이렇게 묻는다.

> 누가 감히 그와 같은 전사(戰士)와 대적하겠는가
> 나는 그에게 대적할 만한 자로
> 누구를 내세울 수 있겠는가
> 대체 누가 그를 당할 수 있으랴?

생각을 거듭한 끝에, 나는 아름답고 유명한 아테네를 세운 인물과 영광스러운 로마의 아버지를 짝지어 설명하지 않을 수 없었다. 내가 이성적인 기준을 통해 이들의 전설을 정리함으로써 그 이야기를 역사의 형태로 그려 내는 데 성공하기를 빈다. 그러나 독자 여러분이 이를 믿기에는 너무도 무안하고 그럴듯하지 않다고 여겨지더라도, 좀 더 너그러운 마음으로 이 옛날이야기를 받아들여 주기 바란다.

2

내가 볼 때 테세우스와 로물루스는 비슷한 점이 많아 서로 견주어 보기에 좋다. 두 사람 모두 부모가 누구인지 분명하지 않으면서도 신의 아들이라는 명성을 얻었다.

> 두 사람은 모두 전사였으니,
> 이는 세상 사람들이 모두 아는 일이니라.
> (『일리아스』, VII : 281)

에 등장하는 것으로 보아, 플루타르코스는 이 책을 연대순으로 쓰지 않았음을 알 수 있다. 아울러 『영웅전』의 순서는 후세에 만든 것이라 번역하는 이의 기호에 따라 달라질 수밖에 없었다.

두 사람은 힘이 장사였고 지혜로웠다. 더욱이 그들은 세상에서 가장 아름다운 도시를 세웠다. 로물루스는 로마를 세웠고, 테세우스는 아테네를 세웠다. 둘은 모두 납치한 여성과 결혼했다. 또한 그들은 가정적으로 불행했고, 동기간의 미움을 받았으며, 시적(詩的) 과장을 최소화한 이야기를 빌려 표현하자면, 말년까지도 시민과 갈등을 빚었다.

3

테세우스의 집안을 살펴보면, 아테네의 신화시대 왕인 에레크테우스(Erechtheus)와 지신(地神)의 아들까지 거슬러 올라가고, 어머니는 엘리스(Elis)의 신화시대 왕인 펠롭스(Pelops)까지 올라간다. 펠롭스는 펠로폰네소스의 역대 왕 가운데 가장 강력했는데, 이는 자식이 많고 재산이 엄청났기 때문이었다. 그는 딸들을 명문가에 시집보냈으며, 아들들을 사방의 도시에 흩어보내 왕으로 삼았다.

펠롭스의 자손 가운데 피테우스(Pittheus)라는 인물이 있었는데, 그가 곧 테세우스의 할아버지로서 트로이젠(Troizen)이라는 작은 도시를 세웠다. 그는 그 시대의 지식과 가장 위대한 지혜에 정통하여 최고의 명성을 떨쳤다. 그 무렵의 지혜서(智慧書)는 고유한 형식과 설득력을 갖추고 있었는데, 그 가운데서도 그리스 교학시(敎學詩, didactic poetry)의 아버지인 헤시오도스(Hesiodos)의 것이 유명했다. 그가 쓴 『일과 나날(*Works and Days*)』에는 심금을 울리는 명언들이 많다. 그 가운데 피테우스의 다음과 같은 구절이 있다.

절약하면서 사는 사람에게 약속한 대가는
충분하고 확실해야 한다.
(피테우스, 『운문』, §370)

이 말은 철학자 아리스토텔레스도 인용한 것이었다.(『단편』, §556) 그리스의 극작가 에우리피데스(Euripides)가 테세우스의 아들 히폴리토스(Hippolytos)를 가리켜 "순수하고 거룩한 피테우스의 양육을 받은 사람"(『히폴리토스』, §11)이라고 부른 것을 보면, 그 시내의 사람들이 피테우스를 어떻게 생각했는가를 알 수 있다.

들리는 바에 따르면, 자식이 태어나기를 기다리던 아테네의 왕 아이게우스(Aigeus)는 델포이(Delphoi)의 여사제에게서 지켜야 할 신탁을 받았다고 한다. 사제가 들려준 내용에 따르면, 아이게우스는 아테네에 이를 때까지 어떤 여자와도 잠자리를 함께해서는 안 되었다. 그러나 신탁이 다소 모호하다고 생각했던 아이게우스는 트로이젠으로 돌아가 피테우스에게 신탁을 전했다. 그 내용은,

인민의 위대한 지도자여,
아테네에 다시 올 때까지는
포도주 자루의 주둥이를 풀지 말지니라.
(에우리피데스, 『메데이아』, §674, 676)

라는 것이었다. 이 신탁을 정확히 이해한 피테우스는 아이게우스를 교묘하게 속여 자기의 딸 아이트라(Aethra)와 동침하도록 설득했다. 아이트라와 동침한 아이게우스는 뒤늦게 그 여인이 피테우스의 딸임을 알아차렸다. 그 여자가 임신했을지도 모른다고 생각한 아이게우스는 칼 한 자루와 신발 한 켤레를 바위 밑에 숨겨 놓았다. 그 바위 밑에는 물건들을 숨겨 둘 만한 홈이 패어 있었다.

아이게우스는 아이트라에게만 이 사실을 알려 주었다. 그리고 자기들 사이에 아들이 태어나 그 바위를 들어 올릴 정도의 성인이 되면 그 물건들을 챙겨 징표 삼아 자기에게 보내되,

모든 일을 비밀에 부치고 자신의 여행에 대해 아무도 모르게 하라고 당부했다. 이는 그가 자신에게 반대하는 음모를 꾸미고 있던 형 팔라스(Pallas)를 몹시 두려워했기 때문이었다. 아들이 쉰 명이나 있었던 팔라스는 아이게우스에게 자식이 없다며 늘 얕보곤 했다. 그러고 나서 아이게우스는 멀리 떠났다.

4

아이트라는 아들을 낳고 테세우스라고 이름을 지었다. 어떤 사람의 말에 따르면, 그의 징표가 '숨겨 놓인'이라는 말이 그리스어로 테세우스와 비슷한 테신(thesin)이어서 그런 이름을 지었다고 한다. 또 다른 사람의 말에 따르면, 테세우스가 아테네에 도착했을 때 아이게우스가 자기 아들을 '알아보고' 그렇게 지었다고도 하는데, '알아보았다'는 어휘가 그리스어 테세우스와 비슷한 테메누(themenou)라고 한다.

들리는 바에 따르면, 피테우스가 테세우스를 양육했으며 콘니다스(Connidas)라는 가정 교사가 그를 가르쳤다고 한다. 오늘날까지도 아테네 사람들은 테세우스의 축일 전날에 양을 제물로 바치면서 콘니다스를 추모하는데, 테세우스의 조각상을 만든 그리스의 조각가 실라니온(Silanion)이나 그의 초상화를 그린 그리스의 화가 파라시오스(Parrhasios)에 대한 공경보다 더 깊다.

5

성년이 된 남자들이 델포이 신전에 가서 머리카락을 잘라 신에게 바치는 풍습에 따라 테세우스도 신전에 갔다. 들려오는 바에 따르면, 그 장소가 오늘날까지 전승되어, 그의 이름을 따서 테세이아(Theseia)라고 부른다고 한다. 그러나 그는 오직 정수리 부분의 머리만 깎고 뒷머리를 길렀다. 호메로스는 아반테스(Abantes) 사람들이 이런 머리 모양을 했다고 하는데,(『일리아스』, II : 542) 이러한 이발 방법을 테세우스식이라고 한다.

아반테스인들은 이 방법으로 머리를 깎은 최초의 부족이라고 한다. 그들의 풍속은 아라비아인들에게 배운 것도 아니고 미시아(Mysia) 사람들의 전투술에서 배운 것도 아니라고 생각하는 사람들이 있다. 그 무렵 아반테스인들은 전쟁을 좋아하고 접근전에 능숙했으며, 좁은 공간에서 적군을 제압하는 방법을 어느 다른 민족보다도 잘 알았다. [기원전 7세기경] 그리스의 음유(吟遊) 시인 아르킬로코스(Archilochous)는 그 장면을 이렇게 표현하고 있다.

> 육탄전에서는 활을 쏠 수도 없고
> 돌을 던질 수도 없으니
> 군신(軍神) 아레스(Ares)가 그랬던 것처럼
> 평지에서 싸울 때는 오로지 칼뿐이라네
> 전사들은 모두가 용사들이니
> 에우보이아(Euboia)섬을 점령한 무리도
> 창술로 유명해졌음이라.
> (베르크 엮음,『그리스 서정시 단편(斷編)』, II/4 : 383)

이처럼 접근전에 능숙했던 아반테스인들은 적군에게 머리채를 잡히지 않도록 정수리 부근의 머리를 깎았다. 들리는 이야기로는 알렉산드로스 대왕도 이와 같은 사실을 잘 알고 있었음이 틀림없다고 한다. 그는 장군들에게 모든 마케도니아 병사가 수염을 깎도록 지시했는데, 이는 병사가 수염을 잡혀 끌려가기 쉬웠기 때문이다.

6

그러는 사이에 아이트라는 테세우스의 출생의 비밀을 숨기고, 외국에 나가 있던 피테우스를 시켜 테세우스가 해신(海神) 포세이돈의 아들이라는 소문을 퍼뜨리게 했다. 포세이돈은 트로이젠 사람들의 추앙을 받고 있었을 뿐만 아니라 그 도시의 수호신이었기 때문이었다. 그들은 포세이돈에게 햇과일을 제물로 바쳤고, 동전에 그의 삼지창을 상징물로 새겨 넣었다.

젊은 아들 테세우스가 성장하면서 몸집이 우람하고 용맹스러우며 지성과 고결함까지 갖춘 청년이 되자 아이트라는 아버지가 징표들을 숨긴 바위로 그를 데려가 출생의 비밀을 털어놓으면서 아버지가 남긴 징표를 가지고 바다를 건너 아테네로 가라고 말했다. 테세우스는 어깨로 바위를 쉽게 들어 올리고 징표들을 챙겼다. 그러나 바다로 가는 길이 더 쉬운 데다 그의 할아버지와 어머니가 간곡하게 부탁했음에도 그는 바닷길로 가기를 거부했다. 아테네로 가는 육로는 정비되어 있지 않고 길에서 강도와 악한을 만날 수도 있어 위험했다.

그 시대에는 팔심이 세고 발이 날렵하며 체격이 좋은 사람들이 많았으나 그들은 그 힘을 어디에 써야 할지 몰랐다. 오히려 그들은 오만에 빠져 의기양양해하고, 힘을 뽐내며 잔혹하고 비통한 일을 저질렀으며, 자신들의 앞길을 막는 것들을 힘으로 누르고 지배하고 파괴했다. 존경이니 공정함이니 정의니 인간미니 하는 덕목을 칭송하는 것은 잘못을 저지를 용기가 없는 사람들이나 하는 행위이지, 주먹을 휘두를 만큼 강력한 사람들에게 관심거리가 될 만한 것은 아니라고 그들은 생각했다.

도리스(Doris)족의 시조신이자 신성한 영웅이며 제우스의 아들인 헤라클레스는 길을 가면서 그러한 무리를 처단했다. 그러는 가운데 어떤 무리는 그가 지나갈 때 머리를 조아리거나 뒤로 물러섬으로써 그의 눈길을 벗어나 목숨을 건졌고, 비굴하게 몸을 웅크려 죽음을 비껴갔다. 헤라클레스에게도 재앙이 다가와 그는 엘리스의 왕 이피토스(Iphitos)를 절벽에서 떠밀어 죽이고 리디아(Lydia)로 갔다가 그곳의 여왕인 옴팔레(Omphale)의 집에서 오랫동안 노예 생활을 한 적이 있었다.

이 무렵 리디아는 참으로 평화로웠다. 그러나 그리스 지방에서는 악당들이 다시 일어났지만 이들을 꾸짖고 억제할 인물이 없었다. 그래서 펠로폰네소스부터 아테네로 가는 육로 여행은 매우 위험했다. 피테우스는 악당들에 대해 하나하나 설명하면서 그들이 얼마나 극악했고, 여행객들에게 무슨 짓을 저질렀는지 들려주며 테세우스가 바닷길로 가도록 설득했다. 그러나 테세우스는 헤라클레스의 장엄한 용맹성에 남모르게 마음이 들끓는 듯했고, 헤라클레스가 어떤 사람인지를 이야기해 주는 사람의 말에 귀를 기울였으며, 무엇보다도 그를 직접 보았거나 그의 연설을 들었거나 본 사람의 말에 귀를 기울였다.

먼 훗날 테미스토클레스는 자신이 마라톤 전투의 영웅인 밀티아데스(Miltiades)의 승전 소식을 듣고 잠을 이룰 수 없었던 경험을 말한 적이 있었는데,(제7장 「테미스토클레스전」, §3) 테세우스의 경험이 바로 그런 것이었다. 테세우스는 그와 같이 헤라클레스의 용맹함을 찬양했으며, 밤이 되면 영웅의 업적에 대한 꿈을 꾸고, 낮이면 그와 같은 성공을 목표 삼아 자신을 이끌며 고무했다.

7

테세우스의 어머니와 헤라클레스의 어머니는 사촌으로 혈연관계였다. 아이트라는 피테우스의 딸이었고 알레메네(Alemene)는 리시디케(Lysidice)의 딸이었는데, 리시디케와 피테우스는 남매 사이로 히포다메이아(Hippodameia)와 펠롭스 부부의 자녀였다. 따라서 그의 유명한 육촌 형은 가는 곳마다 악당을 물리치고 그들을 바다와 땅에서 쓸어버렸으나, 테세우스 자신은 그동안 출생에 얽힌 징표를 얻기까지는 고귀한 행위와 업적을 외면해 왔던 것이다.

그는 앞길을 가로막는 싸움을 비켜 도망자처럼 바닷길로 떠나, 출생을 증명하는 신발 한 켤레와 피도 묻힌 적이 없는 칼

한 자루를 들고 아버지를 찾아 나서는 일이 아버지의 명예를
더럽히는 것 같아 너무도 끔찍하여 견딜 수 없었다. 그런 생각
과 마음가짐으로 길을 떠난 테세우스는 잘못이 없는 사람은
해코지하지 않고, 자신에게 폭력을 쓰는 사람만 응징하리라고
결심했다.

8

테세우스가 길을 가면서 처음 들른 곳은 에피다우로스(Epid-
auros)였다. 이곳에는 페리페테스(Periphetes)라는 절름발이 장
사가 있었는데, 봉술(棒術)에 능숙하여 사람들은 그를 '몽둥이
장사'라고 불렀다. 그가 길을 막자 테세우스는 그를 죽였다. 그
리고 그 몽둥이가 마음에 들어 가지고 다녔는데, 이는 마치 헤
라클레스가 사자를 죽인 뒤 그 가죽을 두르고 다닌 것과 같았
다. 헤라클레스가 사자 가죽으로 만든 옷을 입고 다님으로써
자신이 이 맹수를 어떻게 죽였는가를 자랑했듯이, 테세우스도
자신의 손으로 상대를 무찔렀고, 자신이 얼마나 무적의 용사
인가를 보여 주려고 했다.

　　이스트모스(Isthmos)에 이르러서도 테세우스는 '소나무를
굽히는 장사'라는 별명을 듣는 산적(山賊) 시니스(Sinis)를 만나
그가 다른 사람을 죽일 때처럼 꼭 같은 방법으로 그를 죽였다.
그는 시니스가 쓰던 방법을 연습한 적도 없고, 그 방법에 대해
아는 바도 없었다. 시니스에게는 매우 아름답고 우아한 딸이
있었는데 이름은 페리구네(Perigune)였다.

　　아버지가 죽는 모습을 본 페리구네가 몸을 숨기자 테세우
스가 그를 찾아 나섰다. 그러나 그는 관목과 골풀과 야생 아스
파라거스가 우거진 숲속으로 들어가 매우 천진하고 어린 마음
으로 마치 숲이 자신의 처지를 이해하듯이 속삭이기를, 만약
그들이 자신을 숨겨 목숨을 건져 주면 결코 풀을 베거나 불태
우지 않겠노라고 약속했다. 그러나 테세우스가 그 여인을 불

러내어 장차 그를 명예롭게 대우할 것이며 잘못을 저지르지 않겠다고 약속하자, 그는 숲에서 나와 테세우스와 동침하여 멜라니포스(Melanippos)라는 아들을 낳았다.

뒷날 그 여자가 오이칼리아(Oechalia) 출신 에우리토스(Eurytos)의 아들 데이오네우스(Deioneus)와 동거하자 테세우스는 그 여인을 그에게 주었다. 테세우스의 아들 멜라니포스에게서 아들이 태어났는데, 바로 이옥소스(Ioxos)이다. 그는 오르니토스(Ornytos)와 함께 카리아(Karia)라는 곳으로 이주했다. 이런 까닭에 선조인 이옥소스의 풍습에 따라 그곳 사람들은 아스파라거스나 관목을 불태우지 않고 숭상하고 있다.

9

크롬미온(Crommyon) 사람들이 파이아(Phaea)라고 부르는 암퇘지는 여느 짐승과 다른 괴물로, 성질이 사나운 데다 주인에게도 거칠었다. 테세우스는 이 암퇘지를 죽이려고 길을 벗어나 그 마을로 들어갔다. 그는 충동적으로 공적을 쌓으려고 살아가는 사람으로 여겨지고 싶지 않았다. 그는 용맹한 사람이란 오직 자신을 방어하고자 악한을 공격하지만, 야수와 투쟁할 때만큼은 자신의 목숨을 거는 위험을 감수해야 한다고 생각했기 때문에 그 길을 갔다. 그러나 어떤 사람의 말에 따르면, 한 여자 강도가 살인을 즐기고 방종한 생활을 하면서 크롬미온에 살았는데, 그가 살아가는 방식 때문에 별명이 암퇘지였다고 한다. 그래서 테세우스가 그를 죽였다는 것이다.

10

테세우스는 또한 메가라(Megara) 국경에서 산적 스키론(Sciron)을 절벽에서 떠밀어 죽였다. 그 무렵 떠돌던 전설에 따르면 그는 지나가던 여행자들의 물건을 강탈했다고 한다. 또 다른 전설에 따르면, 그는 무례하게도 까닭 없이 나그네에게 발을 씻게 했으며, 발 씻는 일이 끝나면 그를 걷어차 바다에 빠뜨렸다고 한다.

그러나 메가라의 작가들은 이런 통념에 이의를 제기하고 있다. 그리스의 수사학자 시모니데스(Simonides)의 표현에 따르면,(『단편』, §193) 그들의 태도는 마치 "오래된 전설과 전쟁이라도 펼치는" 듯했다고 한다. 메가라의 작가들은 스키론이 폭력배도 아니었고, 강도도 아니었으며, 착하고 의로운 사람들의 이웃이자 친구였다고 한다.

그들의 말에 따르면, 제우스의 아들 아이아코스(Aiakos)는 헬레네에서 가장 의로운 사람이었고, 살라미스(Salamis) 사람으로 포세이돈의 아들인 키크레우스(Cychreus)는 아테네에서 성자로 존경받았으며, 아킬레우스(Achilleus)의 아버지 펠레우스(Peleus)와 아이기나(Aigina)의 양자였던 텔라몬(Telamon)은 모든 사람에게 덕망 높은 인물로 알려져 있다.

그런데 스키론은 키크레우스의 사위이고, 아이아코스의 장인이며, 펠레우스와 텔라몬의 할아버지였다. 펠레우스와 텔라몬은 스키론과 카리클로(Chariclo)의 딸인 엔데이스(Endeis)의 아들들이다. 그러므로 들리는 바에 따르면, 그러한 명문가의 자손들이 악당들과 혼인 동맹을 맺어 값지고 원대한 약속을 주고받았으리라고 여겨지지는 않는다고 한다. 그들의 말을 빌리면, 테세우스가 메가라의 지배자 디오클레스(Diocles)를 속여 메가라족에게서 엘레우시스(Eleusis) 지역을 탈취하고 스키론을 죽인 것은 그가 처음 아테네를 여행하던 때가 아니라 그 뒤의 일이라고 한다. 이 문제에 관해서는 그처럼 서로 다른 주장이 있다.

11

더 나아가 테세우스는 엘레우시스에서 아르카디아(Arcadia) 사람이자 엘레우시스의 왕인 케르키온(Cercyon)을 씨름으로 이긴 뒤에 죽였다. 조금 더 길을 가다가 에리네우스(Erineus)에 이르러서는 성(姓)이 프로크루스테스(Prokroustes)이고 이름이 다마스테스(Damastes)인 사람을 침대에 옮아매어 죽였는데, 이는 그가 다른 사람들을 늘 그런 방식으로 죽였기 때문이었다. 테세우스의 그러한 처사는 헤라클레스를 흉내 낸 것이었다. 헤라클레스는 자기를 죽이려고 음모한 사람들을 만나면 그들이 쓰던 방법과 꼭 같은 방법으로 그들을 처단했다.

이를테면 헤라클레스는 부시리스(Bousiris)를 죽여 제단에 바쳤고, 안타이오스(Antaios)를 씨름으로 눌러 죽였고, 키크노스(Cycnos)를 단칼에 죽였고, 테르메로스(Termeros)를 머리로 받아 죽였다. 들리는 바에 따르면, '테르메로스의 복수'라는 말이 있는데, 이는 그가 적군을 만나면 머리를 깨서 죽인 데서 따온 것이다. 그와 마찬가지로 테세우스는 어떤 악한을 죽일 때 그 악한이 다른 사람에게 자행한 방법으로 응징함으로써 그가 불의하게 저지른 방법을 되받아 겪게 했다.

12

테세우스는 길을 재촉하여 케피소스(Kephisos)강에 이르러 피탈리다이(Phytalidae)족의 환영을 받았다. 그는 주민들에게, 그동안 피를 많이 흘렸으니 정화(淨化)를 하고 이곳의 예식에 따라 몸을 씻은 다음, 용서의 제물을 바치고 싶다고 말했다. 그러자 주민들이 그들의 집에서 잔치를 베풀어 주었다. 이는 그가 여행하면서 처음으로 받은 친절이었다.

그 뒤 테세우스는 지금의 헤카톰바이온(Hekatombaeion)에 해당하는 크로니온월(Kronion月, 7월) 8일에 아테네에 도착했다고 한다. 시내에 들어가 보니 공공질서는 무너지고 자신의 아버지인 아이게우스와 그 집안도 엉망이 되어 있었다. 코린토스(Korinthos)에서 도망 와 자식이 없는 아이게우스에게 자식을 얻도록 해 주겠노라고 약속한 무녀 메데이아(Medeia)가 그와 함께 살고 있었다.

메데이아는 테세우스의 정체를 이미 알고 있었으나, 아이게우스는 테세우스가 자기 아들이라는 사실을 모르고 있었다. 그는 늙은 데다가 도시의 파벌 때문에 두려움에 빠져 있던 터라, 메데이아는 그에게 테세우스를 손님으로 맞아들여 독살하라고 부추겼다. 잔치에 참여한 테세우스는 자신이 누구인지를 미리 밝히지 않는 것이 좋겠다고 생각하면서도 아버지가 자신을 알아보기를 바랐다. 고기가 나오자 그는 아버지가 바위에 숨겼던 칼을 빼 자르는 시늉을 하면서 아버지에게 신호를 보냈다.

아이게우스는 그 의미를 곧 알아차려 독이 든 잔을 쏟아버리고 자기 아들인지를 확인한 다음 그를 껴안았다. 아이게우스가 민중 집회에서 테세우스가 자기 아들임을 알리자 이미 그의 용맹을 알고 있던 시민은 그를 기꺼이 받아들였다. 들려오는 바에 따르면, 독이 든 잔이 쓰러질 때 독이 쏟아져 오늘날의 델포이 신전에 홈이 생겼다고 한다. 그곳은 아이게우스의 집이 있던 자리로서, 지금도 신전 동쪽을 향해 있는 신의 사자(使者) 헤르메스(Hermes)의 신상을 아이게우스 대문의 신상이라고 부른다.

13

이런 일이 있기에 앞서 팔라스의 아들들은 아이게우스가 자식 없이 죽은 뒤에는 자신들이 왕실을 이어받으리라 기대하고 있었다. 그러던 터에 테세우스가 왕위 계승자로 추대되었다. 애초에 판디온(Pandion)의 양자 출신으로 왕이 된 아이게우스는 어느 모로 보나 에레크테우스의 가문과 상관이 없는데, 이제는 이민자에 지나지 않는 테세우스가 장차 왕이 될 상황이었다. 이에 격분한 팔라스의 아들들이 반란을 일으켰다. 그들은 두 부대로 나누어 한 부대는 아버지와 함께 스페토스(Sphettos)

테세우스

에서 도시를 공개적으로 공격하고, 다른 부대는 가르게토스(Gargettos)에 매복해 있다가 양쪽에서 공격하기로 하였다.

그러나 레오스(Leos)라는 아그노스(Agnus) 출신 전령이 팔라스의 아들들이 꾸민 계획을 테세우스에게 알려 주었고, 테세우스가 매복 부대를 기습하여 모두 살해하자 그들의 부대는 흩어졌다. 들리는 바에 따르면, 이러한 이유로 팔레네(Pallene) 마을의 사람들은 아그노스 마을의 사람들과 혼인을 하지 않으며, 전령이 통상적인 소식을 전달할 때도 "아쿠에테 레오이(Akouete leoi, 시민은 들으시오)"라는 용어를 쓰지 않으려 한다. 그들은 '레오스'라는 반역자로 말미암아 '레오이'라는 단어를 싫어하기 때문이다.

14

공업(功業)을 이루고 아울러 백성의 호감을 사고 싶었던 테세우스는 테트라폴리스(Tetrapolis)의 주민들을 끊임없이 괴롭히는 황소를 죽이고자 마라톤으로 갔다. 그는 황소를 제압하여 산 채로 도시에 끌고 다니면서 백성들에게 보인 다음 델포이 신전의 아폴론에게 제물로 바쳤다. 이 원정에서 헤칼레(Hecale)라는 여인이 그를 맞이하여 접대했다는 이야기가 오늘까지 들려오는데, 터무니없는 이야기는 아닌 것 같다. 그 일대 도시의 백성들이 제우스 헤칼레이오스(Zeus Hecaleios)에게 헤칼레시아(Hecalesia)라는 의식을 치를 때 헤칼레도 함께 추모했기 때문이다.

그곳 주민들은 헤칼레를 헤칼리네(Hecaline)라는 애칭으로 불렀다. 헤칼레가 테세우스를 대접했을 때, 그가 이미 장성했음에도 노인들이 그러듯이 정겨운 애칭으로 그를 불렀기 때문이다. 그리스 역사학자 휠로코로스(Philochoros)의 기록에 따르면, 테세우스는 황소를 죽이러 떠날 때 만약 살아서 돌아오면 제우스에게 제물을 바치겠노라고 약속했지만, 그가 승전하고 돌아오기에 앞서 헤칼레가 죽었다. 그래서 테세우스 사령관은 헤칼레가 보여 준 호의에 대한 보답으로 그와 같은 애칭으로 그를 불렀다고 한다.

15

그런 일이 있고 얼마 지나지 않아 크레타섬에서 세 번째로 조공을 받으러 왔다. 이 조공과 관련하여 모든 작가가 한결같이 기록한 바에 따르면, 자기 아들 안드로게오스(Androgeos)가 아티카(Attica)의 감옥에서 시해(弑害)되었다고 여긴 크레타의 미노스(Minos)왕이 그곳에 쳐들어와 백성들을 몹시 괴롭혔을 뿐만 아니라, 하늘도 노여워 흉작과 질병으로 백성들을 괴롭혔고 강물이 말라붙었다는 것이다. 그들이 미노스를 달래고 화해하면 하늘의 노여움도 풀려 재앙이 끝날 것이라는 신탁이 떨어져, 그들은 미노스에게 탄원하는 사신을 보내 9년마다 청년과 처녀를 일곱 명씩 바치기로 합의했다.

이와 관련하여 가장 극적인 이야기는, 크레타에 끌려간 청년과 처녀들이 라비린토스(Labyrinthos)라는 미궁(迷宮)에 갇혀 미노타우로스(Mynotauros)에게 잡아먹히거나, 길을 잃고 헤매다가 출구를 찾지 못하고 그곳에서 사라졌다는 것이다. 에우리피데스의 시는 미노타우로스를 이렇게 묘사했다.

> 두 개의 이상스러운 몸체를 가졌으니,
> 머리는 황소이고 몸은 사람의 형상을 지닌 괴물
> (노크 엮음, 『그리스 비극 단편(斷編)』, 680)

16

필로코로스의 기록에 따르면, 크레타 사람들은 이와 같은 전설에 동의하지 않는다고 한다. 그들의 말에 따르면, 라비린토스는 동굴이었는데, 다른 감옥에 견주어 불편하지 않았고 다만 탈출이 불가능했을 뿐이라고 한다. 미노스왕은 죽은 아들

안드로게오스를 기념하여 장례 경기(競技)를 열었는데, 우승자에게는 그동안 감옥에 갇혀 있던 아테네 청년들을 상품으로 주었다. 그 상을 처음 받은 인물은 미노스왕의 치하에서 엄청난 권력을 휘두르던 타우로스(Tauros)라는 장군이었다. 그는 아테네 청년들을 다룰 때는 이성적이지도 않고 점잖지도 않았다. 타우로스는 그들을 거만하고 잔인하게 상대했다.

아리스토텔레스는 그의 저서 『보티아이아 헌법(Constitution of Bottiaea)』에서, 그 젊은이들이 미노스에게 죽은 것으로 여겨지지는 않으며, 크레타에서 노예 신분으로 남은 생애를 마쳤다고 생각했다. 이어서 그는 말하기를, 크레타 사람들은 일단 예전의 약속을 지키고자 첫아이를 델포이의 신전에 바쳤는데, 이때 아테네의 자손들 몇몇이 제물에 섞여 있었다는 것이다. 그런데 더 이상 스스로를 부양하기 어려워진 아테네 출신 노예들은 이탈리아로 건너가 이아피기아(Iapygia) 부근에 살다가 다시 트라키아(Thracia)로 옮겨가 살았고, 보티아이아인이라는 이름을 얻었다. 이런 이유로 보티아이아 여인들은 제사를 드리면서 후렴으로 "아테네로 우리를 보내 주오"라고 노래했다는 것이다.

언어와 문학을 이해하는 도시와 원수진다는 것은 참으로 슬픈 일로 보인다. 미노스는 언제나 아테네의 무대에서 비난을 받았기 때문이다. 그리스의 시인 헤시오도스가 미노스를 가리켜 "가장 충성스러운 인물"(『인물록』, §74)이라고 칭송하고, 호메로스가 그를 가리켜 "제우스 신을 사랑한 사람"(『오디세이아』, XIX : 179)이라고 칭송했어도 소용이 없었다. 비극의 시가 유행하고, 온갖 무대에서 그가 잔인하고 폭력적인 인물이라는 비난이 쏟아졌다. 그러나 지금도 들리는 바에 따르면, 그는 왕이자 입법자였으며, 사람들은 그의 밑에서 재판관을 지낸 제우스의 아들 라다만티스(Rhadamanthys)를 가리켜 미노스왕의 정의와 원칙을 지킨 수호자라고 불렀다.

그리하여 세 번째 인신 조공(人身朝貢)을 바칠 때가 되었을 때, 젊은 아들을 둔 아버지들은 누구의 아들을 보내야 할지 결정하는 제비뽑기를 해야 했다. 이러한 모든 아픔을 먼저 책임지고 벌을 받아야 할 아이게우스왕은 외국에서 사생아를 데려와 왕통을 잇고, 적통(嫡統)으로 태어난 아들들에게 오히려 슬픔을 주어 백성들에게 비난을 받았다.

이와 같은 현실은 테세우스의 마음을 아프게 했다. 이를 무심히 넘길 수 없었던 테세우스는 백성들과 슬픔을 함께 나누려고 스스로 인질로 뽑혀 가기로 작정했다. 백성들은 그의 고결한 용기를 칭송하고 공공을 배려하는 마음씨에 환호했다. 이에 아이게우스는 기도를 하거나 간청을 하더라도 아들이 고집을 꺾고 돌아서지 않으리라는 것을 알고 나머지 청년들의 제비뽑기를 진행했다.

그러나 그리스 산문 작가 헬라니코스(Hellanikos)의 기록에 따르면, 제비를 뽑아 청년과 처녀들을 보낸 것이 아니라 미노스왕이 직접 그 도시로 와서 조건에 따라 젊은이들을 뽑았는데, 테세우스가 제일 먼저 뽑혔다고 한다. 여기에서 조건이란, 아테네인들이 배편을 제공하고 젊은이들은 아무런 무장을 하지 않은 채 자신과 함께 가되, 괴물 미노타우로스를 죽일 수만 있다면 앞으로 이러한 인신 조공을 없앤다는 것이었다.

앞서 두 번은 젊은이들이 살아서 돌아올 희망이 없었기에 배에 검은 돛을 달았다. 젊은이들이 모두 죽으리라고 그들은 확신했다. 그러나 테세우스는 아버지를 위로하면서 반드시 미노타우로스를 죽이겠노라고 장담했다. 이에 왕은 선장에게 흰 돛을 하나 더 주면서, 만약 테세우스가 살아서 돌아오면 흰 돛을 달고 그렇지 않으면 검은 돛을 달아 슬픔을 표시하라고 지시했다.

그러나 그리스 시인 시모니데스의 글(『단편』, §54)에 따르

테세우스

면, 아이게우스왕이 선장에게 준 돛은 흰색이 아니라 "울창한 털가시나무의 부드러운 꽃잎으로 물들인 붉은색 돛"으로서, 이를 살아 돌아오는 표지로 삼았으며, 그 배의 선장은 아마르시아스(Amarsyas)의 아들 페레클로스(Phereclos)였다고 한다. 그러나 휠로코로스의 기록에 따르면, 테세우스는 살라미스섬의 스키로스(Sciros)가 보낸 나우시토오스(Nausithoos)를 선장으로 썼고 화이악스(Phaiax)가 해로를 살피도록 했다고 한다.

스키로스가 이렇게 호의를 보인 이유는 이 무렵만 해도 아테네인들이 물길에 익숙하지 않은 데다가, 그 배에는 자신의 외손자 메네스테우스(Menestheus)가 인질로 잡혀 있었기 때문이었다. 테세우스가 스키로스의 사당 가까이에 있는 팔레룸(Phalerum)에 나우시토오스와 화이악스의 기념관을 짓고, 키베르네시아(Cybernesia)라는 축제를 열어 그들을 추모한다는 전설로 미뤄 볼 때, 위의 이야기들은 사실일 것이다.

18

제비뽑기가 끝나자 테세우스는 젊은이들을 귀빈관에서 데리고 나와 델포이의 신전으로 갔다. 그리고 아폴론에게 기원하는 징표로 성스러운 올리브 가지에 흰 양털을 동여맨 깃발을 올렸다. 맹세와 기원을 마친 테세우스는 무니키온월(Muny-chion月, 4~5월) 6일에 바다로 나갔다. 지금도 아테네인들은 그날이 오면 자녀들을 델포이로 보내 신의 은총을 빈다.

전설에 따르면, 델포이의 신은 그에게 아름다움의 여신 아프로디테(Aphrodite)를 길잡이로 삼으라는 신탁을 주면서 그 여신을 불러 테세우스와 함께 가도록 했다고 한다. 그가 해변에서 암컷 양을 제물로 바치자 곧 숫양으로 바뀌었다. 그런 까닭에 아프로디테를 에피트라기아(Epitragia)라고도 부르는데, 이는 '염소에게서 난 여인'이라는 뜻이다.

많은 역사학자와 시인이 우리에게 들려주는 바에 따르면, 테세우스는 여행 끝에 크레타에 도착한 뒤 미노스의 딸 아리아드네(Ariadne)를 만나 사랑에 빠졌다. 그는 그 유명한 실[絲]을 테세우스에게 주며 그것을 이용하여 라비린토스의 미궁을 빠져나오는 방법을 가르쳐 주었다. 그 여인으로부터 미로를 빠져나오는 방법을 배운 테세우스는 미노타우로스를 죽인 다음 아리아드네와 젊은이들을 데리고 배를 띄웠다.

그리스 철학자 페레키데스(Pherekydes)의 기록에 따르면, 테세우스는 크레타를 떠나면서 그곳 사람들의 배 밑창을 뚫어 놓아 그들이 추격하지 못하도록 했다고 한다. 그런데 데모스테네스의 조카로서 그리스의 웅변가였던 데몬(Demon)의 기록에 따르면, 미노스의 장군 타우로스는 테세우스가 배를 띄울 때 그와 싸우다가 죽었다고 한다.

그러나 휠로코로스의 이야기는 조금 다르다. 미노스는 장례 경기를 개최했는데, 예전에도 그랬듯이 경기의 출전자들을 모두 물리칠 것으로 여겨진 타우로스는 다른 이들로부터 시기를 받고 있었다. 더욱이 타우로스는 고약한 성격 때문에 다른 사람들의 미움을 샀고, 미노스의 왕비 파시파에(Pasiphaë)와 불륜 관계라는 이유로 비난을 받기도 했다. 따라서 테세우스가 출전을 요구하자 복수심에 불타던 미노스는 기꺼이 이를 허락하며 속으로 타우로스를 이겨 주기를 바랐다.

그 무렵 크레타의 풍속에 따르면, 여성들도 경기를 참관할 수 있어 아리아드네도 그곳에 참석했다. 그는 테세우스가 나타나 적수들을 무찌르자 그의 체력에 감탄했다. 테세우스를 보자 미노스도 기뻐했는데, 이는 테세우스가 레슬링에서 타우로스를 이기고 그에게 망신을 주었기 때문이었다. 이런 일이 있은 뒤로 미노스는 테세우스에게 젊은이들을 돌려주고 크레타에 바치던 조공도 면제해 주었다.

그러나 이 문제와 관련하여 그리스의 작가 클레이데모스(Cleidemos)는 좀 더 특별하고 거창한 이야기를 들려주고 있는데, 그 얘기는 멀리 거슬러 올라간다. 그의 말에 따르면, 그리스에서 삼단 노를 쓰는 배는 승객을 다섯 명 넘게 태우고 항구를 벗어날 수 없었다고 한다. 다만 해적을 소탕하고자 출항하는 아르고(Argo)호의 선장 이아손(Iason)의 배만은 예외였다.

그런데 그리스의 발명가이면서 기술자였던 다이달로스(Daidalos)가 상선을 타고 크레타를 탈출하여 아테네로 도주했을 때, 미노스는 법을 어기고 그를 추격하다가 폭풍으로 뱃길을 벗어나 시킬리아(Sicilia)로 떠밀려 간 뒤 거기에서 일생을 마쳤다고 한다.(헤로도토스, 『역사』, VII : 170) 그런데 미노스의 아들 데우칼리온(Deukalion)은 아테네인들과 사이가 나빴던 터라, 그들에게 사신을 보내 탈주한 다이달로스를 돌려보내라고 요구하면서 아테네가 이를 거부하면 미노스왕이 그들에게서 데려온 젊은 인질들을 죽이겠노라고 협박했다.

그러나 테세우스는 다이달로스의 송환을 점잖게 거절했다. 다이달로스는 테세우스의 사촌으로서 에레크테우스의 딸인 메로페(Merope)의 아들이었기 때문이었다. 그러면서 테세우스는 다이달로스와 함께 스스로 함대를 만들기 시작했는데, 이러한 사실을 숨기려고 일부는 큰길에서 멀리 떨어진 티모이타다이(Thymoetadae)에서 배를 건조하고 일부는 트로이젠에서 피테우스의 지휘 아래 건조했다. 함대의 건조가 끝나자 테세우스는 다이달로스와 함께 크레타에서 도망 온 사람들을 길잡이로 삼아 뱃길을 떠났다.

크레타의 어느 누구도 그의 의도를 몰랐고, 오히려 그의 입항이 우호적인 일이라고 생각했다. 그런 틈에 테세우스는 항구를 장악하고 군대를 배에서 내리게 한 다음 적군이 그의 상륙을 알아차리기에 앞서 크노소스(Knossos)에 도착했다. 그는 라비린토스의 성문에서 전투를 치른 뒤 데우칼리온과 그의 호위병들을 죽였다. 그리고 아리아드네가 모든 것을 장악하자 그는 그 여인과 휴전을 맺고 젊은 인질들을 돌려받은 다음, 아테네인과 크레타인 사이에 우호를 맺어 서로 침략하지 않기로 했다.

20

이 문제와 아리아드네에 관해서는 많은 이야기가 있지만 제각각이다. 어떤 기록에 따르면, 아리아드네는 테세우스에게 버림받은 뒤 목매어 자살했다 하고, 어떤 기록에 따르면, 아리아드네는 뱃사람들에게 잡혀 낙소스(Naxos)로 끌려가 디오니소스 신전의 사제인 오이나로스(Oenaros)와 함께 살았는데, 테세우스가 그를 버린 것은 다른 여인을 사랑하고 있었기 때문이었다고 한다. 그리스 수사학자인 아테나이오스의 글에 따르면, "파노페우스(Panopeus)의 아이인 아이글레(Aigle)를 향한 테세우스의 사랑은 참으로 지극했다".

　메가리아(Megaria) 사람인 헤레아스(Hereas)의 말을 빌리면, 이 구절은 아테네의 전제 군주였던 페이시스트라토스(Peisistratos)가 헤시오도스의 시구에서 지운 부분인데, 그는 이 지운 부분에 호메로스의 지옥(Inferno) 편에 나오는 "테세우스와 페리투스(Peritous)는 신의 아들이니"(『오디세이아』, XIX : 631)라는 구절을 집어넣었다. 이는 아테네인들을 즐겁게 하려고 넣은 구절이었다. 더 나아가서 어떤 기록에 따르면, 아리아드네는 테세우스와의 사이에 오이노피온(Oenopion)과 스타필로스(Staphylos)라고 하는 두 아들을 두었는데, 아테네 사람 가운데 키오스(Xios)의 이온(Ion)은 자신의 고향을 가리켜, "테세우스의 아들 오이노피온이 이 도시를 세우도다"(베르크 엮음, 『그리스 서정시 단편』, II/4 : 254)라고 말했다.

　지금도 이러한 전설들 가운데 가장 아름다운 것은 모든 사람의 입에 오르내리고 있다고 말할 수 있는데, 그 가운데서도

테세우스

특별한 이야기는 아마투스(Amathous) 사람인 파이온(Paeon)이 지었다. 그의 글에 따르면, 테세우스는 배를 타고 오다가 폭풍에 밀려 키프로스에 표착했다. 이때 그는 만삭이어서 몸이 괴로운 데다 뱃멀미까지 심해 파도에 지친 아리아드네를 육지에 홀로 두고 배를 구출하려다가 바다로 다시 떠내려갔다. 따라서 섬의 여인들은 아리아드네를 돌보아 주고, 외로움을 견디지 못하여 낙심한 그를 위로해 주며, 테세우스가 그에게 보냈다며 가짜 편지를 보여 주면서 출산의 고통을 보살펴 주었다. 그러나 그가 아기를 낳지 못하고 죽자 마을 사람들이 묻어 주었다.

파이온의 뒷이야기에 따르면, 테세우스는 키프로스에 다시 찾아왔을 때 그동안의 사연을 듣고 너무도 감동했다. 그는 섬 주민들에게 돈을 나누어 주고 아리아드네에게 제물을 바치도록 하면서 그 여인을 기려 작은 조각을 두 개 만들었는데, 하나는 은으로 만들었고 다른 하나는 구리로 만들었다. 파이온의 이야기는 계속된다. 고르피아이우스월(Gorpiaeus月, 11월) 2일에 그 여인에게 제물을 바칠 때, 젊은 남자 하나가 땅에 드러누워 아리아드네가 산통을 겪으며 소리치는 흉내를 내어 테세우스에게 보여 주었다고 한다. 지금도 그들은 그 여인의 무덤이 보이는 숲을 '아리아드네 아프로디테의 숲'이라고 부른다.

낙소스섬의 사람들 또한 나름의 이야기를 하고 있다. 그들의 말에 따르면, 미노스왕은 두 사람이었고 아리아드네도 두 명이었는데, 그 가운데 하나가 낙소스의 디오니소스에게 시집을 가 스타필로스와 그의 아우를 낳았다고 한다. 뒷날 테세우스가 또 다른 아리아드네를 데리고 낙소스로 와서 살다가 그를 버렸다. 이때 그 여인은 코르키네(Corcyne)라는 유모와 함께 왔는데, 지금도 주민들이 그의 무덤을 보여 준다. 작은 아리아드네도 그곳에서 죽었는데, 그의 제례는 큰 아리아드네를 위한 것만큼 즐겁고 풍성하지 않았다. 그 제례는 슬픔과 상례(喪禮)의 성격을 띠고 있다.

21

크레타를 떠난 테세우스는 델로스(Delos)섬에 들러 신전에 제물을 올리고 아리아드네에게서 받은 아프로디테 신상을 신전에 바쳤다. 그러고 나선 젊은이들과 함께 춤을 추었는데, 델로스 사람들의 말에 따르면, 그들은 지금도 그 춤을 춘다고 한다. 이 춤은 테세우스가 들어갔던 미궁의 통로를 빙빙 돌던 일을 흉내낸 것으로서, 리듬에 따라 앞으로 갔다가 뒤로 가기도 한다.

그리스의 지도 제작자인 디카이아르코스(Dicaearchos)의 말에 따르면, 델로스 사람들은 이를 학춤이라 부른다고 한다. 테세우스는 케라톤(Keraton)이라고 부르는 제단 주위를 돌면서 이 춤을 추었는데, 그 제단은 소의 왼쪽 뿔인 케라타(*kerata*)로 지은 것이어서 그렇게 부른다. 그들의 말에 따르면, 테세우스는 또한 델로스에서 운동 경기를 열었는데, 그때부터 이긴 사람에게 종려나무 가지를 주는 관습이 시작되었다고 한다.

22

전설에 따르면, 일행이 아티카의 연안 가까이에 이르렀을 때, 테세우스와 키잡이들은 기쁨에 젖은 나머지 무사히 돌아온다는 상징인 흰 돛을 올려 아버지인 아이게우스에게 알리는 것을 잊었다. 이에 아이게우스는 절망에 빠져 절벽에서 뛰어내려 죽었다. 해변에 이른 테세우스는 떠날 때 팔레룸의 신전에 약속한 대로 제물을 바치고, 전령을 도시로 보내 자기가 돌아왔음을 알리도록 했다.

전령은 사람들이 왕의 죽음을 슬퍼하고 있음을 알았다. 어떤 사람들은 자연스럽게 그의 귀환 소식을 기뻐하며 좋은 소식을 알려 준 전령에게 꽃다발을 씌워 주고 열렬히 환영했다. 꽃다발을 받아 든 전령은 지휘봉에 이를 걸고 해안으로 돌아왔으나 테세우스가 아직 제단에 술을 따르지 않았음을 알고 테세우스의 제사를 방해하고 싶지 않아 성전 밖으로 나왔다.

헌주(獻酒)가 끝나자 전령은 테세우스에게 아이게우스왕의 죽음을 알렸다. 이에 그들은 몹시 슬퍼하며 도시로 들어갔다. 들려오는 바에 따르면, 오늘날에도 오스코포리아(Oscho-phoria) 축제 때는 꽃다발을 전령의 머리에 씌우지 않고 지휘봉에 건다고 한다. 그리고 헌주에 참여한 시민은 "엘렐레우! 이우! 이우!(Eleleu! Iou! Iou!)"라고 소리치는데, 첫마디는 신속한 승리에 대한 찬양의 뜻이며, 나중 소절은 왕의 죽음에 대한 놀라움과 당황스러움을 뜻한다.

아버지의 장례를 치른 테세우스는 피아네프시온월(Pya-nepsion月, 10~11월) 7일에 아폴론 신전에서 제사를 드렸다. 그들 일행이 이날 안전하게 시내로 돌아왔기 때문이었다. 그날이 되면 지금도 온갖 콩을 섞어 삶아 먹는 풍습이 있는데, 이는 테세우스와 함께 돌아온 젊은이들이 잔치를 벌이고, 그들의 휴대품 가운데 남은 콩을 공동 취사용 솥에 넣고 삶아 함께 먹었던 일에서 유래한 것이다.

이 잔치에서 그들은 올리브나무 가지에 양털을 달아맨, 이른바 에이레시오네(Eiresione)를 들고 다녔다. 이는 테세우스가 돌아와 제물을 바칠 때 온갖 과일을 차려 놓고 경배하자 흉년이 멈추었던 일을 경축하고자 함이었다. 그들은 지금도 신전을 돌며 이렇게 노래한다.

에이레시오네는 우리에게
무화과와 풍성한 빵을 주고
꿀 항아리와 몸을 닦을 올리브유를 주시니
맛있는 포도주 또한 우리를 편안히 잠들게 하네.

그러나 다른 사람들의 기록에 따르면, 그러한 의식은 테세우스를 추모하려는 것이 아니라 아테네 사람들이 헤라클레스를 추모하는 방법이었다는 것이다. 그러나 대부분의 작가는 내가 쓴 대로 기록했다.

23

아테네인들은 테세우스가 젊은이들을 데리고 무사히 귀국했던 그 배를 잘 수리하여 아테네의 총독 데메트리오스 팔레레우스(Demethrios Phalereus)의 시대까지 보전하였다고 한다.(플라톤, 『파이돈』, §58) 그들은 오래된 목재를 견고한 새것으로 갈았다고 하는데, 이를 두고 누구는 그 배가 원형 그대로 내려왔다 하고 누구는 바뀌었다고 주장함으로써, 철학자들 사이에서는 말썽 많은 논쟁거리처럼 전해지고 있다.

아테네인들이 치르는 오스코포리아 축제를 시작한 사람은 테세우스였다. 전설에 따르면, 그는 제비뽑기에 걸린 여자들을 모두 데리고 가지 않았다. 대신에 그가 아는 남자들 가운데 정신적으로는 남자답지만, 얼굴이 여자처럼 곱상한 젊은이 둘을 뽑아 따뜻한 물로 목욕시키고, 햇빛을 보지 않게 하며, 머리를 가다듬고, 피부를 손질하고, 화장품을 발라 아름답게 가꾸었다.

그런 다음 그 남자들이 말씨와 옷과 발걸음까지도 남들이 알아볼 수 없도록 여자를 흉내 내게 하여 크레타로 가는 여자들 틈에 섞어 데려갔는데, 아무도 눈치채지 못했다. 테세우스는 그들과 함께 귀국하여 요즘 사람들이 그러듯이 포도나무 넝쿨을 들고 돌아다녔다. 지금도 그곳 주민들은 포도나무 넝쿨을 들고 행진한다. 신화 속의 디오니소스와 아리아드네를 추모하는 행렬이라고 하는데, 그보다는 오히려 때마침 포도 수확기에 돌아온 테세우스와 두 청년을 기념하는 행위인 듯하다.

축제에서는 '위대한 운반자'라는 뜻의 데이프노포로이(*Deipnoporoi*) 역할을 맡은 여인이 제비에 뽑혀 잡혀갔던 처녀와 청년의 어머니로 꾸며 행렬에 참여하고 제물을 드린다. 이는 인질이 떠날 때 그들의 어머니들이 자녀들을 먹이려고 빵과 고기를 들고 왔기 때문이다. 이렇듯 축제에 얽힌 전설이 전해 오는 것은 어머니들이 자녀들을 안심시키고 마음을 북돋우려고 이야기를 지어내 들려주었기 때문이다.

어쨌거나 이러한 이야기들은 데몬이 쓴 역사서에 자세히 적혀 있다. 그뿐만 아니라 테세우스를 기리는 성역도 마련되었다. 그는 미노타우로스에게 제물을 바쳤던 가족들에게 그와 꼭 같이 자신에게도 제물을 바치라고 명령했다. 피탈리다이 사람들이 이 제사를 치렀는데, 테세우스는 이러한 호의를 받고 나중에 그들에게 보답했다.

24

아이게우스가 죽은 뒤 테세우스는 놀라운 계획을 세웠다. 그는 그때까지 흩어져 살면서 공통 관심사를 처리하고자 한자리에 모이지도 않았고, 오히려 서로 다투고 싸움만 하던 아티카의 모든 주민을 한 도시에 모여 살게 했다. 그런 다음 그는 마을과 부족을 찾아다니며 자신의 구상을 설득하고 동의를 얻으려고 노력했다. 평민과 가난한 사람들은 곧 응답했다.

그는 왕을 두지 않은 민주 정치를 시행할 것이며, 그러한 제도 아래 자신은 다만 군대의 지휘자와 법의 옹호자 노릇만 하고, 모든 사람이 평등하게 살도록 하겠노라고 약속했다. 그는 이미 몇몇 사람들을 그러한 방향으로 설득했고, 다른 사람들은 이미 비대해진 그의 권력과 용맹을 두려워하면서, 억지로 따르기보다는 설득당하는 길을 선택했다.

이러한 결정에 따라 그는 오늘날 부자들이 사는 자리에 있었던 시청과 공회당과 관청 몇 곳을 허물고, 도시의 이름을 아테네라 지은 다음 파나테나(Panathena) 축제를 처음 열었다. 그는 또한 헤카톰바이온월 16일에 주민들의 축제인 메토이키아(Metoecia)를 처음 열었는데, 이 제사는 오늘날까지 이어져 내려오고 있다. 그런 다음 그는 자신이 약속한 대로 왕위를 내

놓고 정부를 정비한 뒤 신전에 제사를 드렸다. 도시 건설에 관해 신에게 조언을 간구한 그는 다음과 같은 신탁을 받았다.

아이게우스의 소생이요
피테우스의 외손자인 그대 테세우스여,
나의 아버지가 내리신 여러 도시가 약동하리라.
흔들리지 말고 강인한 정신으로 나아갈지니,
침몰하지 않고 바다와 파도를 건너가리라.

세월이 흘러 점성가들이 아테네를 두고서 거듭하여 이렇게 예언했다.

부낭(浮囊)은 가라앉을지라도
침몰하지는 않으리라.

25

도시를 더 키우고 싶었던 테세우스는 다른 지방에 사는 사람들도 불러들였다. 오늘날 사람들이 "만민이여, 모두 이곳으로 오라"고 외치는 구호는 인종과 생활 환경이 각기 다른 시민으로 꾸려진 나라를 만들고 싶었던 테세우스가 선언했던 것이라고 한다. 그러나 각지에서 물밀듯이 몰려드는 사람들을 차별없이 받아들였음에도 그의 민주 정치가 무질서해지거나 혼란을 겪지는 않았다. 그는 먼저 백성을 귀족과 농민과 수공업자로 나누었다.

테세우스는 귀족에게 제사와 통치와 법률의 전수와 신탁의 해석에 관한 의무를 맡겼고, 그 밖의 시민에게도 균형 있는 특권을 주었다. 귀족은 위엄에서, 농부는 효용에서, 수공업자는 수학을 사용하는 작업을 한다는 점에서 다른 계급을 앞섰다. 아리스토텔레스의 말에 따르면, 테세우스는 민중에게 의

테세우스

지하면서 자신의 절대 권력을 포기한 첫 번째 인물이라고 한다. 호메로스가 『일리아스』(II : 547)의 「군선 목록」에서 아테네 사람만을 '시민'이라고 부른 점도 그 증거로 볼 수 있다.

테세우스는 또한 동전에 황소상을 새겨 넣었다. 이는 마라톤의 황소나 미노스의 장군 타우로스를 의미한 것이거나, 아니면 시민을 농업에 종사하도록 하고자 함이었을 것이다. 이런 표기 때문에 물건값의 단위로 황소 열 마리 또는 1백 마리 등을 썼다고 한다. 그는 메가라 영토를 아티카에 붙인 다음, 이스트모스에 저 유명한 비석을 세워 영토의 국경을 새겨 넣었다.

비명(碑銘)으로는 삼보격(三步格)의 시 두 줄이 쓰여 있다. 동쪽을 향한 면에는,

"여기는 펠로폰네소스가 아니라 이오니아이다."

라고 쓰여 있고, 서쪽을 향한 면에는,

"여기는 이오니아가 아니라 펠로폰네소스이다."

라고 쓰여 있다.

테세우스는 또한 이곳에서 운동 경기를 열었는데, 이는 자신의 명성을 헤라클레스의 명성에 견주고 싶었기 때문이다. 그리스인들이 헤라클레스의 명성을 빌려 올림픽 경기를 열고 제우스 신을 경배한 것과 꼭 같이, 테세우스 자신도 이곳에서 이스트모스 경기를 주도함으로써 그들의 명망 높은 아버지인 포세이돈을 숭모하고자 했다. 이곳에서는 이미 멜리케르테스(Melicertes)[3]를 숭모하는 경기를 밤중에 열고 있었지만, 이 경

---

3   멜리케르테스는 그리스 신화에 나오는 아타마스(Athamas)와 이노(Ino) 의 아들이다. 이노는 제우스의 아내 헤라의 미움을 사게 되었고, 헤라는

기는 대중적인 구경거리나 체육 행사보다는 종교 의식과 같은 형태였다.

　그러나 어떤 사람의 말에 따르면, 이스트모스 경기는 스키론을 추모하고자 시작했다고 한다. 테세우스가 스키론을 죽인 사람들을 대신해서 속죄하는 뜻으로 경기를 처음 열었다는 것이다. 스키론은 피테우스의 딸 헤니오케(Henioche)와 카네토스(Canethos)의 사이에서 난 아들이기 때문에 테세우스와 친척 관계였다. 다른 전설에 따르면, 헤니오케와 카네토스의 아들은 스키론이 아니라 시니스였으며, 경기를 처음 열었던 것도 스키론이라기보다는 시니스를 추모하려는 것이었다고 한다.

　어느 쪽의 말이 맞든 테세우스는 코린토스인들과 공식 계약을 맺어 이스트모스를 찾아오는 아테네인들을 융숭하게 대접했는데, 이를테면 그들이 경기장에 왔을 때 그들이 타고 온 배의 돛을 펴 보아 그 너비만큼 자리를 마련해 주었다고 한다. 이 이야기는 할리카르나소스(Halicarnassos)의 헬라니코스(Hellanicos)와 아니우스(Anius)의 아들로서 아폴론에게 능력을 받은 예언자 안드론(Andron)의 글에 실려 있다.

26

휠로코로스와 그 밖의 여러 사람이 남긴 기록에 따르면, 테세우스는 헤라클레스와 함께 흑해를 건너 아마존의 여전사들(Amazones)을 격파하고 그 대가로 안티오페(Antiope)를 얻었다고 한다. 그러나 페레키데스나 헬라니코스 또는 헤로도토스를 포함한 역사가들 대부분이 기록한 바에 따르면, 테세우스는 헤라클레스가 죽은 뒤 독자적으로 원정하여 아마존 전사들을

이노 부부를 미치게 만들었다. 미쳐 버린 이노는 멜리케르테스를 안고 절벽 위에서 바다로 몸을 던졌다. 이에 이노는 바다의 여신이 되었으며, 멜리케르테스는 바다의 신이 되어 항해하는 사람들을 보호한다.

잡았다고 하는데, 이 기록이 더 믿을 만하다.

왜냐하면 원정에 참여했던 무리 가운데 누가 아마존 전사들을 사로잡았는지 기록한 문건이 없기 때문이다. 소아시아 태생의 그리스 목가(牧歌) 시인인 비온(Bion)의 기록에 따르면, 테세우스는 속임수로 아마존의 전사들을 사로잡았다고 한다. 그의 말에 따르면, 아마존의 여전사들은 본디 남자들에게 우호적이어서, 테세우스가 해안에 닿자 도망을 친 것이 아니라 사실은 그에게 선물을 보냈다고 한다. 이에 테세우스는 선물을 가져온 사람들이 배에 오르자 그대로 출항했다는 것이다.

비티니아(Bithynia) 지역의 도시인 니카이아(Nicaea)의 역사를 쓴 그리스 시인 메네크라테스(Menecrates)의 기록에 따르면, 테세우스는 배에 올랐던 안티오페와 함께 그곳에서 얼마 동안 살았다고 한다. 그 원정에서 테세우스는 우연히 아테네 출신의 삼형제인 에우네오스(Euneos)와 토아스(Thoas)와 솔로이스(Solois)를 만났다.

그런데 솔로이스는 아무도 모르게 안티오페를 사랑하고 있었다. 그는 가까운 친구에게 이 사실을 털어놓았다. 그 친구는 안티오페에게 이를 알렸으나 안티오페는 그의 사랑을 분명히 거절했다. 그러나 이 문제를 신중하고 점잖게 처리하고 싶었던 안티오페는 테세우스에게 이 사실을 말하지는 않았다. 슬픔에 빠진 솔로이스는 강물에 몸을 던져 자살했다.

젊은이의 비극적인 운명과 자초지종을 알게 된 테세우스는 슬픔과 절망에 빠져 오래전에 델포이 신전에서 받은 신탁을 회상했다. 그가 피티아(Pythia), 곧 델포이 신전의 사제에게서 받은 신탁에 따르면, 그는 낯선 곳에 가서 쓰라린 상처를 입고 괴로워할 일이 생길 터인데, 그때는 그곳에 도시를 세우고 자신의 부하 몇 사람을 그곳에 남겨 두어 다스리라는 것이었다.

신탁에 따라 테세우스는 피티아에서 이름을 따 피토폴리스(Pythopolis)라는 도시를 세우고, 죽은 젊은이의 이름을 따 그 도시를 끼고 흐르는 강의 이름을 솔로이스라고 지었다. 그는 솔로이스의 형제들을 그곳에 남겨 두어 정치와 법을 집행하게 하고, 아테네의 귀족 가운데 하나인 헤르모스(Hermos)가 그들을 돕게 했다. 그 도시에는 그의 이름에서 비롯한 장소가 있는데, 피토폴리스의 시민은 그 장소를 '헤르메스의 집'이라 부르고 있다. 이는 헤르모스를 잘못 발음하여 영웅이 신으로 바뀐 것이다.

27

안티오페 때문에 아마존의 여전사들과 전쟁이 일어났는데, 그들은 만만하지도 않았고, 나약하지도 않았던 듯하다. 그들은 아무런 상처도 입지 않고 그 도시의 주변과 이웃 마을을 정복했다. 만약 그러지 못했더라면 그들은 도시 안에 병력을 주둔시킬 수 없었을 것이고, 그랬다면 프닉스(Pnyx)와 무세이온(Mouseion) 언덕 근방[아테네 인근]에서 육박전을 벌이지도 않았을 것이기 때문이다.

이제 와 생각해 보면, 헬라니코스가 기록한 바와 같이, 그들이 얼음 위를 건너 킴메리아(Kimmeria)족이 지키고 있던 보스포로스(Bosporos) 해협을 지났는지는 의심스럽다. 그러나 그들이 도시 중심부에서 가까운 곳에 진영을 차리고 있었다는 사실은 그곳의 지명이나 전투에서 죽은 병사들의 무덤으로 입증된다.

양쪽이 서로 멈칫거리며 전쟁을 미루었다. 그러다 신탁을 받은 테세우스가 공포의 신 포보스(Phobos)에게 제사를 드리고 여전사들과의 전투에 돌입했다. 그 무렵의 전투는 보이드로미온월(Boedromion月, 9~10월)에 일어났는데, 오늘날까지도 아테네인들은 이를 기념하여 보이드로미아 축제를 연다.

이 전쟁을 자세히 묘사하고자 했던 그리스 작가 클레이데모스의 기록에 따르면, 아마존 여전사들의 왼쪽 날개는 지금의 아마조네온(Amazoneon)까지 진격했고, 오른쪽 날개는 크리사(Chrysa)의 프닉스까지 이르렀다고 한다. 아테네인들은 무세이온에서부터 다가오는 아마존의 여전사들을 맞아 그들의 오른쪽 날개와 싸웠다. 이 전쟁에서 죽은 병사들의 무덤이 거리 양쪽부터 칼코돈(Chalkodon) 사당 옆의 성문까지 널려 있는데, 오늘날 이를 피라이우스(Piraeus) 성문이라고 부른다.

클레이데모스의 기록에 따르면, 아테네인들은 아마존 여전사들의 공격으로 궤멸하여 에우메니데스(Eumenides) 신전까지 물러났다가 팔라디움(Palladium)과 아르데토스(Ardettos)와 리케움(Lyceum)에서 온 적군을 공격하여 그들의 오른쪽 날개를 본진까지 밀어내고 적병을 많이 죽였다고 한다. 그의 기록에 따르면, 석 달이 지난 뒤 양쪽은 히폴리테(Hippolyte)의 중재로 평화 조약을 맺었다. 히폴리테는 클레이데모스가 아마존의 한 전사에게 붙여 준 이름인데, 그의 주장에 따르면 테세우스는 안티오페가 아니라 히폴리테와 결혼했다고 한다.

그러나 어떤 사람의 말에 따르면, 안티오페는 테세우스의 편에 서서 싸우다가 몰파디아(Molpadia)가 던진 창에 맞아 죽었는데, 올림피아의 대지(Olympian Earth)에 세워진 신전 옆에 서 있는 기둥은 그 여인을 추모하고자 세운 것이라고 한다. 역사가들이 그토록 오래전의 이야기를 다루면서 불확실함 속에서 헤매는 것은 놀라운 일이 아니다.

들리는 바에 따르면, 안티오페는 상처를 입은 아마존의 여인들을 몰래 옮겨 그곳에서 치료해 주었고 죽은 사람들을 묻어 주었는데, 그곳은 오늘날 아마조네온에서 그리 멀지 않은 곳이다. 또한 엄숙한 조약과 함께 이 전쟁이 끝났다는 사실은, 테세움(Theseum)과 그 이웃 지역이 오늘날 '조약을 맺은 지역'이라는 뜻으로 호르코모시움(Horcomosium)이라 불리고 있다는 점, 그리고 옛날에는 테세우스 축제를 벌이기에 앞서 아마존의 여전사들에게 제사를 드렸다는 점을 통해 잘 입증되고 있다.

  메가라 사람들은 아마존의 여전사들이 묻혀 있는 곳을 보여 주는데, 이는 장터에서 룬(Roun)이라는 곳으로 가는 길목에 있다. 그곳에는 마름모꼴의 탑인 롬보이드(Rhomvoid)가 아직도 서 있다. 또한 들리는 바에 따르면, 그들 가운데 일부는 카이로네이아 가까운 곳에서 죽어 작은 개천의 제방에 묻혔는데, 옛날에는 이곳이 그 모습으로 말미암아 테르모돈(Thermodon)이라고 불렀다고 하며, 지금은 하이몬(Haemon)이라고 한다.

  그 지명은 내가 「데모스테네스전」(§19)에서 다룬 바 있다. 아마존 여전사들은 테살리아(Thessalia) 지역을 별다른 저항 없이 지나온 것 같지는 않다. 스코투사(Skotussa)와 키노스케팔라이(Kynoskephalai) 가까이에서 오늘날에도 아마존 여인들의 무덤을 찾아볼 수 있기 때문이다.

28

아마존 여전사들의 이야기에 관해서는 그 밖에도 할 말이 많다. 『테세우스전(*Theseid*)』의 저자인 아테네의 피토스트라토스(Phitostratos)가 쓴 『아마존의 폭동(*Insurrection of the Amazons*)』에 따르면, 테세우스가 파이드라(Phaedra)와 결혼했을 때 그에게 복수하려 했던 안티오페와 아마존의 전사들이 그를 공격하다가 헤라클레스에게 죽었다는데, 이 이야기는 꾸며 낸 것이라고 한다.

  테세우스가 파이드라와 결혼한 것은 사실이지만, 그것은 안티오페가 죽은 뒤의 일이다. 그는 안티오페와의 사이에서 히폴리토스라는 아들을 낳았는데, 그리스의 서정 시인 핀다로스(Pindaros)의 말에 따르면, 그의 이름이 데모폰(Demophon)이었다고 한다. 역사학자들이나 비극 작가들의 기록을 살펴 보면, 테세우스가 파이드라와 함께 낳은 아들과 안티오페와 함께 낳은 아들이 겪은 비극의 내용에는 다름이 없다. 따라서 우

테세우스

리는 그들이 작품 속에서 묘사하는 대로 꼭 같이 사건을 겪었다고 믿을 수밖에 없다.

29

테세우스의 결혼은 처음부터 영광스럽지도 않았고 끝이 행복하지도 않았지만, 그리스인들은 그러한 이야기들을 연극으로 만들지는 않았다. 예컨대 그는 트로이젠의 여자인 아낙소(Anaxo)를 납치했으며, 시니스와 케르키온을 죽이고 그의 딸들을 겁탈했으며, 아이아스(Aias)의 어머니 페리보이아(Periboea)와 결혼했고, 그다음에는 이피클레스(Iphicles)의 딸과 결혼했다.

내가 이미 앞에서 말한 것처럼(§20), 그는 파노페우스의 딸 아이글레에 대한 욕망 때문에 아리아드네를 버렸다는 비난을 받고 있다. 이와 같은 그의 처신은 명예롭지도 않았고 점잖지도 않았다. 들리는 바에 따르면, 그는 결국 헬레네(Helene)를 겁탈한 탓으로 아티카와 전쟁을 치르고 끝내는 추방되어 죽음에 이르렀다고 하는데, 이에 관해서는 뒤에 다시 이야기하려고 한다.

헤로도토스의 생각에 따르면, 그 시대의 많은 용맹한 인물들이 이룩한 업적 가운데 테세우스가 이룬 것이라고는 켄타우로스(Centauros)와 벌인 전쟁에서 라피타이(Lapithai)족을 도운 것밖에는 없다고 한다. 그러나 다른 사람들의 말에 따르면, 그는 콜키스(Colchis)에서 황금의 양털을 찾아 떠난 이아손과 손을 잡았을 뿐만 아니라 멜레아그로스(Meleagros)를 도와 칼리돈(Calydon)의 멧돼지를 죽였다. 이때 "테세우스가 없으면 안 돼!"라는 속담이 생겼다고 한다. 그러나 그 스스로는 다른 사람에게 도움을 받지 않고서도 수많은 위업을 이루어, "보라! 여기 또 하나의 헤라클레스가 있다"라는 경구가 아직까지도 그를 따라다니고 있다.

테세우스는 또한 아르고스(Argos)의 왕 아드라스토스
(Adrastos)를 도와 카드메이아(Kadmeia)의 성벽 앞에서 죽은 병
사들의 시체를 찾아왔다. 아이스킬로스가 그의 비극 『구원을
바라는 여인들(*The Suppliants*)』(§653)에서 묘사한 바와 같이, 이
는 전쟁에서 테베 사람들을 정복하여 이루어진 것이 아니라
그들을 휴전하도록 설득하여 이루어진 것이었다. 비록 『헤라
클레스전(傳)』에서는 그가 전사자를 적국에 돌려준 첫 번째 인
물이라고만 나와 있으나, 대부분의 작가가 말했고, 필로코로
스가 덧붙인 바에 따르면, 테세우스는 전쟁에서 죽은 병사들
의 시체를 되찾고자 휴전을 맺은 첫 번째 인물이라고도 한다.

테베와 벌인 전쟁에서 죽은 병사의 무덤 대부분은 엘레우
테라이(Eleutherae)에서 볼 수 있다. 사령관들은 엘레우시스 근
처에 묻혀 있는데, 이는 테세우스가 아르고스의 왕 아드라스
토스에게 보인 호의였다. 에우리피데스의 『구원을 바라는 여
인들』(§1213)에 묘사된 내용은 아이스킬로스가 쓴 『엘레우시스
의 사람들(*Eleusinians*)』의 내용과 다른데, 위에서 언급한 테세
우스의 행적은 아이스킬로스의 기록을 따른 것이다.

30

라피타이족의 왕 익시온(Ixion)의 아들인 페이리투스(Pei-
rithous)와 테세우스 사이의 우정에 대해서는 다음과 같은 사연
이 있다. 테세우스는 힘이 장사이고 용맹하다는 소문이 자자
했다. 이에 페이리투스는 이를 시험해 보고 싶어 마라톤에 있
던 테세우스의 소 떼를 몰고 가 버렸다. 그 사실을 안 테세우스
가 무장을 하고 추격한다는 사실을 알고서도 페이리투스는 도
망치기는커녕 돌아서서 그를 맞이했다.

그러나 서로의 훌륭함과 담대함에 놀란 두 사람은 싸우지
않았다. 페이리투스가 먼저 손을 내밀며 테세우스가 자신의
소 도둑질을 심판하고 자기에게 어떤 처벌을 내려도 달게 받

테세우스

겠노라고 말했다. 테세우스는 그의 잘못을 용서해 주었을 뿐만 아니라 그를 친구이자 형제로 받아들였다. 그리고 두 사람은 우정을 맹세했다.

이런 일이 있고 나서, 페이리투스는 데이다미아(Deïda-mia)와 결혼할 때 테세우스를 초청하여 자기 나라도 돌아보고 라피타이족과 친숙해지기를 바랐다. 그는 켄타우로스족도 결혼식에 초대했다. 그런데 이들이 술에 취해 무례를 저지르고 여자들에게 손을 대자 라피타이족이 분노하여 그들 가운데 몇 사람을 죽였다. 나머지 켄타우로스족은 그 뒤 발발한 전쟁에서 지고 그 나라에서 추방되었다. 이때 테세우스는 연회장과 전쟁터에서 라피타이족을 도와 켄타우로스족과 싸웠다.

그러나 헤로도토스의 기록은 다르다. 테세우스가 라피타이족을 도우러 왔을 때는 이미 전쟁이 벌어진 뒤였고, 그곳으로 가던 길에 헤라클레스를 만났다고 한다. 트라키스(Trachis)에서 테세우스를 만나는 일을 자기의 임무로 알고 있던 헤라클레스는 그곳에서 방랑과 노동에 지친 몸을 쉬고 있었다.

헤로도토스의 말에 따르면, 그렇게 만난 두 사람은 의견이 맞아 우정을 나누며 서로를 칭송했다. 이후 두 사람은 자주 만나 얘기를 나누었다. 그러나 헤라클레스가 엘레우시스에서 비교(秘敎)에 빠졌고, 그 비교의 의식을 거행하기에 앞서 정화(淨化) 의식을 치렀는데, 그때 그가 지각없는 짓을 몇 가지 저질렀다고 한다. 이는 테세우스가 부추겨 한 일이라는 역사학자들의 말을, 우리는 믿을 수밖에 없다.

31

헬라니코스의 기록에 따르면, 테세우스가 결혼 적령기도 되지 않은 헬레네를 겁탈한 것은 그가 쉰 살 되던 때라고 한다. 이와 같은 엄청난 비난거리를 바로잡고 싶어 하는 작가들은 테세우스가 헬레네를 겁탈하지 않았다고 한다. 이다스(Idas)와 린케우스(Lynceus)가 헬레네를 납치해 오자 테세우스는 그를 받아들여 보살펴 주었으며, 다만 헬레네를 돌려 달라는 요구를 받았을 때 그를 쌍둥이 오빠인 카스토르(Castor)와 폴룩스(Pollux)에게 돌려주지 않았을 뿐이라고 한다. 또 독자들이 믿을지 모르지만, 헬레네의 아버지인 틴다레오스(Tyndareus)는 히포콘(Hippocoon)의 아들인 에나레포로스(Enarephoros)가 어린 헬레네를 납치하려고 기회를 엿보자 두려움에 딸을 테세우스에게 맡겼다는 기록도 있다.

그러나 가장 그럴듯하고 호의적인 증언은 다음과 같다. 테세우스와 페이리투스는 함께 스파르타로 가서 아르테미스 오르티아(Arthemis Orthia)의 신전에서 춤추고 있던 그 소녀를 납치하여 도망쳤다. 테게아(Tegea)에서 추격자들이 더 이상 따라오지 않자, 이 두 친구는 펠로폰네소스를 지나 위험에서 벗어났다. 이때 두 사람은 서로 약속했다. 제비뽑기로써 헬레네를 아내로 맞이하되, 뽑힌 사람은 뽑히지 않은 사람이 아내를 얻을 수 있도록 도와주기로 했다.

서로 양해가 이뤄진 뒤 제비를 뽑으니 테세우스가 당첨되었다. 그는 아직 결혼할 나이가 되지 않은 헬레네를 아피드나이(Aphidnai)로 데려가 그의 어머니가 돌보게 하고, 자신의 친구인 아피드노스(Aphidnos)에게 두 사람을 맡기며 완전히 비밀에 부쳐 두 사람을 보호하라고 엄중히 지시했다. 그런 일이 있은 뒤, 테세우스는 페이리투스를 도우려고 그와 함께 에페이로스(Epeiros)로 가서 몰로시아(Molossia)의 왕 아이도네우스(Aidoneus)의 딸을 수소문했다.

이 왕에게는 페르세포네(Phersephone)라는 왕비와 코라(Cora)라고 부르는 공주와 케르베로스(Kerberos)라고 부르는 개가 있었는데, 왕은 누구든 자기의 딸을 아내로 맞이하고 싶은 사람은 먼저 그 개와 싸워 이기면 딸을 주겠노라고 약속했다. 그러나 페이리투스와 그의 친구가 구혼하려고 온 것이 아니라 자기의 딸을 납치하러 왔다는 사실을 안 왕은 단번에 케르베로스를 시켜 페이리투스를 죽였다. 그리고 테세우스는 엄중히 가두었다.

32

이런 일이 있는 동안, 페테오스(Peteos)의 아들이요, 오르네우스(Orneus)의 손자요, 에레크테우스의 증손자인 메네스테우스(Menestheus)가 나타났다. 이른바 최초의 선동가로, 민중에게 영향을 끼치면서 그들에게 아첨한 사람이었던 메네스테우스는 아테네 귀족들의 분노에 불을 지폈다. 이미 귀족들은 테세우스가 자신들에게서 나라를 빼앗고 한 도시에 모두 몰아넣은 뒤 일반 백성이나 노예처럼 취급한다고 생각하고 있었는데, 메네스테우스는 테세우스를 몰아세우며 이들의 민심을 크게 흔들었던 것이다.

　메네스테우스는 이어서, 아테네 시민은 자유를 바라고 있지만 실제로는 자신들 본래의 집과 종교를 빼앗긴 채, 그들과 동족 출신의 훌륭한 군주들 대신에 이방에서 흘러든 군주를 충성스럽게 바라보고 있다고 주장했다. 메네스테우스가 이런 일로 분주할 때, 틴다레오스의 쌍둥이 아들인 카스토르와 폴룩스가 이 도시로 쳐들어오자 메네스테우스의 선동 음모가 더욱 구체적으로 진행되었다. 실제로 어떤 역사가들은 침략자들이 쳐들어오도록 메네스테우스가 설득했다며 노골적으로 말하고 있다.

　침략자들은 처음에는 시민을 해치지 않았고, 그들의 동생을 내놓으라는 요구만 했다. 그러나 시민이 자신들은 동생을 데리고 있지도 않으며 어디에 있는지도 모른다고 대답하자 그들은 전쟁을 선택했다. 그러나 헬레네가 아피드나이에 있다는 사실을 어쩌다 알게 된 아카데모스(Academos)가 침략자들에게 그 이야기를 들려주었다. 이런 까닭에 그는 이후 평생 동안 카스토르와 폴룩스에게서 두터운 대접을 받았다.

그 뒤로 스파르타인들이 아티카를 침략하여 온통 초토화했을 때에도 그들은 아카데미아(Academia)를 유린하지 않았다. 이는 아카데모스와 이름이 비슷했기 때문이었다. 그러나 디카이아르코스의 말에 따르면, 그 무렵 아카르디아(Acardia) 출신의 에케데모스(Echedemos)와 마라토스(Marathos)가 카스토르와 폴룩스의 군대에 배속되어 있었는데, 오늘날의 아카데미아는 에케데모스에서 따온 것이고, 마라톤이라는 도시 이름은 마라토스에서 따온 것이라고 한다. 이는 마라토스가 신탁에 따라 전쟁의 최전선에서 자발적으로 자신을 희생했기 때문이었다.

그 뒤 카스토르와 폴룩스는 아피드나이로 진격하여 대승을 거두고 그 도시를 초토화했다. 들려오는 바에 따르면, 그때 카스토르와 폴룩스의 침략군 가운데 스키론의 아들 알리코스(Alykus)가 전사했는데, 주민들은 그의 이름을 따서 그가 묻힌 메가라 지역을 지금도 알리콘이라 부르고 있다. 그러나 헤레아스의 말에 따르면, 알리코스는 아피드나이에서 테세우스에게 살해되었는데, 그 증거로 알리코스에 대한 다음의 시구를 인용했다.

아피드나이의 벌판에서
그는 싸웠노라.
금발의 헬레네를 겁탈한 테세우스가
그를 죽였도다.

그러나 그의 어머니가 잡혀가고 아피드나이가 함락될 때 테세우스가 그곳에 있었던 것 같지는 않다.

테세우스

33

어쨌거나 아피드나이가 함락되고 아테네가 두려움에 휩싸이자 메네스테우스는 시민이 카스토르와 폴룩스를 받아들이고 친절을 보이도록 설득하면서, 그들은 먼저 폭력을 행사한 테세우스만을 응징하려고 전쟁을 벌였을 뿐, 그 밖의 사람들에게는 인자한 구원자라고 설명했다. 카스토르와 폴룩스는 메네스테우스와의 약속을 지켰다.

정복자들은 그들이 원하는 일이라면 뭐든 할 수 있었지만, 그들은 오직 신전의 예식에 참여할 수 있도록 해 주기만을 요구했다. 그들도 헤라클레스에 못지않게 이 도시와 인연이 깊었기 때문이었다. 이 요구가 받아들여지자 아피드노스가 두 형제를 양자로 맞아들였는데, 이는 필리우스(Pylius)가 헤라클레스를 양자로 맞아들인 것과 같다.

침략자들은 신에게나 주어질 법한 존경을 받으면서 적대 행위를 멈추었고, 그토록 많은 군대가 이 도시에 들어왔으면서도 아무도 다치게 하지 않고 성실하게 돌보아 주었다는 뜻에서 아나케스(Anakes)라는 칭호를 들었다. 이곳 말로 아나코스 에케인(anakos echein)이라 함은 '돌본다' 또는 '지켜 준다'는 뜻이다. 왕을 아나크테스(*Anaktes*)라고 부르는 것도 이 때문이다.

또 다른 사람들의 말에 따르면, 틴다레오스의 두 아들인 카스토르와 폴룩스, 곧 틴다리다이(Tyndaridae)를 아나케스라고 부르는 것은 그 무렵 하늘에 쌍둥이별이 나타났기 때문이라고도 한다. 이는 아테네의 말로 아네카스(*anekas*)나 아네카텐(*anekathen*)이라고 하며, 이곳 말로 아노(*ano*, above)나 아노텐(*anothen*, high on)과 같은 뜻이기 때문이라고 한다.

34

들리는 바에 따르면, 테세우스의 어머니 아이트라는 아피드나이로 납치되어 갔다가 스파르타로 옮겨 갔으며, 다시 헬레네와 함께 트로이(Troy)로 끌려갔다. 이와 같은 일화는 호메로스가 헬레네 일행에 관한 시에서, "피테우스의 딸 아이트라와 눈이 크고 사랑스러운 클리메네(Clymene)"(『일리아스』, III : 144)라고 읊은 데에서 증명되고 있다. 그러나 어떤 사람들은 라오디케(Laodicé)가 데모폰과의 사이에서 남몰래 낳아 아이트라가 트로이에서 키워 준 무니코스(Munychos)의 전설과 마찬가지로, 위에 인용된 호메로스의 시구도 사실이 아니라고 말한다.

그러나 그리스 역사학자이자 시인인 이스트로스(Istros)가 쓴 『고대 그리스의 역사(*Attica History*)』(§13)는 아이트라에 관해 아주 다른 얘기를 들려주고 있다. 그가 어떤 글에서 본 바에 따르면, 헬레네를 납치해 간 알렉산드로스(Alexandros)[4]는 스페르케이오스(Spercheios)강 주변의 테살리아에서 아킬레우스와 파트로클로스(Patroklos)에게 패배했지만, 그의 형 헥토르(Hector)는 트로이젠을 함락하고 약탈한 다음 그곳에 남아 있던 아이트라를 데리고 갔다는 것이다. 그러나 이 이야기는 매우 의심스럽다.

35

헤라클레스가 몰로시아의 왕 아이도네우스의 손님이 되어 그를 방문했을 때, 아이도네우스는 우연히 테세우스와 페이리투스에 관한 얘기를 나누다가 그들이 왜 그곳에 왔으며 정체가 발각되면서 어떤 고통을 받았는지 말했다. 그 두 사람 가운데 하나는 명예롭지 못하게 죽었고, 다른 한 사람은 목숨이 경각에 달려 있다는 말을 들은 헤라클레스는 몹시 슬펐다. 그는 페

---

4 알렉산드로스는 트로이의 왕자 파리스(Paris)를 의미한다. 그의 본명은 파리스지만, 호메로스가 『일리아스』에서 그를 알렉산드로스라고 부르기를 좋아해서 이런 이름을 얻었다. 그는 왕자의 몸이었으나 "아버지를 죽일 인물"이라는 신탁으로 말미암아 광야에 버려져 곰의 젖을 먹고 자랐다. 그는 성인이 되어 복수에 나섰으나 불우하게 죽었다.

이리투스에 대해서는 아리고 쓰릴 일이 없었지만, 테세우스만큼은 석방을 간청하면서 호의를 베풀어 줄 것을 호소했다. 아이도네우스는 헤라클레스의 요청을 받아들여 테세우스를 풀어 주고 아테네로 돌려보냈다.

테세우스가 돌아와 보니 그의 동지들이 아직 완전히 궤멸한 상황은 아니었다. 필로코로스의 기록에 따르면, 지난날 테세우스에게 헌납되었던 성소(聖所)들은 네 곳을 제외하고는 모두 헤라클레스에게 바쳐졌고, 도시는 테세이아(Theseia)라는 이름 대신에 헤라클레이아(Herakleia)라고 불리고 있었다. 이런 상황에서 테세우스가 지난날처럼 나라를 지배하고 명령하려 하자 다시 파벌과 동요가 일어났다. 테세우스는 자신이 이곳을 떠날 무렵에 자신을 미워했던 사람들이 이제는 경멸하기까지 한다는 사실을 알았고, 대부분의 사람이 부패한 데다가 시키는 대로 조용히 일하기보다는 아첨을 듣고 싶어 한다는 것도 알았다.

테세우스가 시민에게 자기 뜻을 강요하려 하자 선동가와 파벌들이 그를 제압했다. 집권할 명분이 좌절되자 테세우스는 자녀들을 남몰래 에우보이아에 있는 칼코돈의 아들에게 보내고, 그 자신은 가르게토스 신전에서 아테네인을 저주하는 제사를 드렸다. 그곳에는 지금까지도 아라테리온(Araterion)이라는 성소가 있다.

테세우스가 배를 타고 스키로스섬으로 갔을 때 생각한 대로 그곳의 주민들은 그를 우호적으로 맞이해 주었다. 더욱이 그곳에는 조상들의 땅도 있었다. 그 무렵 스키로스의 왕은 리코메데스(Lykomedes)였다. 테세우스는 자신이 앞으로 거주할 땅을 돌려 달라고 요청했다. 다른 사람들의 말에 따르면, 그는 아테네에 대항하고자 리코메데스에게 도움을 요청했다고도 한다.

그러나 리코메데스는, 테세우스의 명성이 두려워서였는

지 아니면 메네스테우스의 호감을 사고 싶어서였는지는 알 수 없으나, 테세우스를 높은 곳으로 데리고 올라가 거기에서 온 시가지를 보여 주는 척하다가 절벽에서 밀어 떨어뜨려 죽였다. 그러나 다른 사람의 말을 들어 보면, 테세우스는 평소 습관 대로 저녁을 먹고 산책하러 나갔다가 미끄러져 절벽에서 떨어져 죽었다고 한다.

그 무렵에는 아무도 그의 죽음을 기록으로 남기지 않았다. 테세우스의 아들들이 개인 자격으로 엘레페노르(Elephenor)를 따라 트로이의 정복 전쟁에 참여하고 있던 동안 메네스테우스가 왕이 되어 아테네를 통치했다. 그러다 메네스테우스가 죽자 테세우스의 아들들이 귀국하여 왕정을 되찾았다. 그 뒤로 아테네 사람들은 테세우스를 신에 버금가는 인물로 찬양하게 되었다. 더욱이 마라톤 지역에서 메디아(Media)인과 맞서 싸웠을 때, 그 전투에 참여한 많은 사람이 무장한 채 적진을 향해 달려가는 테세우스의 혼령을 보았던 것이다.

36

메디아 전쟁[기원전 476~475]이 끝난 뒤, 아테네 사람들은 파이돈(Phaedon)의 지휘를 받으며 델포이의 신탁을 들으러 갔다. 그때 여사제가 말하기를, 테세우스의 유골을 수습하여 아테네에 영예롭게 매장한 다음 잘 보살피라고 했다. 그러나 그 무렵 섬에 살고 있던 돌로피아(Dolopia)족의 무자비하고 야만적인 성격 때문에 그들은 테세우스의 무덤이 어디에 있는지 알아내기가 어려웠다.

내가 「키몬전」(§8)에서 언급한 바와 같이, 결국 그 섬을 점령한 키몬이 테세우스의 무덤을 찾으려고 애쓰고 있을 때, 독수리 한 마리가 돋아 오른 땅 위에서 부리로 땅을 쪼고 발톱으로 파헤치는 모습을 보았다고 한다. 하늘의 지시를 받은 키몬이 그 뜻을 이해하고 그곳을 파 보았더니, 체구가 몹시 큰 사람의 관이 있고 그 곁에 청동으로 만든 창과 칼이 놓여 있었다.

키몬이 유골을 수습하여 배에 싣고 돌아오자 아테네 사람들이 기뻐하며 마치 테세우스가 살아서 돌아오기라도 한 것처럼 장엄한 행렬을 이루고 제물을 바쳤다. 그는 지금 경기장 부근의 도심에 묻혀 있다. 오늘날 그의 무덤은 성소가 되어, 도망친 노예와 권력자들을 두려워하는 하층민들의 피난처가 되었다. 이는 테세우스가 살아 있을 때 그들의 보호자요 조력자로서 가난하고 불쌍한 사람들의 소원을 기꺼이 받아 주었기 때문이었다. 아테네 사람들이 그를 추모하여 바치는 제사는 피아네프시온월(月) 8일에 거행된다. 그날은 그가 젊은이들과 함께 크레타에서 돌아온 날이기 때문이다.

그러나 그들은 다른 달 8일에도 제사를 드린다. 지지(地誌)학자 디오도로스(Diodoros)가 기록한 바와 같이, 그가 트로이젠을 떠나 아테네로 돌아온 날도 헤카톰바이온월(月) 8일이었고, 포세이돈의 아들인 그에게 8이라는 숫자는 어느 다른 숫자보다도 더 적절했기 때문이다. 그들은 매달 8일에 포세이돈에게 제사를 드린다. 8이라는 숫자는 짝수 2를 세제곱한 숫자이며, 2의 제곱의 두 배로서 땅의 보호자이자 대지에 영원히 머무는 신의 변치 않는 힘을 상징하기 때문이다.

로물루스
ROMULUS

재위 기원전 753~716

LVPAE·ROMVLVM·ET·REMVM·VRBIS·CONDITORES·LACTANTIS
ANTIQVVM·AC·AENEVM·IN·CAPITOLIO·SIGNVM

ANT·LAFRERII·FORMIS·ROMAE·M·D·LII

인간을 배신한 사람은 용서할 수 있지만
조국에 반역한 사람은 용서할 수 없다.
— 카이사르

사람들은 배신을 제안한 사람은 사랑하지만
배신한 사람은 사랑하지 않는다.
— 플루타르코스

하늘에 있는 것과 땅에 있는 것을
섞는 것은 어리석은 일이다.
— 플루타르코스

1

인류 역사에 그토록 유명한 로마라는 이름을, 누가 어떤 연유
로 그렇게 붙였는지는 역사학자마다 의견이 서로 다르다. 어
떤 사람의 말에 따르면, 펠라스고이(Pelasgoi) 사람들이 세상을
떠돌며 온갖 부족을 복속시킨 다음, 이곳에 자리를 잡고 그들
의 '군사력'을 자랑하는 뜻에서 로마라는 이름을 붙였다고 한
다. 또 다른 사람의 말에 따르면, 트로이가 함락될 때 그 도시
를 빠져나온 사람들이 배를 타고 가다가 폭풍에 밀려 토스카
나(Toscana) 해변까지 왔다가 티베리스(Tiberis)강 변에 닻을 내
렸다고 한다.

그곳에 도착한 뒤, 이제 바라면 떠올리기만 해도 진저리
를 치던 여인들 가운데 가문도 훌륭하고 지식도 깊었던 로마
(Roma)라는 여인이 있었는데, 그가 배를 모두 불태우자고 제안
했다는 것이다. 배를 불태웠을 때 남자들은 분노했지만,(베르
길리우스, 『아이네이스』, V : 604~609) 막상 팔라티누스 언덕(Collis
Palatinus)은 땅도 기름지고 이웃 부족들도 우호적이어서 그들
이 바라던 것보다 풍요롭게 살 수 있었다.

로물루스

그리하여 그 도시에 자리 잡도록 기회를 준 여인에게 경의를 표시하는 뜻에서 그 이름을 따 로마라고 지었다는 것이다. 들리는 바에 따르면, 이때부터 여인들이 가족이나 남편에게 입맞춤으로 인사하는 풍습이 시작되었다고 한다. 여인들이 배를 불태우고 나서 남편들에게 간청하고 그들의 분노를 삭이려고 그와 같이 감미로운 방법을 썼다는 것이다.

2

또 다른 전설에 따르면, 로마라는 이름을 가진 이 여인은 이탈루스(Italus)와 레우카리아(Leucaria)의 딸이었다고도 하고, 헤라클레스의 아들인 텔레포스(Telephos)의 딸이었다고도 한다. 또 다른 기록에 따르면, 그 여인은 아이네아스(Aeneas)에게 시집갔다고 하며, 아이네아스의 아들 아스카니우스(Ascanius)의 아내가 되었다는 기록도 있다.

또 다른 기록에 따르면, 그 도시를 세운 사람은 오디세우스(Odysseus)와 키르케(Circe) 사이에서 태어난 아들 로마누스(Romanus)라고도 하고, 어떤 사람은 에마티온(Emathion)의 아들 디오메데스(Diomedes)가 트로이에서 보낸 로무스(Romus)라고 한다. 다른 전설에 따르면, 정복자는 토스카나인을 몰아낸 라틴족의 독재자 로미스(Romis)였다고 한다. 이때 쫓겨난 토스카나인은 테살리아에서 리디아로 갔다가 다시 이탈리아로 들어온 이들이었다.

그러나 가장 믿을 만한 전설에 따르면, 이 도시에 로마라는 이름을 붙인 사람은 로물루스인데, 그의 가계(家系)에 대해서는 의견이 다르다고 역사가들은 말한다. 어떤 기록에 따르면 로물루스는 아이네아스와 덱시테아(Dexithea)의 아들로, 어려서 동생인 로무스와 함께 배에 실려 왔다고 한다. 이때 다른 배들은 모두 거센 파도를 만나 부서졌는데, 두 소년이 탄 배만은 놀랍게도 풀숲이 우거진 강변에 닿아 구출되어 그곳을 로마라고 불렀다고 한다.

또 다른 전설에 따르면, 로마는 내가 앞서 말한 바 있는[1] 트로이 여인의 딸이라고 한다. 그가 텔레마코스(Telemachus)의 아들인 라티누스(Latinus)와 결혼하여 로물루스를 낳았다는 것이다. 어떤 사람의 말에 따르면, 아이네아스의 딸 아이밀리아(Aemilia)가 라비니아(Lavinia)와 결혼하여 낳은 아들을 군신(軍神) 마르스(Mars)에게 바쳤다고 한다. 로물루스의 출생에 관해서는 허황한 이야기들이 많이 남아 있는데, 이를테면 다음과 같은 것들이다.

전설에 따르면, 알바(Alba) 사람들의 왕 타르케티우스(Tarchetius)는 가장 잔혹한 무법자였는데, 어느 날 그에게 이상한 환영(幻影)이 나타났다. 남자의 성기처럼 생긴 그 환상은 화덕에서 나오더니 며칠 동안 거기에서 머물렀다. 타르케티우스는 토스카나의 테티스(Thetis) 여신에게 이에 대한 신탁을 부탁했다. 그러자 처녀가 그 환상과 동침하면 아들을 낳을 터인데, 그는 매우 용맹스럽고 행운을 타고날 것이며 힘이 장사이리라는 응답이 나왔다. 그에 따라 왕이 신탁을 딸에게 들려주고 환영과 동침하도록 권고했다. 그러나 딸은 아버지의 말을 따르지 않고 시녀를 침실에 들여보냈다. 이 사실을 알고 분노한 타르케티우스는 두 여인을 옥에 가두어 죽이려고 했다. 그러자 꿈에 가정의 신 헤스티아(Hestia)가 나타나 그들을 죽이지 말라고 했다.

그래서 타르케티우스는 두 여인을 가두고 감옥에서 실로 옷을 짜게 하고, 옷이 완성되면 그때 시집을 가야 한다고 말했다. 그런데 며칠이 지나도록 두 여인이 옷을 짜면 타르케티우

I   플루타르코스는 이에 앞서 트로이인에 대해 말한 바가 없다. 따라서 이 앞부분에 트로이인의 기록이 없어졌거나, 아니면 이 「로물루스전」에 앞서 쓴 어느 전기에서 그 이야기를 했을 수도 있다.

스의 지시를 받은 다른 하녀들이 나타나 그 옷을 풀어 버렸다. 그러는 사이에 환영의 양기를 받은 시녀가 아들 쌍둥이를 낳았고, 왕은 쌍둥이를 테라티우스(Teratius)라는 사람에게 주면서 죽이라는 명령을 내렸다.

그러나 테라티우스는 쌍둥이를 죽이지 않고 강가로 데려가 내려놓았다. 그러자 늑대가 찾아와 아기들에게 젖을 먹이고, 온갖 새들이 모이를 물어다 아기들의 입에 넣어 주었다. 이때 소 치는 목자(牧者)가 이를 보고 놀라움을 억누르며 용기를 내어 다가가 아기들을 안고 집으로 돌아왔다. 이렇게 구출된 그들은 성장하여 타르케티우스를 찾아가 죽였다. 이 이야기는 로마의 역사를 쓴 프로마티온(Promathion)이라는 사람이 한 말이다.

3

그러나 가장 많은 사람이 신뢰하고 보증하는 이야기는 그리스 작가들의 작품에서 나왔다. 페파레토스(Peparetus) 사람 디오클레스(Diocles)가 큰 줄거리를 쓰고, 화비우스 픽토르(Fabius Pictor)가 이야기 대부분을 이었다. 이 이야기도 여러 갈래로 내려오지만, 대체로 다음과 같다.

아이네아스의 후손들은 대대로 알바를 통치했는데, 그 왕통이 누미토르(Numitor)와 아물리우스(Amulius)라는 형제까지 이어져 내려왔다.(리비우스, 『로마사』, I : 3) 형제는 재산을 둘로 나누었는데, 한쪽은 트로이에서 가져온 금은보화였고, 다른 한쪽은 왕국이었다. 이 둘을 놓고 누미토르는 왕국을 차지했고, 아물리우스는 보화를 차지했다.

아물리우스는 누미토르보다 더 강성해져 형에게서 왕국을 쉽게 빼앗았다. 죄의식으로 말미암아 형의 복수를 두려워한 아물리우스는 누미토르의 딸이 아이를 낳을까 걱정되어 그를 베스타의 신전의 여사제(Vestal Virgin)로 만들었는데, 이 자리는 평생 결혼을 하지 않고 처녀로 살아야 할 신분이었다.(리비우스, 『로마사』, I : 4) 그 여인의 이름은 일리아(Ilia)라고도 하고, 레아(Rhea)라고도 하고, 실비아(Silbia)라고도 한다.

그런 일이 있은 지 오래지 않아 일리아가 사제의 율법을 어기고 임신했다는 사실이 드러났다. 그러나 공주인 안토(Antho)가 두둔해 주어 극형을 받지는 않았다. 아물리우스는 일리아를 감옥에 가두었는데, 이는 자신이 모르는 사이에 아이를 낳는 일이 없도록 하고자 함이었다. 그러나 일리아는 쌍둥이 아들을 낳았다. 아이들은 체구가 크고 튼실했다. 이에 더욱 두려워진 아물리우스는 아이들을 내다 버리도록 시종에게 명령하였다.

시종의 이름은 화우스툴루스(Faustulus)였다고 하는데, 다른 사람의 얘기를 들어 보면, 그 이름은 쌍둥이를 주워다 기른 사람이라고도 한다. 시종은 왕명을 받들어 아기들을 버리려고 광주리에 담아 강을 따라 내려갔다. 그러나 물결이 너무 거센 것을 보고 두려운 나머지, 시종은 더 가까이 가지 못하고 강둑에 광주리를 놓고 돌아왔다. 광주리는 불어난 강물을 타고 안전하게 흘러가다가 평평한 지점에 닿았다. 지금은 그곳을 케르말루스(Kermalus)라고 부르지만 옛날에는 게르마누스(Germanus)라고 불렀는데, 이는 아마도 쌍둥이를 게르마니(germani)라고 불렀던 탓인 것 같다.

4

그 무렵 그곳 가까이에 야생 무화과나무가 있었다. 사람들은 그 나무를 루미날리스(Ruminalis)라고 부르는데, 모두 짐작하듯이 그 이름은 로물루스에서 온 것이다. 또 새김질하는 동물들을 루미날링(ruminaling)이라고 부르는데, 이들 형제가 그 동물들이 드리운 그늘에서 한낮의 볕을 피했을 것이다. 더욱 그럴듯한 이야기는 아기들이 젖을 빠는 행위에서 도시의 이름을

로물루스

따왔을 것이라는 설명이다. 고대 로마인들은 젖꼭지를 루마 (*ruma*)라고 불렀으며, 아이를 돌본다고 여기는 여신을 오늘날 에도 루밀리아(Rumilia)라고 부르는데, 여신에게 제물을 드릴 때는 포도주를 바치지 않고 제물 위에 우유를 뿌린다.

이야기 속의 늑대는 버려진 쌍둥이에게 젖을 먹여 주었고, 딱따구리들은 먹이를 물고 와 먹여 주면서 그들을 보살폈다. 이 동물들은 군신 마르스를 뜻하는 성스러운 존재가 되었고, 특히 딱따구리는 경배의 대상이 되어 라틴족에게 숭앙받는다.(리비우스, 『로마사』, I : 4) 마르스가 쌍둥이의 아버지라고 일리아가 선언했을 때 사람들이 그 말을 믿은 것도 그런 까닭이었다. 그러나 다른 사람의 말에 따르면, 여기에는 속임수가 있었다고 한다. 곧 삼촌 아물리우스가 누군지 알아볼 수 없도록 갑옷을 입고 그 여인의 방에 들어가 조카를 겁탈하고 순결을 빼앗았다는 것이다.

그러나 어떤 사람들의 말에 따르면, 그와 같은 터무니없는 얘기가 생긴 이유는 쌍둥이 보모의 이름이 애매했기 때문이라고 한다. 라틴어로는 암컷 늑대뿐만 아니라 행실이 단정하지 못한 여자도 루파이(*lupae*)라고 불렀는데, 쌍둥이의 양아버지인 화우스툴루스의 아내 아카 라렌티아(Acca Larentia)가바로 그런 여자였다고 한다. 지금도 로마인들은 그 여자에게 제사를 드리며, 4월이 되면 마르스 신의 사제가 그에게 바치는 술을 따른다. 이 축제를 라렌탈리아(*Larentalia*)라고 부른다.

5

로마인들은 또 다른 라렌티아에게도 제사를 드린다. 그 사연은 다음과 같다. 헤라클레스 신전의 사제가 할 일이 없어 신에게 주사위 놀음을 제안하면서, 만약 자신이 이기면 신이 자기에게 귀한 물건을 선물로 주어야 하고, 자신이 지면 신에게 요리와 함께 아름다운 여인을 찾아 하룻밤을 지내도록 해 드리겠노라고 약속했다. 이러한 조건으로 주사위를 던진 결과, 사제가 졌다. 신의를 지키고 약속을 따르는 것이 옳다고 생각한 그는 신에게 바치는 잔치를 차리고 라렌티아를 사원으로 데려왔다. 그 여인은 그리 유명하지는 않았지만, 꽃처럼 아름다웠다.[2] 사제는 사원에서 그 여인을 위해 잔치를 베풀고 그곳에 침상을 차렸다.

저녁 식사가 끝나자 그는 여인을 가두고 문을 잠가 버렸다. 말할 것도 없이 신이 여인을 겁탈하도록 하고자 함이었다. 그러자 정말로 신이 여인을 찾아와, 이른 아침에 거리로 나가 처음 만나는 남자를 사귀라고 말했다. 거리로 나간 라렌티아는 신의 말대로 남자를 만났다. 그는 나이도 지긋하고 재산도 많아 보였으나 결혼을 하지 않았고 자녀도 없었다. 그의 이름은 타루티우스(Tarrutius)였다. 타루티우스는 라렌티아를 자기 집으로 데려가 사랑을 나누었다. 그는 죽을 무렵 많은 재산을 아내에게 남겼는데, 아내는 그것을 거의 모두 시민을 위해 썼다.

또 들리는 바에 따르면, 유명해지고 신처럼 떠받들어지던 라렌티아는 자기와 이름이 같은 여인의 무덤에 이르러 갑자기 사라졌다고 한다. 그곳을 지금은 벨라브룸(Velabrum)이라고 부른다. 흔히 그렇듯이, 강물이 넘치면 그곳 사람들은 이 지점에서 나룻배를 타고 광장으로 가는데, '나룻배'라는 말이 로마어로 벨라투라(velatura)이기 때문이다. 다른 사람의 말에 따르면, 그 거리는 광장에서 시작하여 히포드로메(Hippodrome)에 이르는데, 이 길이 온통 공연자들이 기증한 돛으로 덮여 있어 그렇게 불렀다고 한다. 로마어로 돛을 벨룸(velum)이라고 부르기 때문이다. 이런 연유로 로마인들은 두 번째 라렌티아에게도 영광을 바쳤다.

---

2   그 여인은 고급 창녀였다고 한다.(Plutarch, *Moralia*, §273)

6

그 무렵에 아물리우스왕의 돼지를 키우던 화우스툴루스가 갓난아이 둘을 거두어 길렀는데, 아무도 그 사실을 몰랐다. 좀 더 있음직한 이야기에 따르면, 누미토르는 이 사실을 알고 비밀리에 그들의 양육을 도와주었다고 한다. 들리는 바에 따르면, 쌍둥이는 가비이(Gabii)로 가서 글과 함께 귀족들이 알아야 할 지식을 배웠다고 한다.

또 다른 얘기에 따르면, 그들은 야생 늑대의 젖을 빨았기 때문에 로물루스와 로무스 또는 레무스(Remus)라는 이름을 얻었는데, 이는 라틴어로 젖꼭지를 루마(ruma)라고 부른 데서 온 것이라고 한다. 그들은 어렸을 때에도 몸집이 우람하고 아름다워 하늘로부터 선물을 얻은 듯했다. 그리고 성장한 뒤에는 용맹스러웠고 남자다웠으며, 위험을 두려워하지 않았고, 어느 것도 무서워하지 않았다. 형제 가운데 로물루스는 로무스보다 판단력이 뛰어났고, 정치적인 명석함을 타고났다. 양 떼를 친다든가 사냥을 하면서 이웃과 어울릴 때면, 그는 남을 이끌 인물이지 남에게 복종할 인물이 아니라는 인상을 주었다.

형제는 자신들과 신분이 같거나 낮은 사람들과 어울릴 때는 우호적이었지만 왕의 관리들이나 감독관들은 깔보았는데, 이는 그들이 자신들보다 고결하지 않다고 믿었기 때문이었다. 그러므로 형제는 그들을 만나더라도 위협을 느끼거나 분노하지 않았다. 또한 형제는 게으름과 방종을 용납하지 않았다. 그들은 신체를 단련하고, 사냥하고, 달리고, 강도를 몰아내고, 도적을 잡고, 폭력으로 억압받는 사람들을 구출해 주었다. 그 때문에 그들의 명성은 먼 곳이나 가까운 곳에 모두 퍼져 나갔다.

7

누미토르와 아물리우스 형제의 목자들 사이에 싸움이 벌어져 아물리우스의 소 몇 마리가 도망간 적이 있었다. 처음에 형제는 이로 말미암아 괴로워하지는 않았다. 그러나 누미토르의 목자들이 강도로 바뀌어 아물리우스의 목자들을 습격한 뒤 소를 몰고 가 나누어 가졌을 때는 달랐다. 누미토르의 불쾌한 행위에 아물리우스는 조금 분별을 잃고 사람과 노예들을 여럿 모아 용기를 내도록 선동하기 시작했다. 어느 날 로물루스가 신전에서 기쁜 마음으로 제물을 올리고 있을 때, 친구들과 함께 길을 걷고 있던 레무스가 누미토르의 목자들과 마주쳐 싸움이 벌어졌다.

주먹이 난무하고 양쪽이 다친 뒤, 우세해진 누미토르의 목자들은 레무스를 포로로 잡아 누미토르 앞으로 끌고 가 고발했다. 그러나 누미토르는 레무스를 처벌하지 않았다. 그는 형제인 아물리우스의 거친 성격이 두려웠다. 누미토르는 아물리우스를 찾아가 판결을 요구했다. 그는 자기 형제인 데다가, 그의 신하 때문에 자기가 손해를 입었기 때문이었다. 알바의 시민도 분노하면서 누미토르가 부당하게 폭력을 겪었다고 생각했다. 이에 아물리우스는 레무스를 누미토르에게 넘겨주고 그가 바라는 대로 하도록 판결했다.

레무스를 데리고 집으로 돌아온 누미토르는 그 젊은이의 우람한 몸매와 힘에 놀랐으며, 저 몸에서 솟는 용맹함이라면 현재 상황에 굽히지 않으리라고 짐작했다. 그뿐만 아니라 누미토르는 레무스의 언행이 겉모습과 같다는 말도 들은 바 있었다. 그러나 무엇보다도 그 외모로 보아 그에게는 신성이 담겨 있어, 위대한 일을 할 때 신이 도와주리라는 것을 누미토르는 알았다. 그는 운 좋게 진실을 알아차렸다. 그는 젊은이에게 그가 누구이며 어떤 환경에서 태어났는가를 물었는데, 그 목소리가 너무도 점잖고 태도가 친절하여 믿음과 희망을 주었다. 레무스는 용기를 내어 이렇게 대답했다.

"아무것도 숨기지 않고 사실을 말씀드리자면, 대왕께서는 아물리우스보다 더 왕다운 분입니다. 대왕께서는 저를 처벌하기에 앞서 사정을 들으시고 죄를 다루었지만, 아물리우스는 재판을 거치지도 않고 사람들을 대왕에게 넘겼습니다. 지난날 저희 두 쌍둥이는 저희가 대왕의 시종인 화우스툴루스와 라렌티아의 아들인 줄로만 알았습니다. 그러나 저희는 대왕 앞에 고발되어 모략을 받고 목숨이 위험해진 지금에 이르러서야 저희의 출생에 관하여 엄청난 말을 들었습니다. 그 소문이 사실인지 아닌지는 지금 저희가 놓여 있는 위험한 이 상황이 결정해 줄 것 같습니다.

저희의 출생에 얽힌 이야기는 비밀이라 하고, 아기 때 보살핌을 받았던 이야기는 아직도 이상스럽기만 합니다. 저희는 새와 짐승의 먹잇감으로 버림받았지만, 오히려 늑대의 젖과 딱따구리의 모이를 받아먹었습니다. 저희는 작은 광주리에 담겨 강둑에 누워 있었는데, 그 광주리는 아직도 그대로 남아 있고, 광주리 끈에 달린 놋쇠 고리에는 글씨가 새겨져 있습니다. 그것이 우리의 부모를 알아볼 증거가 되겠지만, 저희가 죽은 뒤라면 그게 무슨 소용이 있겠습니까?"

이러한 얘기를 들은 누미토르는 젊은이의 모습에서 그동안 지나온 시간을 따져 보면서 희망을 품었다. 그리고 이 아이가 자신의 외손자라는 비밀스러운 이야기를 자기 딸에게 어떻게 말해 줄지 고민했다. 그의 딸은 아직도 엄중한 감시를 받고 있기 때문이었다.

8

그러는 동안에 레무스가 잡혀 누미토르에게 끌려갔다는 말을 들은 화우스툴루스는 로물루스를 찾아가 도움을 간청하면서 그들의 출생에 얽힌 비밀을 소상히 털어놓았다. 그전에도 그는 쌍둥이가 성장한 다음에 야망을 품도록 이런 이야기를 넌지시 해 준 적이 있었다. 그는 쌍둥이를 담아 가지고 갔던 광주리를 들고 누미토르를 찾아가면서 세월이 너무 늦지 않았을까 걱정했다. 그런데 궁정의 문지기들이 그를 의심했고, 자세히 묻는 말에 대답이 엇갈렸으며, 외투 안에 광주리를 숨기고 있다는 사실도 발각되었다. 그런데 우연히도 문지기 가운데 예전에 쌍둥이를 담은 광주리를 버리러 가는 일에 참여했던 사람이 있었고, 그가 광주리를 알아보았다.

광주리를 본 문지기는 그 모양과 거기에 새겨 있던 글씨를 알아보고 진실을 눈치챘다. 그는 머뭇거리지 않고 왕에게 사실을 알리는 한편, 화우스툴루스를 데리고 왕에게 가 자초지종을 설명하도록 했다. 이토록 어렵고 절박한 순간에도 화우스툴루스는 자신이 알고 있는 것을 모두 말하지도 않았고, 그렇다고 해서 깜깜하게 숨기지도 않았다. 그는 쌍둥이가 잘 살아 있으며, 알바에서 그리 멀지 않은 곳에서 목자로 일하고 있다고 말했다. 그리고 자신은 지금 자기 아들들을 만나리라는 희망 속에 그 광주리를 보고 싶어 하고 만져 보고 싶어 하는 어머니 일리아에게 광주리를 가져가고 있다고 말했다.

마음이 어수선하거나 두려움이나 열정에 빠진 사람들이 늘 그렇듯이, 아물리우스도 당황했다. 그는 누미토르와 가까운 친구이자 영리한 사람 한 명을 누미토르에게 보내, 외손자들이 살아 있다는 것을 아는지 모르는지 알아보라고 지시했다. 누미토르를 찾아간 그 친구는 누미토르가 레무스를 사랑스럽게 안고 있는 모습을 보고 그들이 희망에 젖어 있음을 알았다. 그는 이 둘에게 자신도 힘을 합할 테니 일을 빨리 추진하라고 간청했다.

더 미루고 싶어도 그럴 여유가 없었다. 로물루스가 이미 가까이 와 있고, 아물리우스를 미워하면서도 두려워했던 시민이 로물루스와 합세하고자 달려가고 있었기 때문이었다. 로물루스는 많은 군대를 몰고 와 백인(百人) 부대를 몇 조(組) 조직했는데, 건초와 관목을 매단 장대를 든 사람이 그들을 지휘했다. 라틴어로 이 장대를 마니풀루스(*manipulus*)라고 불렀기 때

로물루스

문에 지금도 백인 부대의 지휘관을 마니풀라레(*manipulare*)라고 부른다. 레무스가 도시 안에서 시민의 반란을 선동하고, 로물루스가 밖에서 공격해 들어오자, 자신의 안전에 대한 아무런 조치나 계획도 없었던 독재자는 허둥대다 잡혀 죽었다.

앞의 이야기들은 '로마의 건국'을 최초로 기록한 깃으로 보이는 페파레토스 출신의 디오클레스와 화비우스의 글에 실려 있는데, 어떤 것은 꾸며 낸 이야기처럼 의심스럽고 어떤 것은 터무니없는 이야기이다. 그러나 나는 운명이란 때때로 얼마나 시적(詩的)인가를 알고 있으며, 신화적인 기원이 없었고 또 그 위에 위대한 기적들이 덧칠되지 않았더라면 로마 제국은 지금과 같은 세력을 갖추지 못했으리라는 것을 알고 있기에, 위와 같은 건국 신화들을 믿지 않을 수 없다.

9

아물리우스가 죽고 도시의 여러 문제가 안정되자, 외할아버지 누미토르가 살아 있는 동안은 지배자가 될 수도 없고 지배자가 될 뜻도 없었던 쌍둥이 형제는 더 이상 알바에 머무르고 싶지 않았다. 누미토르의 정권과 어머니의 영예를 회복한 그들은 본래 자랐던 곳으로 돌아가 새로운 도시를 세우고 그곳에서 살기로 결심했다.

이러한 명분은 분명히 그들의 행로에 가장 부합하는 것으로 보였다. 그러나 많은 노예와 도망자들이 그들과 함께 있는 상황이었다. 그들로서는 이들과 헤어져 아무도 따라오지 못하게 할지, 아니면 이들을 데리고 나와 함께 살아야 할지 결정할 필요가 있었다. 알바의 원주민들은 도망자들과 혼인하지도 않을 것이고, 그들을 같은 시민으로 받아들이지도 않을 것이 분명하기 때문이었다.

그러한 문제가 처음 나타난 것이 곧 [중부 이탈리아에 살던] 사비니(Sabini) 여인의 겁탈 사건이었다. 이 사건은 악의적인 의도에서 벌어진 것이 아니라 상호 동의에 따른 결혼 제도가 없었기 때문에 벌어졌던 어쩔 수 없는 일이었다. 그들은 여인을 납치한 뒤에는 분명히 여인의 인격을 존중해 주었기 때문이다.

두 번째 사건은 그들이 도시를 세우면서 도망자들을 위한 성소를 만들고 이를 "피난자의 신전"(리비우스, 『로마사』, I : 8)이라고 불렀을 때 일어났다. 그들은 이곳에 어떤 사람이든 받아들여 노예를 주인에게 돌려주지도 않았고, 빚진 사람을 빚쟁이에게 돌려주지도 않았으며, 살인자를 관리에게 넘겨주지도 않으면서 이곳이 델포이의 신탁에 복종하는 모든 사람의 피난처가 될 것이라고 선언했다. 이에 따라 처음에는 1천 가구도 넘지 않던 도시에 곧 사람들이 들끓었다. 그러나 이는 그 뒤에 일어난 일들이다.

두 형제가 도시를 세우려고 할 때, 먼저 어디에 도시를 세울 것인가를 두고 다툼이 일어났다. 로물루스는 로마 광장(Roma Quadrata)을 만들고 그곳에 도시를 세우려 했다. 그러나 레무스는 아벤티누스(Aventinus) 언덕에 튼튼한 도시를 세우고 싶었다. 그는 그 도시를 레모니움(Remonium)이라 불렀는데, 지금은 이를 리그나리움(Rignarium)이라 부른다. 그들은 길조[徵兆]를 알려 주는 새가 날아가는 모습을 보고서 다툼을 해결하기로 하고 서로 떨어져 자리 잡은 뒤에 하늘을 바라보았다.

그때 레무스의 눈에는 독수리 여섯 마리가 날아오는 것이 보였고, 로물루스의 눈에는 그 두 배가 되는 열두 마리의 독수리가 보였다고 한다.(리비우스, 『로마사』, I : 7) 어떤 사람의 말에 따르면, 레무스는 정말로 여섯 마리를 보았고, 로물루스는 열두 마리라고 거짓말을 했는데 레무스가 와서 보니 정말로 열두 마리가 되었다고 한다. 그런 일이 있은 뒤로 오늘날까지 로마인들은 날아가는 새를 보며 점을 칠 때 독수리를 우선으로 취급한다.

헤로도로스 폰티쿠스(Herodoros Ponticus)의 기록에 따르면, 헤라클레스도 공적을 쌓을 때 독수리가 나타난 것을 보면 기뻐했다고 한다. 독수리는 살아 있는 것들에게 해를 끼치지 않고, 곡식이나 과일이나 소를 해치지 않으며, 죽은 고기만 먹고 살기 때문이다. 독수리는 살아 있는 것을 죽이거나 학대하지 않으며, 죽은 새도 먹지 않는데 이는 같은 종족이기 때문이다. 그러나 매나 올빼미나 수리는 동족을 공격하고 죽인다. 그러기에 그리스의 비극 작가 아이스킬로스도 다음과 같은 시구를 남겼다.

어찌 동족을 잡아먹는 새를
정결하다 할 수 있는가?
(『구원을 바라는 여인들』, §226)

그뿐만 아니라, 말하자면 다른 새들은 늘 우리 눈앞에 나타나 끊임없이 보이지만, 독수리를 보는 일은 드물며 더욱이 그 새끼를 보는 일은 흔치 않다. 세상 사람들은 독수리가 다른 세계에서 우리를 찾아오기 때문에 가끔씩 나타나며, 그만큼 보기 드물다고 생각했다. 그래서 점성가들은 독수리가 스스로 자연스럽게 나타나는 것이 아니라 신령한 힘이 보내는 존재라고 생각했다.

10

자신이 속았다는 사실을 안 레무스는 몹시 분개하여, 로물루스가 도시의 성이 시작되는 자리를 파고 있을 때 그를 조롱하면서 작업을 방해했다. 마침내 레무스는 성을 넘으려다가 맞아 죽었다. 누구는 로물루스의 손에 죽었다 하고, 누구는 그의 부하였던 켈레르(Celer)의 손에 죽었다고 한다. 이 전투에서 화우스툴루스도 죽고, 그의 형제로서 로물루스와 레무스를 양육하는 일을 도와주었던 플레이스티누스(Pleistinus)도 죽었다.

어쨌거나 켈레르는 토스카나로 도망하여 살았는데, 로마인들은 그의 이름을 따서 날쌘 사람을 켈레레스(*celeres*)라고 부른다. 그러한 사례로서, 퀸투스 메텔루스(Quintus Metelus)는 아버지가 죽었을 때 그를 추모하여 단 며칠 만에 검투 대회를 열었고, 시민은 그토록 빠르게 일을 준비하는 그의 솜씨에 놀라 그의 이름 앞에 켈레르(Celer)라는 성을 붙여 주었다.

11

로물루스는 그들을 키워 준 양아버지와 함께 레모니아(Remonia)라는 곳에 레무스를 묻어 주고, 모든 세부적인 요소를 성스러운 지시와 기록에 따라 처리할 수 있는 토스카나 사람들을 불러 종교 의식에 맞는 도시 건설에 착수했다. 그들은 오늘날 코미티움(Comitium)이라고 부르는 곳에 둥그렇게 고랑을 판 다음, 풍습에 따라 먹지 못하게 되었거나 자연스럽게 필요치 않게 된 첫 과일을 묻고, 그다음에는 모든 사람이 고향에서 조금씩 가져온 흙을 과일과 섞어 고랑에 묻었다. 그들은 이 고랑을 문두스(*mundus*)라고 불렀는데, 이는 '하늘'이라는 뜻이다.

그다음 로물루스는 이곳을 중심으로 도시의 둘레를 그렸다. 그는 사람들이 청동으로 만든 보습을 멍에에 달아 암소와 수소에 지워 그 고랑을 따라 땅을 깊게 파면, 다른 사람들이 그를 따라가면서 보습으로 파헤친 흙덩어리를 도시 안쪽으로 퍼 담고 도시의 경계 밖으로는 흘리지 못하게 했다. 이 길을 따라 그들은 성을 쌓고 이를 상징적으로 포메리움(*pomerium*)이라 불렀는데, 이는 포스트 무룸(*post murum*), 곧 '성의 뒤편' 또는 '성의 옆'이라는 뜻이었다.

그들은 성문이 세워질 터는 보습으로 갈지 않고 빈터로 남겨 두었다. 이는 그들이 성은 신성하게 여겼지만, 성문은 신성하게 여기지 않았음을 보여 준다. 만약 그들이 성문도 성스

　　　　　　　　　　　　　　　　　로물루스

러운 것으로 생각했더라면, 필요하지만 정결하지는 못한 물건들을 들고 그곳을 드나듦으로써 종교적 교리를 어기지는 못했을 것이다.

12

학자들은 로물루스가 로마를 세운 날이 4월 21일이었다는 데 동의한다. 로마인들은 이날을 건국일로 기념하며 축제를 치른다. 들리는 바에 따르면, 처음에 그들은 생명이 있는 것을 축제의 제물로 쓰지 않았으며, 나중에는 순수하고 피를 흘리지 않는 것만을 제물로 썼다. 그날은 건국을 축하하는 날이었기 때문이었다. 그러나 그 도시가 아직 세워지기에 앞서, 그들은 그날 파릴라(Parilla)라는 축제를 벌였다.

오늘날 그리스인과 로마인은 서로 다른 달력을 쓴다. 그러나 그들은 로물루스가 로마를 창건한 날이 정확히 4월 30일이라고 말하는데, 이날 일식이 있었다. 테오스(Theos)의 서사시인 안티마코스(Antimachus)가 제6올림피아드 3년[기원전 754년]에 본 일식이 바로 그것이라고 그들은 생각하고 있다. 역사에 조예가 깊은 로마 철학자 바로(Varro)의 시대에, 그의 친구인 타루티우스(Tarrutius)라는 사람이 있었다. 그는 철학자이자 수학자로서 출생 점을 공부하는 데 몰두하여 탁월한 지식을 갖추었다고 한다.[3]

바로는 그에게 로물루스가 언제 몇 시에 태어났는가를 물은 다음, 기하학으로 문제를 풀듯이 인간의 생명에 관하여 알려진 바를 추론하려 했다. 바로의 말에 따르면, 성명학은 그가 언제 태어났는가를 알면 그 사람의 일생을 예언할 수 있으며,

---

3   이 부분은 판본마다 내용이 조금씩 다르다. 페린의 판본에는 타루티우스가 성명학자였다고 되어 있고, 드라이든의 판본에는 설계와 통계에 능통한 예술가였다고 되어 있으며, 노스의 판본에는 점성가로 되어 있다.

거꾸로 그의 생애에 있었던 일로 생일을 알아낼 수도 있다고 했다. 이 업무를 맡은 타루티우스는 로물루스의 경험과 업적과 더불어 그의 일생에 일어났던 일과 그의 죽는 모습 등을 자세히 알아본 다음, 다음과 같이 자신 있게 설명했다.

로물루스는 제2올림피아드 1년, 곧 이집트력(曆)으로 코이아크월(Choiak月, 4월) 23일 3시에 잉태되었는데, 그날 개기 월식이 있었다. 그는 토트월(Thoth月, 1월) 21일, 해 뜨는 시간에 태어났다. 그가 로마를 창건한 것은 파르무티월(Pharmouthi月, 8월) 9일 2시에서 3시 사이였다. 도시의 운명도 인간의 운명과 같아서 그 태어나는 결정적인 시간이 있는데, 태어나는 순간의 별자리에 따라서 운명을 알 수 있다.

이런 일화는 허황한 것이라기보다는 신선하고 독특해서 독자들의 흥미를 끌 수도 있겠다.

13

도시가 건설되자 로물루스는 제일 먼저 무기를 들 수 있는 나이에 이른 사람들로 군대를 조직했다. 그는 보병 3천 명과 기병 3백 명을 한 부대로 만들어 군단(legion)[4]이라고 불렀다. 이 이름은 전쟁에 적합한 사람을 모든 사람 가운데서 '뽑았다'는 뜻이었다. 두 번째로, 그는 남은 무리를 시민(populus)이라고 불렀다. 그는 이 시민 가운데 가장 뛰어난 1백 명을 뽑아 위원회를 만들고, 그 개개인을 귀족을 뜻하는 파트리키안(patrician)이

---

[4] legion의 사전적 의미는 군단(軍團)이라는 뜻이다. 그러나 legion을 군단으로 번역할 경우, 지금 현대어의 군단(Corps)과 혼동을 일으켜 과장된 뜻으로 해석될 수 있다. 그 무렵 군단의 규모는 4천~6천 명 정도였다.

라 불렀다. 또 그들의 회의체를 세나테(*senate*)라고 불렀는데, 이는 요샛말로 의회 또는 원로원이라는 뜻이다.(리비우스, 『로마사』, I : 8)

들리는 바에 따르면, 그 구성원을 귀족이라 부른 것은 그들이 "합법적으로 태어난 아이들의 아버지(*Patricii*)"라는 뜻에서였다고 한다. 또 다른 사람의 말에 따르면, 귀족들은 자기 아버지가 누구라고 말할 수 있었기 때문에 그런 명칭을 얻었다고 한다. 이는 초창기에 이 도시로 흘러든 사람들 가운데 아버지가 누구인지 모르는 사람들이 많았음을 의미한다.

또 다른 사람의 말에 따르면, 파트리키안이라는 단어는 빈약한 사람을 보호한다는 뜻을 담아 보호자(*patronage*)라는 말에서 따왔으며, 오늘날까지 그렇게 쓰고 있다고 한다. 그들의 추측에 따르면, 에반데르(Evander)와 함께 파트론(Patron)이라는 이름의 인물이 이탈리아로 들어왔는데, 가난하고 도움이 필요한 사람의 보호자였던 그의 행적을 기려 그의 이름을 딴 단어를 만들었다고 한다.

그러나 가장 그럴듯하면서도 모든 사람이 기억해야 할 주장이 있다. 로물루스는 가장 영향력 있는 시민의 의무란 지위가 낮은 사람들을 아버지처럼 돌보는 것이라고 생각했다. 또 지위가 낮은 사람들은 권력자를 두려워하지 말고, 명예를 얻으려고 초조해하지 말며, 그들을 아버지처럼 여기고 아버지로 여김으로써 선의를 베풀라고 가르쳤다. 오늘날까지도 이방인들은 원로원 의원을 '주인어른(chief men)'이라 부르지만, 로마인들은 그들을 '명부에 이름을 올린 아버지(conscript father)'라고 부름으로써 그들에게 영예를 부여하면서도 그들을 향한 질투심을 줄이도록 했다.

처음에 그들은 의원들을 단순히 '아버지'라고 불렀으나, 의원의 수가 늘어나면서 그들을 '명부에 이름을 올린 아버지들'이라고 불렀다. 로물루스는 이와 같은 칭호를 부여함으로써 의원과 평민을 구분했다.

또한 그는 귀족과 평민도 구분했다. 그는 귀족들을 파트로네스(Patrones)라고 부름으로써 '보호자'의 의미를 부여했다. 그리고 평민들을 클리엔테스(clientes)라고 불렀는데, 이는 오늘날의 '의뢰인'을 의미한다. 그는 평민과 귀족들이 서로에게 놀랄 만큼 호의를 베풀도록 함으로써 양측을 고무했다. 이 체계는 로마인이 가진 중요한 권리와 특권의 기초가 되었다.

보호자들은 관습에 관하여 의뢰인들에게 조언해 주고 법정에서 변론을 맡아 주었으며, 모든 면에서 의뢰인의 친구이자 상담 상대였다. 그런가 하면 의뢰인은 보호자에게 존경을 표시할 뿐만 아니라, 실제로 보호자가 가난해지면 딸의 혼수를 장만해 주고 빚을 갚아 줌으로써 그에게 헌신했다. 그리고 어떤 법이나 행정 명령으로도 보호자가 의뢰인에게 불리한 증언을 하거나 의뢰자가 보호자에게 불리한 증언을 하도록 강제할 수 없었다. 시간이 흐른 뒤에 보호자가 가난한 의뢰인에게 돈을 받는 일은 불명예스럽고 인색한 것이라고 여겨졌지만, 그 밖의 권리와 특권은 그대로 유지되었다. 이에 관해서는 여기까지만 이야기하겠다.

14

화비우스 픽토르의 기록에 따르면, 사비니 여인의 겁탈 사건은 로마를 창건한 지 넉 달 만에 벌어진 일이었다. 리비우스의 『로마사』(I : 9)에 따르면, 로물루스는 원래 전쟁을 좋아했는데, 마침 그가 간청해 들은 여러 신탁은 로마가 전쟁 덕분에 부흥하여 제국이 될 운명이라고 말했다. 여기에 솔깃해진 그가 사비니족과 명분 없는 전쟁을 시작했다고 한다. 왜냐하면 그는 여자를 서른 명만 잡아왔는데, 이는 그가 여성을 납치하고자 전쟁을 일으킨 것이 아니라 전쟁 그 자체를 즐겼음을 뜻하기 때문이다.

그러나 이 말은 사실이 아닌 것 같다. 이방인들로 가득한 도시에는 아내 있는 남자가 적었다. 더욱이 이방인들은 대부분 피가 섞이고 신분이 낮은 데다가 가난하여 남들에게 업신여김을 겪을 것이고, 그만큼 응집력도 강하지 않으리라고 로물루스는 예상했다. 그래서 그는 일단 데려온 사비니 여인들을 친절하게 다루어 사비니족과 유대를 맺고 손잡으려 했는데, 그 방법은 다음과 같았다.

먼저 로물루스는 자신이 땅 밑에 파묻혀 있던 어떤 신의 제단을 발견했다고 소문을 퍼뜨렸다. 그들은 그 신을 콘수스(Consus)라고 불렀는데, 이는 그 신이 상담의 신이었기 때문이었을 것이다. 지금도 로마인들은 상담이라는 뜻으로 콘킬리움(*concilium*)이라는 용어를 쓰며, 집정관을 콘술(*consul*)이라고 부르는데, 이는 상담자라는 뜻이다. 아니면 콘수스 신은 말을 탄 넵투누스(Neptunus)였을 수도 있다. 그 신을 모시는 제단이 거대한 승마 경기장인 키르쿠스 막시무스(Circus Maximus) 안에 있는데, 평소에는 보이지 않다가 전차 경주가 거행될 때만 모습을 드러내기 때문이다.

어떤 사람들의 말에 따르면, 상담이란 본디 은밀하고 보이지 않는 행위여서, 상담의 신의 제단이 땅속에 묻혀 있는 것은 이상한 일이 아니라고 한다. 그런데 그 제단이 나타나자 로물루스는 그에 성대한 제사를 드릴 것이며, 운동 경기를 열고 그 장면들을 모든 사람에게 보여 주겠다고 선언했다.

축제일이 되자 사람들이 모여들었다. 로물루스는 자주색 옷을 입고 막료들에 둘러싸여 관람석 가운데에 자리 잡았다. 공격 신호는 그가 자리에서 일어나 외투를 벗어 접었다가 다시 몸에 두르는 것이었다. 무장한 채 로물루스를 바라보던 병사들은 신호가 떨어지자 무기를 뽑아 들고 소리치며 달려가 사비니 여자들을 잡아갔다. 그러나 도망가는 사비니 남자들은 내버려 두어 오히려 도망치도록 부추겼다.

어떤 사람들의 말에 따르면, 잡혀 온 여자들은 서른 명뿐이었는데, 이들에게서 각 쿠리아이(Curiae)[5]의 이름을 따왔다고 한다. 그러나 그리스 역사학자 발레리우스 안티아스(Valerius Antias)의 기록에 따르면 잡혀 온 여자가 527명이었고, 『로마사』를 쓴 유바(Juba)에 따르면 683명이었는데 모두 처녀였다고 한다.

이 사건과 관련하여 로물루스가 내세울 수 있는 가장 강력한 변명을 들어 보면, 납치된 여성 가운데 유부녀는 헤르실리아(Hersilia)라는 여자 하나밖에 없었고, 그것도 실수로 그렇게 되었다고 한다. 이로 미루어 볼 때 여인들을 납치한 것은 이유 없이 겁탈하려는 것도 아니고 나쁜 마음을 먹고 저지른 것도 아니며, 두 부족의 유대를 돈독하게 하려는 의도였다는 것이었다.

들리는 바에 따르면, 헤르실리아는 매우 저명한 로마인 호스틸리우스(Hostilius)와 결혼했다고 한다. 다른 사람들은 그가 로물루스와 결혼하여 자식들을 두었으며, 딸은 첫째라 하여 프리마(*Prima*)라고 지었다고 한다. 또한 아들에게는 로물루스가 다스리던 시민이 한데 모이는 거대한 광장을 뜻하는 아올리우스(Aollius)라는 이름을 붙였는데, 그 이름은 나중에 아빌리우스(Avillius)로 바뀌었다고 한다. 그러나 트로이젠의 역사학자 제노도토스(Zenodotus)가 이에 관해 남긴 기록은 위의 얘기와 많이 다르다.

15

들리는 바에 따르면, 이때 여자를 납치한 사람들 가운데 신분이 낮은 이들로서 우연히 몸매가 아름다운 여자를 차지한 병

---

5   세 개의 부족으로 이뤄진 로마는 정치와 축제를 목적으로 다시 서른 개
     단위로 행정 구역을 나누었다. 이를 쿠리아이라고 불렀다.

사들도 있었다. 신분이 높은 몇 사람이 그 여자를 빼앗으려 하자, 병사들은 이 여인을 탈라시우스(Talasius)에게 바치러 가는 길이라고 소리쳤다. 탈라시우스는 젊은이로서 명망이 매우 높았다.

그 말을 들은 귀족들은 동의한다는 뜻으로 소리치며 손뼉을 쳤고, 발길을 돌려 그들을 따라가면서 탈라시우스에 대한 존경과 호의를 표시했다. 오늘날에도 로마인들은 결혼식을 치르면서 탈라시우스의 이름을 외치는데, 이는 그리스인들이 결혼의 신인 히메나이오스(Himenaeos)를 외치는 것과 같다. 들리는 바에 따르면, 탈라시우스는 그렇게 장가를 잘 갔다고 한다.

카르타고의 지식인이자 매력적인 사람인 섹스투스 술라(Sextus Sula)가 나에게 들려준 바에 따르면, 탈라시우스라는 단어는 로물루스가 여자를 겁탈하라는 신호로 쓴 용어라고 한다. 그래서 처녀들을 납치해 가던 병사들은 모두 '탈라시우스'라고 외쳤는데, 이 말이 지금까지 결혼식의 풍습으로 남아 있다는 것이다.

그러나 유바를 포함한 역사학자들 대부분의 말에 따르면, 그리스인들은 작업을 할 때 독려하는 뜻에서 탈라시아(*talasia*)라고 말했는데, 아직 그리스어와 로마어가 융화되지 않았던 시대에는 그 말이 '실을 짠다'는 뜻의 그리스어였다고 한다. 만약 이 말이 사실이고, 당시의 로마인들이 지금의 우리처럼 실을 짜면서 '탈라시아'라고 말했다면, 다음의 이야기가 그러한 풍습에 대한 더 합리적인 설명이 될 것이다.

사비니족이 로마와 전쟁을 치른 뒤 화해할 때, 그들은 사비니 여인들이 실을 짜는 일 말고는 남편을 위해 아무것도 하지 않는다는 데 합의했다. 그러므로 결혼식을 올린 뒤 신부를 보내거나 신행(新行)을 하거나 그들 부부를 만난 사람들은 즐거운 마음으로 '탈라시우스'라고 외쳤는데, 이는 신부가 시댁에 들어간 뒤 실 짜는 일 말고는 아무것도 하지 않으리라고 증언하는 의미였다. 그리고 지금까지도 신부가 시댁에 들어갈 때면 문지방을 넘지 않고 신랑이 안고 들어가는 풍습이 내려오는데, 이는 신부가 자기 뜻에 따라 시집온 것이 아니라 강제로 끌려왔음을 뜻하는 것이다.

그리고 어떤 사람의 말에 따르면, 창으로 신부의 가르마를 타는 풍습이 아직 남아 있는데, 이는 결혼이 전쟁으로 말미암아 이뤄졌음을 뜻한다고 한다. 이에 관해서는 내가 쓴 『도덕론』의 「로마의 문제들(Roman Questions)」에서 자세히 다루었다. 그 문제는 잠시 접어 두자. 사비니 여자들을 납치한 때는 섹스틸리스월(Sextilis月), 곧 지금의 8월 18일이었는데, 오늘날에도 그날이 되면 콘수알리아(Consualia)라는 가을걷이 축제가 열린다.

16

사비니족은 인구가 많았고 전쟁을 좋아했으며, 성채가 없는 마을에 살았다. 그들은 스파르타에서 온 이민자의 후손으로, 시민이라면 당연히 용맹스러워야 한다고 생각하는 사람들이었다. 그러나 그들은 비록 대우가 좋은 인질이라고는 해도 여전히 딸들의 신변을 걱정하여, 로물루스에게 사신을 보내 합리적이고도 온건한 요구를 제시했다.

그 내용을 보면, 먼저 로물루스가 인질로 잡혀간 처녀들을 돌려보내고 폭력 행위에 대해 사과한 다음, 설득과 법률의 조치에 따라 두 부족 사이에 우호 관계를 맺자는 것이었다. 그러나 로물루스는 여인들을 돌려보내지 않았으며, 로마인과 사비니족이 혼인으로 공동체를 이루자고 요구했다. 사비니족은 이 요구를 어찌 받아들일지 오래 고민한 끝에 전면적인 전쟁을 준비했다.

그 가운데에서도 한 사람은 예외였다. 카이니눔(Caeni-num)의 왕 아크론(Acron)은 용맹스럽고 전술에도 빼어난 인물이었는데, 그는 처음부터 로물루스의 처사를 의심하던 터였다. 더욱이 여인들까지 납치되어 간 상황이었으므로, 그는 로물루스가 모든 시민의 위협이며 자비심 없이는 참을 수 없는 인물이니 곧 무기를 들고 토벌하러 진격해야 한다고 생각했다. 로물루스도 그에 맞서고자 진군했다. 서로 마주친 두 사람은 상대를 탐색한 다음, 전면전을 벌이기에 앞서 병사들은 조용히 기다리고 둘이서만 직접 싸우자고 합의했다. 이에 로물루스는 만약 그가 적장을 이겨 쓰러뜨리면 그의 갑옷을 가져가 손수 유피테르의 신전에 바치겠다고 맹세했다.

접전 끝에 로물루스는 아크론을 죽였을 뿐만 아니라 그를 따르던 부하들을 전멸시키고 마을도 빼앗았다. 그러나 그는 포로들을 박해하지 않고, 그들의 집을 부순 다음 로마로 데려와 로마인들과 동등하게 살도록 해 주겠노라고 약속했다. 오늘날 돌이켜 보면 로마를 번영시킨 일 가운데 이보다 더 크게 영향을 끼친 일이 없었다. 로마는 언제나 통일 국가를 이루었고, 그들이 정복한 부족과 어울려 살았다. 어떻게 하면 유피테르가 기뻐할 방법으로 자신의 약속을 지키고 시민을 기쁘게 하는 행사를 치를까 생각하던 로물루스는 병영에 서 있는 우람한 떡갈나무를 잘라 승리의 기념물을 세우고, 거기에 아크론의 갑옷과 부속품들을 순서대로 걸었다.

그리고 로물루스 자신은 갑옷을 입고 월계관을 쓴 다음 떡갈나무 기념물을 오른쪽 어깨 위에 올려놓은 채, 그의 부하들이 무기를 휘두르며 따라 부르도록 승전가를 선창하니 모든 시민이 크게 기뻐했다. 이 행진은 뒷날 모든 승전 행사의 기원이 되었고, 그 기념물은 유피테르 훼레트리우스(Jupiter Feretrius)에게 바치는 공물들의 원형(原型)이 되었다.

훼레트리우스라는 이름은 로마어로 '무찌른다'는 뜻의 훼리레(ferire)에서 온 것이다. 로물루스가 적군을 무찌르고 쓰러뜨린 적이 있었기 때문이다. 그리고 전리품을 오피마(opima)라고 불렀는데, 바로의 말에 따르면, 오페스(*opes*)는 로마어로 '넉넉하다'는 뜻이라고 한다. 그러나 그 단어는 '용맹스러운 행동'이라고 풀이하는 것이 더 그럴듯하다. 로마어로 오푸스(*opus*)라는 단어는 '행위'나 '수탈'을 뜻하기 때문이다. 또한 스폴리아 오피마(Spolia Opima)라는 칭호는 손수 적장을 처단한 장군에게만 주었다.

로마 역사에서 오직 세 사람만 스폴리아 오피마라는 칭호를 듣고 있다. 첫째는 카이니눔의 왕 아크론을 죽인 로물루스이고, 둘째는 토스카나의 톨룸니우스(Tolumnius)를 죽인 코르넬리우스 코수스(Cornelius Cossus)이고, 셋째는 갈리아의 왕 브리토마르투스(Britomartus)를 죽인 클라우디우스 마르켈루스(Claudius Marcellus)이다. 코수스와 마르켈루스는 승리의 깃발을 들고 말 네 필이 끄는 전차에 오른 채 로마에 입성했지만, 로물루스도 전차를 타고 입성했다는 역사학자 디오니시오스(Dionysios)의 기록(『로마 고대사』, II : 34)은 맞지 않는다.

어떤 사람들은 로마의 정치가 푸블리콜라 발레리우스(Publicola Valerius)가 승리의 깃발을 들고 입성한 최초의 왕이라고 말하지만, 스파르타의 왕 데마라토스(Demaratos)의 아들 타르퀴니우스(Tarquinius)왕이 승리의 깃발을 들고 입성하는 의식을 치른 첫 번째 왕이었다는 것은 역사가 입증하는 사실이다. 로마에서 흔히 볼 수 있는 바와 같이, 로물루스의 조상(彫像)은 말을 타지 않고 발로 서 있다.

17

카이니눔족이 정복된 뒤에도 살아남은 사비니족은 전쟁 준비에 바빴다. 이때 휘데나이(Fidenae), 크루스투메리움(Crustumerium), 안템나이(Antemnae)의 부족들이 로마에 대항하여 동맹을 맺었다. 그러나 뒤이은 전쟁에서 로물루스는 이들을 무찌르고 도시를 함락한 다음, 영토를 분할하고 부족들을 로마로 호송했다. 로물루스는 그렇게 빼앗은 토지를 모두 로마 시민에게 나누어 주었으나, 딸을 납치당한 부모의 토지는 빼앗지 않고 원래의 땅 주인이 토지를 소유하는 것을 용인했다.

일이 이렇게 되자 살아남은 사비니족은 분노하여 타티우스(Tatius)를 장군으로 삼아 로마로 쳐들어갔다. 그러나 거기에는 오늘날의 신전의 언덕(Capitolia)[6] 자리에 요새가 있었기 때문에 공격이 어려웠다. 요새에는 경비병이 있었고, 지휘자는 타르페이우스(Tarpeius)였다. 어떤 사람들의 말과 달리 그는 타르페이아(Tarpeia)라는 처녀가 아니었다.

그러한 소문은 로물루스를 바보처럼 만들려고 꾸며 낸 이야기일 뿐이다. 이 소문에 따르면 타르페이아는 사령관 타르페이우스의 딸로서, 조국을 배신하고 요새를 사비니족에게 넘겨주었다. 사비니족의 황금 팔찌에 마음을 빼앗긴 그는 조국을 배신하는 대가로 그들의 왼팔에 낀 팔찌를 달라고 요구했다. 사비니의 장군 타티우스가 이에 동의하자 타르페이아는 밤중에 성문을 열어 적군을 끌어들였다.

배신을 제안한 사람은 사랑하지만, 배신한 사람은 사랑하지 않는다고 말한 사람은 안티고노스(Antigonos) 장군만이 아니었다. 카이사르(Caesar)도 트라키아의 로이메탈케스(Rhoe-metalkes)에 대해 말하면서, 자기는 배신을 사랑한 적이 있지만 배신자는 증오했다고 말했다. 사람들이 독을 얻으려고 뱀을 잡고 쓸개즙을 얻으려고 곰을 잡듯이, 배신자들의 도움이 필요한 사람들이 받은 느낌은 모두 마찬가지이다. 배신자가 필요한 동안에는 그들을 곱게 다루지만, 바라는 것을 얻은 뒤에는 그의 비루함을 증오하게 마련이다.

타티우스가 타르페이아에게 품은 감정도 그랬다. 그는 사

---

6   신전의 언덕은 로마가 내려다보이는 언덕으로, 이곳에 유피테르의 신전이 있어 정치와 종교의 중심을 이루었다.

비니족에게 지시하여 약속한 대로 그들이 왼손에 차고 있던 팔찌를 아낌없이 주도록 했다. 그는 남들보다 먼저 팔찌뿐만 아니라 방패까지 그 여인에게 던졌다. 그를 따라서 병사가 모두 팔찌와 방패를 던지자 타르페이아는 그 무게에 깔려 죽었다. 술피키우스 갈바(Sulpicius Galba)가 로마의 역사에 밝았던 마우리타니아(Mauritania)의 왕 유바의 말을 인용한 바에 따르면, 사건의 정황을 알게 된 로물루스는 타르페이우스까지 반역죄로 처벌했다고 한다.

　타르페이아에 대해 달리 말하는 역사가들에 따르면, 그는 사비니의 지도자인 타티우스의 딸로서 강제로 끌려와 로물루스와 살다가 아버지의 지시를 받고 로마를 배신했다고 한다. 역사학자 안티고노스도 그렇게 말하는 사람들 가운데 하나이다. 시인 시밀루스(Symilus)는 타르페이아의 배신이 사비니족이 아니라 갈리아(Gallia)족을 위해서였다고 한다. 그가 갈리아의 왕을 사랑하고 있었기 때문이라는 것이다. 이는 터무니없는 주장이다. 시밀루스는 아래와 같은 시를 남겼다.

　　신전의 언덕 비탈길에서 어렵게 살던 타르페이아는
　　로마의 성벽을 헐어 버렸네.
　　그는 갈리아의 왕비가 되기를 원했으나
　　이는 조상들의 고향을 배신한 것이라.

그리고 조금 뒤에는 그의 죽음을 이렇게 노래했다.

　　켈트의 수많은 무리가
　　그를 파두스(Padus)강 근처에 묻지 않았음을 기뻐했다.
　　그 증오스러운 여인에게 방패와 피 묻은 무기를 던져
　　그의 죽음을 장식했도다.

18

그러나 타르페이아는 그곳에 묻혔다. 그 언덕은 여인의 이름을 따 타르페이우스라고 불렸다. 그 뒤 타르퀴니우스왕이 그 땅을 유피테르에게 바치려고 여인의 시신을 이장하면서 언덕의 이름도 함께 사라졌다. 다만 신전의 언덕 한쪽에 있는 절벽은 지금도 타르페이아 바위라고 불린다. 로마인들은 그 바위 위에서 범죄자들을 밑으로 내던졌다.

사비니족이 요새를 점령하자 로물루스는 분노하여 그들을 공격하였고, 타티우스도 이에 용감히 받아쳤다. 사비니족은 일이 아주 크게 잘못되더라도 일단 물러나서 맞서 싸울 요새가 있다는 사실을 잘 알았기 때문에 그토록 용감할 수 있었다. 그들이 싸워야 할 공간은 사방이 작은 산으로 둘러싸여 있었다. 이 좁은 장소에서는 도망치기도 어렵고, 추적하기도 어려웠다. 결국 양쪽 모두 참혹하고 치열한 전투를 강요받는 지형이었다. 더욱이 며칠 전부터 강물이 넘쳐, 깊고도 알아볼 수 없는 진창이 계곡을 채우고 있었다. 지금은 광장이 세워져 있는 그곳을 뒤덮었던 진흙은 눈으로는 확인할 수가 없었고, 그렇다고 비껴갈 수도 없었다. 표면 아래가 질척거리는 땅은 위험했다.

사비니족이 그곳에서 겁도 없이 앞으로 내달릴 때, 그들에게 작은 행운이 따랐다. 그들 가운데 눈에 잘 띄는 쿠르티우스(Curtius)라는 병사가 명예욕에 사로잡혀 다른 사람들보다 앞서 말을 타고 달리다가 진흙탕에 빠져 버린 것이다. 그는 얼마 동안 채찍질을 하고 소리치며 말을 탄 채로 나오려 했으나, 그럴 수 없게 되자 말을 버리고 빠져나왔다.

이에 따라 지금도 로마인들은 그의 이름을 따서 그곳을 '쿠르티우스의 수렁'이라고 부른다. 쿠르티우스가 빠지는 것을 보고 위기를 벗어난 사비니족은 끈덕지게 싸웠으나 쉽게 승패가 나지 않았다. 이 전투에서 많은 사람이 죽었는데, 그 가운데에는 호스틸리우스(Hostilius)라는 인물이 있었다. 들리는 바에 따르면, 그는 헤르실리아의 남편이자 누마왕의 뒤를 이어 왕위에 오른 호스틸리우스의 할아버지였다고 한다.

그 뒤로도 예상했던 대로 짧은 시간에 여러 차례 전투가 벌어졌고, 그러는 가운데 가장 잊을 수 없는 사건이 마지막으로 일어났다. 로물루스가 머리에 돌멩이를 맞고 말에서 떨어질 뻔하면서 사비니족에 맞서 싸우기를 포기했다는 사실이다. 이에 놀란 로마 병사들은 길을 내어 팔라티네(Palatine)로 도망하면서 평지를 떠났다. 그러자 정신을 차린 로물루스가 도망병의 행렬 앞으로 달려가 그들을 막고 큰 소리로 전투를 독려했다. 그러나 도망병들은 그의 독려에도 불구하고 더는 싸우려 하지 않았다.

로물루스는 손을 하늘로 뻗으며, 군대가 도망치지 않게 해 달라고, 또한 로마의 대의가 꺾이지 않고 회복되게 해 달라고 유피테르에게 빌었다. 그가 기도를 마치자 병사들은 도망쳤던 사실을 부끄러워하고 왕에게 존경을 느끼면서 도망치고 싶은 두려움을 왕에 대한 신뢰로 바꾸었다. 그들이 도망을 처음 멈춘 곳은 지금 유피테르 스타토르(Jupiter Stator) 신전이 있는 곳인데, 스타토르는 '머무르게 하다'라는 뜻이다. 그때부터 로마군은 전열을 가다듬고 오늘날 레기아(Regia)[7]라고 부르는 곳과 베스타(Vesta) 신전이 있는 곳까지 사비니족을 몰아냈다.

19

그곳에서 다시 전쟁을 준비하던 로물루스의 군대는 말로 표현할 수 없을 만큼 놀라운 일이 눈앞에서 벌어지는 광경을 보았다. 사비니의 납치된 딸들이 사방에서 달려 나오며 울부짖었다. 그들은 무장한 군인과 시체 더미를 지나 미친 듯이 남편과

---

7   고대 로마의 대제사장(大祭司長, Pontifex Maximus)이 머물던 처소이다.

아버지를 향해 달려갔다.

몇몇 여인은 어린아이를 품에 안고 있었고, 몇몇 여인은 헝클어진 머리로 얼굴을 덮은 채 사비니인이거나 로마인인 연인의 이름을 불렀다. 양쪽 병사들이 깊은 연민에 휩싸여 전선을 뒤로 물리면서 여인들에게 자리를 마련해 주었다. 위아래 모든 계층의 사람들이 슬픔에 젖었다. 여인들의 모습과 그들이 토해 낸 말은 더 많은 연민을 자아냈다. 그들은 따지고 원망하다가 끝내는 애원했다. 그들은 이렇게 말했다.

"우리가 당신들에게 무엇을 잘못했고, 무슨 해코지를 하였기에 지난날 그토록 고통을 받고 지금도 이토록 끔찍한 고통을 받아야 합니까? 우리는 지금 우리와 함께 사는 사람들에게 강제로 끌려와 이토록 겁탈당하고, 이제는 부모 형제와 친척들에게 멸시받고 있습니다. 우리는 가장 미워했던 사람과 부부가 되었으며, 폭력과 불법으로 우리를 학대하는 사람들에게 두려움을 느끼고 있습니다. 그러면서도 그들이 전쟁에 나가 전사했다는 소식을 들을 때면 그들의 죽음을 슬퍼합니다. 당신들은 우리가 처녀의 몸으로 겁탈당할 때 우리를 위해 복수하지 않았습니다. 그러다 이제 와서 남편에게서 아내를 갈라놓고 아이들에게서 어미를 떼어 놓으려 하니 우리의 운명이 참으로 저주스럽습니다.

지금 여러분은 처음에 우리를 멸시하며 버리던 때보다 더 비참한 일을 하고 있습니다. 우리가 여기에서 누리고 있는 사랑, 그리고 여러분이 우리에게 보여 준 동정이 겨우 그런 것입니다. 설령 당신들이 다른 이유로 싸운다고 하더라도 이제 여러분은 누군가의 장인이 되고 할아버지가 되었으며 여러분의 적과 사돈을 맺었으니, 우리를 위해서라도 전쟁을 멈추는 것이 옳습니다. 만약 이 전쟁이 우리를 위한 것이라면 여러분의 사위와 손자들과 함께 우리를 데려가 우리와 부모 자식이 함께 살게 하십시오. 우리에게서 남편과 자식을 빼앗지 마시기를 바랍니다. 간청하오니, 우리가 다시는 포로의 삶을 살지 않게 해 주시기를 바랍니다."

헤르실리아가 이렇게 여러 차례 간청했고, 다른 여인들도 애원하여 휴전이 이뤄지고 양쪽 대표들이 회담을 열었다. 그러는 사이에 여인들은 그들의 남편과 아이들을 데리고 나와 친정 부모와 오빠들에게 인사를 시켰다. 그들은 음식과 마실 것을 가져와 필요한 사람들에게 나누어 주고, 상처 입은 사람들을 집으로 데려가 치료해 주었다. 여기에서 그들은 자신들이 집안의 안주인이며, 남편들이 자신들을 배려하고 존중한다는 사실을 보여 주었다.

이러한 상황에서 협정이 이루어졌다. 부인들은 바라는 바대로 앞으로도 남편과 살 수 있게 하고, 앞서 말한 것처럼 실을 짜는 일 외에는 힘든 노동을 하지 않도록 했다. 그리고 그 도시에는 로마인과 사비니인이 함께 살도록 했다. 그들은 로물루스의 이름을 따 그 도시를 로마라고 불렀다. 시민은 모두 사비니족 지도자인 타티우스의 고향에서 이름을 따 퀴리테스(Quirites)라고 불렀다. 로물루스와 타티우스는 공동 왕위에 올라 군대를 지휘했다. 이 협정을 맺은 곳을 오늘날에도 코미티움(Comitium)이라고 부르는데, 이는 '더불어'라는 의미를 가진 코니레(*conire*) 또는 코이레(*coire*)에서 나온 말이다.

20

그리하여 로마 인구는 두 배로 늘어났으며, 사비니 사람 1백 명이 선거를 거쳐 귀족(Patricii)으로 선출되었다. 군대는 보병 6천 명과 기병 6백 명으로 확충했다. 또한 시민을 세 무리로 나누었는데, 첫째는 로물루스의 이름을 딴 람넨세스(Ramnenses)이고, 둘째는 타티우스의 이름을 딴 타티엔세스(Tatienses)였다. 셋째 무리는 루케렌세스(Lucerenses)인데, 그 이름은 예전에 도망자들이 피난처 삼아 들어가던 숲에서 따온 것이다. 그래서

로물루스

오늘날 로마어로 숲을 루쿠스(*lucus*)라고 부른다.

오늘날까지도 로마인들은 이 세 무리를 '3'을 뜻하는 트리베스(*tribes*)라 부르고, 족장(族長)을 트리부네스(*tribunes*)라고 부른다. 따라서 이러한 이름을 통해 그들이 세 무리로 이뤄졌음을 입증할 수 있다.

각 부족은 열 개씩의 혈족으로 이뤄져 있는데, 어떤 사람의 글에 따르면, 납치해 온 사비니 여자 서른 명의 이름에서 따왔다고 하지만 사실이 아닌 듯하다. 왜냐하면 30개 부족의 이름 가운데 지명이 많기 때문이다. 그러나 그들이 여성을 존중하여 특권을 많이 준 것은 사실이다. 이를테면 길을 걸을 때 여자가 오면 길을 비켜야 하고, 여인 앞에서는 점잖지 못한 언어를 써서는 안 되며, 웃통을 벗은 채 여성 앞에 나타나서는 안된다. 만약 그런 짓을 저지른다면 살인죄를 다루는 법정에 서야 했다. 사비니 여자의 아이들은 거품(bubble)처럼 생겼다고 해서 불라(*bulla*)라고 부르는 목걸이를 둘러야 하며, 자주색으로 테를 두른 옷을 입어야 했다.

로물루스와 타티우스는 곧바로 의회를 합치지 않고, 처음에는 각기 자신의 백인 회의(Hundred Councillors)를 주재(主宰)하다가 얼마 지난 뒤에야 오늘날처럼 하나로 합쳤다. 타티우스는 지금의 모네타(Moneta) 신전이 있는 곳에 살았고, 로물루스는 이른바 '아름다운 해변의 계단(Steps of Fair Shore)' 옆에 살았다.[8] 이 두 곳은 팔라티네에서부터 키르쿠스 막시무스로 내려오는 비탈길 가까이에 있다. 그곳에는 또한 신성한 산딸나무가 자라고 있었는데, 그에 관해서는 다음과 같은 전설이 내려오고 있다.

어느 날 자기의 힘을 시험해 보고 싶었던 로물루스는 아

---

8   아마도 이 대목은 그리스 판본의 오류이며, 카쿠스의 계단(Steps of Cacus)이 맞을 것이다.(B. Perrin, I, p. 153)

벤티누스(Aventinus) 언덕에서 산딸나무로 만든 창을 던졌다. 그 창은 땅속 깊이 박혀, 아무리 힘을 써도 누구도 그것을 뽑을 수 없었다. 그런데 기름진 땅이 그 창을 품으면서 새순이 돋고 듬직하게 자랐다. 로물루스의 후손들은 이 나무를 가장 신성하게 생각하여, 종교 의식을 치르면서 그 주변에 담을 쌓았다.

지나가던 사람이 그 나무를 보고 잎이 푸르지 않거나 싱싱하지 않아 시들어 죽을 듯이 보이면 마치 집에 불이 나서 도움을 바랄 때처럼 주변 사람들에게 "물, 물!" 하고 소리쳤고, 그러면 사람들이 모두 물통에 물을 가득 채우고 사방에서 달려왔다. 전설에 따르면, 이 나무는 가이우스 카이사르(Gaius [Julius] Caesar)가 그 주변의 계단을 수리할 때 일꾼들이 그 주변을 파다가 뜻하지 않게 뿌리를 다쳐 죽었다고 한다.

21

그 뒤부터 사비니족은 로마 달력을 쓰기 시작했는데, 이에 관해서는 이 책의 「누마전」에서 충분히 다루었다. 그런가 하면 로물루스는 자신들이 쓰던 갑옷과 지난날에 쓰던 그리스식의 원형 방패(*aspis*)를 쓰지 않고, 사비니족이 쓰던 장방형 방패를 사용했다. 또한 잔치와 제사에도 서로 참석하여 두 부족이 지난날 거행하던 방법을 기피하지 않으면서 새로운 제도를 만들어 냈다.

그 가운데 하나가 마트로날리아(Matronalia)로, 이는 여인들이 전쟁을 그치게 한 것을 기념하는 축제이다. 다른 하나는 카르멘탈리아(Carmentalia) 축제이다. 카르멘타(Carmenta)는 인간의 출생을 주재하는 운명의 신인데, 이로 미루어 볼 때 카르멘탈리아는 어머니에게 영광을 바치는 축제였을 것이라고 여기는 사람들이 있다.

한편 다른 사람들의 말에 따르면, 카르멘타는 아르카디아 출신인 에반데르의 아내였는데, 그는 예언자이면서 시(詩)로써 영감을 얻는 사람이어서 그런 이름을 얻었다고 한다. 로마어로 시를 카르미아(*carmia*)라고 부르기 때문이다. 그의 본래 이름은 니코스트라테(Nicostrate)였다. 그의 이름에 관해서는 대부분 이 주장에 동의하지만, 더욱 그럴듯한 해석에 따르면 카르멘타는 '정신을 잃은'이라는 뜻이라고 한다. 로마어로 카레레(*carere*)란 '잃다'라는 뜻이고, 멘스(*mens*)란 '정신'을 의미하기 때문이다.

파릴라에 대해서는 이미 앞에서(§12) 말한 바 있다. 루페르 칼리아(Lupercalia) 축제는 그 계절로 미루어 보건대 정화(淨化) 의식이었던 듯하다. 이 축제는 2월의 어느 불길한 날에 치렀다. 로마어로 2월(February)은 '정화'라는 뜻으로 해석할 수 있는데, 옛날에는 그 축제가 벌어진 날을 훼브트라(*febtra*)라고 불렀기 때문이다. 그러나 그 축제의 이름은 그리스어로 리카이아(*Lycaea*), 곧 '늑대의 축제'라는 뜻을 담고 있으며, 이는 아마도 에반데르를 따라 로마로 온 아르카디아인들에게서 유래한 것으로 보인다.

실제로 그 축제의 이름에 대해서는 이러한 해석을 보편적으로 받아들이고 있다. 그 축제는 로물루스를 키웠다고 하는 어미 늑대와 관련이 있을 수 있기 때문이다. 그 밖에도 들리는 바에 따르면, 로마 사제로서 '늑대의 형제'인 루페르키(*Luperci*)는 로물루스를 버린 곳으로 알려진 곳에서부터 축제 행렬을 시작했다고 한다. 그러나 그 축제의 실질적인 의식이 축제의 이름과 어떤 연관이 있는지 추정하기란 쉽지 않다.

축제 형식을 보면, 사제가 염소를 잡고 명문가의 두 소년이 그들에게 다가가 염소의 피가 묻은 칼을 이마에 대면 다른 사람이 우유에 적신 털로 핏자국을 씻어 준다. 이마를 닦으면 소년들은 웃어야 한다. 그런 다음 소년들은 염소 가죽을 찢어 들고 허리띠만 두른 채 뛰어다니며 만나는 사람들을 가죽끈으로 때리는데, 젊은 부인들은 여기에 맞으면 임신을 할 수 있고 쉽게 아기를 낳는다고 믿기 때문에 그 매를 피하지 않는다. 이 축제의 또 다른 점은 사제가 개를 제물로 바친다는 점이다.

시인 부타스(Butas)는 이런 로마의 풍습을 시로 읊은 바 있다. 아물리우스에게 승리한 로물루스와 레무스는 기쁨에 넘쳐 자신들이 아기였을 때 늑대 젖을 빨던 곳으로 달려갔다고 한다. 로마의 이 축제는 그들의 행위를 본뜬 것으로, 명문가의 두 소년이 뛰어다니며 이렇게 노래한다.

알바 언덕에서 레무스와 로물루스가 달려가듯이
우리는 무기를 휘둘러 만나는 사람들을 때리니……

피 묻은 칼을 이마에 대는 행위는 그날의 위험과 살육을 상징하며, 우유로 이마를 씻는 것은 그들이 어린 시절 늑대 젖을 먹었음을 뜻한다. 그러나 로마 원로원의 그리스어 통역관이었던 카이우스 아킬루스(Caius Achilus)의 기록에 따르면, 로마가 세워지기에 앞서, 로물루스 형제는 염소 떼를 잃어버리자 목신(牧神) 화우누스(Faunus)에게 제사를 드리고 염소 떼를 찾아 뛰어다녔다. 이때 몸이 땀에 젖지 않게 하려고 옷을 벗었다고 한다. 이런 연유로 말미암아 루페르키는 축세 때 벌거벗고 뛰어다니게 되었다.

어떤 사람의 말에 따르면 개를 제물로 쓴 일도 있다고 하는데, 이는 개가 그러한 의식에서 제물이 되기에 적절하다고 생각했기 때문이었을 것이다. 그리스 사람들도 정화 의식을 할 때 개를 끌고 와 땅에 묻는데, 많은 지역에서 페리스쿨라키스모이(periskulakismoi)[9]라고 부르는 이 의식을 치른다. 만약 이 의식이 로물루스 형제를 키운 어미 늑대를 추모하려는 것

9   페리스쿨라키스모이는 고대 그리스에서 강아지를 죽여 제물로 바치는 제의를 의미한다.

이었다면 개를 죽일 명분은 확실하다. 개는 늑대의 적이기 때문이다. 아니면 그저 뛰어다니는 루페르키를 방해한 개가 벌을 받았던 것일 수도 있다.

22

들리는 바에 따르면, 로물루스는 성화(聖火)를 처음으로 만든 다음, 베스탈(Vestal)이라고 하는 신성한 처녀들에게 그 불을 지키게 했다고 한다. 어떤 사람들은 성화를 처음 만든 이가 누마 왕이라고 하는데, 설령 그렇다 하더라도 로물루스는 여러 면에서 종교적 신심이 매우 두터운 사람이었다.

들리는 바에 따르면, 그는 예언을 하고자 이른바 리투스(lituus)라는 구부러진 지팡이를 가지고 다녔다. 그는 날아다니는 새를 보고 전조(前兆)를 파악할 때 이 지팡이로 하늘의 구역을 표시했다고 한다. 이 지팡이는 팔라티네에 조심스럽게 보관되어 오다가 갈리아족이 쳐들어왔을 때 사라졌다고 한다. 그러나 그 뒤 이민족[10]들이 물러나고 다른 물건들이 모두 파괴되었을 때도 그 지팡이만은 전혀 손상되지 않은 채 다시 발견되었다고 한다.

또한 로물루스는 법을 제정했다. 그 가운데 가장 가혹한 법에 따르면, 아내는 남편을 떠날 수 없지만, 아내가 독약을 먹이거나 아이를 바꾸거나 간통했을 경우에는 남편이 아내를 쫓아낼 수 있다는 것이다. 그러나 만약 남자가 그 밖의 이유로 아내를 내보내면, 재산의 절반을 아내에게 주고 나머지 절반을

---

10   원문에는 Barbarians라고 되어 있다. 이 말은 원래 라틴어도 모르고 "버-버-" 하는 부족이라는 뜻으로서[J. D. 버날 지음, 박정호 옮김, 『과학사(4) : 사회 과학의 역사』(서울 : 한울출판사, 1984), 48쪽] 한국어에서 벙어리를 뜻하는 토속어인 '버버리'와 어원이 같다. 야만족이라는 용어는 서구 우월주의가 담겨 있으므로, 이 책에서는 직접 화법이 아니면 대체로 '이민족'이나 '이방인'이라고 번역했다.

곡물(穀物)의 여신인 케레스(Ceres)의 신전에 바치도록 정해져 있었다. 또 아내를 내친 남자는 누구나 지하에 있는 신들에게 제물을 바쳐야 했다.

특이하게도 로물루스는 부모 살해를 별도의 법으로 처벌하지 않고 모든 살인을 부모 살해로 규정했다. 어떤 사람은 그 조항을 보고 두려워했고, 어떤 사람은 이제 살인이란 있을 수 없는 일이라고 생각했다. 여러 세대를 거치면서 사람들은 그와 같은 사법적 판단을 옳다고 여겼고, 실제로 6백 년 동안 로마에서는 살인 사건이 없었다. 그러다 한니발과 전쟁을 벌인 뒤의 시대에 루키우스 호스티우스(Lucius Hostius)가 처음으로 살인을 했다고 한다. 이 문제에 대한 논의는 이 정도로 충분한 듯싶다.

23

타티우스가 왕위에 오른 지 5년이 되던 해에, 그의 하인과 친족들은 로마로 들어오던 라우렌툼(Laurentum)의 사절들과 마주치자 그들에게서 돈을 뺏으려 했다. 그러나 사절들이 순순히 돈을 내놓지 않자 타티우스 사람들은 그들을 죽였다. 이 사건은 대담하고도 끔찍한 범죄였기에 로물루스는 가해자들을 바로 처벌해야 한다고 생각했다. 그러나 타티우스는 처벌을 미적거리며 이 일을 정당화하는 쪽으로 몰아가려 했다. 이 사건은 두 사람 사이에 딱 한 번 일어난 의견 충돌이었다. 지난날 그들은 어느 일에서나 협조했고, 서로 합의하여 일을 처리해 왔다.

타티우스의 방해로 아무런 법적 구제를 받을 수 없었던 피살자들의 친구들은 타티우스가 라비니움(Lavinium)에서 로물루스와 함께 제사를 드릴 때 그를 습격하여 살해했다. 그러면서도 로물루스가 돌아가는 길을 호위하며 그의 정의로움을 크게 칭송했다. 로물루스는 타티우스의 시체를 거두어 정중하게 장례를 치르고 아벤티누스 언덕에 있는 아르밀루스트리움(Armilustrium)에서 가까운 곳에 묻어 주었으나, 그를 살해한 무리에게는 아무런 법적 조처를 하지 않았다.

어떤 역사학자들의 기록에 따르면, 라우렌툼 시민이 보복을 겪을까 두려워 타티우스를 죽인 범인들을 잡아 로물루스에게 데려갔으나, 로물루스는 그들을 풀어 주면서 타티우스의 죽음은 사절들의 죽음을 죽음으로 갚은 것이라고 말했다. 이러한 처사로 말미암아 사람들은 로물루스가 동료의 죽음을 속으로 즐거워했을지도 모른다고 생각했다. 그러나 정부는 흔들리지 않았고, 사비니족이 분열되는 일도 없었다. 모두 끝까지 로물루스를 존경했다. 어떤 사람들은 정말로 그를 좋아했기 때문이었고, 어떤 사람들은 그의 권력을 두려워했기 때문이었고, 어떤 사람들은 그를 자비로운 신처럼 생각했기 때문이었다.

로물루스는 많은 외국인에게 존경을 받았다. 라틴족들은 그에게 사절을 보내 우호 조약과 동맹을 맺었다. 리비우스의 『로마사』(I : 14)에 따르면, 로마의 이웃에 있는 휘데나이에 예기치 않게 나타난 로물루스는 기병대의 빠른 공격으로 성문의 돌쩌귀를 부순 다음 그 도시를 점령했다고 한다. 또 다른 기록에 따르면, 휘데나이이인들이 먼저 로마를 침략하여 약탈하고 로마와 주변 도시들을 유린하자 로물루스는 병사를 매복시켰다가 그들을 죽이고 그 도시를 장악했다고 한다. 그러나 그는 휘데나이를 황폐하게 만드는 대신에 로마의 식민지로 만들었고, 4월 보름에는 그곳으로 2천5백 명을 이주시켰다고 한다.

24

이런 일이 있고 나서 전염병이 돌았다. 사람들은 아무런 증상도 없이 죽었으며, 곡식이 익지 않고, 소가 새끼를 낳지 못했다. 도시에 핏빛 비가 쏟아지자 피할 수 없는 재난을 무서워한 이들 사이에서 미신이 퍼졌다. 라우렌툼에도 그와 비슷한 재난이 일어나자, 사람들은 타티우스와 라우렌툼의 사절들을 죽인 무리들을 공의롭게 처벌하지 않아 노여워한 하늘이 두 도시에 재앙을 안겼다고 생각했다. 그리하여 두 쪽의 가해자들을 처벌하였더니 재난이 줄어들었다. 로물루스는 제사를 드려 도시를 정화했는데, 들리는 바에 따르면, 훼렌티네(Ferentine) 성문에서 지금도 그 의식을 지내고 있다고 한다.

그러나 질병이 다 사라지지도 않았을 때, 카메리아(Cameria) 사람들이 로마를 공격하여 영토를 유린했다. 그들은 로마인들이 재난으로 타격을 받아 나라를 지킬 수 없으리라고 생각했다. 그러나 로물루스는 곧바로 그들을 공격하여 승리를 거두고 카메리아인 6천 명을 죽였다. 그는 그 도시를 정복하고 살아남은 무리의 절반을 로마로 이주시킨 뒤, 그곳에 남아 있던 카메리아인의 두 배에 이르는 로마인을 그곳으로 이주시켰는데, 그날이 8월 1일이었다.

로물루스가 로마에 자리 잡은 지 16년이 채 지나지 않았을 때였지만, 그만큼 로마에는 인구가 많았다. 카메리아에서 가져온 전리품 가운데에는 말 네 필이 끄는 청동 전차가 있었는데, 로물루스는 이를 불과 대장장이의 신 불카누스(Vulcanus)의 신전에 헌정하고, 이때 승리의 여신이 자신에게 왕관을 씌워 주는 모양의 동상을 만들어 전차 위에 올려놓았다.

25

로마가 이처럼 세력을 펼치자 이웃 국가들은 로마에 복종했고, 자신들이 침략당하지 않는 것만으로도 다행이라고 생각했다. 그러나 주위의 강대한 국가들은 두려움과 질투심에 휩싸였고, 강성해진 로마를 가만두기보다는 이들을 공격하여 로물루스의 힘을 꺾어 놓아야겠다고 생각했다.

토스카나인들 가운데 베이이(Veii)라는 부족이 있었는데, 넓은 영토를 가지고 거대한 도시에 살고 있던 이들은 본래 자기들의 땅이었던 휘데나이를 돌려 달라고 요구하면서 먼저 로마로 쳐들어왔다. 휘데나이가 전쟁의 위험 속에 빠지고 멸망의 고통을 겪던 때에는 아무런 도움도 주지 않다가, 이제 휘데나이를 차지한 나라에 집과 영토를 돌려 달라고 요구하는 것은 정의롭지도 않을뿐더러 사리에도 맞지 않는 일이었다.

로물루스가 그들에게 경멸에 찬 대답을 보내자 토스카나인들은 군대를 두 방향으로 나누어, 한편은 휘데나이를 공격하고 다른 한편으로는 로물루스를 공격했다. 휘데나이에 이른 토스카나인들은 로마인 2천 명을 살해했지만 로물루스에게 병사 8천 명을 잃었다. 휘데나이 근처에서 벌어진 또 한 번의 전투에서 로물루스가 대승을 거두었다는 데에는 모든 역사가가 동의하고 있다.

이 전투에서 로물루스는 전술과 용기를 훌륭하게 배합하였고, 인간의 한계를 뛰어넘는 힘과 민첩함을 보여 주었다. 그러나 어떤 역사가들은 이 전투에서 토스카나인 1만 4천 명이 죽었고 그 가운데 절반 이상이 로물루스의 손에 죽었다고 기록하고 있는데, 이는 터무니없는 이야기여서 믿을 바가 못 된다. 이는 메세니아(Messenia)의 영웅 아리스토메네스(Aristomenes)가 스파르타의 적군 1백 명을 죽이고 신전에 제사를 세 번 드렸다며 메세니아인들이 과장되게 뽐내는 바와 같다.

적군을 물리친 로물루스는 살아남은 적군이 도주하도록 내버려 둔 채 그들의 도시인 베이이로 진군하였다. 엄청난 역전패(逆戰敗)를 겪은 베이이 사람들은 감히 저항하지 못하고 평화를 요구했다. 그들은 1백 년의 우호 조약을 체결하고, 이른바 7구역(Septempagium)이라고 부르는 그들의 영토 대부분과 강을 따라 이어진 염전을 포기했으며, 주요 인물 50명을 인질로 보냈다. 로물루스는 10월 보름에 대오를 지어 승리의 축제를 벌였다.

많은 포로 가운데에는 베이이족의 노령의 지도자가 있었

다. 그는 지혜롭지 못하게 전쟁을 일으켰고, 나이에 걸맞은 경험을 갖추지도 못한 인물이었다. 그 뒤로 10월 보름이 되면 로마인들은 승리의 제사를 드리는데, 그때 노인 한 명에게 토가(toga)라는 헐렁한 옷을 입히고 불라(bulla)라는 장난감을 쥐여준다. 그러면 이 노인은 도시의 광장을 돌아다니며 "사르디니아인 팝니다!"라고 소리친다. 전설에 따르면, 토스카나는 사르디니아의 식민지였고, 베이이시는 토스카나의 도시였기 때문이라고 한다.

26

이 전쟁은 로물루스가 치른 마지막 전쟁이었다. 그 뒤로 예상치 못한 행운 덕분에 권력과 영예를 차지했던 수많은, 아니 거의 모든 지도자가 그러했듯이, 그 또한 자신의 업적에 취해 더욱 교만해졌다. 결국 그는 민중을 중심으로 다스리는 방식에서 벗어나는 군왕이 됨으로써 그 자신이 세운 국가에서 짜증과 미움을 받는 존재가 되었다.

로물루스는 소매 없이 무릎까지 내려오는 붉은색 옷 위에 자주색 수를 놓은 토가를 입고 왕좌(王座)에 누워 신하들을 접견했다. 그의 둘레에는 켈레레스(Celeres)라는 젊은 남자들이 시중을 들었는데, 이는 '재빠르다'는 뜻이었다.(리비우스, 『로마사』, I : 15, 8) 그가 행차할 때면 민중이 다가오는 것을 막고자 몽둥이를 든 사람들이 따랐다. 시종들은 가죽띠와 밧줄을 들고 다녔는데, 그의 명령에 따라 민중을 체포하고자 함이었다.

'묶는다'는 말은 옛날 라틴어로 리가레(ligare)라 했고, 이 말은 지금의 알리가레(alligare)가 되었다. 그때부터 몽둥이를 들고 민중을 막아서는 사람을 릭토레스(lictores)라고 부른다. 또 그들이 든 몽둥이는 바쿨라(bacula)라고 부르는데, 이는 로물루스 시대의 박테리아이(bakteriai)에서 온 말이다. 박테리아이란 그리스어로 몽둥이라는 뜻이다. 그러나 오늘날 쓰고 있

로물루스

는 릭토레스라는 단어는 *litores*에 'c'가 덧붙여진 것 같다. 옛날에 쓰던 리토레스(*litores*)라는 말은 그리스어로 레이투르고이(*leitourgoi*)라고 하는데, 이는 공직자라는 뜻이다. 지금도 그리스어로 사람들이 모이는 공회당을 레이톤(*leïton*)이라 하고, 민중을 라오스(*laos*)라고 한다.

27

그러나 로물루스의 할아버지 누미토르가 알바에서 죽고 그의 왕위가 로물루스에게 승계되자, 그는 알바의 통치권을 민중의 손에 넘겨주었다. 1년 임기의 총독을 임명하여 그들에게 권력을 넘겨준 로물루스는 다시 민중의 호감을 얻었다. 그는 이런 방법으로 로마의 지도층 인사들에게 어떤 식으로 정부를 꾸려야 할지 가르쳐 주었다. 자치적이고, 왕이 존재하지 않으며, 모든 시민이 차례로 통치자가 되었다가 보통 시민으로 돌아가기를 반복하는 방식의 정부였다.

그때까지 이른바 귀족들은 통치와 관련된 문제에는 아무런 영향력을 행사하지 못했다. 그들에게 허용된 것은 영광된 호칭과 이를 상징하는 의상뿐이었다. 귀족들은 의회에 모이기도 했지만, 이는 왕에게 무엇을 조언하고자 함이라기보다는 그저 관례에 지나지 않았다. 일단 의회에 모이면 그들은 조용히 왕의 명령을 들었다. 그들이 민중에 견주어 누리는 특권이라면 왕의 명령을 먼저 들을 수 있다는 것 정도였다. 로물루스가 이룬 나머지 업적들 가운데 이보다 더 중요한 일은 없었다.

그러나 로물루스는 전쟁으로 얻은 영토를 병사들에게 나누어 주거나 인질들을 베이오로 돌려보낼 때 귀족들의 동의나 소청을 듣지 않고 독단적으로 결정을 내렸다. 이는 명백히 귀족들을 모욕하는 행위로 여겨졌다. 그러던 가운데, 그가 기묘하게도 갑자기 세상에서 사라졌다. 이로 말미암아 원로원은 의심과 비방을 받았다.

로물루스가 사라진 날짜는 그 무렵의 달력으로 퀸틸리스 (Quintilis), 곧 지금의 7월 7일이었는데, 그의 죽음에 대해서는 정설(定說)로 받아들일 만한 어떤 이야기나 증거도 찾을 수 없다. 남아 있는 것은 내가 말한 그 날짜뿐이다. 지금도 그날이 되면 로마인들은 그때 있었던 것과 꼭 같은 의식을 치른다.

이처럼 로물루스의 불확실한 죽음에 대해 놀랄 필요는 없다. 스키피오(Scipio Africanus)는 자기 집에서 저녁을 먹고 죽었지만, 그가 어떻게 죽었는지 분명히 알려 주는 증거는 없다. 누구는 그가 자연사했다고 말하고, 누구는 그가 병들어 죽었다고 말하고, 누구는 그가 스스로 독약을 먹었다고 말하고, 누구는 그의 정적들이 창을 부수고 들어가 질식시켜 죽였다고 말한다. 사람들은 스키피오의 시체를 볼 수 있었고, 그것을 본 뒤에도 이렇게 온갖 의심과 추측을 하였는데, 하물며 로물루스는 갑자기 사라지면서 시체 한 토막이나 옷자락 하나 남지 않았으니 의혹이 일어나는 것은 당연하다.

어떤 사람들은 귀족들이 불카누스 신전에서 회의를 열고, 로물루스가 들어오자 덮쳐 죽인 다음 시신을 토막 내어 각자의 소매에 넣고 나갔다고 의심했다. 또 어떤 사람들은 그가 사라진 장소가 불카누스 신전도 아니고 귀족들만 있었던 곳도 아니라고 생각한다. 그가 이른바 '염소의 늪'이라는 곳 가까이서 시민을 만나고 있을 때, 갑자기 하늘에서 이상하고 설명할 수도 없으며 믿을 수도 없는 혼돈이 벌어지고, 태양이 빛을 잃고 밤처럼 어두워졌으며, 평온과 정적 대신 요란한 천둥소리가 들리며 사방에서 비가 몹시 퍼부었다. 그러는 사이에 시민은 흩어져 도망가고 귀족들만 그 자리에 남았는데, 폭풍우가 멈추고 햇살이 비치자 군중이 처음의 그 자리로 모여 걱정스럽게 로물루스를 찾았다.

귀족들은 군중이 사라진 로물루스를 찾으려고 고생하거나 바삐 서둘지 말기를 바라면서 그에게 영예와 존경을 바치

로물루스

도록 권고했다. 왕은 이미 하늘로 올라가, 어진 왕을 넘어 그들을 위한 자비로운 신이 되었다는 것이었다. 귀족들의 그러한 설명을 듣자, 군중은 즐거운 마음으로 로물루스에 관한 아름다운 희망을 품은 채 그를 경배하려고 돌아갔다. 그러나 전설에 따르면, 열성적이고도 호전적인 영혼을 가진 몇몇 사람은 귀족들이 왕을 죽인 뒤에 어리석은 얘기를 군중에게 들려주고 있다고 비난함으로써 귀족들을 당황하게 했다.

28

전설에 따르면, 그러는 사이에 율리우스 프로쿨루스(Julius Proculus)라는 원로원 의원이 나타났다. 훌륭한 가문에서 태어났고, 인품이 고결하며, 로물루스가 신뢰하는 친한 친구였던 그는 알바에서 이주해 온 사람이었다. 그가 공회당으로 들어가 가장 성스러운 표상 앞에서 맹세한 다음, 민중에게 말한 바를 들어 보면 다음과 같다.

프로쿨루스가 길을 걷고 있는데 로물루스가 그를 만나러 오고 있었다. 그는 지난날과는 전혀 다르게 훌륭한 모습이었으며, 찬란한 갑옷을 입고 있었다. 그 모습에 놀란 프로쿨루스가 물었다.

"대왕이시여, 어찌하여 대왕께서는 원로원이 부당하고 억울한 비난을 받게 하시고, 모든 시민이 끝없이 아버지를 잃은 슬픔에 빠지게 하셨습니까?"

그러자 로물루스가 이렇게 대답했다.

"프로쿨루스여, 내가 다시 온 것은 하늘의 뜻이다. 나는 짧은 세월 동안 인간으로 살면서 제국의 영광을 위해 세상에서 가장 큰 도시를 세우고 이제 다시 하늘에서 살게 되었다. 잘 있거라. 그리고 로마인들에게 내 말을 전하여라. 절제하고 용맹을 갖춘다면 그대들은 가장 위대한 인류의 경지에 이를 것이라고. 그러면 나는 군신(軍神) 퀴리누스(Quirinus)[11]가 되어 그대들을 가호하리라."

이 사건과 관련된 프로쿨루스의 인격과 맹세로 미루어 보건대, 이 일은 믿을 만하다고 로마인들은 생각했다. 누구도 프로쿨루스의 말에 이의를 제기하지 않았다. 때마침 하늘이 내려 준 영감이 그들에게 다가왔기 때문이다. 모든 사람이 의혹과 비방을 버리고 퀴리누스에게 기도하며 그에게 영광을 바쳤다. 이 이야기는 그리스인들이 프로콘네수스(Prokonnesus)의 시인 아리스테아스(Aristeas)와 아스티팔레이아(Astypaleia)의 천문학자 클레오메데스(Cleomedes)에 관한 전설을 얘기하는 것처럼 들린다.(헤로도토스, 『역사』, IV : 14)

그리스인들의 말에 따르면 아리스테아스는 직물 공장에서 죽었는데, 그의 친구가 찾아와 시체를 치우려 하니 시체가 사라졌다고 한다. 그때 해외에서 돌아온 어떤 여행자가 아리스테아스가 크로톤(Croton)으로 가는 모습을 보았다고 말했다. 전설에 따르면, 클레오메데스 또한 힘세고 기골이 장대했는데, 성격을 주체할 수 없는 미치광이여서 몹쓸 짓을 많이 했다고 한다. 어느 날 클레오메데스는 소년들이 다니는 학교로 들어가 지붕을 받치고 있는 기둥을 주먹으로 쳐서 두 동강을 냈고, 학교가 무너지면서 아이들이 죽었다.

주민들이 그를 찾자 그는 커다란 통으로 들어가 재빨리 뚜껑을 닫았는데, 많은 사람이 힘을 합해 잡아당겨도 열리지 않았다. 결국 주민들이 그 통을 부수자 안은 텅 비어 있었고, 그가 죽었는지 살았는지조차 알 수 없게 되었다. 놀란 주민들이 델포이에 사람을 보내 신탁을 받았더니 여사제가 다음과 같은 답을 주었다.

---

11   퀴리누스는 사비니족의 군신을 뜻하는데, 본디 '창을 든 장군'을 의미한다. 다음 절(§ 29)에서 자세히 설명함.

모든 영웅 가운데
아스티팔레이아의 클레오메데스가
마지막 영웅이었느니라.

또 다른 전설에 따르면, 장례를 지르고자 헤라클레스의 어머니
인 알크메네(Alkmene)의 시체를 운구할 때, 어느 순간 시체가 사
라지고 상여에는 돌멩이가 하나 있었다고 한다. 작가들은 이런
식의 전설을 많이 남겼다. 그들은 언젠가 죽을 수밖에 없는 인
간의 모습에 믿을 수 없는 신성을 부여하며 신격화하려고 했다.
　　어쨌거나 인간의 덕성 안에 있는 신성을 전적으로 부인하
는 것은 불경스럽고도 비도덕적인 일이지만, 하늘에 있는 것
과 땅에 있는 것을 섞는 것 역시 어리석은 일이다. 그러므로 우
리는 그리스의 서정 시인 핀다로스의 다음과 같은 시를 빌려
말하는 쪽이 좋겠다.

　　우리의 육신은
　　죽음이 우리에게 주는
　　최후의 명령을 따를 수밖에 없지만
　　그때도 여전히 살아 숨 쉬는 인간의 영혼은
　　오직 신에게서 올 뿐이니라.
　　(베르크 엮음, 『그리스 서정시 단편』, I/4 : 427)

그렇다. 영혼은 신에게서 왔다가 다시 신에게 돌아가지만, 몸
은 돌아가지 못한다. 영혼은 몸에서 완전히 분리되어 자유로
워질 때 순수하고 정결해진다. 이오니아(Ionia)학파 철학자였
던 헤라클레이토스의 글에 따르면, "순수한 영혼이 가장 훌륭
한 것이며"[『단편(斷編)』, §74], 그것은 구름을 뚫고 내려오는 햇
살처럼 빛난다. 그러나 육신으로 더럽혀진 영혼은 눅눅하고
무거운 기운과 같아 육체에서 벗어나는 데 시간이 걸리고, 늦

게야 그 근원으로 돌아가게 된다.

그러므로 아무리 선량한 사람이라 할지라도 영혼과 육신을 함께 보냄으로써 자연의 이치를 깨뜨려서는 안 된다. 인간의 덕성과 영혼은 자연의 법칙과 신성한 정의에 따라 인간에서 영웅으로, 영웅에서 반신(半神)으로 올라선다. 그리고 하늘로 들어가는 마지막 단계를 통해 정화(淨化)되고 성화(聖化)되며, 이를 통해 죽음과 의식(意識)에서 벗어남으로써 반신에서 신으로 올라가게 된다. 이러한 변화는 인간의 법이 아니라 진리와 올바른 정의로써 이루어지며, 이렇게 함으로써 영혼과 육체는 가장 공의롭고 축복된 결합에 이른다.

29

로물루스를 퀴리누스(Quirinus, 戰神)라고 부르는 것을 두고, 누구는 군신 마르스를 뜻한다고 하고, 또 누구는 부족 이름인 퀴리테스에서 온 것이라고 한다. 그러나 또 다른 사람의 말에 따르면, 고대인들은 창을 퀴리스(quiris)라고 부르고, 창에 기대어 있는 여신 유노(Juno)의 조상(彫像)에 퀴리티스(Quiritis)라는 별칭을 주었다고 한다.

한편 레기아에 있는 축성(祝聖)된 창을 마르스라고 부르고, 전쟁에서 큰 공을 세운 사람에게는 창이 주어졌으므로 로물루스에게 '군신'이나 '창을 든 신'이라는 뜻에서 퀴리누스라는 이름을 붙였다는 사람도 있다.

로물루스의 이름을 따서 지은 퀴리날리스(Quirinalis) 언덕에는 그를 추모하는 신전이 있다. 그가 사라진 날을 '시민이 탈출한 날' 또는 카프라티네 노네스(Capratine Nones)라고 하는데, 이는 그날 시민이 모두 도시를 벗어나 '염소의 늪'에 가서 제사를 드리기 때문이다. 카프라(capra)라는 단어는 암컷 염소라는 뜻이다.

그들은 제사를 지내러 가면서 마르쿠스(Marcus), 루키우스(Lucius), 카이우스(Caius) 등의 지명을 소리 내 외친다. 이는 마치 로물루스가 사라지던 날 그들이 두려움과 혼란에 빠져 소리친 것과 같다. 그러나 어떤 사람들은 이와 같은 흉내가 도망치려는 게 아니라 열정 때문에 서두르는 모습이라고 말하면서, 다음과 같은 예를 들고 있다.

갈리아족이 로마를 점령했다가 카밀루스(Camillus) 장군의 활약으로 물러난 뒤에도 로마는 너무 피폐하여 쉽게 회복하지 못했다. 이러한 상황에서 리비우스 포스투미우스(Livius Postumius)가 수많은 라틴족을 이끌고 다시 로마로 쳐들어왔다. 이 장군은 로마에서 그리 멀지 않은 곳에 군대를 주둔시키고 사절을 보내, 라틴족은 두 부족 사이에 혼인을 맺어 옛날의 관계와 우의를 회복하고 싶다고 말했다.

라틴족의 요구에 따르면 로마는 많은 처녀와 과부들을 보내야 하는데, 이와 같은 방법은 이미 로마가 사비니족과 관계를 맺으면서 선례를 남겼다는 것이었다. 이러한 편지를 받은 로마인들은 전쟁하기는 두렵고, 그렇다고 여자들을 보내 포로보다도 못한 생활을 하게 할 수도 없어 어찌할까 주저하고 있었다.

그들이 고민에 빠져 있을 때, 휠로티스(Philotis)라고도 하고 어떤 사람들은 투톨라(Tutola)라고도 하는 노예가 나서더니 전쟁을 하지도 않고 여자도 보내지 않는 계략이 있다고 제안했다. 그 계략에 따르면, 휠로티스 자신과 아름다운 노예들을 자유민 여자로 꾸미고 라틴족에게 보내면, 적진에 이른 자신이 밤중에 봉화를 올릴 터이니 그들이 잠든 틈을 타 로마군이 쳐들어와 적군을 무찌르라는 것이었다.

계략에 따라 여자들을 보내겠다고 하자 라틴족은 이를 받아들였다. 그날 밤 휠로티스는 무화과나무에 올라가 횃불을 밝혔다. 침대보와 휘장으로 뒤쪽을 가렸기 때문에 불빛이 로마군에게는 보였으나 라틴족의 진영에는 보이지 않았다. 불빛을 본 로마군은 여종들의 이름을 부르며 재빨리 성문을 나와 짓쳐 들어가면서 급습을 예상하지 못한 적군들을 물리쳤다.

오늘날에도 그들은 이 승리를 기념하여 잔치를 벌인다. 적군을 물리친 날을 카프라티네(*Capratine*)라고 하는데, 이는 야생 무화과를 로마어로 카프리휘쿠스(*caprificus*)라고 부르는 데서 비롯하였다. 이날이 오면 로마인들은 도시 밖으로 나가 무화과나무 가지로 작은 집을 짓고 그 안에서 여인들을 위한 잔치를 벌인다. 이날 여종들은 무리를 지어 놀고 잔치가 끝난 뒤에는 돌멩이를 던지며 전쟁놀이를 하는데, 이는 지난날 그들이 로마인들을 도와 전쟁에 참여했음을 뜻한다.

많은 역사가가 이 이야기를 사실로 받아들이고 있지만,[12] 대낮에 여종들이 서로의 이름을 소리쳐 부르며 뛰쳐나오는 풍습과 염소의 늪으로 달려가 제사를 드리는 일은 위의 이야기보다는 앞서 말한 '시민이 탈출한 날'이라는 이야기와 더 어울리는 것처럼 보인다. 이 두 사건이 다른 해[年]의 같은 날짜에 벌어진 일이 아니라면 그렇다.

전설에 따르면, 로물루스가 세상에서 사라진 것은 그의 나이 쉰네 살, 재위 38년째에 일어난 일이었다.

---

12   드라이든 판본은 이 대목을 달리 해석하여, "소수의 학자만이 이를 사실로 받아들이고 있지만"이라고 번역했다.

사랑이란
젊은이들을 보살피고 지키려는
신의 성직(聖職)이다.
— 폴레몬(Polemon)

1

지금까지 언급한 이야기들은 내가 로물루스와 테세우스에 관해 얻어 낸 이야기들 가운데 기억해 둘 만한 것들이다. 첫 번째로 눈여겨볼 점은, 테세우스는 누구에게도 강요받지 않고 자신이 선택하여 영예스러운 왕국의 상속자가 되었으며, 트로이젠을 두려워하지 않고 왕권을 장악함으로써 위대한 업적을 이룩했다는 것이다. 그러나 로물루스는 당면한 예속 상태에서 벗어나고자, 플라톤의 표현을 빌리면 "겁에 질려 생긴 용기로"(『파이돈』, §68) 무장했다. 징벌을 무척 두려워했던 그는 남의 의지에 따라 위대한 업적을 이룩했다.

둘째로, 로물루스의 중요한 행적은 알바의 독재자 한 명을 처단한 것이다. 그러나 테세우스는 마치 전쟁을 앞두고 준비 운동을 하듯이 스키론, 시니스, 프로크루스테스, 코리네테스(Corynetes)를 처단했다. 그는 이들을 죽이고 처벌하여 무시무시한 압제자에게서 그리스인들을 해방시켰는데, 그리스인들은 누가 자신들을 해방해 주었는지도 몰랐다. 테세우스는 아테네로 돌아갈 때 바닷길을 이용해서 어려움을 피할 수 있었고, 강도들을 만나지 않을 수도 있었다.

그러나 로물루스는 아물리우스가 살아 있는 한 어려움을 겪지 않을 수 없었다. 이렇게 말하는 데에는 그럴 만한 충분한 증거가 있다. 테세우스 자신은 압제자들에게 잘못된 처사를 겪지 않았으면서도 그들에게 대항했고, 다른 사람들을 위해 길을 떠났다. 그러나 로물루스와 레무스는 폭군이 자신들을 괴롭히지 않는 한, 폭군이 다른 사람들에게 저지르는 악행은 그냥 두었다.

로물루스가 사비니족과 벌인 전투에서 상처를 입고 아크론을 죽이고 전쟁에서 많은 적군을 정복한 것은 테세우스가 켄타우로스와 싸우고 아마존의 여전사들과 싸운 공적에 견줄 수 있다. 그러나 테세우스는 크레타 괴물의 먹이가 될 뻔했고, 안드로게오스의 무덤에 바치는 제물이 될 수도 있었다.

그러나 그 당시를 평가할 때는 이 부분을 가장 중요하게 여겨야 한다. 그는 크레타에 조공을 보내는 문제를 처리할 때 매우 수치스럽고 불명예스러운 굴종을 겪을 수 있었음에도 자발적으로 젊은 처녀와 청년들을 이끌고 대담하게 행동했으며, 그때 그가 보여 준 용기나 공의로움, 공익에 대한 열정, 영예와 덕망을 이루고자 하는 열망은 말로써 다 표현할 길이 없다. 그러므로 철학자 폴레몬이 그토록 훌륭하게 정의한 바와 같이, 사랑이란 "젊은이들을 보살피고 지키려는 신의 성스러운 임무"라는 말에 나는 동의한다.

테세우스를 향한 아리아드네의 사랑 역시 그를 구출하려는 신의 계획이었던 듯하다. 우리는 그 여인이 테세우스를 사랑했다고 비난하지 말고, 세상 남녀들이 모두 테세우스에게 그만큼 사랑을 베풀지 못한 것을 의아하게 생각해야 한다. 내가 생각하기에, 아리아드네 혼자서 그러한 사랑을 느꼈다면 아리아드네 역시 신의 사랑을 받을 만하다. 그는 덕을 베풀기를 좋아했고, 선행을 실천하기를 좋아했으며, 인간의 가장 높은 자질을 사랑했기 때문이다.

2

테세우스와 로물루스는 모두 타고난 정치가였지만 왕으로서의 진정한 의미를 끝까지 지키지 못하고 거기에서 벗어나 변화를 겪었다. 테세우스는 민주주의의 길을 갔고, 로물루스는 참주 정치의 길을 감으로써 결과적으로 정반대의 효과를 내는 실수를 저질렀다. 통치자에게는 모름지기 나라를 지켜야 하고, 일어나지 말아야 할 일을 막는 것만큼이나 중요한 일이 있다. 일어나고 있는 일을 모두 홀로 처리하려 해서는 안 된다는 것이다.

자신이 가진 권위를 남에게 넘기거나 자신의 임기를 스스로 연장하는 통치자는 더 이상 왕이나 지배자로 볼 수 없다. 그런 지배자는 선동가나 독재자가 됨으로써 시민의 가슴속에 권력자에 대한 미움과 멸시를 심어 준다. 앞서의 부류에 해당하는 지배자의 실수는 지나친 친절과 인간미에서 나오는 듯하고, 두 번째 부류의 실수는 이기심과 잔인함에서 나오는 것 같다.

3

다시 두 사람의 이야기로 돌아가서, 인간의 불행이 모두 운명의 탓이 아니라 그들 삶의 밑바닥에 깔린 버릇과 열정 때문이라면, 로물루스가 그의 형제를 다루면서 보여 준 비이성적이고 성급하며 분별없는 분노를 용서할 수 없다. 테세우스가 아들을 다루면서 보여 준 자세 역시 마찬가지이다.[1] 비록, 마치 강력한 주먹에 얻어맞은 것처럼, 당시에 그들이 얼마나 큰 도발을 겪었는가에 따라 우리가 조금 더 관대하게 받아들일 수는 있겠지만 말이다. 로물루스와 그의 형제 사이의 의견 차이는 공통된 행복을 추구하는 과정에서 생긴 일이었으므로, 그

---

[1]   제1장 「테세우스전」의 본문에는 아들에 관한 이야기가 없다. 아마도 실전 (失傳)된 것이 아닌가 싶다. 이 밖의 다른 곳에서도 그런 현상이 보인다.

는 그토록 크게 화를 낼 이유가 없었다.

그러나 테세우스의 실수는 아들의 잘못에 대한 부모로서의 사랑, 질투, 여인의 음모로 말미암아 벌어진 일이며, 그와 같이 막강한 힘에서 벗어날 수 있는 사람은 거의 없다. 여기서 우리가 무게를 두어 생각해야 할 문제는, 로물루스의 분노는 행동으로 옮겨져 문제를 더욱 불행하게 만들었다는 사실이다. 테세우스는 욕설을 퍼붓고 늙은이를 저주하는 정도에 그쳤으며, 그의 젊은 아들이 겪은 불행은 운명에 의한 것으로 보인다. 그러므로 이런 점에서 본다면 테세우스에게 더 호의적인 점수를 줄 수 있다.

4

그러나 로물루스와 테세우스를 견주어 보면 로물루스가 더 높은 자리를 차지할 만하다. 그는 미천한 상황에서 출발하여 훌륭한 인물이 되었다. 그와 형제는 돼지 치는 노예의 아들이었지만, 스스로 자유민이 되었을 뿐만 아니라 거의 모든 라틴족을 해방하고 침략자를 물리침으로써 동족과 형제의 해방자요, 부족과 민중의 왕이며, 도시를 세운 인물이라는 평판을 들었다. 그는 테세우스처럼 여러 부족을 한곳에 모아 거주하도록 하거나 지난날의 왕과 영웅들의 이름을 간직하고 있는 도시들을 파괴하지 않았다.

비록 세월이 흐른 뒤에는 로물루스 역시 적군을 깨뜨리고 그들 삶의 터전을 부숴 버린 다음, 그들을 정복자와 함께 살도록 섞어 버린 것은 사실이다. 그러나 로물루스가 처음 집권했을 때는 이미 사람들이 사는 도시를 옮기거나 확장하지 않았다. 그는 아무것도 없는 곳에 도시를 새로 지었고, 이는 영토와 국민과 왕국과 그에 소속한 여러 부족, 또한 결혼을 비롯한 다양한 인맥을 그 스스로의 힘으로 획득했음을 의미한다.

로물루스는 나라를 세우면서 누군가를 파멸에 빠뜨리거

나 죽이지 않았다. 오히려 그는 한 도시의 시민이 되기를 바랐던, 거처 없는 이들의 은인이었다. 그가 강도나 흉악범들조차 죽이지 않은 것도 사실이다. 그러나 그는 전쟁으로 다른 민족들을 정복하고 도시를 함락하고 여러 왕과 장군들에게서 승리를 거두기도 했다.

5

그 밖에도 실제로 누가 레무스를 죽였는지에 대해서도 논란이 많다. 대부분의 사람이 그가 로물루스가 아닌 다른 사람의 손에 죽은 것으로 믿고 있다. 그러나 로물루스가 어머니를 파멸에서 구출하였고, 자랑스럽지 못한 신분으로 살아가던 할아버지를 아이네아스의 왕위에 오르게 한 것은 의심할 나위가 없다. 또한 그는 좋은 일을 많이 했으며, 본의 아니게 남을 해코지한 일도 없다.

그와 달리 테세우스는 흰 돛을 달기로 한 약속을 소홀히 하여 아버지를 죽게 했는데, 이에 관해서는 그를 감싸는 사람이나 재판관들이 아무리 장황하고 관대하게 하소연하더라도 존속 살해라는 비난을 면하기 어렵다고 나는 생각한다. 테세우스의 입장을 변명하기가 어렵다는 점을 잘 알고 있는 어느 아테네 작가의 말에 따르면, 배가 들어오자 테세우스의 아버지인 아이게우스가 배를 좀 더 잘 보려고 신전의 언덕으로 달려가다가 넘어져 벼랑에서 떨어져 죽었다고 하는데, 이는 거짓말이다. 마치 왕이 조심성 없이 시종도 거느리지 않은 채 허둥대다가 바다로 떨어진 것처럼 들리기 때문이다.

6

더 나아가서 여인들을 겁탈한 테세우스의 범죄 행위는 변명할 여지가 없다. 첫째로, 그런 일이 너무 잦았다. 그는 아리아드네와 안티오페와 트로이젠의 아낙소를 납치했다. 더욱이 헬레네를 납치했을 때 테세우스는 결혼할 나이가 지났던 반면, 헬레네는 혼기에 이르지도 못했다. 그 무렵에 헬레네는 성숙하지 않은 어린아이였고, 테세우스는 설령 합법적인 결혼이라고 하더라도 너무 늦은 나이였다.

둘째, 여인들의 입장에서 볼 때, 약탈혼(掠奪婚)은 명분이 없는 행위였다. 트로이젠이나 라코니아(Laconia, Sparta) 사람들 또는 아마존 전사의 딸들은 테세우스와 약혼을 한 것도 아니었고, 아테네의 왕 에레크테우스나 케크롭스(Cecrops)의 딸들처럼 테세우스에게 아이를 낳아 줄 의무가 있는 것도 아니었다. 많은 사람은 그의 행동이 욕망을 채우려는 음란 행위였다고 생각한다.

로물루스는 그와 달랐다. 첫째, 비록 그는 여성 8백 명을 납치했지만 그들 모두를 아내로 삼은 것은 아니며, 들려오는 바와 같이, 그 가운데 헤르실리아 한 명만을 아내로 맞이했고, 다른 여자들은 우수한 로마 시민에게 나누어 주었다.

둘째, 로물루스는 그 여인들에게 영예와 사랑과 정당한 대우를 베풂으로써 자신의 폭력적이고 의롭지 못한 행위를 가장 명예로운 업적으로 탈바꿈시켰으며, 이를 통해 자신이 정치적 동맹을 굳건히 하는 가장 훌륭한 방법을 선택했음을 분명히 입증했다. 그는 이렇게 두 부족의 핏줄을 합침으로써 조국의 다가오는 미래에 흐르는 샘물과 같은 힘을 물려주었다.

또한 로물루스는 겸손하고 다정하며 안정감 있는 결혼 관계를 통해 사람들에게 모범을 보였다. 그 뒤의 세월이 입증하는바, 그로부터 230년이 지나는 동안 어떤 남자도 아내를 버리지 않았고, 어떤 여자도 남편을 버리지 않았다. 그러나 호기심 많은 그리스인들이 처음으로 부모를 죽인 사람이 누구인지 아는 것처럼, 로마인들도 아기를 낳지 못한다는 이유로 아내를 버린 첫 번째 남자를 다들 알고 있다. 그의 이름은 스푸리우스 카르빌리우스(Spurius Carvilius)이다.

그가 살았던 시대에 이룬 성과로 보나, 오랜 세월이 지난 뒤의 결과로 보나 로물루스는 자신과 맞섰던 사람들보다 더 훌륭했음을 증명하고 있다. 왜냐하면 로물루스는 다른 인종과 결혼하면서 공동으로 정권을 나눠 행사했고, 이때 두 인종 모두 시민으로서의 의무와 권리를 얻었기 때문이다.

그러나 테세우스는 아테네 사람과의 결혼을 통하여 새로운 친구나 동지를 얻기는커녕 원한만 키웠고, 전쟁을 불러왔으며, 수많은 시민을 희생시켰고, 끝내 아피드나이를 빼앗겼다. 알렉산드로스 때문에 트로이가 겪어야 했던 운명을 아피드나이 사람들이 피해 갈 수 있었던 이유는 하나뿐이었다. 그들은 마치 신을 숭배하듯이 적들을 떠받들어 적들의 동정을 얻었던 것이다.

그러나 테세우스의 어머니는 그 위기를 벗어나지 못한 채, 아들로부터 버림받고 황야로 내몰림으로써 알렉산드로스의 어머니 헤쿠바(Hecuba)와 꼭 같은 운명을 겪었다. 물론 이는 당시에 테세우스의 어머니가 적군에게 붙잡혔다는 설화가 사실이라고 여겼을 때의 이야기이다. 이런 종류의 이야기들이 대개 그렇듯, 이 설화 역시 지어냈을 가능성이 높다.

이처럼 신이 인간 각자의 삶에 개입하는 방식에는 커다란 차이가 있다. 예를 들어 로물루스는 신의 총애와 보호 속에 살았다. 그러나 아이게우스는 외국에 머물러 있는 동안 여인을 가까이하지 말라는 신탁을 받았고, 이는 테세우스의 출생이 신의 뜻을 거스르는 일이었다고 말하는 듯하다.

리쿠르고스
LYKURGOS

기원전 9세기

정치인은

죽는 일도 국가에 도움이 되어야 한다.

[하물며 살아 있음에랴.]

— 플루타르코스

스파르타인들의 삶이 편안했던 것은

바라는 바가 소박했기 때문이다.

— 플루타르코스

건강한 남녀가 결혼하여

훌륭한 씨를 받아야 한다.

— 리쿠르고스

1

입법자 리쿠르고스에 관해서는 논란의 여지없이 말할 수 있는 사실이 하나도 없다. 그의 출생이나 여행, 죽음, 특히 그 가운데서도 가장 중요한 법률가와 정치가로서의 업적에 관한 기록들이 매우 다르기 때문이다. 역사학자들 사이에서 가장 논란이 되는 부분은 그가 어느 시대에 살았냐는 것이다.

어떤 사람의 말에 따르면, 그는 [오이칼리아의 왕 에우리토스의 아들이자 헤라클레스의 손에 죽은] 이피토스왕과 같은 시기에 전성을 누렸으며, 이 둘은 합의를 통해 올림픽이 열리는 동안에는 모든 도시가 전쟁을 멈추어야 한다는 협정을 이끌어냈다고 한다. 그렇게 주장하는 인물 가운데 철학자 아리스토텔레스가 있는데, 그는 그 증거로 올림픽에서 사용하던 구리 원반에 리쿠르고스의 이름이 새겨져 있다는 사실을 제시했다.(파우사니아스, 『그리스 지리학』, V : 4)

그러나 알렉산드리아의 지리학자인 에라토스테네스(Eratosthenes)나 아테네의 언어학자인 아폴로도로스(Apollodoros)

와 같은 사람들은 스파르타 왕의 재위 기간과 계보를 계산하여, 리쿠르고스가 제1회 올림픽보다 훨씬 앞선 시대에 살았음을 입증했다. 시킬리아의 역사가인 티마이오스(Timaeus)가 추측한 바에 따르면, 스파르타에는 두 명의 리쿠르고스가 서로 다른 시기에 살았는데, 그 가운데 한 사람의 명성이 높아 두 사람의 공적이 모두 한 사람에게로 몰리고 섞여 알려졌을 것이라고 한다. 그에 따르면, 두 명의 리쿠르고스 가운데 더 나이가 많은 사람은 호메로스와 그리 멀지 않은 시대에 살았다.

어떤 사람의 주장에 따르면, 리쿠르고스는 실제로 호메로스를 만났다고 한다. 그리스의 철학자이자 장군이었던 크세노폰 또한 『스파르타의 정치 제도』(X : 8)에서 리쿠르고스가 헤라클레스 왕조 시대에 살았다는 듯한 인상을 풍겼다. 물론 그 계보를 살펴보면 스파르타는 헤라클레스의 왕통을 마지막 왕까지 계속 이어받았다. 그러나 크세노폰은 역사적으로 가장 유명한 헤라클레스의 아들이나 그로부터 가까운 자손들에게만 헤라클레스 왕통이라는 용어를 쓰고자 했음이 분명하다.

그러나 그 시대의 역사는 종잡을 수 없으므로, 나는 지금 이 장(章)을 쓰면서 가장 논쟁이 적거나 가장 주목할 만한 증거를 제시한 역사가들의 글을 따르고자 노력할 것이다. 예를 들어 시인 시모니데스의 말을 빌리면, 리쿠르고스는 에우노모스(Eunomos)의 아들이 아니며, 리쿠르고스와 에우노모스가 프리타니스(Prytanis)의 아들이라고 한다.

역사가들은 대부분 서로 다른 족보를 내놓았는데, 그 가운데 하나를 들어 보면 아리스토데모스(Aristodemos)가 프로클레스(Procles)를 낳고, 프로클레스가 소우스(Soüs)를 낳고, 소우스가 에우리폰(Eurypon)을 낳고, 에우리폰이 프리타니스를 낳고, 프리타니스가 에우노모스를 낳았다. 에우노모스는 첫째 부인과의 사이에서 폴리덱테스(Polydectes)를 낳았으며, 리쿠르고스는 에우노모스와 둘째 부인 디오나사(Dionassa) 사이에서 태어났다고 한다. 그러므로 메가라의 역사학자인 디에우티키다스(Dieutychidas)의 기록에 따르면, 리쿠르고스는 프로클레스의 6대손이고, 헤라클레스의 11대손이다.(헤로도토스, 『역사』, VII : 204, VIII : 131)

2

리쿠르고스의 조상 가운데에서 가장 유명한 인물은 소우스였다. 그가 스파르타를 통치하는 동안 그들은 라코니아와 메세니아에 살고 있던 헬로트(Helot)족을 노예로 만들고, 아르카디아를 정복하여 많은 영토를 빼앗았다. 소우스는 또한 클레이토리아(Cleitoria)의 침략을 받아 거칠고 메마른 땅에 갇혀 있을 때, 만약 자신과 자신의 부족이 가까운 샘에서 물을 마실 수 있도록 해 준다면 정복한 땅을 돌려주겠다고 제안하여 동의를 받았다.

이 약속이 선포된 뒤에 그는 자신의 백성들을 불러 모아 놓고, 물을 마시지 않는 사람에게 왕국을 주겠다고 제안했다. 그러나 누구도 갈증을 참을 수 없어 물을 마셨다. 적군이 지켜보는 동안에 소우스는 무리 가운데 마지막으로 샘으로 내려가 물을 마시지 않고 다만 얼굴에 물을 뿌리고 돌아서며, 모든 사람이 물을 마시지는 않았다는 핑계를 대고 땅을 돌려주지 않았다.

이와 같은 사실로 말미암아 소우스는 대단한 찬사를 받았지만, 그의 왕계(王系)는 그의 이름을 따르지 않고 그 아들의 이름을 따 에우리폰(Eurypon) 왕조라고 불렀다. 에우리폰은 왕위에 있으면서 지나친 절대 왕권을 다소 느슨하게 함으로써 민중의 호감과 인기를 얻은 첫 번째 왕이었기 때문이다.

그러나 그렇게 풀어 준 탓에 민중은 더 대담해졌고, 에우리폰의 뒤를 이은 몇몇 왕은 앞서의 왕과 달리 자신의 방식을 민중에게 적용하려다가 미움을 샀다. 어떤 왕은 나약해서, 아니면 민중의 호감을 사려다가 무너짐으로써 스파르타는 오랫동안 무법과 혼란에 빠졌다. 리쿠르고스의 아버지가 왕위에 있다가 목숨을 잃은 것도 그 때문이었다. 그는 폭도를 갈라놓으려다가 푸주한의 칼에 찔려 죽었고, 장남 폴리덱테스가 왕위를 이었다.

3

폴리덱테스가 일찍 죽자 대부분의 사람이 생각했던 바와 같이 리쿠르고스가 왕위에 올랐다. 그는 형수가 임신한 사실을 모르고 왕위에 올랐다. 그러나 형수가 임신했다는 사실을 알았을 때, 그는 아기가 아들이면 아기에게 왕위를 넘기고 자기는 왕의 섭정(攝政)이 되겠다고 선언했다. 그 무렵 스파르타인들은 아버지가 없는 왕의 섭정을 프로디코스(prodikos)라고 불렀다. 그러나 이때 형수이자 왕의 모후인 여인이 비밀리에 리쿠르고스에게 접근하여, 자신과 결혼하여 스파르타의 왕이 되어준다면 아이를 낙태할 수 있다고 제안했다.

형수의 처신이 혐오스러웠지만, 리쿠르고스는 제안을 받아들이는 척했다. 그는 형수에게 낙태는 건강을 해치고 심지어 목숨을 잃을 수도 있으니 낙태약을 먹지 말고, 그 대신에 아들이 태어나면 곧 죽이는 방법이 좋겠다고 말했다. 이런 방법으로 그는 형수의 출산을 기다렸다.

분만일이 다가오자 그는 형수에게 하인을 보내 만약 딸을 낳으면 그 아이를 형수에게 줄 것이며, 아들을 낳으면 그때 자신이 무슨 일을 하든 관계하지 말고 지체 없이 그 아이를 데려오라고 지시했다. 시간이 흘러 그가 막료들과 저녁을 먹고 있을 때 하인이 남자아이 하나를 안고 들어왔다. 전설에 따르면, 그는 아기를 팔에 안고 함께 탁상에 앉아 있던 막료들에게 이렇게 말했다.

"스파르타의 남자들이여, 그대들의 왕이 태어났도다."

그리고 리쿠르고스는 아기를 왕의 자리에 앉히고 그를 카릴라오스(Charilaos)라고 불렀는데, 이는 '민중의 기쁨'이라는 뜻이었다. 이런 이름을 붙인 이유는 그 자리에 있던 모든 민중이 그의 고결한 정신과 공의로움을 보고 기쁨으로 가득 차 있었기 때문이었다. 리쿠르고스가 왕위에 머무른 기간은 8개월이었다. 다른 기록을 보아도 그는 모든 시민에게 추앙을 받으며 섭정으로서 왕권을 행사했다. 많은 사람이 리쿠르고스가 왕의 섭정으로서 강력한 권력을 지녀서가 아니라 그의 덕망 때문에 그의 곁을 지켰고, 기꺼이 그의 명령을 따를 준비가 되어 있었다.

그러나 그를 시샘하여 점점 커 가는 어린 왕의 권력을 이용하려고 기회를 노리는 무리가 있었다. 더욱이 모후의 친족과 친구들은 어린 왕이 무례한 대접을 받고 있다고 생각했다. 왕비의 오라버니인 레오니다스(Leonidas)는 언젠가 리쿠르고스가 스스로 왕이 될 것을 알고 있다며 대담하게 비난했다. 그는 어린 왕에게 무슨 일이라도 일어나면 리쿠르고스가 왕의 목숨을 노리는 계략을 꾸민 탓이라고 말함으로써 의혹을 제기하며 비난할 구실을 만들었다. 모후의 주변에서도 그런 소문이 떠돌았다. 리쿠르고스는 이러한 상황이 서글펐고, 자신에게 무슨 일이 일어날지 두려웠다. 그래서 그는 왕이 성숙하여 왕위를 물려줄 세자를 낳을 때까지 천하를 유람함으로써 그러한 의혹에서 벗어나리라고 마음먹었다.

4

그런 목적으로 리쿠르고스는 먼저 크레타로 건너가 여러 가지 법률을 배우고 훌륭한 인물들과 사귀었다. 그는 그곳의 법률 가운데 어떤 점에는 깊이 공감하여 고국으로 가져가 실시하고 싶은 법률들을 모았다. 그러나 그가 무시한 부분도 있었다. 그는 크레타에서 참으로 지혜롭다고 여겨지는 인물을 만났는데,

리쿠르고스

그의 이름은 탈레스(Thales)였다.[1] 리쿠르고스는 가슴에서 우러나오는 호의와 우정의 말로 자신과 함께 스파르타에 가자고 그를 설득했다.

그 무렵 서정 시인으로 유명했던 탈레스는 예술이라는 장막 뒤에 숨어 있었지만, 사실 빼어난 입법자 가운데 하나였다. 그의 시는 복종과 조화에 대한 간곡한 권고를 담고 있었으며, 잘 다듬어진 운율에는 정연한 고요함이 배어 있었다. 그런 까닭에 그의 시를 듣는 사람들은 자기도 모르는 사이에 마음이 부드러워져, 그 무렵에 널리 퍼져 있던 미움을 버리고 숭고함과 고결함을 추구하며 살았다. 그러므로 스파르타에서 리쿠르고스보다 앞서 산 인물이었던 탈레스는 리쿠르고스와 그 제자들을 위해 길을 닦아 준 셈이다.

리쿠르고스는 크레타를 떠나 아시아로 갔다. 들리는 바에 따르면, 그는 단순하면서도 엄격한 크레타 문명과 화려하고 사치스러운 이오니아 문명을 견주어 보고 싶었다고 하는데, 이는 의사가 건강한 사람과 병약한 사람을 견주어 보는 것과 꼭 같은 심정이었을 것이다. 그는 이곳에서 사람들이 살아가는 모습과 그들을 통치하는 방식이 어떻게 다른가를 공부할 수 있었다. 또한 그 뒤에 나타나고 있는 바와 같이, 그는 그리스 시인 크레오필로스(Creophylos)의 후손들이 간직하고 있던 호메로스의 시를 처음 보았다.

호메로스의 시에 담겨 있는 정치적·규범적 교훈이 거기에 담겨 있는 쾌락이나 방종보다 더 가치 있다는 점을 알아차린 리쿠르고스는 그 시집을 고국으로 가져가고 싶은 마음에 열심히 베끼고 철(綴)을 만들었다. 호메로스의 서사시는 이미 우연히 반출되어 그리스에 조금은 알려져 있는 데다가, 그리

---

1   이 사람은 그리스의 칠현(七賢) 가운데 하나인 탈레스(기원전 624~546)
     와는 다른 사람이다.

스인들은 그 가운데 몇몇 작품을 가지고 있었다. 그러나 호메로스의 시를 세상에 본격적으로 알린 사람은 리쿠르고스가 처음이었다.

이집트인들의 말에 따르면, 이집트를 방문한 리쿠르고스는 그곳의 정치 제도에서 군대가 다른 민간 계급과 나뉘어 있다는 사실에 너무도 깊이 감동하여 그 제도를 스파르타에 옮겨 놓았으며, 기술자와 수공업자들이 정치에 참여하지 못하게 함으로써 정치 제도를 순수하게 만들었다고 한다. 어쨌거나 그리스의 역사학자들은 이집트인들의 그와 같은 주장을 뒷받침하고 있다. 그러나 리쿠르고스가 아프리카로 건너가 리비아와 이베리아를 방문했고, 인도로 건너가 그곳의 벌거벗은 철학자들과 대화를 나누었다고 말하는 사람도 있다. 내가 알고 있는 한, 스파르타의 철학자 히파르코스(Hipparchos)의 아들로서 역사가인 아리스토크라테스(Aristokrates)만이 그런 주장을 하고 있다.

5

스파르타인들은 애오라지 리쿠르고스를 그리워하여, 그에게 사람들을 보내 조국으로 돌아오기를 권고했다. 스파르타의 왕들[2]은 왕이라는 이름만 가지고 그 자리에 앉아 있을 뿐 백성들보다 나을 것이 없지만, 리쿠르고스에게는 백성들을 이끌기에 적절한 성품과 백성들이 자신을 따르도록 하는 능력이 있다고 민중은 생각했다. 왕들도 그의 귀국을 싫어하지 않았으며, 그가 돌아와 자신들과 함께 있으면 백성들이 덜 무례해지리라고 기대했다. 백성들이 그렇게 생각하자 고국으로 돌아온 리쿠르고스는 곧바로 질서를 바꾸고 정치 제도를 혁신하는 일에 착수했다.

---

2   이 무렵에는 왕이 두 명이었다.

리쿠르고스는 법률을 몇 가지 고치는 것만으로는 아무 일도 할 수 없으며, 마치 온갖 질병으로 말미암아 몸과 마음이 쇠약해진 환자를 다루는 의사처럼 일을 추진해야 한다고 확신했다. 약물을 먹이고 소독을 함으로써 이제까지 존재했던 기질을 바꾸고, 바뀐 기질에 맞는 새롭고 다른 식이 요법을 도입해야 한다고 그는 생각했다. 이와 같이 결의에 가득 찬 그는 먼저 델포이의 신전을 찾아가 제물을 드리고 신탁을 구했다. 그러자 아폴론은 다음과 같은 신탁을 내렸다.

신의 사랑을 받는 이여,
또한 인간이라기보다 신에 가까운 이여.
좋은 법을 만들도록 해 달라는
그대의 기도를 듣고 허락하며,
세상에서 가장 훌륭한 헌법이 만들어지리라 약속하도다.

이 일로 용기를 얻은 리쿠르고스는 먼저 동지들에게 자신의 계획을 은밀히 설명한 뒤 그들을 끌어들여 뜻을 모았고, 점점 더 많은 스파르타의 지도급 인사들을 자기편으로 만들어 함께 일하는 데 손을 보태도록 권고했다. 자신의 계획을 실행에 옮길 때가 다가오자 그는 서른 명의 지도자들에게 무장한 채 새벽에 시장[3]으로 달려가 반대파의 의욕을 꺾고 겁주도록 지시했다. 그들 가운데 가장 이름 높은 스무 명의 이름은 저명한 철학자요 전기 작가인 헤르미포스(Hermippos)의 기록에 실려 있다. 그러나 리쿠르고스의 활동에 가장 큰 몫을 차지한 협조자는 아르트미아다스(Arthmiadas)였다.

소란이 시작되자 이 모든 일이 자신을 제거하려는 음모라

---

3   이 무렵의 시장(market)이라 함은 오늘의 시장과는 뜻이 다르게, 광장의
     의미를 담고 있었다.

생각하고 겁에 질린 카릴라오스왕은 군신 아테나를 모신 황동궁(Chalkioikos)으로 몸을 숨겼다. 그러나 곧 자신이 실수했음을 알게 된 그는 선동자들에게 신병의 안전을 약속받은 뒤 피난처에서 나와 그 무리에 합세했다. 왕의 행동이 어찌나 정중하고 겸손했던지, 왕실 측근이었던 아르켈라오스(Archelaos)는 젊은 왕의 이런 성품을 칭송하는 무리에게 이렇게 말했다.

"사악한 무리조차 엄하게 다스리지 못하는 그가 어찌 훌륭한 사람일 수 있겠소?"

리쿠르고스가 이룩한 여러 가지 개혁 가운데 가장 중요하고도 먼저 꼽아야 할 것은 그가 원로원(元老院) 체제를 확립했다는 점이다. 플라톤의 글(『법률』, §691)을 빌리면, 원로원은 왕의 '과열된' 정치를 희석(稀釋)시키고, 더 나아가 매우 중요한 문제에 관해 왕과 동등한 투표권을 행사함으로써 국사를 논의할 때 안정과 중용(中庸)을 마련해 주었다고 한다.

원로원이 생기기 전에는 어떤 때는 폭군이 군림하고, 또 어떤 때는 민주적인 왕이 다스리면서 왕정의 방향이 갑자기 뒤바뀌거나 일관되지 못했다. 그러나 이제 원로원이 생김으로써, 국가를 배에 비유하면 마치 배 밑창에 바닥짐을 놓아 균형을 잡고 용골을 바로 세우듯이, 나라를 매우 안정되고 질서 있게 운영할 수 있게 되었다.

원로원 의원 스물여덟 명은 민주정이 빗나갈 경우에는 왕의 편에 서고, 폭군의 잘못된 정치에 맞서야 할 때는 민중에게 힘을 실어 주었다. 의원의 수는 스물여덟 명이었는데, 아리스토텔레스의 설명에 따르면 처음에는 본디 서른 명이 리쿠르고스를 도왔으나 그 가운데 두 명은 용기가 없어 의원 직을 버렸다고 한다. 그러나 스토아학파 철학자였던 스파이로스(Sphaeros)의 말에 따르면, 스물여덟 명은 본디 리쿠르고스와 신념을 같이하던 사람의 수라고 한다.

28이라는 숫자는 미묘한 의미를 담고 있는데, 아마도 4×

7=28의 의미가 있는 듯하다. 사실 여부를 떠나 7이라는 숫자는 6 다음에 처음 오는 완전수로서 28을 나눌 수 있는 인수들의 총합과 같다.[4] 그러나 내가 생각해 본 바에 따르면, 처음부터 리쿠르고스가 그 수를 스물여덟 명으로 결정했고, 거기에 두 명의 왕을 더하여 서른 명으로 구성했던 듯하다.[5]

6

리쿠르고스는 그와 같은 통치 형식을 세우고 싶은 마음이 너무 간절했던 터에 델포이의 신전을 찾아가 제사를 드리고 '레트라(rhetra)'라고 부르는 신탁을 받았다. 신탁의 내용은 다음과 같다.

> 그대는 제우스 신과 아테나 여신에게 신전을 지어
> 바치고, 민중을 '휠라이(phylai)'와 '오바이(obai)'로
> 나누고 '아르카게타이(archagetai)'를 포함하여
> 서른 명의 원로원을 구성하였도다. 이제 그대는
> 때때로 '바비카(Babyca)'와 크나키온(knakion) 사이를
> '아펠라제인(appellazein)'하여 그곳에서 법을 제정하거나
> 폐지하라. 그러나 발언권과 결정권을 민중에게 주어야
> 한다.

4   이 부분의 의미는 판본마다 다르고 해석이 어렵다. 드라이든의 판본에 따르면 "28은 모든 이에게 평등하다는 뜻을 담고 있다"고 한다. 페린과 탤버트의 번역에 따르면 "28은 그것을 나눌 수 있는 숫자들, 곧 1+2+4+7+14의 합"이어서 의미 있는 숫자라고 한다. 그러나 이 해석은 너무 작위적이어서 믿기 어렵다.

5   원로원의 표결은 반대파가 회랑의 왼쪽에 서고 찬성파가 오른쪽에 서는 방법을 따랐다. 이것이 프랑스의 삼부회까지 이어졌고, 그 뒤로 좌파니 우파니 하는 용어가 생겼다. 원로원 운영의 제일 원칙은 지각을 용서하지 않는 것이었다.[김진경, 『지중해 문명 산책』(서울 : 지식산업사, 1994), 223쪽 참조]

앞의 문장에서 휠라이와 오바이는 민중을 종족(clan)과 씨족(brotherhood)으로 구분하여 권력을 나누어 준다는 뜻이고, 아르카게타이라 함은 왕을 뜻한다. 아펠라제인이라 함은 민중을 불러 모은다는 뜻으로서, 이는 통치체의 근원이자 창조자인 피티아의 신 아폴론에서 온 말이다. 지금은 바비카를 케이마로스(*Cheimarros*)라 부르고 크나키온을 오이노스(*Oenos*)라고 부른다.

그러나 아리스토텔레스의 말에 따르면, 크나키온은 강이고 바비카는 다리를 뜻한다. 당시 원로원은 바비카와 크나키온 사이에서 회의를 열었는데, 거기에는 회의를 할 수 있는 건물이나 공회당이 전혀 없었다. 리쿠르고스는 그러한 시설들이 회의를 훌륭하게 이끌기보다는 민중을 낙담시킨다고 생각했다. 곧 민중이 회의장에서 동상과 그림이나 아름다운 무대나 호사스러운 천장을 바라보다 보면 정작 회의의 중요한 목적이 헛된 생각에 묻혀 버리기 때문이었다.

민중 가운데 누구도 발의가 허락되지는 않았지만, 원로원이나 왕이 그들 앞에서 발의한 안건을 받아들이거나 거부할 수는 있었다. 그러나 그 뒤로 민중이 발의안의 내용을 보태거나 뺌으로써 그 의미를 왜곡하고 변질시키자 폴리도로스(Polydoros)왕과 테오폼포스(Theopompos)왕은 다음과 같은 구절을 신탁에 덧붙여 넣었다.

그러나 만약 민중이 발의를 왜곡해 받아들이면
원로원과 왕은 회의를 중단할 권리가 있다.

바꿔 말하면 민중이 국가의 가장 중요한 이해관계에 어긋나게 발의를 왜곡하거나 변질시킬 경우에 원로원과 국왕은 민중의 투표를 비준하지 않고 회의를 해산할 수 있다는 것이다. 원로원과 국왕은 자신들이 레트라에 내용을 더할 수 있는 권능을 신으로부터 받았다는 사실을 민중에게 납득시켰는데, 그러한 사실은 티르타이오스(Tyrtaeus)의 다음 시구에 잘 나타나 있다.

> 아폴론의 신탁은
> 그들이 델포이에서 받아 온 것이니
> 신의 의지와 말씀은 모두 이뤄졌음을 선포함이라.
> 민회의 규칙과 신의 영광은 왕들의 것이니
> 그들의 보살핌 아래
> 아름다운 도시 스파르타가 세워졌음이라.
> 왕들의 다음이 원로들이요,
> 그다음은 민중이리니
> 이는 투표로써 인정되어
> 그릇됨이 없는 법령이 되리라.
> (티르타이오스, 『정치 제도』, 운문)[6]

7

리쿠르고스는 그와 같이 국가 행정 조직을 유연하게 만들었지만, 그럼에도 과두 정치의 요소는 아직도 순수하고 상당한 영향력을 미치고 있었다. 그의 후계자들은 그것이 플라톤의 말처럼 "거품을 내며 부풀어 오르고 있으므로"(『법률』, §692), 거기에 재갈을 물리는 방안으로 민선 장관(Ephor)[7] 제도를 도입했다.

테오폼포스왕이 다스리던 시대에 첫 민선 장관으로 엘라토스(Elatos)와 그의 동료들이 선출된 것은 리쿠르고스가 죽은 지 130년 뒤의 일이었다. 전설에 따르면, 민선 장관을 선출할

---

6   「아기스전」, §2참조. 그의 시집 이름이 정확히 무엇인지는 전해지지 않았고 몇 편의 전송가(war song)만 전해지고 있다. 아리스토텔레스는 그의 저서 『에우노미아(Eunomia)』를 '정치 제도'라고 해석하여 인용했다.

7   민선 장관은 다섯 명으로 구성되어 왕과 더불어 스파르타를 통치했다.

경우, 테오폼포스왕이 아들에게 넘겨줄 권한이 지금 자신이 물려받은 권한보다 줄어들 것이라고 왕비가 핀잔을 주자 그는 이렇게 대답했다.

"그렇지 않을 것이오. 오히려 더 커질 것이오. 그리고 더 오래갈 것이오."

실제로 스파르타의 왕권은 지나친 권력을 요구하지 않았고, 민중의 가득한 질투와 미움을 피해 감으로써 위험을 벗어났다. 메세니아와 아르고스의 민중이 자신들을 위해 권력을 포기하거나 줄일 마음이 없는 왕들에게 저지른 일을 스파르타의 왕들은 겪지 않았다. 스파르타인들과 인종도 같고 지역도 비슷했던 메세니아와 아르고스에서 민중과 왕들이 분열하고 정치가 혼란에 빠진 점에 견주어 볼 때, 이와 같은 조치는 리쿠르고스가 얼마나 지혜롭고 얼마나 멀리까지 앞을 내다보는 인물이었던가를 보여 준다.

출발하던 무렵의 형편을 본다면 메세니아와 아르고스는 스파르타와 비슷했고, 영토는 오히려 더 넓었으나 영화는 지속되지 않았다. 왕의 무례한 기질과 민중의 무분별함으로 말미암아 그들의 정치 제도는 혼란에 빠졌고, 법도에 맞으면서도 유연한 국가 행정 조직이 있다는 것은 하늘의 축복을 받은 것이라는 점이 분명히 입증되었다. 그러나 그들이 이러한 사실을 깨달은 것은 세월이 흐른 뒤의 일이었다.

8

리쿠르고스가 단행한 두 번째이자 가장 대담한 정치 개혁은 토지의 재분배였다. 토지의 불평등으로 말미암아 가난해지고 살길을 잃은 사람들은 엄청난 고통을 받고 있었으며, 스파르타의 재화(財貨)는 오로지 몇 사람의 손에 집중되어 있었다. 리쿠르고스는 오만과 시샘과 범죄와 사치를 몰아내고, 더 나아가 뿌리 깊은 병폐인 가난과 재산의 불평등을 없애 버리겠노라고 단호하게 결심했다.

리쿠르고스는 전 국토를 하나로 합친 다음, 다시 새롭게 나누어 삶의 수단을 철저한 평등 위에 짜자고 시민을 설득했다. 그는 오로지 쌓아 올린 덕행으로만 명성을 얻을 수 있게 하여, 행위에 대한 비난이나 선행에 따른 칭송 말고는 어떤 것으로도 삶의 차이나 불평등이 결정되어서는 안 된다고 확신했다.

말과 행동을 일치시키고자 리쿠르고스는 라코니아의 나머지 땅을 자유민(perioikoi)의 인구수인 3만으로 등분해서 그들에게 나누어 주고, 스파르타에 소속한 땅을 9천 등분으로 나누어 같은 수의 스파르타 원주민에게 나누어 주었다. 그러나 어떤 사람들의 말에 따르면, 리쿠르고스는 오직 6천 가구분의 땅만을 분배했을 뿐이고, 나머지 3천 가구분은 그 뒤에 폴리도로스가 지급했다고 한다. 또 어떤 사람들의 말에 따르면, 폴리도로스는 오직 9천 가구의 절반만을 분배하였고, 나머지 절반은 리쿠르고스가 분배했다고 한다.

그 정도의 토지라면 해마다 남자 한 명에게 70부셸(bushel)[8]의 보리를 주고, 그 아내에게 12부셸의 보리와 그 정도 비율의 포도주와 올리브유를 나누어 주기에 충분한 면적이었다. 이 정도 넓이의 땅이라면 시민에게 충분하다고 그는 생각했다. 시민 한 명의 활력과 건강을 위해 이 정도의 양곡이면 충분했으며, 더 이상은 필요하지 않았기 때문이었다. 들리는 바에 따르면, 그는 추수가 끝난 뒤 여행에서 돌아오는 길에 농지를 지나가다 서로 평등하게 노적가리가 가지런히 쌓여 있는 광경을 바라보고는 빙긋이 웃으며 곁에 있는 사람들에게 이렇게 말했다고 한다.

"온 라코니아가 마치 여러 형제가 새롭게 농지를 나누어 가진 가족처럼 보이는군요."

---

8   1부셸은 30.4리터에 해당된다.

9

그다음으로 리쿠르고스는 모든 불평등의 찌꺼기를 없애고자 동산(動産)을 재분배하는 일에 착수했다. 시민이 동산을 직접 빼앗기는 것을 견디지 못한다는 점을 알고 있던 그는 방법을 바꾸어 정치적으로 그들의 탐욕을 굴복시켰다. 먼저 그는 모든 금화와 은화의 유통을 중지시키고 오직 엽전만 쓰도록 칙령을 내렸다. 그런 다음 엽전을 엄청나게 무겁고 크게 만들면서도 가치는 떨어지게 함으로써, 10미나(mina)[9]를 집에 두려면 커다란 창고가 필요했고 이를 옮기려면 한 쌍의 소가 끄는 수레가 필요할 정도였다.

이렇듯 엽전을 쓰게 되면서 공정하지 못한 온갖 폐단이 스파르타에서 사라졌다. 쟁여 두거나 과시할 수도 없고, 녹여서 달리 쓸 수도 없는 돈을 누가 받거나 훔치거나 뇌물로 받으려 하겠는가? 들리는 바에 따르면, 붉은 쇳물을 녹일 때 식초를 섞으면 쇠의 성질을 빼앗아 쉽게 부러지기 때문에 이 엽전은 쇠로 쓸 수도 없고 달리 쓸 방법도 없다고 한다.

그다음으로 리쿠르고스는 필요하지도 않고 쓸데없는 기술을 추방했다. 설령 그렇게 추방하지 않았더라도 주조(鑄造) 기술의 대부분은 옛 동전과 함께 사라졌을 것이다. 물건들을 사고팔 방법이 없었기 때문이다. 엽전이 그리스의 다른 지역으로 들어갈 수도 없었으려니와 그럴 가치도 없었으며 오히려 웃음거리만 될 뿐이었다. 외국에서 온 세공품이나 장식품을 살 수 없어지면서 외국 상선이 스파르타에 들어올 일도 없었다.

수사학자도 스파르타에서는 발붙일 곳이 없었다. 떠돌이 점쟁이나 포주나 금은 세공 기술자들도 돈벌이가 없는 스파르타로는 오지 않았다. 사치를 자극하고 부추기는 요소들이 점

9   1미나는 이 책이 영어로 번역된 1920년대를 기준으로 하여 약 2백 달러에 해당된다.

차 사라지면서 더불어 사치도 사라졌다. 부자들의 돈은 쓸 곳이 없어졌고, 그렇다고 할 일 없이 집 안에 쌓아 두고만 있을 수도 없었다. 그러자 돈 많은 사람이 가난뱅이에 견주어 좋을 것이 없었다.

이렇게 되자 침대·의자·탁자와 같은 실용적인 물건들이 매우 훌륭하게 제작되는 일이 벌어졌다. 아테네의 작가이자 '30인의 참주(Oi Triakonta Tyrannoi)'[10] 가운데 하나였던 크리티아스(Kritias)의 말에 따르면, 스파르타가 만든 물잔(kothon)은 현역으로 복무하는 군인들 사이에서 쓸모 있는 물건으로 평판이 높았다. 그 색깔로 말미암아 병사가 그 물을 억지로라도 마셔야만 할 때 꺼림칙하게 보이던 물빛이 보이지 않고, 꼬불꼬불 꼬여 있는 물잔의 주둥이가 그 안에 있는 흙탕물 찌꺼기를 걸러 내어 깨끗한 물만 마실 수 있도록 해 주었기 때문이다.

이런 모든 일로 말미암아 민중은 그러한 법을 만든 리쿠르고스를 고맙게 생각했다. 예술가들은 이제 쓸데없는 일에서 자유로워졌고, 오직 필요한 제품들만 만듦으로써 장인으로서의 아름다운 솜씨를 오랫동안 보여 줄 수 있었다.

10

사치를 좀 더 원천적으로 뿌리 뽑고 물욕을 줄이고자 리쿠르

10   기원전 404~403년, 펠로폰네소스 전쟁에 패배한 아테네에는 스파르타의 장군 리산드로스의 후견(後見) 아래 민주 정치가 폐지되고, 크리티아스와 테라메네스(Theramenes)를 대표로 한 30명의 과두 정치 체제가 수립되었다. 온건파의 테라메네스가 물러나고 정권을 잡은 크리티아스는 극단적인 정치를 펼쳐 민주파 시민 1천5백여 명을 살해하고 많은 시민을 추방했으며, 재산을 몰수하는 등 공포 정치를 실시했다. 폭정을 비판한 테라메네스도 살해되자 기원전 403년에 민주파의 트라시불로스(Thrasybulus)가 봉기해 크리티아스 군대에 승리를 거두었고, 스파르타의 왕 파우사니아스(Pausanias)의 중재로 민주파와 과두파가 화해했다. 이 싸움에서 크리티아스가 전사하고 그의 잔당은 엘레우시스로 이주하여, 기원전 403년 6월에 아테네의 민주 정치가 부활했다.

고스가 선택한 세 번째이자 가장 과격한 정치적 방법은 공동 식당이었다. 이 방법에 따르면, 모든 시민은 음식이 허름하든 비싸든 함께 어울려 식사를 해야 했다. 그렇게 하면 따로 비싼 침대에 비스듬히 눕거나 비싼 탁상에 앉아 식사할 수 없었다.

그러면 어둠침침한 방에서 하인이나 요리사가 날라다 주는 음식을 짐승처럼 게걸스레 먹고 피둥피둥 살찌는 일도 없을 것이고, 그럼으로써 마음뿐만 아니라 몸이 망가지는 일도 없을 것이었다. 또한 온갖 식탐과 과욕을 이기지 못해 늘어지게 잠을 잔 뒤, 뜨거운 물에 목욕한 다음, 다시 쉬면서 하인들의 보살핌을 받는 일도 없을 것이었다.

공동 식사는 그 자체로도 훌륭한 업적이었지만, 더 큰 의미를 지니고 있었다. 그리스 철학자 테오프라스토스(Theophrastos)의 말처럼, 함께 모여 단출한 식사를 나누면서 재산은 더이상 '욕망의 대상'이 아니라 '가치 없는 것'으로 여겨졌다. 이제 가난한 사람들과 함께 식사를 나누게 된 부자들은 자신의 많은 재산을 쓰거나 즐기거나 감상하거나 남에게 보여 줄 수도 없게 되었다.

그러므로 하늘 아래 오로지 스파르타만이, 재물(財物)의 신(神) 플루토스(Ploutos)가 눈을 감은 채 생명도 없고 움직임도 없이 그림처럼 드러누워 있는 나라라는 명성이 널리 퍼졌다. 그렇다고 해서 부자들이 식당에 가기에 앞서 집에서 맛있는 것을 잔뜩 먹은 다음 부른 배를 안고 공동 식당에 갈 수도 없었다. 다른 사람들이 먹지도 않고 마시지도 않는 그를 보고 몸이 약하다느니 여자처럼 살을 빼느라고 저런다느니 빈정거릴 것이기 때문이었다.

11

무엇보다도 공동 식사라고 하는 이 마지막 정치 개혁으로 말미암아 부유한 시민은 리쿠르고스에게 분개하였고, 그에 대항하는 집단을 만들어 성난 목소리와 외침으로 공공연히 왕을 비난했다. 많은 사람이 그에게 돌멩이를 던지자 왕은 시장을 빠져나와 도망쳤다. 그는 다른 사람들의 손에 잡히기에 앞서 성전으로 몸을 숨기는 데 성공했다.

군중 가운데 알칸드로스(Alcandros)라는 청년이 있었다. 그는 못된 사람은 아니었으나 성격이 조급하고 열정적이어서, 왕을 바짝 쫓아가 그가 몸을 돌리는 순간 지팡이로 공격하여 눈알을 빼 버렸다. 그러나 리쿠르고스는 이러한 참극에도 굴복하지 않고 시민과 마주하여 피투성이가 된 눈을 그들에게 보여 주었다. 그 모습을 보고 부끄러움과 슬픔에 잠긴 사람들은 알칸드로스를 잡아 그에게 넘겨주고 함께 분개하며 그를 왕궁으로 모시고 갔다. 왕은 군중의 처사를 칭찬하고 해산시켰다.

군중이 젊은이를 왕궁으로 데려갔으나, 리쿠르고스는 그를 해치는 어떤 말이나 행동을 하지 않고 오히려 시종들을 보내 젊은이가 바라는 대로 해 주라고 지시했다. 알칸드로스는 본디 마음이 고왔던 터라 말없이 지시받은 대로 처신했다. 알칸드로스는 리쿠르고스와 함께 사는 동안 그가 살아가는 모습을 보았다. 그는 왕이 점잖고 정신적으로 평온하며, 매우 엄격하고 소박한 생활 양식을 갖추고 있으며, 지치지 않는 근면함을 갖추었다는 사실을 알게 되었다.

그리하여 알칸드로스는 왕의 충실한 추종자가 되었고, 왕은 자신이 생각했던 것처럼 거칠거나 고집스럽지 않고, 오히려 온유하고 점잖은 인물이라고 가까운 친구들에게 말했다. 명목상 그에게 주어진 것은 응징과 벌이었지만, 그 일은 그가 더 이상 거칠고 경솔한 사람으로 살지 않고, 가장 예의 바르고 생각이 깊은 사람으로 살도록 만들어 주었다.

이후 리쿠르고스는 자신의 눈을 잃은 일을 떠올리며 아테나 옵틸리티스(Athena Optilitis)에게 신전을 지어 바쳤는데, 그 이름은 도리아 지방 사투리로 '눈'을 의미하는 옵틸로스(*opti-los*)에서 따온 것이다. 그러나 스파르타의 정치 제도에 관한 글을 쓴 디오스코리데스(Dioskorides)와 같은 작가들의 말에 따르면, 리쿠르고스가 눈을 다친 것은 사실이지만 눈이 먼 것은 아니고, 오히려 눈을 고쳐 준 데 대한 감사의 뜻으로 신전을 지어 바쳤다고 한다. 어쨌거나 그와 같은 불행한 일이 일어난 뒤로 스파르타에서는 지팡이를 들고 집회에 들어가는 관례가 없어졌다.

12

공동 식사에 대하여 좀 더 이야기를 해 보자면, 크레타인들은 이를 '안드레이아(*andreia*)'라고 불렀다. 그러나 스파르타인들은 공동 식사를 '휘디티아(*phiditia*)'라고 불렀는데, 이 명칭에 대해서는 여러 가지 주장이 있다. 첫째로, 그들의 공동 식사는 우호와 친목을 다지는 데 이바지했는데, 로마어로 휘디티아는 우정을 뜻하는 '휠리티아(*philitia*)'와 같은 뜻을 가지고 있었다는 것이다.

둘째, 스파르타의 남자들은 소박하고 검소한 생활에 익숙했는데, 이러한 삶을 '페이도(*pheido*)'라고 한 데서 생긴 이름이라는 주장이다. 그러나 어떤 사람의 말처럼, 휘디티아는 단순히 식사를 뜻하는 '에디티아(*editia*)'에 두음(頭音)을 붙인 것이라는 주장이 가장 그럴듯하다. 그들은 열댓 명 남짓이거나 그보다 조금 적게 모여 식사를 했는데, 사람마다 한 달에 보리 1부셸과 포도주 30리터와 치즈 2킬로그램과 무화과 1킬로그램을 받으며, 그 밖에도 고기와 생선을 살 수 있는 돈을 조금 받았다.

그러나 첫 과일을 수확하여 제사를 드리거나 사냥에서 돌아왔을 때, 농부는 그 가운데 얼마를 공동 식사에 내놓았다. 제사를 드리거나 사냥을 떠났을 때는 집에서 식사할 수 있는 허

리쿠르고스

가가 났지만, 그 밖에는 공동 식사에 참여해야 했다. 로마인들은 이러한 공동 식사의 규칙을 엄격하게 지켰다. 이를테면 아테네와 벌인 전쟁에서 이기고 돌아와 집에서 아내와 식사를 하고 싶었던 아기스(Agis)왕은 식당에 사람을 보내 자기 몫을 보내 달라고 했는데, 로마 근위대 장군이 이를 거절했다. 분노한 그가 다음 날 일상적으로 올리던 제사를 올리지 않자 장군들은 그에게 벌금을 물렸다.

아이들 또한 이 공동 식당에 들어와, 마치 학교에서 보고 배우듯이 어른들이 나누는 정치 이야기도 듣고 성장기에 필요한 자유로운 가르침도 받았다. 그들은 상스럽지 않은 한도에서 놀이와 농담을 나눔으로써 상스러운 방법을 쓰지 않고도 농담을 이어 갈 수 있는 능력을 키웠다. 사실 농담을 잘 받아 주는 것은 스파르타인들의 특성이었다. 그러나 누군가 듣기 거북한 농담을 하면 이를 거부할 수 있고, 그러면 그 사람은 농담을 멈추었다. 소년들이 식당에 들어올 때면 가장 나이가 많은 사람이 문을 가리키며 이렇게 말했다.

"여기에서 한 말은 저 문을 빠져나갈 수 없다."

그리고 들리는 바에 따르면, 이 식당의 구성원이 되고자 하는 사람들은 다음과 같은 의례를 거쳤다고 한다. 식사에 참여한 사람들은 손에 부드러운 빵을 잡고 있다가 하인이 머리에 접시를 이고 들어오면 아무 말 없이 투표하듯 빵을 접시에 던져 넣음으로써 자기는 새로운 입실 후보자에게 동의한다는 뜻을 표시한다. 만약 그 사람이 공동 식당에 들어오는 데 동의하지 않는다면 먼저 빵을 손안에 넣고 꾹 누른 뒤 던졌다.

그렇게 납작해진 빵은 구멍이 난 표와 같아서, 반대한다는 의사를 뜻했다. 접시 안에 그렇게 생긴 빵이 단 한 개라도 있다면 후보자의 입회는 거부된다. 식사 자리에서만이라도 그들은 모두가 서로 마음이 맞기를 바랐기 때문이다. 그런 식으로 거절된 사람을 가리켜 '카디코스되었다(kekaddisthai)'고 말하는데, 이는 그들이 조각낸 빵을 던진 접시를 뜻하는 카디코스(kaddichus)에서 온 말이다.

음식 가운데에는 검은 죽을 최고로 쳤는데, 노인들은 고기를 먹지 않고 젊은이들에게 준 다음 자신들은 빵에 죽을 부어 먹었다. 전설에 따르면, 폰토스(Pontos, 오늘날의 터키)의 왕들 가운데 한 사람이 그 죽을 먹고 싶어 스파르타에서 요리사를 불러와 만들어 먹었으나, 맛이 고약해서 제대로 먹을 수가 없었다. 그러자 요리사가 이렇게 말했다.

"왕이시여, 이 죽을 먹고자 하는 사람은 먼저 [스파르타에 흐르는] 에우로타스(Eurotas)강에서 목욕을 해야 합니다."

적당히 술에 취한 스파르타 사람들은 횃불도 없이 집으로 돌아갔다. 그들은 이러한 버릇 때문에 용감하게 행군하는 버릇이 생겼고, 두려움 없이 밤길을 걸을 수 있었다. 앞에서 이야기한 것들이 스파르타인들의 공동 식사 방식이었다.[11]

13

리쿠르고스는 어떤 법도 문자로 남기지 않았다. '신탁'이 이를 금지했기 때문이었다. 만약 도시의 번영과 덕성을 키워 주는 가장 중요하고도 구속력 있는 원칙들이 시민의 습속과 훈련 속에 자리 잡는다면 명문화된 교육을 통해 젊은이들에게 고정된 목표를 심어 주는 것보다 더 강력한 효과를 얻을 수 있고, 그로써 모든 시민이 입법자의 구실을 할 수 있게 되리라는 것이 리쿠르고스의 생각이었다.

사업 계약을 맺는다거나 시기에 따라 필요성이 달라지는 경우와 같이 그리 중요하지 않은 문제들에 대해서는 성문법이나 고정된 용례(用例)로 얽매기보다는 경우에 따라 그 시대 지

11　다른 곳에 견주어 이 절(節)은 몹시 길다. 따라서 스튜어트와 롱은 이 절을 둘로 나누어 편집했다.

식인들의 판단에 맡기는 것이 더 좋은 방법이라고 그는 생각했다. 실제로, 그는 입법 기능을 모두 교육의 힘에 맡긴 사람이었다.

내가 앞에서 말한 바와 같이, 그의 신탁에는 성문법의 사용을 금지하는 조항이 있었다. 그리고 사치를 금지하는 또 다른 법이 있었다. 이에 따르면, 지붕을 올릴 때는 도끼만 써야 하고, 문을 만들 때는 톱만 써야 하며, 다른 도구는 아무것도 쓸 수 없었다.

뒷날 테베의 장군이자 정치가였던 에파미논다스(Epami-nondas)가 탁자에 앉아 한 말이라고 들려오는 바에 따르면, 이런 식의 공동 식사는 반역과는 어울리지 않는 행위였다고 한다. 이와 같이, 법대로 지은 집에 살게 되면 사치나 호사를 생각할 수 없다는 사실을 처음으로 분명히 경험한 인물은 리쿠르고스 자신이었다.

그와 같이 단출한 공동 주택에 살면서, 은으로 만든 의자에 앉고, 자주색 이불보와 황금으로 만든 잔을 쓰며, 그 밖의 용품들도 그러한 가구에 맞도록 사치를 부릴 만큼 천박하고 몰상식한 사람은 없다. 사람들은 그 집의 분수에 맞는 의자를 써야 하고, 그 의자에 맞는 이불보를 써야 하고, 그 밖의 가구들도 거기에 맞춰 살 수밖에 없다.

스파르타의 유명한 장군이었던 대(大)레오티키데스(Le-otychides the Elder)도 이런 생활에 익숙한 사람이었다. 들려오는 바에 따르면, 코린토스 지방에서 식사를 하다가 값비싼 사각 나무판으로 장식한 지붕을 본 그는 집주인에게 "이 나라에서는 나무들이 네모나게 자라느냐?"고 물었다고 한다.

리쿠르고스의 세 번째 신탁은 같은 나라와는 자주 전쟁을 벌이지 못하도록 규정한 대목이었다. 같은 적국에 여러 번 쳐들어가면 적군이 방어에 익숙해져 호전적인 부족으로 변하는데, 그런 일이 없도록 하려는 법이었다. 이는 뒷날의 사람들이 스파르타의 아게실라오스(Agesilaos)왕의 행위와 비교하며 그의 행위를 더욱 개탄하게 했다. 그는 보이오티아를 자주 침공하여 테베인들이 스파르타에 맞서도록 만들었다. 따라서 안탈키다스(Antalkidas) 장군은 부상당한 아게실라오스왕을 보고 이렇게 말했다.

"그대는, 싸우고 싶어 하지도 않고 싸울 줄도 몰랐던 테베인들에게 어떻게 싸우는가를 가르쳐 준 대가로 테베인들에게 수업료를 단단히 받고 있군요."

이와 같은 것들이 리쿠르고스의 신탁이며, 이는 그 신탁들이 신에게서 내려왔다는 뜻이다.

14

교육이야말로 입법자들에게 가장 중요하고 고결한 임무라고 생각한 리쿠르고스는 결혼과 출산을 조심스럽게 통제함으로써 교육 문제를 그 기반에서부터 다시 꾸렸다. 이에 대해 아리스토텔레스가 주장한 바(『정치학』, II : 6, 8)는 틀렸다. 그에 따르면, 리쿠르고스는 여성들을 적절히 통제하려고 노력했으나, 남편들이 많은 전쟁에 참여함으로써 여성들이 즐겼던 엄청난 특권과 권한을 감당할 길이 없어 처음에 고안했던 정책을 중도에 포기했다는 것이다. 전쟁 동안에 남자들은 남겨진 아내들이 집안을 혼자 책임지도록 했고, 그런 아내들에게 필요 이상의 존경심을 품게 된 그들은 아내를 마님(Mistress)이라고 부르기까지 했다고 한다.

그럼에도 리쿠르고스는 여성들에게 될 수 있는 한 많은 신경을 썼다. 리쿠르고스는 여성들에게 달리기와 레슬링과 원반던지기와 창던지기를 훈련시킴으로써 건강한 몸으로 자궁 안의 태아를 건강하게 하고, 달이 찼을 때 건강한 몸으로 출산의 고통을 쉽게 이기도록 했다. 그는 여성들을 속옷 바람으로 행렬에 참여하게 하고, 젊은 남자들이 바라보는 축제에서 춤추고 노래하게 하여 젊은 남자에 못지않은 단련을 시킴으로써 여성을 나약함과 섬세함에서 벗어나게 했다.

때때로 여성들은 행실이 나쁜 젊은 남자들을 점잖게 꾸짖고, 칭찬받을 일을 한 남자들에게 칭찬하는 노래를 불러 주고, 야망과 열정을 품은 젊은이들을 고무해 주었다. 이와 같이 용맹을 보여 주고 여성들에게 칭찬과 영예를 받은 젊은이들은 우쭐하여 돌아갔다. 여성들의 장난기 섞인 나무람은 심각한 꾸지람만큼이나 날카로웠는데, 왕과 원로원 의원들이 시민과 함께 참석한 축제에서는 더욱 그랬다.

여성들이 거의 옷을 입지 않았다고 해서 천박해 보이지도 않았다. 그들은 정숙했으며 음탕해 보이지 않았다. 오히려 그러한 용모는 생활 습관을 소박하게 해 주었으며, 건강하고 아름다운 육체를 열망하게 했다. 그러한 축제는 여성들 자신이 용맹과 야심의 경연장에 참여한 것처럼 느끼게 했고, 이는 여성스러웠던 그들에게 담대함을 심어 주었다. 사람들은 그런 여성들의 모습을 보며 지난날 스파르타의 왕 레오니다스의 아내 고르고(Gorgo)를 떠올렸다. 분명히 외국인으로 보이는 어느 여성이 고르고에게 이렇게 말했다.

"스파르타의 여성들이야말로 남자들을 지배하는 유일한 여성입니다."

그 말을 들은 고르고는 이렇게 대답했다.

"그렇지요. 우리는 남자를 낳는 유일한 존재들이니까요."

15

더욱이 이 정책은 보다 많은 결혼을 이끌어 냈다. 옷을 약간만 걸친 채, 젊은 남자들이 지켜보는 가운데 행렬에 참여하거나 체육 대회에 나간 여인들이 보여 준 모습이 필연적인 결과를 불러왔던 것이다. 플라톤이 말한 바와 같이, "기하학적인 필연이 아니라, 오직 사랑에 빠진 사람들만이 알고 있는 종류의 필연"(『국가론』, §458 d)이었다.

그뿐만 아니라 리쿠르고스는 독신을 고수하는 남자들에게는 공개적으로 낙인찍는 방법을 선택했다. 독신 남성들은 젊은 남녀의 운동회를 관람할 수도 없고, 지방 장관들은 겨울이 되면 그들이 겉옷 한 벌만 걸치고 시장 거리를 걸어 다니면서 그들의 처지에 관한 노래를 부르도록 시켰다. 이러한 부담은 그들이 법을 지키지 않은 데 대한 정당한 처벌이었다.

그 밖에도 젊은이들은 결혼하지 않은 노인에게는 연장자에게 관습적으로 바쳐야 할 영예와 인사를 차리지 않았다. 그러므로 명망 있는 장군이었지만 결혼을 하지 않았던 데르킬리다스(Dercyllidas)가 겪은 수모는 정당한 것이었다. 어느 날 그가 부대 안으로 들어갔을 때, 젊은 병사 한 명이 그에게 자리를 양보하지 않으면서 이렇게 말했다.

"장군께서는 먼 훗날 저에게 자신의 자리를 양보해 줄 아들이 없지 않습니까?"

여자의 경우, 어리거나 아직 결혼하기에 적절한 때가 아니라면 문제가 없었지만, 나이가 차고 성숙했음에도 결혼하지 않으면 그를 보쌈할 수 있었다. 그렇게 여자가 잡혀 오면, 이른바 신부를 돕는 여자가 그를 맡아 머리를 짧게 깎고 남자의 겉옷을 입히고 신발을 신긴 다음, 컴컴한 방에 있는 짚으로 된 침대에 혼자 눕힌다.

그러면 술에 취하지도 않고 과색(過色)으로 몸이 쇠약해지지 않은 신랑이 공동 식당에서 저녁 식사를 마친 뒤, 맑은 정신으로 신부가 누워 있는 방으로 살그머니 들어가 은밀한 곳을 벗긴 다음 그를 안고 침대로 간다. 그리고 신부와 잠시 시간을 보낸 신랑은 아무 일도 없었다는 듯이 평소의 자기 숙소로 돌아와 다른 남자들과 함께 잔다.

신랑은 밤이면 신부와 함께 보내고 낮에는 친구들과 함께 시간을 보내는데, 신부를 찾아갈 때는 밤에 조심스럽게 살며

시 들어가 신부의 식구들 가운데 누구도 알지 못하도록 신경 써야 한다. 신부는 남편이 몰래 들어올 수 있도록 일을 세심하게 꾸며야 한다.

이런 일은 잠시 동안 하다가 마는 것이 아니다. 그 남자가 내낮에는 아내의 얼굴을 한 번도 본 적이 없는 채로 아버지가 될 때까지 그래야 한다. 그와 같은 은밀한 만남은 그들에게 자제력과 정숙함을 길러 주었고, 창조적 힘으로 가득한 그들의 몸은 서로의 감정을 새롭고 생기 넘치게 해 주었으며, 무절제한 성생활로 말미암아 서로 싫증을 내거나 따분해하는 일은 생기지 않았다. 그들의 가슴속에는 언제나 서로 그리워하고 기뻐하는 마음이 꺼지지 않은 불꽃처럼 남아 있었다.

결혼을 이처럼 절제와 정중함이 가득한 의식으로 만든 뒤에도, 리쿠르고스는 남자들이 질투와 집착이라는 공허한 열정에서 벗어나게 하려고 정도(正道)를 벗어난 음탕한 성생활을 결혼 생활로부터 몰아냈고, 아내를 다른 훌륭한 남자와 사귀게 하여 자식을 얻는 일을 영예롭게 생각하도록 만들었다. 그는 아내를 마치 양보할 수 없는 특권처럼 알거나 아내를 양보하지 않고 전쟁이나 살인을 저지르는 짓을 비난하며 비웃었다. 이를테면 젊은 아내를 둔 늙은 남자가 우아하고 고상한 젊은 남자를 만나면 그를 자신의 아내에게 소개해 주고, 젊은 남자는 그 아량 넓은 남편과 젊은 아내 사이에서 태어난 자녀를 자기의 자녀로 입양할 수도 있었다.

그뿐만 아니라 충분한 자격을 갖춘 남자가 어떤 여자를 만났는데, 그 여자가 그때껏 기존의 남편을 위해 아이를 낳아 주고 아내로서의 처신이 훌륭했다고 여겨지면, 남자는 그 여자의 남편에게 동의를 얻어 여자와 잠자리를 함께할 수도 있었다. 이는 비옥한 땅에 씨를 뿌리면 훌륭한 열매를 맺듯이, 자기 핏줄에 훌륭한 혈통을 가진 자식을 접붙이는 일이었다.

리쿠르고스가 그런 법을 만든 첫 번째 이유는, 그가 자식을 그 아버지만의 소유로 보지 않고 나라의 재산으로 보았기 때문이다. 따라서 그는 자식들이 아무에게서나 태어나기보다는 최상의 핏줄을 타고나도록 하려 했다. 둘째로, 그는 결혼 문제에 관해 다른 도시의 시민이 제정한 법률을 헛되고 어리석은 것으로 생각했기 때문이다.

사람들은 개나 말을 교접시킬 때는 돈과 명성을 동원하여 훌륭한 씨를 받으려고 하면서도 정작 자신의 아내는 자물쇠로 채워 둔 채, 바보가 되건 약골이 되건 병자가 되건 자기 자식만 낳으라고 요구한다는 것이다. 아이를 직접 낳아 기른 부모는 나쁜 씨를 받아 태어난 아이의 약점을 보지 못하고, 그와 반대로 좋은 씨를 타고난 아이가 가진 장점도 제대로 알아보지 못한다고 리쿠르고스는 생각했다.

결혼과 관련하여 그 무렵에 유행했던 이와 같은 자유는 육체적·정치적으로 진보하려는 시도였으며, 후세 사람들이 스파르타의 여성들을 비난하는 구실이 된 음탕함과는 거리가 있었다. 더욱이 그들은 간음이라는 개념을 아예 알지도 못했다. 먼 옛날 게라다스(Geradas)[12]라는 스파르타 사람이 어느 이방인과 나눴다는 대화가 전해 내려온다. 이방인이 그에게 물었다.

"스파르타에서는 간통한 사람을 어떻게 처벌합니까?"

그러자 그는 이렇게 대답했다.

"우리 나라에는 간통한 사람이 없습니다."

"그렇다면 간통한 자가 있다고 가정하고 말해 봅시다."

"그 사람은 황소를 벌금으로 물어야겠지요. 그 황소는 타이게토스(Taygetos)산을 덮고 에우로타스강을 다 마실 정도로 클 겁니다."

---

12 플루타르코스의 다른 저서인 『도덕론』에는 그의 이름이 게라다타스 (Geradatas)로 되어 있다.

그러자 이방인이 놀라며 말했다.

"그렇게 큰 황소가 어디에 있습니까?"

그 말을 들은 게라다스가 빙긋이 웃으며 이렇게 대답했다.

"그러니 어떻게 스파르타에 간통한 사람이 있겠습니까?"

이상의 이야기들은 스파르타인들의 결혼에 관하여 내가 찾은 것들이다.

16

스파르타인들은 아기를 낳았다고 해서 아버지의 뜻대로 키우지 않았다. 아버지가 남자 아기를 레스케(Lesche)라는 공회당으로 데리고 가면, 부족의 어른들이 살펴본 다음 건강하고 잘 생겼으면 아버지가 그를 키우도록 하는 한편, 영토의 9천분의 1을 주었다. 그러나 그 아이가 건강하지 않거나 기형일 경우에는 그를 타이게토스산 아래 골짜기에 있는 장애인 요양소인 아포테타이(Apothetae)로 보냈다. 그렇게 하는 까닭은 태어날 때부터 건강하고 튼튼하지 않다면 그 자신에게나 국가에 도움이 되지 않는다는 확신 때문이었다.

같은 원칙에 따라서 여자 아기들은 물이 아닌 포도주로 목욕을 시켰는데, 이는 그 아이의 건강을 시험하는 방법이었다. 전설에 따르면, 간질이나 그 밖의 질병이 있는 아이는 도수가 높은 포도주에 들어가면 경기를 일으키고 정신을 잃는다고 하며, 건강한 아이는 포도주에 들어가면 마치 담금질된 강철처럼 더 강인한 기질과 몸을 갖게 된다고 한다. 이들을 키우는 유모들도 주의력을 키우고 많은 기술을 익혔다. 그들은 아이에게 포대기를 씌우지 않음으로써 아이의 팔다리와 몸통이 자연스럽게 커 나가도록 했다.

그 밖에도 유모들은 아기들이 만족과 행복을 느낄 수 있도록 가르쳤다. 유모들은 아기들에게 맛있는 것만 먹이지 않았으며, 어둠을 두려워하거나 혼자 있는 것을 무서워하지 않게 하고, 보기 흉하게 짜증을 내거나 칭얼대지 않도록 가르쳤다. 그래서 자기 아기를 올곧게 키우고자 했던 몇몇 타국 사람은 스파르타의 유모들을 돈으로 사서 데려가곤 했다. 이를테면 아테네의 알키비아데스도 스파르타 여인을 유모로 두었다고 한다.

플라톤의 말에 따르면, 알키비아데스에게는 페리클레스가 붙여 준 가정 교사가 있었는데, 조피로스(Zopyros)라는 이름을 가진 그는 평범한 노예였다고 한다. 이렇듯 리쿠르고스는 돈으로 사거나 고용한 가정 교사에게 스파르타의 소년들을 맡기고 싶어 하지 않았다. 어떤 아버지도 자신이 좋아하는 대로 아들을 키우거나 훈련하지 못하도록 법으로 규정되어 있었다. 아이들이 일곱 살이 되면 리쿠르고스의 명령에 따라 국가가 경영하는 부대(部隊)에 들어가 같은 훈련을 받고 식사를 했으며, 다른 사람들과 더불어 운동하고 공부하는 버릇을 들였다.

그들 가운데 판단력이 뛰어나고 가장 용맹한 소년은 그 집단의 수장(首長)이 되었다. 그 밖의 소년들은 늘 수장을 주시하고 그의 명령에 복종했으며, 그가 내리는 처벌을 달게 받음으로써 소년기의 복종심을 키웠다. 또한 부족 어른들은 아이들의 운동을 지켜보면서 모의 전투에 익숙해지도록 부추겼는데, 그때 대담성과 공격성에 문제를 보이는 소년은 천성적으로 어떤 문제가 있는가를 면밀히 확인했다. 읽기와 글쓰기 교육은 실생활에 지장이 없을 만큼만 이루어졌고, 그 밖에 그들이 배우는 모든 것은 명령에 복종하고, 고난을 참고 견디며, 전투에서 이기는 데 집중되었다.

아이가 어른으로 성장하면 더 강한 육체적 훈련을 실시했다. 머리를 짧게 깎은 그들은 맨발로 다니는 훈련을 했으며, 운동 경기를 할 때는 대부분 옷을 입지 않았다. 열두 살이 되면 전통 겉옷인 튜닉을 입지 않았고, 한 해에 겉옷 한 벌씩을 받아 입었다. 그들의 피부는 거칠고 건조했지만 목욕이나 기름칠은 거의 하지 않았으며, 한 해를 통틀어 며칠 되지 않는 특별한 날에만 목욕 시설을 만끽할 수 있었다. 그들은 병영에서 짚으로 만든 침상에 누워 함께 잠을 잤다. 그 침상은 에우로타스강 주변에서 칼을 쓰지 않고 손으로 꺾은 갈대의 윗부분으로 만든 것이었다. 겨울이면 짚 위에 리코폰(*lycophon*)이라고 부르는 엉겅퀴의 머릿대[冠毛]를 채워 넣었는데, 그들은 그것이 온기를 품고 있다고 생각했다.

17

남자아이들이 어느 정도의 나이에 이르면 명망 있는 젊은이들 가운데서 뽑은 사람들이 단체를 이루어 그들을 보살펴 주었다. 청년들은 소년들을 눈여겨보면서 그들이 훈련하는 곳에 좀 더 자주 가까이 다가가 힘과 재치를 겨루는 모습을 관찰했는데, 단순히 겉으로만 보는 것이 아니라 그 소년의 아버지이자 가정 교사이자 지배자가 되었다는 생각으로 그들을 돌보았다. 청년들은 이런 방법으로 때와 곳을 가리지 않고 소년들을 돌보면서 누군가가 나쁜 길로 빠지면 꾸짖고 나무랐다.

여기서 끝이 아니다. 도시에서 가장 고결하고 덕망 높은 사람은 감독관(*paedonome*)으로 임명되어 소년들을 감독했다. 그의 감독 아래 소년들은 몇 곳의 병영에 나뉘어 편성되었다. 어른들은 그 소년들을 가장 속이 깊고 전쟁을 잘하는 청년, 곧 에이렌(*Eiren*) 밑에 보내 지휘를 받게 했다. 에이렌은 소년단을 수료한 지 이태 넘게 지난 이들에게 주는 명칭이었다. 또한 멜레이렌(*Melleiren*)은 '에이렌이 될 사람'이라는 뜻으로, 소년단원 가운데 가장 나이가 많은 이를 일컫는 말이었다. 에이렌이 스무 살에 이르면 전쟁 훈련에서 부하들을 지휘하고, 집에 돌아오면 소년단이 그의 식사 시중을 들게 했다.

에이렌은 몸집이 큰 소년들에게는 나무를 해 오도록 하고 작은 학생들에게는 채소를 따 오게 시켰다. 어떤 아이들은 훔쳐서 가져오기도 했다. 남의 밭에 들어가거나 어른들의 공동 식당에 들어가 훔쳐 오는 아이들도 있었는데, 그러다가 잡히면 그는 조심스럽지 못하고 기술이 없다는 이유로 몹시 매를 맞았다.

소년들은 할 수 있는 한 온갖 음식을 훔치고, 남들이 잠들어 있거나 경계가 허술할 때 습격하는 일에 익숙해지도록 훈련을 받았다. 그러나 그러다가 잡힌 소년은 매를 맞고 굶어야 했다. 소년들에게 주어지는 식량은 많이 부족했는데, 이는 그들이 자기 손으로 허기와 싸우는 법을 익힐 만큼 대담하고 교활해지도록 만들고자 함이었다.

소년들에게 식사를 넉넉히 주지 않는 두 번째 이유는 그들의 키를 크게 만들고자 함이었다. 영양소를 마음껏 받아들이면 몸이 옆으로 퍼지지만, 영양소가 부족하여 몸이 가벼워지면 쉽게 키가 크고 몸매도 더 아름다워진다. 야위고 빈약한 아이들은 관절이 뿜어내는 힘을 더욱 유연하게 받아들이는 습관을 갖게 되지만, 영양을 너무 많이 섭취해서 몸이 무거워지면 그럴 수가 없다. 그와 마찬가지로 임신한 여인이 설사약을 먹으면 몸은 여위지만 몸매가 빼어난 아이를 낳는다는 사실을 우리는 잘 알고 있다. 부모가 물려주는 영양이 적을수록 아기의 골격이 잘 잡히기 때문이다. 그러나 왜 그렇게 되는지는 다른 사람들이 탐구할 몫으로 남겨 두겠다.

18

소년들은 남의 물건을 훔쳐 오는 문제를 매우 진지하게 생각했다. 어떤 이야기에 따르면, 어느 소년은 훔친 여우를 자기의 겉옷 안에 감춰 두었는데, 여우가 이빨과 발톱으로 그의 내장을 찢었으나 그 소년은 남에게 들키느니 차라리 죽음을 선택했다고 한다.

오늘날 스파르타의 젊은이들이 감내하는 일들을 생각해

리쿠르고스

보면, 이 이야기는 확실히 믿을 만하다. 나는 스파르타의 젊은 이들이 야생 동물을 보호하는 여신 아르테미스 오르티아의 신전에서 채찍 맞는 의식에 참여했다가 목숨을 잃는 것을 여러 번 본 적이 있다.

에이렌은 저녁을 먹고 자리에 누워 어느 소년에게 노래를 시키거나 정교하고 조심스럽게 대답해야 하는 질문을 던질 수 있었다. 이를테면 이런 질문들이다.

"이 도시에서 가장 훌륭한 인물은 누구인가?"

"그 사람의 처신을 너는 어떻게 생각하는가?"

이처럼 소년들은 어려서부터 시민의 처사를 올바르게 판단하고 관심을 기울이도록 버릇을 들인다. 만약 어떤 소년이, "도시에서 누가 가장 훌륭하냐?"라든가 "누가 가장 나쁜 사람인가?"라고 묻는 말을 듣고도 적절한 대답을 하지 못한다면, 그는 총명하지 못하고 뛰어난 인물이 되고자 하는 열망이 없는 사람이라는 판정을 받았다. 대답은 합리적이어야 하고 그에 따른 증거를 대야 할 뿐만 아니라 간단명료해야 한다.

대답이 시원치 못하면 에이렌은 벌칙으로 그 소년의 엄지손가락을 깨물었다. 그가 소년에게 벌을 줄 때 마을 어른이나 관리들이 배석하여 처벌이 합리적이고 적절했는지 아닌지를 살피는 일이 자주 있었다. 에이렌은 소년들을 처벌하면서 제약을 받지 않았지만, 벌 받은 소년이 자리를 떠난 뒤에는 그 처벌이 필요했는지, 또는 너무 거칠거나 가벼웠는지 평가를 받았다.

소년의 연인들도 그의 명예와 불명예를 함께 책임졌다. 들리는 바에 따르면, 자기가 사랑하는 소년이 전투에서 도망치며 아름답지 못하게 소리를 질렀다고 하여 그와 사귀던 소년이 벌금을 물었다고 한다. 더 나아가서 동성을 연모하는 소년들의 감정이 소녀들 사이에서도 널리 퍼져, 훌륭한 귀족의 딸들이 다른 소녀와 사랑에 빠져도 연적(戀敵)을 질투하는 일이 없었다. 이렇듯 여러 소년이 소년 하나를 더욱 깊이 사랑하면서도 소년들은 서로의 우정을 돈독히 했으며, 서로가 더 고결해지도록 함께 노력했다.

19

소년들은 예리하면서도 우아하게 말하는 법을 배우고, 들은 바를 말할 때는 몇 마디로 말을 줄이도록 가르침을 받았다. 내가 앞에서 설명했듯이, 리쿠르고스는 쇠로 돈을 무겁게 만들어 돈의 가치를 줄였지만, 말을 할 때는 간단하고 짤막한 언어를 통해 깊고 풍부한 의미를 전달하도록 함으로써 소년들에게 침묵하는 습관을 심어 주었다. 이를 통해 무게 있고 정확한 표현을 하도록 이끌고자 함이었다.

성생활이 문란하면 아기를 갖지 못하듯이, 말에 절제가 없으면 공허하고 장황해진다. 따라서 아기스왕은 어느 아티카 사람이 스파르타의 칼이 너무 짧다고 조롱하면서 곡예사가 삼킬 수 있을 정도라고 말하자 이렇게 대답했다.

"그러나 우리는 이 단검으로 확실하게 적군을 찌를 수 있습니다."

스파르타인들의 언어는 짧지만 핵심을 찌르며, 듣는 이들을 생각에 잠기게 한다. 나는 그런 사례를 여러 번 보았다. 실제로 리쿠르고스의 어록을 읽어 보면 그의 연설은 짧고 교훈적이었던 것으로 보인다. 이를테면 다음과 같다.

정부의 형태를 놓고 어떤 사람이 민주 정치를 수립할 것을 요구하자 리쿠르고스는 이렇게 대답했다.

"가서 그대의 가정에 먼저 민주주의를 이룩하시오."

어떤 사람이 신전에 바치는 제물이 너무 초라하고 값싸다고 불평하자 그는 이렇게 대답했다.

"그래야 제사를 자주 드릴 수 있지요."

또한 리쿠르고스는 운동 경기를 하다가 손을 뻗어 흔드는 행동만은 허락하지 않았다. [손을 들어 흔드는 모습은 정복자들에게 목숨을 구걸할 때 쓰는 자세이기 때문이었다.] 그는 시민에게 편지를 쓸 때도 간결하게 글을 작성했다. 어떻게 하면 적국의 침략을 받지 않을 수 있는지 물은 이에게 그는 이렇게 대답했다.

"가난해지고, 남보다 더 잘살기를 바라지 않으면 됩니다."

어떻게 하면 성채를 튼튼하게 할 수 있는지를 물은 이에게는 이렇게 대답했다.

"용감한 시민으로 둘러싸인 성채는 벽돌로 쌓은 성채보다 더 튼튼합니다."

오늘날에 보면, 이러한 편지들을 정말로 그가 썼는지의 여부는 믿기도 어렵고, 믿지 않기도 어렵다.

20

스파르타인들이 말을 길게 하는 것을 얼마나 싫어했는지는 다음과 같은 격언들에 잘 나타나 있다. 어떤 사람이 때에 맞지 않게 매우 중요한 얘기를 꺼내자 레오니다스왕이 이렇게 말했다.

"친구여, 그대는 중요한 일을 중요하지 않은 때에 말하는군."

리쿠르고스의 조카 카릴라오스가 삼촌에게 물었다.

"왜 삼촌은 법을 그리 적게 만드셨나요?"

이에 왕이 이렇게 대답했다.

"말이 적은 사람은 법도 적단다."

궤변학자인 헤카타이우스(Hecataeus)가 공동 식사를 하면서 아무 말도 하지 않는 모습을 본 어떤 사람이 트집을 잡자 아르키다미다스(Archidamidas)가 이렇게 대답했다.

"어떻게 말해야 하는지를 아는 사람은 언제 말해야 하는지도 안다오."

품위를 잃지 않으면서도 폐부를 찌르는 말을 하는 법에 대하여 나는 이미 앞에서 말한 바 있는데, 다음과 같은 사례가 그런 상황에 해당한다.

늘 말썽만 피우던 사람이 옳은 때가 아닐 때 자꾸만 데마라토스에게 질문을 던졌다. 그는 되풀이해서 이렇게 물었다.

"스파르타에서 누가 가장 훌륭한 인물인가요?"

이에 데마라토스가 참지 못하고 이렇게 대답했다.

"그대와 가장 닮지 않은 사람이라오."

엘리스인들이 올림픽 경기를 공정하고 영예롭게 치른다는 말을 들은 아기스왕은 이렇게 말했다.

"엘리스 사람들은 5년에 딱 하루만 공정한데 뭐가 그리 대단하다는 말인가요?"

어떤 이방인이 자기가 스파르타인에게 친절을 보였더니 자기 고향 사람들이 자기를 스파르타의 연인이라 부른다고 말하자, 이 말을 들은 테오폼포스가 이렇게 말했다.

"그대여, 그대는 고향에서 그 고향을 사랑하는 사람이라는 칭찬을 들었더라면 더 좋았을 것을……"

어떤 아테네 웅변가가 스파르타인들은 배운 것이 없다고 공언하자 파우사니아스(Pausanias) 장군의 아들 플레이스토아낙스(Pleistoanax)왕이 이렇게 말했다.

"맞소. 우리는 당신들 나라에서 못된 것을 배우지 않은 유일한 그리스인일 거요."

어떤 사람이 아르키다모스(Archidamos)에게 스파르타의 인구가 어느 정도냐고 묻자 그가 이렇게 대답했다.

"적군을 물리칠 정도는 되지요."

스파르타인들의 농담을 들어 보면 그들의 마음씨를 알 수 있다. 그들은 아무 때나 불쑥 말하지 않고, 진지한 관심이나 생각 없이 말하지 않는 버릇이 있다. 이를테면 어떤 사람은 딱새 소리를 흉내 내는 것을 들으러 오라는 초청을 받고 이렇게 대답했다.

"나는 진짜 딱새 소리를 들어 보았다오."

어떤 사람이 죽은 이의 비문을 읽고 있었다. 비문에는 이렇게 쓰여 있었다.

그대들은 폭정의 불길을 끄려다가
군신 아레스의 칼을 맞고 쓰러져
셀리누스(Selinus)[13]가 바라보이는 대문 앞에서 죽었도다.

비문을 본 나그네가 이렇게 말했다.

"그들은 죽어 마땅하다. 그 불길이 스스로를 다 태워 버리도록 놔두었어야지……."

어느 사람이 싸움닭을 가져와서 말했다.

"이 닭은 죽을 때까지 싸웁니다."

그 말을 들은 젊은이가 이렇게 말했다.

"그러지 말고 죽일 때까지 싸우는 닭을 주시오."

어떤 이는 사람들이 공중변소의 의자에 앉아 있는 모습을 보고 이렇게 말했다.

"노인에게도 자리를 양보하지 않는 저곳에 나는 결코 앉지 않았으면 좋으련만……."

이처럼 스파르타인들의 격언이 갖는 특색을 보면, 그들이 육체의 건강보다 지혜를 더욱 사랑했다는 말이 옳았음을 알 수 있다.

21

스파르타인들은 언어의 순수성을 지키려는 노력에 못지않게 음악과 시가(詩歌)를 훈련하는 데에도 많은 관심을 기울였다. 그들의 음악은 영혼을 일깨우고, 능률적인 성과와 열정을 불

---

13 셀리누테(Selinute)라고도 부르는데, 시킬리아의 서부에 있는 도시로서 기원전 7세기 무렵부터 그리스의 식민 도시였다.

러일으켰다. 그들의 시가는 단순하고 꾸밈이 없었으며, 주제는 진지하고도 교훈적이었다.

그 내용은 대부분 스파르타를 위해 죽은 이들의 명복을 빌고 그들을 찬양하는 것이었다. 그들은 비겁하게 산 사람들의 비참함과 그들을 향한 대중의 모욕적인 눈길을 그림으로써 그들을 비난했으며, 연령대에 따라 용기를 가질 것을 약속하거나 이미 용기를 갖고 있음을 자랑하는 내용을 담기도 했다.

끝으로 다음과 같은 예를 하나 들고자 한다. 스파르타인들은 축제에서 나이에 따라 합창단 셋을 꾸미는데, 먼저 장년층에서 이렇게 노래한다.

우리도 한때는 기량이 뛰어났고,
강인했던 젊은 날이 있었다네.
(베르크 엮음, 『그리스 서정시 단편』, I/4 : 448)

그러면 젊은이들의 합창이 다음과 같이 후렴을 잇는다.

우리가 지금 그러하니
원한다면 그대들은 와서 보라.

끝으로 소년 합창단이 나와 이렇게 후렴을 잇는다.

우리도 언젠가는
어른과 형들보다 더 강인해질지라.

요컨대 스파르타의 시가를 연구해 보면, 그 씨앗이 오늘까지 이어져 내려온다는 사실을 알 수 있다. 또한 그들이 적군을 향해 나아가면서 부르는 행진곡과 그에 조화를 이루는 관악기 소리를 듣노라면, 우리는 용맹함과 음악을 서로 연관 지은 그리스의 음악가이자 음유 시인인 테르판드로스(Terpandros)와 핀다로스의 결론이 옳았음을 알 수 있다. 테르판드로스는 스파르타인에 대하여 이렇게 시를 읊었다.

> 용맹한 칼과
> 음악의 여신(Mousai)의 선율이 선명하게 흐르는 곳,
> 정의가 넓은 거리에 가득하구나.

핀다로스는 이렇게 노래했다.

> 어른들은 정치를 하고
> 젊은이들은 정복의 창을 휘두르니
> 음악의 여신은 춤추며 환호하네.

이처럼 그 시대의 스파르타인들은 음악을 사랑하고 전쟁을 좋아했음을 보여 준다. 그들의 시인은 이렇게 읊조렸다.

> 칼과 현금(弦琴, Cithara)의 달콤한 예술이
> 잘 어울려 걸려 있구나.

전쟁에 나가기에 앞서, 왕은 음악의 여신에게 제사를 드림으로써 여러 상황에 대비하여 훈련한 병사들의 굳은 결의를 다시금 일깨웠다. 이는 그들이 앞으로 마주할 끔찍한 상황에 곧잘 적응하고, 역사가들이 기록할 만한 가치가 있는 공적을 쌓도록 하기 위함이었다.[14]

---

14 이 부분의 해석에 대해서는 논란이 있다. 그리스 원전의 본문은 그 뜻이 모호하여 후대에 번역하는 이들이 이렇게 다듬었다.

22

전쟁이 일어나면 훈련할 때보다 오히려 규율이 느슨해졌다. 젊은이들은 머리를 가꾸거나 무기와 옷을 치장하여 보기 좋게 꾸몄다. 마치 경기에 나가는 말이 껑충거리며 힝힝거리는 모습과 같았다. 성인이 되면서 머리를 길렀던 그들은 위험을 앞두면 머리에 광택을 내고 잘 빗느라 고생했는데, 이는 리쿠르고스의 다음과 같은 가르침을 기억하고 있기 때문이었다.

"아름다운 머리 모양은 단정한 사람을 더욱 깔끔하게 보이도록 해 주고, 보기 흉한 머리 모양은 그의 모습을 더욱 끔찍하게 만든다."

전쟁이 일어나면 신체 단련도 조금 느슨해지며, 젊은 전사들은 지난날보다 나은 식사를 했다. 그러므로 그들은 전시에 오히려 휴식을 취할 수 있는 유일한 나라의 젊은이들이라 할 수 있었다. 드디어 전투 대열이 이뤄지고 적군이 가까워지면 왕은 통상적으로 암컷 염소를 제물로 바쳐 제사를 드린 다음, 병사가 모두 머리에 화관을 쓰고 군신(軍神) 카스토르를 바라보며 전송가를 취주(吹奏)하도록 지시했다.

그다음에 왕은 전송가를 부르며 앞장서 무리를 이끌고 나갔다. 그들이 취주악의 박자에 맞추어 나가는 모습은 장엄할 뿐만 아니라 위협적이었다. 그들의 전투 대열에는 틈새가 없고, 그들의 정신에는 혼란이 들어설 여지가 없었다. 그들은 침착하고도 활기차게 취주악의 박자에 맞춰 죽음의 전선으로 나갔다.

스파르타의 병사들은 너무나 냉정하여 두려움이나 자만을 보이지 않았으며, 신도 자기편이라고 확신하면서 희망과 용기로 가득 차 목표를 확고히 하고 나아갔다. 적군을 바라보며 나아갈 때, 왕은 위대한 경기에서 승리의 월계관을 받은 용사를 곁에 둔다.

그들은 스파르타 용사 한 명에 얽힌 얘기를 우리에게 들려준다. 어떤 용사가 올림픽 경기에서 돈을 많이 주고 승부를 매수하려는 사람의 제안을 거절하고 긴 싸움 끝에 상대를 물리쳤다. 그 장면을 본 사람 하나가 물었다.

"스파르타인이여, 그대는 이 승리로써 무엇을 얻었는가?"

이에 그 용사는 웃으며 이렇게 대답했다.

"나는 적군과 싸울 때 왕의 앞장을 서게 될 것이오."

그들은 적군을 완전히 쳐부수면, 적군이 도망하는 순간에 승리를 확신하고 곧장 뒤로 물러서는데, 이는 전쟁을 포기하고 달아나는 적군을 끝까지 추격하여 목을 베는 것이 그리스인답지 않은 일이라고 생각했기 때문이었다. 이러한 전략은 우아하고도 너그러울 뿐만 아니라 매우 쓸모가 있었다. 스파르타인들은 자신들에게 끝까지 맞서는 무리는 모두 죽이고, 항복하는 무리에게는 자비를 베푼다는 사실을 알고 있던 적군들은 여차하면 항전하기보다는 도망가는 게 유리하다고 생각하게 되었기 때문이었다.

23

궤변학자였던 히피아스(Hippias)의 말에 따르면, 리쿠르고스는 전쟁에 통달했으며, 실제로 몇 차례 참전했다고 한다. 키레네의 역사학자이자 지리학자인 필로스테파노스(Philostephanos)는 리쿠르고스가 스파르타의 기병대를 울라모스(oulamos)의 편제로 바꾼 인물이었다고 말한다. 울라모스는 방진(方陣)에 기병대를 50명씩 배치하는 제도였다.

그러나 팔레룸 사람 데메트리오스(Demetrios)의 말에 따르면, 리쿠르고스는 전투에 참여한 적이 없으며, 평화로울 때 그러한 제도를 만들었다고 한다. 실제로 올림픽 경기가 열리는 동안에는 전쟁을 일으키지 않는다는 그의 구상은 그가 고결한 인격자이며 평화를 사랑하는 사람이었음을 보여 준다.

헤르미포스가 우리에게 일깨워 주고 있는 바에 따르면,

리쿠르고스가 처음부터 이피토스왕이나 그의 계획에 관계하지 않았고, 우연히 그리로 갔다가 경기를 보았다고 말하는 사람들도 있다. 그때 그의 뒤에서 사람의 목소리가 들렸는데, 그 목소리는 리쿠르고스가 시민에게 이 위대한 축제에 참여하기를 권유하지 않는 것이 놀랍다며 책망했다. 그러나 그가 뒤를 돌아보니 아무도 없었다. 그래서 그는 그 목소리가 하늘에서 내려온 것이라는 결론을 내렸고, 그때부터 이피토스왕과 손을 잡고 올림픽 경기가 더 볼 만하고 더 튼튼한 기초 위에서 지속되는 축제가 되도록 그를 도와주었다.

24

스파르타인들의 군사 훈련은 성인이 될 때까지 이어졌다. 누구도 자기가 하고 싶은 대로 살 수 없었다. 도시에서는 군대의 병영과 같은 곳에서 항상 규정된 식단(食單)에 따라 식사하고, 공공사업장에 나가 일했다. 그들은 자신이 자신의 소유가 아니라 전적으로 국가의 소유라고 생각했다. 따라서 별다른 일이 없으면 어린아이들을 돌보거나 쓸모 있는 일을 가르치고, 어른들에게서 무엇인가를 배우기도 했다.

리쿠르고스가 시민에게 부여한 가장 고결하고도 축복된 특권은 여가 생활이었다. 그는 시민이 공산품 제조를 하지 못하도록 막았으며, 돈은 더 이상 부러움이나 영예를 안겨 주지 못했으므로 재산을 모으려고 힘들게 일할 필요가 전혀 없었다. 앞에서 설명한 바와 같이,(§8) 포로로 잡혀 온 헬로트족이 스파르타인을 대신해 농사를 지었고, 그 소출의 대가를 스파르타인에게 지불했다.

그래서 이런 일도 있었다. 한 스파르타인이 아테네에 머무는데, 그곳에서 재판이 열리고 있었다. 듣자 하니, 법정에서 어떤 아테네인 하나가 게으르다는 이유로 벌금형을 받은 것이었다. 낙심한 아테네인은 마음 아파하며 집으로 돌아갔고, 그의 친구들이 안타까워하며 동행해 주었다. 그 광경이 너무도 의아했던 스파르타인은 그저 자유민으로 살았다는 이유로 처벌을 받았다는 그 아테네인을 만나 보고 싶다며 주위 사람들에게 부탁했다고 한다.

스파르타인들은 이처럼 산업이나 돈벌이에 몰두하는 행위를 구차하게 생각했다. 금화나 은화 때문에 소송하는 일이 사라졌음은 두말할 나위 없다. 그들은 삶 속에서 탐욕이나 결핍을 느낄 일이 없었고, 오직 안락한 평등만이 있었다. 그들의 삶이 편안했던 것은 바라는 바가 소박했기 때문이었다. 그들은 전쟁이 없을 때는 함께 노래하고, 잔치를 벌이고, 축제를 즐기고, 사냥하거나 체력을 단련하고, 세상 돌아가는 얘기로 시간을 보냈다.

25

서른 살이 되지 않은 젊은이들은 절대 시장에 갈 수 없었으므로, 친척이나 연인이 생활용품을 보내 주었다. 나이 먹은 사람들 또한 레스케(lesche)라는 모임에 가서 대부분의 시간을 보냈으므로, 할 일 없이 시장 터를 어정거리는 것은 허물이 되었다. 레스케에 모인 장년들은 돈벌이나 거래에 관해서는 대화하지 않았다. 그들은 고결한 행동을 한 사람을 칭송하고 비루한 사람을 꾸짖으며, 농담을 나누며 웃고 떠드는 사이에 자연스럽고도 편하게 가르침을 받고 잘못을 고쳤다.

사실 리쿠르고스도 분별없이 가혹한 사람만은 아니었다. 스파르타의 저명한 문법 학자였던 소시비오스(Sosibios)의 말에 따르면, 리쿠르고스는 웃음의 신을 조각한 작은 신상을 신전에 바친 적이 있으며, 계절에 따라 시민과 술자리에서 어울리며 농담을 나누기도 했는데, 이는 일종의 기분 전환과 같았다. 말하자면 그들의 고된 삶과 변변찮은 상황을 누그러뜨리고 기분 좋게 바꿔 주려는 것이었다.

한마디로 말해서, 리쿠르고스는 시민이 자기 자신들만을 위해 살고 싶어 하지 않도록, 또 그렇게 살 수도 없도록 훈련했다. 그는 각각의 시민이 마치 벌들처럼 공동체의 일부가 되도록, 그리하여 지도자를 중심으로 뭉쳐 열정과 고귀한 야심을 품고 오로지 국가를 위하여 모든 것을 바치도록 만들었다. 이러한 시민의 생각은 그들이 한 말에서도 잘 나타나고 있는데, 다음과 같은 예가 그렇다.

키오스섬의 총독을 지낸 파이다레토스(Paidaretos)는 젊은 날에 3백인 부대에 뽑히지 못하자 기쁜 마음으로 물러나며, 이 나라에 자기보다 훌륭한 사람이 3백 명이나 있다는 사실을 흐뭇하게 생각했다. 또한 페르시아 왕의 장군들에게 파견된 사신 가운데 한 명이었던 폴리크라티다스(Polycratidas) 장군은 그들이 개인 자격으로 왔는지, 아니면 공무로 왔는지를 묻는 질문에 이렇게 대답했다.

"우리의 임무가 성공하면 공무로 온 것이고, 실패하면 개인 자격으로 온 것입니다."

암피폴리스 사람들이 브라시다스(Brasidas) 장군의 죽음을 조문하고자 그의 어머니인 아르길레오니스(Argileonis)를 찾아가 아들이 스파르타인답게 고결하고 의미 있는 죽음을 맞이했는지 물었다. 그들이 브라시다스를 칭송하며 스파르타에 그만한 인물이 없다고 말하자 그의 어머니는 이렇게 대답했다.

"나그네들이여, 그런 말씀 마시오. 내 아들은 고결하고 용맹스러웠지만, 스파르타에는 그보다 더 훌륭한 사람들이 얼마든지 있다오."

26

내가 앞서 말한 바와 같이,(§5) 처음에 리쿠르고스는 자신에게 정치적 의견을 제공했던 사람들 가운데에서 원로원 의원을 임명했지만, 그 뒤로는 의원이 죽으면 예순 살이 넘은 사람들 가운데에서 덕망 있는 사람을 뽑아 빈자리를 메웠다. 세상의 여러 경쟁 가운데 원로원 의원 선거는 가장 중요하고 뜨거운 논쟁거리가 되었다. 가장 날쌘 사람이나 가장 강한 사람이 아니라 가장 선량하고도 슬기로운 사람을 뽑는 일이었기 때문이다. 그렇게 뽑힌 사람은 그의 남은 생애 동안에 가장 영예로운 상을 받은 셈이었다. 이른바 그 나라의 최고 권력자로서, 시민의 생명과 죽음과 명예 및 불명예 같은 중대한 문제를 처리하는 자리에 올랐기 때문이었다.

원로원 의원은 다음과 같은 방법으로 뽑았다. 민회가 소집되면 후보자로 뽑힌 사람들이 집회 장소에서 가까운 방에 들어간다. 그들은 밖을 내다보고 싶어도 볼 수 없고, 보이고 싶어도 보일 수 없으며, 다만 집회의 함성만을 들을 수 있다. 다른 경우와 마찬가지로, 여기에서도 집회의 함성이 어느 정도인가로 경쟁자들의 순위가 결정된다. 후보자들은 한꺼번에 집회에 나타나는 것이 아니라 제비를 뽑은 순서에 따라 한 명씩 조용히 그 앞을 지나간다. 그러면 안 보이는 곳에 숨어 있던 판정관이 서판을 들고 있다가 각 후보자에게 쏟아진 집회의 함성을 기록한다.

판정관은 그 함성이 구체적으로 누구를 향한 것인지는 알 수 없다. 다만 첫 번째, 두 번째, 세 번째, 이렇게 순서대로 후보자에 대한 함성이 어느 정도였는지를 기록한다. 이렇게 어느 후보자가 나왔을 때 민중의 함성이 가장 컸는지에 따라 판정관들은 당선자를 결정한다.

이렇게 원로원 의원으로 뽑힌 사람은 머리에 화관을 쓰고 신전에 참배한다. 많은 젊은이가 그의 뒤를 따르며 그를 찬양하고, 여성들도 그를 따르면서 노래로 그의 위대함을 칭송하며 행복을 빈다. 당선자의 친척과 친구들은 그의 앞에 음식을 차려 놓고 이렇게 말한다.

"이 도시는 이 상(床)으로써 그대를 찬양합니다."

당선자는 도시를 한 바퀴 돈 다음 공동 식당으로 간다. 이곳에서 당선자는 여느 때와 같이 식사를 하지만, 그에게 한 사람 몫을 더 준다. 그는 이 음식을 챙겨 두었다가 식사가 끝나면 식당의 문 앞에 있던 친척 여인을 불러 음식을 주면서, 자신이 상으로 받은 것을 상으로 준다고 말한다. 그러면 다른 여인들이 그 여인을 칭송하며 그의 집으로 데려다준다.

27

리쿠르고스는 더 나아가서 장례에 관하여 가장 탁월한 규정을 만들었다.

첫째로, 그는 시체를 도시 안에 묻도록 하고, 신전 가까운 곳에서도 죽은 이들을 추모하도록 허락함으로써 죽음에서 오는 미신의 두려움을 씻어 주었다. 그리하여 그는 젊은이들이 죽음을 일상처럼 바라보고 익숙하게 하여 죽음 앞에서 당황하지 않도록 했다. 젊은이들은 이러한 습관을 거치면서 시체를 만졌다거나 무덤 사이를 걸었다고 해서 죽음이 자기에게 옮겨질지도 모른다는 두려움에서 벗어났다.

둘째로, 리쿠르고스는 묘지에 부장품을 묻지 못하게 했다. 스파르타인들은 매장할 때 자주색 겉옷과 올리브 잎으로만 시체를 덮게 했다. 전사자나 여사제가 아니면 묘비를 세우지 못했으며, 장례 기간도 줄여 열하루로 제한했다. 사망한 지 열이틀째 되는 날에 유족은 곡물의 신 데메테르(Demeter)에게 제물을 바치면서 애도 기간을 마쳤다.

리쿠르고스는 어떤 일도 손대지 않은 채 무심하게 넘기지 않았으며, 이렇게 삶에 중요한 영향을 미치는 요소들을 다룰 때는 덕성을 권면하고 악행을 비난하는 방식을 적절히 섞어 썼다. 그는 좋은 사례로 도시를 메움으로써 시민이 그들의 삶을 늘 보게 했다. 이렇게 사회는 영예의 행로를 향해 나아가려는 사람들에게 나아갈 방향을 알려 주고, 그들의 정신을 형성해 주었다. 그래서 리쿠르고스는 스파르타인들이 다른 나라에 관광 삼아 다니는 것을 금지했다. 훈련을 받지도 않고 정치 제도도 다른 사람들의 습속이 번질 수도 있다고 생각했기 때문이다.

리쿠르고스는 또한 유용한 목적도 없이 물밀듯이 들어오는 외국인들을 몰아내다시피 했는데, 이는 그들이 스파르타인들의 유익한 덕성을 배워 가는 것을 두려워했기 때문이 아니다. 투키디데스가 『펠로폰네소스 전쟁사』(II : 39)에서 페리클레스의 「전몰장병 추모식 조사」를 인용하고 있는 것처럼, 그들이 스파르타인들에게 악행을 가르칠까 봐 걱정했기 때문이었다.

외국인이 들어오면서 이방의 이념이 따라 들어오고, 새로운 이념은 새로운 결단을 빚어내며, 이러한 결단은 이제까지 존재했던 정치 질서의 조화를 깨뜨리는 여러 가지 감정과 결정을 불러일으킨다. 그래서 리쿠르고스는 이민족들의 생활 양식이나 습속이 스파르타에 스며들어 오는 것을 막는 일이 전염병을 막는 일보다 더욱 중요하다고 생각했다.

28

이제 와서 보면, 리쿠르고스의 법이 시민의 비난을 들을 만큼 공의롭지 못했거나 오만했던 흔적은 찾아볼 수 없다. 그러나 그가 제정한 몇 가지 법안은 용기를 불어넣어 주는 데에는 효과적이었지만 정의를 구현하는 데에는 적합하지 않았다. 그러한 예로서 스파르타에는 크립테이아(krypteia)라고 하는 '비밀 조직'이 있었다. 만약 아리스토텔레스가 말한 바와 같이 이것이 참으로 리쿠르고스가 창안한 제도라면, 플라톤이 리쿠르고스라는 인물과 그 무렵의 정치 제도를 나쁜 것으로 인식(『법률』, §630)한 데는 일리가 있다.

비밀 요원의 정체는 이런 것이었다. 그 무렵의 고위 관리들은 때때로 매우 신중한 젊은이들에게 단검 한 자루와 필요한 용품만을 주어 전국 곳곳으로 보냈다. 낮이면 그들은 길에서 벗어난 으슥한 곳에 흩어져 조용히 숨어 있다가, 밤이면 큰길로 나와 눈에 띄는 헬로트족을 죽였다. 실제로 그들은 헬로트족이 일하고 있는 들판으로 가서 그들 가운데 가장 건강하고 훌륭한 무리를 죽이는 일이 잦았다. 투키디데스가 『펠로폰네소스 전쟁사』(IV : 80)에서 언급한 내용도 이와 비슷하다.

스파르타인들은 남들보다 뛰어난 용기를 지닌 헬로트족 노예들에게 해방되었다는 표시로 머리에 화관을 씌우고 행렬을 지어 신전을 방문하도록 했다. 그런데 행사가 끝난 뒤, 여기에 참가한 헬로트족 노예들이 모두 자취를 감추었다고 한다. 그 수가 2천 명에 이르렀다고 하는데, 지금까지도 그들이 어떻게 죽었는지 제대로 아는 사람은 아무도 없다. 더욱이 아리스토텔레스의 말에 따르면, 스파르타의 감독관(Ephoros)들은 취임하자마자 헬로트족과 전쟁을 치르리라고 공식적으로 맹세했는데, 이는 헬로트족을 죽이면서 가책을 덜 느끼고자 함이었다.

스파르타인들은 이 밖의 방법으로도 헬로트족을 거칠고 가혹하게 다루었다. 이를테면, 스파르타인들은 그들에게 억지로 독주를 마시게 한 다음 공동 식당으로 데려가 술주정뱅이란 어떤 것인가를 젊은이들에게 보여 주었다. 그들은 또한 헬로트족에게 저속하고 우스꽝스러운 노래를 부르고 춤을 추게 하였으며, 자유민들에게 어울리는 춤과 노래는 즐기지 못하게 했다.

전설에 따르면, 시간이 지나 [기원전 369년에] 테베인들이 [에파미논다스의 지휘 아래] 라코니아에 쳐들어왔을 때, 그들은 포로로 잡은 헬로트족에게 그리스의 음유 시인 테르판드로스와 리디아의 시인 알크만(Alkman)과 스파르타의 시인 스펜돈(Spendon)의 시를 노래하도록 지시했다. 그러나 헬로트족은 자

리쿠르고스

기들의 주인이 허락하지 않을 것이라는 이유로 노래하기를 거절했다. 이로 미루어 볼 때 다음의 이야기는 사실임이 증명되었다.

"스파르타는 자유민에게는 세상에서 가장 자유스러운 곳이지만, 노예에게는 세상에서 가장 가혹한 곳이다."

그러나 내가 생각하기에, 스파르타인들의 이처럼 가혹한 행위는 한참 뒤에야 일어난 일이며, [기원전 464년에] 대지진이 일어난 뒤 헬로트족과 메세니아족이 반란을 일으켜 스파르타의 국토를 황폐하게 만들고 도시를 위험에 빠뜨린 뒤에는 더욱 심해졌다. 다른 모든 사례로 보면 리쿠르고스는 온화하고 공의로운 성격이라고 판단할 수 있으며, 나는 비밀 조직과 같은 가혹 행위의 원인을 리쿠르고스에게 돌림으로써 그를 비난하는 것은 잘못이라고 생각한다. 앞에서 말했듯이,(§5) 아폴론의 신탁도 그 사실을 입증하고 있다.

29

리쿠르고스의 중요한 제도들이 드디어 민중의 풍속에 자리를 잡고, 그가 고안한 정치 체제도 충분히 성숙하여 힘을 얻어 스스로를 지탱할 수 있게 되었을 때였다. 플라톤은 『티마이오스(Timaeus)』(§37)에서 자신의 우주가 생성·운행되는 것을 보고 기뻐하는 신의 모습을 언급한 바 있는데, 이처럼 리쿠르고스도 자신이 만든 법률 제도의 규모와 우아함에 기뻐하면서 이제 제도가 순탄하게 작동한다는 사실에 만족했다. 그는 인간이 내다볼 수 있는 가장 먼 미래까지 자신이 세운 제도가 사라지지 않고 앞으로도 바뀜 없이 이어지기를 진심으로 소망했다.

리쿠르고스는 시민을 모아 놓고, 이제까지 만들어진 법조항들만으로도 국가의 번영과 덕성을 증진하는 데 충분하겠지만, 아직 중요하고도 무게 있는 일들이 남아 있어 델포이의 신탁을 받아 보기 전에 민중 앞에 내놓을 수 없다고 말했다. 그래서 민중은 그가 델포이에서 돌아올 때까지 이미 정해진 법에 따라 살아야 하고, 그 법은 바꿀 수 없었다. 그는 신이 가장 훌륭하다고 여기는 대로 하고 싶었다. 시민이 모두 동의하고 그가 여행을 떠나기를 권고하자, 그는 자신이 돌아올 때까지 왕들과 원로원 의원들과 그 밖의 민중이 그 법을 지키겠다는 약속을 받은 다음 델포이를 바라보며 길을 떠났다.

신전에 이른 리쿠르고스는 제물을 바친 다음, 자신이 제정한 법률들이 훌륭한지, 그리고 그 도시의 덕성과 번영을 증진하기에 충분한지를 물었다. 그러자 아폴론은 그가 제정한 법이 훌륭하며, 리쿠르고스가 고안한 체제를 지키는 한 스파르타는 높은 영예를 누리며 지속하리라고 대답했다. 리쿠르고스는 이 신탁을 적어 스파르타로 보냈다. 그리고 다시 신전에 제물을 드리고 사랑하는 친구와 아들을 고향으로 돌려보냈다.

그는 자신이 돌아가기 전까지는 민중이 법을 지키겠다고 약속했으므로, 그들이 계속해서 법을 지킬 수 있도록 스파르타로 돌아가지 않고 이곳에서 자신의 삶을 마감하리라 결심했다. 그의 삶은 짐스러울 정도의 나이에 이르지는 않았지만, 그렇다고 죽음을 두려워할 만한 나이도 아니었다. 더욱이 그 자신과 그의 친구들이 번영과 행복을 누리는 것으로 보이는 지금으로서는 더 그랬다.

리쿠르고스는 음식을 끊고 죽으면서, 정치인은 죽는 일도 국가에 도움이 되어야 하므로 자기의 죽음도 의미 없는 일이 아니라 덕스러운 행동으로 인정받아야 한다고 생각했다. 스스로도 고귀한 과업을 충분히 이룩했다고 생각한 그는 자신이 죽음으로써 스파르타에서 진정으로 행운과 행복이 완성되기를 바랐다. 그는 죽음으로써, 그의 생애 내내 민중을 위해 마련한 축복의 수호자가 되기를 바랐다. 시민은 그가 돌아올 때까지 그 정치 제도를 준수하고 유지하겠다고 맹세했기 때문이었다.

리쿠르고스의 도시는 훌륭한 정부라는 평판을 얻어 그리

리쿠르고스

스에서 첫째가는 나라가 되었고, 그로부터 5백 년 동안 리쿠르고스의 법을 지켰다. 따라서 그의 기대는 과분하지 않았다. 그 기간에 그의 뒤를 이어 열네 명의 왕이 나라를 다스리면서, 아르키다모스의 아들 아기스에 이르기까지 법을 고치지 않았다. 그리고 민중의 이익을 위한 것이었다고는 하지만 실제로는 귀족의 힘을 더 강화한 측면이 있던 감독관 제도는 그 뒤에도 시들지 않고 오히려 체제를 강화했다.

30

리쿠르고스 이후, 아기스왕이 다스리는 동안에 처음으로 금화와 은화가 스파르타에 들어왔다. 그러다가 리산드로스(Lysandros)의 부하들의 손을 거쳐 돈이 들어오면서 재산에 대한 탐욕과 열망이 나라를 휩쓸었다. 리산드로스는 본디 부패한 사람은 아니었지만, 전쟁을 치르면서 금화와 은화를 가져 들어오고 끝내는 리쿠르고스의 법을 무너뜨려 재산과 사치에 대한 열망이 온 나라에 가득 차게 만들었다. 이들의 영향력이 이어지는 동안, 스파르타는 자국의 시민이 법률을 통해 다스려지는 공동체의 일원으로 살아가기보다는 각자 경험과 지혜를 갖춘 개인으로 살아가도록 만들었다.

그러나 스파르타는 오직 서신을 담은 지팡이[15]와 사신이 두른 외투만으로도 온 그리스를 순순히 복종시킬 수 있을 정도로 강력했다. 이는 헤라클레스가 몽둥이를 들고 사자 가죽을 걸친 채 세상을 휘저으며 어떻게 무법자와 야만적인 폭군을 타도했는가에 대해 시인들이 전하는 이야기와 같다.

스파르타는 여러 나라에서 성행한 불법적인 과두 정치와 전제 정치를 종식했고, 전쟁을 중재하고, 폭동을 진압했으며,

---

15 '서신을 담은 지팡이(dispatch-staff)'는 서신을 쓴 양피지를 지팡이에 감아 사신이 들고 가던 제도를 뜻한다.

방패 하나 까딱하지 않고 오직 대사 한 명만을 보내 그의 지휘 아래 모든 사람을 복종시켰다. 마치 여왕벌이 나타나면 벌들이 그를 둘러싸고 대오를 짓는 것과 같았다. 스파르타는 이렇게 훌륭한 통치와 가득한 정의를 만끽했다.

그러므로 나는 스파르타인들이 복종할 줄은 알아도 다스릴 줄은 모른다고 선언한 사람들의 말에 놀라움을 느낀다. 그런 사람들은 자기들의 말을 입증하고자 테오폼포스왕의 일화를 꺼낸다. 어떤 사람이 말하기를, 스파르타의 왕들은 어떻게 다스려야 하는가를 잘 알고 있으므로 스파르타는 안전하다고 말한 적이 있다. 이 말을 들은 테오폼포스왕은 이렇게 대답했다고 한다.

"아니지요. 오히려 스파르타가 안전한 것은 스파르타인들이 복종하는 법을 알기 때문입니다."

사람들은 통치할 능력이 없는 지도자에게 복종하지 않는다. 복종은 지도자가 시민에게 가르쳐야 하는 미덕이다. 훌륭한 지도자가 훌륭한 추종자를 만드는데, 이는 훌륭한 조련사가 가장 마지막 단계의 기술로써 말을 부드럽고 유순하게 길들이는 것과 같다. 그러므로 인간을 복종시키는 것이 정치학의 최종 과제이다. 스파르타인들은 그리스의 여러 부족에게 기꺼이 복종하는 법을 가르쳤을 뿐만 아니라, 그들의 신민이 되고자 하는 소망까지 심어 주었다.

스파르타의 이웃 나라들은 스파르타인들에게 함대나 돈이나 중무장한 보병 대신에 단 한 사람이라도 좋으니 스파르타의 지휘관을 보내 달라고 요청했다. 이웃 나라들은 그렇게 파견된 지휘자를 존경했는데, 이는 시킬리아인들이 스파르타의 길리포스(Gylippus) 장군을 맞이하고, 칼키스(Chalkis) 사람들이 스파르타의 영웅인 브라시다스를 맞이하고, 아시아에 살고 있던 그리스인들이 리산드로스와 칼리크라티다스(Kallikratidas)와 아게실라오스를 맞이한 사례들을 통해 알 수 있다.

초대받은 스파르타인들이 어디를 가든, 주민들은 그들을 시민과 관리의 조정자요 감시자로 여겼으며, 그들을 보낸 스파르타는 질서 있는 사생활과 안정된 시민 생활을 가르쳐 주는 스승으로 여겼다. 스파르타의 이러한 입장을 두고 아테네의 저명한 음악가였던 스트라토니코스(Stratonikos)는 이렇게 말했다.

"내가 법을 만든다면 각 나라의 빼어난 능력에 따라 역할을 나누어 줄 것인데, 아테네인들이 제의(祭儀)와 행렬을 맡고, 엘리스인들은 운동 경기를 주관하며, 그들이 규칙을 어겼을 때는 스파르타인들을 시켜 매를 치게 하겠다."

물론 농담이었을 것이다. 그러나 소크라테스학파였던 안티스테네스(Antisthenes)는 좀 더 심각했다. 그는 [기원전 371년에] 레욱트라(Leuctra) 전투에서 스파르타인들을 이긴 테베인들이 기뻐 날뛰는 모습을 보면서, 그들이 마치 스승을 때려눕히고 뽐내는 어린아이들 같다고 한탄했다.

31

그러나 리쿠르고스의 꿈은 자기의 조국이 온 세상을 지배하는 것이 아니었다. 개인의 삶과 마찬가지로, 한 나라의 행복은 덕성이 넘치고 나라 안에 사는 사람들 사이가 화목한 데 있다고 그는 생각했다. 따라서 그의 모든 치적은 모든 시민이 자유롭게 살고 스스로 만족하며 중용(中庸)의 도리를 지키고, 이를 통해 오래도록 나라를 유지하는 것을 목적으로 여겼다. 플라톤과 디오게네스(Diogenes)와 제논(Zenon)은 그의 정치 제도를 받아들이고 그의 논문에 담긴 뜻을 채택했지만, 그들은 다만 글과 말로써만 남겼을 뿐이다.

그러나 리쿠르고스는 글과 말이 아니라 후세 사람들이 흉내 낼 수 없는 것을 남겨 주었다. 모든 사람이 지혜로운 삶을 살아가려는 성품을 가지리라고 기대하는 것은 이론에서나 가능한 일이라고 말하는 사람들에게, 그는 온 나라가 지혜를 사랑하며 살 수 있다는 실례를 보여 줌으로써 그리스에 정치 제도를 수립한 어느 누구보다도 높은 명성을 얻었다.

그러므로 아리스토텔레스가 말한 바와 같이, 비록 리쿠르고스를 추모하는 신전이 있고, 그에게는 해마다 신에 버금가는 제사를 드리고 있다고는 하지만, 그는 스파르타에서 마땅히 받을 만한 영예를 충분히 받지 못하고 있다.

또 들리는 바에 따르면, 그의 시신을 집으로 운구하였을 때 벼락이 그 위에 떨어졌는데, 이런 일은 에우리피데스가 마케도니아의 아레투사(Arethusa)에서 죽어 장례를 치를 때 일어난 뒤로 유명 인사들에게는 처음 일어난 일이었다고 한다. 그를 찬양하는 사람들은 에우리피데스가 겪은 이런 일들이 가장 성스럽고 신의 사랑을 받은 사람이 죽음 뒤에 겪는 은총의 가장 뚜렷한 증거라고 믿고 있다.

어떤 사람들은 리쿠르고스가 키르하(Cirrha)에서 죽었다고 말한다. 그러나 아폴로테미스(Apollothemis)의 말에 따르면, 리쿠르고스는 죽음이 임박하자 엘리스로 옮겨 갔다가 거기에서 죽었다고 한다. 티마이오스와 아리스토크세노스(Aristoxenos)는 그가 크레타에서 죽었다고 말한다. 아리스토크세노스는 리쿠르고스가 페르가미아(Pergamia) 지방의 큰길 옆에 묻혀 있다는 말을 크레타 사람들에게 들었다고 덧붙인다.

전설에 따르면, 리쿠르고스에게는 안티오로스(Antioros)라는 외아들이 있었으나 안티오로스에게는 자식이 없어 가문이 끊어졌다고 한다. 그의 친구와 친척들은 그를 추모하여 정기적으로 오랫동안 만났는데, 그들은 그날을 리쿠르기다이(Lycurgidae)라고 부른다.

히파르코스의 아들인 작가 아리스토크라테스의 말에 따르면, 리쿠르고스가 크레타에서 죽자 그의 친구들은 유언에 따라 그를 화장한 뒤 재를 바다에 뿌렸다고 한다. 그는 고향을 떠나면서 자기가 돌아올 때까지 정치 제도를 고치지 않기로 약속했으니, 시체라도 돌아가면 이제 그가 돌아왔으므로 법을 바꾸어도 된다는 말이 나오지 않도록 하고자 함이었다고 한다. 여기까지가 내가 리쿠르고스에 대하여 말하고자 하는 것들이다.

누마
NUMA POMPILLIUS

기원전 715~673

가난은 인간이
잘못을 저지르도록 만든다.
— 플루타르코스

농민으로 사는 것처럼
평화를 사랑하게 만드는 삶은 없다.
농업은 용맹과 욕심을 버리게 만든다.
농업은 재화를 늘리는 일이 아니라
성품을 닦는 일이다.
— 누마

문민(文民)이 무사보다 우월하다고 생각한 누마는
군신 마르스를 본떠 만든 단어인 March를
1월로 정하는 것이 내키지 않아
그 앞에 January와 February를 넣음으로써
자연스럽게 March가 3월이 되고
December는 12월이 되었다.
— 플루타르코스

1

비록 가문의 시조에서부터 그에 이르는 가계가 정확하기는 하지만, [리쿠르고스의 경우와 마찬가지로] 누마왕이 어느 시대에 살았는지에 대해서는 여러 의견이 있다. 클로디우스(Clodius)라는 역사학자가 『연대기 고찰(An Examination of Chronology)』에서 주장한 바에 따르면, [기원전 390년에] 로마가 갈리아족의 침략을 받았을 때 고대의 기록들이 사라졌는데, 그때 누군가가 어떤 특정한 사람을 초대 가문이나 명문가의 족보에 끼워 넣었으므로 오늘날 전하는 기록들은 날조되었다고 한다. 그의 말에 따르면, 그 사람들이 가문의 족보에 나타나야 할 이유가 없다는 것이다.

그러므로 어떤 사람들은 누마왕이 피타고라스(Pythago-
ras)의 가까운 친구였다고 주장하지만, 그가 타고난 성품에 따
라 스스로 열심히 살았거나 피타고라스보다 훨씬 뛰어난 어느
이민족 학자에게서 수학했다고 주장함으로써 누마가 그리스
문화를 익혔다는 사실을 전적으로 부인하는 사람도 있다.

또 다른 사람들의 주장을 들어 보면, 철학자 피타고라스
는 누마보다 5대쯤 뒤에 태어난 사람으로서 우리가 알고 있는
그 유명한 수학자 피타고라스가 아니라 스파르타에서 온 또
다른 인물이라는 것이다. 지금 등장하는 피타고라스는 누마가
왕위에 오른 지 3년이 되는 해에 시작된 제16차 올림픽 경기[기
원전 657~654] 때 도보 경주에서 우승한 인물이다. 그는 이탈리
아를 떠돌다가 누마를 만나 로마의 건설을 도와주었는데, 그
가 누마왕에게 가르쳐 준 스파르타의 관습이 로마인들에게 많
이 스며들었다는 것이다.

여러 정황으로 볼 때, 누마는 이탈리아 중부 지방에 살던
사비니족의 후손이었다. 그들은 스스로 스파르타에서 이주해
온 부족이라고 주장하겠지만, 그것이 언제의 일인지는 확실하
게 말할 수 없다. 더욱이 그러한 주장은 올림픽 경주 우승자들
의 명단에 근거하고 있다고 하는데, 그 명단이라는 것이 사실
은 세월이 흐른 뒤에 엘리스의 히피아스가 작성한 것이다. 그
러나 그는 그럴 만한 위치에 있던 사람이 아니었다. 그러므로
나는 적당한 시점에서 시작하여 내가 누마의 생애에서 찾아낸
것들 가운데 기록할 만한 가치가 있다고 보이는 것들을 이야
기하고자 한다.

2

로물루스가 왕이 되어 로마를 건설한 지 37년이 되는 해의 7
월, 그들이 카프라티네 노네스(*Capratine Nones*, 탈출하는 날)라고

부르는 날(제2장 「로물루스전」, §29)이었다. 도시 밖에 있는 '염소의 늪'에서 원로원 의원들과 많은 시민이 참석한 가운데 로물루스는 나라를 위한 제사를 드리고 있었다.

그때 갑자기 하늘에서 커다란 소용돌이가 치더니 구름이 땅으로 쏟아지면서 비바람이 몰아쳤다. 민중은 겁에 질려 이리저리 달아났는데, 소동이 끝나고 나서 살펴보니 로물루스가 없어졌다. 그는 그 뒤로 사라져 살았는지 죽었는지 알 수 없었다. 산 채로도 나타나지 않았고 시체도 보이지 않았다.

이런 일을 겪은 뒤에 시민은 귀족들에게 비통 어린 의심의 눈길을 보냈고, 왕정을 싫어한 귀족들이 권력을 차지하려고 오랫동안 기회를 엿보다가 왕을 없애 버렸다는 비난이 시민 사이에 널리 퍼졌다. 로물루스가 귀족들을 핍박하고 오만하게 상대하는 장면을 가끔 보여 준 것도 사실이었다.

이에 대해 귀족들은 로물루스가 죽은 것이 아니라 더 훌륭한 축복을 받아 하늘로 올라갔다고 말함으로써, 그에게 신성의 의미를 부여하여 민중의 의혹에서 벗어나기를 원했다. 더욱이 프로쿨루스라는 유명한 귀족은 로물루스가 완전 무장을 갖추고 하늘로 올라가면서 이제부터는 자기를 퀴리누스라고 부르라는 말을 들었노라고 맹세하듯 말했다.

이제 로마는 로물루스를 대신하여 누구를 왕으로 뽑을 것이냐를 놓고 다시 갈등과 파벌 싸움에 휩싸였다. 다른 지역에서 흘러들어 온 사람들은 원주민과 함께 어울리지 못했고, 평민들은 파도치는 바다와 같았고, 귀족들은 출신 부족이 달라 서로 다투고 있었다.

그들은 모두 왕을 뽑고 싶어 했지만, 누구를 왕으로 뽑을 것인지, 어느 부족 사람을 왕으로 뽑을 것인지를 놓고 다투고 있었던 것이 사실이다. 처음부터 로물루스와 함께 나라를 세웠던 사람들의 입장에서 보면, 외지에서 들어와 토지를 얻더니 이제는 그들에게 특권을 준 본토민들을 자기들이 다스리겠다고 나서는 사비니족의 요구는 견딜 수 없는 것이었다.

　　그러나 사비니족의 입장에서 보면, 자기들의 부족인 타티우스왕이 죽은 뒤로 로물루스에 대항하는 파벌을 만들지 않았고, 그때껏 로물루스만을 그들의 왕으로 생각했던 터라 이제는 자기들의 부족에서 왕을 뽑는 것이 합당하다고 생각했다. 그들은 로마인들이 마치 자기들보다 더 우월한 부족인 것처럼 행세하는 모습을 받아들일 수 없었다. 오히려 자기들이 로마 부족과 합침으로써 인구가 늘었고, 로마인과 사비니족이 서로 힘을 합쳐 로마의 국위를 더 높였다고 주장했다. 이런 문제들을 놓고 그들은 두 패로 갈렸다.

　　이에 통치할 사람이 없는 상황에서 파벌 사이의 혼란을 막고 행정의 공백을 메우고자 원로원 의원들은 한 가지 합의에 이르렀다. 그 합의에 따르면, 원로원 의원 150명은 각기 왕의 휘장(徽章)을 들고 관례대로 신에게 제사를 드리고 공무를 처리하되, 낮에 여섯 시간, 또 밤에 여섯 시간씩 나누어 근무하기로 했다.

　　이와 같이 패를 나눈 것은 두 파벌 사이에 균형을 이루고, 어느 사람이 낮에는 왕 노릇을 하다가 밤에는 시민 노릇을 하는 것을 보여 주면 사람들이 시기심을 일으키지 않으리라고 생각했기 때문이었다. 로마인들은 이와 같은 정치 제도를 '윤왕제(輪王制, interregnum)'라고 불렀다.

3

원로원 의원들은 자기들이 헌법에 따라 압제 없이 통치한다고 생각했지만, 사비니족의 생각은 달랐다. 그들은 로마인들이 정치 제도를 과두 정치로 바꾸어 자기들 뜻대로 국가를 이끌어 가고 있으며, 로마인들은 더 이상 왕정을 받아들일 뜻이 없다고 의심하면서 항변하기 시작했다.

　　그렇게 되자 로마인과 사비니족은 내 쪽 사람이 아닌 반대편 사람 가운데에서 서로 왕을 추천하기로 합의했다. 그렇게 뽑힌 왕은 자기를 뽑아 준 반대편 사람들에게도 면목이 서고, 자기를 뽑아 주지 않은 자기편 사람들에게도 동족으로서 친근감을 심어 줌으로써 부글거리는 당파심을 종식시키고 양쪽 모두에게 원만한 군주가 되리라고 그들은 생각했다.

그러자 사비니족이 먼저 로마인들에게 사비니족 가운데 한 사람을 왕으로 추대하도록 우선권을 주었다. 사비니 사람들은 자기들이 추천한 로마인의 지배를 받기보다는 로마인들이 추천하는 자기 동족의 지배를 받는 쪽이 더 좋다고 약삭빠르게 생각했기 때문이었다.

그래서 먼저 상의를 시작한 로마인들은 사비니족 가운데에서 누마 폼필리우스를 왕으로 추천했다. 그는 로마로 이주해 온 사람이 아니었으나 덕망이 높다고 소문이 자자해서, 그가 추천되었을 때 사비니족은 로마인들보다 더 흔쾌히 그를 왕으로 받아들였다. 이에 따라 그들의 결정이 민중에게 알려졌고, 원로원은 양쪽의 지도자급 의원들을 누마에게 사절로 보내 왕위를 수락해 달라고 부탁했다.

누마는 사비니족이 쿠레스(Cures)라고 부르는 도시에 살고 있었다. 이 도시의 이름에서 유래하여, 로마인들은 자기들과 협력하면서 사는 사비니족을 퀴리테스라고 부른다. 누마의 아버지는 폼폰(Pompon)이라는 유명 인사였으며, 누마는 네 형제 가운데 막내였다. 그가 태어난 날은 로물루스가 로마를 세운 4월 21일이었으니, 그 자체가 성스러운 전조(前兆)였다. 그는 덕망을 갈고닦기를 좋아하는 천품을 타고난 데다가, 스스로 체력을 단련했으며, 고통을 견디고 지혜를 닦는 일에 몸을 바쳤다.

누마는 이러한 수련을 거치면서 자신의 영혼이 나쁜 열정에 빠지지 않도록 노력했으며, 이민족들 사이에 퍼져 있는 폭력과 탐욕을 멀리했다. 이런 까닭에 그는 집안에서 사치와 낭

누마

비를 몰아냄으로써 로마인과 이방인 모두 그를 흠 없는 판사요 조언자라고 생각했다. 그는 개인적으로 시간이 생겨도 오락이나 돈 버는 일에 몰두하지 않았고, 신에게 제사를 지내면서 신의 본질과 능력에 대하여 합리적인 해답을 찾으려고 사색에 잠겼다.

그런 연유로 누마가 명망을 얻게 되자 로물루스의 정치적 동지였던 타티우스가 외동딸 타티아(Tatia)를 그에게 시집보냈다. 그러나 누마는 결혼에 모든 것을 걸지 않았다. 그는 장인의 궁궐에 살지 않고, 늙은 아버지를 모시며 사비니에 머물렀다. 그의 아내 타티아도 아버지의 딸로서 로마에서 누리던 명예와 명성보다는 남편을 따라 시민으로서 조용히 사는 쪽을 더 좋아했다. 그러나 들리는 바에 따르면, 타티아는 결혼한 지 13년이 되던 해에 죽었다고 한다.

4

그 무렵에 누마는 도시를 떠나 시골에 살고 있었다. 그는 신들의 숲과 성스러운 초원을 혼자 거닐면서 고독을 즐기는 것으로 자기 삶의 대부분을 보내기로 결심한 상태였다. 이러한 일들이 바로 그에게 신성(神聖)을 덧붙여 주었다. 이야기를 더 들어 보면, 그가 사람들과 떨어져 혼자 살고자 한 것은 어떤 슬픔 때문도 아니고 정신이 잘못되어서도 아니며, 좀 더 위엄 있는 동반자를 만나는 기쁨과 거룩한 결혼을 경험했기 때문이었다. 물의 요정 에게리아(Egeria)가 누마를 사랑했는데, 누마가 인간으로서 누릴 수 있는 것보다 더 축복되고 지혜로운 삶을 살 수 있었던 것도 그 요정과 교감했기 때문이었다.

그러나 이러한 이야기는 프리기아(Phrygia) 사람들이 아티스(Attis) 여신의 사랑을 받았다느니, 비티니아 사람들이 헤로도토스와 관련이 있다느니, 아르카디아 사람들이 달의 여신 셀레네(Selene)에게 사랑받은 요정 엔디미온(Endymion)과 관련이 있다는 등, 어떤 민족이 신과 사랑에 빠져 축복된 삶을 살았다는 이야기와 분명 닮았다.

신은 말이나 새보다 사람을 더 사랑하고, 신과 초월적 관계를 맺고 있는 인간에게 더 애착을 느끼며, 지혜와 성스러움을 갖춘 인간과 교감하는 것을 싫어하거나 무시하지 않는다고 생각하는 데에는 물론 그럴 만한 이유가 있다. 그러나 영생하는 신이 언젠가는 죽어야 할 인간의 몸이나 아름다움에 빠져 육체적인 쾌락을 느낀다는 이야기는 그야말로 믿을 바가 못 된다.

오늘날 이집트인들의 생각은 우리와 다르다. 그들의 말에 따르면, 남자는 요정과 육체적 사랑을 나눌 수 없지만 여자는 성령을 받아 잉태할 수 있다고 한다. 그럴듯한 이야기이다. 그러나 성적인 관계란 곧 두 당사자가 서로 주고받는 것이며, 둘이 사랑에 빠진다는 것은 영혼의 교감과 같다는 사실을 그들은 미처 보지 못하고 있다. 그러나 신이 인간을 사랑한다고 할 때, 그 사랑은 상대에 관한 관심을 바탕으로 그의 성품과 덕망을 배려하는 모습이라고 말하는 쪽이 더 적절할 것이다.

그러므로 고대의 시인들이 사랑을 이야기할 때, 이를테면 아폴론이 포르바스(Phorbas), 히아킨토스(Hyacinthos), 아드메토스(Admetus)와 사랑을 나누었다거나, 시키온(Sicyon) 사람 히폴리토스(Hippolytos)를 총애했다는 등의 이야기는 거짓이 아니다. 들리는 바에 따르면, 히폴리토스가 시키온을 떠나 키르하로 배를 몰고 갈 때, 피티아의 여사제는 마치 그가 오고 있는 것을 신이 알고 즐거워하기라도 한다는 듯이 다음과 같은 예언적인 시구를 읊었다고 한다.

그대, 사랑하는 히폴리토스여,
다시 바다로 나가는구려.

또한 목신(牧神) 화우누스도 핀다로스와 그의 시를 사랑했다는 전설이 남아 있다. 그리스의 시인 아르킬로코스와 헤시오도스가 죽었을 때는 음악의 여신이 그들에게 영광의 신호를 보내 주었다. 또 다른 전설에 따르면, 소포클레스(Sophokles)도 살아 있을 적에 의신(醫神) 아스클레피오스(Asklepios)의 은총을 받았으며, 그가 죽자 다른 신들이 그에 합당한 장례를 치러 주었다고 하는데, 이는 믿을 만한 이야기이다.[1] 우리가 만약 이러한 신의 은사(恩賜)를 실제로 믿는다면, 왕조를 열고 법을 제정한 잘레우코스(Zaleucos), 미노스, 조로아스터(Zoroaster), 누마, 리쿠르고스가 신의 현신(現身)을 보았다는 말을 못 믿을 이유가 어디에 있겠는가?

아니 오히려, 신은 이와 같은 사람들을 가장 진심으로 맞이했으며, 따라서 그들을 가르치고 충고하려 할 때 신이 사용하는 가장 고결하고 좋은 방법이 바로 현현(顯現)이 아닐까? 시인이나 가수를 이용하는 방법은 우회로에 불과한 것이 아닐까? 그러나 만약 어떤 사람들이 다른 의견을 갖고 있다면, 나는 그리스의 음유 시인 바킬리데스(Bacchylides)의 시구를 인용해 그에 답하고자 한다.

"길은 넓다."(『단편(斷編)』, §29)

또한 리쿠르고스나 누마 또는 그에 버금가는 사람이 고집스럽고 남의 흠 잡기 좋아하는 민중을 다루거나 정부를 개혁하면서 마치 자기들이 신의 허락을 받은 듯이 행세했다 치더라도, 그러한 신의 허락이 개혁의 대상으로부터 그를 보호해 주는 수단이었다면 그것을 옳지 못한 일로 치부할 수는 없다. 그들이 이야기를 지어낸 것이라 해도 말이다.

---

1   소포클레스가 죽자 디오니소스가 리산드로스에게 나타나 그를 아버지 곁에 묻어 주라고 명령했다고 한다.

5

다시 누마의 이야기로 돌아가자. 그를 왕으로 모시려고 사절이 찾아왔을 때, 그는 이미 마흔 살이 꽉 찬 나이였다. 사절로 온 사람들은 프로쿨루스와 벨레수스(Velesus)였는데, 민중은 둘 가운데 한 명을 왕으로 뽑으려던 참이었다. 로물루스를 따르던 사람들은 프로쿨루스를 지지했고, 타티우스를 따르던 사람들은 벨레수스를 지지했다.

누마가 자기에게 찾아온 행운을 선뜻 받으리라고 생각했던 사절들은 짧은 말로 뜻을 전했다. 그러나 평화롭고 조용히 살던 사람에게, 어느 면에서 보면 존립과 성장이 전쟁에 달린 것이나 다름없는 나라의 왕을 맡아 달라고 부탁하는 일이 쉽지는 않았다. 많은 논쟁과 간청이 오간 뒤, 그는 아버지와 친척 마르키우스(Marcius)가 함께 있는 자리에서 이렇게 대답했다.

"사람이 살아가다가 길을 바꾸는 것은 위험한 일입니다. 특히 오늘의 삶에 부족함이 없고 운명의 여신이 불행마저 없애 주었다면, 더욱이 오늘의 삶이 최소한 아무것도 확신할 수 없는 미래보다 더 안정되어 있다면, 또한 길을 바꾼다고 해서 큰 호강을 안겨 주지도 않는다면, 자기가 좋아하던 길에서 벗어나 목표를 바꾸는 것은 제정신을 가진 사람이 할 짓이 아닙니다. 로물루스가 겪은 경험에 비춰 보면, 여러분의 왕이 될 사람의 운명은 뻔합니다. 그는 정적인 타티우스를 제거하려고 비열한 음모를 꾸몄다는 이유로 기소되었고, 비열한 방법으로 자신들의 왕을 몰아냈다고 비난받는 귀족들과 손을 잡았습니다.

그러나 지금에 와서 로물루스를 비난하던 사람들은 그를 신의 아들이라고 치켜세우면서, 아기였던 그가 믿을 수 없이 기적 같은 방법으로 성장했다고 말하고 있습니다. 그러나 나는 신이 아닌 인간으로 태어나 여러분이 잘 아는 분들의 손에 크면서 교육을 받았습니다. 그리고 나의 성격 가운데 칭찬받을 만한 부분들은 왕이 될 운명을 타고난 사람들이 가진 것과는 너무도 거리가 멉니다.

나는 뒤로 물러서서 살기를 좋아했고, 보통 사람들의 생활 양식과 달리 공부하기를 좋아했고, 잘 알려진 바와 같이 평화를 깊이 사랑했으며, 전쟁과 관련 없는 직업을 좋아했고, 신을 경배하는 일에 함께하기를 좋아했고, 우정으로 사귀기를 좋아했습니다. 또한 땅을 파는 농사꾼이나 말을 먹이는 목자와 같은 삶을 좋아했습니다.

여러분이 원했든 원치 않았든, 로물루스는 로마의 많은 시민에게 전쟁을 유산으로 물려주었습니다. 전쟁에 이기려면 로마는 전사(戰士)를 경험해 본 왕이 있어야 합니다. 그 밖에도 로마 시민은 전쟁에 익숙하며, 승전에 도취하여 전쟁을 하고 싶어 안달합니다. 어느 누구도 정복으로 로마의 몸집을 키우려는 욕망을 외면하지 않습니다. 그러므로 왕보다는 전사를 필요로 하는 이 도시의 신전에 가서 나 같은 사람이 제사를 드리려 하고, 시민에게 명예로운 정의를 가르치고, 전쟁과 폭력을 가르치려 하다가는 웃음거리밖에 되지 않을 것입니다."

6

그와 같은 말로 누마는 왕위를 사양했다. 그러자 로마에서 온 사절들은 그의 마음을 돌리려고 온갖 노력을 기울이며, 지금처럼 두 파벌을 하나로 묶을 사람이 없는 상황에서 다시는 이 나라가 당파와 내전으로 빠져들지 않도록 해 달라고 간청했다.

사절들이 물러가자 그의 아버지와 마르키우스가 누마를 조용히 불러 신이 내린 큰 선물을 받아들이라고 설득했다. 그들은 이렇게 말했다.

"너는 돈이 충분하니 돈을 바라지도 않을 것이고, 덕망으로 얻은 명성을 누릴 만큼 누렸으니 명성을 탐내지도 않겠지만, 진정한 왕의 업무란 신에게 봉사하는 것이라는 점을 깊이 생각해 보기 바란다. 신은 지금 네 안에 잠들어 있는 위대한 정의감을 그대로 두지 않고 깨워 일으키려는 것이다. 그러니 너는 왕위를 피하지도 말고 도망하려 하지도 말거라. 지혜로운 사람에게 왕위란 거대하고 고결한 행동을 할 수 있는 광장과 같다. 인간들은 그 광장에서 찬란하게 신을 경배하며, 그들의 마음은 주물(鑄物)이 빚어지듯이 지배자의 영향을 받아 쉽고 빠르게 누그러지고 경건해질 것이다.

타티우스는 이민족 출신의 왕이었음에도 로마의 모든 민중으로부터 사랑을 받았다. 그들은 또한 로물루스를 추모하며 그에게 신과 같은 영예를 바치는 사람들이다. 비록 그들이 전쟁에서 여러 차례 이겼다지만, 이제 전쟁에 질려 있고 승전과 전리품에 싫증이 나 있어, 정의의 동지이며 자기들에게 질서와 평화를 가져다줄 덕망 높은 지도자를 바라고 있지 않겠느냐? 그러나 만약 민중이 모두 진심으로 전쟁을 바란다면, 그때는 네가 권력의 고삐를 쥐고 그들의 광기를 다른 방향으로 돌릴 수도 있다. 네가 가진 힘을 통해, 너의 고향과 사비니족이 용맹하고 강력한 로마와 더불어 우의를 다질 수 있다면 좋지 않겠느냐?"

들리는 바에 따르면, 이와 같은 호소는 상서로운 신탁과 동족들의 열렬한 지지에 힘입어 강력한 영향력을 보였다고 한다. 로마에서 사절들이 왔다는 소식을 들은 동족들이 그를 찾아가 시민을 하나로 뭉치도록 하려면 사절들과 함께 로마로 가서 왕위를 수락하라고 간청했다.

7

이에 누마는 자신의 고집을 꺾었다. 그는 신에게 제사를 드린 다음 로마로 향했다. 원로원 의원들과 시민이 길에 나와 그를 맞이했다. 거리는 온통 그에 대한 사랑으로 가득했다. 여인들이 격식에 맞게 환호하며 그를 맞이했고, 신전에서는 제물을 바쳤으며, 그 기쁨이 모든 사람에게 한결같아 마치 로마가 왕을 맞이하는 것이 아니라 왕국을 맞이하는 것 같았다.

시민이 광장으로 내려오자 그 시기의 과도 집정관(Inter-rex)이었던 스푸리우스 베티우스(Spurius Vettius)가 시민을 모아놓고 선거를 치르니, 사람들이 모두 누마를 뽑았다. 그러나 시종이 왕의 휘장을 가져오자 누마는 그들의 행동을 잠시 멈추게 한 다음, 자신의 왕위는 먼저 하늘의 인정을 받아야 한다고 말했다.

그러고는 예언자와 사제들을 데리고 '신전의 언덕'으로 올라갔다. 그 무렵에 로마인들은 그곳을 타르페이아 언덕이라고 불렀다. 거기에서 제사장은 머리쓰개를 얹은 누마가 남쪽으로 향하게 하고[2] 자기는 그 뒤에 서서, 그의 머리에 오른손을 올린 채 큰 소리로 기도하며 신이 어떤 새나 전조를 보내는지 보려고 사방을 둘러보았다. 엄청나게 많은 시민이 모인 광장에는 무거운 침묵이 흘렀다. 그들은 긴장한 채 무슨 일이 일어날지 바라보고 있었다. 드디어 상서로운 새 떼가 오른쪽에서 나타나 다가왔다. 그러자 누마는 왕의 복장을 입고 요새에서 내려와 군중에게 다가갔다. 그곳에서 그는 가장 고결하고 신에게 가장 사랑받는 사람으로서 환영을 받았다.

누마가 왕에 취임하면서 처음으로 단행한 조치는 로물루스가 자기 주변에 거느렸던 3백 명의 켈레레스[3]를 없앤 것이었

---

2   동서고금을 통해 '남쪽을 향하여 앉았다(南面)' 함은 제위에 오른다는 뜻이었다. 『논어(論語)』위령공(衛靈公) 편 : 공자께서 말씀하시되, "아무런 일도 하지 않고 잘 다스렸던 이는 바로 순(舜)임금이로다! 그가 한 일이 무엇인가? 그저 자신을 공경히 하고 남쪽을 향하여 앉았을(南面) 따름이다(子曰 無爲而治者 其舜也與 夫何爲哉 恭己正南面而已矣)." 이와는 달리 '북쪽을 향하여 앉았다(北面)' 함은 신하로서 임금을 섬겼다는 뜻이다.[『자치통감(資治通鑑)』당기(唐紀) 고제(高帝) 무덕(武德) 3년(620) 10월 경술일(21)]

3   '재빠른 사람들'이라는 뜻으로 경호 부대를 뜻한다. (제2장 「로물루스 전」, §26 참조.)

다. 그는 자신을 믿고 따르는 사람들을 믿지 않는 것을 용납하지 않았고, 자신을 믿지 않는 사람들을 다스리는 것도 용납하지 않았다.

누마가 두 번째로 시행한 조치는 유피테르와 군신 마르스의 신전에서 봉사하는 사제에 더하여 로물루스의 신전에서 봉사하는 사제를 임명한 것이었다. 그는 그 사제를 플라멘 퀴리날리스(*Flamen Quirinalis*)라고 불렀다. 이런 일이 있기에 앞서 로마인들은 사제를 플라미네스(*Flamines*)라고 불렀는데, 이는 그들이 머리에 쓰던 모자인 필로이(*piloi*)에서 유래한 말이다. 그 모자의 본디 이름은 필라메나이(*pilamenai*)였다.

들리는 바에 따르면, 그 무렵에는 라틴어와 그리스어가 지금보다 더 많이 섞여 있었다고 한다. 그리스 역사학자 유바의 말에 따르면, 로마인들은 사제복이라는 뜻으로 라이나(*laena*)라는 낱말을 쓰는데, 그리스어의 클라이나(*chlaina*)와 뜻이 같았다고 한다. 또한 로마인들은 부모와 함께 살면서 유피테르를 섬기는 사제를 카밀루스(*Camillus*)라고 불렀는데, 이는 그리스인들이 신의 사자(使者)인 헤르메스에게 붙여 준 이름으로, 시종(侍從)이라는 직책에서 따온 단어이다.

8

누마는 시민에게 호감을 산 뒤 곧바로 그들의 기질을 부드럽게 바꾸려고 노력했는데, 이는 강철이 불길을 거친 뒤에 부드러워지는 것과 같은 이치이다. 그는 또한 민중의 가슴속에 자리 잡은 거칠고 호전적인 성품을 온유하고 정의로운 성품으로 바꾸고자 노력했다. 플라톤은 이른바 "과열된 국가(feverish state)"(『법률』, §691; 제3장 「리쿠르고스전」, §6)가 있다고 말한 적이 있는데, 로마가 바로 그런 국가였다.

본디 로마가 탄생한 밑바탕에는 사방에서 몰려든 사람들의 과감하고 호전적인 대담성과 용맹이 있었다. 로마는 수많은 원정과 끊임없는 전쟁 속에서 국가의 영양분을 얻고 국력을 키웠다. 대지 위에 서 있는 나무가 바람에 흔들릴수록 뿌리가 더 굳건해지듯이, 로마는 그러한 위기를 거치면서 더욱 튼튼해졌다.

그토록 고집 세고 오만한 민중을 달래어 새롭게 평화를 추구하는 방식에 따라 살도록 하는 것은 쉬운 일도 아니고 작은 일도 아니었다. 그 점을 잘 알고 있던 누마는 신에게 도움을 간청했다. 그 방법은 대체로 제사를 드리거나 행진을 하고 종교적인 춤을 추는 것이었다. 누마는 이런 일을 맡을 사람을 손수 임명하여 의식을 치렀다. 그는 경건함과 매혹적이고도 유익한 즐거움을 섞어 가면서 의식을 치렀다. 그렇게 함으로써 그는 시민의 호감을 샀으며, 거칠고 호전적인 민중의 성품을 길들였다. 그는 또한 때때로 하늘에서 온 것이라면서 있지도 않은 공포를 지어내 퍼뜨렸고, 신령한 존재의 위협적인 목소리를 들려주고 이상스러운 유령을 보여 주는 미신적인 방법으로 민중을 복종시키고 겸손하게 만들었다.

이와 같은 이유로, 누마가 가진 지혜와 양식은 그와 가까운 피타고라스의 영향을 받은 것이라는 소문이 떠돌았다. 피타고라스의 철학과 누마의 통치 방식에는 공통으로 종교적인 헌신과 제사 의식이 큰 자리를 차지하고 있기 때문이다. 또한 들리는 바에 따르면, 누마가 늘 경건한 모습을 보여 준 것은 피타고라스가 종교로부터 얻은 인상에 공감했기 때문이라고 한다.

실제로 사람들은 피타고라스가 독수리를 길들였다고 믿었다. 그는 하늘 높이 날아가던 독수리를 불러 내려와 앉혔다고 한다. 그는 또한 올림픽 경기를 보려고 모인 군중 사이를 지나가면서 황금으로 둘러싼 허벅지를 드러내 보여 주었다고 한다. 그리고 우리가 들은 바에 따르면, 그가 기적처럼 보이는 유희를 자주 보여 주자 필리아스(Philias) 사람인 티몬(Timon)이 다음과 같은 시를 남겼다고 한다.

피타고라스,

허풍을 사랑하는 이여,

그대의 속임수는 요술쟁이의 수준에 이르러

사람을 잡으려고 그물을 쳐 두었구려.

피타고라스가 보여 주었던 일들과 마찬가지로 누마도 그럴듯한 이야기들을 꾸며 냈다. 이를테면 자기는 어느 신 또는 산의 요정과 사랑을 나누었고, 그들을 남몰래 만났으며, 앞서 내가 말한 바와 같이 음악의 여신(Mousai)들과 다정한 이야기를 나누었다는 것이다. 누마는 자기가 알고 있는 신성한 가르침의 대부분을 음악의 여신들에게서 받았다고 했으며, 로마인들에게는 음악의 여신들 가운데 한 명에게 영예를 바치라고 각별히 가르쳤다. 누마는 이 여신을 타키타(Tacita)라고 불렀는데, 이는 '조용한 사람', '말 없는 사람'이라는 뜻이다. 누마는 이렇게 하여 피타고라스학파가 가르치는 침묵의 계율에 영광을 바치고자 했던 것으로 보인다.

더욱이 신상(神像)에 관한 누마의 법령들도 피타고라스의 교리에 맞아떨어졌다. 피타고라스는 존재에 대한 첫 번째 원리에 대해, 존재는 지각이나 감정을 벗어나는 것으로서 볼 수도 없고 형상화하지도 않았으므로, 오직 마음으로만 인식할 수 있다고 주장했기 때문이다. 그와 마찬가지로 누마는 로마인들이 인간이나 짐승의 형상을 띤 신상에 경배하는 것을 금지했다. 건국 초기에 그들은 신을 닮은 그림을 그리거나 조각하지 않았고, 이후 170년 동안 그들은 끊임없이 신전과 성소를 지으면서도 사람의 몸을 닮은 조상(彫像)은 만들지 않았다.

그들은 천박한 것을 본떠 고귀한 물건을 만드는 것은 신을 모독하는 일이며, 배우지 않고 신성을 이해하는 것은 불가능하다고 믿었던 것이다. 신전에 바치는 제물도 피타고라스의 양식과 거의 일치했다. 그들은 피 흘리는 짐승을 제물로 쓰지

누마

않았으며, 밀가루와 술과 값나가지 않는 제물을 썼다.

이런 일이 아니더라도 누마와 피타고라스가 잘 아는 사이였다는 객관적인 증거들이 있다. 곧 피타고라스가 로마 시민이었다는 점이다. 이러한 사실은 희극 작가인 에피카르무스(Epicharmus)가 트로이 전쟁 때 트로이의 장로 가운데 하나였던 안테노르(Antenor)에게 바친 글에 기록되어 있다. 에피카르무스는 고대 피타고라스학파 사람이었다.

또 다른 증거에 따르면, 누마의 아들 네 형제 가운데 하나는 피타고라스의 아들 이름을 따서 마메르쿠스(Mamercus)라고 지었다.[4] 들리는 바에 따르면, 아멜리우스(Amellius) 가문의 명칭은 마메르쿠스로부터 온 것이라고 한다. 그의 웅변이 '고결하고 매혹적임'을 칭송한 왕이 지어 준 고결한 이름이 아멜리우스였다.

더 나아가 내가 로마에서 많은 사람에게 들은 바에 따르면, 그들은 신탁에 따라 그리스의 인물 가운데 가장 용감하고 지혜로운 두 사람을 뽑아 광장에 동상을 세우기로 하고 알키비아데스와 피타고라스의 동상을 세웠다고 한다.(플리니우스, 『자연사』, XXIV : 12) 그러나 누마와 피타고라스가 정말로 알고 지냈는가 하는 문제가 말썽이 되는 지금에 와서 그에 관한 이야기를 길게 하거나 어느 한쪽을 설득하려 드는 것은 젊은이의 호기(豪氣)로 보일 수 있겠다.[5]

9

누마는 또한 대사제를 뜻하는 폰티펙스(Pontifex)라는 직책을 만들고 스스로 그 첫 임무를 맡은 사람으로 알려졌다. 어떤 사

---

4   서양에서는 아들을 낳으면 가장 친한 친구의 이름을 따서 아들의 이름을 짓는 것을 가장 큰 우정으로 생각했다.

5   이때 플루타르코스가 스스로를 '젊은이'라고 부른 것으로 보아, 그가 젊어서부터 이 글을 준비했음을 알 수 있다.

람들의 말에 따르면, 신에게 봉사하는 이 직분은 너무도 강력하고 세상의 누구보다도 높은 자리여서 그렇게 불렀다고 한다. 로마어로 폰테스(pontes)는 '강력한'이라는 뜻이다.

또 다른 사람들의 말에 따르면, 그 이름은 가능한 것과 불가능한 것을 구분한다는 뜻이었다고 한다. 왕은 제사를 지내는 일이 가능할 때면 그것을 지내도록 제사장에게 명령하고, 만약 어떤 사정이 있어 제사를 지낼 수 없게 되면 제사를 지내지 않아도 잘못으로 여기지 않도록 한 것이다.

그러나 많은 작가가 그 명칭과 관련하여 터무니없는 주장을 하고 있다. 폰티펙스가 '다리의 건설자'라는 것이다. 곧 티베리스강의 다리 위에서 올리던 제사에서 유래한 이름이라는데, 그 제사는 가장 유서 깊고 성스러운 행사였다고 한다. 그들의 말에 따르면, 라틴어의 폰스(pons)가 '다리'를 뜻한다고 한다. 다른 중요한 의식이나 조상 제례가 다 그렇듯이, 다리를 감독하고 보수하는 일도 제사장의 몫이었다고 한다. 나무로 만든 다리를 부수는 것은 불법인 데다가 신성을 모독하는 일이었기 때문이었다.

또한 들리는 바에 따르면, 다리를 건설할 때는 쇠못을 하나도 쓰지 않았고, 신탁에 따라 오직 나무못만으로 이음새를 조였다고 한다. 돌로 다리를 놓은 것은 그 뒤 세월이 많이 흘러 아이밀리우스 파울루스(Aemilius Paulus)가 재정관으로 활약하던 때[기원전 179년]였다고 한다. 그러나 어떤 사람의 말에 따르면, 나무로 다리를 놓은 것도 누마 시대가 지난 뒤의 일로서, 안쿠스 마르키우스(Ancus Marcius)가 완성했다고 한다. 그는 누마의 외손자로서 그 무렵의 왕이었다.

대제사장, 즉 폰티펙스 막시무스(Pontifex Maximus)는 신의 뜻을 풀어 설명하거나 의식을 지휘한다. 그는 개인이 올리는 제사까지 감독하고, 이미 지켜 오던 관습에서 벗어나는 일을 금지할 뿐만 아니라 신을 섬기고 달래는 일에 필요한 것들

누마

을 가르친다. 대제사장은 또한 불의 신 베스타의 신전을 모시는 처녀 제관인 베스탈을 감독한다.

베스탈을 축성(祝聖)하는 것도 누마의 직분이었으며, '영원의 불'을 경배하고 지키는 일은 베스탈의 책임이었다. 누마가 그들에게 불을 맡긴 것은 불의 본성이 본디 순수하고 더럽지 않은 것으로 생각해서이기도 하고, 불이 지닌 성격 가운데 열매를 맺지 못하는 불임의 특성이 처녀성과 관련이 있다고 생각했기 때문이기도 하다.

로마의 풍속과 달리, 그리스에서는 델포이나 아테네에서 불을 보관하는 일을 처녀들에게 맡기지 않고 나이가 지긋한 과부들에게 맡긴다. 들리는 바에 따르면, 아리스톤(Ariston)의 전제 정치 시대에 아테네에서 일어났던 일처럼 불이 꺼지거나, 델포이 신전을 메디아 사람들이 불태웠을 때나, 미트리다테스 시대와 로마 내전 시절처럼 신전이 무너지고 불이 꺼졌을 때, 그들은 다른 곳에서 불씨를 가져와 불을 되살리지 않고, 태양 빛에서 순수하고 오염되지 않은 새롭고 신선한 불을 받아 썼다고 한다.

이때 그들이 불을 만드는 법을 살펴보면 다음과 같다. 금속으로 만든 거울을 이등변 삼각형으로 오목하게 조립하여 그 거울에서 비치는 불빛이 한가운데로 모이도록 한다. 이 거울을 태양과 마주 보게 놓으면 거울의 반사광이 한곳으로 모이고 그곳의 공기가 희박해진다. 그때 빛은 불의 성질을 얻어 그곳에 있던 마른 물질에 빠르게 불꽃을 일으킴으로써 불씨를 얻게 된다.

다른 사람들의 이야기를 더 들어 보면, 성스러운 처녀 사제들은 그 불만 지킨다고 한다. 그러나 어떤 사람들의 말에 따르면, 그 사제들이 다른 어느 누구도 볼 수 없는 특별한 성물을 함께 지켜 왔다고 한다. 이 문제에 관하여 내가 합법적으로 알고 말할 수 있는 것들에 관해서는 「카밀루스전」에 적어 두었다.

들리는 바에 따르면, 처음에 누마는 게가니아(Gegania)와 베레니아(Verenia)를 베스탈로 임명했다가 카눌레이아(Canuleia)와 타르페이아(Tarpeia)를 추가로 임명했고, 나중에는 세르비우스(Servius)가 두 명을 더 임명하여 오늘까지도 그 인원수대로 이어져 내려온다고 한다. 여사제들은 왕의 명령에 따라 30년 동안 순결을 지켜야 한다. 그들은 처음 10년 동안 직무를 배우고, 다음 10년 동안에 직무를 수행하고, 나머지 10년 동안에 다른 여사제를 가르친다. 그렇게 해서 30년이 지나 자신의 성무(聖務)를 마치면, 바라는 바에 따라 자유롭게 결혼하거나 다른 삶을 살아갈 수도 있다.

그러나 들리는 바에 따르면, 여사제들 가운데 결혼한 사람은 드물고, 결혼했더라도 행복한 사람이 드물었다고 한다. 오히려 결혼한 이들은 남은 생애 동안 후회와 절망 속에 살아감으로써, 다른 여사제들은 미신의 두려움에 빠져 늙어 죽을 때까지 순결을 지켰다. 그러나 누마는 여사제들에게 특권을 많이 주었는데, 이를테면 아버지가 살아 있을 동안에도 자신의 유언을 쓸 수 있는 권리와 보호자 없이 아이 셋을 낳은 여성처럼 자기 일을 직접 처리하고 관리할 권리도 주었다.

여사제들은 거리로 나갈 때면 부월(斧鉞, fasces)[6]을 들었으며, 바깥나들이를 하다가 우연히 죄수를 만나면 그를 풀어 줄 수 있었는데, 이럴 경우에 그는 그 만남이 완전한 우연이며 의도한 바가 아니라는 사실을 맹세해야 했다. 여사제가 타고 있는 가마 밑을 지나간 남자는 사형을 당했다. 만약 여사제들이 가벼운 죄를 지으면 매를 맞는데, 그럴 때면 휘장을 둘러친 어두운 곳에서 대제사장이 직접 그들의 맨살에 매질을 했다.

6   부월은 고대 국가에서 권력의 상징으로 주던 도끼로서 동서양의 풍습이 같았다.

또한 여사제가 순결의 맹세를 지키지 않으면 콜리나 성문(Porta Collina) 가까운 곳에 산 채로 묻어 버렸다. 여기에는 성벽을 따라 야트막한 구릉이 이어져 있는데, 이를 라틴어로 아게르(*agger*)라고 부른다. 그 구릉 밑에는 작은 방이 있고, 계단을 따라 밑으로 내려갈 수 있다. 그 안에는 덮개 달린 긴 의자, 등잔, 빵과 물 한 그릇, 우유, 기름이 들어 있다. 그들은 그나마를 제공함으로써 한때는 최고의 성직자로 축성받은 사람들을 굶겨 죽였다는 비난을 피했다.

여사제를 처형하는 절차는 다음과 같다. 민중은 순결을 지키지 못한 죄인을 가마에 태우고 그 위에 천을 덮어씌운 다음 끈으로 묶어 안에서 지르는 비명이 밖으로 새어 나가지 않게 한 채, 광장으로 끌고 나간다. 많은 사람이 가마가 지나가도록 길을 비켜 준 다음, 아무 말도 없이 비통한 마음으로 가마를 따라간다. 이보다 더 참혹한 장면이 없고, 이보다 더 음울한 날이 없다.

가마가 목적지에 이르면 참석자들은 덮개에서 끈을 푼다. 그런 다음 대제사장은 최후의 행동을 하기에 앞서 하늘을 향해 신비스러운 주문을 웅얼거린다. 그러고 나서 천으로 꽁꽁 덮인 죄인을 끌어내 지하 방으로 들어가는 계단 앞에 세운다. 그 뒤 대제사장이 얼굴을 돌리면 다른 사제들도 함께 고개를 돌린다. 그가 계단을 따라 지하 방으로 들어가면 계단을 들어 올리고, 흙으로 방 입구를 촘촘히 덮어 평지처럼 다진다. 순결의 맹세를 지키지 못한 여인의 처벌은 이렇게 끝난다.

11

그뿐만 아니라 들리는 바에 따르면, 둥근 모습의 베스타 신전을 지은 사람도 누마라고 한다. 그들은 신전에 불이 꺼지지 않도록 보관했다. 그들은 땅이 둥글다고 믿었으나, 신전은 지구가 아니라 우주를 본뜬 것이었다. 피타고라스학파는 우주 가운데 불의 요소를 놓고 그것을 베스타 또는 만물의 척도라고 불렀다. 그들의 주장에 따르면, 지구는 움직이지 않는 것도 아니며 우주의 한가운데 자리 잡고 있는 것도 아니다.

지구는 우주 가운데 있는 불의 둘레를 돌고 있으며, 우주에서 가장 중요한 존재도 아니고 가장 근원적인 인자를 이루고 있는 것도 아니다. 들리는 바에 따르면, 이러한 이론은 플라톤이 땅에 관하여 노년에 주장한 것으로서, 지구는 이차적인 우주에 자리 잡고 있으며 중심에 해당하는 우주는 좀 더 고결한 무엇을 위해 다른 곳에 준비되어 있다고 한다.

12

대제사장은 또한 민중의 요청이 있으면 사람들에게 조상의 장례에 관한 요소들을 설명하거나 지시했다. 누마는 매장 의식을 불결한 것으로 여기지 말고, 지하에 있는 신들도 관습에 따라 공경하도록 가르쳤다. 지하의 신들이 우리의 가장 중요한 부분을 받아 간직하기 때문이다. 그 가운데 리비티나(Libitina) 여신은 죽은 이를 위한 경건한 의식을 주재하기 때문에 더욱 그럴 필요가 있었다. 그러나 그 여신이 프로세르피나(Proserpina)인지, 아니면 대부분의 지식 있는 로마인들이 주장하는 것처럼 베누스(Venus)인지는 나도 모른다. 어쨌든 이렇게 누마는 사람의 삶과 죽음의 문제를 한 여신의 권능과 자연스럽게 연결시켰다.

또한 누마는 나이에 따라 애도 기간을 다르게 규정했다. 이를테면 아이가 세 살이 되기 전에 죽으면 애도 기간을 두지 않았다. 세 살이 넘어 죽으면 살았던 햇수만큼의 달수 동안 애도하는데, 열 살까지 그렇게 했다. 그러나 누구도 애도 기간이 열 달을 넘을 수는 없었다. 열 달은 또한 남편과 사별한 여인이 수절해야 하는 기간이기도 했다. 열 달이 지나지도 않아 다른 남자와 재혼한 여자는 누마의 법에 따라 송아지가 딸린 어미

소를 제물로 바쳐야 했다.

　누마는 또한 사제의 직급을 확정했다. 그 직급에는 여러 가지가 있지만, 다 제쳐 두고 살리이(*Salii*)와 훼티알레스(*Fetiales*)라는 두 직책에 대해서만 이야기하고자 한다. 이 두 직책이 어느 것보다도 누마의 경건한 신앙심을 잘 보여 주고 있기 때문이다. 훼티알레스는 평화의 수호자를 뜻하는데, 내가 생각하기에 이 직책은 사제의 이름에서 따온 것이다.

　이 직책은 '만나 대화함'으로써 분쟁을 종식시킨다는 뜻을 품고 있는데, 만나서 이야기한다는 말을 파를레이(*parley*)라고 한다.[7] 그들은 정의를 이룰 수 있다는 희망이 아주 사라지지 않은 한, 적대적 전쟁으로 상처 입고 싶지 않았던 것이다. 그리스인들은 폭력이 아닌 상호 협의에 따라서 분쟁을 해결했을 때 이를 평화라고 불렀다.

　훼티알레스들은 누군가가 로마에 잘못을 저지르면 먼저 가해자를 찾아가 이 문제를 공의롭게 처리해 달라고 개인적으로 부탁했다. 그러고도 부당한 처사가 계속되면, 훼티알레스는 신을 증인으로 세우고 자신들이 정의롭지 못한 이유로 무력을 사용하려는 것이라면 사제 자신과 로마에 끔찍한 저주를 내려도 좋다고 기도했다. 그런 다음 전쟁을 선포했다.

　그러나 훼티알레스들이 그러한 적대 행위를 금지하거나 그러한 행위에 동의하지 않으면 어느 군인이나 왕도 합법적으로 무기를 들 수 없었다. 그들의 입에서 이번 전쟁이 정당하다는 평결을 받은 뒤에야 전쟁을 어떻게 치러야 할지 고민을 시작할 수 있었다. 들리는 바에 따르면, 로마가 갈리아족에게 끔찍한 재난을 겪은 것도 이 제사장들을 불법적으로 다루었기 때문에 일어난 일이라고 한다. 그 이야기의 자세한 사연은 다

7　이 책의 번역자인 페린의 설명에 따르면 *parley*란 *fateri*나 *fari*와 관계가 있는 단어로서, '말한다(to speak)'라는 뜻이라고 한다.(I, p. 349)

음과 같다.

갈리아족이 클루시움(Clusium)으로 쳐들어왔을 때, 로마는 그들의 진영으로 화비우스 암부스투스(Fabius Ambustus)를 사절로 보내 점령지에서 적대 행위를 중지해 달라고 요청했다. 그러나 받아들일 수 없는 답변을 들은 그는 사절로서 자신의 임무는 끝났다고 생각하고, 클루시움인들을 위해 젊은 호기로 무기를 들고 나섰다. 그는 적들 가운데 가장 용맹한 무사와 단독으로 싸울 것을 제안했고, 이 싸움에서 이긴 화비우스는 적장이 말에서 떨어지자 그의 갑옷을 벗겨 버렸다.

그제야 갈리아족은 화비우스가 평화의 사절이 아니라 유명한 장수임을 알았다. 그들은 로마에 전령을 보내 화비우스가 휴전을 깨뜨렸고 약속을 지키지 않았으며, 공식적으로 선전 포고가 이뤄지기에 앞서 공격을 개시했다고 비난했다. 이에 로마의 사제들은 화비우스를 갈리아족의 손에 넘겨주자고 원로원을 애써 설득했다. 이런 낌새를 알아차린 화비우스는 군중 속에 몸을 숨겼고, 그들의 호의로 처벌을 면했다. 그러나 얼마의 시간이 지난 뒤에 갈리아족이 쳐들어와 신전의 언덕을 제외한 로마 전역을 삼켜 버렸다. 나는 이 이야기를 「카밀루스전」(§17~22)에서 좀 더 자세하게 다루었다.

13

누마가 살리이라고 하는 사제직을 만든 경위는 다음과 같다. 그가 왕위에 오른 지 8년이 되는 해에 전염병이 이탈리아를 강타하더니 로마까지 퍼졌다. 이야기를 더 들어 보면, 시민이 전염병으로 말미암아 가슴 아파하고 있을 때 하늘에서 청동 방패가 떨어졌다.

그것을 받아 본 누마는 자신이 물의 요정 에게리아와 음악의 여신들에게 들은 것이라고 하면서 놀라운 이야기를 들려주었다. 그의 말에 따르면, 그 방패는 도시를 구원하고자 하늘이 보내 준 물건인데, 이 방패와 모양과 크기가 똑같아 도적도 구분할 수 없을 정도로 정교한 모조품 열한 벌을 더 만들어 잘 보관해야 한다는 것이었다.

누마는 이어서, 그 방패가 떨어진 곳과 음악의 여신들이 자기와 함께 이야기를 나누었던 목장을 그 여신들에게 바쳐야 하며, 그 지점에 물을 공급하는 샘을 성수로 선포하고, 베스타 신전의 여사제들은 날마다 그곳의 물을 길어 그들의 신전을 정화해야 한다고 말했다. 누마가 하늘에서 떨어진 방패를 대 장장이들에게 보여 주며 모조품 열한 벌을 만드는 데 최선을 다해 달라고 부탁하자 모두 못 하겠다며 거절했는데, 오직 베 투리우스 마무리우스(Veturius Mamurius)만이 모조품을 만들어 보겠노라고 나섰다. 나라에서 가장 탁월한 대장장이였던 그는 자신이 그 일을 맡게 된 것을 무척 행복하게 여기며 열한 벌을 만들어 바쳤고, 그 모양이 어찌나 꼭 같았던지 누마도 진품과 모조품을 구분할 수 없을 정도였다.

모조품을 살펴본 누마는 이를 지키고자 살리이라는 직책 을 만들었다. 어떤 사람들은 살리이라는 이름이 사모트라키아 (Samothracia) 아니면 만티네이아(Mantineia)에서 온 살리우스 (Salius)라는 사람에게서 따온 것이라고 하지만, 이는 사실이 아 니다. 춤을 출 때의 모습인 '뛰어오른다'는 뜻의 라틴어 살리레 (salire)에서 온 것이다.

살리이들은 3월에 로마의 도로를 지날 때 이 성스러운 방 패를 들고 이 춤을 춘다. 이때 그들은 자주색 겉옷 위에 널찍한 청동 허리띠를 두르고, 머리에는 청동 투구를 쓰고 손에 든 단 검으로 방패를 때리면서 춤을 춘다. 발짓을 중심으로 이루어 진 그 춤은 우아하면서도 격정적이고 빠르게 움직이며, 박자 역시 빠르고 반복적이다.

그 방패는 특유의 모양 때문에 '굽어졌다'는 뜻의 안킬론 (ancylon)에서 유래하여 안킬리아(ancilia)라고 불렀다. 여느 방패처럼 원형도 타원형도 아닌 이 방패의 가장자리에는 깎아낸 흔적이 보이고, 위쪽 끝과 아래쪽 끝이 뒤로 굽어져 서로 닿아 있다. 그 어원을 그리스어에서 찾고자 노력했던 유바(Juba)의 설명에 따르면, 안킬리아라는 이름은 그리스어로 팔꿈치를 뜻하는 안콘(ankon)에서 왔다고 한다.

그러나 그 이름은 '하늘에서 떨어진'이라는 뜻의 아네카텐(anekathen)에서 왔을 수도 있다. 또는 전염병을 앓던 사람들의 '병을 고친다'는 뜻인 아케시스(akesis)에서 왔을 수도 있고, '가뭄을 끝낸다'는 뜻의 아우크몬 리시스(auchmon lysis)에서 왔을 수도 있고, 재난을 '끝냈다'는 뜻인 아나스케시스(anaschesis)에서 왔을 수도 있다. 아테네인들이 카스토르와 폴룩스[8]를 아나케스라고 부르는 것과 같은 원리이다. 어원을 굳이 그리스어에서 찾아야 한다면 그럴 수도 있다는 뜻이다.

들리는 바에 따르면, 살리이들이 출전이나 전승 축제에서 춤을 추고 노래를 부를 때는 그 방패를 만든 마메르티우스(Mamertius)[9]의 이름을 말함으로써 그를 칭송했다고 한다. 그러나 어떤 사람의 말에 따르면, 그 노래는 베투리우스 마무리우스를 기념하고자 한 것이 아니라 '옛것을 기억한다'는 뜻의 베테렘 메모리암(veterem memoriam)에서 유래한 것이라고 한다.

14

이와 같이 사제의 직분을 규정한 누마는 베스타 신전 가까운 곳에 이른바 레기아(Regia)라는 궁전을 지었는데, 이는 왕궁이라는 뜻이었다. 그는 성직을 수행하고, 사제들을 가르치고, 성스러운 일들에 관해 조용히 명상하면서 대부분의 시간을 보냈

---

8   카스토르와 폴룩스는 테세우스의 아내인 헬레네의 쌍둥이 오빠들이었다.(제1장 「테세우스전」, §31 참조.)
9   페린 판본의 본문에는 마메르티우스라고 되어 있는데, 마무리우스의 잘못인 것 같다.

다. 그는 퀴리날리스 언덕에 또 다른 집을 지었는데, 오늘날에도 그 집터를 알아볼 수 있다.

사제들이 거행하는 공식적이고도 성스러운 행렬이 있을 때는, 전령들이 거리를 돌아다니며 시민을 향해 축일을 지키고 일을 멈추라고 알린다. 들리는 바에 따르면, 피타고라스학파의 학자들은 시민이 제사를 드리고 신에게 기도할 때 건성으로 하는 것을 허락하지 않았으며, 제사 드릴 준비를 마치면 집을 나와 곧장 신전으로 가라고 가르쳤다.

그에 따라 누마도 시민이 다른 일에 몰두하느라 제사에 정신을 집중할 수 없을 때는 아예 제사에 관한 이야기를 듣거나 그 장면을 보아서도 안 된다고 생각했다. 시민은 잡념이나 분심(分心)을 버리고, 종교 의식을 가장 중요한 일로 생각하며 집중해야 했다. 그때는 마차를 몬다거나 기계를 작동하는 소음이 나지 않도록 해야 하고, 그다지 중요하지 않은 노동은 미뤄야 하며, 성스러운 예식을 위해 주위를 깨끗이 해야 했다.

로마인들은 건국 초기의 이러한 분위기를 아직도 어느 정도 간직하고 있다. 그래서 오늘날에도 관리가 전조(前兆)를 보거나 제물을 드리는 일로 바쁠 때면 시민은 "호크 아게!(*Hoc age!*)"라고 소리친다. 이는 '이를 기억하라'는 뜻으로, 곁에 있는 사람들이 의식에 주의를 기울이며 질서를 지키도록 하는 데 도움을 준다.

누마의 계율 가운데 많은 것이 피타고라스학파의 계율을 닮았다. 이를테면 피타고라스학파는 다음과 같이 말하고 있다.

"됫박을 의자로 쓰지 말라."

"칼로 불을 돋우지 말라."

"외국에 나갈 때는 뒤돌아보지 말라."

"하늘의 신에게 제물을 바칠 때는 홀수로 쓰고, 땅의 신에게 제사를 드릴 때는 짝수로 써라."

그러나 그들은 위와 같은 계율이 무엇을 뜻하는지는 속인

(俗人)들에게 알려 주지 않았다. 그래서 누마의 계율 가운데 어느 것은 의미를 알 수 없는데, 이를테면 다음과 같은 것들이다.

"다듬지 않은 포도로 빚은 술을 신에게 올리지 말라."

"빈속으로 제사를 드리지 말라."

"신에게 경배를 드릴 때는 돌아앉아라."

"경배를 드린 다음에는 자리에 앉아라."

앞의 두 계율은 땅을 다스리는 것이 종교의 일부임을 가르치려는 것으로 보이며, 제사를 드린 뒤에 돌아앉으라는 말은 우주의 순환을 따르는 것이라고 한다. 그러나 내가 생각하기에, 신전은 동쪽의 해 뜨는 곳을 바라보도록 지었기 때문에 참배자가 신전으로 들어갈 때 해를 등지게 되는데, 이럴 경우에 반 바퀴를 돌면 해를 바라보게 되고 거기에서 다시 반 바퀴를 돌면 제단의 신을 바라보게 된다. 그러면 마치 바퀴가 돌듯이 참례자는 신전 안에서 완전히 한 바퀴를 돌아 양쪽에 있는 신을 모두 보게 된다는 뜻일 것이다.

그렇지 않다면, 이렇게 돌아앉는 행위는 이집트인들의 수레바퀴와 같은 의미일 수도 있다. 인간사는 멈추지 않고 흘러가며, 아무리 뒤틀린 것이라도 그것이 신으로부터 주어졌다면 기꺼이 받아들일 수밖에 없다는 어두운 진실을 묵시적으로 가르쳐 주고 있다는 것이다.

들리는 바에 따르면, 경배를 드리고 나서 자리에 앉는 행위는 경배자의 소망이 받아들여졌는지, 그리고 그 축복이 얼마나 갈 것인지를 알려 줄 신탁을 기다리는 것이라고 한다. 또한 의식의 여러 순서 사이에 있는 휴식 시간을 기점으로 한 동작이 다른 동작으로 바뀌므로, 참례자는 한 가지 동작을 마친 뒤에는 신이 계신 곳에 가만 앉아 있게 된다. 이는 그가 다음 동작을 시작하기 전에 먼저 신의 축복을 받고자 하는 것이다. 이 계율 또한 앞에서 말한 것과 일치하는 것으로 볼 수 있다. 누마는 또한 다른 일로 바쁠 때는 신에게 소망을 빌지 말아야

하며, 시간과 여유가 있을 때 참례하라는 가르침을 우리에게
알려 주려고 많이 애썼다.

15

그와 같은 종교적 훈련과 교육을 통해 로마인들은 다루기 쉬
운 시민이 되었다. 누마를 얼마나 두려운 존재로 생각했던지,
그들은 동화와 같이 터무니없는 일화도 믿음으로써 받아들였
다. 이는 누마가 마음만 먹으면 시민이 무엇이든 믿게 할 수 있
다고 생각하도록 만들 정도였다.

　어쨌거나 이야기를 더 들어 보면, 그가 많은 시민을 저녁
식사에 초대한 적이 있었는데, 식기와 식사가 모두 검소했다.
그런데 그들이 식사를 시작하자 그는 자신이 늘 대화를 나누
는 신이 찾아왔다고 말하여 손님들을 놀라게 했다. 그러자 갑
자기 방 안에 값진 그릇과 온갖 종류의 음식이 탁상 위에 가득
찼고, 많은 가구가 들어와 있었다.

　그러나 우리가 들은 이야기 가운데 가장 이상한 것으로는
그가 유피테르와 대화를 나누었던 일화를 들 수 있다. 그 이야
기를 들어 보면, 아벤티누스 언덕이 아직 로마에 편입되지 않
아 사람도 살지 않았을 때, 샘과 그늘진 골짜기가 많았던 그곳
에는 피쿠스(Picus)와 화우누스라는 두 반신(半神)이 살면서 사
람들을 해코지했다고 한다.

　달리 말하면 이들은 숲의 신 사티로스(Satyros)나 광야의
신 화우누스와 같은 존재로서, 들리는 바에 따르면 강력한 약
초를 사용하면서 영리한 주문을 외웠다고 한다. 이탈리아 곳
곳에 출몰하면서 장난을 쳤던 그들은 마치 그리스의 이다(Ida)
산에 살고 있다는 요정 닥틸로이(Dactyloi)와 같았다.

　들리는 바에 따르면, 누마는 그들이 자주 와서 마시는 샘
에 포도주와 꿀을 풀어 놓은 다음, 그들이 이를 마시고 정신을
잃은 사이에 사로잡았다고 한다. 잡힌 그들은 본래의 모습을

벗어 버리고 흉측하고 끔찍한 모습으로 여러 가지 형상을 보여 주었다. 그러나 자신들이 꼼짝없이 붙잡혀 도망할 수도 없다는 것을 알게 되자 앞으로 닥쳐올 일을 미리 알려 주고, 천둥과 번개를 피하는 방법도 가르쳐 주었다. 그 방법은 양파와 머리카락과 청어를 이용하는 것으로서, 지금까지 전해 내려오고 있다.

그러나 어떤 사람의 말에 따르면, 누마에게 그러한 비법을 가르쳐 준 것은 그 반신들이 아니라 그 반신들이 요술을 부려 하늘에서 불러낸 유피테르라고 한다. 이에 땅으로 내려온 유피테르가 화난 목소리로 누마에게 말했다.

"너는 머리로써 천둥과 번개를 피해야 한다."

누마가 낱말 맞히기 식으로 물었다.

"양파의 머리를 말씀하시는 건가요?"

이에 유피테르가 대답했다.

"사람의 몸에 있는 것이다."

두려운 결론을 피하려는 듯 누마가 다시 물었다.

"머리카락을 말씀하시는 건가요?"

이에 유피테르가 대답했다.

"아니다. 살아 있는 물건이다."

그러자 누마는 물의 요정 에게리아가 가르쳐 준 대로 다시 물었다.

"청어를 말씀하시나요?"

이 말을 들은 유피테르는 '우아하게' 하늘로 돌아갔는데, 그리스인들은 이 우아한 모습을 힐레오스(*hileos*)라고 한다. 이 단어로부터 기원하여, 그 일이 일어났던 곳을 일리키움(Ilicium)이라고 부른다.

번개를 피하는 주문은 실제로 효험이 있었다. 이 이야기가 터무니없기는 하지만, 그 무렵의 사람들이 귀신을 몰아내면서 취한 태도가 그들의 풍습에 녹아든 모습을 잘 보여 주고 있다.

들리는 바에 따르면, 누마는 신에 대하여 절대적으로 확신했다고 한다. 그래서 언젠가 적군이 로마로 쳐들어온다는 전갈을 받은 그는 웃음을 지으며 이렇게 말했다.

"그러면 나는 제사를 드리러 가련다."

16

들리는 바에 따르면, 파이트(Faith) 여신의 신전과 테르미누스(Terminus) 신의 신전을 처음 세운 사람도 누마라고 한다. 그는 로마인들에게 가장 엄숙히 맹세할 때는 믿음과 신앙을 담당하는 파이트 여신에게 하라고 가르쳤는데, 이러한 풍습은 지금까지 이어지고 있다. 또한 테르미누스는 경계(境界, 끝)를 담당하는 신으로, 그들은 토지의 경계가 확정되면 이 신에게 공적으로나 개인적으로 제사를 드린다. 오늘날에는 이 제사에 살아 있는 제물을 바치지만 옛날에는 피를 흘리지 않는 제물을 썼는데, 테르미누스는 평화의 수호자이며 공정한 거래의 증인이므로 도살한 제물을 쓰지 말아야 한다고 누마가 설명했기 때문이었다.

그리고 로마의 경계를 결정지은 사람도 누마왕임이 분명하다. 로물루스는 자기의 땅을 측량하면 자신이 남의 땅을 얼마나 빼앗았는지 밝혀질 것이 두려워 도시 측량을 내켜 하지 않았다. 토지의 경계란, 무릇 잘 지켜질 경우에는 불법적인 권력을 억제하지만, 지켜지지 않았을 때는 불의를 입증하는 증거가 된다는 사실을 로물루스는 잘 알고 있었다.

사실 처음에 로마의 영토는 그리 넓지 않았으며, 대부분의 영토는 그 뒷날 로물루스가 무력으로 빼앗은 것이다. 누마는 이렇게 얻은 땅을 가난한 사람들에게 모두 나누어 주었다. 가난은 인간이 잘못을 저지르도록 만들기 때문에, 그는 가난을 몰아내고 농민이 농업에 전념하도록 만들고 싶었다.

농민은 자신의 땅을 일구면서 순화(醇化)되고 부드러워진다. 농사만큼 분명하고도 빠르게 평화를 사랑하도록 만드는 일은 없다. 농사를 짓다 보면 자신의 것을 지키고자 싸우려는 전사들의 용맹함은 여전히 남아 있지만, 탐욕과 불의에 빠지려는 전사들 특유의 욕심은 버리게 된다. 그러므로 누마는 시민에게 평화의 묘약으로 농업을 권장하였고, 농업이 재화를 늘리는 일이 아니라 성품을 닦는 일이라는 사실에 기뻐했다.

누마는 로마의 영토를 파구스(*pagus*)라고 부르는 여러 구역으로 나눈 다음, 각 구역마다 감독관과 순찰관을 두었다. 그는 때때로 몸소 구역들을 돌아보면서 여러 농장의 상태를 확인했고, 이를 통해 농민들의 성품이 어떻게 바뀌었는가를 판단했다. 그는 이 판단에 따라 어떤 사람에게는 명예와 신뢰를 베풀었고, 게으르거나 부주의했던 사람은 비판함으로써 분별 있는 사람으로 만들려고 노력했다.

17

이러한 누마의 조치들 가운데 가장 칭찬받은 것은 직업과 기술에 따라 시민을 나누어 조합 집단으로 묶은 것이었다. 앞서 말한 바와 같이,(§2) 두 부족으로 나뉘어 있던 로마는 통합을 이룰 수 없었다. 두 부족은 서로 통합한다든가 차이를 걷어 내고 뭉치는 일을 완강히 거부했다. 오히려 충돌과 다툼이 끊이지 않았다. 그러나 도무지 쉽게 합칠 수 없는 단단한 물체도 부수어 가루로 만들면 입자가 작아져서 쉽게 섞이고 하나가 된다는 사실을 누마는 잘 알고 있었다.

그래서 누마는 시민 모두를 작은 집단으로 쪼갠 다음 새로운 단위로 섞었다. 이전에 존재했던 특성들을 새로 만든 작은 집단들의 특성 속에 넣어 지워 버리기로 결심했던 것이다. 그는 시민을 악사, 금은 세공업자, 목수, 염색공, 가죽을 다루는 사람과 가죽 제품을 만드는 사람, 놋쇠공, 도공(陶工) 따위의 직업과 기술로 나누었다. 그리고 그 밖의 나머지 직업을 가

누마

진 모든 사람이 소속하는 집단도 하나 만들었다.

누마는 또한 사교적인 모임과 공중 집회와 종교 집회에 알맞은 책임자를 임명했다. 이런 방법으로 그는 드디어 로마에서 사비니족이니 로마인이니, 누구는 타티우스를 따르던 사람이고 누구는 로물루스를 따르는 사람이니 하는 말을 몰아내고, 사람들을 직업별로 엮음으로써 서로 화목하게 만들었다.

그뿐만 아니라 누마는 아버지가 자식을 팔도록 허락하는 법을 수정함으로써 칭송을 들었다. 만약 아들이 아버지의 허락을 받아 결혼하여 자녀를 두었다면, 처자를 둔 아들을 팔 수 없도록 한 것이다. 어떤 여인이 자기 남편을 자유민인 줄로 알고 결혼했는데, 사실은 자기가 노예와 결혼했다는 것을 알면 참으로 난감한 일이기 때문이었다.

18

누마는 또한 달력을 조정했는데, 그리 정확하지는 않았지만 그렇다고 해서 생각 없이 결정한 것도 아니었다. 로물루스가 다스리던 시절에는 어느 달은 20일도 안 되었고, 어느 달은 35일이었고, 어느 달은 그보다 더 날짜가 많아 불합리하고 불규칙했다. 그들은 해와 달의 연주(年周) 운동이 일정하지 않다는 사실을 몰랐고, 다만 1년이 360일로 이루어졌다고만 알고 있었다.

그러나 월력(月曆)은 1년이 354일로 이뤄져 있고 태양력(太陽曆)은 365일로 이뤄져 있어 11일의 차이가 있다는 사실을 안 누마는 11일을 두 배로 곱하여 22일짜리 한 달을 만들었고, 새로 생긴 달을 2년마다 2월 다음에 집어넣었다. 로마인들은 이를 메르케디누스(Mercedinus, 윤달)라고 불렀다. 이렇게 누마가 결정한 시차의 수정은 뒷날 더 큰 수정을 필요로 하게 되었다.

누마는 달[月]의 순서도 바꾸었다. 먼저 1년의 첫 달이었던 마르티우스(Martius, March)를 셋째 달로 옮겼다. 그리고 로물루스 시대에는 열한 번째 달이었던 야누아리우스(Ianuarius,

January)를 첫 번째 달로, 마지막 열두 번째 달이었던 페브루아리우스(*Februarius*, February)는 두 번째 달로 옮겼다.

그러나 이 1월과 2월을 누마가 만들었다고 하는 사람들도 많다. 그들에 따르면, 처음에 로마의 달력은 10개월로 이루어져 있었다는 것이다. 당시 이민족들 가운데는 1년을 3개월로 나눈 곳도 있었으며, 그리스인들 가운데에서도 아르카디아 사람들은 4개월, 아카르나니아(Akarnania) 사람들은 6개월로 나누었다.

들리는 바에 따르면, 이집트인들의 달력은 처음에 1년이 오직 한 달이었다가 뒷날 4개월로 바뀌었다고 한다. 그러므로 이집트가 비록 새로 생긴 나라[10]이기는 하지만 그들은 마치 오래된 민족인 것처럼 보이며, 그들의 족보는 엄청나게 오래된 것으로 되어 있다. 한 달을 1년을 산 것으로 계산하다 보니 남들보다 열두 배를 산 것으로 계산되기 때문이다.

19

처음에 로마 달력이 12개월이 아니라 10개월이었다는 사실은 그 마지막 달의 이름으로도 알 수 있다. 그들은 12월을 데켐베르(*December*)라고 부르는데, 이는 본디 열 번째 달이라는 뜻이었다. 또한 마르티우스가 본래 첫 번째 달이었다는 사실은 그 다음에 이어지는 달의 이름으로써 입증된다. 그래서 퀸틸리스(*Quintilis*, July)는 단어의 뜻 그대로 다섯 번째 달이었으며, 여섯 번째 달인 섹스틸리스(*Sextilis*, August)를 비롯해 데켐베르까지 그 이름이 숫자의 순서대로 쭉 이어진다.

10　헤로도토스, 『역사』, II : 5 & 9. 이집트를 '신생국(a very recent country)'이라고 표현한 이 대목에서 헬레니즘의 후손인 플루타르코스의 미묘하고도 재미있는 필치가 보인다. 그로서는 야만과 같은 이집트가 자신들보다 더 유구한 역사를 지니고 있다는 사실을 인정하고 싶지 않았을 것이다. 그들의 피라미드와 스핑크스를 보았으면서도…….

그런데 본래 첫째 달이었던 마르티우스 앞에 야누아리우스와 페브루아리우스가 들어가게 되었고, 결국 앞에서 말한 바와 같이 다섯 번째 달이라는 뜻이었던 퀸틸리스가 7월이 되고 여섯 번째 달이라는 뜻의 섹스틸리스가 8월이 되는 잘못이 일어났다.

그 무렵에 1월을 뜻하던 마르티우스는 로물루스가 군신 마르스를 추모하고자 지었고, 2월을 뜻하는 아프릴리스(*Aprilis*, April)는 사랑과 아름다움의 신인 아프로디테에서 따온 것이라고 믿을 만한 근거는 충분하다. 그들은 아프릴리스가 돌아오면 아프로디테에게 제사를 드리고, 그 초하루에 부인들은 도금양(桃金孃)의 꽃으로 만든 화관을 머리에 쓰고 목욕한다.

그러나 어떤 사람들의 말에 따르면, 아프릴리스의 'p'는 아프로디테(Aphrodite)의 ph가 아니므로, 아프릴리스는 아프로디테에서 유래한 것이 아니라고 한다. 그들의 말에 따르면, 아프릴리스의 절정기에 식물들의 새싹이 '돋아나는데', 돋아난다는 말이 로마어로 아페리오(*aperio*)라고 한 데에서 아프릴리스라는 말이 나왔다고 한다.

아프릴리스(2월) 다음의 달 마이우스(*Maius*, May)는 메르쿠리우스(Mercurius) 신의 어머니인 마이아(Maia)에서 따온 것으로서, 그를 추모하는 달이라는 뜻이다. 4월인 유니우스(*Junius*, June)는 유노 신에서 따온 것이다. 그러나 어떤 사람들의 말에 따르면, 마이우스와 유니우스는 늙음과 젊음을 뜻한다고 한다. 마이우스는 나이 먹은 사람이라는 뜻의 마요레스(*majores*)에서 온 것이고, 유니우스는 젊은이라는 뜻의 유니오레스(*juniores*)에서 따온 것이라고 한다. 그다음의 이름들은 순서대로 숫자에서 따온 것이다. 7월을 셉템베르(*September*), 8월을 옥토베르(*October*), 9월을 노벰베르(*November*) 그리고 10월을 데켐베르라고 불렀다.

이 가운데 5월, 즉 퀸틸리스는 폼페이우스를 제압한 율리우스 카이사르(Julius Caesar)를 본떠 율리우스(*Julius*, July)로 바뀌었고, 6월인 섹스틸리스는 아우구스투스(Augustus)라는 칭호를 들은 옥타비우스(Octavius)를 본떠 아우구스투스(*Augustus*, August)로 바뀌었다. 한때 7월과 8월은 각기 게르마니쿠스(*Germanicus*)와 도미티아누스(*Domitianus*)라고 불렀는데, 이는 도미티아누스 황제가 자기 이름을 붙인 것이었다. 그러나 그가 살해된 뒤에 로마인들은 다시 본래의 명칭인 셉템베르와 옥토베르를 사용했다. 마지막 두 달인 노벰베르와 데켐베르만 처음에 지어진 그대로의 이름을 이어 오고 있다.

누마가 보태거나 옮긴 달 가운데 2월, 즉 페브루아리우스는 정화(淨化) 의식과 관련 있음이 틀림없다. 그 말 자체가 정화를 의미하는 페브루아(*Februa*)와 가장 가까울 뿐만 아니라, 이 달은 조상에게 제사를 드리고 루페르칼리아 축제를 지내는 달이기도 하기 때문이다.(제2장 「로물루스전」, §21) 이 축제 의식 대부분은 정화 의식과 매우 닮았다. 한편 1월에 해당하는 야누아리우스는 야누스(Janus) 신에서 따온 것이다.

내가 생각하기에, 누마가 군신을 뜻하는 달인 마르티우스를 첫째 달에서 셋째 달로 옮긴 것은 어느 모로 보나 군사적인 일이 문민(文民)의 뒤에 놓여야 한다는 바람을 표현한 것으로 보인다. 1월을 상징하는 야누스가 반신(半神)이었는지 왕이었는지는 분명하지 않지만, 어쨌든 그는 시민과 사회의 질서를 지켜 주는 보호자였으며, 짐승처럼 야만적이던 인간의 삶을 구해 준 신으로 알려져 있다. 이런 까닭에 그는 두 개의 얼굴을 가지고 있다. 이는 인간의 삶을 야만에서 문명으로 옮겨 주었음을 뜻하는 것이다.

20

로마의 야누스 신전에는 두 개의 문이 있다. 로마인들은 이를 '전쟁의 문'이라고 부른다. 전쟁이 일어나면 열렸다가 평화가 찾아오면 닫히기 때문이다. 그러나 문이 닫히는 일은 어려웠고, 그만큼 드물었다. 영토가 넓어지자 그를 둘러싸고 있는 이민족과 충돌이 끊이지 않았고, 나라가 늘 전쟁에 휩싸였기 때문이었다.

아우구스투스가 안토니우스(Antonius)를 멸망시킨 뒤에 그 문이 닫힌 적이 있었고, 그보다 앞서서는 마르쿠스 아틸리우스(Marcus Atilius)와 티투스 만리우스(Titus Manlius)가 집정관으로 있을 때 잠시 문이 닫힌 적이 있었지만, 곧 전쟁이 일어나면서 다시 열렸다.

그러나 누마가 다스리던 기간에는 43년 동안 단 하루도 그 문이 열리지 않았으니, 그만큼 세상이 널리 평화로웠음을 뜻한다. 누마왕의 공의로움과 온화한 정치로 말미암아 로마인들은 심성까지 부드러워졌고, 심지어 로마와 이웃한 도시들마저 마치 시원하고 몸에 좋은 산들바람을 맞은 듯 변화를 겪기 시작했다. 그들은 모두 좋은 정부를 만나 평화롭게 살면서 땅을 갈고, 평화롭게 자식들을 키우고 신을 경배하며 살기를 원하게 되었다.

온 나라에 축제와 잔치가 벌어졌고, 사람들은 두려움이나 스스럼없이 서로 왕래하면서 호의와 우정에 넘치는 대화를 나누었다. 누마의 지혜에서 흘러나온 영예와 정의는 마치 샘물처럼 모든 사람의 가슴에 스며들었고, 그의 고요한 정신은 온 세상으로 퍼져 나갔다. 시인의 과장된 표현을 빌려도 그 무렵 사람들의 마음을 온전히 표현하기에는 부족하다.

쇠로 감싼 방패의 손잡이에는
누런 거미가 줄을 치고,
날카로운 창과 양날의 칼은
녹이 슬어 있도다.
진군나팔 소리는 들리지 않아

달콤한 잠을 빼앗지 않는구나.

(베르크 엮음, 『그리스 서정시 단편』, 13)

누마의 시대에는 전쟁이나 당파나 정치 혁명이 일어났다는 기록이 없다. 누마 개인에 대한 질투나 미움도 없었고, 그의 왕위를 빼앗으려는 음모나 야심을 품었던 이도 없었다. 그를 보호하고 있는 신에 대한 두려움 때문이었는지, 그의 덕망에 대한 존경심 때문이었는지, 아니면 모든 악행의 얼룩에서 그들을 해방하고 찬란한 행복감을 안겨 준 그의 통치력 때문이었는지 모르겠다.

누마는 그로부터 여러 세대가 지난 뒤에 플라톤이 『공화국』(§487)에서 주장한 바에 관한 좋은 사례로 남았다. 플라톤의 말에 따르면, 훌륭한 정부란 그 안에서 신의 자비로 모든 악행이 멈추거나 사라지고, 철학자의 지혜를 품은 사람에게 모든 권력이 집중됨으로써 덕망이 악행을 지배하는 사회를 만드는 정부였다. 플라톤은 또한 이렇게 말했다.

그와 같이 지혜로운 왕은 진실로 그 스스로가 축복받은 사람이지만, 그의 입술을 거쳐 흘러나오는 지혜의 말을 듣는 사람 또한 축복받은 사람들이다.(『법률』, §711)

그런 나라에서는 민중을 다룰 때 강제하거나 협박할 일이 없다. 자신의 눈으로 지도자의 삶에서 빛나는 덕망의 실례를 보게 되면, 그들은 스스로 지혜로운 길을 걸을 것이며, 서로 일치를 이루어 우정과 축복 어린 삶을 누리며 단합할 것이고, 공의롭고 절제된 삶을 살 것이다. 그러한 삶은 모든 정치의 가장 고결한 목적이며, 백성들에게 그와 같은 삶과 기질을 심어 주는 인물이야말로 진정한 왕이라 할 것이다. 오늘날에서 보면, 누마는 누구보다도 그런 점을 잘 알고 있었다.

누마의 아내와 자녀들에 관한 이야기는 역사학자마다 다르다. 어떤 사람의 말에 따르면, 그는 타티아 말고 어떤 여자와도 결혼하지 않았으며, 자녀도 딸 폼필리아(Pompilia)밖에는 없었다고 한다. 그러나 또 다른 사람의 말에 따르면, 그에게는 폼폰(Pompon), 피누스(Pinus), 칼푸스(Calpus), 마메르쿠스라는 네 아들이 있었으며, 그들 모두 훌륭한 가문을 이루었다고 한다.

뒤에 폼폰은 폼포니이(Pomponii)를 낳고, 피누스는 피나리이(Pinarii)를 낳고, 칼푸스는 칼푸리니이(Calpurinii)를 낳고, 마메르쿠스는 마메르키이(Mamercii)를 낳았는데, 그들은 누마왕의 후손이었으므로 왕을 뜻하는 레게스(Reges)라는 성을 썼다.

그러나 다른 역사학자들은 앞에서 말한 학자들이 누마의 자식이라고 알려진 네 아들에게 아첨하고자 누마에서부터 이어진 혈통을 지어내 붙였다고 비난했다. 이들의 주장에 따르면, 폼필리아는 타티아의 딸이 아니라 누마가 왕위에 오른 다음에 결혼한 여인에게서 낳은 딸이라고 한다. 그러나 폼필리아가 마르키우스와 결혼했다는 데 대해서는 모든 사람의 말이 일치한다. 마르키우스는 누마에게 왕위에 오르라고 권유했던 그 마르키우스(§6)의 아들이다. 그는 누마를 따라 로마로 올라와 원로원 의원이 되었고, 누마가 죽은 뒤에는 툴루스 호스틸리우스(Tullus Hostilius)와 왕위를 다투다가 실패한 뒤에 굶어 죽었다.

그러나 마르키우스의 아들이자 폼필리아의 남편인 마르키우스는 안쿠스 마르키우스라는 아들을 낳았는데, 그가 툴루스 호스틸리우스에 이어 왕위에 올랐다. 그는 누마가 죽을 때 다섯 살이었다. 피소(Piso)의 말에 따르면, 누마는 갑자기 죽은 것이 아니라 노환으로 죽었다고 한다. 죽을 때 나이는 여든 살이 조금 넘었다.

누마의 장례식은 그의 삶만큼이나 부러움을 샀다. 로마와 동맹이나 우호 조약을 맺은 나라의 시민이 예물과 화관을 가지고 와 장례식에 참석했다. 원로원 의원들이 관을 메고 제사장들이 뒤를 따르고, 그 뒤로 남녀노소를 가리지 않고 시민이 따랐는데, 그들은 마치 늙은 왕의 죽음이 아니라 그들이 가장 사랑하던 이가 가장 꽃다운 나이에 죽은 것을 애도하는 듯했다.

들리는 바에 따르면, 시민은 유언에 따라 그의 시신을 화장하지 않았다. 그들은 관을 두 개 만들어 야니쿨룸(Janiculum) 언덕 밑에 묻었다. 관 하나에는 시신을 담고, 다른 하나에는 그가 생전에 손수 쓴 율법서를 넣었다. 여느 그리스 입법자들이 그랬던 것처럼, 그도 글을 남겼던 것이다.

누마는 살아 있을 적에 그 책의 내용을 제사장들에게 가르쳤다. 그는 이 책들의 의미와 범위를 가슴속에 새긴 다음에 태워 버리라고 지시했다. 그는 그토록 신비하고 존귀한 가르침을 후대에 전하는 일을 생명이 없는 문서에 맡길 수는 없다고 확신했다. 들리는 바에 따르면, 피타고라스학파 학자들이 그들의 교리를 글로 남기지 않고, 교리를 받아들일 만한 사람들의 기억과 행실 속에 심어 주었던 것도 그와 같은 이유 때문이었다고 한다.

들리는 바에 따르면, 자격을 갖추지 못한 사람들이 기하학의 어렵고도 신비한 내용을 물려받을 때, 신은 적지 않은 전조와 광범한 재앙으로 그를 벌주겠노라 위협했다고 한다. 그러므로 우리는 누마와 피타고라스 사이의 닮은 점들을 근거삼아 이 둘이 서로 잘 알고 지냈다는 사실을 입증하려는 사람들을 부정할 수가 없다.

발레리우스 안티아스의 글에 따르면, 누마의 관에 묻힌 책은 종교 서적 열두 권과 그리스 철학 서적 열두 권이었다고 한다. 그 뒤 푸블리우스 코르넬리우스(Publius Cornelius)와 마르쿠스 바이비우스(Marcus Baebius)가 집정관으로 있을 적에 큰 장마가 들었는데, 급류가 땅을 파헤치면서 관이 드러났다.

관의 뚜껑이 없어져 들여다보았더니 관 하나는 아무 흔적도 없이 비어 있었고, 다른 관 하나에는 누마의 글이 들어 있었다. 그래서 그 무렵의 법정관이었던 페틸리우스(Petillius)가 그 글을 읽어 본 다음 원로원으로 가져와, 자기가 생각하기에 이 내용을 밖으로 알리는 것은 합법적이지도 않을뿐더러 적절하지도 않다고 선언하고, 그 글들을 민회의 회당으로 가져가 태워 버렸다고 한다.

진실로 말하거니와, 정의롭고 선량했던 사람들은 살아 있을 적보다 죽은 뒤에 더 칭송을 받는 것이 사실이다. 사람을 미워하는 마음은 그 사람의 수명보다 더 오래가지 못하고, 어떤 때에는 그가 죽기에 앞서 사라지기 때문이다. 그러나 누마의 경우에는 그 뒤에 왕이 된 사람들의 불행이 그를 더욱 빛나게 만들었다. 그의 뒤를 이어 다섯 명이 왕위에 올랐는데, 마지막 왕은 왕위에서 쫓겨나 망명지에서 늙어 죽었고, 나머지 네 왕은 제 명대로 살지 못했다. 그 가운데 세 명은 시역(弑逆)으로 죽었다.

누마의 뒤를 이어 왕이 된 툴루스 호스틸리우스는 누마의 치적을 조롱했다. 그는 누마가 종교에 몰두함으로써 시민을 게으르고 나약하게 만들었다고 선언하며, 시민의 마음을 전쟁으로 몰아갔다. 그러나 그는 허세를 부리던 바대로 살지 못하고 이상한 불치병에 걸려, 누마가 그토록 멀리하고자 했던 미신에 빠졌다. 들리는 바에 따르면, 그가 벼락을 맞아 죽자 시민은 더욱 미신에 매달리게 되었다고 한다.

스파르타의 남편들은
좀 더 잘생기고 혈통이 좋은 자식을 얻기에
가장 훌륭하다고 여겨지는
다른 남자를 집으로 초대하여
아내와 동침하게 함으로써
자식을 얻을 수도 있다.
(......) 남편으로서
이는 참으로 견디기 어려운 일이었다.
— 플루타르코스

리쿠르고스가 그의 법을 그토록
안정적으로 지속할 수 있도록 도와준 것은
바로 그의 교육이었다.
— 플루타르코스

1

이제까지 우리는 누마와 리쿠르고스의 삶을 살펴보았다. 그들의 삶은 우리 앞에 선명하게 드러나 있다. 비록 어려운 일이기는 하지만, 우리는 그들의 삶이 어떻게 달랐는지를 살펴보지 않을 수 없다.

첫째로, 그들의 삶은 지혜와 절제를 갖추었으며, 신 앞에서 경건하였고, 남을 다스리고 가르치는 데 탁월한 능력을 갖추었으며, 신성한 근원에서 법을 이끌어 내는 능력이 있었다는 점에서 분명히 닮았다. 그러나 두 사람은 또한 자신만의 독특한 위업을 이루었다. 우선, 누마는 왕국을 받아들였지만 리쿠르고스는 이를 거절했다. 누마는 왕이 되기를 바라지도 않았는데 왕이 되었고, 리쿠르고스는 왕위를 받았다가 내놓았다.

누마는 공인(公人)도 아니었고 로마인도 아니었지만 시민이 그를 왕으로 추대하였고, 리쿠르고스는 왕이었다가 스스로 평민이 되었다. 정의로써 왕국을 얻은 업적이 훌륭하다는 것은 더 말할 나위도 없다. 그러나 정의를 왕국보다 더 높이 사는 일 또한 위대하다. 누마는 왕위에 오를 자격이 있다고 인정을 받을 만큼 덕망이 높았고, 리쿠르고스 또한 왕위를 비웃을 정도로 덕망이 높았다.

둘째로, 악사가 수금(竪琴)의 줄을 조율하듯이, 리쿠르고스는 스파르타라는 현악기의 줄을 조였고, 누마는 로마라는 악기의 너무 높고 날카로운 줄을 느슨하게 하였다는 데 많은 사람이 동의한다. 그러나 리쿠르고스의 일이 더 어려웠을 것이다. 그가 한 일은 갑옷을 벗고 무기를 버리라는 것이 아니라 금은보화와 비싼 의자와 탁상을 버리도록 시민을 설득하는 것이었기 때문이다.

이를테면 전쟁을 하지도 말고 축제나 제사를 지내지 말자는 정도가 아니라, 아예 먹지도 말고 마시지도 말고 군인이나 운동선수들처럼 열심히 일하자는 것이었다. 누마는 설득을 통해 목적을 이루었지만, 리쿠르고스는 목숨을 걸고 싸운 끝에 상처를 입고서야 겨우 이길 수 있었다. 그러나 누마의 음률은 정중하고 인간적이었으며, 민중을 평화롭고 정의로운 길로 바꾸고, 격렬하고 폭력적인 로마인들의 성품을 부드럽게 바꾸어 놓았다.

만약 우리가 포로로 잡혀 온 헬로트족을 야만스럽게 불법적으로 다룬 것을 놓고 리쿠르고스의 탓으로 돌린다면, 입법자로서 누마는 훨씬 더 그리스인다웠다고 말할 수 있다. 그는 농업의 신을 기리는 사투르누스(Saturnus)[1] 축제에 노예들도 주인과 함께 식사를 할 수 있도록 허락함으로써 노예도 인격이 있는 존재로 자유를 누려야 한다는 사실을 인식시켜 주었기 때문이다. 들리는 바에 따르면, 한 해의 가을걷이를 끝낸 뒤에 그 소출이 있도록 도와준 사람들에게도 수확의 즐거움을 누리도록 허락한 법은 누마가 이룩한 제도 가운데 하나라고 한다. 어떤 사람들의 상상에 따르면, 그러한 풍습은 노예도 없고 주인도 없이 모두 친척처럼 평등하게 살던 사투르누스 시대, 이른바 황금시대를 특징지어 주는 우애와 평등을 다시금 새겨 보고자 한 것이라고 한다.

2

일반적으로 말해서 누마와 리쿠르고스는 모두 시민이 독립심과 건전한 마음을 갖도록 이끌어 주었음이 분명하다. 그러나 덕망이라는 점에서 보면, 리쿠르고스는 용맹에 더 큰 가치를 두었고 누마는 정의에 더 큰 가치를 두었다. 물론 두 나라 정체(政體)의 바탕을 이루고 있는 인성과 관습이 서로 달랐던 만큼, 그들이 필요로 하는 미덕 역시 서로 달랐을 것이다.

　　누마는 비겁해서가 아니라 불의를 저지르지 않고자 전쟁을 일으키지 않았다. 또한 리쿠르고스가 시민을 호전적으로 만든 것 역시 불의를 조장하려 함이 아니라 불의한 일을 겪고 싶지 않았기 때문이었다. 따라서 두 사람은 시민에게 지나친 것을 없애고 부족한 것을 채우면서 엄청난 개혁을 단행할 수

I　이 당시에는 국가가 사투르누스(Saturnus, Kronos) 신전을 운영하고 있었다. 사투르누스는 고대 로마의 농경 신으로, 아들에게 왕좌를 빼앗길 것이라는 예언을 듣고 자기 아들들을 차례로 잡아먹었다. 이 고사(故事)에서 암시를 받은 프랑스의 혁명가 당통(Georges J. Danton)은 "혁명은 사투르누스이다"라는 말을 했는데, 이 말이 뒷날 "혁명가는 혁명가를 타도한다"라는 유명한 경구로 바뀌었다.[Georg Büchner, *Dantons Tod*(Seoul : Pan Korea Buch Verlag, 1982), 제1막 제5장 참조]

밖에 없었다.

각자의 정치 제도 아래에서 시민을 배치하고 구분한 제도를 살펴보면, 우선 누마의 제도는 민중을 향해 있었다. 민중의 환심을 사고 싶었던 그는 대장장이나 악사들이나 가죽 기술자들과 같은 다양한 사람들이 함께 어울려 사는 사회를 만들었다. 그러나 리쿠르고스의 제도는 굳어 있었고, 귀족 정치의 성격을 띠고 있었기 때문에 뭔가를 만들고 개발하는 일은 노예나 이방인의 손에 맡겨 놓았고, 시민은 방패나 창을 쓰는 일에 전념했다.

그렇게 전쟁 전문가이자 군신의 노예가 된 그리스인들은 자신의 장군에게 충성하고 적군을 정복하는 일밖에는 아는 것도 없었고, 관심 둘 것도 없었다. 그래서 리쿠르고스의 통치 아래에서 자유민들은 돈벌이에 종사하는 것이 허락되지 않았는데, 이는 영원히 온전한 자유민으로 살아가고자 함이었다. 모든 사업은 마치 식사를 준비하고 제공하는 일과 마찬가지로 노예들이나 포로로 잡혀 온 헬로트족의 몫이었다.

그와 달리 누마는 리쿠르고스처럼 사유 재산에 제한을 두지 않았다. 그는 전쟁에 따른 약탈을 금지하면서도 그 밖의 돈벌이를 막지는 않았다. 그는 그러한 조치로 말미암은 재산의 불평등을 줄이려 하지도 않았으며, 재산의 취득도 전혀 막지 않았고, 빈곤의 심각한 증가에도 관심을 기울이지 않았고, 빈곤이 도시를 파고들어도 신경 쓰지 않았다.

건국 초기에는 사람들이 재산을 만들어 내는 방식이 보편적이었고, 그 양에도 별 차이가 없었다. 그래서 사람들은 대부분 엇비슷하게 살았다. 이런 상황일 때 누마는, 리쿠르고스가 그랬던 것처럼 재산과 관련된 탐욕을 예방할 방책을 세워 두었어야 했다. 재산의 편중에 따른 문제는 하찮은 것이 아니었다. 그 문제는 시간이 흐른 뒤에 가장 심각하고 만연한 악행으로 자라났다.

그러나 토지 분배 문제에 관해서는 리쿠르고스가 이를 단행했다고 해서 비난받을 일도 아니고, 누마가 그것을 실시하지 않았다고 해서 비난받을 일도 아니라고 나는 생각한다. 리쿠르고스의 경우에는 토지 분배로 말미암은 평등이 그의 통치 기반이 되었지만, 누마의 경우를 보면 토지 분배가 얼마 앞서 진행되었기 때문에 새롭게 토지를 분배해야 할 다급한 이유가 없었다. 그는 그때까지 잘 운영되고 있던 토지 제도에 혼란을 일으킬 이유가 없었던 것이다.

3

부부 관계와 자녀 문제의 경우에는 리쿠르고스나 누마 모두 아내가 남편에게 이기적인 질투심을 품지 않도록 했다는 점에서는 같지만, 그 방법은 전혀 달랐다. 로마의 남자들은 만약 자기에게 자녀가 많은데 자기 친구에게는 자녀가 적다면, 친구에게 자기 아내를 데려가 살라고 권고할 수 있었다. 이때 그 남편은 아내를 영원히 친구에게 물려줄 수도 있고, 잠시 기간을 정해서 아내를 양도할 수도 있었다. 그러나 스파르타의 남편들은 아내가 자신과 원래의 혼인 관계를 유지하면서도, 다른 사람이 그의 아내에게서 아이를 낳고 싶다고 허락을 요구하면 동의할 수 있었다.

또 앞서 말한 바와 같이(제3장 「리쿠르고스전」, §15) 스파르타의 남편들은 잘생기고 혈통이 좋은 자식을 얻기에 가장 훌륭하다고 생각되는 다른 남자를 집으로 초대하여 아내와 동침하게 하여 자식을 얻을 수도 있었다. 그렇다면 누마의 로마법과 리쿠르고스의 스파르타 법 사이에는 어떤 차이가 있는가?

아마도 스파르타의 남자들은 자기 아내에 대해, 또한 대부분의 남자를 들끓게 하는 질투심에 대해 아무런 관심이 없었다고 볼 수 있다. 그러나 로마의 남자들은 수치심을 짐짓 평정한 태도 속에 감추었다. 새로운 혼인이라는 장막 뒤에 서서,

아내의 또 다른 결혼 생활을 지켜보고 감내하는 일은 참으로 견디기 어려웠으리라고 말할 수 있다.

더 나아가서 누마는 젊은 여성들을 꼼꼼히 관리했으며, 이를 통해 그들이 좀 더 여성적인 몸가짐으로 정숙해지기를 바랐다. 그러나 리쿠르고스는 젊은 여성들에게 아무런 제약을 두지 않았고, 그들에게서 여성적인 면모를 기대하지도 않았다. 이는 시인들의 입에 오르내릴 정도였다. 시인들은 스파르타의 여인들을 "허옇게 허벅지를 드러낸 여자(*Ibycus*)"라고 불렀고, 그들이 사내들에게 환장했다며 욕설을 퍼부었다. 이를테면 에우리피데스의 시에는 다음과 같은 구절이 있다.

> 가정도 버리고 사내들과 뒤엉켜
> 치마도 제대로 입지 않고
> 허벅지는 허옇게 드러낸 채로.......
>
> (에우리피데스, 『안드로마케』, §587)

실제로 그들이 입는 치맛단은 허리에서부터 밑으로는 여미지 않아 툭 터 있었기 때문에, 그들이 걸어갈 때는 허연 허벅지가 다 보였다. 그래서 소포클레스는 그의 시에서 그 여인들의 모습을 이렇게 그리고 있다.

> 젊은 여인들의 치맛자락은
> 옆단을 꿰매지도 않아
> 옷 주름 사이로 흰 허벅지가 눈부시니
> 그대 헤르미오네(Hermione)[2]여.
>
> (노크 엮음, 『그리스 비극 단편』, 788)

---

2   헤르미오네는 그리스 신화에 나오는 스파르타의 왕 메넬라오스(Mene-laos)와 제우스의 딸 헬레네 사이에서 낳은 딸로, 여러 차례 결혼했다.

들리는 바에 따르면, 스파르타 여인들은 처음부터 그렇게 용감했으며, 남편들에게도 남자 같은 분위기를 뿜어냈다고 한다. 그들은 집안을 절대적으로 지배했고, 정치 문제에서도 가장 중요한 주제에 관한 논쟁에 참여하여 매우 자유롭게 발언했다.

그런가 하면 누마가 다스리던 때에 로마의 나이 지긋한 부인들은 남편과의 관계에서 스스로 근엄함과 영예를 지니도록 세심한 보살핌을 받았다. 이는 로물루스에서부터 내려온 전통이다. 그는 여인들이 남자들의 폭력에 시달렸던 기억을 지워 주고 싶었다. 그러면서도 누마는 여인들에게 엄청난 절제를 요구했다. 곧 여성들은 사업에 관해 말참견을 해서는 안 되고, 조신해야 하며, 술을 마셔서는 절대로 안 되며, 남편과 함께 있는 자리가 아니라면 중요한 주제에 관하여 발언해서는 안 된다고 가르쳤다.

어쨌거나 들리는 바에 따르면, 언젠가 한 여인이 광장에 나타나 자신의 입장을 호소하자 원로원에서는 신전으로 사람을 보내, 저 여자가 저런 짓을 하는 것이 무슨 해괴한 일이 일어날 전조인지 알아보도록 한 적이 있었다. 로마인들은 여성들이 유순하고 남편에게 순종한 사실을 강조하고자, 남편의 말에 따르지 않은 여인들의 사례를 특별히 기록해 남기기도 했다.

그리스의 역사가들이 처음으로 친족을 살해한 사람, 처음으로 형제와 싸운 사람, 처음으로 아버지를 죽인 사람, 처음으로 어머니를 죽인 사람의 이름을 기록해 놓은 것처럼, 로마인들도 로마가 건국한 뒤 230년 동안에 아내를 처음 버린 남자의 이름을 기록했다. 그의 이름은 스푸리우스 카르빌리우스였으며, 이는 일찍이 선례가 없던 일이었다. 또한 시어머니와 처음으로 싸운 여자는 타르퀴니우스 수페르부스(Tarquinius Superbus) 시대에 피나리우스(Pinarius)의 아내였으며, 그의 이름은

리쿠르고스와 누마의 비교

탈라이아(Thalaea)였다는 사실을 기록해 두었다. 그들의 입법자인 누마는 결혼 제도를 이토록 철저하게 규정해 놓았다.

4

더 나아가서 보면, 젊은 처녀의 결혼에 관한 로마인과 스파르타인들의 관습은 대체로 그들의 교육 제도와 일치했다. 리쿠르고스는 처녀들이 육체적으로 성숙하고 결혼할 뜻이 있을 때 시집을 보냈다. 이는 육체가 아직 성숙하지도 않은 어린 여자에게 강제로 성생활을 강요함으로써 겁에 질려 남편을 미워하게 하기보다는, 몸이 성숙했을 때 성생활을 하게 함으로써 남편에게 친숙한 사랑을 느끼게 하고자 함이었다. 이런 방식의 결혼은 또한 임신과 출산에서 오는 육체의 긴장을 견디게 해 준다. 결혼이란 아이를 낳는 것 말고는 의미가 없다고 리쿠르고스는 확신했다.

그런가 하면 누마의 법은 달랐다. 그들은 여자가 열두 살이 되거나 그보다 어릴 때도 결혼을 시켰다. 어린 시절에 결혼해야만 남녀의 몸과 마음이 모두 순결한 상태이며, 그래야 남편이 여자를 잘 다룰 수 있으리라고 그들은 생각했다. 그러므로 리쿠르고스는 아이를 낳는 문제와 관련하여 자연의 섭리를 더 중요하게 생각했고, 누마는 결혼과 관련된 인격 형성을 더 중요하게 생각했다고 볼 수 있다.

리쿠르고스가 소년들을 무리 지어 가르치고, 그들이 서로 오래도록 협력하게 하고, 식사와 운동과 체력 단련을 철저히 관리함으로써 아이들에게 관심을 보였던 것은 분명한 사실이다. 이에 견주어 본다면 누마는 그저 평범한 입법자에 지나지 않았음을 알 수 있다. 그는 자식들의 양육을 아버지의 욕심이나 필요에 맡겨 버렸기 때문이다. 그의 육아법에 따르면, 아버지는 자신이 원하는 대로 자식을 농사꾼이나 조선공이나 대장장이나 악기 연주자로 만들 수 있었다.

누마의 입장에서 보면, 처음부터 하나의 목적을 위해 자녀들을 훈련시킨다는 것은 그리 중요하지 않았다. 자식들이란 한 배에 타고 있는 승객들과 같아서, 각기 다른 목적으로 배를 타기는 했지만 위기가 닥치면 공통된 이익을 위해 뭉치는데, 그것도 알고 보면 각자의 손실에 대한 두려움 때문에 오직 자기의 이익만을 위해 그렇게 하는 것이라고 누마는 생각했다.

　　지금에 와서 무지했거나 나약했던 탓으로 실패한 입법자들을 비난할 수는 없을 것이다. 그러나 누마와 같이 지혜로운 사람이, 그를 직접 뽑고 그의 모든 지시에 순종할 민중의 왕이 되기로 했다면, 그때 처음으로 했어야 할 일이 무엇이었을까? 아이들을 양육하고 훈련시키는 일이 그들 각자의 성격과 인격에 상당한 변화를 불러일으키지 않는다면 모를까, 그렇지 않다면 아이들을 처음부터 한데 모아 덕성의 길을 걷도록 하면서 서로 조화롭게 발을 맞추도록 이끄는 일이었어야 하지 않을까? 실제로 이러한 교육은 리쿠르고스가 그의 법을 그토록 안정적으로 지속할 수 있게 한 기반이 되어 주었다.

　　스파르타인들이 그러한 법을 지키리라고 맹세한 것은 사실이지만, 만약 그가 수련과 교육을 통해 소년들의 마음속에, 달리 말하면 그들의 성품 속에 법을 심어 주지 않았더라면, 또 국가에 앞다투어 충성하고 싶은 생각을 교육의 중요한 부분으로 삼지 않았더라면 그의 법도 쓸모가 없었을 것이다. 이러한 교육의 결과로 리쿠르고스가 세운 법의 기조는 꿋꿋하고 흔들리지 않았으며, 강인하고 오래가는 염료처럼 5백 년 넘게 그 모습을 유지했다.

　　그러나 누마가 이룩했던 왕국의 목적들, 이를테면 로마와 이웃 나라들 사이에 이어져 오던 평화와 우호는 그의 죽음과 함께 곧바로 사라졌다. 마치 그가 전쟁을 가두어 두기라도 했던 것처럼, 그가 죽자 야누스 신전의 양쪽 문은 활짝 열렸고 이탈리아에는 죽은 사람들의 피가 넘쳤다. 그가 길러 남겼던 정의의 아름다운 모습은 오래가지 못했으니, 이는 튼튼한 교육이 뒷받침해 주지 못했기 때문이었다. 그러나 어떤 사람들은 이렇게 물을 것이다.

"로마는 전쟁을 하면서 더 잘살게 되고 더 진보하지 않았는가?"

안정되고 온화하며 정의를 기초 삼아 자주적인 삶을 이루며 사는 것보다 돈과 사치와 제국의 확장을 통해 더 좋은 삶을 살 수 있다고 주장하는 사람들을 만족시키려면 위의 질문에 기나긴 답변을 해야 할 것이다. 그러나 어떤 사람들은 리쿠르고스가 더 훌륭했다고 생각할 것 같다. 로마에서 누마의 시대에 만든 제도가 사라지자 나라가 더욱 강성해진 것과 달리, 스파르타는 리쿠르고스의 법을 떨쳐 버리자마자 가장 높은 곳에서 가장 낮은 곳으로 곤두박질쳤고, 그리스의 패권을 잃었으며, 파멸의 위험에까지 빠졌기 때문이다.

그럼에도 누마는 이방인의 신분으로서 왕위에 올라 오직 설득만으로 도시의 본성을 바꾸었고, 자기의 견해를 따라 주지 않던 로마를 다스렸다는 점에서 훌륭했고 참으로 신성했다. 그는 이런 일을 수행하면서 전쟁이나 폭력을 쓰지 않았는데, 이런 점에서는 귀족들을 무장시켜 민중과 싸우도록 유도한 리쿠르고스와 다르다. 누마는 지혜와 정의로써 시민의 마음을 사로잡았으며, 그들을 화목하게 이끌었다.

솔론
SOLON

기원전 638?~559?

정치란, 지혜로운 사람들이 발의하지만
바보들이 그 법안을 결정하는 일이다.
— 아나카르시스

평등은 다툼을 낳지 않는다.
— 솔론

1

문법학자인 디디모스(Didymos)는 솔론의 법전과 관련하여 아스클레피아데스(Asclepiades)에게 보낸 답변서에서 휠로클레스(Philokles)라는 사람의 글을 인용했는데, 그 내용은 솔론의 아버지가 에우포리온(Euphorion)이었다는 것이다. 이는 솔론에 관한 글을 쓴 여느 작가들과는 다른 의견이다.

다른 작가들이 하나같이 입을 모아 하는 말에 따르면, 솔론은 엑세케스티데스(Execestides)의 아들이었다고 한다. 그의 아버지는 궁핍하지 않을 만큼 재산이 있었고, 그 도시에서 영향력 있는 사람이었으며, 아테네의 마지막 왕인 코드로스(Codros)의 후손으로 명문가의 아들이었다.

폰토스 출신으로 플라톤의 제자였던 헤라클레이데스의 말에 따르면, 솔론의 어머니는 뒷날 아테네의 폭군이 된 페이시스트라토스의 어머니와 사촌이었다고 한다. 따라서 육촌 사이인 페이시스트라토스와 솔론은 처음에는 매우 가까웠는데, 이는 그들이 혈족이기 때문이기도 했지만 페이시스트라토스가 너무 잘생겨 솔론이 그를 몹시 사랑했기 때문이라고 말하는 사람도 있다.

뒷날 두 사람이 정치 문제를 놓고 의견이 갈라졌을 때도 그들의 대립이 무정하거나 사나울 정도는 아니었다. 에우리피데스가 읊었듯이, 어릴 때부터 이들이 서로 주고받은 기쁨은 그들의 마음속에서

솔론

이 되었다. 그것은 사랑에 관한, 감사로 가득한 기억이었다. 솔
론이 한 젊은이의 아름다움에 무심하지 않았고,[1] 감히 사랑이
라는 감정에 "마치 권투 선수가 주먹다짐을 하듯이" 맞서려 하
지 않았다는 것은 그가 쓴 시구로 미루어 알 수 있다.

솔론은 또한 노예들이 체력을 단련하거나 동성애를 하는
것을 금지하는 법을 만듦으로써 그러한 행위들을 명예와 품위
를 갖춘 일들의 범주에 넣었다. 또한 자격이 없는 사람들에게
금지시킨다는 것은 자격을 갖춘 사람에게는 권장한다는 뜻도
담겨 있었다. 또 들리는 바에 따르면, 페이시스트라토스도 카
르모스(Charmos)라는 소년과 연인 관계였으며, 아카데미아[2]에
사랑의 신(에로스)의 신상을 바쳤다고 한다. 성화를 들고 달리
던 주자들은 이곳에서 불을 붙였다.

2

헤르미포스의 말에 따르면, 그의 아버지가 자잘한 자선 사업
에 가산을 탕진한 뒤, 늘 다른 사람을 도와주던 가문에서 자랐
던 솔론은 자신을 기꺼이 도와줄 만한 친구들이 있었음에도

---

1   이 부분은 그 무렵 아테네 상류 사회에서 동성애가 흔한 일이었음을 보
    여 준다.

2   기원전 385년에 플라톤이 아테네 북서쪽에 있는 영웅 신(神) 아카데모스
    의 신전에서 심신을 수양하여 국정에 공헌할 수 있는 청년들을 배출할
    목적으로 세운 데에서 유래한다. 이 학원은 수사 학교(修辭學校)였으나,
    나중에 이것이 바뀌어 문학·과학·미술 등의 연구를 목적으로 하는 단체
    와 학교를 의미하는 뜻으로 쓰이게 되었다. 유럽에서는 16~17세기 들어
    대학(universitas)의 명칭이 일반화될 때까지 고등 교육 기관의 명칭으로
    사용되었다. 그 정문에는 "기하학을 모르는 학생은 들어오지 말지어다"
    라는 팻말이 붙어 있었다.

다른 사람들의 신세를 지는 것이 부끄러워 젊은 날에 장사를 시작했다.

그러나 어떤 사람의 말에 따르면, 그가 여행한 것은 돈을 벌려는 것이 아니라 경험을 쌓고자 함이었다고 한다. 나이가 들어서도 "늙어 가며 많은 것을 배운다"고 말한 것을 보면, 그는 지식을 사랑했던 사람이었음을 알 수 있다. 그는 재산이 많은 것을 찬양하지는 않았지만, 다음과 같이 부자인 두 사람에 관한 이야기를 남겼다.

> 어느 사람은 금은보화와
> 밀을 생산하는 넓은 밭과
> 말과 노새를 가졌고,
> 다른 사람은 겨우 먹을 양식과
> 옷과 신발만을 가졌으나
> 귀여운 자식과 꽃 같은 아내와 함께라면
> 그들과 함께 살 날이 몇 년뿐이라 할지라도
> 그날이 오기를·······

그러나 솔론은 다른 구절에서,

> 재산을 갖고 싶기야 하지만
> 옳지 않게 번 돈을 가질 것은 아니니,
> 비록 더디더라도, 오직 정의만이 확실한 것을·······
> (베르크 엮음, 『그리스 서정시 단편』, 13)

이라고 읊기도 했다.

훌륭한 정치인이라면 넘치도록 재산을 얻으려고 마음 쓸 일도 아니지만, 그렇다고 해서 넉넉한 생활에 필요한 만큼의 재산을 멸시할 이유도 없다. 그리스 시인 헤시오도스의 말을 빌리면, 그 무렵에 노동은 부끄러워할 일이 아니었으며,(『일과 나날』, §311) 무역을 한다고 해서 사회적으로 낮게 여겨지지도 않았다.

상인은 사실 영예로운 직업이었다. 그들은 외국의 물정에 밝으며, 외국의 왕들과 사귈 수 있고, 다양한 경험을 쌓을 수 있기 때문이었다. 프로티스(Protis)가 로다노스(Rhodanos)강 둘레에 사는 갈리아족의 사랑을 받아 마살리아(Massalia, Marseilles)를 세운 것처럼, 어떤 무역상은 실제로 거대한 도시를 세웠다. 들리는 바에 따르면, 철학자 탈레스(Thales)나 수학자 히포크라테스(Hippocrates)[3]도 장사를 했으며, 플라톤도 이집트에 머무는 동안 올리브유를 팔아 생활비를 갚았다고 한다.

3

그러므로 솔론의 삶이 사치스러웠다거나 철학자답지 않게 좀 더 자유로이 쾌락을 노래한 부분이 있다면, 그가 장사를 했던 탓일 것이다. 그는 살면서 위험한 일을 수없이 겪은 까닭에, 자잘한 사치와 즐거움에서 그 보상을 받으려 했다. 그러나 그는 자신을 부자라기보다는 가난한 사람으로 여겼는데, 그러한 생각은 다음의 시에서 잘 나타나고 있다.

> 악한 사람이 부자가 되고
> 착한 사람이 가난하게 살지만
> 나는 나의 덕성을
> 그들의 재산과 바꾸지 않으리니
> 덕성은 오래 살아남지만

---

3 이 영웅전에는 여섯 명의 히포크라테스가 등장한다. 여기에 나오는 히포크라테스는 의학자 히포크라테스(제10장 『대(大)카토전』, § 23)와는 다른 인물이다.

재산은 날마다 그 주인이 바뀌기 때문이라.

(베르크 엮음, 『그리스 서정시 단편』, 15)

애당초에 솔론은 별다른 뜻 없이 그저 재미 삼아 시간을 보내고자 시를 썼던 것 같다. 그러나 시간이 흐르면서 그는 시에 철학적 경구와 정치적 교훈을 담았는데, 이는 단순히 역사에 기록을 남기고자 함이 아니었다. 때로는 자신들의 처사를 합리화하고, 때로는 아테네인들을 권면하거나 책망하고자 함이었다. 어떤 사람들의 말에 따르면, 솔론은 법을 공포하기에 앞서 그것을 시로 표현하려 했다면서 그러한 사례로 다음과 같은 시를 들려주었다.

먼저 우리는 크로노스(Kronos)의 아드님인
제우스에게 제사를 드리자.
그분께서 이 법에 성공과 영예를 허락하시도록.

(베르크 엮음, 『그리스 서정시 단편』, 31)

철학의 측면에서 보면, 그 무렵 대부분의 현자(賢者)들처럼, 솔론도 주로 정치 윤리의 영역을 개발했다. 그러나 그는 자연 과학 분야에서는 매우 단순하면서 시대에 뒤떨어진 생각을 갖고 있었는데, 다음의 시가 그러한 모습을 잘 보여 준다.

눈과 우박은 구름에서 오고
천둥은 번개를 따라온다.
바람이 몰아치면 바다는 부서지지만
그 바람이 가라앉으면,
바다만큼 고요한 것도 없으리니.......

(베르크 엮음, 『그리스 서정시 단편』, 9, 12)

솔론

그러므로 그 시대에 실용의 영역을 넘어 사색한 사람은 탈레스뿐이었던 듯하다. 다른 나머지 사람들은 뛰어난 정치가로서 현자의 이름을 얻었다.

4

들리는 바에 따르면, 그리스의 일곱 현인[七賢][4]은 델포이에서 만난 적이 있고, 이들 가운데 한 명이었던 코린토스의 독재자 페리안드로스가 주최한 잔치 자리에서 다시 만났다고 한다. 이때 세발솥이 모두의 손을 거쳐 다시 원래 소유자에게 돌아간 일은 그들의 명성을 더욱 높여 주었다. 자기에게 주어진 물건을 다른 이에게 양보함으로써 서로에게 호의와 겸양을 보여 준 사건이었다. 그 이야기의 앞뒤는 다음과 같다.

코스(Kos)섬에 사는 어부 몇 사람이 그물을 끌어 올리고 있는데, 밀레토스에서 온 이방인들이 그물 안의 물건을 보지도 않고 샀다. 들리는 바에 따르면, 그물 안에는 금으로 빚은 세발솥이 있었는데, 스파르타의 메넬라오스의 왕비인 헬레네가 트로이 전쟁이 끝나고 돌아오던 길에 어떤 고대의 신탁이 떠올라 그곳에 던진 것이라고 한다. 처음에는 이 솥이 누구의 것인가를 놓고 어부와 밀레토스에서 온 여행자들 사이에 분쟁이 일어나, 끝내는 두 나라 사이에 전쟁으로 번졌다.

이에 아폴론의 여사제인 피티아가 나서서 양쪽 사람들을 신전에 불러 놓고 세발솥을 이 나라에서 가장 지혜로운 사람에게 주라고 말했다. 그래서 솥은 첫 번째로 밀레토스의 탈레스에게 돌아갔다. 코스섬 주민들은 비록 이로 말미암아 전쟁

---

4   여기에서 그리스의 일곱 현인[七賢]이라 함은 밀레토스(Miletos)의 탈레스를 포함하여 프리에네(Priene)의 비아스(Bias), 스파르타의 킬론(Chilon), 린도스(Lindos)의 클레오불로스(Kleoboulos), 코린토스의 페리안드로스(Periandros), 미틸레네(Mitylene)의 피타코스(Pittakos), 아테네의 솔론을 말한다.

까지 치렀지만, 탈레스라면 기꺼이 솥을 줄 수 있었다.

그러나 솥을 받은 탈레스는 비아스가 자기보다 더 지혜로운 사람이라고 말하면서 솥을 거절했다. 솥을 받은 비아스는 다시 자기보다 더 지혜로운 사람에게 보냈다. 이런 식으로 솥은 현자들을 한 바퀴 돌아서 마침내 탈레스에게 다시 돌아왔다. 결국 솥은 밀레토스에서 테베로 보내, 이스메노스(Ismenos)강 근처에 있는 아폴론 신전에 바쳤다.

그러나 그리스의 철학자 테오프라스토스의 말에 따르면, 세발솥은 먼저 프리에네의 비아스에게 갔다가 두 번째로 밀레토스의 탈레스에게 갔다고 한다. 그래서 서로 양보하다가 마침내 솥이 비아스에게 다시 돌아오자 끝내 델포이의 신전에 봉헌되었다는 것이다. 이 이야기가 앞의 이야기보다 더 잘 알려져 있다.

또 어떤 사람들의 말에 따르면, 그렇게 돌아다니던 솥은 지금 델포이 신전에서 볼 수 있는 것이 아니라 리디아의 왕 크로이소스(Kroisos)가 보낸 그릇이었다고 한다. 또 어떤 사람들은 그리스의 조각가 바티클레스(Bathykles)가 두고 간 잔이라고 말한다.

5

솔론과 아나카르시스(Anacharsis), 솔론과 탈레스의 사사로운 교제에 대하여 재미있는 이야기가 있는데, 그 앞뒤는 이렇다. 아나카르시스가 아테네를 방문했을 때 그는 솔론의 집을 찾아가 이렇게 말했다.

"나는 지나가는 길손인데 그대와 우정을 맺고 싶소."

그에 솔론이 이렇게 대답했다.

"우정은 고향에서 맺는 것이 좋소."

그러자 아나카르시스가 이렇게 대답했다.

"아, 그렇군요. 이곳이 바로 그대의 고향이니 나와 우정을 맺어 봅시다."

손님의 재치에 감탄한 솔론은 그를 정중하게 맞이하여 여러 날을 함께 묵었다. 이 무렵에 이미 솔론은 공무를 처리하면서 법을 만들고 있었다. 솔론이 하는 일이 무엇인지 알게 된 아나카르시스는 인간의 불의와 탐욕을 성문법으로 막으려는 그의 생각을 비웃으면서 이렇게 말했다.

"법이란 마치 거미줄과 같이 연약하여, 작은 것이 걸려들면 그 망으로 잡을 수 있지만, 돈 많고 권력 있는 사람이 걸리면 갈기갈기 찢어지는 법입니다."

이에 솔론이 이렇게 대답했다.

"약속을 깨는 것이 누구에게나 불리하다고 생각할 때, 사람들은 약속을 지킬 것입니다. 나는 정의를 지키는 쪽이 법을 어기는 쪽보다 유리하다는 것을 모든 시민에게 분명히 해 두는 방식으로 법을 만들고 있습니다."

그러나 후세의 결과는 솔론의 희망보다 아나카르시스의 추측이 더 잘 맞았음을 보여 주었다. 아나카르시스는 그리스의 민회를 바라보면서 이렇게 말했다.

"정치란, 지혜로운 사람들이 발의하지만 바보들이 그 법안을 결정하는 일이다."

6

들리는 바에 따르면, 솔론이 탈레스를 만나러 밀레토스로 찾아갔을 때, 그는 탈레스가 결혼할 마음도 없고 자녀를 둘 뜻도 없다는 사실에 놀랐다. 그때 탈레스는 아무 대답도 하지 않았지만, 며칠 뒤 어떤 사람을 불러 그가 아테네에서 열흘을 머물고 막 돌아온 것처럼 대답하도록 짜 놓았다. 솔론이 그에게 아테네에서 무슨 일이 있었느냐고 묻자, 그는 탈레스가 미리 얘기해 둔 대로 이렇게 대답했다.

"별일은 없었습니다. 그런데 한 젊은이가 죽었는데 온 도시 사람들이 장례 행렬을 따라 묘지까지 갔습니다. 제가 들은 바에 따르면, 그는 어느 덕망 높은 현자의 아들이었다고 합니다. 그 현자는 아들의 장례식에 오지 않았습니다. 사람들의 말에 따르면, 그는 오랫동안 여행하고 있었다고 하더군요."

그 말을 듣고 솔론이 말했다.

"아, 불쌍한 사람 같으니라고. 그 현자의 이름이 무엇이라 하던가요?"

나그네가 대답했다.

"그 이름을 듣기는 했는데 기억이 나지를 않는군요. 그가 지혜롭고 정의로운 분이라는 말만 많이 들었습니다."

대답을 들은 솔론은 두려움만 더욱 커졌다. 드디어 초조해진 솔론이 낙심하여 나그네에게 물었다.

"혹시 죽은 젊은이가 솔론의 아들이 아니던가요?"

나그네가 이렇게 대답했다.

"그렇습니다."

솔론은 그제야 자기 아들이 죽은 것을 알고 주먹으로 머리를 치며 매사를 슬픔에 겨워했다. 그러자 탈레스가 그의 손을 잡으며 미소를 띤 채 이렇게 말했다.

"솔론이여, 내가 결혼을 하지 않고 자식을 낳지 않는 것이 바로 그 때문이라오. 그대처럼 마음이 굳은 사람도 그 슬픔을 견디지 못하는군요. 그러나 놀라지 마시오. 그대의 아들이 죽었다던 나그네의 말은 내가 꾸며 낸 말이라오."

어쨌거나 헤르미포스의 말에 따르면, 이 이야기는 아이소포스(Aesopos)[5]의 정신을 이어받았다고 자랑스러워하는 파타

---

5   이 사람은 우리에게 흔히 '이솝'이라고 알려진 바로 그 인물이다. 그는 본디 수재로서 많은 작품을 암송하여 귀족이 듣고 싶을 때 그 작품을 암송해 주는 노예였다. 이런 직업은 동서양에 모두 있었는데, 한국사의 경우에는 상류 사회에 들어가 전문적으로 이야기를 암송하는 직업을 전기수(傳奇叟)라고 했다.

이코스(Pataekos)에게서 들은 것이라고 한다.

7

그러나 어떤 것을 잃을까 두려워 처음부터 갖지 않으려 한다
는 것은 불합리한 일이다. 그런 식이라면 재산이라든가 명예
라든가 지혜도 잃을 것이 두려워 갖지 말아야 한다는 논리가
성립하기 때문이다. 실제로 세상에서 가장 소중하고 즐거운
자산인 덕망조차도 병이나 약물로 잃게 된다. 그리고 탈레스
가 비록 결혼하지는 않았지만, 친구와 동기간과 조국과 같은
문제에서 벗어날 수는 없다. 그들조차 피할 수 있었다면 몰랐
겠지만 말이다. 들리는 바에 따르면, 그는 여동생의 아들인 키
비스토스(Cybisthos)를 양자로 받아들였다고 한다.

영혼은 그 자체로서 사랑의 능력이 있다. 그리고 사랑은
자연스럽게 지각하고 이해하고 기억하는 능력이 있다. 영혼은
그와 같은 힘에 둘러싸여 있어 집안에서 사랑할 만한 대상을
찾지 못하면 엉뚱한 대상을 찾게 되는데, 이는 마치 합법적인
상속자가 없는 가옥이나 부동산과 같아서 주인이 없는 사랑은
이를 탐내는 낯선 사람이나 사생아나 늙은 하인의 몫이 된다.
이와 같은 현상은 그 원래의 소유자를 근심과 두려움에 싸이
게 만든다.

결혼을 반대하고 자식 낳기를 거부하는 사람들도 종이나
첩의 소생들이 병들거나 죽으면 자기 자식이 죽은 것처럼 몹
시 슬퍼하는 것을 우리는 본다. 더욱이 어떤 사람들은 개나 말
이 죽어도 수치스러울 정도로 견딜 수 없는 슬픔에 빠진다. 그
러나 어떤 사람들은 귀한 자식의 죽음을 겪고서도 끔찍한 슬
픔이나 적절치 못한 행동을 보이지 않고 끝끝내 견디며, 이성
의 명령에 따라 남은 생애를 보낸다.

불운을 겪으면서 이성적으로 견딜 수 있게 훈련되지 않았
을 때, 사람들이 끝없는 고통과 두려움에 빠지는 것은 애정이

아니라 나약함 때문이다. 그런 사람들은 자신들이 그토록 열망하던 것을 얻었을 때도 제대로 즐기지 못한다. 그들은 그렇게 얻은 것을 혹시라도 잃을까 봐 두려워하고 고통스러워하고 전율하고 발버둥을 치기 때문이다.

그러나 우리는 세상의 귀한 것을 빼앗길 수도 있다는 두려움에 지레 가난하게 살거나, 친구를 잃는다는 두려움에 아예 친구를 사귀지 않는다거나, 자식을 잃을 것 같은 두려움에 자식을 갖지 않는 방식으로 자신을 모질게 만들 것이 아니라, 그러한 역경을 이길 수 있는 이성으로 강인하게 단련해야 한다. 지금으로서는 이 이야기가 너무 길어진 것 같다.

8

아테네인들은 살라미스섬을 둘러싸고 메가라인들과 전쟁을 치르다가 지친 나머지, 앞으로는 누구도 죽음을 각오하지 않는 한 아테네가 살라미스를 차지해야 한다는 주장을 글이나 말로 표현하지 못하도록 하는 법을 만들었다. 솔론은 이 법이 담고 있는 불명예스러움을 견딜 수 없었다. 그뿐만 아니라 많은 젊은이가 메가라와 전쟁을 치를 각오가 되어 있음에도 그와 같은 법으로 말미암아 감히 그러한 마음을 드러내지 못하고 있었다.

그러한 사실을 알게 된 솔론은 거짓으로 미친 척하면서 자기 가족을 시켜 자신이 미쳤다고 시민에게 알리도록 했다. 그러면서 그는 비밀스럽게 비통한 시를 지어 여러 번 읽어 외운 다음, 갑자기 머리에 모자를 쓰고 광장으로 뛰쳐나갔다. 사람들이 모이자 그는 전령의 강단에 올라가 그 시를 읊었는데 그 내용은 이런 것이었다.

보라,
나는 사랑스러운 살라미스에서 온 전령이니

장광설이 아닌 정연한 시를 가지고 왔노라.[6]

이 시의 제목은 '살라미스'이며, 1백 행의 우아한 작품이다. 솔론이 이 시를 낭송하자 그의 친구들이 그를 찬양했다. 특히 페이시스트라토스가 솔론의 말에 따르기를 권유하며 사람들을 선동했다. 그러자 그들은 법을 폐지하고 솔론을 사령관으로 뽑아 전쟁에 돌입했다. 이 전쟁에 관하여 널리 알려진 바는 다음과 같다.

솔론은 페이시스트라토스와 함께 배를 이끌고 콜리아스(Colias)곶에 이르렀다. 거기서 바라보니, 그 도시의 여인들이 풍습에 따라 농업·결혼·사회 질서의 여신인 데메테르에게 제사를 드리고 있었다. 이에 솔론은 믿을 만한 남자 한 명을 살라미스에 보내, 자기는 그리스의 탈영병인데 메가라인들이 지금 아테네의 부인들을 납치하고 싶으면 당장 자기와 함께 빨리 콜리아스곶으로 가자고 말하도록 했다. 그의 말을 믿은 메가라인들은 그 배에 몸을 싣고 출항했다.

살라미스섬에서 배가 돌아오는 것을 본 솔론은 부인들을 피난시키고, 아직 젊어 수염이 나지 않은 남자들을 여인들이 쓰는 겉옷과 머리띠와 신발로 치장한 다음, 품속에 단검을 숨긴 채 적군이 배를 육지에 대고 가까이 다가올 때까지 해안에서 춤추며 놀게 했다.

솔론이 지시한 대로 이뤄지자 메가라인들은 그들이 본 바에 이끌려 배를 해안에 댔고, 아테네인들이 예상했던 대로 앞을 다투며 여인들을 납치하려고 대들었다. 그 결과 메가라 병사들은 한 사람도 도망가지 못하고 죽었으며, 이에 곧 아테네

---

6   이 시는 지금까지 6행이 더 전해지고 있다.(베르크 엮음,『그리스 서정시 단편』, 1~3) 이 시는 아테네인들이 살라미스를 포기한 것을 비난하면서 전쟁을 일으킬 것을 주장하고 있다.

병사들은 살라미스를 공격하여 장악했다.

9

그러나 다른 이야기에 따르면, 살라미스는 그런 방법으로 함락된 것이 아니라고 한다. 솔론은 먼저 델포이의 신에게 다음과 같은 신탁을 받았다고 한다.

수호 영웅들이 이 땅에 살았으니
성스러운 제사를 드려 달랠지어다.
아소피아(Asopia)의 들판이 그 품에 숨어 있으니
그들은 지는 태양을 향하여
그곳에 묻혀 있노라.

그런 일이 있은 다음, 솔론은 밤을 틈타 살라미스로 건너가 영웅 신인 페리페모스(Periphemos)와 키크레우스에게 제물을 바쳤다. 그런 다음 그는 지원병 5백 명을 뽑아 살라미스를 정복하면 그 섬의 고위직을 주겠노라고 법령으로 약속하고, 서른 개의 노를 가진 배의 호위를 받으며 그들을 어선에 태우고 출항했다. 솔론이 에우보이아가 보이는 해안에 닻을 내렸지만, 섬의 메가라인들은 무슨 일이 벌어지고 있는지 확실한 정보도 없이 서둘러 무장하고 해안으로 나왔다가 곧 적군을 정탐하고자 척후병을 태운 배를 띄웠다.

척후선이 가까이 오자 솔론은 이들을 붙잡아 가둔 다음 그 배에 아테네의 정예병을 태우고 정체를 숨긴 채 살라미스로 돌려보냈다. 그와 함께 솔론 자신은 아테네의 남은 병력을 이끌고 섬에 올라 메가라인들과 접전을 펼쳤다. 이들이 싸우는 동안, 배를 타고 간 아테네의 정예병들이 도시를 점령했다.

살라미스 해전을 기념하고자 치르는 예식을 살펴보면 이 이야기가 사실임을 알 수 있다. 예식에 따르면, 먼저 아티카의 배 한 척이 조용히 출항할 때 그 배의 선원이 함성을 지르고, 이어서 완전 무장을 갖춘 병사 한 명이 스키라디움(Sciradium) 곶에 오른다. 그는 상륙해 공격하는 병사들에게 승리 소식을 알린다. 바로 그 옆에 솔론이 세운 군신 에니알리우스(Enyalius, 아레스의 별명)의 신전이 지금까지 서 있다. 솔론은 메가라인들을 정복한 뒤, 죽지 않은 포로들을 풀어 주었다.

10

솔론이 이처럼 베풀었음에도 메가라인들이 끈질기게 저항하여 양쪽에 다치는 사람이 많아지자, 그들은 마침내 스파르타인들을 중재자로 내세워 재판을 받기로 했다. 작가들 대부분의 말에 따르면, 솔론의 이 논쟁에 호메로스의 저서 『함선 목록(Catalogue of Ships)』이 도움을 주었다고 한다. 솔론은 그 저서에 한 구절을 더 집어넣어 재판석에서 다음과 같이 읽었기 때문이다.

> 아이아스(Aias)[7]는 살라미스에서
> 배를 열두 척 끌고 와
> 아테네의 주인들 곁에 멈추었도다.
> (『일리아스』, II : 577f)

그러나 아테네인들은 이 시구가 터무니없는 것이라고 말한다. 아이아스에게는 필라이오스(Philaios)와 에우리사케스(Eury-sakes)라고 하는 두 아들이 있었는데, 살라미스섬을 아테네인들에게 바친 뒤 아테네 시민이 되어 아티카에 정착한 사람은 이 둘이라고 한다. 큰아들은 브라우론(Brauron)에 살았고, 작은아들은 멜리테(Melité)에 살았다는 것이다. 그들은 필라이오스

---

7   살라미스의 왕 텔라몬의 아들로서 용사였다.

의 이름을 따 필라이다이(Philaidae)라는 도시를 세웠는데, 페이시스트라토스가 바로 그들의 후손이라는 사실을 솔론이 재판관들에게 입증했다는 것이다.

또한 들리는 바에 따르면, 솔론은 메가라인들의 주장을 반박하고자 살라미스에서는 죽은 사람을 메가라인들의 방법으로 묻지 않고 아테네인들의 방법으로 묻는다는 사실을 지적했다고 한다. 메가라인들은 죽은 이를 매장할 때 얼굴이 동쪽으로 향하게 하는데, 아테네인들은 얼굴이 서쪽으로 향하도록 묻기 때문이라는 것이다. 그러나 메가라인인 헤레아스는 솔론의 말을 부인하면서 메가라인들도 죽은 사람의 얼굴을 서쪽으로 향해 묻는다고 말했다.

그리고 이보다 더 중요한 사실이 있으니, 아테네인들이 한 무덤에 한 사람씩 묻는 것과 달리 메가라인들은 살라미스의 초기 주민들과 마찬가지로 한 무덤에 두세 명을 묻는다고 그는 말했다. 그러나 다른 사람들의 말에 따르면, 솔론은 살라미스가 이오니아에 속해 있다고 말한 여러 가지 신탁을 내세워 자기의 말을 뒷받침했다고 한다. 이 사건을 맡은 사람은 스파르타인 다섯 명이었는데, 그들 이름은 크리톨라이다스(Critolaïdas), 아몸파레토스(Amompharetus), 히프세키다스(Hypsechidas), 아낙실라스(Anaxilas), 클레오메네스(Cleomenes)였다.

11

이와 같은 사건들은 솔론을 유명하고도 유력한 인물로 만들었다. 그러나 그리스인들 사이에서 그를 더욱더 유명하고 존경하게 만든 것은 델포이 신전에서 했던 그의 연설이었다. 이 연설에서 그는 그리스인들이 더 이상 키르하에 살고 있는 사람들이 신탁을 모욕하지 못하도록 막아야 하며, 신성을 지키려면 델포이 신전을 숭상하는 사람들을 도와야 한다고 역설했다. 학자들 가운데 아리스토텔레스의 증언에 따르면, 인보 동맹(隣保同盟, Amphictyonic Council)[8]이 전쟁을 일으킨 것은 솔론의 설득 때문이었다. 아리스토텔레스는 피티아 경기[9]에서 우승한 인물들의 목록을 작성할 때에도 그 공을 솔론에게 돌리고 있다.

그러나 사모스섬 출신의 에우안테스(Euanthes)의 말을 인용한 헤르미포스의 주장에 따르면, 그 전쟁을 지휘한 장군은 솔론이 아니라고 한다. 웅변가 아이스키네스(Aischines)도 그의 연설 『반(反)크테시폰(Against Ctesiphon)』(§100)에서 그런 말을 하지 않았으며, 델포이의 기록에도 아테네인들을 지휘한 사람은 솔론이 아니라 알크마이온(Alkmaeon)이라고 적혀 있다.

12

그 무렵 아테네는 "킬론(Cylon)의 무리가 더러운 살인 사건을 일으켜"[10] 소란을 겪고 있었다. [기원전 636년] 정무 위원(Archon)인 메가클레스(Megakles)는 아테나 신전에 몸을 숨기고 있던 반역자들에게 그곳에서 나와 재판을 받도록 설득했다. 그들은 꼰 줄로 신상에 자신들의 몸을 묶은 채 내려왔는데, 에리니에스(Erinyes) 신상에 이르자 그 줄이 저절로 끊어졌다.

그것을 본 메가클레스와 그의 막료들은 신이 더 이상 반역자들을 보호할 뜻이 없다고 풀이하고 바로 달려들어 그들을 붙잡았다. 신전 밖에 있던 사람들은 돌에 맞아 죽었고, 안에 있

---

8 인보 동맹은 델포이의 아폴론 신전과 테르모필라이(Thermopylae) 계곡 근처에 있는 아텔라(Athela) 신전에 공동 의무를 띠고 있던 열두 부족의 연맹체를 의미한다.

9 피티아 경기는 올림픽 경기, 네메아 경기, 이스트모스 경기와 함께 고대 그리스의 4대 제전 가운데 하나이며 아폴론 신전에서 4년마다 열렸다.

10 킬론은 아테네의 귀족으로 올림픽 경기에서 우승한 명사였다. 그는 자기 장인이 참주로 있던 메가라의 지원을 받아 기원전 632년에 반란을 일으켰다.

던 사람들은 그 안에서 살해되었다. 정무 위원들의 아내를 찾아가 사정한 사람들만 목숨을 건질 수 있었다. 이 사건으로 말미암아 정무 위원들은 더러운 피로 오염된 사람들이라는 저주를 들었다.

킬론의 추종자들 가운데 살아남은 무리는 힘을 길러 메가클레스의 자손들과 끝없이 싸웠다. 다툼이 심할 때는 시민도 두 파로 갈렸다. 솔론은 그 무렵에 높은 명망을 누리고 있었던 터라, 고결한 인품을 지닌 아테네인들의 도움을 받아 이 문제를 중재하려 했다. 그의 간청과 권고에 따라 죄를 지은 사람들은 재판을 받되, 귀족 가운데에서 선출된 배심원 3백 명의 결정에 따르도록 했다. 플리아(Phlya)에 사는 미론(Myron)이 그들을 기소했고, 재판에서 피고 메가클레스 일당은 유죄 판결을 받았다.

그리하여 살아 있는 사람들은 추방되었고, 죽은 사람들은 무덤을 파헤쳐 그 유골을 국경 너머에 버렸다. 이러는 동안에도 메가라인들은 아테네를 공격했다. 이 전쟁에서 패배한 아테네인들은 니사이아(Nisaea) 항(港)을 잃고 다시 살라미스에서 쫓겨났다. 또한 아테네에 미신의 공포와 이상한 환영들이 횡행하자 점쟁이들은 제물을 바쳐 정화하고 속죄해야 한다고 선언했다.

이런 상황에서 그리스인들은 크레타에 사람을 보내 파이스토스(Phaistos)에 사는 에피메니데스(Epimenides)에게 도움을 요청했다. 어떤 사람들은 그리스의 일곱 현인 가운데 페리안드로스 대신 에피메니데스를 꼽을 만큼 그는 존경을 받는 인물이었다.(아리스토텔레스, 『아테네 헌법』, I) 그는 신의 사랑을 받고 있을 뿐만 아니라 종교 문제에서 하늘이 내린 신비스러운 지혜를 가졌다는 평판을 듣고 있었다. 따라서 그 무렵의 사람들은 그를 발테(Balte)라는 요정의 아들이자 새로운 쿠레테스

(Kouretes)¹¹라고 불렀다. 아테네에 온 그는 솔론의 친구가 되어 여러 방법으로 도왔으며, 그의 입법 활동을 위한 길을 열어 주었다.

에피메니데스는 아테네인들이 정중하고 조심스럽게 종교 의식을 치르도록 했으며, 장례식에 바로 이어 제물을 바치게 함으로써 격식을 줄였고, 그 무렵에 남편을 잃은 여인들에게 자행된 가혹하고도 야만적인 관행을 면제해 주었다. 그러나 무엇보다도 중요한 것은 그가 여러 가지 속죄와 정화 의식을 도입하고 성소의 기초를 다짐으로써 아테네를 신성하게 만들었으며, 시민이 정의를 지키게 하고 쉽게 화합하도록 만들었다는 점이었다.

들리는 바에 따르면, 에피메니데스는 무니키아(Munychia) 항구의 요새를 바라보면서 한동안 생각에 잠겼다가, 주위 사람들에게 참으로 인간은 미래를 바라보지 못한다며 개탄했다고 한다. 그곳이 앞으로 아테네에 어떤 불행을 가져올지 그들이 알고 있다면 이로 씹어서라도 없앴을 거라고, 그는 말했다.

아테네인들의 앞날에 대해서는 탈레스도 그와 비슷한 말을 남겼다. 들리는 바에 따르면, 탈레스는 자기가 죽으면 시내의 잘 알려지지 않은 허름한 곳에 묻으라고 유언하면서, 언젠가 그곳에 밀레토스의 광장이 들어서리라고 예언했다는 것이다. 다시 에피메니데스의 얘기로 돌아가면, 아테네인들이 많은 돈을 바치며 그를 찬양했지만, 그는 성스러운 올리브나무 가지 하나만 얻어 들고 고향으로 돌아갔다.

13

앞에서 말했듯이, '더러운 살인 사건'이 종결되고 거기에 얽힌

---

11   쿠레테스는 크레타섬에서 갓난아기 시절의 제우스를 모셨던 반신반인(半神半人, demigod)의 시종들을 뜻한다.

사람들이 해외로 쫓겨나자, 아테네에는 정부를 어떻게 꾸려야할지를 놓고 해묵은 논쟁이 다시 일어나 도시가 여러 파벌로 갈라섰다. 그들이 바라는 정부의 형태는 도시 안의 각 지역이 지닌 특징만큼이나 다양했다.

이를테면 산간 지역에 사는 사람(Diakrioi)은 극단적인 민주 정치를 바랐고, 평야에 사는 사람들(Pedieis)은 극단적인 과두 정치를 바랐다. 해안에 사는 사람들(Paraloi)은 이 둘이 섞인 혼합 정부 형태를 주장하면서 제삼자의 태도를 보였고, 다른 두 당에 반대하며 어느 한쪽이 우월한 지위를 차지하지 못하도록 했다.(아리스토텔레스,『아테네 헌법』, XIII : 4) 그 무렵에는 또한 부자와 가난한 사람들 사이의 갈등도 매우 심각하여 도시가 위험한 상황에 빠져 있었다. 이러한 무질서를 극복하고 소란을 멈출 수 있는 유일한 길은 독재 정치를 수립하는 것뿐이었다.

모든 서민이 부자들에게 진 빚에 시달리고 있었다. 서민들은 부자의 농지를 경작하면서 소출의 6분의 1을 바쳤는데, 이를 헥테모리오이(*hektemorioi*)라고도 하고 날품팔이(*thetes*)라고도 했다. 그들은 자신의 몸을 담보로 돈을 빌렸기 때문에 채권자의 소유가 되거나 노예가 되어 해외로 팔려 가기도 했다.

많은 서민이 고리대금업자의 가혹 행위를 견디지 못하여 어쩔 수 없이 자식들을 팔아도 이를 법으로 막을 수가 없었고, 어떤 사람들은 해외로 도망했다. 그러나 그들 가운데 가장 강인한 사람들은 연대하기 시작했다. 그들은 잘못된 관행을 따르지 말아야 한다고 주장하면서, 믿을 만한 사람을 지도자로 뽑아 저주스러운 지주에게서 해방하여 토지를 새롭게 나누는 등, 통치 형태를 완전히 개혁하자고 요구했다.

14

이 무렵에 아테네의 지혜로운 무리는 솔론에게 눈길을 주고 있었다. 그들은 솔론이 그 시대의 문제에 가장 덜 얽매인 인물이라고 생각했다. 그는 부당하게 부자와 손을 잡지 않았고, 가난한 사람들의 궁핍에 빠져 있지도 않았다. 따라서 현자들은 그가 세상 밖으로 나와 그 시대를 어지럽히는 문제들을 끝내 주기를 바랐다.

레스보스(Lesbos)섬[12] 출신의 화니아스(Phanias)가 남긴 기록에 따르면, 솔론은 아테네를 구출하고자 부자와 가난한 사람 모두에게 속임수를 썼다고 한다. 그는 가난한 사람들에게는 그토록 바라는 땅을 주겠다고 약속하고, 부자들에게는 안전을 보장해 주겠노라고 약속했다.

솔론은 정치에 발을 들여놓는 것을 내켜 하지 않았다. 그는 부자들의 탐욕과 민중의 오만이 두려웠다.(아리스토텔레스, 『아테네 헌법』, V : 3) 그러나 그는 [기원전 594년에] 휠롬브로토스(Philombrotos)의 뒤를 이어 정무 위원에 선출되자 두 파벌을 중재하고 위기를 극복할 수 있는 법을 만들었다. 부자들은 그가 부자였기 때문에 그를 받아들였고, 가난한 사람들은 그가 정직했기 때문에 그를 받아들였다. 들리는 바에 따르면, 그는 선거에 앞서 이렇게 탄식했다.

"평등은 다툼을 낳지 않는다."

이 말이, 가진 무리와 못 가진 무리 모두를 기쁘게 해 주었다고 한다. 그 말을 들은 부자들은 재산과 능력에 바탕을 둔 평등을 기대했고, 가난한 사람들은 산술적으로 공평하게 재화를 받는 평등을 기대했다. 따라서 부자와 가난한 사람들 양쪽 모두 희망에 부풀어 있었다. 지도층의 인사들은 솔론이 독재자가 되기를 권고하면서, 그가 완전한 권력을 장악했으니 좀 더

---

12 레스보스섬은 에게해 동쪽 터키 연안에 있는 섬인데 당시 이곳은 여인국이었고, 여성들 사이의 동성애가 보편적으로 성행했다. 이런 이유로 여성 동성애자를 레스비안(Lesbian)이라고 부르게 되었다.

대담하게 정치를 하라고 그를 설득했다. 부자도 아니고 가난하지도 않은 사람들은 토론과 입법으로는 나라를 바꿀 수 없다고 생각했기 때문에, 가장 정의롭고 가장 지혜로운 인물이 나라의 책임을 도맡는다는 결정을 꺼리지 않았다. 더 나아가서 어떤 사람들의 말에 따르면, 솔론은 델포이에서 다음과 같은 신탁을 받았다고 한다.

> 그대,
> 배 한가운데 앉았으니
> 그대가 이제 키잡이이니라.
> 그 임무를 잘 수행할지니
> 수많은 아테네 사람이
> 그대의 동지임이라.

솔론의 가까운 친구들은 솔론이 독재라는 이름이 싫어 절대 권력을 꺼린다는 점을 나무랐다. 그들은 권력을 가진 이가 덕성으로써 통치한다면 독재 체제도 정당화할 수 있다고 말했다. 지난날 티논다스(Tynnondas)가 에우보이아를 다스릴 때도 그런 사실이 입증되었고, 미틸레네 사람들이 피타코스를 지배자로 뽑을 때도 그랬다는 것이다.

그러나 어떤 설득도 솔론의 결심을 흔들지 못했다. 들리는 바에 따르면, 그는 친구들에게 이런 말을 남겼다고 한다.

"독재자의 자리가 마음 끌리기는 하지만, 그곳에는 내려오는 길이 없다."

그러면서 그는 포코스(Phocos)에게 보내는 시에서 이렇게 말했다.

> 내가 만약 내 조국, 내 나라를 아끼고,
> 완악한 독재와 폭력에 손을 담가

나의 명예를 더럽히지 않았다면
나는 부끄러울 것이 없도다.
오히려 지금의 이 삶으로써
만인의 명예 위에
내 명예를 드러낼지라.
(베르크 엮음, 『그리스 서정시 단편』, 32)

이 시로 미루어 보건대, 솔론은 입법자가 되기에 앞서 이미 높은 명성을 누리고 있었음이 분명하다. 그리고 그가 독재자가 되기를 거절한 일을 두고 세상 사람들이 조롱하자 그는 다음과 같은 글로 대답했다.

솔론은 생각이 옅어
더불어 논의할 사람이 못 되나니
신이 그에게 축복을 내려도
그는 스스로 거절하리라.
그는 그물에 물고기가 가득 차 놀랄지라도
그것을 담아 가지 않을 것이니
이는 그가 기백이 없고 눈치가 없음이라.
단 하루가 되지 못하더라도
나는 권력과 재산을 누리는
아테네의 독재자가 기꺼이 되리니
나의 살갗이 벗겨져 가죽 부대가 되고
나의 후손이 끊어질지언정.
(베르크 엮음, 『그리스 서정시 단편』, 33)

15

위의 시에서 보는 바와 같이, 솔론은 민중과 하층민들이 자신을 어떻게 말하고 있는지를 에둘러 표현했다. 비록 독재 군주의 자리는 거절했지만, 그는 지나치리만큼 부드럽게 공무를 처리하지는 않았고, 법을 집행하면서 나약함을 보이지 않았고, 권세 있는 무리 앞에서 물러서지 않았고, 자기를 뽑아 준 사람들에게 기쁨을 주려고 아첨하지 않았다. 심지어 그는 나름 대로 괜찮은 분야는 고치거나 개혁하려 들지 않았다. 그랬다가는 나라가 극도의 혼돈에 빠져, 다시 일으켜 세우거나 더 나은 상태로 개선할 수 없을 정도로 나약해지지 않을까 두려워했다. 그가 스스로 말했듯이, 그는 자신이 공개적으로 설득할 수 있거나 권위에 순종해 주기를 바라는 문제에 대해서는 "폭력과 정의를 적절히 섞어"(베르크 엮음, 『그리스 서정시 단편』, 36)일을 처리했다. 그리하여 누군가 그에게 이렇게 물었다.

"그대는 아테네인들을 위해 최선의 법을 만들었나요?"

그에 대해 그는 이렇게 대답했다.

"그들이 받아들일 수 있는 최선의 법을 만들었습니다."

오늘날의 작가들이 쓴 글에 따르면, 고대의 아테네인들은 세상살이의 추악한 일들을 상서롭고 친절한 용어로 덧씌워서 정중하고도 사랑스러운 이름을 붙여 주는 데 능숙했다고 한다. 따라서 그들은 매춘부를 친구라 부르고, 세금을 기부금이라 부르고, 나라의 수비대를 파수꾼이라 부르고, 감옥을 침실로 불렀다.

솔론은 '빚의 탕감'을 대신해서 '짐 덜어 주기'라는 어휘를 처음 쓴 인물이었던 것으로 보인다. 그가 공직에 취임하여 실시한 첫 조치는 현재의 모든 빚을 감면해 주고, 채무자의 몸을 저당 잡아 돈을 빌려주는 일을 법으로 금지한 것이었다.

그러나 안드로티온(Androtion)을 포함한 몇몇 작가의 말에 따르면, 솔론은 가난한 사람들의 빚을 탕감해 준 것이 아니라 이자를 낮춤으로써 그들을 도와주었다. 그는 이러한 인간적인 입법과 도량형의 확대 적용, 그리고 그에 따른 통화 구매력의 증대를 통틀어 '짐 덜어 주기'라고 표현함으로써 가난한

사람들의 만족감을 에둘러 나타냈다는 것이다.(아리스토텔레스, 『아테네 헌법』, X : 1)

솔론은 지난날 1미나에 73드라크마였던 화폐 가치를 1미나에 100드라크마로 고쳤다. 이 정책은 같은 금액을 갚더라도 그 금액의 가치를 낮춤으로써 채무자의 부담을 덜어 주었는데, 그렇다고 해서 채권자들에게 손해를 입히지도 않았다. 그러나 대부분의 지식인들은 '짐 덜어 주기'가 완전한 빚 탕감이었다는 점에 동의하고 있으며, 솔론의 시구도 그러한 의미와 부합했다. 그는 다음의 시구에서 저당 잡힌 땅 문제를 해결한 일을 자랑스럽게 생각했기 때문이다.

그는 온 나라에 세워진 저당석(抵當石)[13]을 거두었으니
지난날 땅은 멍에였으나
이제는 해방되었노라.
(베르크 엮음, 『그리스 서정시 단편』, 36)

그리고 몸을 잡히고 빚을 써 다른 나라에 팔려 간 사람들을 데려오면서 이런 시를 남겼다.

그들은 더 이상 자기 나라 말을 쓰지 못하였으니
이는 너무 오랫동안 떠돌았기 때문이라.
자기 나라에서 종살이하며 부끄러워하던 이들도
[자유민이 되었다고 그를 자랑스러워했다.]
(베르크 엮음, 『그리스 서정시 단편』, 36)

들리는 바에 따르면, 솔론은 이 조치로 말미암아 일생에서 가장 성가신 일을 겪었다고 한다. 그는 빚을 탕감해 주는 법을

---

13   그 무렵에는 땅을 저당 잡히면 그곳에 표석(標石)을 세웠던 것으로 보인다.

만들면서 이러한 조치에 대한 적절한 논리와 사례를 찾고 있다는 말을 가까운 친구들에게 털어놓았다고 한다. 그는 코논(Konon)과 클레이니아스(Kleinias)와 히포니코스(Hipponikos)에게 그런 말을 하면서, 토지 문제를 건드리지 않고 빚만 탕감할 작정이라고 말했다.

이 말을 들은 그의 친구들은 곧 그러한 기밀을 이용했다. 솔론이 법을 만들리라고 예상한 그들은 부자들에게 많은 돈을 빌려 엄청난 토지를 사들였다. 그런 다음 솔론의 법이 공포되자 그들은 땅은 땅대로 차지하고, 새로운 법에 따라 빌린 돈을 채권자들에게 갚지 못하겠노라며 나자빠졌다. 이 사건으로 솔론은 엄청난 비난과 증오의 대상이 되었다. 그는 친구들에게 속았지만, 그를 속인 무리와 한패로 몰렸다.(아리스토텔레스, 『아테네 헌법』, VI)

그러나 솔론은 잘 알려진 바와 같이 5탈렌트(talent)로 그 비난에서 벗어났다. 그가 그렇게 많은 돈을 빌려주고서도 자신이 만든 법에 따라 그 채권을 포기했다는 사실이 밝혀졌기 때문이었다. 어떤 사람들의 말에 따르면, 그의 채권액은 5탈렌트가 아니라 15탈렌트였다고 하는데, 로도스(Rhodos)섬 출신의 폴리젤로스(Polyzelos)가 그렇게 말하는 사람들 가운데 하나이다. 그의 세 친구는 그 뒤 '빚 떼어먹은 놈들'이라는 욕을 들었다.

16

그러나 솔론은 부자와 가난한 사람들 가운데 어느 쪽도 만족시키지 못했다. 부자들은 채권을 빼앗아 간 것에 분노했고, 가난한 사람들은 기대와 달리 토지가 다시 분배되지 않은 데다가 리쿠르고스의 시대처럼 실질적인 평등이 이루어지지도 않았다는 이유로 더욱 분노했다. 리쿠르고스는 헤라클레스의 11대손으로서 여러 해 동안 스파르타의 왕을 지냈다. 그는 자신의 왕국에서 개혁을 도와줄 권위와 동지와 권력이 있었다. 그는 설득보다는 폭력에 의존했고, 그런 탓으로 한쪽 눈까지 잃었지만,(제3장 「리쿠르고스전」, §11) 결국 부자도 없고 가난뱅이도 없는 나라를 만들었다. 이는 가장 확실하게 나라의 안전과 일치단결을 보장하는 방법이었다.

그와 달리 솔론은 보잘것없는 가문의 태생이었던 탓으로 그리스에서 리쿠르고스만 한 업적을 이루지 못했다. 오로지 시민의 바람과 신뢰만을 등에 업고 정치를 했던 그의 권력은 실제로 취약하지는 않았다. 그런데도 솔론은 그가 남다른 업적을 이루리라 기대하던 많은 시민에게 상처를 주었는데, 그러한 현상은 다음과 같은 그의 시구에 잘 나타나 있다.

그들은 나에게 많은 기대를 걸더니
이제 마치 원수를 쳐다보듯
분노의 눈길로 나를 흘겨본다.

이어서 그는 말하기를, 다른 사람이 자기와 같은 권력을 가졌더라면 이랬을 것이라고 말한다.

그는 백성들을 말리지도 않고
온 세상을 혼란에 빠뜨리며
좋은 소리 들을 일만 하다가
종말을 보았을 것이다.
(베르크 엮음, 『그리스 서정시 단편』, 34)

그러나 아테네 시민은 솔론의 조치들이 자신들에게 얼마나 이로운가를 안 뒤부터 그의 사사로운 흠집 찾기를 멈추고 공식적으로 제사를 드렸다. 이 제사의 명칭이 바로 세이사크테이아(Seisachtheia), 곧 '짐 덜어 주기'였다. 그들은 또한 솔론의 통치를 제재하지 않고, 행정과 민회와 법정과 의회까지 모두 그에게 맡김으로써 그가 정치 체제를 개혁하고 새로운 법률을 만들 수 있도록 권능을 부여했다. 이미 존속하고 있던 제도를 그가 직접 폐지하거나 유지하고, 회의에 참석할 수 있는 자격을 얻기 위한 자산의 양, 참석 인원의 수, 회의 방법을 결정할 수 있도록 한 것이다.

17

그런 조처를 한 다음, 솔론은 아테네 역사에서 6대 입법자 가운데 한 사람으로 꼽히는 드라콘(Drakon)이 제정한 모든 법률을 폐지하고 오직 친족 살인죄만 남겨 두었는데,(아리스토텔레스, 『아테네 헌법』, VII : 1) 이는 드라콘의 법이 너무 잔혹하고 형벌이 무거웠기 때문이었다. 모든 죄는 단 한 가지의 형벌, 곧 사형으로 다스렸는데, 게으름도 사형으로 다스렸고 채소나 과일을 훔쳐도 성전의 제물을 훔친 것과 같은 죄로 다스렸다.

그러므로 세월이 흐른 뒤, 아네테의 유명한 웅변가였던 데마데스(Demades)의 표현을 빌리면, 드라콘의 법은 잉크가 아닌 피로 기록된 것이었다고 한다. 누군가가 드라콘에게 이렇게 물었다.

"왜 그리 모두 사형시켜야 합니까?"

이에 드라콘이 이렇게 대답했다.

"내가 생각하기에, 그보다 낮은 죄도 사형을 받아 마땅한데, 더 무거운 죄를 지은 사람들에게는 그보다 더 무거운 벌이 없어 사형에 멈추었을 뿐입니다."

18

두 번째로 솔론은 시민의 자산 평가 제도를 만들었다. 공직을 맡을 수 있는 부자들의 권리는 유지하되, 이제까지 공직에서 배제되었던 서민들에게도 그 밖의 직책을 주려 한 것이다.(아리스토텔레스, 『아테네 헌법』, VII : 3) 한 해 동안 마른 것이든 젖은 것이든 5백 메딤노스(medimnos)[14]만큼 재산이 불어난 사람을 제1계급으로 하여, 5백 메딤노스라는 뜻으로 펜타코시오메딤노이(*Pentakosiomedimnoi*)라고 불렀다.

말 한 필이 있거나 한 해에 3백 메딤노스만큼 재산이 불어난 사람은 기사(騎士)의 세금을 납부했다는 뜻으로 히파다 텔룬테스(*Hippada Telountes*)로 불렸으며, 이들이 제2계급을 구성했다. 제3계급은 마른 것이든 젖은 것이든 한 해에 2백 메딤노스만큼 재산이 불어난 사람들로서 제우기타이(*Zeugitai*)라고 불렀다. 그 나머지 시민은 테테스(*Thetes*)라고 하여 관직에 취임할 수 없었지만 민회의 구성원이나 배심원으로 정치에 참여했다.

배심원의 권리는 처음에는 대수롭지 않은 것으로 보였으나, 시간이 흐르면서 매우 중요한 직책임이 드러났다. 대부분의 다툼이 그들의 손에 들어왔기 때문이었다. 더욱이 솔론이 관리에게 판결을 맡긴 사건도 민중이 민중 재판에서 처리되기를 바라면 그 소원(訴願)을 받아들이도록 허락했다.

그 밖에도 들리는 바에 따르면, 솔론의 법은 민중 재판에 힘을 실어 주고자 일부러 모호한 단어로 작성되었다고 한다. 분쟁에 말려든 사람들은 법으로써 만족할 수 없게 되자 배심원들이 평결해 주기를 바랐고, 모든 분쟁이 배심원들의 손으로 넘어오자 마치 그들이 법의 주관자처럼 되는 결과가 나타났다. 이러한 현상에 대하여 솔론은, 다음의 시에서 보듯이 그 공로를 자신에게로 돌리고 있다.

나는 서민들에게 많은 권리를 주었으니
빼앗지도 않았고 넘치지도 않았다.
나는 권력자나 부자들에게서

---

14   1메딤노스는 52리터에 해당한다.

권력을 빼앗아 고통을 주지도 않았다.
내가 단단한 방패로 그 두 계급 가운데 서 있으니
어느 쪽도 부당하게 다른 쪽을 괴롭히지 못했다.
(베르크 엮음, 『그리스 서정시 단편』, 5; 아리스토텔레스, 『아테네
헌법』, IV:1; VII:1)

더 나아가 힘이 약한 대중을 보호할 수 있는 방편을 만드는 것
이 자신의 임무라고 생각한 솔론은 남들의 잘못으로 고통받는
시민 모두에게 가해자를 제소(提訴)할 수 있는 권한을 주었다.
누군가 남의 공격을 받아 다칠 경우에 능력과 의지만 있으면
가해자를 제소할 권리가 있었다.

입법자는 이와 같은 정당한 방법으로 각각의 시민이 한
조직의 구성원으로서 불의에 피해를 입은 다른 사람에게 더
많은 연민을 느낄 수 있도록 만들었다. 이러한 법과 잘 어울리
는 그의 말이 전해 오고 있다. 이 세상에서 가장 살기 좋은 도
시가 어디냐는 물음에 그는 이렇게 대답했다.

"피해를 본 사람에 못지않게 피해를 보지 않은 제삼자도
가해자를 처벌하려고 애쓰는 도시이지요."

19

솔론은 자신이 소속해 있던 정무 위원으로 구성된 일종의 최
고 재판소인 아레이오스 파고스(*Areios Pagos*)[15]를 설치했다. 그
는 시민이 빚을 탕감받은 뒤로 순종하지도 않고 뻔뻔해졌다는
사실을 알고 나서, 네 부족에서 1백 명씩을 뽑아 모두 4백 명으
로 이뤄진 또 다른 회의체를 만들었다.(아리스토텔레스, 『아테네
헌법』, VIII:4)

---

15 아레이오스 파고스는 아테네의 최고 재판소였는데, 아레이오스 파고스
라는 언덕에 있어 그렇게 불렸다.

이들은 어떤 안건을 민회보다 앞서 심의하는 기구로서, 이들의 심의를 거치지 않은 안건은 민회에 회부되지 않았다. 그리고 솔론은 이 상위의 회의체를 국사 전반을 감독하는 기관으로 만들어 법을 보호하도록 했다. 이렇게 최고 재판소와 민회라는 두 회의체를 만들면 마치 두 개의 닻으로 고정된 배가 파도에 휩쓸리지 않듯이 민중을 잠재울 수 있다고 그는 생각했다.

오늘날 많은 작가는 앞에서 말한 아레이오스 파고스가 솔론의 작품이라고 말한다. 드라콘은 아레이오스 파고스의 의원을 뜻하는 아레이오파기테스(*Areiopagites*)를 언급한 바가 없고, 당시에 친족 살인 사건이 일어날 때면 에페타이(*Ephetai*)라는 재판관이 나왔다고 했다. 이 기록은 여러 작가들이 주장한 바가 맞는다는 사실을 지지하고 있다. 그런데 솔론의 법 제13판의 제8조에는 다음과 같은 조항이 있다.

> 솔론이 정무 위원으로 부임하기에 앞서, 현재 공민권을
> 빼앗긴 사람들 가운데 왕이나 아레이오스 파고스나
> 에페타이로부터 살인죄나 친족 살인죄를 선고받은 사람
> 또는 독재자를 옹립하려 한 사람과 이 법이 공포되었을
> 때 망명해 있던 사람을 제외하고서는 모두 공민권을
> 회복한다.

이 법에 따르면, 솔론이 정무 위원에 부임하기에 앞서 아레이오스 파고스가 존재했음을 분명히 보여 주고 있다. 만약 솔론 이전에는 아레이오스 파고스에 재판권을 부여한 적이 없었다면, 솔론 이전에 어떻게 시민이 아레이오스 파고스에 기소당할 수 있었겠는가?

아마도 그 법률 조항에 모호한 부분이 있었거나 어느 조항이 빠졌을 수도 있다. 아니면 그 법이 공포되었을 때 아레이오스 파고스의 의원이나 에페타이나 4백인 회의 의장단(Prytanes)에 소속하는 누군가로부터 유죄로 판결 받은 사람들만 공민권이 박탈되었고, 그 밖의 다른 죄목으로 공민권이 박탈된 사람들의 권리와 공민권은 회복되었다는 뜻일 수도 있다. 그러나 이는 독자들이 판단할 문제이다.

20

솔론의 법 가운데 매우 특이하고 놀라운 것으로는 정쟁법(政爭法)을 들 수 있다. 이 법에 따르면, 정치적 의견이 둘로 나뉘었을 때 그 어느 편에도 서지 않는 사람은 공민권을 박탈하게 되어 있었다.(아리스토텔레스, 『아테네 헌법』, VIII : 5) 시민은 그가 소속해 있는 공동체의 복리에 무심해서는 안 된다는 것이 솔론의 바람이었던 듯하다.

솔론은 국가의 어려움에 동참하지 않고 안전하게 사사로운 이익을 도모하기보다는, 좀 더 훌륭하고 정의로운 명분을 신속하게 옹호하고 위험을 함께 나누면서 조국의 어려움을 도와야 하며, 그렇지 않고 어느 쪽이 이기는지를 편안하게 기다리는 것은 옳지 않다고 생각했을 것이다.

얼핏 어이없고 황당해 보이는 법안도 있다. 재산 상속권을 가진 여인이 성불구자인 남편의 권위 아래 살 때, 그 여인이 남편의 가까운 혈족과 결혼하도록 허락함으로써 자식을 얻도록 한 법이다. 그러나 어떤 사람의 말에 따르면, 이 법은 성불구자인 남편을 제재하는 가장 현명한 법이라고 한다. 그런 남자가 상속녀의 재산을 노리고 결혼한 뒤에 법의 보호를 받는 것은 자연의 순리에 어긋나는 일이었기 때문이다.

상속녀가 남편이 아닌 다른 애인과 성적으로 만족한 삶을 살 수 있음을 알았을 때, 그 여인은 성불구자인 남편과 결혼 생활을 그만둘 수 있었다. 아니면 남편은 자신의 불구를 수치로 알고 살아야 했다. 이러한 수치심은 그와 같은 탐욕과 무례함에 대한 처벌이었다. 그리고 상속녀가 아무 곳에서나 새 남편을 찾는 것이 아니라 남편의 친족 가운데에서 새 남편을 찾을 수 있도록 한 것도 지혜로운 결정이었다. 그 자녀가 남편의 혈족이어서 가문을 이을 수 있었기 때문이다.

그와 비슷한 규정들도 있다. 첫날밤에 신부가 다산(多産)의 상징으로 씨가 많은 마르멜루(quince) 열매를 먹고 신랑과 함께 신방에 들어가 문을 닫아걸도록 한 조항이나, 상속녀의 남편은 어김없이 한 달에 세 번씩 아내와 동침하도록 명기한 조항도 자연의 이치에 들어맞는다. 설령 그렇게 해서 아이를 갖지 못한다 하더라도, 그 행위 자체가 남편이 정숙한 아내에게 주어 마땅한 존경과 애정의 표시이기 때문이다. 그렇게 하면 부부 사이에 나타날 수 있는 불화가 대부분 없어지고, 무관심으로 말미암아 서로가 멀어지는 일도 막아 준다.

그 밖에도 솔론은 모든 결혼에서 지참금을 없앴다. 갈아입을 옷 세 벌과 값싼 세간 이외의 어느 것도 지참을 금지했다. 결혼이 재산을 얻는 방편이 되어서는 안 되며, 다만 두 사람 사이의 사랑과 자녀를 얻고자 하는 것이라고 그는 생각했다. 시라쿠사이의 디오니시오스(Dionysios)왕은 자신의 어머니가 평민과 재혼하겠다고 말하자 어머니에게 이렇게 말했다.

"비록 저 자신은 독재자가 되어 나라의 법을 어겼지만, 어머니에게 나이가 맞지 않는 결혼을 허락함으로써 자연의 이치를 거스르게 할 수는 없습니다."

우리 나라에서도 그와 같은 불합리한 결혼을 허락해서는 안 되며, 나이가 맞지 않는 결합에 너그러워서도 안 되며, 결혼의 기능을 충족하지 못하거나 결혼의 목적을 훼손하는 사랑을 요구해서도 안 된다. 아니, 늙은 홀아비가 젊은 처녀와 결혼한다면, 지각 있는 관리나 입법자는, 휠록테테스(Philoctetes)[16]와

---

16   휠록테테스는 고대 트로이 전쟁 무렵에 살았던 유명한 궁수였다. 소포클레스와 아이스킬로스와 에우리피데스 등 몇 사람이 그를 주제로 희곡을

같은 시대를 살았던 사람들이 그를 두고 빈정거린 것처럼 이렇게 말해 줘야 한다.

> 불쌍한 늙은이 같으니라고,
> 결혼하기에 꼭 알맞은 꼴이구려.
> (노크 엮음, 『그리스 비극 단편』, 841)

만약 자고(鷓鴣)새처럼 살이 피둥피둥한 젊은이가 돈 많고 늙은 과부의 집에 살면서 그의 치다꺼리나 하고 있다면, 관리는 그 남자를 빼내어 혼기(婚期)가 차고 결혼을 원하는 젊은 여자와 인연을 맺어 주어야 한다. 이 주제는 여기에서 마치고자 한다.

21

솔론은 죽은 사람을 비난하지 못하도록 하는 법을 제정하여 찬사를 받았다. 죽은 사람을 성스럽게 여기는 일은 경건한 일이며, 그 사람이 없는 자리에서 공격을 삼가는 것이 정의로운 일이며, 미움이 오래가지 못하도록 하는 것이 좋은 정책이기 때문이다. 그는 또한 신전, 법정, 공공장소, 축제에서 남을 모욕하는 것을 금지했으며, 이를 어기는 사람은 피해자에게 3드라크마를 배상해야 하고 다시 2드라크마를 정부에 지불하도록 했다.

분노를 참지 못하는 것은 자제력이 없고 수양을 쌓지 못했다는 증거이지만, 언제나 그렇게 자제하며 산다는 것은 어려운 일이고 어떤 사람들에게는 불가능한 일이다. 만약 입법자가 목적도 없이 다수를 처벌하기보다는 특정한 목적 때문에 소수를 처벌하려 한다면, 그 법의 실행 가능성이 과연 어떨지

썼으나 지금까지 내려오는 것은 없다. 아마도 그는 늙은 나이에 젊은 여자에게 새장가를 간 듯하다.

솔론

를 고려해야 한다.

솔론은 유언에 관한 법률을 제정한 것으로도 칭찬을 받았다. 그의 시대 이전에는 누구도 유언을 남기지 않았으며, 죽은 사람의 재산은 모두 그의 가족에게만 넘겨주어야 했다. 그러나 그의 시대에는 죽은 사람에게 후손이 없을 때는 지정한 사람에게 유산을 남겨 줌으로써 핏줄보다는 우정이 중요하고 의무보다는 호의가 더 중요하게 여겨지도록 했고, 한 사람이 소유한 것을 끝까지 그의 뜻대로 쓸 수 있도록 했다.

그렇다고 해서 그가 재산을 물려주는 데 아무런 제약을 두지 않은 것은 아니었다. 곧 유산 상속은 약물이나 질병이나 투옥에 따른 것이거나 또는 아내의 강제나 설득에 따라 이루어진 것이 아니어야 효력을 발휘했다. 잘못을 저지르도록 유도하는 것은 잘못을 저지르도록 강요하는 것보다 더 나쁘다는 것이 솔론의 생각이었다. 속임수는 강제와 같고, 기쁨과 고통은 같은 것이어서 둘 다 인간의 이성을 비뚤어지게 만든다고 그는 생각했다.

솔론은 또한 여성의 겉 차림과 상례(喪禮)와 축제에서 처신하는 방법을 법으로 명시하여 어느 것은 할 수 없고 어느 것은 해도 좋다고 허락했다. 여성들이 바깥출입을 할 때는 세 벌 넘게 외투를 입어서는 안 되며, 먹을 것과 마실 것은 은화 1오볼(obol)[17]이 넘으면 안 되며, 들고 다니는 바구니는 1큐빗(cubit)[18]을 넘지 말아야 하며, 밤길을 다닐 때는 등불을 갖추지 않은 마차를 타지 말아야 했다. 상주가 애통해하는 뜻으로 살을 찢거나 틀에 박힌 만가(輓歌)를 부르거나 다른 사람의 장례식에 참석하여 통곡하는 것도 금지되었다.

또한 무덤에서 황소를 죽여 제물로 바쳐서도 안 되고, 죽

17   1오볼은 6분의 1드라크마에 해당한다.
18   1큐빗은 45센티미터에 해당한다.

은 사람이 저승에서 바꿔 입을 옷은 세 벌 이상 묻어서도 안 되며, 장례식 당일이 아니면 친족의 무덤이 아닌 다른 사람의 무덤에 참배해서도 안 된다. 이러한 관행의 대부분이 법으로 금지되었으며, 오늘날에는 이와 같은 법을 어기면 여성감찰위원회가 처벌하도록 하는 추가 조항이 마련되어 있다. 지나친 애도는 사람을 쉽게 나약하게 만들고 슬픔의 방종을 불러 오기 때문이다.

22

나라가 살기 좋다는 소문이 퍼지자 사방에서 아티카로 들어오는 사람들이 끊임없이 넘쳐 났는데, 토지의 대부분은 메말라 쓸모가 없었다. 이곳 사람들이 물건을 살 만한 형편이 못 되는 것을 알아차린 무역상들이 물건을 가지고 들어오지 않는다는 사실을 안 솔론은 시민이 직접 제조 기술을 배우도록 하는 데 관심을 두었고, 부모로부터 생산 기술을 배우지 못한 아들은 부모를 부양할 의무를 지지 않아도 된다는 법을 제정했다. 이런 면에서 리쿠르고스는 솔론보다 상황이 좋았다. 그의 나라에는 외국인들이 벌 떼처럼 몰려오지 않았다. 에우리피데스의 말처럼 "영토는 많은 사람이 살기에 충분하고, 인구의 두 배가 넘게 먹여 살릴 수 있는" 스파르타는 넉넉한 곳이었다.

그리고 무엇보다도 스파르타에는 포로로 잡혀 온 헬로트족이 넘치고 있었다. 리쿠르고스는 헬로트족이 게으름 피우도록 내버려 두지 않고 끊임없이 노역에 종사하도록 만들었으며, 이를 통해 시민을 힘든 제조업에서 해방해 주고 오로지 군사적인 업무에만 전념하여 배우고 익히게 했다. 이는 좋은 결정이었다. 그러나 솔론은 그렇지 못했다.

솔론은 현실을 법에 맞추기보다는 법을 현실에 맞추었다. 땅에서 나는 곡식의 양은 경작한 당사자만을 겨우 먹여 살릴 정도여서 직업이 없는 사람들이나 일하지 않는 대중을 부양할 수 없다는 사실을 잘 알고 있던 솔론은 모든 직업을 존엄하게 생각했고, 아레이오스 파고스에 지시하여 모든 사람의 생계 수단을 알아보도록 하는 한편, 직업이 없는 사람들을 처벌하도록 했다.

또한 폰토스 사람 헤라클레이데스의 말에 따르면, 솔론은 자신의 뜻대로 가혹한 법을 만들었다. 그 법에 따르면 사생아가 그의 아버지를 부양하지 않아도 되었다. 결혼의 신성함을 저버린 사람은 자식을 얻고자 결혼한 것이 아니라 성적 쾌락 때문에 결혼한 것이므로, 사생아에게 부양받을 수 없는 제도는 그런 남자가 치러야 할 대가이다. 그런 사람들의 삶은 비난받아 마땅하므로, 아들이 부양하지 않는다고 해서 부모가 그 아들을 비난할 권리는 없다고 솔론은 생각했다.

23

그러나 일반적으로 말해서 여성에 관한 솔론의 법은 불합리했다. 이를테면 남자는 자기 아내와 간통하다가 현장에서 잡힌 남자를 죽이도록 허가되었다. 그러나 남자가 자유민인 여성을 겁탈하면 그는 1백 드라크마의 벌금만 물었으며, 만약 남의 아내를 설득하여 간통했을 경우에는 20드라크마의 벌금만 물면 되었다. 그 여인이 공개적으로 몸을 파는 창녀라면 남자에게 벌금을 매기지 않았다. 그 여인이 대가를 받고 남성들에게 공공연히 접근했기 때문이다.

더 나아가 남자는 자기의 딸이나 여동생이 처녀인 한 그들을 팔아넘길 수 없었다. 그러나 같은 범죄를 놓고 어떤 때는 잔혹하게 가차 없이 처벌하고, 어떤 때는 몇 푼 안 되는 벌금을 물려 가볍게 처벌하는 것은 합리적이지 않다. 물론 그 무렵이 돈이 귀한 때가 아니었다 하더라도 그만한 돈을 마련한다는 것은 어려웠을 터이므로, 벌금형도 무거운 벌일 수 있다.

그 무렵 신전에 바쳤던 제물의 가치로 따져 볼 때 양 한 마리와 곡식 1부셸의 값이 1드라크마였고, 이스트모스 경기[19]의 우승자에게 주는 상금이 1백 드라크마였으며, 올림픽 경기의 우승자에게 주는 상금이 5백 드라크마였다. 늑대 한 마리를 잡으면 5드라크마를 주었고, 새끼 늑대 한 마리의 값은 1드라크마였다.

팔레룸 사람인 데메트리오스의 말에 따르면, 늑대 한 마리의 값은 황소 한 마리의 값과 같았고, 새끼 늑대 한 마리의 값은 양 한 마리의 값과 같았다고 한다. 비록 솔론의 법 제16판에 실린 이 값은 정선(精選)된 제물의 값이어서 일반적인 물품의 값보다 몇 배 더 비쌌다고는 하지만, 오늘날의 물가에 견주면 싼 편이다. 아테네인들은 예부터 농경 민족이라기보다는 목축 민족이었기 때문에 늑대를 경계해야 할 적으로 생각했다.

어떤 사람들의 말에 따르면, 아테네의 네 부족 이름은 본디 아폴론의 아들인 이온(Ion)의 아들 이름에서 따온 것이 아니라 네 가지 직업에서 온 것이라고 한다. 여기에서 네 부족이란 전사인 호플리타이(Hoplitai, *hopla*), 기술자인 에르가데이스(Ergadeis, *ergon*), 농부인 겔레온테스(Geleontes, *ge*), 목축업자인 아기코레이스(Agikoreis, *aix*)를 뜻한다고 한다.[20]

아테네에는 사철 흐르는 강이나 호수나 넘치는 샘이 없어 대부분의 주민이 우물을 파서 물을 마셔야 했기 때문에, 솔

---

19 이스트모스 경기는 고대 그리스에서 벌인 4대 제전 경기의 하나이다. 포세이돈을 주신(主神)으로 하여 코린토스의 이스트모스에서 개최되었다. 전설에 따르면, 이 경기는 원래 멜리케르테스를 위한 장례 경기였다고도 하고, 테세우스가 포세이돈에게 바치려고 이 경기를 창설했다고도 한다. 기원전 589년 이후 이 경기는 각 올림픽 경기가 지난 2년 뒤, 4년마다 한 번씩 개최되었다.

20 이러한 어원학은 부자연스러운 데가 있다. 헤로도토스는 『역사』(V : 66)에서 이 네 부족의 이름이 이온의 네 아들 이름에서 비롯한 것이며, 직업과는 관련이 없다고 지적했다.

론은 법을 만들어 1히피콘(hippikon)[21] 안에 우물이 있으면 그 우물을 쓰되 그보다 먼 곳에 우물이 있을 경우에는 따로 우물을 파서 쓰도록 했다. 그러나 만약 그가 자기의 땅에서 10화톰(fathom)[22]을 팠는데도 물이 나오지 않으면 이웃집의 우물에서 하루에 23리터씩 두 번 길어 올 수 있었다. 솔론은 어려운 사람을 돕는 것이 자신의 임무이지, 게으른 사람들을 돕는 것이 의무라고 생각하지는 않았다.

솔론은 또한 나무를 심는 일을 규제할 때도 탁월한 경험을 바탕으로 했다. 모든 사람이 이웃의 경계에서부터 1.5미터 떨어진 곳에 나무를 심어야 하고, 무화과나 올리브는 2미터가량 떨어져 심어야 했다. 그 안쪽으로 나무를 심으면 뿌리가 땅 밑으로 이웃의 농지까지 뻗어 나가 영양을 빼앗고 독성을 퍼뜨릴 수 있기 때문이었다. 구덩이나 도랑을 파려는 사람은 그 깊이만큼 이웃의 땅과 떨어져서 파야 했다. 벌통을 설치하고자 하는 사람은 이미 벌통을 설치한 이웃과 90미터쯤 떨어진 곳에 설치해야 했다.

24

토산품 가운데에서는 오직 올리브유만 수출이 허락되었고, 그밖의 것들은 금수 조치를 받았다. 정무 위원은 그러한 조치를 어긴 사람을 기소해야 하며, 그 사람은 1백 드라크마를 벌금으로 국고에 지불해야 했다. 솔론의 법 제1판에 이 조항이 기록되어 있다.

그러므로 무화과의 수출이 오래전부터 금지되었고, 그러한 품목을 몰래 수출하는 사람을 '밀고자'라는 뜻으로 시코판테스(sykophantes)라고 불렀다는 사실은 전혀 믿지 못할 일이 아

---

21   1히피콘은 4훠롱으로 8백 미터에 해당한다.
22   1화톰은 물의 깊이를 재는 단위로 1.8미터가량에 해당한다.

니다. 그는 또한 동물에게 피해를 보는 것에 관한 법률도 정했는데, 이 법에 따르면 개가 사람을 물 경우에는 그 개를 3큐빗 길이의 나무 목살로 묶어 데리고 다녀야 했다. 이는 안전 조치로서 다행한 방안이었다.

그러나 외국인의 시민권 획득에 관한 법은 그 성격이 의심스럽다. 그는 외국에서 영구히 추방된 사람이나 직업이 있고 가족과 함께 온 사람에게만 시민권을 주었다. 들리는 바에 따르면, 그는 모든 외국인을 몰아내려던 것이 아니라 확실히 아테네 시민이 될 수 있는 사람만 불러들이고자 이러한 법을 만들었다고 한다. 어쩔 수 없이 조국을 떠나야 했던 사람과 확실한 목적을 가지고 아테네를 찾아온 사람만 믿을 수 있다고 그는 생각했다.

솔론의 법이 담고 있는 독특한 성격은 시내의 공동 식당에서 식사하는 것에 관한 법안에서 잘 나타난다. 사람들은 그 법을 '함께 식사한다'는 뜻으로 파라시테인(*parasitein*)이라고 불렀다. 한 사람이 한 공동 식당에서 자주 식사를 해서는 안 되었고, 그곳에서 식사해야 할 사람이 식사를 하지 않아도 처벌받았다. 공동 식당에 자주 오는 사람은 탐욕스러운 자이며, 와야 하는데도 오지 않는 사람은 공공의 이해관계를 우습게 여기는 것이라고 솔론은 생각했다.

25

솔론은 모든 법률이 1백 년 동안 유지되도록 하고자 이를 악손 (Axon)이라는 목판에 새긴 뒤 직사각형 액자 안에 넣었다. 축에 매달린 이 목판들은 회전시켜 돌려 볼 수 있었다. 내가 아테네를 방문했을 때, 그 작은 조각들이 도시나 마을의 성화(聖火) 보관소(Prytaneion)에 보관되어 있었다. 아리스토텔레스의 말에 따르면, 이를 쿠르베이스(*kurbeis*)라고 하는데(아리스토텔레스, 『아테네 헌법』, VII : 1) 크라티노스(Kratinos)도 그의 희곡에서 이런 시를 읊은 적이 있다.

> 솔론과 드라콘의 이름으로 맹세하노니
> 그들의 쿠르베이스는
> 이제 보리와 콩을 볶는 데 쓰인다오..
>
> (코크 엮음, 『그리스 희극 모음』, I : 94)

그러나 어떤 사람들의 말에 따르면, 성스러운 예식이나 제사에 관련된 것들만 엄밀히 쿠르베이스라고 부르며, 그 밖의 것들은 악손이라고 부른다고 한다. 어쨌거나 입법 의원(*Thesmothetai*)들은 광장에 있는 연단의 돌계단 위에 올라, 만약 자신들이 어떤 형태로든 이 법을 어기면 자기 몸무게만큼의 황금으로 만든 조상을 델포이에 바치겠다고 맹세했다.

솔론은 달의 운행이 불규칙하고, 뜨고 지는 간격이 해와 달라서 어떤 날에는 달이 해를 따라잡아 앞지른다는 것을 알게 되자, 달이 해를 앞지르기 직전의 날을 '묵은 날'이라 하고 그 이후의 날을 '새날'이라고 불렀다. 그리고 묵은 날은 지금 지나고 있는 달에 포함시키고, 새날은 이어질 다음 달에 넣었다. 호메로스의 시구처럼, "이날이 가고, 다음 날이 온다"(『오디세이아』, XIX:307; XXIV:162)는 것을 이해하고 그런 조치를 취한 사람은 솔론이 처음이었다.

이와 같이 해와 달이 겹치는 날의 다음 날이 그달의 초하루가 된다. 그렇게 하여 스무 날이 지나면 그다음 날은 스무하루가 되는 것이 아니라 그믐(30일)이 되고, 그다음 날은 [달이 작아지므로] 스무아흐레가 되며, 그다음 날은 스무여드레가 된다. 이 방식에 따르면 스무아흐레는 '지는 달'의 이틀이 되고, 스무여드레는 지는 달의 사흘이 된다. 이런 식으로 그믐(30일)을 고비로 새달과 묵은 달이 나눠진다. [그렇게 거꾸로 세어 스무하루가 되면 그다음 날이 초하루가 된다.]

솔론의 법이 발효되자마자 날마다 몇 사람씩 찾아와 그 법을 칭찬하거나 비난했으며, 누구는 이런 조항을 넣어야 하고 누구는 저런 조항을 빼야 한다고 조언했다. 또한 많은 사람이 찾아와 법에 관하여 각 조항의 의미와 의도가 무엇인지를 물었다. 솔론은 그런 질문에 대답해 봤자 아무 소용 없다는 것을 알았지만, 그렇다고 해서 아무 대꾸도 하지 않으면 귀찮은 일이 생긴다는 것을 잘 알고 있었다.

솔론은 이와 같은 복잡한 일과 시민의 비판에서 벗어나고 싶어, 외국에 나가는 배의 선장을 맡는다는 구실로 10년 동안 아테네를 떠나는 데 동의를 얻어 배를 타고 떠났다. 그의 푸념처럼, "큰일을 하다 보면 모든 사람을 즐겁게 할 수는 없다"(베르크 엮음, 『그리스 서정시 단편』, 7)는 것을 그는 잘 알고 있었다. 그는 자신이 떠나 있는 10년 동안 시민이 법에 익숙해지기를 바랐다.

26

먼저 솔론은 이집트로 건너가 그의 표현처럼, "나일강의 물이 넘치는 카노보스(Kanobos) 해안"에서 살았다.(베르크 엮음, 『그리스 서정시 단편』, 28) 그는 저명한 사제인 헬리오폴리스(Heliopolis)의 프세노피스(Psenophis)와 사이스(Saïs)의 손키스(Sonchis)와 더불어 학문을 토론하며 얼마의 시간을 보냈다.

플라톤의 말에 따르면, 솔론은 그들에게서 사라진 땅 아틀란티스(Atlantis)에 얽힌 이야기를 듣고 이를 시(詩)의 형태로 지어 그리스인들에게 알리려고 노력했다고 한다.(아리스토텔레스, 『아테네 헌법』, IX : 1) 그 뒤 그는 배를 타고 키프로스로 건너가 그 섬의 왕 가운데 하나인 휠로키프로스(Philokypros)에게 성대한 대접을 받았다. 그 왕은 테세우스의 아들 데모폰이 세운 작은 도시를 다스리고 있었다.

이 도시는 클라리우스(Klarius)강 변에 자리 잡고 있었는데, 적군의 공격을 막기에는 튼튼했으나 살기에는 불편했다. 그래서 솔론은 그에게 도시를 산 밑의 평야로 옮겨 좀 더 넉넉하고 편하게 살라고 권고했다. 솔론은 그 도시에 머무는 동안 도시의 건설을 감독하면서 삶의 편의나 안전 문제에서 할 수 있는 한 최선의 시설이 되도록 도와주었다.

그리하여 많은 사람이 키프로스로 들어오자 휠로키프로스왕은 남들의 부러움을 샀다. 이에 왕은 솔론의 영예를 높이고자 그의 이름을 따서 도시를 솔로니(Soloni)라고 불렀다. 그 도시의 본디 이름은 아이페이아(Aipeia)였다. 솔론은 그 도시의 번영을 밖에 알렸는데, 이를테면 그의 비가(悲歌)에서 휠로키프로스에게 다음과 같이 말했다.

그대는 이곳 솔로니시(市)의 주인으로
오래도록 다스리시라.
그대가 이곳에 사는 동안
그대의 후손들도 대를 이을지라.
그리고 나와 나의 빠른 배가
이 아름다운 도시를 떠날 때
보랏빛 왕관을 쓴 키프리스(Kypris)[23]의 가호가
우리와 함께하시기를.
그리고 이 도시에
여신의 은총과 영광이 함께하며
조국으로 돌아가는 저에게도
특별한 은총을 베풀어 주시기를.
(베르크 엮음, 『그리스 서정시 단편』, 19)

23   키프리스는 아프로디테를 의미한다.

27

어떤 사람들은 연대기를 견주어 본 결과, 솔론이 리디아의 왕 크로이소스를 만났다는 기록은 사실과 다르다고 생각하고 있다. 그러나 이 이야기는 너무도 유명하고 여러 역사가의 검증을 거쳤으며, 또 솔론의 인격과 매우 부합할 뿐만 아니라 그의 도량과 지혜에 걸맞은 것이어서, 연대기를 근거 삼아 그에 대한 존경을 거부하려는 의도에 나는 동의할 수 없다. 이른바 연대기란 수많은 사람이 수없이 더하고 뺀 것이어서, 거기에 담긴 모순점들은 일반적인 합의를 끌어낼 수가 없다.

그건 그렇다 치고, 들리는 바에 따르면 솔론은 크로이소스의 초청을 받아 사르디스(Sardis)를 방문했을 때 마치 육지에만 살다가 바다를 처음 본 사람과 같은 경험을 했다고 한다.(혜로도토스, 『역사』, I : 30~32) 그런 사람들이 흐르는 강을 보고 바다라고 느끼듯이, 솔론도 궁정을 지나면서 엄청나게 값진 옷을 입고 우쭐대는 모습으로 무장병을 거느린 채 가마를 타고 가는 왕의 신하들을 바라보며 저 사람이 왕인가 생각했다고 한다. 그런 뒤에 그는 마침내 진짜 왕을 알현했다.

마치 자신의 가장 장엄한 모습을 보여 주려는 듯이, 값진 보석과 물들인 옷감과 정교하게 세공한 금으로 치장한 왕의 모습은 부러움을 불러일으킬 만큼 찬란했다. 그러나 왕을 만났을 때 솔론은 자기가 본 것에 대해 놀라지도 않았고, 크로이소스가 듣고 싶었던 칭찬을 해 주지도 칭찬하지도 않았다. 오히려 솔론은 자신이 그와 같이 천박하고 가여운 모습을 경멸한다는 사실을 지각 있는 사람들에게 분명히 보여 주었다. 그러자 왕은 이 손님에게 보물 창고를 보여 주고, 그 밖의 호화로운 장비들이 있는 곳으로 안내하라고 지시했다.

그러나 그럴 필요가 없었다. 왕은 솔론이 그가 어떤 인물인가를 이해할 수 있도록 여러 가지를 충분히 보여 주었기 때문이었다. 보물들을 돌아보고 온 솔론에게 왕이 물었다.

"그대는 나보다 행복한 사람을 앞서 본 적이 있소?"

그러자 솔론이 이렇게 대답했다.

"그런 사람을 본 적이 있습니다. 그는 아테네 시민 텔로스 (Tellos)입니다. 그는 스스로 정직한 인물임을 입증했으며, 후세에 명성을 남겼고, 별다른 궁핍함 없이 자기의 조국에 영광된 용기를 보여 주고 생애를 마쳤습니다."

솔론의 말을 들은 크로이소스는 솔론이 머리가 이상하며 무례한 사람이라고 생각했다. 그토록 많은 금은보화를 행복의 잣대로 삼지 않고 평범하게 살다 간 사람의 삶과 죽음이 권력과 왕국을 손에 넣은 사람보다 훌륭하다고 칭송했기 때문이었다. 그런데도 왕은 솔론에게 다시 물었다.

"그렇다면 그대는 텔로스 다음으로 나보다 더 행복한 사람을 본 적이 있소?"

이에 솔론이 다시 대답했다.

"그런 사람이 있습니다. 그들은 클레오비스(Kleobis)와 비톤(Biton)이라는 형제인데, 우애가 깊고 어머니에 대한 효성이 지극했습니다. 언젠가 어머니가 마차를 타고 가는데 소가 너무 느려 길이 더뎌지자 자기들이 멍에를 메고 헤라(Hera) 신전까지 모시고 갔습니다. 마을 사람들이 그 여인을 참으로 행복한 사람이라 불렀고, 어머니는 이를 들으며 기뻐했다고 합니다. 그리고 그들은 신전에 제물을 바치고 잔치를 벌인 다음 쉬다가 다시 일어나지 못한 채, 고통 없이 평온한 죽음을 맞이함으로써 자신들에게 커다란 영광을 남겼다고 합니다."

그 말을 들은 왕이 화가 치밀어 소리쳤다.

"뭐라고! 그대는 내가 도무지 행복한 사람 축에도 들지 못한단 말이오?"

왕에게 아첨하기도 싫었고, 그렇다고 해서 그를 더 이상 화나게 만들고 싶지도 않았던 솔론은 이렇게 말했다.

"아, 리디아의 왕이시여, 신은 그리스인들이 어떤 일을 겪을 때 잠시 머뭇거릴 줄 아는 중용(中庸)의 지혜를 주었습니다. 그들은 평범한 삶에 익숙하여 왕처럼 사치스럽지도 못하고 우아하지도 않습니다. 말하자면, 그들은 인생이 파란만장한 것임을 알기에 좋은 일이 일어났다고 해서 들뜨지도 않고, 아직도 바뀔 가능성이 있는 행복을 두고 찬탄(讚嘆)하지도 않습니다. 모든 사람에게 다가오는 앞날은 변화무쌍하고 불확실하지만, 하늘이 그 사람에게 마지막에 풍요로움을 줄 때 우리는 그 사람을 행복하다고 여깁니다. 그러나 어떤 사람이 아직 살아 있고 삶의 위험을 겪고 있는데 그 사람을 가리켜 행복하다고 말하는 것은 아직 경주를 마치지도 않았는데 누군가 그를 승리자로 선언하여 월계관을 씌워 주는 것과 같습니다. 속세의 판단은 이처럼 믿기 어려워 아무런 권위도 가지지 못합니다."

이 말을 마치고 솔론은 떠나갔다. 그는 왕을 분노에 떨게 했지만 그를 더 지혜롭게 만들지는 못했다.

28

바로 그 무렵에 우화 작가인 아이소포스가 크로이소스왕의 초대로 그곳에 와서 극진한 대접을 받고 있었다. 그는 솔론이 왕에게 무례한 대접을 받았다는 말을 듣고 마음이 아파 솔론에게 이렇게 충고했다.

"솔론이시여, 우리가 왕들과 말을 나눌 때는 말을 줄이든가, 아니면 되도록 그들이 즐거워할 말을 해야 합니다."

이에 대하여 솔론이 이렇게 대답했다.

"아니지요. 왕들과 말을 나눌 때는 말을 적게 하든가, 아니면 되도록 유익한 말을 해야 합니다."

그 무렵에 크로이소스는 솔론을 그렇게 멸시했다. 그런 일이 있은 뒤에 크로이소스는 페르시아의 왕인 키로스 2세(Cyrus II)와 전쟁을 일으켰다가 졌고, 도시를 잃고 포로가 되어 화형을 겪게 되었다. 많은 페르시아인과 키로스왕이 보는 가

　　　　　　　　　　　　　　　　　솔론

운데 화형대에 오른 크로이소스는 목청을 다해 솔론의 이름을 세 번 외쳤다.(헤로도토스, 『역사』, 1 : 86) 이에 놀란 키로스가 그에게 사람을 보내 물었다.

"솔론은 사람인가, 아니면 신인가? 그가 어떤 존재이기에 그대는 그토록 목청껏 그의 이름을 외치는가?"

그러자 크로이소스가 숨김없이 이렇게 말했다.

"솔론은 그리스의 현자입니다. 과거에 나는 그에게서 무엇을 들으려거나 내가 필요로 하는 무엇을 배우고자 함이 아니라, 내가 얼마나 행복하게 사는지를 과시하고, 다시 떠난 그가 내 행복한 삶을 다른 이들에게 증언해 주기를 바라면서 그를 불렀습니다. 그러나 지금에 와서 보니 행복을 잃은 데서 오는 고통은 행복을 누릴 때의 기쁨보다 무거운 것이었습니다. 행복이 내 것일 때는 누릴 수 있는 이익이라고 해 봤자 명성과 남의 의견뿐이었지만, 막상 행복을 잃었을 때의 고통은 감당할 수 없는 재앙으로 눈앞에 다가오기 때문입니다. 그런데 솔론은 그러한 앞날이 다가오리라는 것을 알고, 나에게 삶의 마지막 날을 바라보라고 했으며, 확실하지도 않은 추측만으로 교만과 무례함에 빠지지 말라고 가르쳐 주었습니다."

이 말을 들은 키로스는 크로이소스보다 지혜로운 사람이었다. 그는 솔론의 말이 자신의 눈앞에서 증명된 것을 보고 크로이소스를 풀어 주었을 뿐만 아니라, 실제로 평생에 걸쳐 솔론을 존경하며 살았다. 이와 같이 솔론은 단 한 마디의 말로 크로이소스왕의 생명을 건지고, 또 다른 왕을 깨우쳐 주었다는 명성을 얻었다.

29

그러나 솔론이 외국에 나가 있는 동안 아테네 시민은 또다시 당파를 만들어 싸웠다. 평원당은 리쿠르고스가 이끌고, 해안당은 알크마이온(Alkmaion)의 아들 메가클레스(Megakles)가 이끌고, 산악당은 페이시스트라토스가 이끌었다.(아리스토텔레스, 『아테네 헌법』, XII : 4) 산악당에는 부자를 원수처럼 여기는 테테스의 무리가 많이 섞여 있었다. 따라서 비록 아테네가 아직 새로운 법을 지키고 있었다고는 하지만, 사람들은 내심 혁명을 기다리며 다른 형태의 정부가 들어서기를 바라고 있었다. 이는 그들이 평등을 바라기 때문이 아니었다. 정세의 변화를 통해 자신의 파벌이 우위를 차지하고, 나아가 상대 파벌을 완전히 통제할 수 있기를 바란 것이었다.

솔론이 아테네로 돌아왔을 때의 정치적 상황이 그러했다. 그는 모든 사람에게 존경과 흠숭(欽崇)을 받았지만, 이제 나이가 많고 기력도 떨어져 지난날처럼 공공장소에 나가 연설을 하거나 활동할 열정이 없었다. 그러나 그는 서로 대립하는 각 세력의 지도자들을 구슬리고 화해하도록 하면서 그들과 사사로이 의견을 나누었는데, 그 가운데에서도 페이시스트라토스가 다른 사람들보다 더 그의 말에 귀를 기울이는 것처럼 보였다. 그는 듣기 좋거나 설득력 있게 말할 줄 알았고, 가난한 사람들을 도왔으며, 정적들과의 문제도 합리적이고 원만하게 해결하려는 것처럼 보였다. 그는 또한 자신이 천성적으로 갖지 못한 덕성을 잘 흉내 냄으로써 실제로 그런 덕성을 가진 사람들보다 더 신뢰를 받았다.

세상 사람들은 페이시스트라토스가 조심스럽고 질서를 사랑하는 사람으로서 평등을 다른 무엇보다도 더 중요하게 여기며, 기존 질서를 무너뜨리고 바꾸려는 사람을 나쁘게 여길 것으로 생각했다. 이런 점에서 그는 세상 사람들을 참으로 완벽하게 속였다. 그의 본성을 재빨리 파악했던 솔론은 그의 속내를 꿰뚫은 첫 인물이었다. 그러나 솔론은 그를 정적으로 여기지 않고 교훈으로써 그를 부드럽게 만들려고 노력했다. 솔론은 페이시스트라토스와 다른 사람들에게 이렇게 말했다.

"만약 페이시스트라토스가 권력을 잡으려는 야심과 폭군

　　　　　　　　　　　　　　　솔론

이 되려는 열망을 버린다면, 그보다 더 천성적인 덕망을 갖춘 훌륭한 시민은 없을 것이오."

이 무렵에 비극 배우 테스피스(Thespis)가 연극을 공연하기 시작했다. 그의 고결함으로 말미암아 경연이 시작되기도 전에 많은 사람이 그에게 매력을 느꼈다. 나이가 들면서 더욱 술과 노래 같은 여흥에 몰두했으며, 새로운 것을 듣고 배우기를 천성적으로 좋아하는 솔론도 테스피스가 고대 시인의 관습에 따라 상연하는 연극을 보러 갔다. 연극이 끝나자 솔론은 테스피스에게 다가가 물었다.

"그대는 그토록 많은 사람 앞에서 그런 거짓말을 하고도 부끄럽지 않은가?"

이에 테스피스가 이렇게 대답했다.

"연극에서 그렇게 말하고 행동하는 것이니 해로울 것이 없습니다."

그러자 솔론은 지팡이로 땅을 거칠게 치며 이렇게 말했다.

"그러나 만약 우리가 그러한 연극에 칭송을 보낸다면, 머지않아 우리는 신성한 계약에서도 그와 같은 거짓을 보게 될 것이오."

30

이런 일을 겪은 페이시스트라토스는 스스로 자기 몸에 상처를 입힌 다음,(헤로도토스, 『역사』, I : 59; 아리스토텔레스, 『아테네 헌법』, XIV : 1) 전차를 타고 광장에 나가 자신의 정치적 의견 때문에 정적들이 자기를 죽일 음모를 꾸미고 있다고 비난함으로써 민중을 선동했다. 군중이 분노에 찬 목소리로 그를 찬양하자 솔론이 그들에게 다가가 이렇게 말했다.

히포크라테스의 후손들이여,
그대는 호메로스가 말한 것처럼,

오디세우스가 적군을 속이고자 한 역할을
잘못 적용하고 있군요.
(『오디세이아』, IV : 244~264)
그가 자신을 학대한 것은
적군을 속이고자 함이었지만
그대들은 시민을 오도(誤導)하고자
그런 짓을 하고 있기 때문이지요.

이러한 솔론의 연설에도 군중은 페이시스트라토스를 위해 싸울 준비를 하면서 민회를 소집했다. 이 자리에서 아리스톤이 페이시스트라토스에게 50명의 몽둥이 부대를 호위병으로 허락하자 솔론은 이에 공식적으로 반대하면서 그가 쓴 다음의 시를 이용하여 여러 가지를 언급했다.

그대들은 교활한 무리의 말을 진심으로 믿고 있으니
　(......)
자신의 문제를 처리할 때는
모두가 여우의 발자국을 따라가듯 지혜로우나
함께 모이니 이성을 잃음이로다.
(베르크 엮음, 『그리스 서정시 단편』, 11)

그러나 페이시스트라토스를 영광스럽게 만들고자 소란을 피우는 가난한 사람들과 달리, 부자들이 그와 부딪히기를 두려워하는 것을 본 솔론은 민회를 떠나면서 자신은 어떤 사람들보다는 지혜롭고 어떤 사람들보다는 용감했다고 말했다. 무엇이 어떻게 되어 가는 줄 모르는 사람들보다는 자신이 더 지혜롭고, 상황이 어떤 줄 알면서도 폭군에 반대하지 못한 사람들보다는 더 용기 있는 사람이라는 뜻으로 한 말이었다.(아리스토텔레스, 『아테네 헌법』, XIV : 2)

마침내 민중은 아리스톤이 발의한 법을 통과시키고 페이시스트라토스의 호위병 수를 제한하지 않았다. 결국 자신이 바라는 만큼 호위병을 거느리고 다니던 페이시스트라토스는 마침내 아크로폴리스를 장악했다. 일이 이렇게 되고 도시가 혼란에 빠지자 메가클레스(Megakles)²⁴는 알크마이오니다이족의 남은 무리와 함께 곧바로 도주했다.

그러나 솔론은 이때 이미 나이가 많고 그를 지지해 줄 사람이 거의 없었음에도 광장으로 나가 한편으로는 그들의 어리석음과 나약함을 비난하고, 다른 한편으로는 자유를 포기하지 말라고 용기를 북돋아 주면서 시민을 일깨웠다. 여기에서 그는 후세에 길이 남을 명언을 남겼다.

폭군의 정치가 나타날 무렵에 이를 막기는 쉽지만,
이미 뿌리를 내려 성장하고 있을 때
그 뿌리를 뽑는 일은 더 위대하고 영광스러운 일입니다.

그러나 아무도 그를 지지하지 않자 솔론은 집으로 돌아와 갑옷을 자기 집 대문 앞 길가에 내놓고 이렇게 말했다.

나는 조국과 법을 지키고자
내가 할 수 있는 모든 일을 다했다.
(아리스토텔레스, 『아테네 헌법』, XIV : 2)

그때부터 솔론은 정계에서 물러나 조용히 살면서, 동료들이 찾아와 망명을 권고해도 아무런 관심도 보이지 않았으며, 시를 써 아테네 시민을 꾸짖었다.

---

24   이 메가클레스는 앞서(§12) 등장한 정무 위원 메가클레스의 손자이다.

그대들은 자신의 비겁함으로 말미암아
이러한 슬픔을 겪고 있으니
이로써 신에게 원망하지 말지어다.
그대들은 폭군에게 호위병을 줌으로써
그의 권력을 키웠으니
그대들이 이제 노예가 되었음이라.

(베르크 엮음, 『그리스 서정시 단편』, 11)

31

이로 말미암아 사람들은 폭군이 솔론을 죽일지도 모른다고 경고하면서 무엇을 믿고 그토록 분별없는 말을 하느냐고 물었다. 그는 이렇게 대답했다.

"나의 늙음을 믿지요."

그러나 페이시스트라토스는 일단 권력을 잡자 솔론의 명예를 높여 주고 그에게 친절을 베풀었으며, 그를 궁정에 초대함으로써 그에게 경의를 표시했고, 솔론도 그의 고문(顧問)이 되어 그의 조치를 인정해 주었다. 페이시스트라토스는 스스로 먼저 솔론의 법을 지켰고, 그의 막료들에게도 그렇게 하도록 지시함으로써 솔론의 법을 거의 모두 존속시켰다. 이를테면 그는 이미 독재 군주가 된 뒤에도 살인죄로 기소되자 아레이오스 파고스 회의에 출두했지만, 그의 원고(原告)가 나타나지 않았다.

페이시스트라토스는 다른 법들도 만들었는데, 그 가운데 하나가 전쟁에서 상처를 입은 병사를 국고(國庫)로 치료해 주는 것이었다. 그러나 플라톤의 제자인 폰토스 출신 헤라클레이데스의 말에 따르면, 테르시포스(Thersippos)라는 사람이 전쟁에서 상처를 입었을 때 솔론이 그런 법을 만들었으며, 페이시스트라토스는 그 선례를 따른 것이라고 한다. 더욱이 테오프라스토스의 글에 따르면, '게으름을 금지하는 법'을 만들어

솔론

국민의 생산성을 높이고 도시를 더욱 평화롭게 만든 것은 솔론이 아니라 페이시스트라토스였다고 한다.

그때부터 솔론은 사이스의 지식인들로부터 아테네인들과 특별한 관계가 있다고 들었던 '사라진 아틀란티스'에 관한 글을 쓰기 시작했다가 포기했는데, 그 이유는 플라톤이 말한 것처럼 시간이 없어서가 아니라, 나이가 많은 데다가 집필할 내용이 너무 방대하여 미완으로 남길 것이 두려웠기 때문이었다고 한다. 사실 그는 시간이 많았는데, 이는 다음과 같은 그의 시에 잘 나타난다.

> 나이가 드니 배울 일이 더욱 많구나.
> (......)
> 그러나 지금 나는
> 키프로스의 아프로디테에 마음을 빼앗겼고,
> 디오니소스와 음악의 여신에게서
> 더 많은 기쁨을 얻었도다.
> (베르크 엮음, 『그리스 서정시 단편』, 26)

32

플라톤은 사라진 아틀란티스라는 주제를 정교하고 아름답게 보여 주고 싶어 했다. 그는 아틀란티스를 상속받을 이가 없어 버려진 낙원처럼 여겼고, 솔론의 혈족이었던 자신이 그 땅을 물려받은 것처럼 생각했던 것이다.[25] 그래서 그는 아틀란티스를 일찍이 어느 설화나 시에서도 볼 수 없었을 만큼 대단한 현관과 울타리와 정원이 있는 곳으로 묘사하는 작업을 시작했다.

그러나 저술을 너무 늦게 시작한 그는 작업을 마치지 못

---

25   플라톤의 모계는 솔론의 후손이었다고 한다.(플라톤, 『카르미데스』, §155)

하고 죽었다. 그러므로 우리가 그의 작품에서 기쁨을 느끼면 느낄수록, 그가 마치지 못한 작품에 대한 아쉬움도 더욱 커진다. 아테네에 있는 올림포스 신전이 그러하듯이, 플라톤이 지혜를 짜내어 쓴 아틀란티스 이야기는 그가 썼던 수많은 작품 가운데 유일하게 끝맺지 못한 작품이기 때문이다.

폰토스의 헤라클레이데스가 남긴 말에 따르면, 솔론은 페이시스트라토스가 독재자가 된 뒤에도 오랫동안 살았다고 한다. 그러나 에레소스(Eresos)의 화니아스(Phanias)의 말에 따르면, 솔론은 페이시스트라토스가 폭군이 된 뒤 2년을 더 넘기지 못하고 죽었다고 한다.

페이시스트라토스가 폭군의 정치를 시작한 것은 코메아스(Komeas)가 정무 위원으로 있던 시절[기원전 561~560]이었는데, 화니아스의 말에 따르면 솔론은 코메아스의 후계자인 헤게스트라토스(Hegestratos)가 정무 위원으로 있었을 적에 죽었다고 한다. 그가 죽자 시민이 그를 화장하고 유골을 살라미스 섬에 뿌렸다는 이야기는 너무 이상하여 다들 믿을 수 없는 낭설이라고 의심하지만, 지금도 많은 유명 작가가 그렇게 말하고 있다. 아리스토텔레스도 그 가운데 한 명이다.

푸블리콜라
PUBLICOLA

?~기원전 503

자기 눈앞에서
반역자인 두 아들이
처형되는 모습을 보고서도
슬픔을 보이지 않은
집정관 루키우스 브루투스[1]는
아마도 신이었거나
아니면 짐승이었을 것이다.
— 플루타르코스

1

이제 여기에서는 솔론에 견줄 수 있는 푸블리콜라에 관해 이
야기해 보고자 한다. 푸블리콜라는 뒷날 로마 시민이 영예의
상징으로 그에게 붙여 준 성(姓)이다. 그에 앞서 그의 이름은
푸블리우스 발레리우스(Publius Valerius)였는데, 이는 그가 저
유명한 고대의 발레리우스의 후손이었음을 보여 준다. 발레리
우스는 서로 적대 관계였던 로마인과 사비니 사람들을 한 민
족으로 묶는 데 결정적인 역할을 한 인물이었다. 두 민족의 왕
을 설득하여 하나로 뭉치게 함으로써 그들 사이의 차이를 극
복하게 만든 사람이 바로 발레리우스였다.

들리는 바에 따르면, 그와 같은 혈통을 타고난 발레리우
스는 로마가 아직 왕정이었던 시절에 웅변을 잘하고 재산이
많기로 유명했다. 그는 늘 웅변으로써 정의를 실천하였고, 많
은 돈으로써 가난하고 어려운 사람들에게 자유와 원조를 베풀
었다. 따라서 로마가 왕정을 버리고 민주정이 된다면 그가 곧
가장 높은 지위에 오르리라는 것이 자명했다.

그 무렵에 영예롭지 못한 방법으로 정권을 차지한 타르퀴
니우스 수페르부스는 신을 모독하고 인간의 법을 어겼으며,

I   이 사람은 카이사르를 죽인 마르쿠스 브루투스와는 다른 인물이다.

왕다운 방법으로 권력을 행사하지 않았고, 무례하며 오만한 폭군의 길을 걸었다. 이에 시민이 모두 그를 미워하고 그의 압제 정치에 분노하던 터에, 루크레티아(Lucretia)가 폭행을 당하고 스스로 목숨을 끊는 비운을 겪자 이를 계기로 반란의 기회를 얻게 되었다.[2] 반란에 참여했던 루키우스 브루투스(Lucius Brutus)가 누구보다도 먼저 발레리우스를 찾아갔고, 그의 열렬한 도움을 받아 [기원전 509년에] 왕과 그의 무리를 몰아냈다.

뒤에 민중이 왕을 대신할 다른 지도자를 뽑으려 하는 것처럼 보이자 발레리우스는 침묵을 지켰다. 민중이 지도자를 뽑는다면 자유의 길을 연 브루투스가 지도자로 뽑히는 것이 순리라고 생각했기 때문이었다. 그러나 왕정이라면 이름만 들어도 진저리를 치던 민중은 권력을 두 사람에게 나누어 주는 쪽이 덜 위험하다고 생각하여 두 사람을 최고 지도자로 뽑을 것을 제안했다. 발레리우스는 브루투스 다음으로 자신이 뽑혀 그를 도와 정치를 하리라고 기대했으나, 일은 그의 뜻대로 진행되지 않았다.

발레리우스의 소망과 달리 그는 이인자로 뽑히지 않았고, 죽은 루크레티아의 남편인 타르퀴니우스 콜라티누스(Tarquinius Collatinus)가 브루투스의 동반자로 뽑혔다. 콜라티누스가 발레리우스보다 더 뛰어난 사람은 아니었다. 그러나 영향력 있는 시민은 아직도 국외에서 영향력을 행사하고 있는 왕가가 두려웠고, 국내에서 들끓는 민중의 분노도 달래고 싶었다. 이런 연유로 그들은 왕실의 횡포로 아내를 잃고 왕에 대한 적개심이 누구보다 강했던 콜라티누스를 공화정의 지도자로 뽑고

2   루크레티아는 고대 로마의 전설적인 여인으로서 미모와 정절로 유명했다. 그는 타르퀴니우스 콜라티누스의 아내였는데, 로마의 왕 타르퀴니우스 수페르부스의 아들에게 능욕당하자 아버지와 남편에게 복수를 부탁하고 자살했다. 이에 민중이 일어나 타르퀴니우스왕을 추방하고 공화제를 실시했다. 셰익스피어의 『루크레티아의 능욕』은 이를 다룬 희곡이다.

자 한 것이다. 민중은 콜라티누스를 뽑으면 그가 왕가에 결코 양보하지 않으리라고 믿었다.

2

다만 자신이 독재자에게 개인적인 피해를 본 적이 없다는 사실 때문에 조국을 향한 열망까지 의심받은 발레리우스는 너무도 화가 치민 나머지 원로원을 뛰쳐나왔고, 변호사 일도 하지 않고 공직 활동을 모두 그만두었다. 이러한 그의 태도는 민중을 걱정하게 했다. 민중은 그가 홧김에 망명한 타르퀴니우스왕과 결탁하여 지금도 위태로운 도시의 안정을 더욱 뒤집어놓지나 않을까 두려웠다.

그러자 브루투스는 그 밖의 다른 사람들까지도 자신을 따르지 않을까 미심쩍게 생각했고, 원로원 의원들이 제사를 지내면서 국가를 배신하지 않겠다는 맹세를 하게끔 날짜를 정해 의식을 치르려 했다. 발레리우스는 그날이 오자 기쁜 얼굴로 가장 먼저 광장에 나갔다. 그리고 자신은 물러난 독재자 타르퀴니우스에게 어떤 복종이나 양보도 하지 않을 것이며, 자유를 위해 온 힘을 바쳐 싸우리라고 말했다.

발레리우스의 이러한 언행은 원로원을 기쁘게 했고, 두 집정관에게 용기를 불어넣었다. 그리고 그는 행동으로 약속을 지켰다. 그 무렵에 망명한 왕이 사신들에게 편지를 들려 보내, 민중을 꼬드기고자 했다. 그 편지들은 마치 온 나라가 매우 부패한 듯하다고 그럴싸하게 표현하면서, 왕은 이제 겸손해졌으며, 온건한 조건만을 요구하는 사람이 되었다고 말했다. 집정관들은 이 사신들을 군중집회에 내세워야 한다고 생각했지만, 발레리우스는 그렇게 하고 싶지 않았다. 그는 독재자보다 전쟁을 더 두려워했던 가난한 사람들에게 혁명을 일으킬 기회나 구실을 주면 안 된다는 믿음을 굳게 유지하고 있었다.

푸블리콜라

3

이런 일이 있은 뒤에 타르퀴니우스왕은 다시 사신을 보내, 자신은 왕위도 버렸고 전쟁을 일으키지도 않을 것이니 자신과 신하들과 친척들이 가지고 있던 재산을 돌려받아 망명지에서 살 수 있도록 해 달라고 요구했다. 많은 사람이 그러한 요구에 호의적이었고, 더욱이 콜라티누스가 앞장서서 지지했다.

이에 성격이 거칠고 굽힐 줄 모르는 브루투스가 광장으로 나가 동료인 콜라티누스를 반역자로 몰아붙였다. 그가 생각하기에 왕을 죽이지 않고 목숨만 붙여 살려 보낸 것도 끔찍한 실수였는데, 이제 그들이 전쟁을 수행하고 목숨을 부지할 수 있도록 그들에게 재산을 돌려준다는 것은 말이 안 되는 일이었기 때문이다.

민회가 열리자 제일 먼저 발언에 나선 사람은 카이우스 미니키우스(Caius Minicius)라는 평민이었다. 그는 브루투스의 편을 들면서, 왕실의 재산은 독재자에 대항하는 민중을 위해 써야 하는데, 오히려 민중에 대항하는 폐왕을 위해 쓰려 한다는 사실을 로마 시민은 똑똑히 알아야 한다고 충고했다. 그러나 로마 시민은 이제 전쟁을 통해 자유를 얻었으므로, 재산을 지키려고 평화를 희생하느니 그 재산들을 타르퀴니우스왕에게 돌려주기로 했다.

더 말할 나위도 없이, 재산이 어찌 되느냐 하는 문제는 타르퀴니우스왕에게 그리 중요하지 않았다. 다만 그는 재산 문제를 내세움으로써 민중의 마음을 떠보고, 그들 사이에 배신자를 넣어 충동질할 수 있는지 가늠하려 했던 것이다. 이제 사신들은 재산 문제를 구실로, 그 재산의 일부는 팔고, 일부는 남겨 두고, 일부만 가져가겠노라며 바삐 움직였지만, 이는 로마에 더 남아 있으려고 꾸민 일이었다. 드디어 그들은 로마의 두 명문가를 매수하는 데 성공했다. 하나는 원로원 의원을 세 명 둔 아퀼리우스(Aquillius) 가문이었고, 다른 하나는 원로원 의원을 두 명 보유한 비텔리우스(Vitellius) 가문이었다.

아퀼리우스 가문의 의원들은 모두 외가 쪽으로 콜라티누스의 조카들이었고, 비텔리우스 가문은 친가 쪽으로 브루투스와 친척 관계였다. 브루투스는 비텔리우스 형제들의 누이와 결혼하여 아들을 여럿 낳았다. 이들 가운데 아들 둘이 성장하여 사촌들과 가까워지자, 비텔리우스의 형제들은 브루투스의 아들들을 설득하여 반역 음모에 가담시켰다.

이들은 폐위된 타르퀴니우스왕의 거대한 가문과 손잡고 왕정복고의 꿈을 실현함으로써 아버지의 잔인하고 어리석은 정치를 몰아내기로 했다. 여기서 잔혹함이라 함은 자기들의 아버지가 죄인들을 가차 없이 다룬 것을 뜻했다. 또한 어리석었다 함은 브루투스가 독재자의 잔혹한 음모에서 자신을 보호하려고 오래도록 어리석은 척 처신한 것을 가리켰다. 이때부터 브루투스라는 그의 성(姓)은 '어리석다'는 뜻으로 그 가문을 따라다녔다.

4

그에 따라 젊은이들이 혁명을 일으키기로 하고 아퀼리우스를 만났을 때, 공모자들은 죽은 무리의 피를 제단에 뿌리고 그의 내장을 들어내겠다고 끔찍하게 맹세했다. 이러한 목적을 수행하고자 그들은 아퀼리우스의 집에 모였다.[3] 당연하겠지만, 살인 의식을 치르기로 한 방은 어둡고 조금은 으슥했다. 그런데 그들도 모르게 빈디키우스(Vindicius)라는 노예가 그 방에 숨어 있었다. 그가 방에 숨어 있었던 것은 처음부터 의도한 일도 아니었고, 거기에서 무슨 일이 일어나리라는 낌새를 챘기 때문도 아니었다.

---

3   모인 곳은 아퀼리우스의 집이 아니라 비텔리우스의 집이었다는 기록도
     있다.(리비우스, 『로마사』, II : 4~5)

335   푸블리콜라

빈디키우스는 아주 우연히 그 방에 갔다가 음모자들이 서둘러 들어오자 그들의 눈에 띄는 것이 두려워 장롱 뒤에 숨어서 그들이 하는 짓을 보았고, 그들이 결정한 바를 모두 들었다. 그들은 두 집정관을 죽이기로 하고 이를 타르퀴니우스왕에게 보내는 편지에 적어 폐왕의 사신들에게 건넸다. 사신들은 아퀼리우스의 집에 머물면서 그 음모에 참여하고 있었다. 음모자들이 회의를 마치고 해산하자 빈디키우스는 몰래 집을 빠져나왔다. 그는 자기 앞에 벌어진 일에 어찌할 바를 몰랐다.

그 뒤의 사실에서 나타났듯이, 빈디키우스는 고민에 빠졌다. 브루투스 앞에서 그의 자식들을 고발하는 일이나, 콜라티누스 앞에서 그의 조카들을 추궁하는 일은 끔찍할 정도로 괴로운 일이었다. 그뿐만 아니라 노예에 불과한 자신의 말을 시민들이 믿어 줄 것 같지도 않았다. 그가 마지막까지 할 수 있는 일은 입을 다무는 것이었지만, 그럴 수도 없었다.

그는 자신이 알고 있는 사건의 내막을 어떻게 할까 고민하다가, 어찌 되었든 발레리우스를 먼저 찾아가 보기로 했다. 빈디키우스는 그가 자상한 사람이라는 사실에 더욱 마음이 끌렸다. 그는 누구나 쉽게 만나 볼 수 있었고, 그의 집 문은 늘 열려 있었으며, 신분이 낮은 사람들이라고 해서 그들의 말을 듣거나 도와주는 일을 거절하지 않았다.

5

마침내 빈디키우스는 발레리우스를 찾아가 모든 이야기를 털어놓았다. 그 자리에는 발레리우스의 아우와 아내가 함께 있었다. 발레리우스는 반역자들에 대한 실망과 두려움으로 큰 충격을 받았다. 그는 빈디키우스가 밖으로 나가지 못하게 방 안에 숨겨 놓고 아내에게 문을 지키도록 했다. 이어 동생에게 타르퀴니우스 왕궁을 포위하고, 될 수 있으면 음모가 담긴 편지를 빼앗고 하인들을 가두라고 지시했다. 발레리우스 자신은 클리엔테스[4]들과 동료들과 하인들을 데리고 아퀼리우스의 집으로 갔다. 그는 집에 없었다.

발레리우스는 기습적으로 대문을 부수고 들어가 왕의 사신들이 묵던 방에서 편지들을 보았다. 그러는 사이에 아퀼리우스가 서둘러 집으로 돌아와 문간에서 싸움이 벌어졌다. 아퀼리우스 일행은 왕에게 보낼 편지부터 찾았다. 그러나 발레리우스와 그의 무리는 반역자들의 공격을 막아 내면서 외투를 벗어 그들의 목을 졸랐다. 격전을 치른 뒤, 드디어 발레리우스의 무리는 음모자들을 몰아 거리를 지나 광장으로 끌고 갔다. 마르쿠스(Marcus)[5]가 이끄는 무리도 왕궁에서 벌어진 격전에서 이기고 짐짝에 숨겨 보내려던 편지를 빼앗았으며, 왕당파 사람들을 되도록 많이 붙잡아 광장으로 끌고 나왔다.

6

집정관들이 변란을 잠재우자 발레리우스는 자기 집에 숨겨 두었던 빈디키우스를 데리고 나와 반역자들을 고발하게 한 다음, 그들 사이에 오갔던 편지를 읽어 주었다. 죄인들은 아무 대답도 하지 않았다. 대부분의 사람들은 눈앞의 광경이 너무 슬퍼 할 말을 잃었다.

그러는 가운데 몇 사람은 그들을 추방하는 것으로 벌을 주자고 말했다. 그들은 브루투스에게 자비를 베풀고 싶었던 것이다. 그들은 또한 콜라티누스의 눈물과 발레리우스의 침묵에 고무되었다. 그러나 브루투스는 자기 아들들을 불러 이렇게 말했다.

"티투스야, 이리 오너라. 티베리우스야, 이리 오너라. 너

---

4   제2장 「로물루스전」, §13 참조.
5   플루타르코스는 이 사람의 성명을 기록하지 않았는데, 착오인 듯하다. 아마도 그는 푸블리우스의 동생 마르쿠스 발레리우스인 것 같다.(이 장의 §14 참조.)

희들은 왜 고발한 사람들에 맞서 자신을 변호하지 않느냐?"

그가 세 번이나 물었음에도 아들들이 아무 대답을 하지 않자 브루투스는 심문관들에게 이렇게 말했다.

"나머지 일은 그대들이 처리하시오."

그 말이 떨어지자 심문관들은 젊은이들을 끌어내어 겉옷을 찢고, 손을 등 뒤로 묶은 다음 몽둥이로 두들겨 팼다. 들리는 바에 따르면, 다른 사람들은 차마 그 광경을 바로 보지 못했지만 브루투스는 눈길을 돌리지 않았다고 한다. 그는 얼굴에 나타난 엄중한 분노를 연민으로 바꾸지 않았다. 그는 형리(刑吏)들이 자신의 두 아들을 끌어내어 도끼로 목을 자를 때까지 지켜본 다음, 자리에서 일어나 나머지 죄인들의 문초를 콜라티누스에게 맡기고 떠났다.

브루투스의 처신이 칭찬받을 일인지 비난받을 일인지를 판단하기란 쉽지 않다. 그의 덕성이 너무 고결하여 정신이 고통을 느끼지 못하게 했거나, 아니면 고통이 너무 커서 그것을 느끼지 못했거나 둘 가운데 하나일 것이다. 그 어느 쪽이든 하찮은 일도 아니고, 보통 사람들에게 자연스러운 일도 아니다. 아마도 그는 신이 아니면 짐승이었을 것이다. 그러나 우리는 연약한 판단으로 그의 덕성을 의심하기보다는 그의 덕성을 높이 평가해 주는 쪽이 옳을 것이다. 로물루스가 국가를 창설하면서 기울인 노고조차도, 브루투스가 통치의 기초를 닦고 그 형태를 이룩하고자 기울인 노고보다 위대하지 않다는 것이 로마인들의 생각이다.

7

그러고 나서 브루투스가 광장을 떠나자 남은 사람들 사이에는 경악과 공포와 침묵이 흘렀다. 그들은 그동안에 벌어진 일들을 생각하고 있었다. 그러나 곧이어 콜라티누스가 보인 나약함과 망설임은 아퀼리우스 가문에 새로운 용기를 불어넣어 주었다. 그들은 자기들을 변호할 시간을 주고 빈디키우스를 넘겨 달라고 요구했다.

그는 노예의 신분이며, 고발자의 손안에 두어서는 안 되기 때문이라는 것이었다. 콜라티누스는 그들의 요구를 들어주고, 군중의 양해를 구한 다음 그들을 해산시키려 했다. 그러나 발레리우스는 빈디키우스를 군중에게 넘겨줄 수 없다고 했다. 빈디키우스는 그때 군중 속에 섞여 있었다. 발레리우스는 또한 민중이 반역자들을 풀어 주어서도 안 되며, 광장에서 물러서지 말기를 바랐다.

드디어 발레리우스는 아퀼리우스의 가족을 붙잡아 두고 브루투스가 현장에 나오도록 지시한 다음, 콜라티누스를 바라보며 소리쳤다. 동료 집정관이 아들을 죽이도록 해 놓고, 자신은 이 나라의 반역자들과 적들을 그들의 아내에게 돌려줄 생각을 하고 있으니, 이 얼마나 부끄러운 일이냐는 것이었다. 이에 콜라티누스는 화가 치밀어 빈디키우스를 체포하라고 지시했다. 형리들이 군중을 헤집고 나가 그를 체포하고, 그를 구출하려는 사람들을 두들겨 팼다. 이에 발레리우스와 그의 동료들은 앞으로 나아가 빈디키우스를 지켰다.

그러는 사이에 민중은 브루투스에게 나오라고 외쳤다. 그가 돌아오자 군중이 조용해졌다. 그는 군중을 향해 말했다. 자기 아들의 문제는 재판장이었던 자신이 내린 판결로도 충분했으나, 다른 죄인들에 대해서는 자유 시민들의 투표에 맡기겠다는 것이었다. 그러면서 이 문제와 관련하여 민중을 설득하거나 말하고 싶은 것이 있는 사람들은 누구든 나와도 된다고 덧붙였다. 그러나 이 무렵에는 더 이상 웅변이 필요하지 않았다. 곧바로 투표가 이루어졌고, 압도적인 다수표로 반역자들에게 유죄가 선고되어 그들은 처형되었다.

사실, 왕실과 관계가 있던 콜라티누스는 이미 사람들의 의심을 받고 있었다. 더욱이 그의 이름에는 쫓겨난 왕과 같은 타르퀴니우스가 들어 있어, 민중은 그의 이름만 들어도 미운 마음을 품었다. 최근에 이와 같은 일을 겪으면서 그는 모든 일이 엇나가고 있음을 알았고, 집정관을 사직한 뒤 남몰래 도시를 빠져나갔다. 그에 따라 선거가 치러졌고, 발레리우스가 압도적인 지지를 받아 집정관에 당선됨으로써 그의 열정에 걸맞은 보상을 받았다.

이러한 보상을 받은 발레리우스는 빈디키우스와 더불어 그 영광을 나누어 가져야 한다고 생각했다. 그래서 그는 법을 통과시켜 먼저 빈디키우스를 노예에서 해방한 다음, 로마 시민권을 주어 그가 소속한 행정구에서 투표할 수 있는 권리를 주었다.

그 밖의 해방 노예들은 얼마의 세월이 흘러 아피우스 클라우디우스 카이쿠스(Appius Claudius Caecus)가 감찰관(Censor)으로 재직하던 시대[기원전 312년]에 투표권을 얻었다. 그는 민중의 호감을 얻고자 그런 일을 했다. 들리는 바에 따르면, 빈디키우스의 사건 이후 오늘에 이르기까지 해방 노예를 빈딕타(vindicta)라고 부른다고 한다.

8

이 사건이 있은 뒤로 왕실의 재산은 로마인들의 약탈 대상이 되었고, 왕궁은 폐허가 되었다. 타르퀴니우스왕은 군신 마르스를 기리는 벌판인 군신의 광장(Campus Martius) 가운데에서도 가장 좋은 땅을 가지고 있었는데, 이곳도 마르스 신의 소유지로 되돌아갔다.

그때가 마침 가을걷이철이어서 곡식이 들판에 널려 있었다. 그러나 사람들은 그곳이 성스러운 땅이므로 거기서 난 곡식을 거두어 어떤 방법으로든 쓰는 것은 옳지 않다고 생각하여, 그것들을 다발로 묶어 강에 던져 버렸고, 나무도 같은 방법으로 베어 강에 던져 버렸다. 그리고 그곳은 경작되지 않은 채 군신을 위한 땅으로 남겨졌다.

그때 던져진 나뭇더미가 강물에 흘러가지 않고 얕은 곳에서 뭉친 채로 쌓이기 시작했다. 나뭇더미는 풀어지지 않을 만큼 서로 엉키더니 강물의 압박을 받아 날이 갈수록 더욱 단단하게 쌓였고, 진흙과 엉키면서 더욱 크고 단단한 덩어리가 되었다. 그리고 만만치 않게 강했던 물살이 이들을 천천히 눌러줌으로써 덩어리는 더 굳어졌다. 그 크기와 위치로 말미암아, 덩어리는 강에서 흘러오는 것을 모두 넉넉히 받아들일 만한 섬이 되었다. 지금 그 섬은 도시 건너편의 성지(聖地)가 되었다. 이곳에는 성전이 있고 그리로 가는 길이 놓였는데, 사람들은 이 섬을 라틴어로 인테르 두오스 폰테스(*inter duos pontes*)라고 부른다. 이는 '두 다리 사이의 섬'이라는 뜻이다.

그러나 어떤 사람의 말에 따르면, 이 섬은 타르퀴니우스 왕의 땅을 신에게 바쳤을 때 생긴 것이 아니라, 그 뒤에 타르퀴니아(Tarquinia)라는 여인이 그 가까운 곳의 땅을 신에게 바쳤을 때 생긴 일이라고 한다. 그 무렵에 타르퀴니아는 불의 신 베스타를 모시는 여사제 가운데 한 사람이었는데, 이 일로 크게 영예를 얻어 여자로서는 유일하게 법정의 증인이 될 수 있었다. 또한 시민은 그가 결혼해도 좋다고 결의했으나, 그 여인은 결혼하지 않았다. 이 섬에 관한 전설은 이와 같다.

9

그러나 반역자들을 움직여 왕위를 되찾으려던 계획이 뜻대로 이뤄지지 않아 낙담하고 있던 타르퀴니우스왕은 토스카나 사람들에게서 열렬한 환영을 받았다. 그들은 타르퀴니우스의 왕위를 되찾아 주기로 했다. 두 집정관이 군대를 이끌고 토스카나인들을 대적하러 나갔다. 그들은 어느 성지(聖地)에 이르러 진영을 차렸는데, 한 곳은 아르시아(Arsia) 숲이었고 다른 한 곳은 아이수비아(Aesuvia) 초원이었다.

푸블리콜라

전투가 시작되자 타르퀴니우스왕의 아들 아룬스(Aruns)와 집정관 브루투스가 맞붙었다. 이 만남은 우연이 아니라 증오와 분노가 빚어낸 것이었다. 브루투스는 독재자이자 그 나라의 원수와 싸우는 것이었고, 아룬스는 자신을 몰아낸 장본인에 대한 복수극을 펼치고 있었다. 그들은 말을 짓쳐 나갔다. 계산에 따라 싸운 것이 아니라 분노에 찬 전투였으며, 너무도 무모하게 달려든 그들은 서로의 칼에 죽었다.

그렇게 시작된 끔찍한 전투는 그에 못지않은 비참함 속에서 끝났다. 양쪽 군대는 서로 꼭 같은 피해를 본 뒤, 태풍이 불어오자 싸움을 그치고 떨어졌다. 발레리우스는 전투 결과가 어찌 되었는지 몰라 당황했으나, 병사들을 살펴보니 그들은 자신들의 피해에 낙담한 만큼 적군이 입은 피해에 고무되어 있었다. 양쪽 전사자를 보니 누가 이기고 누가 졌는지를 구별할 수 없었다. 그러나 양쪽의 병사들은 적군이 입은 피해를 계산함으로써 승리를 확신하기보다는 가까이에 있는 전우들의 죽음을 보면서 패전을 확신했다. 그렇게 처참한 전투가 지난 뒤에 우울한 밤이 찾아왔다. 양쪽 진영은 조용했다.

그런데 들리는 바에 따르면, 바로 그때 숲이 흔들리면서 토스카나 병사가 로마 병사들보다 한 명 더 죽었다는 목소리가 들려왔다. 그 탄식은 분명히 숲의 신 실바누스(Silvanus)의 목소리였다. 이를 들은 로마 병사들은 크게 고무되어 환호의 소리를 질렀고, 토스카나 병사들은 두려움에 휩싸여 어지럽게 진지를 버리고 대부분 흩어졌다.

남아 있는 토스카나 병사의 수는 5천 명이 채 되지 않았다. 로마 병사들은 적군을 공격하여 포로로 잡고 그들의 진영을 약탈했다. 양쪽에서 전사자를 헤아려 보니 적군의 전사자는 1만 1천3백 명이었고, 로마의 전사자는 그보다 한 명이 더 적었다. 들리는 바에 따르면, 이 전투는 2월 마지막 날에 벌어졌다고 한다.

발레리우스는 개선식⁶을 거행했다. 그는 네 마리의 말이 이끄는 전차를 타고 로마로 들어온 최초의 집정관이 되었다. 개선 행진은 장엄하고 우아했으며, 몇몇 사람이 주장한 것처럼 관중의 심정을 거슬리거나 언짢게 하는 일도 없었다. 만약 그랬더라면 그를 관례로 삼은 개선식이 오랫동안 그토록 열정적으로 거행되지는 않았을 것이다.

민중은 또한 발레리우스가 동지 브루투스의 장례식에서 그에게 영광을 돌린 것을 기쁘게 생각했다. 발레리우스는 또한 브루투스에게 영예를 선사하는 추모사를 읽었는데, 그것이 어찌나 로마인들의 심금을 울렸던지 그때부터 위대한 인물이 죽으면 가장 위대한 인물이 추모사를 읽는 관행이 생겼다. 들리는 바에 따르면, 로마에서 이처럼 추모 연설을 읽는 관례는 그리스보다 먼저 생겼다고 하는데, 웅변가 아낙시미네스 (Anaximines)의 말에 따르면, 그러한 관행은 솔론에서 비롯하였다고 보는 것이 옳다고 한다.

10

그러나 발레리우스는 민중의 마음을 아프게 하는 일을 저질렀다. 민중이 자유의 아버지처럼 생각했던 브루투스는 동료 집정관이 죽었을 때 홀로 다스릴 수 있었음에도 그러지 않고 자기와 함께 통치할 동료 집정관을 뽑았었다. [그러나 발레리우스는 그러지 않았다.] 이 문제와 관련하여 민중은 이렇게 푸념했다.

"자기 주변에 권력을 집중시킨 발레리우스는 브루투스의 계승자가 아니라 독재자 타르퀴니우스의 승계자이다. 그의 처신은 브루투스를 칭송하지 않고 타르퀴니우스를 흉내 내며,

---

6   개선식은 대체로 5천 명 이상의 적군을 무찌른 장군의 영광을 기려 거행한다. 장군이 행진할 때면 목청이 아름다운 노예가 그 뒤를 따르며, "조심할지어다. 그대가 인간임을 잊지 말지니라"라고 외친다.[김진경, 『지중해 문명 산책』(서울 : 지식산업사, 1994), 225쪽 참조]

그는 자기의 손으로 파괴한 왕궁 못지않게 으리으리한 저택에서 나와 광장으로 내려온다. 그럴 때면 몽둥이와 도끼를 든 무장병들이 그를 호위한다. 어떻게 이럴 수가 있을까?"

실제로 그는 팔라티누스 언덕에 있는 이른바 벨리아(Velia)라는 곳에 매우 호화로운 집을 짓고 살았다. 그 집은 광장을 내려다볼 수 있는 높은 곳에 위치한 까닭에 광장에서 벌어지는 일들을 모두 볼 수 있었고, 절벽으로 둘러싸여 있어 다가가기도 어려웠다. 그가 그곳에서 내려올 때면 그 모습이 화려하여 마치 왕의 행렬과 같았다.

그러나 발레리우스는 권력자가 아첨에 귀를 기울이지 않고 정직한 진실에 귀를 여는 것이 얼마나 훌륭한 일인가를 보여 주었다. 발레리우스의 친구들은 그의 처신이 정도를 넘었다고 여기는 민중의 생각을 그에게 숨김없이 알렸는데, 그 이야기를 들은 발레리우스는 고집을 피우거나 분노하지 않고 밤중에 재빨리 사람들을 모아 자신의 집을 헐어 버리고 그곳을 평지로 만들어 버렸다.

날이 밝자 밤새 무슨 일이 일어났는지를 알게 된 로마 시민이 모여들었다. 시민은 발레리우스의 도량에 감동하여 그를 더욱 찬양하면서도, 그의 집이 없어진 것을 마음 아파하며 마치 사람이 죽은 것처럼 그 집의 우아했던 지난 모습을 아쉬워했다. 자신들의 시샘이 그 집을 부당하게 파괴했다고 생각했기 때문이었다. 시민은 또한 지도자가 집도 없이 남의 집에 얹혀사는 모습에 가슴이 아팠다. 그는 시민이 집터를 마련하여 집을 지어 줄 때까지 벗들의 집에 머물렀다. 새로 지은 집은 지난번의 집보다 훨씬 검소했다. 그 자리에는 지금 비카 포타(Vica Pota)[7]라는 신전이 서 있다.

7   'Vica Pota'는 'vincendi atque potiundi(정복자)'라는 말에서 따왔다.(키케로, 『법률』, II : 28)

자기뿐만 아니라 자신이 이끄는 정부가 이제는 더 이상 민중에게 무시무시한 존재가 아니라 민중을 섬기고 민중이 받아들일 수 있는 존재가 되기를 바랐던 발레리우스는 호위병들의 몽둥이에서 도끼날을 빼 버렸고, 민회에 나갈 때는 몽둥이의 머리를 민중 편으로 숙이게 함으로써 민중이 민주 정치의 주인임을 강조했다. 집정관이 이와 같은 관행을 지키는 전통은 지금까지 이어져 내려오고 있다.

이렇게 발레리우스는 지난날 자신이 누렸던 권위를 걷어냈다. 그는 민중이 눈치채기에 앞서 자기 쪽에서 먼저 스스로를 낮추어 보임으로써 민중의 시기심을 없앴다. 민중은 그가 겸손한 사람이라고 생각했지만, 사실 그것은 자신의 진정한 영향력을 높이려는 발레리우스의 계산된 행동이었다.

민중은 기쁜 마음으로 그에게 스스로 복종함으로써 멍에를 졌다. 그리고 민중은 그에게 푸블리콜라(Publicola)라는 이름을 지어 주었는데, 이는 '민중을 사랑한 사람'이라는 뜻이다. 이 이름은 그가 앞서 써 오던 이름보다 더 유명해졌으므로, 나는 이제부터 그의 남은 생애를 이야기하면서 이 이름을 쓰고자 한다.

11

푸블리콜라는 누구나 집정관에 출마할 수 있도록 허락했다. 그는 동료 집정관을 임명하기에 앞서 그가 어떤 사람인지도 모르고, 더욱이 그 사람이 자신에 대한 시기심이나 무지로 말미암아 자신에게 적대적인 행위를 할지도 모른다고 두려워했다. 그래서 이에 대한 대비책을 세웠다. 동료 집정관을 뽑기에 앞서 자신의 고유한 권한을 행사해 가장 중요한 법안들을 미리 제정해 놓은 것이었다.

먼저 푸블리콜라는 원로원의 줄어든 인원을 채웠다. 어떤 의원은 타르퀴니우스왕의 손에 죽었고, 어떤 의원은 최근에

토스카나와 치른 전쟁에서 죽었기 때문이었다. 푸블리콜라는 결원을 모두 채웠는데, 들리는 바에 따르면, 그 수가 164명이었다고 한다. 이런 일을 한 뒤에 푸블리콜라는 다음과 같은 몇 가지 법을 제정했다.

첫째로, 피고가 집정관의 평결에 다른 의견이 있다면, 이를 민회에 항고할 수 있도록 함으로써 시민의 입장을 강화하는 법을 제정했다.

둘째로, 어떤 사람이 민중에게서 권한을 부여받지 않고 고위직에 취임하는 것을 무거운 범죄로 처벌하는 법을 제정했다.

셋째로, 가난한 사람들을 구제하는 법률을 제정했다. 이 법률은 시민의 세금을 덜어 주어 모든 사람이 더 열심히 제조업과 상업에 종사하도록 만들었다.

넷째로, 집정관의 명령에 따르지 않은 시민에게 벌금을 매기는 법을 제정했는데, 이 또한 그 성격으로 보아 민중의 편이 아니었다고 말할 수 없다. 이 법은 권력자보다는 많은 시민의 이해관계를 도와주었다. 그와 같은 불복종에 대한 벌금은 황소 다섯 마리와 양 두 마리였다.

그 무렵의 로마인들은 화폐 단위로 동전을 쓰지 않고 가축의 마릿수를 썼다. 그러므로 오늘에 이르기까지 그들은 재산을 페쿨리움(*peculium*)이라고 부르는데, 이는 소를 뜻하는 페쿠스(*pecus*)에서 온 말이다: 오늘날에도 그들은 동전에 소와 양과 거세한 수퇘지의 모습을 새긴다. 그리고 아들의 이름에 수일리우스(Suillius)니 부불쿠스(Bubulcus)니 카프라리우스(Caprarius)니 포르키우스(Porcius)라는 단어를 쓰는데, 이는 각기 돼지를 뜻하는 수스(*sus*), 황소를 뜻하는 보스(*bos*), 염소를 뜻하는 카프라(*capra*) 그리고 돼지를 뜻하는 또 다른 단어 포르쿠스(*porcus*)에서 따온 말이다.

12

이와 같은 법들은 그가 대중적이면서도 온화한 입법자임을 보여 주었지만, 그는 극단적인 범죄는 가혹하게 처벌했다. 이를테면 그는 참주(僭主)가 되고자 하는 무리를 재판을 거치지 않고 죽일 수 있도록 하는 법을 만들었다. 그런 인물을 죽인 무리는 그 인물의 의도를 입증할 수만 있으면 살인 행위로 처벌되지 않았다.

모반을 도모하려는 무리가 모든 사람의 눈을 피하여 모반을 저지를 수는 없다. 또한 모반에 성공한 자가 참주가 되어 오랜 시간이 흐른 뒤에는 그의 권력이 너무 강력해져 그를 재판에 회부할 수 없기 때문에, 그때 가서 재판을 거쳐 처벌하는 것은 사실상 불가능해지기 때문이었다. 그러므로 푸블리콜라는 모반을 미리 알아챈 사람들이 범죄자를 사전에 법정에 고발할 수 있도록 특권을 주었다.

푸블리콜라는 또한 국가 재정에 관한 법을 제정하여 칭송을 받았다. 전쟁을 치르려면 시민이 자기들의 재산을 헌납하게 할 필요가 있었는데, 그는 돈 만지는 일을 스스로 맡거나 막료들에게 맡기고 싶지 않았고, 공금을 개인의 집에 맡겨 두고 싶지도 않았다. 그는 농업의 신 사투르누스의 신전을 국가의 금고로 만들었고, 오늘날까지 이어지고 있다.

그는 또한 시민에게 두 젊은이를 재무관, 즉 콰이스토르(Quaestor)로 임명할 수 있는 권리를 주었다. 처음으로 재무관에 임명된 사람은 푸블리우스 베투리우스(Publius Veturius)와 마르쿠스 미누키우스(Marcus Minucius)였는데, 이들은 돈을 많이 모았다. 고아나 과부를 빼고 재산 헌납자 명부에 오른 사람이 모두 13만 명이었다.

이와 같은 규정 작업을 마친 뒤에, 푸블리콜라는 남편을 잃은 루크레티아의 친정아버지인 루크레티우스(Lucretius)를 동료 집정관으로 임명하도록 일을 추진했다. 푸블리콜라는 그에게 윗자리를 내주고 그에게 상석의 상징인 부월(斧鉞)을 주었다. 그러나 그는 집정관에 취임한 지 며칠 만에 죽고, 마르쿠스 호라티우스(Marcus Horatius)가 그 후임으로 뽑혀 푸블리콜라와 함께 직무를 수행하며 남은 생애를 보냈다.

13

들리는 바에 따르면, 타르퀴니우스왕이 로마인과 전쟁을 벌이도록 토스카나인들을 선동하고 있을 때 매우 불길한 일이 일어났다고 한다. 타르퀴니우스가 아직 왕위에 있을 적에 그는 유피테르 카피톨리누스(Jupiter Capitolinus) 신전을 거의 완공하였는데, 신탁을 받았는지 자기가 좋아서 그랬는지는 알 수 없으나, 베이이에 사는 토스카나의 기술자에게 흙으로 전차를 만들어 신전 지붕 위에 올려놓으라고 지시했다. 그런 일이 있은 뒤에 곧바로 그는 왕위에서 쫓겨났다. 그러자 토스카나의 기술자는 전차 모형을 화덕에 집어넣었다.

그러나 그 전차는 물기가 날아간 뒤에도 불이 붙어 줄어들기는커녕 몸집이 커지고 더욱 단단해져 화덕에서 끌어낼 수 없어, 화덕의 지붕을 헐어 내고서야 겨우 꺼내어 부숴 버릴 수 있었다. 이를 이상하게 여겨 예언자를 찾아가 그 징조가 뜻하는 바를 물었더니, 장차 이 전차를 갖게 되는 사람은 부귀와 권세를 누리리라는 대답이 돌아왔다. 그래서 베이이 사람들은 그 전차를 넘겨주지 않기로 했다. 로마인들이 그것을 요구했으나, 이것은 타르퀴니우스의 것이므로 그를 몰아낸 사람에게는 줄 수 없다고 그들은 대답했다.

며칠 뒤 베이이에서 전차 경주가 열렸다. 늘 그렇듯이 경주는 장관을 이루었다. 그러나 경주에서 승리한 기수가 머리에 화관을 쓴 채 전차를 몰고 조용히 경주로를 벗어나려는데, 갑자기 말이 아무런 이유 없이 겁을 먹고 로마의 기수들과 관객들을 향해 돌진했다. 이 일이 신의 계시를 따른 것인지 우연이었는지는 알 수 없다.

기수가 고삐를 조이고 소리를 지르면서 말을 진정시키려고 애썼지만 소용이 없었다. 그는 속절없이 말을 타고 달리다가 신전의 언덕에 이르러 문 앞에 나가떨어졌는데, 지금도 [그 기수의 이름을 따서] 그곳을 라투메나 문(Porta Ratumena)이라고 부른다. 이에 놀란 베이이 사람들은 기술자들이 그 전차를 로마인들에게 넘겨주도록 했다.

14

데마라투스(Demaratus)의 아들인 타르퀴니우스는 사비니족과 전쟁을 치르면서 유피테르 카피톨리누스 신전을 지어 신에게 바치겠노라고 맹세한 적이 있었다. 그러나 실제로 이 신전을 완성한 사람은 타르퀴니우스 수페르부스였는데, 그가 신전을 짓겠다고 처음 맹세한 타르퀴니우스의 아들인지 손자인지는 잘 알 수 없다. 그러나 그도 왕위에 그리 오래 있지 못하고 준공되기에 앞서 쫓겨났으므로 신전을 신에게 봉헌할 수 없었다.

그리하여 신전이 준공되고 치장을 마치자 푸블리콜라는 자기 손으로 이를 봉헌하고 싶은 생각이 간절했다. 그러나 그의 소망은 귀족들의 질투를 불러일으켰다. 귀족들은 푸블리콜라가 입법자와 군사령관으로서의 지위를 요구하는 것은 정당한 일이라고 생각했지만, 그 위에 다른 영광을 얹어 주고 싶지는 않았다.

이번 봉헌식은 푸블리콜라가 치러서는 안 될 일이기 때문에 다른 사람이 맡는 것이 옳다고 생각한 귀족들은 호라티우스에게 가서 봉헌식을 주재할 권리를 요구하라며 부추겼다. 공교롭게도 그 무렵에 푸블리콜라는 군사 작전을 벌이느라 어절 수 없이 외국에 나가 있었다. 이를 틈타 귀족들은 호라티우스가 봉헌식을 거행하도록 하는 결의안을 통과시킨 다음에 그를 데리고 신전의 언덕으로 올라갔다. 그들이 생각해도 푸블리콜라가 로마에 있었더라면 이루어질 수 없는 일이었다.

그러나 다른 사람들의 말에 따르면, 푸블리콜라가 제비뽑기에서 지고 마지못해 전쟁터로 나가자 호라티우스가 봉헌식을 거행했다고 한다. 우리로서는 지금 축성식에서 일어났던 사실들로 미루어 그 두 사람 사이에 벌어졌던 일을 추론할 수 있을 뿐이다. 그날은 9월의 가운데 날, 곧 그리스력(曆)으로 따지면 메타게이트니온월(Metageitnion, 8~9月) 보름이었다.

민중이 신전의 언덕으로 모여들자 엄숙함을 요구하는 명령이 떨어졌다. 호라티우스가 몇 가지 의식을 치른 다음 관례에 따라 문고리를 잡고 축성(祝聖)의 글을 읽었다. 바로 그때 푸블리콜라의 동생인 마르쿠스가 오랫동안 문 옆에 서 있다가 기회가 오자 이렇게 말했다.

"집정관님, 집정관님의 아들이 전선에서 병으로 죽었다고 합니다."

이 말을 들은 모든 사람이 슬퍼했다. 그러나 호라티우스는 아무런 동요도 없이 이렇게 말했다.

"그 아이의 시체를 그대가 바라는 곳에 내다 버리시오. 나는 지금 슬퍼할 겨를이 없소."

그리고 호라티우스는 봉헌식을 마쳤다. 오늘날 알려진 바에 따르면, 아들이 죽었다던 마르쿠스의 말은 사실이 아니었다. 마르쿠스는 그 소식을 들은 호라티우스가 봉헌식을 멈추리라고 생각했다는 것이다. 그러나 그때 호라티우스가 마르쿠스의 말이 거짓이었음을 바로 알아차렸든, 아니면 그 말이 진실이더라도 자신을 동요시킬 수 없다고 마음을 다잡았든, 그의 냉정함은 참으로 놀랄 만하다.

15

두 번째 신전을 지어 봉헌할 때도 똑같은 운명이 벌어졌다. 내가 앞서 말했듯이, 타르퀴니우스가 첫 번째 신전을 지었지만 이를 봉헌한 사람은 호라티우스였다. 이 신전은 [기원전 83년에] 내란으로 불타 버렸다. 두 번째 신전을 지은 사람은 술라였지만, 술라가 죽은 뒤 [기원전 69년에] 카툴루스(Catulus)가 신전을 봉헌했다. 이 신전도 또한 비텔리우스가 다스리던 혼란한 시기[서기 69년]에 파괴되었다.

세 번째 신전을 짓기 시작하여 완공한 사람은 베스파시아누스(Vespasianus)인데, 그는 공사의 처음부터 끝까지 지켜보았다. 그는 신전이 완성될 때까지 살았으나 파괴될 때까지 오래 살지는 않았다. 그가 죽은 뒤에 곧 신전은 파괴되었다. 그는 신전이 파괴되기에 앞서 죽었으므로, 봉헌해 보지도 못하고 죽은 술라보다는 운이 좋았다. 베스파시아누스가 죽을 무렵 [서기 80년에] 신전의 언덕이 불탔다.

네 번째 신전은 다른 신전들이 서 있던 자리에 지금도 서 있다. 이를 완공하고 봉헌한 사람은 도미티아누스였다. 들리는 바에 따르면, 타르퀴니우스왕은 그 기초를 쌓는 데에만 18톤의 은을 썼다고 한다. 오늘날 로마에서 아무리 돈이 많은 사람이라 하더라도 개인의 돈으로 그 신전을 도금할 만한 재산을 가진 사람은 없다.

그 비용은 1만 2천 탈렌트가 넘었다.[8] 그 기둥은 아테네 평야 동북쪽에 있는 펜텔리콘(Pentelikon)에서 가져온 대리석인데, 지금 아테네에 가 보면 그 길이와 두께가 아주 좋은 비례를 이루고 있다. 그러나 이 기둥은 로마로 옮겨 오면서 다시 깎고 다듬어졌는데, 윤기는 나지만 대칭과 아름다움을 잃어 지금은

8 이 책이 미국에서 출판된 1920년대의 환율로 계산하면 1탈렌트는 1천2백 달러였다.(페린, §15의 각주 5 참조.)

매우 수척해 보인다.

만약 이 신전의 건축 비용에 놀란 사람이 도미티아누스가 만든 궁궐의 주랑(柱廊)이나 목욕탕이나 후궁의 숙소를 보았더라면, 에피카르무스가 방탕한 사람을 두고 읊은 다음의 시구를 도미티아누스에게 들려주고 싶을 것이다.

이는 그대가 너그러웠기 때문이 아니라
그대의 병이 깊은 탓이니
그 병의 이름은 헤픔이니라.

나는 위의 시를 다음과 같이 바꿔 들려주고 싶다.

그대는 경건하지도 않았으며
고귀한 야망을 품은 사람도 아니다.
그대의 병이 깊은 탓이니
그 병의 이름은 건물을 짓고 싶은 광증(狂症)이라.
저 유명한 미다스(Midas)처럼
그대는 모든 것이 그대의 손길에 따라
금이 되고 돌이 되기를 바랐도다.

이 이야기는 여기에서 마치고자 한다.

16

다시 타르퀴니우스의 이야기로 돌아가면, 그는 브루투스와 싸우다가 아들을 잃는 치열한 전쟁을 치른 다음, 클루시움으로 달아나 이탈리아에서 가장 강력한 왕이었던 라르스 포르세나(Lars Porsena)를 찾아가 아첨을 떨었다. 그 또한 대단한 야심가였던 포르세나는 타르퀴니우스에게 도움을 주겠노라고 약속했다. 그는 먼저 타르퀴니우스의 사람들을 로마로 보내 타르퀴니우스를 왕으로 받아들이라고 지시했다. 로마인들이 이를 거절하자 포르세나는 전쟁을 선포하고, 언제 어느 곳을 공격하리라고 알린 다음 거대한 병력을 이끌고 로마로 진군했다.

이 무렵에 푸블리콜라는 두 번째로 집정관에 선출되었지만 로마에 있지 않았다. 로마 시민은 그의 동료 집정관으로 티투스 루크레티우스(Titus Lucretius)를 선출했다. 로마로 돌아온 푸블리콜라는 먼저 고결한 기상으로 포르세나를 압도하고자, 적군이 가까이 쳐들어오는데 태연하게 시글리우리아(Sigliuria)를 건설하고 있었다. 그는 엄청난 비용을 들여 그 도시의 성채를 쌓은 다음 그곳에 시민 7백 명을 이주시킴으로써, 자신이 전쟁을 두려워하지 않고 있음을 보여 주었다. 그러나 성채에 대한 포르세나의 공격이 너무 매서워 수비대가 모두 지고 물러났다.

푸블리콜라의 병력이 후퇴하니 추격병들이 모두 그들을 따라 로마로 쳐들어왔다. 푸블리콜라는 성문 앞까지 다가온 적군의 지원군을 재빨리 기습하여 티베리스강 변에서 격전을 벌였다. 대군이 밀려들자 그는 완강히 항전하다가 큰 부상을 입고 후송되었다. 그의 동료 집정관인 루크레티우스도 같은 일을 겪었다. 크게 낙심한 로마 시민은 시내로 도망하여 목숨을 건졌다. 그러나 적군이 티베리스강에 놓인 나무다리로 건너려 하자 로마는 바람 앞의 촛불처럼 위험에 빠졌다.

바로 이때 호라티우스 코클레스(Horatius Cocles)라는 장군이 앞장서서 헤르미니우스(Herminius)와 라르티우스(Lartius)라는 탁월한 두 장군을 이끌고 나무다리를 지켰다. 호라티우스는 전쟁에서 한 눈을 잃어 [외눈박이라는 뜻의] 코클레스라는 이름을 얻은 인물이었다. 그러나 어떤 사람들의 말에 따르면, 그는 코가 펑퍼짐하게 꺼져 있어 두 눈이 구별되지 않고 눈썹이 하나로 이어져 있어서 사람들이 키클롭스(Cyclops)라고 불렀는데, 그 발음이 새어 코클레스라는 이름으로 더 알려졌다고 한다.

코클레스가 다리 앞에 서서 적군을 막는 동안 휘하의 두

푸블리콜라

장군은 다리를 두 동강으로 잘라 버렸다. 완전 군장을 하고 있던 그는 토스카나군의 창에 찔려 엉덩이에 상처를 입고서도 수영으로 강을 건너 아군의 진영으로 넘어왔다. 그의 용기에 감탄한 푸블리콜라는 모든 로마 시민이 하루치의 식량을 그에게 기부하도록 하였고, 그 뒤에는 그가 하루 동안 경작할 수 있는 넓이의 땅을 주었다. 그 밖에도 로마 시민은 불카누스 신전에 그의 동상을 세웠는데, 이는 부상으로 절름발이가 된 그를 위로하고자 한 것이었다.

17

포르세나가 로마 시내를 빈틈없이 포위하고 있는 동안, 로마에 기근이 들었다. 그리고 또 다른 토스카나 군대가 그들 나름의 구실을 내세워 로마 영토로 쳐들어왔다. 이제 세 번째로 집정관에 뽑힌 푸블리콜라는 포르세나를 조용히 끌어들여 도시 안에서 항전하리라 생각했다. 그러면서도 그는 다른 토스카나 부대를 공격하여 접전 끝에 무찔렀는데, 이 전투에서 적군 5천 명을 죽였다.

이 전투에서 활약했다는 무키우스(Mucius)에 관해 여러 이야기가 자주 입에 오르내리는데, 나는 그 가운데에서 믿을 만한 것들만을 여기에 기록하고자 한다. 그는 덕망을 두루 갖춘 사람이었지만 전쟁에 더욱 탁월한 인물이었다. 그는 적국의 왕인 포르세나를 죽이려고 토스카나 복장을 하고 그들의 언어를 사용하면서 적진으로 숨어들어 갔다. 그는 왕이 신하들과 함께 앉아 있는 단(壇) 주변을 돌아보았으나, 누가 왕인지 알아볼 수도 없었고 누가 왕이냐고 물어볼 수도 없어 그 가운데 가장 왕처럼 보이는 사람을 칼로 찔러 죽였다. 그리고 곧바로 잡혀 심문을 받는 가운데 누군가 일종의 석탄불을 담은 불통을 들고 그에게 다가왔다.

무키우스는 오른손을 들어 불 위에 얹어 놓고 살이 타들어 가는데도 표정에 아무런 변화 없이 담대한 모습으로 포르세나를 노려보았다. 이에 감탄한 포르세나가 그를 풀어 주고 단 위에서 칼을 돌려주자, 그는 왼손으로 칼을 받았다. 들리는 바에 따르면, 이 일로 말미암아 그는 스카이볼라(Scaevola)라는 성을 얻었으니, 이는 '왼손을 쓰는 사람'이라는 뜻이다. 무키우스는 이렇게 말했다.

"나는 비록 포르세나가 보여 준 그 두려움을 견뎌 내기는 하였지만, 그보다는 그가 보여 준 고결함에 감동받아 고문으로써도 받아 낼 수 없는 정보를 드리는 바입니다. 지금 나처럼 대왕을 죽이고자 이 병영 주변을 맴돌면서 기회를 엿보고 있는 무리가 3백 명이나 됩니다. 나는 대왕을 죽이기로 한 제비뽑기에서 맨 먼저 뽑혔지만, 이번 일로 그대를 죽이지 못한 것을 낙담하지는 않습니다. 내가 죽이고자 했던 사람은 이토록 고결한 인물이요, 로마의 적이 아니라 로마의 동지가 될 만한 사람이기 때문입니다."

무키우스의 말을 들은 포르세나는 그의 말이 진심이라고 믿고 더욱 휴전을 생각하게 되었다. 그가 휴전을 생각한 것은 3백 명으로 이루어진 로마인의 암살단이 무서워서가 아니라 로마인들의 용맹함과 고결한 정신에 탄복했기 때문이었다고 나는 생각한다. 모든 작가는 무키우스가 이런 이유로 스카이볼라라는 성을 얻었다는 데 동의하고 있지만, 산돈(Sandon)의 아들인 아테노도루스(Athenodorus)가 옥타비우스(Augustus Caesar)의 여동생인 옥타비아(Octavia)에게 바친 글을 보면, 무키우스의 성은 포스투무스(Postumus)였다고 한다.

18

푸블리콜라는 포르세나를 적국의 왕으로 위험하게 두기보다는 로마의 동지요 동맹자로 삼는 것이 훨씬 더 가치 있는 일이라 여겼고, 자신이 타르퀴니우스와 로마 사이의 분쟁을 중재할 수 있는 인물이라고 주저 없이 생각했다. 그러면서 그는 타르퀴니우스에게도 그러한 중재를 받아들이도록 대담하게 요구했다. 그는 이렇게 함으로써 타르퀴니우스가 천박한 인물이요, 그가 왕위를 빼앗긴 것은 정당하다는 사실을 입증할 자신이 있었다. 그러나 이에 대한 타르퀴니우스의 답변은 거칠었다. 그는 누구의 판단도 따르지 않을 것이며, 포르세나의 판단이라면 더욱더 그렇다고 말했다.

이에 타르퀴니우스가 자신과의 동맹을 깨뜨리고 있다고 생각한 포르세나는 마음이 언짢았으며, 자기가 그를 돕는 명분이 약해지고 있음을 알았다. 타르퀴니우스의 아들 아룬스도 아버지 앞에서 로마인의 편을 들었다. 이에 따라 포르세나는 로마가 점령한 토스카나 지역의 영토를 자신들에게 반환하고, 전쟁 포로들과 탈영병들을 돌려준다는 조건으로 전쟁을 끝냈다. 로마인들은 이 협정을 지키겠다는 증표로 귀족 가문에서 뽑은 청년과 처녀를 열 명씩 볼모로 보냈는데, 그 가운데에는 푸블리콜라의 누이 발레리아(Valeria)도 있었다.

19

이와 같이 조약을 맺은 뒤, 포르세나가 이 조약을 믿고 군사 장비를 철수하자 볼모로 잡혀 왔던 처녀들은 강으로 내려와 목욕을 했다. 그곳은 물길이 굽이쳐 작은 만을 이루고 있었고, 물결이 조용하여 파도가 일지 않았다. 주위에 감시병이 없을 뿐만 아니라, 지나가는 사람이나 강을 건너는 사람도 없음을 안 처녀들은 물이 깊고 물살이 빠른데도 헤엄쳐 도망하고 싶은 충동을 느꼈다. 어떤 사람들의 말에 따르면, 그들 가운데 클로엘리아(Cloelia)라는 처녀가 말을 타고 강을 건너면서 다른 처녀들의 의지도 굳어졌고, 마침내 모두 헤엄쳐 강을 건넜다고 한다.

그러나 도망친 인질들이 무사히 푸블리콜라에게 이르자,

그는 그들을 칭찬하지도 않고 동정하지도 않았다. 이번 일로 자신이 포르세나보다 진실치 못한 사람으로 여겨질 수도 있고, 또 처녀들의 과감한 행동이 로마인들을 천박한 사기꾼으로 보이게 할 수도 있었기 때문이었다. 그래서 푸블리콜라는 그 처녀들을 붙잡아 포르세나에게 돌려보냈다. 그런데 때맞추어 이런 정보를 얻은 타르퀴니우스와 그의 부하들이 처녀들을 납치하고자 군대를 매복해 두었다가 압도적으로 많은 병사로 처녀들을 덮쳤다.

그런데도 기습을 받은 인질의 무리는 그들에 맞서 자신을 지켰다. 더욱이 푸블리콜라의 누이 발레리아는 적군의 포위망을 뚫고 탈출했다. 그는 시종 세 명의 도움을 받으며 군중 사이를 지나 무사히 도주하는 데 성공했다. 나머지 처녀들이 전투병들과 뒤섞여 목숨이 위태롭게 되었을 때, 타르퀴니우스의 아들 아룬스가 소식을 듣고 전속력으로 달려와 그들을 도우면서 적군을 물리치고 처녀들을 구출했다.

다시 잡혀 온 볼모들을 바라보면서 포르세나는 누가 먼저 탈주를 시작했고, 누가 사람들을 부추겼는지 물었다. 주모자가 클로엘리아라는 사실을 들은 포르세나는 근엄하게 미소를 지으며 호화롭게 치장한 말 한 필을 가져오게 하여 그에게 선물했다. 클로엘리아가 혼자서 말을 타고 강을 건넜다고 말하는 사람들은 이 사실을 증거로 내세운다.

다른 의견을 내세우는 사람들의 말에 따르면, 그런 식으로 그 처녀에게 영광을 부여한 이는 여러 토스카나인이었다고 한다. 팔라티누스 언덕으로 올라가다 보면 그 여인의 말 탄 동상이 지금도 신성로(神聖路, Via Sacra) 옆에 서 있다. 그런데 어떤 사람들은 그 동상의 주인공이 클로엘리아가 아니라 발레리아라고 말한다.

이와 같이 로마인들과 화해한 포르세나는 도량을 드러내는 여러 증거를 보여 주었다. 그는 토스카나의 병사가 병영을

푸블리콜라

떠날 때 명령하기를, 무기 말고는 어느 것도 가져가지 못하게 하고, 많은 군수품과 보물들을 로마인들에게 돌려주도록 했다. 그러므로 오늘날까지도 국가가 소유한 재산을 공매할 때면 "포르세나의 물건입니다"라고 소리치게 되었다. 이렇게 함으로써 그의 자비심을 영원히 기억하고자 하는 것이다. 그의 동상이 원로원 건물에 서 있었는데, 모습이 단순하고도 고풍스러웠다.

20

이런 일이 있고 나서, 사비니족이 로마 영토를 침략했을 때 푸블리콜라의 동생인 마르쿠스 발레리우스가 포스투미우스 투베르투스(Postumius Tubertus)와 함께 집정관으로 선출되었다. 형의 충고와 지원을 받은 마르쿠스는 매우 중요한 조처를 함으로써 큰 전투에서 두 번 승리했는데, 두 번째 전투에서는 로마인 전사자가 하나도 없이 적군 1만 3천 명을 죽였다. 이 전쟁의 개선 행렬이 들어오자 나라에서는 국고로 팔라티누스 언덕 위에 저택을 지어 그에게 주는 영광을 베풀었다.

그 무렵의 대문은 밖에서 안으로 밀어 열도록 되어 있었는데, 그의 집만은 안에서 밖으로 밀어 열도록 되어 있었다. 이 특별한 권리는 그가 대중 사이에서 오랜 영광을 누리도록 했다. 들리는 바에 따르면, 그보다 더 옛날에는 그리스의 모든 문이 안에서 밖으로 열렸다고 한다. 그런 모습은 지금도 연극 장면에 남아 있다. 집 안에서 나오는 사람은 먼저 문 안에서 기척을 내서 문밖의 길에 서 있거나 지나가는 사람이 알아듣도록 하는데, 이는 대문이 밖으로 열릴 때 행인이 놀라지 않게 하고자 함이다.

21

이듬해에 푸블리콜라가 네 번째로 집정관에 선출되었을 때,

사비니족과 라틴족의 연합군이 쳐들어올 듯한 낌새가 보였다. 더욱이 이 무렵에 모든 임신부가 장애아를 낳거나 조산함으로써 사람들은 무서운 미신에 휩싸였다. 이에 푸블리콜라는 『시빌라의 예언서(*Libri Sibyllini*)』[9]에 따라 저승의 신 플루토(Pluto)에게 화해의 제물을 드리고 아폴론이 추천했던 경기들을 새롭게 시작했으며, 시민이 신에게 희망과 기대를 품게 함으로써 그들을 즐겁게 만들었다. 그런 다음, 푸블리콜라는 시민이 같은 인간에게 느끼는 두려움에 관심을 기울였다. 왜냐하면 그들의 외적이 전쟁을 준비하고 있으며, 강력한 연맹을 구성하고 있었기 때문이었다.

그 무렵에 사비니에는 아피우스 클라우수스(Appius Clausus)라는 인물이 있었다. 많은 재산으로 권력을 얻은 그는 출중한 기량을 갖춘 것으로도 유명했는데, 그 가운데서도 고결한 성품과 탁월한 웅변술로 널리 알려진 사람이었다. 그러나 모든 위인의 운명이 다 그렇듯이, 그는 대중의 시샘을 받았다. 그런 그가 로마와의 전쟁을 그치려 하자, 사람들은 그가 전쟁을 멈춤으로써 로마를 강성하게 만들고 그 틈을 타 나라의 참주가 되려 한다고 비난했다. 클라우수스는 사람들이 그와 같은

---

9   시빌라(Sibylla)는 본디 트로이 부근 마르페소스(Marpessos)에 살면서 아폴론에게 예언 능력을 물려받은 여인의 이름이었으나, 후대로 내려오면서 무녀의 이름으로 사용되었다. 시빌라는 고대 로마의 타르퀴니우스 왕정 때 왕에게 예언집을 팔러 갔다. 처음에 그는 예언집 아홉 권을 가져와서 왕에게 비싼 값에 팔려고 했다가 거절당하자 세 권을 태워 버린 뒤 여섯 권을 같은 값에 사라고 했다. 왕이 또 거절하자 세 권을 더 태워 버린 뒤 다시 남은 세 권을 같은 값으로 사라고 했다. 이를 이상하게 여긴 왕이 사제들을 불러 상의하자, 사제들은 이미 불타 없어진 여섯 권을 아쉬워하며 남은 세 권이라도 사라고 왕에게 권했다. 아홉 권의 값으로 세 권을 산 왕이 책의 내용을 읽어 보니, 거기에는 로마의 운명에 관한 예언이 적혀 있었다. 이 책은 신전의 언덕에 있는 제우스 신전에 보관하여 특정한 관리에게만 열람이 허용되었으며, 국가에 중대사가 생겼을 때 책에 적힌 신탁을 해석하여 국민에게 전달했다.

소문에 귀를 기울이고 있다는 사실을 잘 알고 있었고, 강경하게 전쟁을 주장하는 이들과 군부의 동향 역시 신경이 쓰였다. 그는 일이 돌아가는 모습을 보고 두려워졌다.

그래서 클라우수스는 동지와 친지들을 모아 당파를 만들어 자기 자신을 보호하며 저항을 계속했다. 이런 내부 사정으로 말미암아 사비니족은 전쟁을 늦추고 있었다. 이와 같은 상황에서 푸블리콜라는 사태의 추이를 좀 더 알아보고 클라우수스 일파를 도와주고자 몇몇 사람을 고용하여 다음과 같은 편지를 보냈다.

"비록 시민에게 부당한 대접을 받았다 할지라도, 그대는 덕망이 높고 정의로운 분이니, 동포들을 해코지하지 않으시리라고 저는 생각합니다. 그러나 만약 그대가 안전을 도모하고자 충성의 대상을 바꿈으로써 그대를 미워하는 무리에게서 벗어나고자 한다면, 나는 그대의 명망과 로마의 문명에 걸맞게 공적으로나 사적으로 영예를 갖추어 그대를 맞이하고자 합니다."

편지를 받고 여러 번 생각해 본 결과, 클라우수스는 편지의 제안을 따르는 것이 자신에게 가장 좋겠다고 결론을 내렸다. 그래서 그는 친구들을 모았고, 친구들이 다시 같은 방법으로 더 많은 사람을 설득하여 그에게 데려오니, 그 수가 아내와 자식들을 포함하여 5천 가구에 이르렀다. 그들은 사비니족 가운데 가장 평화를 사랑하는 사람들로서, 품위 있고 조용한 삶을 누리는 무리였다. 클라우수스는 이들을 데리고 로마로 갔다.

클라우수스의 무리가 오고 있다는 것을 미리 알았던 푸블리콜라는 그들에게 모든 권리와 특권을 줌으로써 정중하고도 친절하게 맞이했다. 푸블리콜라는 그들을 로마의 시민으로 받아들여 아니오(Anio)강 주변의 땅 8천 제곱미터를 각자에게 나누어 주고, 더욱이 클라우수스에게는 약 10만 제곱미터의 땅을 주면서 원로원 의원으로 임명했다. 이때부터 클라우수스는 권력을 지혜롭게 행사함으로써 최고의 존엄과 영향력을 미치는 자리에 올랐다. 오늘날 클라우수스의 후손들은 로마의 어느 가문에 못지않은 명문가로 자리 잡았다.

22

이와 같은 일로 사비니족 안에서 있었던 음모가 사라졌다고 하지만, 민중 지도자들은 이 문제를 조용히 덮어 두고 싶지 않았다. 그들은 클라우수스가 망명하여 적군이 되었으니, 그가 조국에 있을 때 설득으로 이루지 못한 일을 그곳에서 이루려 할 것이라고 무섭게 비난했다. 그렇게 되면, 곧 전쟁을 하지 않게 되면 로마는 스스로 저지른 잘못에 대해 아무런 대가를 치르지 않고 넘어갈 것이라고 그들은 생각했다. 그리하여 그들은 엄청난 대군을 정비하여 휘데나이와 가까운 곳에 병영을 차린 다음, 무장 병력 2천 명을 로마 근교의 숲속에 매복시켰다. 이는 날이 밝자마자 기병대 몇으로 과감하게 로마를 약탈한 다음, 반격을 받으면 조금씩 물러나 로마군을 매복지까지 끌어들이려는 작전이었다.

그날 적군의 탈주병에게서 계획을 들은 푸블리콜라는 군대를 나누어 배치함으로써 매복에 대비했다. 그의 사위 포스투미우스 발부스(Postumius Balbus)는 무장 병력 3천 명을 이끌고 사비니족이 매복해 있는 산의 위쪽을 장악하여 적군의 동태를 살폈다.

가장 날쌘 경보병을 이끌고 있던 동료 루크레티우스는 적군의 기병대가 로마를 약탈할 때 이들을 공격하라는 명령을 받았다. 푸블리콜라는 남은 병력을 이끌고 적군의 본진을 둘러쌌다. 날이 밝자 짙은 안개를 틈타 포스투미우스가 소리를 지르며 높은 곳에서부터 적군의 매복지를 덮쳤다. 그러는 사이에 루크레티우스는 로마를 향하던 적군의 기병대를 공격했고, 푸블리콜라는 적군의 본진을 공격했다.

모든 전장에서 사비니족은 일이 뒤틀리고 잘 풀리지 않았다. 곳곳에서 사비니 병사가 적군을 막지 못하고 도망하자 로마 병사가 곧바로 추격하여 죽였다. 다른 부대들은 이기고 있으리라는 희망도 오히려 독이 되었다. 사비니 병사들은 다른 곳에서는 이기고 있으려니 생각하면서 자기 진지를 지키거나 싸울 생각을 하지 않았던 것이다.

사비니의 복병들은 진지병들이 있는 곳으로 달려갔고, 진지병들은 복병들을 찾아가다가 끝내는 패잔병끼리 만났다. 도움을 받을 수 있으리라고 기대했던 저편의 아군들이 오히려 이편의 도움을 기다리고 있었다. 휘데나이의 이웃 마을에서 피난처를 마련해 주지 않았더라면 사비니족은 아마 모두 죽었을 것이다. 진영이 습격을 받았을 때 겨우 목숨을 건져 도망친 병사들은 더욱 그랬다. 그 마을에 들어가 몸을 피하지 못한 병사들은 죽거나 포로가 되어 로마로 끌려갔다.

23

로마인들은 평소 관습대로 이 위대한 승리를 신의 은총으로 돌리면서도, 이번만큼은 장군 한 명이 홀로 공을 세웠다고 생각했다. 당시에 참전했던 병사가 말하는 바를 들어 보면, 푸블리콜라가 데려온 적병들은 이미 다리를 절며 눈이 멀고 꽁꽁 묶인 상태였기 때문에 자기들은 그저 칼로 쉽게 죽이기만 했다고 한다. 승리한 로마 시민은 전리품과 노예를 받아 큰 부자가 되었다.

푸블리콜라는 개선식을 마친 바로 뒤에, 다음 임기로 뽑힌 집정관들에게 도시를 물려주고 세상을 떠났다. 그는 영예롭고 위대하다고 여겨지는 사람이 이룩할 수 있는 모든 것을 이룸으로써 가장 완벽한 일생을 살았다. 민중은 마치 그가 살아 있는 동안 그에게 아무런 존경심도 보여 주지 못한 채 그에게 빚만 졌다고 생각한 듯했다. 그들은 법령을 발포하여 국고로 그의 장례를 치르고,[10] 모든 시민은 1콰드란스(quadrans)[11]를 조의금으로 바치도록 했다. 부인들은 서로 합의하여 1년 동안 애도하였는데, 그 모습이 존경스러워 남의 부러움을 샀다.

또한 시민의 특별한 결의에 따라 푸블리콜라는 로마 성안에 있는 벨리아 가까이에 묻혔으며, 국가는 그의 후손들에게도 이곳에 묻힐 수 있는 특권을 주었다. 그러나 그곳에 묻힌 후손은 아무도 없다. 그의 후손이 죽으면 시신을 그곳으로 운구하여 안치한 다음, 상여 밑에 횃불을 잠시 댔다가 뺌으로써 고인이 그곳에 묻힐 영예를 가졌음에도 이를 포기했다는 뜻을 보였다. 그런 다음에 시신을 다른 곳으로 옮겨 가 묻었다.

---

10 푸블리콜라의 장례를 국고로 치른 것은 그가 너무 가난했기 때문이었다.(리비우스, 『로마사』, II : 16~17)

11 1콰드란스는 4분의 1(quarter)이라는 뜻으로, 이탈리아 화폐의 최저 단위였다. 1콰드란스는 1아스(as)의 4분의 1이었다.

푸블리콜라

정치인들이 돈을 만지게 해서는 안 된다.
만약 그들이 유능한 사람이라면
그에게 돈을 맡김으로써
더 많은 위업을 이룰 수 있는 시간을
빼앗아서는 안 되며,
그가 무능한 사람이라면
그 돈으로 부패해지기 때문이다.
— 플루타르코스

1

솔론과 푸블리콜라의 비교 평전에는 다른 비교 평전에 없는 특이한 점이 있다. 곧 푸블리콜라는 솔론을 본받았으며, 솔론은 푸블리콜라가 옳았음을 입증해 주었다는 것이다. 솔론이 행복이란 무엇인가를 말하면서 리디아의 왕 크로이소스에게 들려준 텔로스의 생애(제5장「솔론전」, §27)는 오히려 푸블리콜라에게 더 어울리는 이야기임이 분명하다. 솔론은 행운과 덕망과 자녀의 문제로 볼 때 이 세상에서 가장 행복했던 사람은 텔로스라고 생각한다는 말을 남겼지만, 텔로스는 정작 솔론의 시(詩)에서는 훌륭한 사람으로 거론되지도 않았을뿐더러, 그 자신이나 자녀들이 벼슬로 명성을 얻지도 못했다.

그런가 하면 푸블리콜라는 살아 있는 동안 권세와 덕망에서 가장 높은 평판을 들었다. 그의 가문은 그가 죽은 뒤 6백 년 동안 이어져 내려오고 있는데, 이를테면 푸블리콜라니 메살라(Messala)니 발레리우스니 하는 가문들이 그의 후손임을 영광스럽게 생각하고 있다.

더욱이 텔로스는 직책을 지키며 용감하게 싸웠지만 끝내 적군의 손에 죽었다. 그러나 푸블리콜라는 적군을 죽임으로써 적군의 손에 죽은 사람보다 행복했으며, 집정관이자 장군으로서 자신의 노력으로 조국이 승리하는 것을 보았고, 죽기에 앞서 영광과 개선을 즐겼는데, 이는 솔론이 그토록 부러워하던 축복이었다.

솔론이 그리스의 애가(哀歌) 시인 밈네르모스(Mimnermos)에게 사람이 얼마나 오래 사는 것이 적절할지에 대해 이야기하면서 전한 다음의 말은 푸블리콜라가 얼마나 행복한 사람이었던가를 잘 보여 준다.

> 내 죽음에 슬퍼하지 않는 사람이 없기를,
> 친구들이 내 죽음을 두고
> 슬퍼하고 한숨짓기를 바라네.
> (베르크 엮음,『그리스 서정시 단편』, 21)

푸블리콜라가 죽자 동료와 친척과 도시의 시민 몇만 명이 슬픔에 휩싸였다. 로마의 여인들은 마치 아들이나 오라버니나 모든 이의 아버지가 죽은 듯이 슬퍼했다. 또한 솔론은 이렇게 말한 바 있다.

"재산을 갖고 싶기야 하지만 옳지 않게 번 돈을 가질 것은 아니니……"

푸블리콜라는 불의한 방법으로 재산을 얻지도 않았으며, 필요한 사람들을 위해 고귀하게 썼다. 그러므로 솔론이 가장 지혜로운 사람이었다면, 푸블리콜라는 가장 행복한 사람이었다. 솔론이 가장 훌륭하고도 큰 축복이라 여기며 기도했던 바를, 푸블리콜라는 죽는 날까지 누리며 즐겼기 때문이다.

솔론과 푸블리콜라의 비교

2

이와 같이 솔론은 푸블리콜라의 명성을 높여 주었고, 푸블리
콜라는 솔론이 민주 정치를 이룬 가장 훌륭한 모범이라 여김
으로써 그 명성을 높여 주었다. 푸블리콜라는 그때껏 집정관
이 버리지 못한 권력의 오만을 없앴으며, 집정관의 직위를 모
든 사람이 받아들일 수 있는 영광스러운 자리로 만들었으며,
솔론의 법을 많이 채택했다. 이를테면 그는 민중에게 지도자
를 뽑는 권리를 주었으며, 솔론이 배심원에게 재판권을 주었
듯이 피고가 민중에게 항소할 수 있는 권한을 주었다.

푸블리콜라는 솔론이 한 것처럼 원로원을 새로 만들지는
않았지만, 그 정원을 두 배로 늘렸다. 푸블리콜라가 공금을 관
리할 수 있는 권한을 재무관에게 위임한 것도 같은 동기에서
였다. 만약 집정관이 능력 있는 사람일 때는 좀 더 중요한 일에
몰두하도록 시간을 주고, 능력 없는 사람이 집정관이 되었을
때는 그가 행정권과 재정권을 한 손에 쥐고 불의한 짓을 저지
르지 못하게 막으려는 것이 재정관 제도의 취지였다.

푸블리콜라는 솔론보다 참주 정치를 더 싫어했다. 누군가
권력을 찬탈하려 했을 때, 솔론은 법에 따라 유죄가 확정되고
나서 처벌했지만, 푸블리콜라는 재판을 거치기에 앞서 그를
죽이는 것을 합법적으로 인정했다.

한편, 정황으로 볼 때 솔론은 정당하게 절대 권력을 행사
할 수 있었으며, 사람들도 그가 그렇게 해 주기를 바랐음에도
그 권력을 거절했다는 점에서 그를 높이 살 수 있다.

그러나 푸블리콜라는 독재 권력을 장악하고 있으면서도
권력을 더욱 민주적으로 행사했고, 정당하게 주어진 권력조차
도 남용하지 않았다는 점에서 솔론에 못지않게 훌륭했다. 솔
론은 권력을 민주적으로 행사하는 것이 지혜로운 행위라는 사
실을 푸블리콜라보다 먼저 알고 있었는데, 이는 그의 다음과
같은 어록에서 잘 나타난다.

민중은 너무 풀어 주거나 너무 억누르지 않을 때
그 길라잡이를 가장 잘 따르는 법이다.
(베르크 엮음, 『그리스 서정시 단편』, 6; 아리스토텔레스, 『아테네
헌법』, XII : 2)

3

솔론의 법 가운데 눈에 두드러진 것은 빚을 탕감해 준 일이었
다. 이로써 그는 시민의 자유를 더욱 굳건히 해 주었다. 가난한
이들이 빚으로 말미암아 자유를 빼앗긴다면 법 아래에서의 평
등이란 의미가 없기 때문이다. 아니, 오히려 시민이 가장 훌륭
하게 자유를 누리리라고 여겨지는 곳에서 그들은 부자의 노예
가 되어 있다.

법정이나 관청이나 공공 의회 등 어느 곳에서나 민중은
부자들의 지시를 따르며 그들을 위해 일하고 있다. 이런 빚을
없애면 채권자들이 소란을 일으키는 법인데, 놀랍게도 솔론의
경우에는 그런 일이 일어나지 않았다. 말하자면 솔론은 적절
한 기회에 위험하고도 강력한 약을 씀으로써 오히려 이미 무
르익어 있던 소란을 사실상 잠재운 것이다. 그의 덕망과 높은
평판이 부채 탕감이라는 과감한 방법으로 말미암은 오명과 비
난을 덮어 버린 것이다.

그들의 정치적 생애를 대체로 말하자면 시작은 솔론이 더
화려했다. 그는 공공 정책을 가장 훌륭하게 수행하면서도 스
스로 그 길을 개척하였지 누구를 따르지 않았으며, 동료도 없
이 홀로 일을 추진했다. 그러나 그 끝을 보면 푸블리콜라가 더
행운을 타고났으며 남의 부러움을 샀다. 솔론은 살아 있는 동
안에 자기가 쌓은 정치 제도가 허물어지는 모습을 직접 보았
다. 그러나 푸블리콜라는 내란이 일어날 때까지 도시의 질서
를 지켰다.

솔론은 법을 만들자마자 목판에 새겼고, 이를 지킬 수 있

솔론과 푸블리콜라의 비교

는 사람을 마련해 두지도 않은 채 아테네를 떠났다. 그러나 푸
블리콜라는 도시에 남아 집정관으로 활약하였고, 공무에 바쁘
게 헌신함으로써 자신이 만든 정치 제도를 굳건하고 안전하게
정착시켰다.

더욱이 솔론은 폭군 페이시스트라토스의 음모를 알고 있
었으면서도 막지 못했고, 처음부터 독재에 무릎을 꿇었다. 그
런가 하면 푸블리콜라는 오랜 세월을 두고 이미 강력해진 왕
정을 뒤엎고 독재자를 몰아냈다. 그러므로 푸블리콜라는 솔론
과 같은 덕망을 갖추었고 목적하는 바도 같았지만, 행운과 강
력한 권력이 그의 덕망을 뒷받침해 주는 즐거움을 누렸다 하
겠다.

4

두 사람의 군사 활동을 살펴보면, 플라타이아이(Plataiai)의 다
이마코스(Daïmachos)는 내가 앞에서 말한 바와는 달리 솔론이
메가라인들과 싸웠다는 사실(제5장 「솔론전」, §8; 아리스토텔레스,
『아테네 헌법』, XIV : 1) 조차 인정하지 않는다. 그러나 푸블리콜
라는 몸소 싸우고 지휘함으로써 거대한 전쟁을 승리로 이끌었
다. 더 나아가서 정치 활동을 견주어 보면, 솔론은 미친 척하는
행동을 보임으로써 살라미스를 되찾았지만, 푸블리콜라는 어
떤 속임수도 쓰지 않고 거대한 모험에 뛰어들어 타르퀴니우스
왕에 맞서 반역자들을 밝혀냈다.

푸블리콜라는 반역자들을 잡아 처벌했고, 도시에서 폭군
을 몰아냈을 뿐만 아니라 그들이 복귀할 꿈조차 꾸지 못하게
막았다. 그는 적극적이고도 용감한 저항이 필요했던 상황에서
굳세고 단호하게 대처했으며, 평화적인 교섭과 점잖은 설득이
필요했던 상대 또한 잘 다루었다. 그토록 다루기 어려웠던 정
적 포르세나를 교묘히 꺾어 동지로 만들었던 일이 그랬다.

솔론은 아테네인들이 포기한 살라미스를 되찾았지만, 푸

블리콜라는 로마인들이 차지했던 땅을 포기했다고 어떤 사람들은 말할 것이다. 그러나 우리가 누군가를 평가할 때는 그러한 행동을 요구했던 시대의 상황에 비추어 살펴보아야 한다. 영리한 정치가는 문제가 일어나면 가장 현실적이면서도 적합한 방법으로 처리하며, 부분을 포기함으로써 전체를 구축하고, 작은 이익을 버림으로써 더 큰 것을 얻어 낸다.

푸블리콜라가 그런 인물이었다. 그는 본래 남에게 소속했던 영토를 포기함으로써 자신이 분명한 소유권을 가진 땅을 모두 지켰으며, 그 밖에 자신의 도시를 지키느라 고생한 사람들이 전리품으로 가득한 적군의 진영을 차지할 수 있도록 해주었다. 그는 분란이 일어난 사건에 적군을 중재자로 내세워 분쟁을 극복했으며, 그의 시민이 승리를 위해 기꺼이 내주고자 했던 것들을 오히려 되찾았다. 그러한 사례로서, 포르세나는 푸블리콜라가 보여 준 덕망과 고결함을 믿음으로써 전쟁을 멈추고, 모든 군수 물자를 로마인들에게 넘겨주었다.

솔론과 푸블리콜라의 비교

테미스토클레스
THEMISTOCLES

기원전 527?~460?

승리의 진정한 머릿돌은 용기이다.
— 플루타르코스

해양 제국은 민주주의의 어머니이지만
땅을 경작하는 사람들에게는
과두 정치가 덜 역겹다.
— 플루타르코스

1

테미스토클레스의 집안은 너무 보잘것없어, 뒷날 그가 크게
명성을 떨칠 것 같지는 않았다.[I] 그의 아버지 네오클레스(Neo-
cles)는 아테네인으로서 그리 유명한 사람이 아니었고, 레온티
스(Leontis) 부족 출신으로서 프레아로이(Phrearroi) 구역에 살
았다. 그의 어머니는 이방인이었는데, 그 사연은 다음과 같은
묘비명에 잘 나타나 있다.

> 내 이름은 아브로토논(Abrotonon),
> 트라키아의 여인이다.
> 그러나 그대는 알지어다.
> 나는 그리스인들에게 위대한 빛을 주었으니
> 테미스토클레스가 나의 아들인 것을.
> (아테나이오스, 『탁상 담소의 명인(名人)들』, XIII : 576)

그러나 역사학자 화니아스(Phanias)의 기록에 따르면, 테미스
토클레스의 어머니는 트라키아 여인이 아니라 카리아 여인이
었으며, 이름도 아브로토논이 아니라 에우테르페(Euterpe)였다
고 한다. 역사학자 네안테스(Neanthes)는 그 어머니의 고향이

I   아마도 이 문장에 앞서 몇 개의 절(節)이 있었으나 없어진 것으로 보인다.

카리아의 할리카르나소스였다고 덧붙여 말하고 있다.

테미스토클레스처럼 이방인과 그리스인 사이에서 태어난 아테네인들은 키노사르게스(Kynosarges) 연무장(演武場)에 등록해야 했다. 그곳은 헤라클레스의 경기장으로, 아테네 성문 밖에 있었다. 혼혈인들이 헤라클레스에게 제사를 드린 것은 헤라클레스도 순수한 신의 후손이 아니라 신과 이질적인 존재 사이에서 태어났기 때문이었다. 이는 헤라클레스의 어머니가 평범한 인간이었음을 뜻한다. 테미스토클레스는 명문가의 청년들에게 자기와 함께 키노사르게스에 가서 연습하자고 설득했다. 세상 사람들은 그가 이렇게 꾀를 부려 이방인과 순혈(純血) 아테네인 사이에 가로놓인 차별을 극복하였다고 생각했다.

그러나 테미스토클레스가 리코미다이(Lycomidai) 가문[2]과 어떤 관계가 있었음은 분명하다. 시모니데스의 말에 따르면, 리코미다이 가문에 딸려 있던 플리아의 성전이 이방인들의 손에 불타자 그가 자기 돈으로 성전을 수리하고 벽화를 그려 넣었기 때문이다.

2

비록 출신은 보잘것없었지만, 테미스토클레스가 어릴 적부터 충동적이었고, 총명했으며, 활동하기를 좋아했고, 공직에 나갈 꿈을 품고 있었다는 데에는 모든 사람이 동의하고 있다. 그는 잠시 쉬거나 공부를 멈추고 한가할 때면 다른 아이들처럼 놀이에 빠지거나 느긋하게 시간을 보내지 않고 글을 짓거나 웅변을 연습했다. 그 모습이 남의 눈에 띄기도 했다. 연설 내용은 주로 어느 소년을 기소하거나 변호하는 내용이었다. 그의 스승은 그 모습을 보며 이렇게 말하곤 했다.

2   고대 아티카의 사제 가문이다.

"얘야, 너는 아무 일도 못 하는 아이가 되지 않을 게다. 좋은 일이든 나쁜 일이든 큰일을 할 것이 분명하다."

테미스토클레스가 학교에 들어갔을 때 그는 인격을 도야하거나 취미를 기르거나 인문학과 관련된 학과목을 배우는 일을 내켜 하지 않았고, 진도도 매우 느렸다. 많은 사람의 말에 따르면, 그는 지혜를 키우거나 실무를 익히는 문제에 대해서는 나이답지 않게 무심했으며, 마치 자신의 천부적인 재능만을 믿는 것 같았다고 한다.

뒷날 나이가 들어 이른바 교양 있고 고상한 사람들이 모인 연회에서 명망 있는 사람들에게 조롱받았을 때, 테미스토클레스는 리라(lyra)를 조율하거나 프살테리온(psalterion)[3]을 뜯는 것은 자기가 할 바 아니요, 작고 보잘것없는 도시를 맡아 크고 영예로운 도시로 키우는 것이 자기의 몫이라고 거칠게 응수했다.

그러나 타소스(Thasos)의 철학자인 스테심브로토스(Stesimbrotos)의 말을 빌리면, 테미스토클레스는 유명한 아낙사고라스(Anaxagoras)의 제자이며, 자연 과학자인 멜리소스(Melissos)에게 수련을 받았다고 한다. 그러나 이는 연대기적으로 볼 때 틀린 주장이다. [기원전 440년에] 멜리소스가 사모스섬을 공격하는 데 반대했던 사람은 테미스토클레스가 아니라 그보다 훨씬 젊은 페리클레스였기 때문이다. 아낙사고라스는 페리클레스와 가까운 사이였다.

그러므로 테미스토클레스는 프레아로이 구역에 살던 므네시휠로스(Mnesiphilos)의 제자로 보는 사람들의 견해가 더 옳다. 므네시휠로스는 수사학자도 아니었고, 흔히 말하는 자연 철학자도 아니었으며, 이른바 '지혜(sophia)'라고 부르는 것을

---

3   리라는 지금의 비올라처럼 생긴 악기이며, 프살테리온은 하프처럼 생긴 현악기이다.

테미스토클레스

수련하는 사람이었다. 그 무렵에 지혜란 기껏해야 정치적인 영리함이나 실용적인 지식 정도를 뜻했다.

므네시휠로스는 그 '지혜'라는 것을 솔론으로부터 전통적으로 계승된 하나의 학파처럼 여겼고, 이를 어김없이 물려받아 후대에 물려주었다. 그의 후학들은 여기에 변론술을 더하고 이를 공공 생활에서 언어의 영역으로 옮겨 활용했는데, 이들을 소피스트(*sophist*)라고 불렀다. 그러므로 테미스토클레스가 공직을 시작했을 무렵에 가까이 의지했던 사람은 아낙사고라스가 아니라 므네시휠로스였다.

테미스토클레스가 젊은 날에 쓴 초기 저작을 읽어 보면, 그는 성격이 원만하거나 안정적이지 않았다. 그는 천성에서 우러나오는 충동을 자제하지 않았다. 또한 그는 적절한 교육과 수련을 받지 않은 채 자신이 추구하는 목표를 향해 폭력적이리만큼 돌진했으며, 가끔은 타락에 빠지기도 했다.

뒷날 그가 스스로 고백했듯이, 가장 야성적인 망아지라도 적절한 제어와 훈련을 받으면 훌륭한 말이 되는 법이다. 그러나 테미스토클레스의 그러한 성격을 두고, 말하기 좋아하는 사람들은 그의 아버지가 그에게 재산을 물려주지 않았다거나 아들의 나쁜 소문을 들은 그의 어머니가 자살했다는 말을 덧붙였지만, 이는 사실이 아니라고 나는 생각한다.

오히려 그와 달리 그의 아버지는 그가 공직으로 나가려는 것을 막고 싶은 심정에서 그를 바다로 데려갔고, 이제는 파손되어 아무도 쳐다보지 않는 삼단 노의 군선(軍船)을 가리키며 이렇게 말했다고 한다.

"공직자가 그 자리에서 물러나면 민중은 그를 저 부서진 배를 보듯 할 것이다."

3

그러나 이미 말했던 대로, 젊은 테미스토클레스는 열정에 사로

잡혀 있었다. 공직에 대한 열망이 그를 짓눌렀고, 명성을 얻고 싶은 충동이 그를 지배했다. 어려서부터 늘 일인자 자리에 오르고 싶었던 그는 이미 도시의 권력을 쥐고 있던 지도급 인사들의 반감을 샀는데, 그 가운데에서도 리시마코스(Lysimachos)의 아들 아리스티데스(Aristides)는 언제나 그의 앙숙이었다.

두 사람이 그렇게 원수가 된 계기는 아주 유치한 일이었던 것으로 보인다. 철학자 아리스톤의 기록에 따르면, 두 사람은 카오스 출신의 아름다운 소년 스테실라오스(Stesilaüs)를 사랑했는데, 그때부터 서로 미워한 그들은 공직에 나가서도 계속 다투었다고 한다.

그리고 테미스토클레스와 아리스티데스의 생활 방식과 성격 차이가 그들 사이를 더욱 벌어지게 한 것으로 보인다. 아리스티데스는 천성적으로 점잖고 보수적이었다. 그는 명성을 얻으려고 공직에 들어간 사람이 아니라 국가의 안녕과 정의를 이루리라는 일관된 목표를 이루고자 정치에 입문한 사람이었다. 이 때문에 아리스티데스는 테미스토클레스가 기발한 사업을 여럿 들고 나와 민중을 선동하고 거대한 개혁을 제시했을 때 자주 반대했으며, 테미스토클레스의 영향력이 커지는 데 굳세게 맞섰다.

들리는 바에 따르면, 테미스토클레스는 아직 젊은 나이인데도 명성을 얻고 위대한 업적을 남기리라는 야망에 사로잡혀 있었다고 한다. [기원전 490년에] 마라톤에서 페르시아와 전쟁을 치른 뒤 승리자 밀티아데스 장군이 모든 사람의 입에 오르내리고 있을 때, 테미스토클레스는 그가 부럽다는 생각에만 빠져 잠도 자지 않은 것으로 보였다. 그는 흔히 있었던 술자리의 초대에도 가지 않았고, 왜 그렇게 생활이 달라졌느냐는 주위 사람들의 물음에 밀티아데스의 승리로 말미암아 잠을 이룰 수 없노라고 대답했다.

많은 시민이 마라톤에서 페르시아가 패배하여 전쟁이 끝

테미스토클레스

났다고 생각했지만, 테미스토클레스는 그것이 더 큰 싸움의 시작일 뿐이라고 생각했다. 이 사건을 계기로, 말하자면 그는 그리스의 승리자가 되고자, 레슬링 선수가 그러듯이 몸에 기름을 바르고 아테네 전체를 훈련으로 몰아넣었다. 비록 아직은 멀리 떨어져 있긴 하지만, 그는 사악한 세력이 다시 다가오리라고 예상하고 있었다.

4

그런 일이 있은 뒤 먼저, 아테네인들이 라우레이온(Laureion)의 은광에서 나오는 수입을 나누어 쓰던 것이 관행이었던 시대에, 테미스토클레스는 홀로 민중 앞에 나아가 그 돈으로 삼단 노의 함선을 만들자고 했다. 그 무렵 막강한 함대를 이용해 해상권을 장악한 아이기나에 맞설 준비를 하자는 제안이었다. 이 전쟁은 훗날 그리스를 어려움에 빠뜨릴 정도의 격전이 되었다.

이때 테미스토클레스는 다리우스(Darius)왕이나 페르시아 군대의 무시무시한 모습을 내세움으로써 아테네 시민을 겁주려 했지만, 사실 페르시아인들은 너무 멀리 떨어져 있어 그들이 쳐들어오리라는 두려움에 빠진 사람은 없었다.

그럼에도 군대를 확충하려는 그의 목적은 쉽게 달성되었다. 아테네 시민이 아이기나인들에게 품고 있는 지독한 질투심을 이용하는 것으로 충분했던 것이다. 그 결과, 아테네 시민은 은광에서 난 돈으로 전함 1백 척을 만들었다가 [기원전 480년에] 살라미스에서 페르시아의 크세르크세스(Xerxes)[4]와 전쟁을 치를 때 사용했다.(플라톤, 『법률』, IV : 706)

그런 일이 있은 뒤에 테미스토클레스는 시민의 관심을 조

---

4   페르시아 제국의 제4대 왕(재위 기원전 486~465) 크세르크세스 1세를 의미한다.

금씩 바다 쪽으로 이끌었다. 아테네의 육군은 가장 가까운 이웃 나라[보이오티아]에 맞설 정도로 강하지 못했지만, 해군의 전력으로는 페르시아를 물리칠 수 있을 뿐만 아니라 그리스 지역의 주도권을 잡을 수 있다고 그는 말했다.

테미스토클레스는 플라톤이 '튼튼한 중무장 보병'이라 부르던 아테네 사람들을 해군으로 만들었고, 결국 "시민의 창과 방패를 빼앗고 그들을 뱃사람으로 만들었다"는 비난에 직면했다. 스테심브로토스에 따르면, 그는 밀티아데스와 그의 지지자들이 퍼붓는 공개적인 비난을 막아 내고 이 정책을 관철시켰다.

이제 테미스토클레스가 이러한 과업으로 아테네 정치의 통합과 순수성에 상처를 주었는지 아닌지의 문제는 철학자들이 판단할 일이다. 그러나 이 무렵에 아테네인들이 바다에서 구원을 얻었고, 바로 그 삼단 노의 전함이 아테네를 몰락에서 구출했다는 점은, 크세르크세스가 증언했던 바와 같이, 다른 증거가 필요 없을 정도로 확실한 일이다.

크세르크세스는 자신의 군대가 멀쩡했음에도 해군이 패배하자 도주했는데, 자신의 군대가 그리스인들을 대적할 수 없다고 생각했기 때문이었다. 그는 마르도니우스(Mardonius)를 후방에 남겨 두었는데, 내가 생각하기에, 이는 그리스인들을 정복하고자 함이 아니라 그들의 추격을 막고자 함이었다.

5

어떤 사람들의 말에 따르면 테미스토클레스는 돈에 욕심이 많았다고 하는데, 이는 그가 선심을 잘 쓰는 사람이었기 때문이다. 그는 여흥을 좋아했고 손님들에게 헤펐기 때문에 돈이 많이 필요했다. 어떤 사람들은 그가 매우 쪼들려 선물로 받은 음식까지 내다 팔았다고 비난했다.

언젠가 그는 필리다스(Phillidas)에게 수말 한 마리를 달라고 부

테미스토클레스

탁했다가 거절당하자 그 가문을 목마(木馬)로 만들어 버리겠노라고 협박했는데, 이는 필리다스 가문의 식구들이 그를 비난하도록 충동질하여 그를 빌미로 법정에 세우겠다는 뜻을 암시적으로 표현한 것이었다.

테미스토클레스는 어느 누구보다도 야심이 많은 사람이었다. 이를테면 그는 헤르미오네(Hermione) 출신의 에피클레스(Epikles)에게 자기 집에 와서 하프를 연주해 달라고 부탁한 일이 있었다. 에피클레스는 저명한 키타라(kithara, 칠현금) 연주자로서, 많은 아테네인이 그의 연주를 듣고 싶어 할 만큼 유명했다. 테미스토클레스가 그를 초청한 것은 많은 사람이 그 일을 계기로 자기 집에 찾아와 자주 자기를 찾아보도록 하려는 야심 때문이었다. 그는 또 올림피아에 가서 자신이 준비한 잔치와 숙소와 눈부신 가구로 키몬(Kimon)을 압도하려 했다가 그리스인들을 불쾌하게 만든 적이 있었다.

그때만 해도 키몬은 명문가 출신의 젊은이로서 호화로운 생활을 누릴 만하다고 시민이 양해하고 있었지만, 테미스토클레스는 아직 유명하지도 않았고, 감당할 만한 재산도 없으면서 신분 상승을 노려 허세를 부린다고 그들은 생각했다.

테미스토클레스는 또한 극단장(choregos, 劇團長)을 지내면서 비극 경연에서 우승했다. 그때가 경연 초창기였다고는 하지만 경쟁자들은 모두 치열했고 야심만만했다. 경연에서 승리한 그는 [기원전 476년에] 축하 패에 다음과 같은 글귀를 새겨 넣었다.

프레아로이 구역의 테미스토클레스는 극단장이었고,
프리니코스(Phrynichos)는 작가였고,
아데이만토스(Adeimantos)는 정무 위원이었다.

그러나 테미스토클레스는 민중과는 좋은 관계를 맺고 있었다.

이는 그가 스스럼없이 시민의 이름을 부를 수 있었기 때문이기도 하고, 법정 밖에서 개인적인 다툼의 문제를 안전하고 공정하게 중재하여 해결해 주었기 때문이기도 했다. 그가 관직에 있을 때, 키오스의 시모니데스가 그에게 부적절한 청탁을 하자 이렇게 말했다.

"그대가 노래하면서 운율을 지키지 않으면 좋은 시인이 될 수 없듯이, 내가 법을 어기면서 그대에게 호의를 베푼다면 나는 지혜로운 관리가 아니오."

언젠가 테미스토클레스는 시모니데스를 핀잔한 일이 있었다. 시모니데스는 코린토스인들이 거대하고 화려한 도시에 사는 점을 빈정거렸는데, 그러면서도 자신의 못생긴 얼굴을 조각상으로 남기는 일에는 아주 열심이었기 때문이다. 테미스토클레스가 보기에 그러한 처사는 앞뒤가 맞지 않았다. 어쨌든 권력을 잡고 민중의 인기를 얻은 그는 성공적으로 당파를 이끌며 [기원전 483~482년에] 패각(貝殼) 추방법(Ostrakismos)[5]을 이용해 아리스티데스를 권좌에서 몰아냈다.

6

드디어 페르시아의 메디아 사람들이 아테네로 쳐들어왔다. 아테네인들은 누구를 장군으로 삼아야 할지 고민하고 있었지만,

---

5   아테네 사람들은 기피 인물을 해외로 추방하는 법을 실시하고 있었는데, 표결할 때 조개를 썼다. 그러나 시간이 흐르면서 도자기 조각[陶片]을 쓰는 경우가 많아져서 도편 추방법이라고 부르게 되었다. 이 글에서는 패각 추방법으로 통일하여 썼다. 패각 투표가 실시될 때면 거의 6천 명 정도가 모였다. 기원전 509년에 클레이스테네스(Kleisthenes)가 제정하여 기원전 488년에 처음 실시한 뒤로 기원전 417년에 폐지될 때까지 아홉 명이 추방되었다. 지금까지 남아 있는 패각이나 도편에 쓰인 필적이 대체로 동일인에 의한 것으로 보아 대리 투표가 많았다는 점과 그 무렵의 문자 보급률이 그리 높지 않았음을 알 수 있다. 이의 자세한 절차는 제9장 「아리스티데스전」, §7과 김진경, 『지중해 문명 산책』(서울 : 지식산업사, 1994), 85쪽 참조.

들리는 바에 따르면 어느 누구도 장군 직을 자발적으로 맡겠다는 사람이 없어 큰 혼란에 빠졌다고 한다. 그러던 터에 에우페미데스(Euphemides)의 아들로서 웅변이 뛰어나고 민중 사이에 인기가 높은 에피키데스(Epikydes)가 장군 직을 맡겠다고 나섰다.

그러나 에피키데스는 성격이 나약하고 뇌물을 좋아했다. 그는 장군을 선출하는 선거에서 자신이 이길 것 같았다. 그러자 그런 인물에게 장군 직이 넘어갈 경우에 모든 일이 어려워질 것을 두려워한 테미스토클레스는 뇌물을 뿌려 에피키데스의 야심을 꺾어 버렸다.

이 무렵에 페르시아의 왕이 그리스인들에게 사신을 보내 항복 조건으로 흙과 물을 보내도록 요구했다. 이에 테미스토클레스는 사신들 가운데 통역관을 체포하여 특명으로 처형했다. 죄명은 그리스의 위대한 언어를 야만인들의 통역에 썼다는 것이었다. 이 사건으로 테미스토클레스는 민중의 명성을 얻었다. 그는 또한 젤레이아(Zeleia)의 아르트미오스(Arthmios)를 처리한 일로 칭송을 들었다.

아르트미오스는 페르시아인들이 준 금을 가져와 그리스인들에게 나눠 준 일이 있는데, 테미스토클레스가 그 이유로 아르트미오스와 그 가족들의 공민권을 박탈했기 때문이었다. 그러나 그의 업적 가운데 가장 위대한 것은 그리스의 내전을 종식시키고, 여러 도시를 화해시켰으며, 외환(外患)으로 벌어져 서로 미워하게 된 일을 멈추도록 설득한 일이었다. 들리는 바에 따르면, 아르카디아 출신의 케일레오스(Cheileos)가 이 일을 가장 많이 도왔다고 한다.

7
사령관 직책을 맡은 테미스토클레스는 곧바로 시민을 삼단 노의 전함에 태우는 작업에 착수하면서, 될 수 있는 한 그리스에서 먼 바다로 나가 페르시아 해군을 맞이하도록 설득하려고 노력했다. 그러나 많은 사람이 이에 반대하자 그는 대규모 병력을 템페(Tempe) 계곡으로 이끌고 가 스파르타군과 함께 테살리아를 방어하면서 페르시아군을 막고자 했다. 이때는 아직 테살리아인들이 페르시아군의 편으로 돌아서기 전이었다.

그러나 테미스토클레스의 부대가 아무런 전공도 없이 그곳에서 물러서자 테살리아인들은 페르시아 왕의 편에 섰고, 거기서부터 보이오티아에 이르는 그리스 지역이 적군에게로 돌아섰다. 일이 이렇게 되자 아테네인들은 테미스토클레스가 주장한 해상 전략이 맞았다고 생각하고, 그를 아르테미시온(Artemision)에 파견하여 해협을 지키도록 했다.

그곳에 모인 그리스 동맹군은 에우리비아데스(Eurybiades)와 스파르타인들에게 지휘권을 맡아 달라고 요구했으나, 아테네인들은 남의 지휘를 받고 싶어 하지 않았다. 그들의 함선 수가 다른 나라들의 함선 수를 합친 것보다 많았기 때문이었다. 테미스토클레스는 이 분열에서 위기를 감지했다. 그는 에우리비아데스에게 순순히 지휘권을 넘겨준 다음, 아테네 군사들에게 다음과 같이 약속했다. 만약 아테네 군사들이 다가올 전쟁에서 용맹함을 보여 준다면, 앞으로 다른 그리스인들이 아테네를 따르도록 만들겠다는 것이었다.

바로 이 설득 때문에 테미스토클레스는 그리스를 위기에서 구원하는 데 가장 중요한 역할을 한 인물로 꼽힌다. 또한 아테네인들은 적군을 향해서는 용기를 드러내지만, 동맹에는 넓은 아량을 베푼다는 평판을 얻었다. 그러나 막상 페르시아 군대가 아페타이(Aphetai)에 도착하자 에우리비아데스는 많은 병력이 자기를 겨누고 있다는 사실에 겁을 먹었다. 더욱이 그는 적국 함대 2백 척이 자신들의 퇴로를 끊고자 스키아토스(Skiathos)를 우회하여 항진한다는 사실도 알게 되었다.

그리하여 에우리비아데스는 가장 짧은 길로 그리스에 도

테미스토클레스

착하여 펠로폰네소스에 이른 다음, 자신의 해군과 그곳의 육군이 합세하기를 바랐다. 해군만으로는 페르시아의 왕을 이길 수 없다는 것을 잘 알고 있었기 때문이었다. 따라서 에우보이아 사람들은 그리스인들이 자신들을 포기할지도 모른다는 두려움에 싸여 테미스토클레스와 비밀 협상을 벌인 뒤, 펠라곤(Pelagon)에게 많은 뇌물을 들려 그에게 보냈다. 헤로도토스의 『역사』(VIII : 5)에 따르면, 그는 이 돈을 받아 에우리비아데스에게 주었다고 한다.

그리스 시민 가운데 테미스토클레스의 전략에 가장 적극적으로 반대한 사람은 아르키텔레스(Architeles)였다. 그는 국가에서 운영하는 신성한 노예선(hiera naus)의 선장이었는데, 선원들에게 임금을 지불하지 못하고 있었다. 그들은 하루빨리 고국으로 돌아가고 싶은 마음뿐이었다. 그러자 테미스토클레스는 선원들을 부추겨 선장을 배신하도록 했다. 이에 선원들은 그에게 몰려가 저녁 식사를 빼앗아 버렸다.

이 일로 아르키텔레스가 낙심해 있을 때, 테미스토클레스가 저녁 식사로 빵과 고기와 함께 그 밑에 1탈렌트의 은화를 숨겨 보냈다. 그러면서 늦추지 말고 식사를 한 다음, 내일 아침에 선원들을 만족시켜 주라고 하고, 그렇게 하지 않으면 적군에게 뇌물을 받았다며 공개적으로 비난하겠노라고 협박했다. 이 이야기는 레스보스섬의 역사학자 화니아스가 한 말이다.

8

그 무렵에 그 좁은 해협에서 그리스인들이 페르시아군과 벌였던 전투는 전반적인 전세에 결정적인 영향을 끼치지는 않았지만, 그리스인들에게 경험을 주었다는 점에서 큰 의미가 있다. 이 전투의 위험을 이겨 낸 그리스인들은 배의 많고 적음이나 용골의 찬란한 장식이나 오만한 외침이나 야만족의 전송가 같은 것들이 온몸으로 부딪히며 과감하게 싸우는 용사들에게는 두려움의 대상이 될 수 없음을 배웠다.

오히려 그들은 그와 같은 적군의 겉모습을 무시하고, 적군을 향해 몸을 던지며 맞붙어서 처절한 승리를 얻어 내야 한다는 것을 배웠다. 이에 대하여는 아르테미시온 전투를 시로 읊은 바 있는 핀다로스가 그 내막을 잘 알고 있었던 것으로 보인다. 그는 이런 노래를 남겼다.

아테네의 영용(英勇)한 아들들은
영원한 광채 속에
자유의 머릿돌을 놓았도다.
승리의 진정한 머릿돌은 용기이다.
(베르크 엮음,『그리스 서정시 단편』, 77)

아르테미시온은 헤스티아이아(Hestiaia) 위에 있는 에우보이아의 일부로, 북쪽으로 뻗어 있는 해안이다. 건너편에는 올리존(Olizon)이 있는데, 이곳은 한때 테살리아의 왕 휠록테테스(Philoctetes)의 지배를 받았다. 아르테미시온에는 프로세오이아(*Proseoia*)라는 별명으로도 부르는 자그만 아르테미스 신전이 있고, 주변은 나무와 대리석 석판으로 둘러싸여 있다. 그 돌을 손으로 문지르면 사프란의 색깔과 향기가 난다. 이들 석판 가운데 하나에는 다음과 같은 비가(悲歌)가 새겨져 있다.

아시아의 온갖 민족이 국경을 넘어왔으나
아테네의 아들들이
이곳 바다의 전투에서 전함을 무찌르고
메디아족의 주력 부대를 무찔렀으니
아르테미스 여신을 위해
그 증거를 여기에 세우노라.
(베르크 엮음,『그리스 서정시 단편』, III/4 : 480)

테미스토클레스

이 해안의 한곳은 온통 모래로 이루어져 있는데, 그곳을 파 보면 바닥에서 검은 재가 나온다. 이는 불에 탄 흔적이 분명하다. 아마 난파선의 타다 남은 조각과 시체의 조각일 것이라고 그곳 사람들은 생각하고 있다.

9

그러나 아르테미시온으로 파견되었다가 테르모필라이 계곡에서 돌아온 파발이 스파르타의 왕 레오니다스가 전사하고 크세르크세스가 계곡을 장악했다는 소식을 알렸다.[6] 그 소식을 들은 그리스 동맹군은 그리스 후방까지 군대를 물렸는데, 이때 아테네인들이 후퇴 행렬의 후미를 맡았다. 그들은 전공을 세운 뒤 사기가 높이 올라 있었기 때문이었다.

테미스토클레스는 해안을 따라 항해하며 적군의 피난처나 보급처를 만나면 글을 새겨 두었다. 그 가운데 어떤 곳은 그가 우연히 발견했고, 어떤 곳은 정박지나 급수 시설 가까운 곳에 있었다. 그 글에서 테미스토클레스는 이오니아인들에게 다음과 같이 엄숙히 지시했다.

"혹시라도 가능하다면 그대들은 선조가 같고 지금 그대들을 지켜 주고자 위험을 겪고 있는 아테네인들의 편에 서야 하며, 만약 그렇게 할 수 없다면 페르시아군에 상처를 입히고

---

6   이 전투가 저 유명한 테르모필라이 계곡의 전투이다. 기원전 480년에 페르시아의 크세르크세스 1세는 병력 16만을 이끌고 그리스 동중부의 해안 요새 테르모필라이를 침공했다. 이때 스파르타의 레오니다스왕은 스파르타의 용사 3백 명을 포함한 7천 명의 병사를 이끌고 계곡에서 항전하다가 몰사했다. 그곳에는 다음과 같은 비명이 서 있다.

> 지나가는 나그네여 / 스파르타인들에게 말 전해 다오.
> 우리는 약속을 지키려 / 여기에 누워 있노라고.
> (Oh, Strangers, / Tell the Lacedaemonians
> That We Lie Here / Obedient to Their Words.)

그들을 혼란에 빠뜨리도록 하라."

그는 이러한 방법으로써 이오니아인들을 자기편으로 끌어들이거나 페르시아인들이 이오니아인들을 의심하기를 바랐다.

크세르크세스는 도리스를 거쳐 포키스(Phokis)까지 휩쓸면서 도시들을 불태웠지만, 그리스인들은 구원병을 보내지 않았다. 아테네인들은 지난날 자신들이 다른 민족을 구원하고자 바닷길로 아르테미시온까지 올라간 적이 있었던 것처럼, 다른 그리스인들도 보이오티아까지 올라가 적군을 무찌르고 그곳에서 아티카를 지켜 달라고 부탁했다.

그러나 그들의 말에 귀 기울이는 사람은 아무도 없었다. 모두가 펠로폰네소스에 매달려 있었고, 모든 군대를 이스트모스 지역에 집결시키려 했다. 그러면서 이스트모스 해협을 가로지르는 방벽을 쌓기 시작했다. 아테네인들은 동맹들의 그와 같은 배신행위에 분개하면서 고립된 자신들의 상황에 절망했다.

그토록 많은 적군을 홀로 맞아 싸운다는 것은 생각할 수도 없었다. 이제 그와 같은 위기에서 남은 길은 하나뿐이었다. 도시를 버리고 해군 함대의 복귀를 기대하는 수밖에 없다고 생각한 아테네인들은 한없이 괴로워했다. 만약 적군이 신전과 조상의 무덤을 더럽힌 뒤라면 굳이 승리를 바랄 이유가 없었다. 그런 상황에서 뒤늦게 안전해진다고 한들, 아무 소용 없는 일이 될 터였다.

10

그러자 이성적으로 민중을 설득할 수 없다는 사실에 절망한 테미스토클레스는 신의 뜻으로 사람들의 마음을 돌리기 위해 신탁 체계를 이용하기로 했다. 그것은 마치 연극의 연출자들이 비극을 공연하면서 거중기(擧重機)와 같은 기계 장치(*deus ex machina*)를 들고 나오는 것과 비슷했다.

그는 성소(聖所)에 살고 있는 뱀이 하늘의 뜻을 알려 준다고 말했는데, 그 무렵에 뱀은 신전의 언덕에 있는 성소에서 사라진 것으로 알려져 있었다. 신전에서 날마다 바치는 제물이 손도 대지 않은 채 그대로 남아 있었던 것이다. 이를 본 제관들은 이 현상을 풀이했다. 여신이 도시를 버렸고, 이제 시민에게 바다로 향한 길을 보여 주고 있다는 것이었다. 사실 이 풀이는 테미스토클레스가 제관들에게 말하도록 시킨 내용이었다.

더욱이 테미스토클레스는 민중이 자기의 말에 따르도록 하고자, 신탁에 나오는 '나무 벽'이 바로 함대를 뜻하는 것이며, 신탁에서 신이 살라미스를 가리켜 '무섭다'거나 '잔인하다'고 말하지 않고 '신성하다'고 말했는데, 이는 그 섬이 언젠가 그리스인들에게 커다란 행운을 안겨 줄 것임을 뜻한다고 풀이했다.(헤로도토스, 『역사』, VII : 141) 드디어 자신의 의견이 우세해지자 그는 아테네인의 수호신인 아테나에게 도시의 안전을 맡기고, 아이와 아내와 노예들이 가장 안전할 수 있는 방법을 찾은 다음, 입대할 연령에 이른 모든 남자는 삼단 노의 함선에 오르도록 하는 법안을 발의했다.

법안이 통과되고 아테네 시민 대부분은 아이들과 아내들을 트로이젠으로 보냈다. 그곳 주민들은 그들을 따뜻하게 맞이해 주었다. 트로이젠 주민들은 아테네인들의 가정에 날마다 은화 2오볼을 공금으로 지급하겠다는 시책을 승인함으로써 그들을 지원했고, 아이들에게는 어느 곳에서나 포도를 따 먹도록 허락하였으며, 그 밖에도 아이들에게 가정 교사를 둘 수 있도록 하는 법안을 통과시켰다. 그 법안을 제안한 사람은 니카고라스(Nicagoras)였다.

아리스토텔레스의 글에 따르면, 당시에 아테네인들은 쓸 공금이 없었다. 그래서 아레이오스 파고스 의원들이 전함에 오르는 남자들에게 줄 8드라크마의 급여를 부담했다. 이는 전함의 선원을 채우는 데 가장 큰 도움을 주었다고 한다. 그러나 아테네의 원로 역사학자인 클레이데모스에 따르면, 그것도 테미스토클레스가 꾸민 일이었다고 한다.

클레이데모스의 말에 따르면, 아테네 시민이 피라이우스로 내려가면서 아테네를 버렸을 때, 아테나 여신상에 있던 고르곤(Gorgon)[7]의 머리가 사라졌다고 한다. 그러자 테미스토클레스는 그 머리를 찾는다는 구실로 시민들이 자기 짐에 숨긴 엄청나게 많은 돈을 찾아내어 압수한 뒤 선원들의 양식과 급료로 지불했다고 한다.

이런 과정을 거쳐 온 도시의 장정들이 바다로 나가자 어떤 사람들은 안타깝게 그 모습을 바라보았고, 어떤 사람들은 그들의 당당함에 놀랐다. 그들은 다른 곳으로 가족들을 떠나보내면서도 사랑하는 사람들의 슬픔과 눈물과 포옹에 흔들리지 않고 적군이 기다리는 섬으로 떠나가고 있었기 때문이었다. 그 밖에도 나이가 너무 많아 남을 수밖에 없던 노인들의 모습도 슬픔을 자아냈고, 주인이 배를 타고 떠나자 집에서 기르던 짐승들이 슬피 짖으며 배를 따라가는 모습에서도 그들이 서로 얼마나 사랑했는가를 읽을 수 있었다.

그러한 이야기들 가운데 하나를 들어 보면, 페리클레스의 아버지인 크산티포스(Xanthippos)가 기르던 개는 자기 주인과 헤어짐을 견딜 수 없었던지 바다에 뛰어들었고, 주인이 타고 있던 함선을 따라 헤엄쳐 가다 살라미스에 이르러 허우적거리다가 지쳐 죽었다. 들리는 바에 따르면, 지금까지도 '개의 언덕'이라 부르는 그곳이 그 개의 무덤이 있는 자리라고 한다.

11

앞의 일들이 테미스토클레스가 이룩한 위대한 업적임은 틀림

---

7   고르곤은 메두사(Medusa)를 뜻한다. 머리는 뱀이고 몸은 용인데, 그가 바라본 대상은 돌이 되었다.

없지만, 그 뒤에 그는 그보다 더 훌륭한 업적을 이루었다. 그는 아테네 시민이 아리스티데스가 돌아오기를 기다린다는 사실을 알았고, 아리스티데스가 이방인들과 손을 잡고 그리스인들을 배신할지도 모른다는 점을 두려워했다.

아리스티데스는 정치적으로 테미스토클레스에게 패배한 뒤, 이 전쟁이 일어나기에 앞서 패각 추방법에 따라 나라 밖으로 나가 있었다. 그러나 테미스토클레스는 추방되어 나라 밖에 있던 사람들이 고국으로 돌아와 얼마 동안 시민과 함께 그리스를 위해 봉사할 수 있는 최대의 권한을 주자는 법안을 제안했다.

그 무렵에 스파르타의 강력한 명성을 등에 업고 함대의 지휘를 맡고 있던 에우리비아데스는 위험이 닥치자 마음이 약해졌고, 펠로폰네소스의 보병이 모여 있는 이스트모스로 가려 했다. 테미스토클레스는 이에 반대하여 저 유명한 명언을 남겼다고 한다. 들리는 바에 따르면, 에우리비아데스가 테미스토클레스에게 이렇게 말했다.

"테미스토클레스여, 운동 경기에서 너무 빨리 출발하는 무리는 채찍을 맞게 되지요."

그의 말에 테미스토클레스가 이렇게 대답했다.

"그렇소. 그러나 경기에 뒤처지는 사람은 월계관을 쓸 수 없다오."

이에 화가 난 에우리비아데스가 테미스토클레스를 때릴 듯이 지휘봉을 집어 들자 테미스토클레스가 이렇게 말했다.

"때리시오. 그러나 내 말을 들으시오."

그 침착함에 감탄한 에우리비아데스가 그에게 말해 보라고 하자 테미스토클레스가 이렇게 말했다.

"나는 그대가 나의 입장을 지지해 주기 바라오."

그러자 옆에 있던 누군가가 이렇게 면박했다.

"조국을 잃은 사람은 아직 버리거나 배신할 조국을 가진 사람에게 충고할 일이 없습니다."

이에 테미스토클레스는 다음과 같은 내용을 힘주어 말했다.

"가여운 사람아, 우리가 집과 성을 버리고 떠난 것은 맞소. 그러나 이는 생명 없는 것에 발이 묶여 이를 지키고자 맞서는 것이 옳지 않기 때문이라오. 우리에겐 아직 그리스에서 가장 큰 도시와 삼단 노의 함선 2백 척이 있소. 그대들이 함선으로 나라를 지키고자 한다면 언제든 준비가 되어 있소. 그러나 그대들이 지금 우리를 버리고 떠나 배신한다면, 많은 그리스인은 아테네인들이 오히려 도시를 되찾고 해방하였으며 그들이 버리고 떠난 영토보다 훨씬 더 살기 좋은 땅을 얻었다는 소식을 뒤늦게야 들을 것이오."

테미스토클레스가 이렇게 말하자 에우리비아데스는 생각에 잠겼다. 그는 아테네인들이 자기를 버리고 떠나지나 않을까 걱정했다. 다시 에레트리아(Eretria) 사람이 테미스토클레스의 주장에 반대하는 뜻을 펴려 하자 테미스토클레스가 이렇게 말했다.

"됐습니다. 심장이 달려 있어야 할 곳에 오징어처럼 기다란 주머니를 차고 있는 당신과 전쟁에 대하여 무슨 논쟁을 하겠소?"

12

어떤 사람의 기록에 따르면, 테미스토클레스가 갑판에 앉아 그런 말을 나누고 있을 때 부엉이 한 마리가 오른쪽에서 날아와 함선을 가로질러 갑판에 앉았는데, 그 소식을 들은 사람들이 이를 길조로 여겨 테미스토클레스의 의견에 동조하면서 그들의 함선으로 싸울 준비를 했다고 한다.

그러나 곧이어 적군이 아티카 해안으로 들어와 자리를 잡았다. 그들의 선단은 팔레룸만(灣)까지 이어졌다. 건너편 해안이 선단에 가려 보이지 않을 정도였다. 그러더니 페르시아 왕이 몸소 육군을 이끌고 바다로 내려와 군대 전체의 모습을 드러냈다. 모여드는 적군을 본 그리스인들은 테미스토클레스가 한 말을 잊었다.

이제 다시 펠로폰네소스의 병사들은 간절한 눈빛으로 이스트모스 쪽을 바라볼 뿐이었다. 만약 누군가 다른 말을 하면 발끈 화를 냈다. 아니, 그들은 사실상 그날 밤에 그곳에서 물러나기로 한 상태였다. 선장들에게는 이미 항해 명령이 내려가 있었다.

자신들이 해협에서 뭉쳐 좁은 수로를 이용하면 매우 유리하게 싸울 수 있음에도, 이를 버리고 동맹들이 갈라질 것이라는 사실을 고민하던 테미스토클레스는 절망에 빠진 끝에 저 유명한 시킨노스(Sicinnos) 사건을 꾸미게 된다. 이때가 이 전쟁의 최대 위기였다.

시킨노스는 페르시아 출신의 전쟁 포로였는데, 테미스토클레스를 흠모하여 그의 자녀들을 가르치는 가정 교사가 되었다. 그는 테미스토클레스의 지시에 따라 페르시아 왕 크세르크세스에게 비밀리에 파견되어 다음과 같이 말했다.

"아테네의 장군 테미스토클레스는 대왕의 명분에 따르고자 합니다. 이에 그리스인들이 도망가려는 사실을 먼저 알려 드리오니, 그들이 도망가지 못하도록 하시되, 그들이 혼란에 빠져 육군과 미처 합류하지 못했을 때 그들을 공격하여 해군을 깨뜨리기를 바라고 있습니다."

크세르크세스왕은 이 전갈이 자기를 잘되게 하려는 것이라고 믿었다. 너무 기뻤던 나머지, 그는 함대 사령관들에게 곧바로 명령을 내려 함대의 주력 부대를 여유롭게 승선시키는 한편, 나머지 2백 척은 곧 바다로 나가 사방에서 해협을 둘러싸고 모든 섬을 봉쇄하여 적군이 도망치지 못하도록 막으라고 지시했다. 이런 일이 진행되는 사이에 그러한 내막을 처음으로 알아차린 아리스티데스가 테미스토클레스를 찾아왔다.

아리스티데스는 리시마코스의 아들로서(§3), 내가 앞에서 말했듯이, 패각 추방법에 따라 추방된 적이 있었기 때문에 테미스토클레스에게 우호적이지 않았다. 그러나 테미스토클레스가 막사에서 나오자 아리스티데스는 적군이 지금 아군을 포위하고 있다고 그에게 말했다. 아리스티데스의 고결한 인품을 잘 알고 있고, 또 때맞추어 찾아온 것에 고마움을 느낀 테미스토클레스는 시킨노스에게 시킨 일을 털어놓으면서 이렇게 말했다.

"그대는 아테네인들에게 널리 신임을 받는 터이니, 이 어려운 작전에 힘을 합쳐 그리스인들이 각자의 위치에서 최선을 다할 수 있도록 도와주기 바랍니다."

아리스티데스는 그 작전에 찬사를 보내면서 테미스토클레스의 말에 따라 여러 장군과 삼단 노의 함선의 함장을 만나 전쟁을 독려했다. 그러나 동맹군은 여전히 테미스토클레스의 작전을 미더워하지 않고 있었다.

그때 티노스(Tinos)섬에서 온 함선 한 척이 나타났다. 파나이티오스(Panaitios)가 지휘하는 부대에서 도망쳐 나온 그 배의 선원이 지금 적군은 그리스 동맹군을 포위한 상태라고 알려주었다. 그렇게 되자 그리스인들은 어쩔 수 없이 타고난 용기만으로 위험을 맞을 수밖에 없었다.

13

날이 밝자 크세르크세스는 높은 곳에 앉아 자신의 진세(陣勢)를 내려다보고 있었다. 아테네의 역사학자 파노데모스(Phanodemus)의 기록에 따르면, 그곳은 헤라클레스 언덕 위에 있었으며, 살라미스섬과 아티카를 가르는 가장 좁은 해협 바로 옆이었다고 한다.

그러나 아테네의 작가 아케스토도로스(Akestodoros)의 기록에 따르면, 그곳은 메가라 국경의 이른바 '각봉(角峰, Horns)'

위에 있었다고 한다. 이곳에서 크세르크세스는 금으로 만든 어좌에 앉아 군대를 지휘하고 있었다. 많은 서기가 그를 가까이 둘러싸고 앉아 있었는데, 그들의 임무는 앞으로 벌어질 전쟁의 모습을 기록하는 것이었다.

이 무렵에 테미스토클레스는 사령관이 탑승할 기함에 제물을 바치고 있었다. 그때 얼굴이 매우 아름다운 소년 포로 세 명이 화려한 옷과 황금 장신구를 몸에 두른 채 불려 왔다. 그들은 왕의 여동생인 산다우케(Sandaucé)와 아르타익투스(Artaÿctus) 사이에서 태어난 소년들이었다고 한다.

예언자 에우프란티데스(Euphrantides)가 그들을 보고 있을 때 제물에서 크고 찬란한 빛이 솟아올랐고, 오른쪽에서 재채기 소리가 들렸다. 그러자 예언자는 테미스토클레스의 손을 잡으며 그 소년들을 축성하고 기도한 다음, 그들을 디오니소스 카르니보루스(Dionysus Carnivorous)[8]에게 제물로 바칠 것을 간청했다. 그렇게 하면 적군과 싸워 승리를 거둘 수 있다는 것이었다.

테미스토클레스는 그 방법이 너무 끔찍하고, 예언자의 말도 너무 기괴하고 충격적이라고 생각했다. 그러나 민중은 합리적인 수단을 찾기보다는 비합리적인 것에서 안전을 도모하고자 했다. 그들은 한목소리로 신을 외치며 소년 포로 셋을 신전으로 끌고 가 예언자가 권고하는 대로 희생 의식을 치렀다. 어쨌거나 이 이야기는 레스보스섬 출신 화니아스의 말에 따른 것이다. 그는 철학자로서 역사적 문헌에 조예가 깊은 사람이었다.

14

페르시아 함대의 수에 관해서는 아이스킬로스가 『페르시아인

---

8   카르니보루스는 '날고기를 먹는 신'이라는 뜻이다.

들』(§341~343)에서 마치 자기가 잘 알고 있다는 듯이 읊고 있는데, 그 시는 다음과 같다.

> 그러나 내가 알기로,
> 크세르크세스는 함선 1천 척을 거느리고 있었고,
> 쾌속선은 207척이었나니
> 이것이 그 숫자이더라.

아티카의 함선은 모두 180척이었고, 각 전함의 갑판에는 전사가 열여덟 명씩 타고 있었다. 그 가운데 네 명은 궁수였고, 나머지는 중무장 보병이었다.

테미스토클레스는 전투를 벌일 장소에 못지않게 승리할 수 있는 시간대를 선정하는 데에도 능력이 타고났던 것으로 보인다. 그는 함선의 뱃머리를 페르시아 함선 쪽으로 향하여 두지 않고 있다가, 바다에서 강한 바람이 불어와 파도가 해협으로 몰려올 때 공격을 시작했다.

바람은 수면에 바짝 붙어 있는 작은 그리스 함선에는 손실을 입히지 않았지만, 고물이 위로 솟아 있고 갑판이 높으며 항해 속도가 느린 페르시아 함선에는 치명적이었다. 파도가 그들의 옆구리를 치면 배가 빙 돌며 뱃전을 내놓은 채 그리스 함선 쪽으로 밀려가기 때문이었다. 그리스 병사들은 그런 배들을 날카롭게 습격하면서 끊임없이 테미스토클레스를 주시했다. 그는 어떻게 작전을 수행해야 하는지를 가장 잘 알고 있을 뿐만 아니라, 크세르크세스의 제독인 아리아메네스(Ariamenes)와 맞설 만한 인물이었기 때문이었다.

아리아메네스는 마치 성벽 위에서 전투하듯이 거대한 함선 위에 서서 화살과 창을 날려 보내고 있었다. 그는 타고난 강철 체력에, 왕의 형제 가운데 가장 뛰어난 용장이었다. 그에게 돌진한 그리스의 장수는 데켈레이아(Dekeleia) 출신의 아메이니아스(Ameinias)와 파이아니아(Paeania) 출신의 소클레스(Sok-les)였다. 그들은 같은 배에 타고 있었다.

양쪽의 배가 머리를 맞부딪치면서 청동으로 만든 충돌 부리가 서로 얽히자 페르시아의 아리아메네스가 그리스군의 함선에 오르려 했다. 그때 그리스의 두 장수가 그를 창으로 찌르고 시체를 바다에 던져 버렸다. 나중에 할리카르나소스의 여왕 아르테미시아(Artemisia)가 난파선 조각과 함께 떠다니는 그의 시체를 알아보고 건져 내어 크세르크세스에게 보냈다.

15

들리는 바에 따르면, 전쟁이 그 단계에 이르렀을 때 엘레우시스에서 크고 밝은 불빛이 솟아나더니 트리아시오(Thriasio) 평원을 가득 채울 만큼 커다란 메아리가 울렸다. 그 상황은 마치 여러 사람이 신비의 신 이아코스(Iacchus)[9]를 호송하는 것 같았다고 한다. 그러더니 빛과 소리가 솟구친 곳에서 천천히 구름이 피어올라 바다를 지난 다음 삼단 노의 함선들 위에 내려앉았다.

다른 사람들은 무장한 유령 군인들이 그리스의 함선을 보호하고자 손을 잡고 아이기나에서부터 다가오는 환영을 보았다. 그리스인들이 생각하기에, 무장한 유령 군인들은 제우스의 아들인 아이아코스의 후손들이었다. 그리스인들은 전쟁에 나가기에 앞서 그에게 간곡히 도움을 간청하는 기도를 드린 바 있었다.

페르시아 함대를 처음으로 나포한 사람은 아테네의 함장 리코메데스(Lykomedes)였다. 그는 적군의 함선에서 용머리를 떼어 낸 다음 플리아로 찾아가 월계관을 쓴 아폴론에게 바쳤다.

---

9   이아코스는 주로 디오니소스의 다른 이름으로 알려져 있으나, 데메테르의 아들 또는 디오니소스의 아들이라는 등 여러 설이 있다.

이 무렵에 페르시아 병사들은 좁은 해협에서 싸우며 서로 실수를 저질러 군대의 수가 줄어, 그리스 군대의 수와 같아졌다. 그리스군은 그 수로 저녁나절까지 저항한 적군을 섬멸했는데, 그리스 최고의 시인인 시모니데스는 그 장면을 이렇게 그리고 있다.

> 그리스인이 치른 전쟁이었든 페르시아인이 치른
> 전쟁이었든, 영광스러운 전쟁이었든 추악한 전쟁이었든,
> 역사에서 이보다 더 찬란한 해전은 일찍이 없었다.
> 이 전쟁의 승리는 바다에서 싸운 이들 모두의 용맹과
> 열정으로 이루어진 것이지만, 다른 측면에서 보면
> 테미스토클레스의 지혜로운 판단에 힘입은 것이었다.
> (베르크 엮음, 『그리스 서정시 모음』, IV/4 : 423)

16

해전이 끝난 뒤에도 자신의 패배에 분노해 있던 크세르크세스는 직접 보병을 이끌고 살라미스로 건너가 그리스인들과 싸울 수 있도록 해협을 가로지르는 둑을 만들 계획을 꾸몄다. 그러나 테미스토클레스는 먼저 아리스티데스의 속마음을 알아보고자 이렇게 말했다.

"나는 헬레스폰트(Hellespont)로 건너가 선가(船架)를 파괴하고 싶은 마음이 간절합니다. 유럽에서 아시아인들을 사로잡는 것이지요."

그러나 아리스티데스는 테미스토클레스의 그와 같은 제안을 달가워하지 않으면서 이렇게 말했다.

"이제까지 우리가 싸웠던 야만인들은 진실로 인생을 쉽게 생각하는 사람들입니다. 그러나 우리가 저들을 그리스에 가두어 두고 저토록 강력한 군대를 거느린 왕을 무섭게 몰아붙인다면, 그들의 왕은 더 이상 황금으로 만든 양산 밑에 편안

히 앉아 전쟁을 바라만 보고 있지 않을 것입니다. 그는 자신의 신변이 위험해진 것을 알기 때문에 매사를 몸소 감독하면서 과감히 달려들 것이며, 지난날 자신이 저지른 실수를 손보고, 중요한 문제들에 관해서는 주위의 의견을 물을 것입니다. 그러므로 우리는 이미 그곳에 설치된 선가를 부숴서는 안 됩니다. 테미스토클레스여, 오히려 우리는 가능하다면 그 선가 옆에 다른 선가를 하나 더 만들어 그들이 서둘러 유럽을 벗어나게 해야 합니다."

이에 테미스토클레스가 이렇게 대답했다.

"좋습니다. 만약 그렇게 하는 것이 최선이라고 여겨진다면, 지금이야말로 그들이 가장 빠르게 그리스에서 벗어나는 길을 연구하여 찾아내기에 적절한 때입니다."

그와 같은 전략에 합의하자 테미스토클레스는 포로 가운데에서 아르나케스(Arnakes)라는 내시를 찾아 크세르크세스에게 보냈다. 그는 본진으로 돌아가 크세르크세스에게 이렇게 말했다.

"그리스인들은 해전에서 승리한 뒤에 선가가 있는 헬레스폰트로 건너가 그곳의 선교(船橋)를 파괴하기로 하였습니다. 그러나 테미스토클레스는 대왕을 염려하여 대왕께서 서둘러 군대를 이끌고 바다를 건너 고국으로 돌아가기를 바라고 있습니다. 그는 동맹국들이 추격을 늦추도록 온갖 수단을 마련하겠노라고 말했습니다."

이 말을 들은 페르시아 왕은 몹시 두려워하며 서둘러 퇴각을 시작했다. 테미스토클레스와 아리스티데스의 입장에서 보면, 이와 같은 신중한 작전은 뒷날 마르도니우스와 벌인 전투에서 그 정당함이 입증되었다. 그리스 군대는 플라타이아이에서 크세르크세스 군대의 아주 적은 일부와 싸웠는데도 큰 위험에 빠졌던 일이 있었기 때문이다.

17

헤로도토스의 『역사』(VIII : 92)에 따르면, 이 전쟁을 통하여 아이기나섬이 가장 용맹한 도시로 뽑혀 상을 받았고, 인물 가운데는 테미스토클레스가 사실상 일등상을 받았다고 한다. 그러나 서로의 질투심 때문에 그 영광이 직접 드러나지는 못했다. 장군들은 이스트모스에서 철수할 때 그곳의 신전에서 투표함으로써 이를 신성하게 표결하였는데, 모두 자기의 이름을 첫 번째로 쓰고 2등으로 테미스토클레스를 적어 넣었다.

그 뒤에 스파르타인들은 테미스토클레스를 스파르타로 초청했다. 그들은 에우리비아데스에게 용맹상을 수여하고 테미스토클레스에게는 지혜의 상을 수여하면서 두 사람에게 올리브나무로 만든 화관을 씌워 주었다. 그때 스파르타인들은 그 도시에서 가장 훌륭한 전차를 그에게 선물하고 젊은이 3백 명을 뽑아 국경으로 가는 그를 호위하도록 했다.

들리는 바에 따르면, 그다음 올림픽 경기가 열렸을 때 테미스토클레스가 운동장으로 들어서자 관중은 선수에게 관심을 보이지 않고 하루 내내 그를 바라보면서 그곳을 방문한 이방인들에게 그를 가리키며 칭송하였고, 테미스토클레스는 자신이 그리스를 위해 땀 흘린 대가를 거두어들이는 것이라고 친구에게 고백했다고 한다.

18

테미스토클레스의 일화 가운데 기억할 만한 것들은 그가 천성적으로 명예욕이 강한 사람이었음을 보여 준다. 이를테면 아테네가 그를 제독으로 선출했을 때, 그는 공사 간의 업무를 맞춰진 날짜에 처리하지 않고 배가 떠나기로 되어 있는 날까지 미뤄 두었다가 처리했다. 이는 한꺼번에 일을 처리하고 온갖 사람을 만나면서 대단한 성품과 능력을 갖춘 사람처럼 보이고자 함이었다.

　　　　　　　　　　　　테미스토클레스

언젠가는 페르시아 병사들의 시체가 바닷가로 떠내려왔는데, 몸에 황금으로 만든 팔찌와 목걸이가 걸려 있었다. 테미스토클레스는 이를 보고 지나치면서 자기를 따라오는 친구에게 이렇게 말했다.

"자네가 저 패물들을 가지게. 자네는 테미스토클레스가 아니니까."

언젠가는 안티파테스(Antiphates)라는 미소년이 평소에는 테미스토클레스를 무시하다가 그가 유명해지자 갑자기 그를 정중히 대접했다. 그러자 테미스토클레스는 그 소년에게 이렇게 말했다.

"젊은이, 너무 늦었네. 그러나 우리 두 사람이 모두 이제야 제정신으로 돌아온 것은 사실일세."

테미스토클레스는 또한 평소에 이렇게 즐겨 말했다.

"아테네인들은 나를 진심으로 영예스럽게 찬양하는 것이 아니라 버즘나무[플라타너스]처럼 취급한다. 비바람이 치면 그 밑에 들어가 피하고, 날씨가 좋아지면 가지를 자른다."

언젠가 세리포스(Seriphos)에서 온 사람이 테미스토클레스에게 이런 말을 했다.

"당신이 유명해진 것은 당신의 능력 때문이 아니라 아테네라는 도시 덕분입니다."

그 말을 들은 테미스토클레스가 이렇게 말했다.

"맞는 말입니다. 내가 세리포스 출신이었다면 이렇게 성공하지 못했겠지요. 그러나 그대는 아테네 출신이었다 하더라도 나만큼 성공하지 못했을 거요."

언젠가는 그의 막료 장군 가운데 한 사람이 자신의 공업과 테미스토클레스의 공업을 견주어 대들면서 이렇게 말했다.

"나도 다른 사람 못지않게 이 도시에 공업을 쌓았다고 생각합니다."

그 말을 들은 테미스토클레스가 이렇게 말했다.

"축제일과 축제 다음 날이 서로 잘난 체하며 다투었습니다. 축제 다음 날이 이렇게 말했습니다.

'축제일, 당신은 온종일 시달리지만 축제 다음 날인 내가 돌아오면 모든 사람이 미리 마련한 여가를 즐기지요.'

이 말을 들은 축제일이 이렇게 대답했습니다.

'그러나 축제일인 내가 먼저 존재하지 않았더라면 축제 다음 날인 그대는 존재하지도 않았을 거요.'

마찬가지로 살라미스의 전투가 있었던 날에 내가 거기에 없었더라면 그대와 그대의 친구들은 지금 어디에 있겠소?"

테미스토클레스는 자신의 집에서 아들이 아내를 지배하고, 아내는 남편인 자기를 지배하는 현실에 대해 농담 삼아 이렇게 말했다.

"내 아들은 그리스에서 가장 강력하다. 아테네인들이 그리스를 다스리고, 나는 그리스를 다스리고, 그런 나를 다스리는 것은 아내이며, 아내를 다스리는 것은 아들이기 때문이다."

자기의 처신이 어떤 면에서든 남다르기를 바랐던 테미스토클레스는 부동산을 팔려고 내놓으면서 그 땅을 사는 사람에게는 아주 훌륭한 이웃도 끼워 주겠노라고 선전했다.

또 이런 일도 있었다. 그의 딸의 배필로 두 사람이 나타났는데, 한 명은 부자이고 다른 한 명은 가난했다. 그는 가난한 사람을 사위로 선택하면서 이렇게 말했다.

"사람 노릇 못하는 부자보다는 돈이 없어도 사람 노릇 하는 가난뱅이를 사위로 선택했소."

이러한 이야기들은 그의 놀라운 언변을 잘 보여 주고 있다.

19

위에서 말한 바와 같은 위대한 업적을 이룬 뒤에 테미스토클레스는 곧 아테네를 다시 건축하고 요새화하기 시작했다. 키오스 출신의 역사가인 테오폼포스의 말에 따르면, 그는 스파르타의 감독관들이 이 작업에 반대하지 못하도록 뇌물을 주었다고 한다. 그러나 다른 작가들 대부분은 뇌물을 준 것이 아니라 속였다고 이야기한다.

테미스토클레스는 이 일 때문에 스파르타를 방문했는데, 표면상으로는 사절의 자격이었다. 그때 스파르타인들은 아테네인들이 도시를 요새화하고 있다며 비난하고 있었다. 아이기나에서도 폴리아르코스(Polyarchos)를 스파르타로 파견하여 테미스토클레스에게 똑같은 비난을 퍼부었는데, 테미스토클레스는 이를 부인하면서 그들이 아테네로 사람을 파견하여 눈으로 직접 확인해 보라고 요구했다.

테미스토클레스가 이렇게까지 말한 이유가 있었다. 그렇게 함으로써 아테네에 성을 쌓을 시간을 벌고, 사신들을 볼모로 잡아 둘 수 있었기 때문이었다. 그리고 실제로 그런 일이 일어났다. 스파르타인들은 진실을 알았지만 테미스토클레스를 해코지하지 않았고, 불쾌한 감정을 숨기며 본국으로 보내 주었다.

이런 일이 있은 뒤에 테미스토클레스는 피라이우스를 다시 정비하기 시작했다. 그는 그곳이 항구로서 유리한 곳임을 알고 있었고, 온 도시를 바다에 닿도록 만들고자 했다. 이와 같은 시책은 지난날 아테네의 왕들이 펼쳤던 정책과는 달랐다.

들리는 바에 따르면, 아테네의 옛 왕들은 시민을 바다에서 불러들이고 항해보다는 농업으로 살아가는 데 익숙해지기를 바라면서, 제우스의 딸 아테나의 역사에 대한 소문을 퍼뜨리기 시작했다. 그 소문에 따르면, 바다의 신 포세이돈이 아테네를 소유하고자 아테나와 다투었을 때, 아테나가 신전의 언덕에 있는 성스러운 올리브나무를 판관들에게 보여 줌으로써 승리를 거두었다는 것이다.

아테네의 저명한 희극 시인인 아리스토파네스(Aristophanes)는 그의 작품 『기사들』(§ 815)에서 테미스토클레스가 "피라이우스를 아테네에 붙이려" 했다고 표현했다. 그러나 사실은 그와 반대이다. 그는 아테네를 피라이우스와 연결함으로써 육지를 바다에 붙였다. 그 결과, 그는 서민들의 특권을 늘리고 그들에게 용기를 불어넣어 주었다. 이는 귀족들의 권력이 선장과 선원과 조타수에게로 넘어갔기 때문이었다.

이와 비슷한 이유로, 뒷날 30인의 참주들은 바다를 바라보며 프닉스 언덕에 서 있던 연단을 육지쪽으로 바라보도록 돌려놓았다. 해양 제국은 민주주의의 어머니이긴 하지만, 과두 정치를 덜 역겹게 여기는 이들은 땅을 경작하는 사람들이라고 생각했기 때문이었다.

20

그러나 테미스토클레스는 해상권의 우위를 차지하고자 더 큰 계획을 꾸미고 있었다. 크세르크세스가 물러가고 그리스 함대가 파가사이(Pagasai)에 정박하여 겨울을 나고 있을 때, 그는 아테네 시민에게 연설하면서 이렇게 말했다. "지금 아테네 시민을 위한 매우 쓸모 있는 계획을 품고 있지만, 공개할 수는 없다"는 것이었다. 그러자 아테네 시민은 "그 계획을 먼저 아리스티데스에게 들려주고, 그가 동의하면 실행에 옮기라"고 말했다.

그러자 테미스토클레스는 아리스티데스에게 자신의 계획을 털어놓았다. 지금 항구에 정박해 있는 그리스 함대를 모두 불태워 버리겠다는 것이었다. 이 말을 들은 아리스티데스는 군중에게 테미스토클레스가 구상하고 있는 계획을 설명하면서 이보다 더 유익한 계획도 없고, 이보다 더 터무니없는 계획도 없다고 말했다. 그 말을 들은 아테네 시민은 테미스토클레스에게 그 계획을 포기하라고 명령했다.

이 무렵에 벌어진 인보 동맹 회의에서 스파르타인들은 지난번 메디아족과 벌인 전투에 참여하지 않은 도시들을 동맹에

테미스토클레스

서 제외해야 한다고 주장했다. 만약 그 주장이 받아들여져 테
살리아와 아르고스와 테베 사람들이 동맹에서 제외된다면, 스
파르타가 모든 결정권을 쥐고 그들이 바라는 대로 일을 수행
하게 되리라고 테미스토클레스는 걱정했다.

그리하여 그는 참전하지 않은 도시들의 입장을 옹호하면
서, 참전한 도시가 겨우 서른한 곳에 지나지 않았고 그나마 모
두 작은 도시라는 점을 지적함으로써 대표단의 마음을 바꿔
놓았다. 그는 그리스의 다른 동맹 도시들이 제외될 경우에 큰
도시 국가 한두 곳이 동맹 회의를 좌우할 터인데, 이는 견딜 수
없는 일이라고 말했다. 이러한 처사는 스파르타인들을 더 불
쾌하게 만들었고, 이는 스파르타인들이 키몬을 대중적 인물로
띄우는 계기가 되었다. 뒷날 키몬은 테미스토클레스의 정치적
앙숙이 되었다.

21

테미스토클레스는 또한 여러 섬을 돌아다니며 돈을 모은 일로
말미암아 동맹들의 미움을 샀다. 예를 들어 헤로도토스의 『역
사』(VIII:111)를 보면, 그는 안드로스(Andros) 사람들에게 돈을
요구하면서 이런 대화를 나누었다고 한다. 테미스토클레스가
먼저 말했다.

"나는 '설득'과 '강제'라는 두 신을 모시고 왔습니다."

그러자 안드로스인들이 이렇게 대답했다.

"우리에게도 위대한 두 신이 있습니다. 하나는 '굶주림의
신'이고 다른 하나는 '무력(無力)한 신'인데, 이들이 그대에게
돈을 주지 못하도록 막고 있습니다."

로도스섬 출신의 서정 시인인 티모크레온(Timokreon)도
그의 시에서 테미스토클레스를 신랄하게 비난했다. 그의 말에
따르면, 테미스토클레스는 망명자들의 국적을 회복해 주는 대
가로 뇌물을 받았다. 그러나 한때는 섬기는 사이였고 친구였

던 자기의 국적은 회복시켜 주지 않았는데, 그 모든 것이 돈 때문이었다는 것이다. 그 시는 이렇게 이어지고 있다.

> 자, 그대가 파우사니아스나
> 크산티포스나
> 레오티키데스를 칭송하려 한다면
> 나는 아리스티데스를 칭송하리니,
> 그는 성스러운 아테네에서 태어난
> 가장 고결한 인물이니라.
> 레토(Leto)[10]는 테미스토클레스를 미워하나니
> 그는 거짓말쟁이요, 사기꾼이요,
> 반역자이기 때문이니라.
> 비록 나 티모크레온이 한때 그의 주인이었으나
> 그 악마 같은 돈 때문에
> 고향인 이알리소스(Ialysos)로 돌아오지 못했음이라.
> 그러나 그는 은화 3탈렌트를 챙겨
> 지옥으로 떨어졌도다.
> 그는 어떤 망명자는 부당하게 돌아오게 하고,
> 어떤 무리는 쫓아내고, 어떤 무리는 죽였도다.
> 이스트모스에서는 돈을 챙겨
> 터무니없는 주인 행세를 하면서
> 상한 고기로 손님을 대접했다니
> 그것을 먹은 사람들은 하늘에 기도하기를
> '테미스토클레스에게서 행복을 거두소서'
> 하였다.

---

10 레토는 그리스 신화에 나오는 여인으로 제우스와의 사이에서 쌍둥이 아폴론과 아르테미스를 낳고 본처 헤라에게 박해를 받았다. '겸손'의 신으로 추앙받으며, 그를 음해한 사람들은 모두 신의 저주를 받았다.

테미스토클레스

테미스토클레스가 유죄 판결을 받아 추방되었을 때, 티모크레온이 그에게 퍼부은 비난은 더욱 터무니없고 합당하지도 않다. 그 뒤에도 그는 시를 썼는데, 이렇게 시작한다.

음악의 여신이시여,
나의 노래가 온 그리스에 퍼지게 하소서.
그것은 더없이 공의로운지라.

들리는 바에 따르면, 티모크레온은 페르시아 군대에 협력했다는 이유로 추방당했는데, 그때 테미스토클레스가 그를 유죄로 모는 쪽에 섰다고 한다. 나중에 처지가 바뀌어 테미스토클레스가 적군에게 협력했다는 죄목으로 기소되었을 때, 티모크레온은 그에 관하여 다음과 같은 시를 지었다.

그러므로
티모크레온만이 메디아인들에게 협력한 것이 아니니
저주받을 인간들이 더 있었도다.
나만 꼬리가 잘린 것이 아니라
꼬리 잘린 여우가 또 있었도다.

22

드디어 테미스토클레스의 업적을 시기하는 무리의 말에 넘어간 시민이 그를 비방하기 시작하자, 그는 민회의 연설에서 자신의 업적을 은근히 늘어놓았다. 이것이 오히려 민중을 짜증나게 만들었다. 그러자 그는 자신에게 불평을 늘어놓는 무리를 향해 이렇게 푸념했다.

"그대들은 늘 같은 사람에게 신세를 진 것이 그토록 짜증스러운가요?"

테미스토클레스는 아르테미스 신전을 지어 민중을 공격

하기 시작했다. 그 신전은 아리스토불레(Aristoboulé)라고 불렸는데, '최선의 상담자'라는 뜻이었다. 그는 신전에 이런 이름을 붙임으로써 아테네와 그리스에 최선의 상담을 해 주고 있는 인물은 바로 자기임을 귀띔해 주고 싶었다.

테미스토클레스는 멜리테에 있는 자기 집 가까운 곳에 이 신전을 세웠다. 오늘날 이곳은 공무원들이 처형된 시체를 버리거나 교수형을 집행할 때 쓴 올가미와 누더기를 가져다 버리는 곳이 되었다. 지금까지도 이 아르테미스 신전에는 테미스토클레스의 조상(彫像)이 서 있는데, 영웅적 기백과 풍모가 잘 드러나 있다.

결국 [기원전 472년에] 아테네 시민은 테미스토클레스를 패각 추방법에 따라 축출함으로써 그의 존엄과 탁월함에 상처를 주었다. 그들은 지도자가 압제적으로 권력을 행사했다거나 진정한 민주주의적 평등에 부합하지 않는다고 여겨질 때 그러한 방법을 썼다. 따로 징벌이 주어지지 않았던 패각 추방법은 민중의 질투를 달래는 방법이었다. 민중은 위대한 인물에게 흠집을 내고 그의 공민권을 박탈함으로써 그를 향한 적개심을 분출했다.

23

아테네에서 추방당한 테미스토클레스는 아르고스에 머물렀다. 이때 스파르타의 집권자였던 파우사니아스의 죽음에 얽힌 여러 정황이 아테네에 있는 그의 정적에게 전달되었고, 그것은 테미스토클레스를 공격할 구실이 되었다. 사실상 테미스토클레스가 반역죄에 연루되었다고 고발장을 제출한 사람은 알크마이온의 아들로서 아그라울레(Agraule) 출신인 레오보테스(Leobotes)였는데, 스파르타인들이 이에 동조했다.

본래 거대한 역모를 꾸미고 있던 파우사니아스는 처음에는 테미스토클레스에게 그 사실을 숨겼다. 그러다 테미스토클

　　　　　　　　　　　테미스토클레스

레스가 조국에서 추방당하여 정신적으로 몹시 괴로워하는 것을 안 파우사니아스는 용기를 냈다. 그는 자신이 페르시아 왕에게 받은 편지를 보여 주면서 천박하고 배은망덕한 그리스인들에 대한 테미스토클레스의 감정을 자극하여 그를 자신의 거대한 음모에 끌어들였다. 그러나 테미스토클레스는 파우사니아스의 유혹을 물리치고 손잡기를 거절했다.

테미스토클레스는 누구에게도 파우사니아스의 제안을 발설하지 않았고, 음모에 관한 정보를 누구에게도 제공하지 않았다. 파우사니아스가 스스로 그러한 음모를 포기하거나, 너무 비합리적이어서 언젠가는 발각되리라고 생각했기 때문이었다.

그 뒤의 사태가 보여 주는 바와 같이, 파우사니아스가 처형되었을 때 그 음모와 관련하여 테미스토클레스에게 의심이 쏠리는 편지와 문서가 몇 가지 발견되었다. 스파르타인들이 목청을 높여 테미스토클레스를 비난했고, 그를 시샘하는 시민도 함께 비난했지만, 그는 법정에 출두하지 않고 예전에 자신을 고발했던 이들의 논리를 이용하여 서면으로 자신을 변론했다.

그 글에서 테미스토클레스는 이렇게 논박했다. 자신은 시민 앞에서 남을 지배하려고만 하고 남에게 머리를 숙인다거나 지배당할 뜻이 없다는 이유로 정적들에게 기소된 바 있는데, 그런 사람이 원수나 다름없는 야만족에게 자신과 그리스를 갖다 바치려 한다는 것은 있을 수 없는 일이라는 것이었다. 그러나 민중은 그를 기소한 사람들에게 설득당했고, 그를 체포하고 압송하여 그리스의 법정에 세우라고 명령했다.

24

그러나 이미 그 소식을 들은 테미스토클레스는 자기를 은인으로 생각하는 코르키라(Korkyra)로 건너갔다. 지난날 코르키라 사람들과 코린토스 사람들 사이에 분쟁이 일어났을 때, 그는 중재자로 나서서 코린토스 사람들이 코르키라에 20탈렌트를 배상금으로 지불하고 레우카스(Leucas)를 두 나라의 공동 식민지로 다스리도록 결정한 바 있었다. 코르키라 사람들은 이를 고맙게 기억하고 있었다.

테미스토클레스는 코르키라에서 다시 에페이로스로도 피했다가 아테네인과 스파르타인의 추격을 받고 몰로시아의 왕인 아드메토스(Admetos)에게로 또다시 피신했다. 이는 비극적이고도 절망적인 선택이었다. 지난날 아드메토스왕은 아테네인들에게 무언가를 부탁했다가 그 무렵에 권력을 잡고 있던 테미스토클레스에게 무안하게 거절당한 일이 있어서, 언젠가 테미스토클레스를 잡으면 복수하리라고 공공연히 말하던 터였기 때문이었다. 그러나 절박한 운명에 빠져 있던 그는 아드메토스왕의 해묵은 원한보다는 당장 눈앞에 닥친 동족의 증오가 더 두려웠다. 그는 왕의 자비에 자신을 맡기기로 하고 서둘러 그를 찾아갔다.

이때 테미스토클레스가 아드메토스왕에게 애원한 방법이 독특하고도 비상했다. 그는 왕의 어린 아들을 팔에 안고 난로 앞에 몸을 굽혔는데, 이 방법은 몰로시아인들이 가장 신성하게 여기는 애원의 예절이어서 누구도 이를 거절할 수가 없었다고 한다.

어떤 사람의 말에 따르면, 실제로 테미스토클레스에게 그런 방법을 가르쳐 준 사람은 왕비 프티아(Phthia)였다고 한다. 왕비는 테미스토클레스가 그런 방법을 쓸 수 있도록 아들을 그의 옆에 앉혀 두었다.

또 다른 사람의 말에 따르면, 사람을 남에게 넘겨주는 일이 종교적으로 허용되지 않았던 그 시대에 아드메토스왕이 추격자에게 그를 넘겨주지 않으려고 미리 그와 함께 애원하는 예식을 연습해 두었다가 그날 그렇게 보여 주었다고 한다.

스테심브로토스의 기록에 따르면, 그런 일이 있은 뒤에

아카르나이(Acharnai) 출신의 에피크라테스(Epikrates)가 테미스토클레스의 아내와 자녀들을 아테네에서 몰래 빼내 그에게 보내 주었는데, 뒷날 이 일이 키몬에게 발각되어 처형되었다고 한다. 그런데 스테심브로토스가 이 일을 잊었는지 아니면 테미스토클레스가 잊었는지는 모르겠으나, 그의 다른 기록에 따르면 테미스토클레스는 시킬리아로 건너갔을 때 그곳의 참주인 히에로(Hiero)에게 자신을 사위로 삼아 그리스인들을 그의 백성으로 만들어 주겠다고 약속했다. 그러나 히에로가 이를 거절하자 다시 배를 타고 아시아로 떠났다고 한다.

25

그러나 이러한 이야기 가운데 히에로와 테미스토클레스의 관계는 사실이 아닌 것 같다. 테오프라스토스가 『왕권(Royalty)』에서 말하고 있는 바에 따르면, 히에로왕이 올림픽 경기에 참가하고자 말을 보내고 엄청난 비용을 들여 막사를 짓자 테미스토클레스가 그리스인들이 모인 자리에서 독재자의 막사를 찢어 버리고 그의 말이 경기에 참가하지 못하도록 해야 한다고 연설한 바 있기 때문이다.

투키디데스가 『펠로폰네소스 전쟁사』(I : 137)에서 말하고 있는 바에 따르면, 테미스토클레스는 육지를 가로지른 뒤 피드나(Pydna)에서 출항해 바다로 나갔는데, 배가 풍랑을 만나 낙소스에 닿을 때까지 아무도 그가 누구인지 몰랐다고 한다. 그런데 낙소스는 그 무렵[기원전 469년]에 아테네인들이 점령하고 있었기 때문에 테미스토클레스는 자신이 정적들에게 넘겨질지도 모른다는 생각에 겁이 났다.

그래서 테미스토클레스는 선주와 선장에게 자기가 누구인지를 밝힌 뒤 애원과 협박을 번갈아 했다. 그는 그들이 자기가 누구인지를 처음부터 잘 알았으면서도 돈을 받고 자기를 배에 태워 준 사실을 아테네인들에게 고발하겠다고 말함으로써 겨우 배를 돌려 아시아로 갈 수 있었다고 한다.

테미스토클레스의 친구들은 그의 재산을 비밀리에 빼돌린 뒤 바다 건너 그에게 보내 주었다. 테오폼포스의 말에 따르면, 그런데도 그가 아테네에 숨겨 두었다가 발각되어 몰수된 재산이 1백 탈렌트라 하고, 테오프라스토스는 80탈렌트라고 한다. 그가 공직에 들어서기 이전의 재산은 3탈렌트도 되지 않았다.

26

테미스토클레스는 키메(Kymé)에 상륙했을 때 많은 사람이 자신을 잡으려고 해안에 몰려 있는 것을 알았다. 그 가운데에는 에르고텔레스(Ergoteles)와 피토도로스(Pythodoros)가 있었다. 페르시아 왕이 공개적으로 테미스토클레스의 목에 현상금을 2백 탈렌트나 걸었기 때문에, 출처야 어떻든 돈 되는 일을 좋아하는 사람들에게는 이보다 더 수지맞는 일이 없었다.

이에 테미스토클레스는 아이올리아(Aiolia)의 작은 성채인 아이가이(Aigae)로 다시 몸을 숨겼다. 그곳에서 그를 알아본 사람은 성채 주인인 니코게네스(Nicogenes)뿐이었다. 그는 아이올리아의 갑부로서 지방 관리들과도 잘 알고 지내는 터였다. 이곳에서 테미스토클레스는 그와 함께 며칠 동안 숨어 있었다.

그러던 어느 날, 신전에 제사를 드리고 저녁을 먹는 자리에서 니코게네스의 자녀들을 가르치던 가정 교사 올비우스(Olbius)에게 신탁이 내렸다. 그는 갑자기 소리 높여 다음과 같은 구절을 읊었다.

밤이 말할 것이며,
밤이 그대에게 가르쳐 줄 것이며,
밤이 그대에게 승리를 안겨 줄 것이다.

그날 밤, 테미스토클레스는 침상에 누워 잠을 자다 꿈을 꾸었다. 뱀 한 마리가 자신의 몸을 감싸더니 목까지 기어 와 얼굴에 닿았고, 그 순간 독수리로 변신하여 날개를 펴고 그를 들고 멀리 날아갔다. 독수리가 이른 곳에는 황금으로 만든 전령의 지팡이가 있었다. 독수리는 그 지팡이 위에 안전하게 내려앉았고, 그제야 그는 절망적인 두려움과 불안에서 벗어났다.

어쨌거나 니코게네스는 테미스토클레스의 안전을 위해 다음과 같은 방법을 꾸며 그를 다른 곳으로 보내 주었다. 대부분의 이방 국가에서는, 그 가운데에서도 페르시아에서는 여성을 의심하여 야만적이고도 가혹하게 감시했다. 그들은 결혼한 아내뿐만 아니라 돈을 주고 산 노예와 첩들도 철저히 감시하면서 외부에 노출하지 않았다.

이 때문에 여인들은 완전히 집 안에 갇혀 살아야 했으며, 여행할 때에는 사방을 휘장으로 가린 천막 안에 머물렀고, 움직일 때는 장막을 두른 사륜마차를 타고 다녔다. 니코게네스는 그러한 마차를 마련해 테미스토클레스가 안전하게 여행할 수 있도록 해 주었다. 그러다가 감시병이라도 만나면 호위병들은 자기들이 지금 아름답지만 연약한 그리스 여인을 페르시아 왕의 대신에게 데려가는 중이라고 대답했다.

27

오늘날 전해지는 투키디데스의 『펠로폰네소스 전쟁사』(I : 137)와 람프사코스(Lampsakos) 출신의 카론(Charon)이 남긴 기록에 따르면, 그 무렵에 이미 크세르크세스왕은 죽었기 때문에 테미스토클레스가 만난 왕은 그의 아들인 아르타크세르크세스(Artaxerxes)였다고 한다.

그러나 그리스 사학자 에포로스(Ephoros)[11]와 디논(Dinon)

---

11   에포로스(기원전 400~330)는 소아시아의 아이올리아 출신이다. 마케도

과 클레이타르코스(Cleitarcus)와 플라톤의 제자였던 헤라클레이데스를 비롯한 몇몇 다른 역사가는 테미스토클레스가 크세르크세스를 찾아갔다고 주장한다. 비록 그 무렵의 연대기적 기록들이 완전하지는 않다고 하더라도, 내가 보기에는 투키디데스의 말이 좀 더 사실에 가까운 것으로 보인다.

어쨌거나 테미스토클레스는 온갖 어려움을 겪은 끝에 킬리아르코스(Chiliarchos) 출신의 고관인 아르타바노스(Artabanos)를 먼저 만났다. 그는 자신이 그리스 사람이며, 매우 중요하고도 왕이 특별히 관심을 둘 만한 일로 왕을 알현하고 싶다고 말했다. 그러자 아르타바노스가 이렇게 대답했다.

"나그네여, 사람들의 관습은 서로 다릅니다. 서로 다른 사람들은 서로 다른 관행을 존중합니다. 모든 사람은 자기만의 특별한 관습을 지키며 행복을 느낍니다. 내가 듣기에 그리스인들은 무엇보다도 자유와 평등을 존중한다더군요. 그러나 우리의 입장은 다릅니다. 우리가 가진 훌륭한 관습 가운데 가장 타당한 것은 만물을 지탱하는 신을 받들듯이 왕을 존경하고 그에게 충성을 표시하는 것입니다. 그러니 그대가 우리의 풍습을 인정하여 우리의 왕에게 충성을 표시한다면, 그대가 왕을 만나 말씀드릴 수 있도록 진언하겠습니다. 그러나 그대가 달리 생각한다면, 그대를 대신할 수 있는 사람을 고용하여 왕에게 말을 전달해야 할 것입니다. 왕이 자기에게 충성하지도 않는 사람의 말에 귀를 기울이는 것은 이 나라의 관습이 아니기 때문입니다."

이 말을 들은 테미스토클레스가 이렇게 대답했다.

"아르타바노스여, 나는 왕의 명성과 권능을 키우고자 이곳에 왔습니다. 나는 그대들의 관습을 지키는 것이 곧 페르시

니아의 필리포스왕의 원정에 종군 사학자로 참전한 그는 최초로 다른 나라의 역사를 포함한 『역사(*Historia*)』(29권)를 쓴 인물로 평가받는다.

테미스토클레스

아인들을 총애하시는 신을 기쁘게 하는 일임을 알고 있습니다. 그러니 그에 따를 뿐만 아니라, 지금이라도 당장 더 많은 사람이 왕에게 충성하도록 하겠습니다. 그러므로 어떤 이유로도 내가 왕에게 드리고자 하는 말을 막지 마시기 바랍니다."

이에 아르타바노스가 말했다.

"그렇다면 이렇게 찾아온 그리스 사람 그대를 누구라고 왕에게 말해야 합니까? 그대는 범상(凡常)한 사람은 아닌 것 같군요."

그러자 테미스토클레스가 이렇게 대답했다.

"왕을 알현하기에 앞서 누구에게도 말할 수 없습니다."

아리스토텔레스의 제자로서 유명한 역사학자였던 화니아스와 알렉산드리아의 저명한 지리학자였던 에라토스테네스의 『재산론(On Wealth)』에 따르면, 테미스토클레스가 왕을 알현할 수 있었던 것은 아르타바노스의 아내인 에레트리아 출신의 여인을 통해서였다고 한다. [테미스토클레스는 뒷날 그 여인과 함께 살았다.]

28

위의 이야기는 사실일 수도 있고 사실이 아닐 수도 있다. 그러나 테미스토클레스는 왕을 알현하자 절을 하고 아무 말 없이 서 있었다. 왕이 통역에게 그가 누구냐고 물어보도록 지시했다. 이에 테미스토클레스가 이렇게 말했다.

"대왕이시여, 대왕을 뵈려고 찾아온 이 사람은 그리스인들의 추격을 받는 망명객 테미스토클레스입니다. 페르시아인들은 저로 말미암아 많은 고통을 겪었으나, 그보다 더 많은 이익을 보았습니다. 그리스인이 페르시아군을 추격하지 못하도록 제가 말렸기 때문입니다. 그리스가 평온해지고 제 조국이 구원받았던 그때, 저는 비로소 대왕에게 호의를 보일 기회를 얻었던 것입니다. 이제 저는 제가 겪고 있는 재난이 어떻게 끝날지 겸허히 기다리고 있습니다. 저는 지금 자비롭게 화해를 제시하는 분의 호의를 받아들이고, 지난날의 아픔을 기억하는 분의 분노를 삭여 드릴 준비가 되어 있습니다. 대왕께서는 저의 적들을 제가 페르시아인들에게 베푼 호의의 증거로 삼으시고, 또한 지금 제가 겪는 불행을 작은 복수의 기회로 삼지 마시고 은혜를 베풀 기회로 삼아 주시기 바랍니다. 대왕께서 살리시려는 저는 대왕의 탄원자이며, 대왕께서 죽이시려는 저는 그리스의 원수입니다."

그렇게 말한 다음 테미스토클레스는 니코게네스의 집에서 본 환영(幻影)과 도도네(Dodone) 마을의 제우스에게서 받은 신탁 이야기를 왕에게 들려주었다. 신탁은 그에게 제우스 신과 이름이 같은 분을 찾아갈 것이며, 그러면 그분이 자기를 보호해 주리라고 말했다. 그러고는 제우스와 페르시아의 왕이 모두 '위대한 왕'이라는 이름으로 불리기 때문에 자기는 이곳으로 인도되어 왔노라고 말을 마쳤다.

이 말을 들은 페르시아의 왕은 테미스토클레스의 놀라운 정신력에 감탄하면서도 아무 대답도 하지 않았다. 그러나 들리는 바에 따르면, 그는 막료들과 나눈 대화에서 자기에게 큰 행운이 찾아온 것을 자축했다고 한다. 또한 그의 적들이 이토록 훌륭한 인물들을 더 많이 쫓아낼 수 있는 마음을 갖게 해 달라고 그들의 주신(主神)인 아리마니오스(Arimanios)에게 빌었다고 한다. 그 뒤에 그는 신에게 제물을 드리고 곧바로 축배를 들었다. 그날 밤 그는 잠을 자면서 너무도 기쁜 나머지 세 번이나 이렇게 외쳤다.

"나는 아테네인 테미스토클레스를 내 손에 넣었다."

29

날이 밝자 페르시아의 왕은 막료들을 불러 테미스토클레스를 만나 보도록 했다. 그러나 테미스토클레스는 자신이 궁궐 문

테미스토클레스

을 들어설 때 문지기들이 자기를 알아보고 지나치게 모욕하자 곧 있을 면담에서 좋은 결과를 기대하지 않았다. 더욱이 그가 킬리아르코스 사람 록사네스(Roxanes) 앞을 지나갈 때, 왕이 앉아 있고 다른 신하들도 조용한 가운데 오직 그 사람만이 화난 목소리로 이렇게 말했다.

"뱀처럼 교활한 그리스 놈아, 우리 대왕의 수호신께서 너를 여기까지 데려왔구나."

그러나 그가 왕을 알현하고 매우 정중하게 부복하자 왕은 친절한 목소리로 이렇게 말했다.

"그대의 목에 현상금 2백 탈렌트를 걸었는데, 그대가 스스로 찾아왔으니 나로서는 현상금으로 주어야 할 돈이 그대에게 갚아야 할 빚이 되었군요."

그리고 그는 테미스토클레스에게 더 많은 것을 약속하며 마음을 편히 가지라고 말한 다음, 그리스와 관련하여 그가 바라는 바가 있으면 솔직하게 말하라고 호의를 베풀었다.

이에 테미스토클레스가 이렇게 대답했다.

"사람의 말이란 수(繡)놓은 양탄자와 같아서 그 모습을 보려면 이를 펴 놓아야 하지만, 그것을 말아 놓으면 그 모습이 일그러지는 법입니다. 저로서는 이런저런 말을 펴 놓으려면 시간이 필요합니다."

왕은 이와 같은 비유에 마음이 끌려 시간을 주겠노라고 약속했고, 테미스토클레스는 1년이 필요하다고 말했다. 그 시간 동안에 테미스토클레스는 페르시아어를 열심히 배워 왕을 만날 때에도 통역이 필요하지 않을 정도로 능숙해졌다. 왕과 그의 문제에 별로 관심이 없는 사람들은 그들의 대화가 그리스에 관한 것이려니 생각했다. 그러나 그 무렵에 왕이 궁정과 그 측근들을 대상으로 많은 개혁을 실시하자, 관리들은 테미스토클레스가 왕과 통역 없이 자유롭게 대화할 수 있는 기회를 이용하여 자기들을 해코지할 일을 꾸민다고 여겨 그를 미워하기 시작했다.

테미스토클레스가 누리는 특권은 다른 외국인이 누리는 특권을 넘어섰다. 그는 왕의 사냥이나 소일거리에도 자리를 함께하였고, 왕후에게 접근하여 친숙한 사이가 되었으며, 사제(Magos)들의 행사에도 참가했다.

언젠가는 스파르타 출신의 데마라토스가 받고 싶은 선물을 왕에게 요청해 보라는 말을 듣고 이렇게 대답했다. 자기도 페르시아의 왕들처럼 왕관을 쓰고 사르디스의 거리를 당당하게 걷고 싶다는 것이었다. 그 말을 들은 왕의 사촌 미트로파우스테스(Mithropaustes)는 데마라토스가 쓴 관을 어루만지며 이렇게 말했다.

"당신은 골[腦]이 비어 이 관으로 덮어 줄 것이 없군요. 그대가 천둥을 불러온다 한들 어찌 제우스가 되겠는가?"

왕도 데마라토스의 요구에 분노하여 그를 엄벌에 처하려 했으나, 테미스토클레스가 왕에게 간청하여 용서받을 수 있었다. 들리는 바에 따르면, 그 뒤의 왕들이 다스리는 동안 페르시아와 그리스가 더 친밀해지자 페르시아의 왕들은 그리스에 사절을 보내 왕실의 자문관을 요청하며, 그리스가 그런 사람을 보내 준다면 궁정에서 테미스토클레스보다 더 영향력 있는 자리를 보장하겠다고 약속했다고 한다.

그리고 투키디데스의 『펠로폰네소스 전쟁사』(I : 138)에 따르면, 더욱 위대하고 존경받는 사람이 되어 화려한 탁상 앞에 앉은 테미스토클레스는 자녀들에게 이렇게 말했다고 한다.

"얘들아, 우리가 지난날에 쓰러져 보지 않았더라면, 지금의 이 자리도 없었을 것이다."

모든 역사가의 기록에 따르면, 페르시아 왕은 마그네시아(Magnesia)와 람프사코스와 미우스(Myous)라는 세 도시를 테미스토클레스에게 식읍(食邑)으로 내렸다. 또한 화니아스와 키지코스(Kyzikos) 사람 네안테스의 기록에 따르면, 그 밖

테미스토클레스

에도 왕은 그의 침구와 의복을 대 주는 봉지(封地)로 페리코테
(Perikoté)와 팔라이스켑시스(Palaiskepsis)라는 두 도시를 더 하
사했다고 한다.

30

언젠가 테미스토클레스가 그리스와 관련된 문제를 처리하는
임무를 띠고 해안 지대로 내려가고 있을 때, 북(北)프리기아의
태수 에픽시에스(Epixies)가 그를 죽이려는 음모를 꾸몄다. 그
는 테미스토클레스가 사자 머리라는 곳에 도착하면 피시디아
(Pisidia) 사람들을 시켜 그의 숙소를 습격할 생각이었다. 들리
는 바에 따르면, 그날 밤 테미스토클레스가 잠을 자는데 지모
신(地母神)인 키벨레(Cybele)가 꿈에 나타나 이렇게 말했다고
한다.

"테미스토클레스여, 사자를 만나지 않으려면 사자 머리
를 비켜 가거라. 내가 이를 알려 준 대가로 너는 네 딸 므네시
프톨레마(Mnesiptolema)를 내 사제로 삼아라."

더 말할 나위도 없이 몹시 놀란 테미스토클레스는 이를 알
려 준 신에게 감사를 드린 뒤 큰길을 버리고 다른 길로 접어들
어 사자 머리를 돌아갔다. 드디어 밤이 되자 그는 야영을 차렸
다. 그때 테미스토클레스의 천막을 실어 나르던 짐승들이 물
에 빠졌고, 그의 하인들은 젖은 천막들을 걸어 말리고 있었다.

그 순간에 피시디아인들이 칼을 뽑아 들고 다가왔다. 달
빛만으로는 천막을 말리고 있다는 사실을 알 수 없었던 그들
은 테미스토클레스가 있는 천막이려니 생각하여, 그 안에 들
어가면 그를 죽일 수 있으리라고 생각했다. 그러나 그들은 가
까이 다가가 걸린 천막을 걷어 올리다가 경호원에게 들켜 붙
잡혔다. 그렇게 하여 위기를 모면한 테미스토클레스는 지모신
의 현몽에 감사하며 그를 기리는 신전을 마그네시아에 짓고
자신의 딸을 여신의 사제로 삼았다.

31

사르디스로 돌아온 테미스토클레스는 시간 여유가 생길 때면 그곳의 신전과 수많은 제물을 살펴보았는데, 그러다 지모신의 신전에서 '물 긷는 여인'이라는 동상을 보았다. 높이가 2큐빗인 이 동상은 그가 아테네의 급수 담당자로 일할 때 수돗물을 훔친 무리에게 받아 낸 벌금으로 만든 것이었다. 제물이 노획물로 전락한 데 대한 분노 때문이었는지, 아니면 그가 왕에게 봉사하면서 누리던 명예와 권력을 아테네 시민에게 보여 주고 싶었기 때문이었는지는 알 수 없으나, 그는 리디아 태수에게 그 동상을 아테네인들에게 돌려주라고 부탁했다.

이에 분노한 리디아 태수는 이 사실을 왕에게 보고하겠노라고 테미스토클레스를 협박했다. 두려움을 느낀 테미스토클레스는 태수의 후궁을 찾아가 그 가운데 한 궁녀를 돈으로 매수하여 태수의 분노를 달래는 데 성공했다. 그런 일을 겪은 뒤로 그는 페르시아인의 질투를 살까 두려워하며 더욱 신중하게 처신했다.

테오폼포스의 말에 따르면, 테미스토클레스는 아시아를 두루 여행하지 않고 마그네시아에 살면서 많은 선물을 모으고 페르시아의 귀족들처럼 존경을 받으며 아무 간섭도 받지 않고 오래 살았다. 페르시아 왕은 국내 상황에 시달리느라 그리스 문제에 신경 쓸 겨를이 없었다.

그러나 [기원전 459년에] 이집트인들이 아테네의 도움을 받아 반란을 일으키고, 삼단 노를 가진 그리스의 함선이 키프로스와 킬리키아(Kilikya)까지 쳐들어오면서 키몬의 해상권이 강성해지자 페르시아 왕은 그리스인들에게 관심을 기울이며 그들의 적대적 성장을 막지 않을 수 없게 되었다. 그리하여 드디어 군대가 동원되고 장군들이 소집되자 페르시아 왕은 테미스토클레스가 그리스 문제에 관하여 약속했던 바를 지킬 것을 요구하는 편지를 그에게 보냈다.

테미스토클레스

그러나 테미스토클레스는 자기의 조국을 쳐들어가야 한다는 사실에 비통함을 느끼지도 않았고, 그가 치러야 할 전쟁에서 얻게 될 영광과 권력을 떠올리며 들뜨지도 않았다. 그가 생각하기에 그 무렵의 그리스에는 많은 맹장(猛將)이 있었는데, 특히 키몬이 탁월하게 전투를 이끌고 있었다.

테미스토클레스를 가장 괴롭힌 것은 이 전쟁으로 그가 지금껏 이룩한 업적을 통해 쌓은 명성과 지난날의 전공이 상처를 입을 수도 있다는 점이었다. 이제 자신의 생애를 마치는 것이 가장 훌륭한 길이라고 판단한 그는 신전에 제사를 드리고 친구들을 불러 작별의 포옹을 나누었다. 오늘날 들려오는 바에 따르면, 그는 이때 소의 피를 마셨다고도 하고, 어떤 사람들은 쉽게 몸에 퍼지는 독을 마셨다고도 한다.

테미스토클레스는 그렇게 예순여섯 살의 나이로 마그네시아에서 죽었다. 투키디데스가 쓴 『펠로폰네소스 전쟁사』(I : 138)에 따르면, 그는 대부분의 삶을 정치 지도자로 보냈다. 그가 죽음에 이르기까지의 과정과 방법에 관한 이야기를 들은 페르시아 왕은 더욱 그를 칭송하면서 그의 막료와 가족들을 계속 돌봐 주었다고 한다.

32

테미스토클레스는, 알로페케(Alopeke) 출신인 리산드로스의 딸 아르키페(Archippé)와의 사이에서 아르케프톨리스(Archeptolis), 폴리에욱토스(Polyeuktos), 클레오판토스(Cleophantos)라는 세 아들을 두었다. 철학자 플라톤의 글(「메노」, §93)에 따르면, 막내아들은 훌륭한 기수였지만 아무짝에도 쓸모없는 사람이었다고 한다. 이 세 아들에 앞서 두 아들이 더 있었는데, 큰아들 네오클레스(Neocles)는 어렸을 적에 말에 물려 죽었고, 둘째 아들 데모폴리스(Demopolis)는 외할아버지인 리산드로스에게 입양되었다.

또한 테미스토클레스는 여러 명의 딸을 두었는데, 두 번째 아내와의 사이에서 태어난 첫딸 므네시프톨레마는 배다른 오빠인 아르케프톨리스와 결혼했고, 둘째 딸 이탈리아(Italia)는 키오스 출신의 판토이데스(Phanthoides)와 결혼했고, 셋째 딸 시바리스(Sybaris)는 아테네 출신의 니코메데스(Nikomedes)와 결혼했다.

테미스토클레스의 아들들은 여동생 니코마케(Nicomaché)를 사촌인 프라시클레스(Phrasicles)에게 시집보냈다. 프라시클레스는 [장인이자] 삼촌이 죽은 뒤에 마그네시아로 건너가 니코마케와 결혼한 다음, 형제들 가운데 가장 어린 동생인 아시아(Asia)를 맡아 길렀다.

마그네시아의 광장에는 테미스토클레스의 찬란한 무덤이 있다. 아테네의 웅변가인 안도키데스(Andokides)는 「친구에게 보내는 편지」에서 아테네인들이 테미스토클레스의 유골을 훔쳐 가 바다에 뿌렸다고 하는데, 이는 믿을 바가 못 된다. 왜냐하면 그 주장은 과두 정치의 지지자들이 아테네 민중을 미워하도록 선동하려고 꾸민 거짓말이기 때문이다.

그리스 역사가인 휠라르코스(Phylarchos)의 글을 보면 테미스토클레스의 일화가 마치 비극이라도 되는 것처럼 그의 아들인 네오클레스와 데모폴리스를 등장시켜 극적인 요소들을 내세우고 있지만, 이는 대중적인 감정을 불러일으키고자 한 것이므로 독자들은 그것이 꾸며 낸 것임을 알아야 한다. 지지학자(地誌學者)인 디오도로스는 『무덤』에서 이렇게 쓰고 있다.

피라이우스 항구에서 가까운 알키모스(Alkimos)
맞은편에는 포구에서 마치 팔꿈치처럼 뻗어 나온
곳이 있는데, 그 곳을 돌아 안으로 들어가면 바다가
잔잔해진다. 그 뭍에는 아주 멋지게 생긴 터가
있고, 그 위에 제단처럼 생긴 것이 있는데, 그것이

테미스토클레스의 무덤이다.

그러나 이는 추측일 뿐이다. 디오도로스는 희극 시인 플라톤
(Platon)이 쓴 다음의 시가 자신의 견해를 뒷받침하고 있다고
생각한다.

　　그대의 무덤이 아름답게 솟아 있으니
　　상인들은 그대에게 환호할 것이라.
　　그대는 들고나는 저들과 함께
　　다투어 나아가는 배들을 바라보라.

테미스토클레스의 자손들은 나의 세대에 이르기까지 마그네
시아에서 존엄한 삶을 즐겼다. 철학자 암모니우스가 세운 학
교에 다니던 나의 가까운 친구로 아테네에 사는 테미스토클레
스라는 사람이 있었는데, 그도 그런 혜택을 받았다.

카밀루스
CAMILLUS

?~기원전 365

로마인들은 무쇠로써 조국을 지킬 뿐
황금으로써 지키지 않는 것이 전통이다.
— 카밀루스

위대한 장군은
타고난 용맹에 의지하여 싸울 뿐
비열한 인간의 힘에 의존하여 싸우지 않는다.
— 카밀루스

갈리아족이 이탈리아를 침략한 것은
그곳의 훌륭한 포도주 때문이었다.
— 플루타르코스

1

푸리우스 카밀루스(Furius Camillus)에 관한 이야기를 하다 보면 독특하고도 이상한 사실을 만나게 된다. 그것은 바로 그가 여러 차례 군대를 지휘하여 전쟁에 이겼고, 다섯 차례 독재관(Dictator)[1]에 선출되었고, 네 차례 개선식을 올렸고, 로물루스에 이어 로마의 두 번째 건국의 아버지라는 칭호를 들으면서도 집정관을 한 차례도 지내지 않았다는 사실이다. 이와 같은 현상은 그가 살던 시대의 정치적 환경에 말미암은 것이었다.

원로원과 의견이 달랐던 민중은 집정관 임명을 둘러싸고 늘 다툼을 벌였기 때문에 집정관을 뽑는 대신에 군무 위원(Tribunus Militum)[2]을 뽑았다. 군무 위원은 비록 권위와 세력에

---

[1] 독재관은 오늘날의 독재자와는 조금 다른 의미로서, 국가가 위기에 빠졌을 때 잠정적으로 선출하여 절대권을 주는 직책이었다. 독재관을 임명할 수 있는 집정관이 궐석일 때는 시민이 독재관을 선출할 수 있다. 이럴 경우에 그는 사실상 '독재관 서리(Pro-dictator)'에 해당한다.

[2] 군무 위원(Tribune of the Soldiers)은 각 군단에 배속되어 있던 지휘관

서 집정관과 맞먹었다고는 하지만, 수가 많았기 때문에 권력을 휘두르면서도 집정관처럼 그렇게 시샘의 대상이 되지는 않았다. 군무 위원은 여섯 명이고 집정관은 두 명뿐이어서, 과두정치에 진저리를 치던 민중은 수가 많은 호민관을 더 편하게 생각했다.

카밀루스의 업적과 명성이 최고조에 이르렀던 때가 바로 그 무렵이었다. 그가 독재관으로 재직하던 시기에 민중은 여러 차례 집정관 선거를 치렀지만, 그는 민중이 탐탁하게 여기지 않는 집정관에 오르고 싶지 않았다. 그는 여러 차례 공직을 지내면서 자신에게 전권이 주어져도 다른 사람들과 함께 권력을 나누어 행사했다.

카밀루스는 권력을 나누어 행사하면서도 그에 따른 영광은 혼자서 누렸다. 그는 절제함으로써 남들의 질투로부터 자기의 권력을 지킬 수 있었고, 그러면서도 뛰어난 능력 덕분에 논란의 여지 없이 가장 높은 권좌에 오를 수 있었다.

2

푸리우스 가문이 그리 유명하지 않았을 때, 카밀루스는 자신의 능력으로 가문을 일으킨 첫 인물이었다. 그는 독재관 포스투미우스 투베르투스 장군 휘하에서 아이퀴(Aequi) 사람들과 볼스키(Volsci) 사람들을 무찌름으로써 명성을 얻었다. 그는 말을 타고 병사들에 앞서 달려 나가다 허벅지에 창이 꽂혔으나 상처에서 창을 뽑아 버리고 용맹스러운 적군과 전투를 벌여 그들을 패주시켰다. 그때 세운 전공 덕분에 그에게는 여러 영예가 주어졌는데, 감찰관에 임명된 것도 그 가운데 하나였다.

으로서, 선거로 뽑았다. 영어권에서는 Tribune이라는 명칭 때문에 흔히 군대 측 호민관으로 부르지만, 시민이 뽑는 민중 호민관(*Tribuni Plebis*, Tribune of the Plebs)과는 성격과 권한에서 매우 달랐다.

그 무렵 감찰관은 대단히 위엄 있는 직책이었다.

카밀루스가 감찰관으로 재직하면서 남긴 업적에 관한 기록이 있다. 그 가운데 하나는 그가 미혼 남성들을 데려다가 한편으로는 설득하고 한편으로는 벌금으로 위협하여 전쟁으로 남편을 잃은 여인들과 결혼하게 만든 일이다.

그와 비슷한 또 다른 업적으로, 그는 그때껏 국가를 위해 아무 공헌도 하지 않은 고아들에게도 세금을 물렸다. 끝없이 이어지는 전쟁을 뒷받침할 군자금을 마련하고자 취한 조처였다. 그 가운데 재정적으로 가장 많은 부담을 준 전쟁은 베이이를 포위해 정복한 일이었다. 어떤 사람은 베이이족을 베이엔타니(Veientani)족이라고 부른다.

베이이는 토스카나를 지켜 주는 보호벽으로서 무기의 우수함이나 군대의 수로 보더라도 로마에 뒤떨어지지 않았다. 주민들은 부유하고 화려하며 고결한 삶을 살았으며, 명예와 권력을 차지하고자 로마와 여러 차례 전쟁을 치르면서 우아하게 경쟁해 왔다. 그러나 이 무렵에 그들은 큰 전쟁에서 패배하며 지난날의 허세에 찬 야망을 버리고 있었다. 그러면서도 그들은 성을 높고 튼튼히 쌓았으며, 창검과 활과 곡식과 그 밖의 모든 군수 물자를 철저히 갖춘 덕분에 오랫동안 이어지는 포위 공격을 확고하게 견디고 있었다.

포위하는 사람들도 힘들고 어려웠다. 로마 병사들은 여름철에 치르는 단기전에 익숙했고, 겨울이면 집으로 돌아갔다가 다시 싸우는 전통이 있었다. 그러나 이번처럼 집정관이 나서서 요새를 짓고 참호를 파면서 여름과 겨울을 따지지 않고 7년 가까이 적국에서 전쟁을 치르기는 처음이었다. 이런 탓으로 장군들은 비난을 받다가 지휘권을 잃었다. 본국에서는 장군들이 전쟁을 치열하게 치르지 않는다고 생각했기 때문이었다. 그렇게 전쟁을 치르는 과정에서 지휘관들이 바뀌었는데, 그 가운데 하나가 카밀루스였다.

카밀루스

카밀루스는 그 무렵에 두 번째로 군무 위원에 뽑혀 있었다. 그러나 그때까지 그는 베이이족과 벌이던 전투에 직접 참여하지 않았다. 그는 활레리이(Falerii)와 카페나(Capena) 사람들과 벌이던 전투를 맡고 있었기 때문이었다. 이 부족들은 로마의 지배를 받으면서도 로마 영토를 침략하여 괴롭히고 있었는데, 로마가 토스카나와 전쟁을 치르는 동안에는 더욱 심하게 괴롭히고 있었다. 카밀루스는 이들과 전투를 벌여 대승을 거두며, 그들의 요새를 부수고 많은 사람을 죽였다.

3

그 무렵 전쟁이 막바지에 이르렀을 때, 알바누스(Albanus) 호수에 괴상한 일이 일어나 로마인을 불안에 떨게 했다. 그것은 믿을 수 없을 만큼 신령한 일이어서 사람들에게 낯설뿐더러 자연 현상으로 설명할 수도 없었다. 때는 막 초가을이었는데, 누가 봐도 여름이 지나면서 비가 많이 오지도 않았고 성가신 남풍도 불지 않았었다. 그런데 이탈리아에 있는 그 많은 호수와 강과 온갖 냇물 가운데 어느 곳은 완전히 물이 말라 버리고, 어느 곳은 겨우 물기가 있을 정도였다. 높은 계곡으로 둘러싸인 강들도 수위가 낮아져 마치 여름철 같았다.

그런데 스스로 물이 샘솟았다가 빠져나가는 알바누스 호수에 이상한 일이 생겼다. 그 호수는 습기가 많은 산으로 둘러싸여 있었는데, 언제부터인가 그곳의 물이 불어나 산자락까지 올라가더니 끝내 산등성이까지 차올랐던 것이다. 하늘이 저지르는 일이 아니고서는 도무지 그 이유를 설명할 수 없었다.

처음에는 그 부근에 사는 목동들 사이에서 신의 재앙이라는 말이 오고 갔다. 그렇게 불어난 물은 하류에 있는 도시들의 침수를 막아 주던 둑을 허물고, 거대한 급류를 이루면서 평야를 지나 포도밭을 덮친 다음 바다로 나아갔다. 그 모습을 보고 놀란 로마인들은 말할 나위도 없고, 이탈리아 지방의 모든 주민이 이러한 현상을 커다란 재앙의 전조라고 생각했다. 이 이야기는 포위전을 치르던 병사들 사이에도 화제가 되었고, 성 안에 갇혀 있는 베이이 사람들도 재난이 다가오고 있다는 소문을 들었다.

4

오랫동안 포위전을 펼치면서 적군과 만나는 일이 자주 발생하다 보니, 로마 병사 하나가 어느 베이이족과 믿을 만한 친구가 되었다. 그는 고대의 신탁에 밝은 사람으로, 다른 어느 사제들보다도 지혜로웠다. 그 베이이의 현자(賢者)는 로마 병사에게 알바누스 호수 이야기를 듣더니 매우 즐거워하며 로마인들이 자기들을 포위하고 있는 것을 조롱했다. 이에 로마 병사가 그에게 이렇게 말했다.

"지난 며칠 사이에 있었던 일뿐만 아니라, 로마인들이 들은 이상한 이야기들이 많은데, 그 이야기들을 그대에게 말해 줄 터이니 가능하다면 지금 로마인들이 모두 겪고 있는 걱정 가운데 내가 어찌하면 좋을지 말해 주시오."

이에 베이이의 현자는 로마에 퍼지고 있는 일이 무엇인지 알고 싶어 다시 만나기로 약속했다. 그는 내심으로 로마의 깊은 비밀을 알게 될 것이라 기대하고 있었다. 다른 병사는 현자에게 말을 시키면서 조금씩 유인하여 성문 가까이 이르게 한 뒤, 건장한 사람들이 달려들어 그를 붙잡게 했다. 이때 다른 병사가 막사에서 뛰어나와 그를 붙잡는 데 도움을 주었다. 로마 병사들은 그를 꼼짝 못 하게 잡아 장군 앞으로 끌고 갔다. 잡혀 온 그는 자신이 피할 수 없는 운명임을 알고 자기 나라에서 들은 비밀스러운 신탁을 털어놓았다.

현자의 말에 따르면, 알바누스 호수의 물이 바닥부터 불어나 새로운 지류를 이루었을 때 로마 병사들이 그 물길의 흐름을 바꾸어 바다로 나가지 못하게 막지 않는 한, 자신들의 성

카밀루스

은 함락되지 않는다는 것이었다. 이 소식을 들은 로마 원로원은 어찌할 바를 모르다가 델포이에 사절을 보내 아폴론에게 신탁을 듣는 것이 좋겠다고 생각했다. 사절은 코수스 리키니우스(Cossus Licinius), 발레리우스 포티투스(Valerius Potitus), 화비우스 암부스투스였는데, 이들은 그 시절에 가장 덕망 높은 인물들이었다. 그들은 신탁을 받고 돌아왔다.

그 가운데 한 사람이 원로원에 말한 바에 따르면, 지난날 이른바 라틴 축제(*Feriae Latinae*) 때 조상에게 바치는 제사를 매우 소홀히 치른 적이 있다는 것이었다. 또 다른 사람의 말에 따르면, 무슨 수를 써서라도 알바누스 호수의 물이 바다로 들어가지 못하도록 막아 옛날의 물줄기대로 흐르게 하되, 만약 그렇게 할 수 없다면 수로와 해자(垓字)를 파 물줄기를 평야 쪽으로 돌리라는 것이었다. 이와 같은 신탁에 따라 사제들은 지난번에 소홀했던 제물을 다시 바치고, 시민은 들판으로 나가 물길을 바꾸었다.

5

전쟁이 일어난 지 10년째가 되던 해[기원전 396년], 원로원은 장군들을 모두 불러들이고 카밀루스를 독재관으로 임명했다. 그는 코르넬리우스 스키피오(Cornelius Scipio)를 기병대장으로 삼고 먼저 신전을 찾아가, 이번 전쟁에 이길 수 있도록 도와주신다면 신들에게 영광을 바치는 거대한 경기를 열 것이며, 로마인들이 마테르 마투타(Mater Matuta)라고 부르는 여신에게 신전을 지어 바치겠노라고 약속했다.

그 여신에게 바치는 의식으로 미루어 볼 때, 마테르 마투타는 그리스의 해신(海神) 레우코테아(Leukothea)를 의미하는 듯하다. 여인들이 여종을 신전으로 데리고 와 회초리로 때린 다음 다시 신전 밖으로 쫓아냈는데, 이 여인들은 자기 자식들보다는 남녀 조카들을 품에 안고 있었다. 그 모습이 디오니소스의 보모가 아기를 보살피는 모습을 닮았다. 아니면 남편이 첩을 얻어 마음고생하는 이노(Ino)의 모습일 수도 있다.

이와 같이 맹세한 다음, 카밀루스는 활리스코이(Faliskoi)의 땅을 침략하여 치열한 전투 끝에 그들을 정복하고, 그들을 도우러 온 카페나의 병사들도 함께 무찔렀다. 그런 다음 그는 베이이족을 정벌하는 일에 눈길을 돌렸다. 이 도시를 곧바로 공격하는 것이 매우 위험하고 어렵다고 판단한 그는 땅굴을 파고 들어가 공격하기로 작정했다. 지형이 그와 같은 공격에 유리했고, 적군의 눈에 띄지 않고서도 작업을 할 수 있었다.

바라던 바대로 공격이 이루어질 희망이 보이자, 카밀루스는 성 밖에서부터 도시를 공격함으로써 적군이 성벽 쪽으로 모이도록 유인했다. 그사이에 다른 부대는 땅굴을 파고 들어가 남의 눈에 띄지 않고 성루 밑에 이르렀다. 그곳에는 도시에서 가장 크고 가장 장엄한 제사를 드리는 유노 신의 신전이 있었다.

들리는 바에 따르면, 로마 병사들의 땅굴이 신전 밑에 이르렀을 때 토스카나의 사령관이 제물을 바치고 있었는데, 주술사가 제물의 내장을 바라보더니 누구든지 제사를 끝마치는 사람이 승리를 얻을 것이라고 소리쳤다. 땅 밑에서 이 말을 들은 로마의 병사들이 재빨리 땅바닥을 뚫고 튀어나와 소리치면서 무기를 휘두르니 적군이 놀라 도망쳤다. 그리고 한 병사가 제물의 내장을 빼앗아 카밀루스에게 바쳤다.

그러나 이 이야기는 아마도 꾸며 낸 것으로 보인다. 어쨌거나 로마 병사들은 폭풍처럼 성안으로 몰려들어 많은 재물을 약탈했다. 성안에서 벌어지고 있는 일들을 성루에서 바라보던 카밀루스는 처음에는 가만히 서서 눈물만 흘렸다. 곁에 있던 무리가 승리를 축하하자 그는 손을 하늘로 들어 올리더니 신에게 이렇게 기도했다.

"위대한 유피테르와 인간의 선악을 보고 판단하는 모든

신이시여, 당신들께서는 이 정복 전쟁이 불의한 짓임을 아시오리다. 그러나 적개심과 불법으로 가득 찬 이 도시를 불법적으로 정복한 것은 어쩔 수 없는 일이었으며 스스로를 지키려 함이었습니다. 그러나 만약 이번의 불의한 승리를 응징하고자 하신다면, 바라옵건대 로마의 도시와 병사를 꾸짖지 마시고 저에게 그 벌을 내려 주소서. 그러나 그 벌이 너무 무겁지 않게 하소서."

이러한 기도와 함께, 기도와 찬양의 의식이 끝나자 카밀루스는 로마의 풍습에 따라 오른쪽으로 몸을 돌리다가 발이 꼬여 넘어졌다. 곁에 있던 사람들이 놀라자 그는 몸을 추스르며 이렇게 말했다.

"나의 기도가 이루어졌도다. 그토록 큰 행운의 대가로 이토록 작은 징벌을 주시다니......."

6

베이이족의 도시를 철저히 유린하고 약탈한 다음, 카밀루스는 자신의 앞선 맹세에 따라 유노의 신상을 로마로 옮기기로 결심했다. 인부들이 모이자 카밀루스는 여신에게 제물을 드리면서 여신께서 그들의 정성스러운 제사를 받아 주시고, 그리고 로마에 간 뒤에도 다른 토착 신과 더불어 사시기를 바란다고 기도했다. 들리는 바에 따르면, 그때 신상이 낮은 목소리로, 자신도 이미 그럴 준비가 되어 있으며 기꺼이 그러겠노라고 대답했다고 한다.

그러나 리비우스의 『로마사』(V : 22)에 따르면, 카밀루스가 여신상에 손을 얹으며 기도하고 간청한 것은 사실이지만, 그럴 준비가 되어 있다거나 기꺼이 그러겠다거나 또는 진실로 그와 함께 로마로 가고 싶다고 말한 이는 여신이 아니라 곁에 있던 사람이었다고 한다.

그처럼 놀랍고도 이상한 일이 실제로 있었다면서 이를 옹호하는 사람들은 그 도시가 겪은 행운이야말로 자신들의 주장을 가장 잘 입증하고 있다고 말한다. 만약 신이 그들과 더불어 살지 않았고, 때때로 위대한 모습을 드러내 보이지 않았더라면, 처음에는 그토록 작고 미약했던 도시가 그와 같은 절정의 영광과 권세를 누리지는 못했을 것이라고 그들은 말한다. 그들은 신상이 땀을 흘렸다느니, 신음을 분명히 들었다느니, 얼굴을 돌렸다느니, 눈을 감았다느니 하는 비슷한 이야기들을 내세우는데, 그런 기록을 남긴 역사학자가 적지 않다.

오늘날에도 우리는 이런저런 사람들에게서 놀라운 이야기를 많이 듣는데, 이런 일들은 쉽게 흘려버릴 것은 아니다. 그와 같은 기이한 일들을 너무 믿거나 너무 믿지 않는 것은 둘 다 위험하다. 인간의 본성은 너무도 나약하여 한계를 지키지도 못하고 자신을 통제하지도 못하며 오히려 헛된 미신에 사로잡히거나 신을 업신여기기 때문이다. 조심하면서도 지나치지 않는 것이 가장 훌륭한 삶이다.

7

로마에 저항하면서 10년이나 견뎌 온 국가를 정복한 일이 너무 위대해서였는지, 아니면 쏟아진 축하에 마음이 들뜬 탓이었는지, 카밀루스는 교만에 빠져 자신이 법을 지키는 보통의 관리 이상이라고 여겨 장엄하게 개선식을 치렀다. 그는 실제로 백마 네 마리가 끄는 전차를 타고 로마 시내를 행진했는데, 그렇게 한 장군은 그에 앞서서도 없었고, 그 뒤로도 없었다. 왕이나 신의 아버지가 되어야 그러한 전차를 탈 수 있다고 시민은 생각했다. 그가 사치에 익숙하지 않은 시민을 분노하게 만든 것은 이것이 처음이었다.

두 번째로, 카밀루스는 로마를 둘로 나누는 법에 반대하여 시민의 분노를 샀다. 그 무렵에 호민관은 시민과 원로원을 둘로 나누어 한쪽은 로마에 그대로 눌러살고 제비를 뽑은 사람들은 그들이 정복한 도시로 이주한다는 법을 발의해 놓고 있었다. 그렇게 함으로써 삶이 더 넉넉해질 뿐만 아니라, 영토를 보존하기도 쉽고 모두가 풍요로워진다는 것이 그 법의 취지였다. 그러므로 인구도 늘어나고 점점 가난해지던 시민은 이 법안을 기쁘게 환영하며, 연단에 무리를 지어 소란을 피우면서 그 법안을 통과시키라고 요구했다.

그러자 원로원과 반대파의 유력 인사들은 호민관이 제안한 법이 로마를 분열시킬 뿐만 아니라 파멸에 빠지게 할 것으로 생각하고, 그 법을 저지하고자 카밀루스를 찾아가 도움을 요청했다. 그러나 다툼이 두려웠던 그는 어떻게든 시민의 마음을 다른 곳으로 돌림으로써 법안의 통과를 뒤로 늦추었다. 이 때문에 민중은 그에게 분노하고 있었다.

그러나 시민이 카밀루스를 미워한 가장 강력하고도 분명한 이유는 베이이에서 얻은 전리품의 10분의 1을 신전에 바치기로 한 약속을 그가 지키지 않은 것이었다. 이 불만은 아주 정당하다고까지는 말할 수 없지만 나름의 이유가 있었다. 그는 베이이를 침공하면서, 만약 자신이 그 도시를 정복하면 전리품의 10분의 1을 델포이의 신전에 바치기로 약속했던 듯하다.

그러나 도시를 정복한 카밀루스는 전리품을 모두 병사들에게 나누어 주었다. 아마도 그는 병사들의 불만이 두려워 신전에 바치기로 했던 약속을 지키지 않았거나, 일에 바빠 약속을 잊은 것으로 보인다. 그는 시간이 흘러 원정 사령관에서 물러났을 때 이 문제를 원로원에 보고했는데, 제물의 징조를 살펴본 예언자는 이 문제로 신이 몹시 화가 나 있으므로 이에 합당한 제물을 바쳐 신을 달래야 한다고 말했다.

8

이에 원로원에서는 전리품을 다시 거두어들이기도 어려우니 전리품을 받은 병사가 각자 양심에 따라 10분의 1을 국고에 바치도록 결의했다. 이 조치는 병사들에게 엄청나게 성가시고 부담되는 일이었다. 그들은 가난하여 하루하루를 어렵게 살아가는 사람들이었는데, 다 써 버린 전리품의 많은 몫을 이제 와서 물어내게 된 것이다.

병사들의 거친 불만을 듣는 것도 괴로웠지만, 그렇다고 마땅히 변명할 말도 없던 카밀루스는 그 약속을 잠시 잊었노라고 참으로 어이없는 답변을 내놓았다. 10분의 1을 바치기로 한 것은 전리품이었는데, 이제 와서는 시민의 재산에서 10분의 1을 내놓게 된 셈이었다. 병사들은 화가 치밀었다.

어떤 식으로든 모든 병사가 필요한 몫을 가져오자 원로원은 그 돈으로 금을 사서 그릇을 만들어 델포이의 신전에 바치기로 결의했다. 그런데 로마에서는 돈을 주고도 금을 구할 수가 없었다. 그렇게 되자 관리들은 어디에서 금을 마련해야 할지 막막했다. 그때 여인들이 스스로 자신의 금붙이를 제물로 바치기로 했는데, 그 총액이 8탈렌트에 이르렀다. 이에 원로원은 여인이 죽었을 때도 남자들처럼 추도사를 바치도록 결의함으로써 그들의 우국심에 합당하게 보답했다. 여인이 죽어도 추도사를 바치지 않는 것이 그 이전의 관습이었다.

그런 다음, 원로원은 가장 고결한 인물 셋을 사절로 뽑아 훌륭한 사공과 함께 호화롭게 장식한 배에 태워 델포이의 신전으로 보냈다. 뱃길은 폭풍을 만나도 위험하지만 잔잔해도 문제라고 하는데, 이번의 항해가 그런 꼴이었다. 사절단과 선원들은 전혀 예상하지도 못했던 위험에 빠졌고, 겨우 목숨을 건졌다.

사절단이 아이올리아이(Aeoliae) 군도 앞바다에 다다랐을 때는 바람 한 점 없는 날씨였다. 그런데 리파라(Lipara) 사람들이 운항하는 노예선 몇 척이 다가오더니 사절단을 해적으로 취급했다. 그들은 사절들의 기도에 가까운 간청을 받아들여 침몰시키지는 않았지만, 사절들을 끌고 뭍에 오르더니 해적

카밀루스

취급을 하면서 모든 물품과 사람을 공매(公賣)하겠노라고 선언했다.

그렇게 온갖 고초를 겪은 뒤에 티마시테오스(Timasitheos) 장군의 용감한 중재를 거쳐 리파라인들은 사절단을 풀어 주었다. 장군은 애원하는 사절들의 요청을 받아들여 그들의 배를 띄워 호위해 줌으로써 무사히 제물을 바치도록 도와주었다. 로마는 그에게 합당한 영예를 주었다.

9

민중 쪽 호민관들은 로마 분할에 관한 법안의 통과를 다시 요구했다. 그러나 활리스키(Falisci) 사람들과 전쟁이 일어나자 정치인들은 이를 기회 삼아 그들이 원하던 바대로 민회를 구성하여 군무 위원 다섯 명을 뽑았는데, 카밀루스도 그 가운데 한 사람이었다. 이번 전쟁에는 오로지 경험에 따른 명성과 권위를 갖춘 지도자를 뽑아야 한다고 시민은 생각했다. 민회가 선거 결과를 승인하자, 카밀루스는 원정군 사령관이 되어 활리스키족의 영토를 쳐들어가 활레리이를 점령했다.

이 도시는 성곽이 견고하고 군수품이 넉넉했다. 그는 이번 전쟁이 쉽지 않을뿐더러 짧은 시간 안에 끝낼 수도 없으리라고 생각했다. 시민이 내정보다는 다른 문제에 생각이 쏠려 바쁘게 살다 보면 선동하는 정치인들의 먹이가 되지 않으리라는 것이 그의 판단이었다. 이는 로마인들이 내정의 분란을 치료할 때 가장 즐겨 쓰던 방법이었는데, 마치 유능한 의사가 환자에게 다른 쪽에 신경을 쓰게 함으로써 몸에서 나쁜 병을 몰아내는 것과 같았다.

10

도시의 사방이 튼튼하다고 믿었던 활레리이 주민들은 평소의 옷차림으로 도시를 오고 갔으며, 수비대만 자기 위치를 지키고 있었다. 아이들은 늘 하던 대로 등교하여 선생과 함께 성벽으로 나가 체력을 단련했다. 그리스인들과 마찬가지로 활레리이 사람들도 학생들이 어렸을 적부터 서로 더불어 사는 법을 익히도록 교사를 한 명씩만 채용했다. 그런데 학생들을 이용하여 조국을 배신하려는 교사가 있었다. 그는 날마다 아이들을 데리고 성 밖으로 나갔다. 처음에는 조금만 나가서 아이들의 체력을 단련하고 돌아왔다.

그러다가 이즈막에는 조금씩 더 멀리 나가 학생들이 전혀 위험하지 않다고 확신하게 만든 다음, 마지막 날에는 모든 학생을 이끌고 로마의 진영으로 들어가 자신들을 카밀루스에게 데려다 달라고 요구했다. 카밀루스 앞에 인도된 그는 교사임을 밝히고 자기의 직무를 완수하기보다는 카밀루스 장군의 호의를 받고 싶었기에 도시의 아이들을 데려 왔노라고 말했다. 그 말을 들은 카밀루스는 선생이 짐승 같은 짓을 한 것으로 보고 이렇게 말했다.

"전쟁이란 참으로 가슴 아픈 일이며 불의와 폭력을 저지른다. 그러나 전쟁을 치르면서도 선량하고 용맹한 사람들이 지켜야 할 법이 있다. 우리는 아무리 승전에 목말라 있다 하더라도 비열하고 불결한 무리에게 호의를 베풀어서는 안 된다. 위대한 장군은 타고난 용맹에 의지하여 싸울 뿐 비열한 인간의 힘에 의존하여 싸우지 않는다."

그런 다음 카밀루스는 부하들에게 명령하여 교사의 옷을 찢게 하고 손을 등 뒤로 묶게 한 다음, 아이들의 손에 몽둥이와 채찍을 들려 반역자를 꾸짖으며 성안으로 끌고 가게 했다. 그 동안에 교사의 반역 행위가 있었음을 안 활리스키족의 도시는 당연히 이 재앙으로 말미암아 깊은 슬픔에 빠졌다.

남녀노소가 허둥대며 성문으로 달려가니, 돌아오는 아이들의 곁에서는 손이 등 뒤로 묶인 선생이 끌려오며 몽둥이찜질을 겪고 있었다. 학생들은 카밀루스가 자기들을 살려 주었으니 그 사람이 곧 우리의 아버지요 신이라고 말했다. 이 놀라운 광경을 본 부모들뿐만 아니라 모든 시민이 카밀루스의 덕망을 칭송하면서 그를 만나고 싶어 했다.

활레리이의 주민들은 서둘러 민회를 연 다음 카밀루스에게 사절을 보내 자신들의 생명과 운명을 맡겼다. 카밀루스는 이들을 로마로 보냈다. 원로원에 출두한 이들은 로마인들이 승리보다 정의로움을 더 높이 여김으로써 자기들에게 자유보다 패배를 사랑하는 법을 가르쳐 주었다고 선언했다.

활레리이의 주민들은 자기들이 로마보다 국력이 약해서 진 것이 아니라 덕망이라는 점에서 완전히 패배했음을 고백했다. 원로원이 이 문제의 결정과 처리를 자신에게 맡기자, 카밀루스는 활레리이의 주민들에게 배상금을 받은 다음 그들과 화해하고 군대를 철수했다.

11

병사들은 활레리이를 약탈할 것이라고 생각했다가 빈손으로 로마에 돌아오자 시민에게 카밀루스를 비난하는 말을 퍼뜨렸다. 그가 민중을 미워하며, 가난한 사람들이 정당하게 전리품을 차지하는 것을 시기했다는 이야기였다. 이에 호민관이 로마를 분할하는 법안을 다시 제출하여 민회에 상정하였으나, 카밀루스는 민중의 증오나 항변에 흔들리지 않고 공개적으로 민중의 요구를 거절했다.

민중의 뜻과 달리 분할 법안이 부결되자 민중은 다시 그에게 분노했다. 그런 이유로 카밀루스의 가정에 심한 불행이 찾아와 그의 아들 둘 가운데 하나가 병으로 죽었을 때도 그들은 슬퍼하지 않았다. 카밀루스는 본디 천성이 착하고 자상한 사람이어서, 자신에 대한 고발장이 발부되었음에도 집에서 여인들과 함께 들어앉아 슬픔에 젖어 있었다. 그러는 동안에 정적들은 그를 탄핵하는 일을 꾸미고 있었다.

12

그 무렵에 루키우스 아풀레이우스(Lucius Apuleius)가 카밀루스를 고발했다. 그가 토스카나 전투에서 전리품을 빼돌렸다는 혐의였다. 들리는 바에 따르면, 전리품 목록에는 황동으로 만든 문이 들어 있었다고 한다. 그러나 이는 민중이 그에게 몹시 분개해 있었기 때문에, 그를 고소하려고 아무런 구실이나 끌어다 붙였음이 분명했다. 카밀루스가 무장한 막료와 동지들을 모으니 그 수가 많았다. 그는 파렴치한 죄목으로 유죄 판결을 받아 정적들에게 웃음거리가 되지 않도록 해 달라고 그들에게 애원했다.

카밀루스의 동지들은 머리를 맞대고 재판에 대하여 상의한 결과, 자기들이 도와줄 수 있는 것은 없고 만약 벌금형을 받는다면 대신 갚아 줄 수 있다고 대답했다. 그는 화를 참을 수 없어 고국을 떠나기로 하고 아내와 아들에게 작별 인사를 남긴 뒤 집을 나와 성문까지 말없이 걸어갔다. 그러고는 발길을 멈추고 뒤로 돌아서서 신전의 언덕을 향해 손을 쳐들고 신에게 이렇게 기도했다.

"저의 망명이 정의롭지도 않고 무분별하며 시기에 찬 민중으로 말미암아 이루어진 것이라면, 로마인들이 곧 후회하고 그들이 저를 필요로 하며 그리워하게 해 주소서. 그리고 그 모습을 모든 사람에게 보여 주소서."

13

마치, 아킬레우스가 자기의 조국을 저주하며 떠났듯이,(『일리아스』, I : 407~412) 기도를 마친 카밀루스도 조국을 떠났다. 그는 재판에 출석하지 않았다는 이유로 1만 5천 아스를 무는 벌금형을 받았다. 이 돈을 그리스 은화로 환산하면 무려 1천5백 드라크마에 이른다. 그 무렵 로마의 화폐는 동전이었는데, 10아스를 1데나리온(denarius)³으로 쳤기 때문에 그런 계산이 나온다.

오늘날에 와서는 카밀루스의 저주에 따라 정의가 이루어졌지만, 그 결과가 그에게 기쁨보다 아픔을 주었다고 믿지 않는 사람은 아무도 없다. 엄청난 파괴와 재앙이 로마를 휩쓸었다. 그것이 운명이었는지, 아니면 카밀루스의 덕망이 보답받지 못한 것을 그냥 지나칠 수 없었던 신의 뜻이었는지는 알 수 없다.

14

먼저 감찰관 율리우스(Julius)의 죽음은 액운이 닥쳐오고 있다는 전조로 보였다. 로마인들은 감찰관을 존경하며 신성하게 여겼다. 둘째로는 카밀루스가 망명을 떠나기에 앞서 마르쿠스 카이디키우스(Marcus Caedicius)라는 사람이 군무 위원에게 들려준 신비한 이야기였다.

카이디키우스는 그렇게 유명하지는 않았지만 정직하고 선량한 사람이었음이 분명하다. 그의 말에 따르면, 간밤에 그가 '새로 닦은 길(Nova Via)'을 걸어가는데 분명한 목소리로 누군가 그를 불러 돌아보니 아무도 보이지 않았다고 한다. 그런데 목소리는 더 우렁차게 들리며 다음과 같이 말했다.

"잘 들어라, 그대 마르쿠스 카이디키우스여. 날이 밝으면 관리를 찾아가 갈리아족이 머지않아 반드시 쳐들어올 것이라고 알려라."

이 이야기를 들은 호민관들은 웃으며 그를 조롱했다. 그런 일이 있고 나서 바로 뒤에 카밀루스가 불명예스럽게 망명을 떠났다.

---

3   데나리온은 그 당시 로마 문화권에서 사용한 은화(3.8그램)로, 농장 노동자의 하루 노임이었다. 그러므로 시대에 따라 구매력에 차이가 있었다.

15

갈리아족은 켈트(Celt)족에 뿌리를 두고 있다. 들리는 바에 따르면, 그들은 인구가 늘자 먹고살 수 없어 고향을 버리고 다른 곳을 찾아 떠났다. 그들에게는 젊은 용사가 많았고, 딸린 아내와 자식들도 매우 많았다. 그 가운데 한 무리는 리파이이(Rhipaei)산을 넘고 북해를 건너 유럽의 변두리를 차지했다. 다른 무리는 피레네산맥과 알프스산맥 사이에 정착하여 세노네스(Senones)족과 켈토리(Celtori)족과 이웃하며 오랫동안 함께 살았다.

그런데 갈리아족은 이탈리아에서 처음 들어온 포도주를 맛보고 그 맛에 흠뻑 취했다. 포도주가 주는 새로운 기쁨에 넋을 잃은 그들은 무기를 들고 그 과일이 나는 땅을 찾아 가족과 함께 알프스를 넘었다. 그들은 포도가 나지 않는 이탈리아 밖의 땅은 야만의 영토요 황무지라고 생각했다. 들리는 바에 따르면, 갈리아족에게 처음으로 포도주를 알려 주어 이탈리아로 쳐들어오게 만든 인물은 토스카나 출신의 아룬스(Aruns)였다고 한다.

아룬스는 귀족 출신으로서 천성이 선량한 사람이었지만 운명이 기구했다. 그는 백만장자의 상속자인 고아의 후견인이었다. 놀라울 정도로 잘생긴 고아의 이름은 루쿠모(Lucumo)였다. 루쿠모는 어려서부터 아룬스와 함께 살았는데, 어른이 되어서도 그 집을 떠나지 않고 그 안에서 사는 것을 행복하게 여기는 듯했다. 그런데 알고 보니 그가 아룬스의 집을 떠나지 않은 것은 아룬스의 아내와 간통하고 있었기 때문이었다.

두 남녀가 서로 사랑하고 있었는데도 오랫동안 아무도 모르고 있었다. 두 남녀의 사랑은 너무 뜨거웠으나, 사랑을 더 이상 계속할 수도 없고, 숨길 수도 없게 되었다. 그러자 루쿠모는 이제 드러내 놓고 그 여인을 아내로 삼으려 했다. 아룬스는 이 문제를 법정으로 가져갔으나, 친구가 많고 돈을 물 쓰듯 하는

441   카밀루스

루쿠모를 이길 수 없어 고향을 떠났다. 그는 갈리아족에 대해 들은 바가 있던 터라 그들을 찾아가 이탈리아를 침공하도록 유인했다.

16

갈리아족은 지난날 토스카나인들이 차지하고 있던 나라로 곧장 쳐들어갔다. 이곳은 알프스에서부터 내리뻗어 양쪽으로 바다에 둘러싸여 있는데, 그 지명을 보면 이곳이 과거 토스카나인들의 땅이었음을 알 수 있다. 곧 북쪽 바다는 토스카나인들이 살던 도시인 아드리아(Adria)의 이름을 따서 아드리아해라 부르고, 남쪽 바다는 그냥 티레니아(Tyrrhenia, 토스카나의 옛 이름)해라고 부르고 있다는 점이다.

이 지역은 온통 숲으로 덮여 있고, 가축을 기를 수 있는 목초가 넉넉하며, 강의 수량이 풍부하다. 여기에 크고 번창한 도시 열여덟 곳이 있었는데, 모두 상업으로 많은 돈을 벌어들였고 생활이 호화로웠다. 갈리아족은 토스카나인들에게서 이 땅을 빼앗아 차지했다. 그러나 이런 일들은 내가 지금 이 글을 쓰기 오래전에 일어난 일이다.

17

이즈음에 갈리아족이 토스카나의 클루시움이라는 도시로 쳐들어와 포위했다. 클루시움의 주민들은 로마에 도움을 요청하면서 자기들을 위해 갈리아족에게 사절과 편지를 보내 달라고 부탁했다. 이에 따라 로마에서는 매우 명망 높은 화비우스 가문의 세 사람을 갈리아 진영으로 보냈다. 갈리아족은 로마 사절의 자격으로 온 그들을 정중히 맞이하고 성채에 대한 공격을 중단한 다음 회담을 시작했다. 사절들이 물었다.

"클루시움의 주민들이 그대들에게 무슨 잘못을 저질렀기에 이렇게 쳐들어왔소?"

그 말에 갈리아의 왕 브렌누스(Brennus)는 웃으며 이렇게 대답했다.

"클루시움은 잘못을 저질렀지요. 이를테면 그들은 적은 땅을 경작하여 살 수 있음에도 많은 땅을 차지하면서 가난하고 인구가 많은 우리 이방인들에게 땅을 나누어 주려 하지 않았습니다. 로마도 그와 꼭 같은 아픔을 겪은 바 있습니다. 지난날 로마도 알바 사람과 휘데나이 사람과 아르데아(Ardea) 사람에게 그런 고통을 겪었습니다. 그리고 최근에는 베이이족과 카페나족과 활리스키족과 볼스키족이 그런 고통을 겪었습니다. 지금도 그들이 재물을 나누어 주지 않으면 그대들은 그 부족들을 공격하여 물건을 빼앗고, 노예로 만들고, 파괴하고, 도시들을 무너뜨리고 있습니다.

그대들의 이런 행위는 잔인하거나 불의해서가 아니라 태초부터 내려온 법을 따르는 것뿐입니다. 그 법이란 강력한 자가 나약한 이웃의 재물을 빼앗는 것으로서, 신을 비롯하여 죽어 사라질 짐승에 이르기까지 세상 모든 존재가 따르는 법입니다. 강력한 무리가 나약한 무리보다 더 가지려는 것은 자연의 법칙입니다. 이미 로마에 고통받은 부족들 가운데 갈리아족에게만 자비를 베풀 것을 가르치려 하지 말고, 우리가 공격하고 있는 클루시움에 대한 동정을 멈추시오."

이 연설을 들은 로마인들은 브렌누스왕이 전쟁을 멈출 뜻이 없음을 알고 클루시움으로 들어가, 자기들과 함께 밖으로 나가 야만족들에게 항전하자면서 주민들을 격려하고 부추겼다. 로마인들은 클루시움 병사들과 자기 병사들의 용맹함을 보여 주고 싶었다. 이에 클루시움의 병사들은 전열을 갖추어 진군했다. 화비우스 가문의 퀸투스 암부스투스(Quintus Ambustus)가 늠름한 모습으로 말을 몰고 나갔다.

전투가 갑자기 벌어졌고 암부스투스가 입은 갑옷의 광채가 그의 얼굴을 가렸기 때문에 갈리아 병사들은 처음에는 그

카밀루스

가 누구인지 알아보지 못했다. 브렌누스왕이 그를 잡아 말에서 끌어 내려 갑옷을 벗긴 뒤에야 그가 전투원이 아니라 로마에서 사절로 파견된 사람임을 알았다. 왕이 하늘을 우러러 맹세하듯이 물었다.

"사절로 온 사람이 공의롭고 신성해야 할 인류의 보편적인 관행을 어기고 적군이 되어 싸우는 법이 어디에 있습니까?"

그런 다음 브렌누스는 전투를 멈추고 클루시움을 그대로 둔 채 로마로 쳐들어갔다. 그러나 자기의 부족들이 포악한 인간으로 보이기를 원치 않았던 그는 전쟁을 일으킬 다른 구실을 찾았다. 그는 로마로 사절을 보내 국제법을 어긴 암부스투스의 처벌을 요구하면서 천천히 진군해 나갔다.

18

로마에서 원로원이 열렸을 때 많은 사람이 화비우스 가문을 비난했다. 더욱이 훼티알레스(Fetiales)라는 사제가 원로원에 나타나, 이제까지 일어난 저주를 죄인 한 명에게 뒤집어씌움으로써 남은 사람들이라도 재앙을 피해야 한다고 신의 이름으로 요구했다.

사제가 말한 제도는 로마의 역사에서 가장 점잖고 정의로웠던 누마왕 때 정해진 것이다.(제4장 「누마전」, §12) 그들의 직분은 평화의 수호자로서 전쟁이 정당하게 치러질 수 있는 근거를 판단하고 결정하는 것이었다. 원로원이 이 문제를 민중에게 물었더니, 사제들이 한결같이 화비우스 형제들을 비난하는데도 민중은 그 형제들을 군무 위원에 임명함으로써 종교를 비난하고 비웃었다.

이러한 소식을 들은 갈리아족이 분노하여 빠르게 쳐내려오는 것을 누구도 말리지 못했다. 그들은 수도 많았고 장비도 우수했으며 매우 분노해 있었으므로 가는 곳마다 두려움을 불러 일으켰다. 로마인들은 주변 영토가 이미 함락되었으니 이 도시도 곧 함락되리라고 생각했다. 그러나 모든 사람이 예상했던 바와 달리, 그들은 아무도 해치지 않았고, 들판의 곡식도 약탈하지 않았다. 그들은 그저 도시를 지나쳐 가면서 자기들은 지금 로마로 진군하고 있으며, 로마 시민만을 상대로 싸울 것이고 그 밖의 주민들은 자기들의 친구라고 소리쳤다.

갈리아족이 쳐내려오자 군무 위원들은 병사를 이끌고 그들과 싸우러 나갔다. 로마군은 중무장 보병 4만 명가량으로 이뤄져 있어 병력에서는 갈리아족에 밀리지 않았지만, 훈련이 부족했고 무기를 다뤄 본 경험도 없었다. 그 밖에도 로마 병사들은 종교 의식을 모두 무시했는데, 제사를 드려 상서로운 예언도 듣지 않았고, 전쟁의 위기에 앞서 예언자와 상의하지도 않았다. 무엇보다도 그들이 전쟁을 수행하면서 가장 당황한 부분은 지휘관의 수가 너무 많았다는 사실이었다.

본래 소규모 전투가 벌어질 때면 그들은 흔히 독재관이라는 이름의 사령관을 한 명 뽑곤 했다. 위험한 전쟁이 닥쳐올 때 자신의 손에 정의의 잣대를 쥐고 절대적인 권위를 행사하는 지휘관에게 병사가 복종하도록 만드는 것이 얼마나 유리한 일인지를, 지도자들은 잊었던 것이다. 더욱이 카밀루스에게 공정하지 못한 대접을 했던 일은 지휘관들의 사기에 치명적일 만큼 커다란 영향을 끼쳤다. 이제 병사들의 기호(嗜好)나 변덕스러움에 비위를 맞추지 않는다면 군대를 지휘하는 것이 위험해졌기 때문이었다.

로마군은 도시를 벗어나 17킬로미터쯤 떨어진 알리아(Allia)강 주변에 진영을 차렸는데, 티베리스강에서 그리 멀지 않은 곳이었다. 그때 갑자기 갈리아족이 쳐들어오자 로마군은 정신을 차리지 못하여 제대로 싸워 보지도 못하고 대패했다. 그들의 왼쪽 날개는 갈리아족에 몰려 물에 빠져 죽었다.

오른쪽 날개는 적군이 평야를 거쳐 언덕으로 쳐들어오기

에 앞서 물러섰기 때문에 그나마 목숨을 건져 시내로 쫓겨 들어왔다. 적군의 손에서 겨우 빠져나온 많은 병사가 적군의 살육전에 겁을 먹고 밤을 틈타 베이이로 도망했다. 그들은 이제 로마는 멸망했으며, 시민은 모두 살해되었으리라고 생각했다.

19

[기원전 390년의] 전투는 하지가 지난 뒤의 보름에 벌어졌는데, 이날은 얼마 앞서 화비우스 가문의 3백 명이 토스카나인들의 손에 참살된 바로 그날이었다. 그러나 이번의 패전은 너무도 끔찍하여 오늘날까지도 그날을 '알리아강의 흉일(凶日, dies Alliensis)'이라고 부른다.

헤시오도스는 어떤 날을 흉일로 불러야 하는지, 또는 좋고 나쁜 날이 따로 없이 다 똑같다는 사실을 모르는 채로 흉일이니 길일이니 말했다가 헤라클레이토스에게서 핀잔을 들은 바 있다. 그러나 헤시오도스가 옳았을 수도 있다는 주장은 지금도 계속되고 있다. 내가 이런 이야기를 하고 있는 지금도 흉일과 길일에 대한 이야기를 잘못되었다고만 말할 수가 없다.

이를테면 먼저 보이오티아인들이 두 번의 찬란한 승리를 거두어 그리스를 해방한 날짜가 히포드로미누스월(Hippodrominus月), 아테네력(曆)으로는 헤카톰바이온월(7~8월) 5일이었다. 레욱트라 전투와 그보다 2백 년 앞선 케레소스(Ceresos) 전투에서 라타미아(Lattamya) 사람과 테살리아 사람에게 승리한 것도 그날이었다.

또 보이드로미온월(9~10월) 6일에 그리스인들은 마라톤에서 페르시아 군대를 무찔렀고, 3일에는 플라타이아이와 미칼레(Mykale)에서 승리했다. 26일에는 아르벨라(Arbela)에서 승리를 거두었다. 카브리아스(Chabrias)의 지휘를 받은 아테네인이 낙소스 해전에서 이긴 날도 같은 달의 보름이었으며, 살라미스 해전에서 이긴 날도 같은 달의 20일이었다. 이에 대해서는 나의 글 『그날들(*On Days*)』에서 이야기한 바 있다.

　더 나아가서 타르겔리온월(Thargelion月, 5~6월)은 페르시아인들에게 불운한 날임이 분명하다. 그달에 페르시아 왕이 그라니코스(Granicus)에서 알렉산드로스 대왕에게 졌기 때문이다. 카르타고군이 시킬리아 앞바다에서 티몰레온(Timoleon)에게 진 것도 그달 24일이었다. 에포로스, 아테네의 철학자 칼리스테네스(Kallisthenes), 다마스테스(Damasthes), 휠라르코스의 기록에 따르면, 같은 날에 트로이[Ilium]가 함락된 것으로 보인다.

　그런가 하면 메타게이트니온월(8~9월), 보이오티아력으로 따지면 파나모스월(Panamos月)은 그리스인들에게 액운이 낀 날이다. 그달 7일에 그들은 크란논(Krannon) 전투에서 알렉산드로스의 부장인 안티파트로스(Antipatros)에게 아주 처참하게 졌다. 이 전투가 벌어지기에 앞서 그리스인들은 같은 달 같은 날에 카이로네이아에서 마케도니아의 필리포스왕과 싸웠으나 이기지 못했다. 또한 같은 해 같은 달 같은 날에 아게실라오스의 아들 아르키다모스와 그의 부대가 이탈리아로 진군하다가 그곳 야만족들에게 대패했다. 카르타고인들도 그날 엄청난 불행을 겪은 바 있어 이날을 액운의 날로 생각한다.

　내가 아는 바에 따르면, 테베인들은 신비로운 의식을 치르다가 알렉산드로스에게 두 번이나 침략을 겪었고, 그와 반대로 그리스인들이 신비로운 이아코스 의식을 치르다가 마케도니아 수비대의 공격을 받은 것도 보이드로미온월 20일이었다. 마찬가지로 같은 날 로마인들은 집정관 카이피오(Caepio) 휘하의 로마군이 킴브리(Cimbri)족에게 패배하는 것을 보았고, 그와 반대로 루쿨루스가 지휘하는 군대가 아르메니아의 티그라네스(Tigranes)왕을 격파한 것도 그날이었다.

　아탈루스(Attalus)왕과 폼페이우스는 자기 생일에 죽었다. 요컨대 같은 계절, 같은 날에 사람들이 흉한 일과 길한 일을 함께 겪은 사례는 역사 속에 매우 많다. 그러나 로마인들은 알리아강에서 전투가 있었던 날을 가장 운수 나쁜 날로 생각하며, 그 영향이 커지면서 한 해 내내 매달 그날에 이어지는 이틀씩을 흉일이라고 여기게 되었다. 재난이 다가오고, 그로 말미암은 두려움과 미신이 더욱 심해졌기 때문이었다. 나는 이 문제를『도덕론』가운데「로마의 문제들」에서 좀 더 자세히 다루었다.

20

알리아강에서 전투가 있은 다음, 만약 갈리아족이 로마의 패잔병들을 계속하여 추격했더라면 누구도 로마의 멸망을 막지 못했을 것이다. 겨우 목숨을 건진 사람들은 잔뜩 겁에 질려 시내의 주민들 사이로 숨어들었고, 주민들도 다시 혼돈과 두려움에 빠졌다.

그러나 그 뒤의 사실이 보여 준 바와 같이, 갈리아족은 자신들이 얼마나 압도적으로 승리했는지 알지 못했고, 기쁨에 넘쳐 흥청거리며 로마군의 진영에서 빼앗은 전리품을 나누어 갖는 데 정신이 없었다. 이로 말미암아 도시를 포기하려 했던 무리는 전투 준비를 할 수 있는 시간을 벌었으며, 살아남은 무리는 다시 희망의 끈을 잡고 도시의 방어를 준비했다. 도시의 여러 곳을 포기한 시민은 신전의 언덕 주변에 성곽을 쌓고 화살과 투창과 돌을 모아 두었다.

그들이 가장 많이 신경 쓴 것은 성물을 신전의 언덕으로 옮기는 일이었다. 베스타 신전의 여사제들은 피난길에 불을 옮겼으며, 이때 다른 성물도 함께 다루었다. 어떤 역사가들의 기록에 따르면, 베스타의 여사제들은 '영원히 살아 있는 불'을 다루는 것밖에는 달리 한 일이 없었다고 한다. 그 불은 누마왕이 무엇보다도 공경하여 다루라고 지시한 바 있다.

불은 자연에서 어느 것보다도 활동적이며, 모든 생명의 탄생은 움직임에서 이뤄지고 움직임과 함께 운행한다. 열이 없으면 모든 사물이 활동하지 못하고 죽기 때문에, 사람들은 불의 힘이 마치 영혼처럼 자기들에게 지혜를 가르쳐 준다고 생각했다. 어떤 형태로든 불의 성격을 받아들인 인간은 더 활발히 활동하고 반응할 수 있다.

들리는 바에 따르면, 비범한 성자였고 음악의 여신과 대화를 나눌 만큼 지혜로웠던 누마왕은 이와 같이 불을 경배하여 잠을 자지 않고 지키도록 명령했다고 한다. 불은 우주를 올바르게 이끌어 가는 영원한 힘의 상징일 수 있다.

또 다른 사람의 말에 따르면, 그리스에서도 그러듯이, 이 불은 정화(淨化) 의식에 따라 성물 앞에서 타오르고 있으며, 성전 안의 다른 성물들은 오로지 여사제들밖에는 볼 수 없다고 한다. 매우 널리 알려진 이야기에 따르면, 베누스의 아들 아이네아스가 트로이에서 이탈리아로 가져온 저 유명한 팔라스의 여신상(Palladium)이 그곳에 숨겨 있다고 한다.

또 다른 이야기에 따르면, 그 성전에 숨겨 놓은 것은 사모트라키아(Samothracia)의 신상이라고 한다. 그들의 말에 따르면, 이 신상은 제우스의 아들인 다르다노스(Dardanos)가 트로이를 건설한 뒤에 가져온 것으로서, 주민들이 자기들의 의식에 따라 이를 축성(祝聖)했다고 한다. 트로이가 함락되었을 때 아이네아스가 그것을 훔쳐 와 이탈리아에 정착할 때까지 보관했다는 이야기도 있다.

이 문제에 대하여 더 많은 것을 아는 체하는 사람들의 말을 들어 보면, 신전에는 작은 항아리 둘을 보관하고 있는데, 하나는 빈 채 열려 있지만 다른 하나는 뭔가를 가득 채운 채 봉인해 놓았고, 오직 베스타의 여사제들만 이를 볼 수 있다고 한다. 그러나 다른 사람들은 그 이야기가 낭설이라고 생각한다. 그들에 따르면, 알리아강 전투 때 피난을 가던 여사제들이 대부분의 성물을 두 개의 항아리에 넣고 군신(軍神)을 모시는 퀴리누스 신전 지하에 묻어 두었는데, 이 사실을 많은 사람이 혼동

카밀루스

하여 알고 있는 것이라고 한다. 그 신전은 지금까지도 돌리올라(*Doliola*)라고 부르는데, 이는 '항아리'라는 뜻이다.

21

사실이야 어찌 되었든, 여사제들은 가장 중요하다고 여겨 뽑은 성물들을 껴안고 강을 따라 도망했다. 그 무렵에 피난민 가운데 루키우스 알비누스(Lucius Albinus)라는 평민이 아내와 아이들과 가장 중요한 세간을 마차에 싣고 가다가 여사제들을 만났다. 여사제들이 성물을 가슴에 품고 하인도 없이 어렵게 피난하는 것을 본 알비누스는 아내와 자식과 세간을 서둘러 마차에서 내리게 하고 여사제들을 태운 다음 그리스의 어느 도시로 실어다 주었다.

　　역사가들은 이러한 알비누스의 경건한 행실과 어려운 상황에서도 성물에 보여 준 존경심을 기록해 두지 않을 수 없다. 그러나 다른 신전의 사제들과 과거 집정관을 지내고 개선식을 치렀던 노인들은 차마 도시를 떠날 수 없었다. 그래서 그들은 국가의 제사 때 쓰는 예복을 입고 대제사장 화비우스를 따라 신전으로 들어가 조국을 위해 목숨을 바치리라고 기도했다. 그들은 토론의 광장(forum)의 상아 의자에 줄지어 앉아 자신들의 최후를 기다렸다.

22

전쟁이 일어난 지 사흘째가 되던 날, 갈리아의 왕 브렌누스가 군대를 이끌고 로마 시내로 들어왔다. 성문이 열려 있고, 성루에 초병도 없는 것을 본 그는 매복이 있을지도 모른다며 두려워했다. 로마인들이 그토록 절망에 빠져 있으리라고는 생각하지도 못했던 것이다. 그러나 사실이 어찌 된 일인가를 알고 나자, 그는 콜리나 성문을 거쳐 들어와 로마를 점령했다. 이는 로마가 건국한 지 360년이 조금 지난 때였다. 그 뒤에 일어난 일들에 관해서도 이러니저러니 말이 많은 것을 보면, 그 혼란 속에서 역사가 정확히 기록되었으리라고 믿기는 어렵다.

그러나 로마에서 일어난 재앙과 함락에 관한 소식이 희미하게나마 그리스에 전해진 것으로 보인다. 그때와 그리 멀지 않은 시대에 살았던 폰토스 출신의 헤라클레이데스가 『영혼에 관하여(On the Soul)』에 남긴 바에 따르면, 사철이 봄날과 같은 북쪽의 나라에서 군대가 내려와 대양의 해안에 있는 로마라는 그리스 식민지를 점령했다는 소식이 서쪽에서 들려왔다고 한다.

지금에 와서 보면, 헤라클레이데스와 같은 허풍선이 역사가가 "사철이 봄날과 같은 나라"라느니, "대양의 해안"이라느니 하는 용어를 더함으로써 로마의 함락이라는 역사의 진실을 한껏 치장해 꾸몄다는 점에는 의심의 여지가 없다. 그러나 철학자 아리스토텔레스는 갈리아족이 로마를 함락했던 사실을 정확히 알고 있었다. 그는 그때 로마를 구원한 사람이 루키우스라고 했는데, 카밀루스의 첫 이름은 루키우스가 아니라 마르쿠스였다. 그러나 이런 이야기는 모두 추측에 지나지 않는다.

로마를 함락한 브렌누스는 초병들로 신전의 언덕을 에워쌌다. 그는 토론의 광장을 거쳐 내려가다가 사람들이 예복을 차려입고 아무 말도 없이 앉아 있는 모습에 놀랐다. 그들은 적군이 다가오는데도 일어서서 맞으려 하지도 않고 몸짓이나 얼굴빛도 바꾸지 않은 채 조용히 앉아 있었다. 그들은 아주 평온하게, 두려움도 없이, 지팡이에 기대어 서로의 얼굴을 바라보고 있었다.

갈리아족은 그들의 특이한 모습에 놀라 당황하여 한참 동안 다가가 손을 대지도 못했다. 갈리아족은 그들이 어떤 신령한 존재들이라고 생각했다. 그러다 병사들 가운데 하나가 용기를 내어 파피리우스 마르쿠스(Papirius Marcus)에게 다가가 손을 뻗어 그의 턱을 점잖게 만지고 수염을 더듬었다.

　　　　　　　　　　　　　　카밀루스

그러자 파피리우스는 지팡이를 들어 병사의 머리를 내려쳤다. 이에 갈리아 병사는 칼을 빼 파피리우스를 죽였다. 그 뒤에 나머지 사람들도 죽였다. 그들은 만나는 사람마다 죽이고 여러 날 동안 도시의 가옥을 약탈한 다음 불을 질러 폐허로 만들었는데, 이는 신전의 언덕을 지키던 사람들에 대한 분풀이였다. 그들은 갈리아 병사들의 명령에도 항복하지 않았고, 성루에서 적군에 항전하여 손실을 입혔기 때문이었다. 갈리아 병사들은 도시를 철저히 유린했고, 사람을 만나면 남녀노소를 가리지 않고 모두 죽였다.

23

공격이 장기화하면서 갈리아족은 보급품이 부족해지기 시작했다. 그래서 그들은 부대를 나누어, 일부는 브렌누스와 함께 로마에 남아 신전의 언덕을 지키고, 다른 무리는 지방을 약탈했다. 그들은 함께 몰려다니지 않고 지휘관과 부대에 따라 작은 마을을 약탈했는데, 지난번의 승리에 자신감을 얻은 덕분으로 두려움도 없이 여기저기 몰려다녔다. 그들 가운데에서도 수가 가장 많고 훈련이 잘된 부대가 아르데아로 쳐들어갔는데, 그곳에 바로 카밀루스가 유배되어 있었다.

카밀루스가 세상과의 모든 인연을 끊고 홀로 살았던 것은 사실이었다. 그러나 그가 품은 숙원은 적군의 눈과 손에서 벗어나는 것이 아니었다. 기회만 주어진다면 복수를 하는 것이 그의 희망이었다. 아르데아에는 인구가 많았지만, 장군들은 나약한 데다 전투 경험도 모자라 다들 용기를 내지 못하고 있었다. 문제를 파악한 카밀루스는 먼저 젊은이들을 설득하기 시작했다. 그는 이렇게 말했다.

"로마인들이 겪고 있는 불행은 갈리아족의 용맹으로 말미암은 것도 아니고, 승리를 쟁취할 만한 자격도 갖추지 못한 저 부족들의 전술에 넋이 나가서도 아니다. 그저 불운했을 뿐이다. 비록 어려움에 마주할지라도 이방의 야만족이 저지르는 공격을 몰아내는 것은 훌륭한 일이다. 적군은 마치 불길과 같아, 그들이 이기려는 목적은 오로지 정복한 땅을 철저히 파괴하는 것뿐이다. 그러나 지금의 상황을 보면, 우리에게 용기와 열정만 있다면 위험을 치르지 않고서도 승리의 기회를 잡을 수 있다."

젊은이들의 지지를 얻은 카밀루스는 아르데아의 지도자와 원로들을 찾아가 그들의 지지를 얻어 내는 데 성공했다. 그는 병역의 적령기에 이른 젊은이들을 무장시켜 성안에 집결시켜 두었는데, 이는 가까이 와 있는 적군의 눈에 띄지 않게 하려 함이었다. 갈리아 병사들은 전국을 샅샅이 약탈한 뒤에 평야에서 야영했다. 그들은 경계병을 두지도 않았으며, 전리품이 너무 많아 움직이기에도 거추장스러웠다. 밤이 되어 흥청거리던 술판도 끝나자 숙영지에는 침묵이 찾아왔다.

척후병들에게서 그와 같은 정보를 들은 카밀루스는 군대를 이끌고 아르데아로 진격했다. 중간에 가로놓인 들판을 조용히 지나 자정 무렵이 되어서야 적진에 이른 로마 병사들은 크게 소리치고 악기를 불어 적진을 혼란에 빠뜨렸다. 그 소란에 겨우 정신을 차린 적군은 술에 취하고 잠에 빠져 몸을 가누지 못했다.

두려움에 정신을 차린 갈리아 병사들은 무장을 하고 카밀루스의 부대에 저항하면서 겨우 맞설 수 있었지만, 병사들 대부분은 술과 잠에 빠져 무기도 들어 보지 못하고 죽었다. 어둠을 타고 막사를 벗어난 몇몇은 날이 밝자 뿔뿔이 평야로 흩어졌으나, 기병대의 추격을 받아 모두 죽었다.

24

카밀루스의 승전 소식은 이웃 도시로 빠르게 퍼져 나갔다. 이에 군대에 갈 나이에 이른 젊은이들이 무장했는데, 그 가운데에서도 알리아강의 전투를 피해 베이이로 들어간 로마인들이 가장 열렬했다. 그들은 탄식하며 이렇게 말했다.

"아, 슬프다. 하늘은 어이하여 카밀루스를 빼앗아 아르데아에 주어 승리의 공업을 이루게 하였는가! 그러한 영웅을 낳아 기른 도시는 이제 죽어 없어졌고, 그런 장군을 갖지 못한 우리는 이방인의 장벽 안에 갇힌 채 눈앞에서 이탈리아가 멸망하는 것을 바라만 보고 있구나. 우리도 아르데아로 달려가 장군을 내 달라고 요구하자. 아니면 우리도 무장하고 장군에게로 달려가자. 이제 그는 더 이상 유배자가 아니며, 우리도 더 이상 로마의 시민이 아니다. 로마는 지금 적군의 손에 유린되고 있도다."

그들은 그 말대로 했다. 그들은 사람을 보내 카밀루스에게 사령관이 되어 달라고 요구했다. 그러나 카밀루스는 신전의 언덕에 있는 시민이 합법적으로 자신을 사령관으로 뽑아 주지 않는 한 취임할 수 없노라고 말했다. 그가 생각하기에 아직도 로마를 지키는 것은 신전의 언덕을 지키는 시민이었으므로, 그들이 자신을 사령관으로 뽑아 주면 기꺼이 따르겠지만 그들의 뜻에 어긋나는 일이라면 받아들이고 싶지 않았다. 시민은 카밀루스의 자제심을 높이 칭송했지만, 이러한 의견을 신전의 언덕에 전달하는 일이 어려웠다. 적군이 도시를 점령하고 있는 한, 전령이 적군의 눈을 속이고 신전의 언덕에 접근하는 것은 불가능해 보였다.

25

그러는 가운데 폰티우스 코미니우스(Pontius Cominius)라는 젊은이가 나타났다. 평민 출신이었지만 영광과 명예를 중요하게 여겼던 그는 전령의 임무를 자원하여 나섰다. 그는 신전의 언덕의 수비대에 보내는 서신을 지참하지 않았는데, 이는 적군에게 들킬 경우에 카밀루스의 전략이 드러날 위험이 있었기 때문이었다. 대신 그는 성긴 옷감으로 지은 외투를 입었는데, 안에는 코르크나무 껍질이 들어 있었다.

코미니우스는 대담하게 낮에 걸었다. 밤이 되자 그는 도시가 가까워졌음을 알았다. 그러나 갈리아 병사가 지키고 있어 강을 건널 수 없었다. 그는 가볍고 초라한 외투를 머리에 묶고, 몸에는 코르크나무 껍질을 둘러 그 부력(浮力)으로 강을 건너 로마로 향해 갔다.

갈리아의 초병들이 지키고 있는지라 코미니우스는 그들의 불빛과 떠드는 소리를 가늠하며 가장 조용한 카르멘탈리스 성문(Porta Carmentalis)으로 다가갔다. 그곳은 가장 조용하기는 했지만, 신전의 언덕으로 오르는 길은 가팔랐다. 아무도 모르게 언덕에 오른 코미니우스는 온갖 고통과 어려움을 겪으며 드디어 로마군의 초병이 지키고 있는 언덕에 이르렀다. 그곳은 성 가운데 가장 낮은 곳이었다. 코미니우스가 초병들을 불러 자기가 누구인가를 밝히자 초병들이 그를 끌어 올려 로마의 고위 관리에게 데려갔다.

원로원이 급히 열렸고, 코미니우스가 출두하여 그들이 알지도 못하고 있던 카밀루스의 승리 소식과 함께 그 부하들의 각오와 기쁨을 알렸다. 그는 성 밖의 시민이 오로지 카밀루스의 명령에만 복종하니 그를 사령관으로 임명해야 한다고 간곡히 설명했다. 원로원이 그의 말을 듣고 이를 발표하자 그들은 카밀루스를 독재관으로 임명하고 코미니우스를 돌려보냈다. 그는 왔던 길로 돌아갔다. 이번에도 행운의 여신이 보호해 주어 적군의 감시를 빠져나온 그는 성 밖에 있는 로마인들에게 원로원의 결정을 들려주었다.

26

이 소식을 들은 성 밖의 부대는 몹시 기뻐했다. 카밀루스가 나타나자 군대의 수는 이미 2만 명에 이르렀다. 그는 동맹국의

카밀루스

군대를 더 많이 모아 공격을 준비했다. 두 번째로 독재관에 취임한 카밀루스는 베이이로 가서 지휘권을 장악했다. 그러는 동안에 로마에 있던 갈리아 병사들이 우연히 코미니우스가 밤중에 신전의 언덕으로 올라갔던 길을 찾아냈다.

그곳에는 코미니우스가 기어오르면서 남긴 손발 자국이 남아 있었고, 바위 위에 자라던 풀이 뜯겨 있었으며, 흙이 패어 있었다. 병사가 이를 브렌누스에게 보고하니 그가 와서 살펴보고는 아무 말이 없었다. 밤이 되자 그는 갈리아 병사들 가운데에서 가장 날렵한 산악병들을 불러 모아 놓고 이렇게 말했다.

"신전의 언덕에 오르는 길이 있다. 그것은 우리도 모르던 길이었는데 적군이 우리에게 가르쳐 주었다. 그 길로는 오직 한 사람만 기어오를 수 있다. 우리가 전쟁을 벌인 이래 끝을 맺지 못하고 있던 터에, 이제 적군이 성을 함락할 수 있는 길을 가르쳐 주었는데도 이를 난공불락으로 여겨 포기한다면 참으로 부끄러운 일이다. 한 사람씩 접근할 수 있으니 여러 사람이라고 줄지어 오르지 못할 이유가 없다. 아니, 오히려 우리는 서로 도우며 이 성을 함락할 수 있다. 용기 있는 자에게는 모두 선물과 영예를 줄 것이다."

27

브렌누스왕이 그렇게 말하자 병사들은 열렬히 그의 뜻에 따랐다. 자정이 되었을 때 많은 갈리아 병사가 조용히 절벽을 기어올랐다. 그들은 손발을 모두 써 가파르고 거친 절벽을 올라갔다. 절벽은 생각했던 만큼 오르기에 어렵지 않았다. 행렬을 지으며 정상에 이른 선두에게는 지쳐 잠에 빠진 초병들을 사로잡는 일만 남아 있었다. 사람이나 개도 그들이 오는 것을 알지 못했다.

그러나 유노의 신전 근처에는 영험(靈驗)한 거위들이 살고 있었다. 여느 때 같았으면 넉넉히 먹였겠지만, 수비대의 양식도 부족하던 터라 돌보는 사람이 없어 거위들은 몹시 굶주려 있었다. 그리하여 거위들은 소음에 대단히 민감했으며, 신경이 곤두서 있었다. 배가 고파 쉬지도 못하고 잠도 못 자던 터에 갈리아 병사가 쳐들어오는 것을 알아차린 거위들은 큰 소리를 지르며 적군에게 달려들었고, 그 소동에 수비대가 깨어났다. 갈리아 병사들은 발각된 것을 알자 이제 더 이상 조용히 할 필요도 없어 격렬하게 공격했다.

로마의 수비대는 손에 잡히는 대로 집어 들고 처절하게 싸웠다. 이때 집정관과 동급의 신분이던 만리우스(Marcus Manlius)가 먼저 나섰다. 그는 건장하면서도 용맹했다. 그는 적군 두 명을 맞아 한 명은 도끼를 들고 달려드는 것을 칼로 내리쳐 오른손을 잘랐고, 다른 한 명의 얼굴에 방패를 집어 던져 절벽 아래로 떨어뜨렸다. 그는 곁으로 달려와 함께한 병사들과 함께 정상에 오른 적병 여러 명을 처단했다. 적병들은 그들의 용맹에 견주어 기량은 그리 뛰어나지 않았다. 이렇게 로마인들은 위기에서 벗어났다.

날이 밝자 로마 병사들은 경계를 소홀히 한 수비대장을 절벽 아래 있는 적군에게 던져 버리고 만리우스의 승리를 표창할 것을 결의했다. 상품은 실속 있다기보다는 영예로운 것이었다. 병사들은 그에게 하루치의 배식을 모아 주었는데, 양으로 따지면 밀 2백 그램과 포도주 20분의 1리터였다.

28

이런 일을 겪은 뒤로 갈리아 병사들은 싸울 의욕을 잃었다. 그들은 군수품이 떨어졌지만 카밀루스가 두려워 더 이상 약탈할 수도 없었다. 더욱이 전염병까지 돌았다. 그들이 주둔하던 폐허 주변에는 시체들이 여기저기 널려 있었고, 바람과 땡볕에서 일어나는 엄청난 먼지 때문에 공기가 메마르고 매캐해져서 숨을 쉬기도 어려웠다.

카밀루스

그들이 가장 견디기 어려웠던 것은 너무 다른 생활 환경이었다. 그들이 살던 곳에는 숲이 우거져 여름의 더위를 피할수 있었지만, 그곳은 지대가 낮고 가을답지 않게 무더웠다. 신전의 언덕 앞을 포위한 그들은 아무 소득도 얻지 못하고 일곱달을 보냈다. 이런 탓으로 막사에서 죽는 사람이 많았지만 더이상 묻을 수도 없었다.

포위당한 성안의 로마인들도 어렵기는 마찬가지였다. 굶주림은 더해 가는데, 성 밖에 있는 카밀루스는 무엇을 하고 있는지 모른다는 점이 그들을 더욱 낙담하게 했다. 적군이 가까이서 지키고 있었기 때문에 밖에서 전령이 들어올 수도 없었다. 양쪽이 모두 같은 어려움에 빠지자 타협안이 제시되었다. 먼저 자주 만나는 초병들 사이에 말이 돌았다.

양쪽 수뇌부에서도 휴전이 최선이라는 생각에 이르자 로마의 군무 위원인 술피키우스(Sulpicius)와 브렌누스왕이 만났다. 그들은 로마인들이 황금 450킬로그램을 지불하고 갈리아군은 로마와 이탈리아의 영토에서 철수한다는 데 합의했다. 그와 같은 조건에 서약하자 로마인들은 금을 모아 와서 무게를 달기 시작했다. 그런데 갈리아 병사가 처음에는 은밀히 저울을 속이더니 나중에는 드러내 놓고 속였다. 로마인들이 분개하자 브렌누스왕은 칼과 허리띠를 풀어 저울 위에 올려놓았다. 이에 술피키우스가 물었다.

"그게 무슨 뜻입니까?"

이에 브렌누스가 대답했다.

"무슨 일이냐고? 패배한 사람이 억울한 법 아니겠소?(*vae victis?*)"

이 말은 곧 명언이 되었다. 화가 치민 로마인들은 차라리금을 돌려받고 포위 생활을 더 견디는 것이 좋겠다고 생각했다. 다른 사람들은 그 정도의 불의는 모르는 체해야 한다고 주장했다. 그들의 말에 따르면, 배상금을 물기로 한 것 자체가 이미 불명예스러운 일인데, 더 준다 한들 부끄러움이 늘며 덜 준다 한들 부끄러움이 줄겠느냐는 것이었다. 사정이 절박했기 때문에 로마인들은 그 말을 따랐다. 이는 명예의 문제가 아니었다. 피할 수 없는 일이었다.

29

로마인들이 한편으로는 갈리아족과 다투고 한편으로는 자기들끼리 다투고 있을 때, 카밀루스가 군대를 이끌고 로마 성문에 이르렀다. 사정을 들은 그는 의도적으로 병사들에게 전투 대형을 이루도록 지시한 뒤, 자신은 정예병을 이끌고 로마인들에게로 다가갔다. 그들은 카밀루스가 독재관이라는 사실을 인정하는 뜻으로 침묵을 지키며 길을 비켜 주었다. 그는 저울 위의 금덩어리를 들어 그의 시종들에게 주면서 갈리아인들에게 가져다주라고 한 다음 이렇게 말했다.

"로마인들은 무쇠로써 조국을 지킬 뿐 황금으로써 지키지 않는 것이 전통이다."

브렌누스가 화가 나 소리쳤다.

"카밀루스가 협정을 깨뜨림으로써 실수를 저지르고 있다."

이에 카밀루스는 이렇게 대꾸했다.

"내가 독재관으로 선출되었으니, 내가 아닌 어느 누구도 합법적인 지배자가 아니므로 이 협정은 합법적이지도 않으며 구속력도 없다. 갈리아족은 합법적인 권한이 없는 사람과 조약을 체결했다. 이제 갈리아족이 바라는 것이 무엇인가? 나에게는 용서를 바라는 무리를 용서할 수 있는 권한과 참회하지 않는 무리를 처벌할 수 있는 권한이 있다."

이에 브렌누스는 고함을 치며 몸싸움을 걸었지만, 폐허가 된 도시의 중심에서 병력을 펼치기가 어려웠으므로 서로 칼을 빼 들고 어지럽게 밀치는 정도에 그쳤다. 곧 정신을 가다듬은 브렌누스는 부하들을 이끌고 본진으로 돌아가 큰 손실을 보지

카밀루스

는 않았다. 그는 밤사이에 요란스레 막사를 부순 뒤 모든 병력을 이끌고 로마에서 철수하여 12킬로미터쯤 물러났고, 가비나(Gabina)를 향한 길을 따라 진영을 차렸다.

날이 밝자 카밀루스가 찬란한 대오를 이끌고 나타났다. 로마군은 결의에 차 있었다. 그들은 격렬한 전투 끝에 적군을 크게 섬멸하고 진지를 장악했다. 패잔병들 가운데 몇 사람은 곧 추격병에게 잡혀 처형되었으며, 거기에서 겨우 빠져나간 사람들도 흩어져 도망하다가 주변 마을과 도시의 주민들에게 살해되었다.

30

로마는 이상스럽게 함락되었지만, 그보다 더 이상스럽게 자유를 찾았다. 갈리아족은 7개월 동안 로마를 점령했다. 그들은 7월 보름에 입성하여 이듬해 2월 보름께 물러났다. 카밀루스는 잃었던 조국을 되찾은 영웅에 합당한 개선식을 치렀다. 성 밖에 있던 시민들은 처자와 함께 카밀루스의 개선 전차를 따라 들어왔고, 성안에 갇혀 겨우 굶어 죽을 위기를 모면한 시민들은 밖으로 나와 돌아오는 시민들을 맞이했다. 그들은 껴안고 울며 기쁨의 눈물을 흘렸다.

신전에 봉사하는 사제와 보좌인들이 땅에 묻었거나 피난하면서 가져갔던 성물을 조심스럽게 가지고 나와 시민 앞에서 보여 주었다. 그들은 기쁜 마음으로 성물을 바라보면서 이제 신들도 성물과 함께 로마에 돌아왔다고 진심으로 믿었다.

카밀루스는 신전의 전례에 익숙한 사람들의 인도를 받으며 신에게 제물을 바치고 도시를 정화(淨化)하고 옛날의 신전을 복구했다. 그리고 하늘에서 들려온 목소리가 마르쿠스 카이디키우스에게 갈리아족이 쳐들어온다고 알려 주었던 곳을 조심스럽게 찾아 그곳에 '신의 소식과 목소리'를 기념하는 새로운 신전(Ara Aii Locutii)을 세웠다.

31

카밀루스의 열정과 사제들의 헌신적인 노력에 힘입어 신전 터가 발굴되었지만 그 모습은 처참했다. 완전히 파괴된 도시를 재건해야 했던 시민은 엄청난 작업 앞에 낙담하여 어쩔 줄 몰랐다. 그들에게는 복구할 물자도 없을뿐더러 지금으로서는 힘도 없고 방법도 없었기에, 고생스럽고 지치게 하는 일보다는 고통을 겪은 뒤의 휴식과 평온이 필요했다.

따라서 시민은 전쟁으로 피해를 입지 않아 모든 것이 잘 갖추어져 있는 베이이로 돌아가고 싶다는 생각을 하게 되었고, 이는 민중의 뜻과 입맛에 맞는 말만 하고 싶어 하는 악의적인 선동가들에게 좋은 기회를 주었다. 민중은 이미 카밀루스를 악의적으로 비난하는 연설에 넘어가고 있었다.

카밀루스는 민중이 그들을 받아들일 준비가 되어 있는 도시로 돌아가지 못하도록 막았고, 폐허가 되어 버린 곳에 천막을 치고 살면서 송장을 태우는 장작더미나 세우도록 만들었는데, 이는 그가 자신의 야심과 명성만을 좇기 때문이라는 소문이 나돌았다. 그는 로마의 장군이자 지도자가 되고자 할 뿐만 아니라 로물루스를 밀어내고 자신이 로마를 창건한 인물로 떠오르고 싶어 한다는 것이었다. 마침 카밀루스가 직책에서 물러나고 싶어 했고, 애초에 6개월 이상 독재관의 직책을 지킨 사람이 아무도 없었음에도, 군중의 난동이 두려웠던 원로원은 그가 1년을 다 채우기 전에는 그만두지 못하도록 결정했다.

그러면서 원로원 의원들은 로물루스와 누마를 비롯한 여러 왕이 축성하여 세운 뒤로 민중이 관리해 온 신전과 성소를 가리키면서, 친절한 말씨와 설득으로써 그들의 마음을 부드럽게 돌려놓으려고 노력했다. 또한 그들은 신전의 언덕 터를 발굴할 때 갓 잘려 나간 듯한 머리를 발견했던 일을 상기시키면서, 그 머리가 발견된 곳이 바로 이탈리아의 수도가 될 운명이라고 강조했다.

원로원 의원들은 또한 전쟁이 끝난 뒤에 여사제들이 새로 불을 붙인 베스타 신전의 성화에 대해서도 언급했다. 시민들이 만약 이 도시를 버림으로써 불꽃을 다시 꺼뜨린다면 재앙이 찾아와 이 도시가 다시 이주민이나 이방인에게 점령당할 것이며, 거리에는 짐승들만 우글거릴 것이라고 말했다.

원로원 의원들은 한 명을 만나건 군중집회에 나가건 이와 같이 민중을 타일렀다. 그러면서도 의원들은 군중의 눈물 어린 호소에 마음 아파했다. 군중은 자기들 앞에 닥친 무력함을 슬퍼하며, 마치 이제 갓 난파선에서 살아 나온 것처럼 헐벗고 가진 것도 없는 자신들을 구원해 달라고 애원했다. 다른 도시에서는 자기들을 받아들일 준비가 되어 있는데 왜 조국이 외면하려 하느냐면서, 폐허의 파편들이 널려 있는 곳으로 우리를 몰아넣지 말라고 호소했다.

32

일이 이렇게 되자 카밀루스는 이 문제를 민회에서 토론한 뒤에 표결하기로 결심했다. 그는 조국을 지켜야 한다는 내용의 긴 연설을 했다. 그리고 다른 사람들도 자신이 바라는 바를 연설했다. 마지막으로 그는 관례에 따라 첫 번째로 투표하도록 되어 있던 루키우스 루크레티우스(Lucius Lucretius)를 불러 발언하도록 하고, 원로원 의원들이 그다음 차례로 연설하도록 했다.

잠시 침묵이 흐른 뒤, 루크레티우스가 연설을 시작하려 할 때 마침 그날의 당직이었던 백인대장이 회의장 밖을 지나가다 큰 소리로 기수(旗手)를 불러 세우더니 그곳에 깃발을 꽂으라고 지시했다. 그곳이야말로 정착하여 살기에 가장 좋은 장소라는 것이었다. 그 말은 불확실한 미래에 대한 초조함으로 깊은 탄식에 빠져 있던 사람들에게도 들려왔다.

그때 루크레티우스가 정중하게 머리를 숙인 다음, 자신은 신의 뜻에 따라 투표했다고 말했다. 다음 사람들도 그와 같은 내용으로 연설했다. 그러자 군중의 마음이 놀라울 정도로 바뀌었다. 그들은 서로를 격려하며 도시를 복구하는 일에 기꺼이 나섰다.

군중은 몇 군데 집터를 마련했지만, 질서 정연한 설계에 따른 것이 아니라 편리한 대로 각자의 뜻에 맞게 지은 것이었다. 이렇게 서둘러 짓다 보니 재건 작업은 혼란스러웠다. 길은 좁았으며, 집들은 미로처럼 들어섰다. 들리는 바에 따르면, 도시를 복구하고 성을 쌓고 집을 짓는 데 한 해도 채 걸리지 않았다고 한다.

카밀루스에게서 성소를 복구하도록 위임을 받은 사람들은 그곳이 엉망이라는 것을 알게 되었다. 정청(政廳, Palatium)을 돌아 군신을 모시는 마르스 신전에 이르니, 신전과 그 밖의 모든 건물은 갈리아의 침략으로 완전히 파괴되어 있었다. 그 잔해를 치우고 복구하는데 잿더미 속에서 로물루스의 점치는 지팡이가 나타났다. 그들은 끝이 구부러진 이 지팡이를 리투스(lituus)라고 불렀다.

로물루스는 위대한 예언자로서, 날아가는 새를 보고 점을 칠 때 하늘을 여러 구역으로 나누고자 이 지팡이를 사용했었다. 그가 사라졌을 때, 사제들은 다른 성물과 함께 그 지팡이를 부서지지 않도록 잘 보관해 두었다. 모든 것이 부서진 상태에서 오직 이 지팡이만 온전히 남아 있는 모습을 본 시민은 로마의 미래에 대하여 벅찬 희망을 품게 되었다. 이는 로마가 영원히 번성하리라는 징조라고 그들은 생각했다.

33

그 무렵, 로마인들이 당장 눈앞에 닥친 일도 처리하지 못하고 있을 때 또다시 전쟁이 일어났다. 아이퀴족과 볼스키족과 라틴족이 한꺼번에 쳐들어왔으며, 토스카나인들은 로마와 동맹

카밀루스

을 맺고 있던 수트리움(Sutrium)을 공격했다. 군대를 지휘하던 군무 위원들은 마르키우스(Marcius)산 가까운 곳에 진영을 쳤다가 라틴족에게 포위되어 그곳을 잃을 위험에 빠졌다. 이에 그들이 로마에 도움을 요청하여 카밀루스가 세 번째로 독재관에 임명되었다. 이 전쟁에 대해서는 두 가지 이야기가 있는데, 전설 같은 이야기를 먼저 소개하고자 한다.

들리는 바에 따르면, 전쟁을 일으키려는 구실이었는지 아니면 지난날 로마와의 우의를 되살리고 싶어서였는지는 알 수 없으나, 라틴족은 로마에 사람을 보내 자유민 출신의 처녀들을 자신들에게 시집보내라고 요구했다. 로마인들은 어찌할 바를 몰랐다. 전쟁의 상처가 아직 복구되지도 않은 상태에서 새로운 전쟁을 일으키는 것도 두려웠고, 여인을 보내라는 라틴족의 요구가 통혼(通婚)이라는 그럴듯한 이름 아래 인질을 잡아 두려는 의도일 수도 있다는 의심이 들었다.

이렇게 어려운 상황에서 한 여종이 관리를 찾아왔다. 누구는 여종의 이름이 투툴라(Tutula)[4]라 하고, 누구는 휠로티스라고 한다. 그는 관리에게 자기와 함께 아름답고 귀족 티가 나도록 꾸민 몇 명의 여종을 적진으로 보내 주면 나머지 일은 자기들이 알아서 처리하겠노라고 말했다.

관리들은 투툴라의 설득에 따르기로 하고, 그가 필요하다고 생각하는 수(數)만큼 여종들을 뽑아 아름다운 옷을 입히고 황금 장식으로 꾸민 다음 가까이에 주둔해 있는 라틴족의 병영으로 보냈다. 밤이 되자 여인들은 적군의 무기를 훔쳐 달아났다. 그러는 동안에 투툴라는 높은 무화과나무에 올라가 겉옷을 벗어 라틴족이 있는 방향을 가린 채 로마군 쪽으로 불을 비추었다.

이는 그와 로마 관리들이 맺은 약속이었으며, 다른 시민

---

4   「로물루스전」(§ 29)에는 그의 이름이 'Tutola'로 되어 있다.

은 그 뜻을 알지 못했다. 로마 병사들은 지휘관의 명령에 따라
소리치며 적진으로 쳐들어갔다. 여러 장교와 사병들은 서로의
이름을 부르며 요란스럽게 어울려 질풍처럼 적진을 습격했다.
잠에 빠져 있던 적군은 영문도 모른 채 병영을 빼앗기고 죽임
을 당했다.

　이 일은 퀸틸리스월의 노네스(nones),[5] 곧 지금의 7월 7일
에 일어났는데, 오늘날에도 그날의 승전을 기념하여 축제를
연다. 처음에 그들은 무리 지어 성문을 나서면서 카이우스니
마르쿠스니 루키우스니 하며 이름을 부르는데, 이는 전쟁이
일어났던 날 병사들이 서로의 이름을 부르던 일을 흉내 낸 것
이다. 그런 다음에는 재미있게 옷을 차려입은 여인들이 뛰쳐
나와 만나는 남자들과 떠들썩하게 농담을 나눈다.

　그들은 전쟁을 흉내 냄으로써 지난날 라틴족과 치른 전투
를 기린다. 그리고 잔치를 치르면서 무화과나무 그늘에 앉는
다. 이날의 축제를 노나이 카프로티나이(Nonae Caprotinae)라고
하는데, 이는 여종들이 무화과나무에 올라가 횃불을 비춘 행
위를 기념하는 것이다. 카프로티나이라는 말은 무화과나무를
뜻하는 카프리피쿠스(caprificus)에서 유래했다.

　그러나 다른 사람들의 말에 따르면, 이 축제에 관하여 내
려오는 모든 이야기는 로물루스의 운명과 관련이 있다고 한
다. 날이 어두워지자 성 밖에서 갑자기 태풍이 불면서 그가 사
라진 날이 바로 7월 7일이기 때문이라는 것이다. 뒷날의 사람
들은 아마도 그날 일식이 있었을 것으로 생각한다. 그들의 말
에 따르면, 그가 사라진 곳의 이름이 노나이 카프로티나이였
다고 한다. 그가 사라질 때 암컷 염소가 지나갔으며, 민중이
'염소의 늪'이라는 곳에 모여 수다를 떨고 있을 때 그가 사라졌
다는 것이다. 이에 관해서는 내가 이미 「로물루스전」(§27)에서

5　옛 로마력에서 노네스는 3·5·7·10월의 제7일, 그 밖의 달의 제5일을 뜻한다.

　　　　　　　　　　　　　　　　　　카밀루스

이야기한 바 있다.

34

그러나 대부분의 작가는 이 전쟁에 관해 또 다른 이야기를 하고 있는데, 그 내용은 이렇다. 세 번째로 독재관에 임명된 카밀루스는 라틴족과 볼스키족이 로마 군무 위원의 군사들을 포위했다는 소식을 듣자, 나이가 너무 많아 군 복무에서 면제된 노인까지 차출하여 무장시켰다.

적군의 눈에 띄지 않게 멀찌가니 마르키우스산을 둘러싼 카밀루스는 적군의 배후에 군대를 배치한 다음, 여러 개의 횃불을 비춤으로써 포위된 아군에게 자기들이 도착한 것을 알도록 했다. 포위된 로마군은 곧 용기를 내어 적군의 대오를 뚫고 나와 합류했다. 그러자 라틴족과 볼스키족은 참호로 물러나 거대한 목책(木柵)으로 진영을 둘러싼 다음 사방을 봉쇄했다.

로마군이 앞뒤로 둘러쌌다는 사실을 알아차린 라틴족과 볼스키족은 본국에서 지원군이 올 때까지 기다리기로 했다. 아울러 그들은 토스카나에서도 지원군을 보내 주리라고 기대했다. 그들의 계획을 알아차린 카밀루스는 지금 자기들이 적군을 포위하고 있듯이 자신들 역시 적군의 지원 병력에 포위당할 수도 있음을 두려워하면서 이 기회를 이용하려고 서둘렀다.

적군이 목책을 세운 데다, 해가 뜰 무렵이면 산에서 거센 바람이 불어왔다. 이에 따라 그는 군사들을 불화살로 무장시킨 다음, 날이 밝아 올 무렵 군대를 이끌고 나갔다. 군대를 둘로 나눈 그는 한쪽 집단에 자신의 반대 방향에서 큰 소리를 치며 화살로 공격하라고 지시했다. 그리고 자신은 불화살 부대를 이끌고 적군의 참호를 공격하기에 가장 좋은 바람이 부는 곳에 자리 잡은 뒤, 적당한 때가 오기를 기다렸다. 전투가 막 벌어질 즈음에 날이 밝아오고 바람이 거세게 불었다. 이에 카밀루스가 공격 명령을 내리니 적군의 참호로 무수한 불화살이 날아갔다.

불길은 먹이를 만난 듯이 목책을 집어삼키며 사방으로 빠르게 퍼져 나갔다. 불을 끌 만한 아무런 도구도 없었던 라틴족은 온 진영이 불길에 싸이자 끝내 작은 공간으로 몰려들었다가, 완전 무장을 하고 참호 앞에서 전열을 가다듬으면서 기다리던 로마 병사 쪽으로 허둥지둥 달려 나갔다. 그러나 그곳을 빠져나간 라틴족 병사는 거의 없었고, 막사에 뒤처져 남아 있던 무리는 불길의 먹이가 되었다. 그제야 로마 병사들은 그들의 진영으로 쳐들어가 전리품을 약탈했다.

35

라틴족과 볼스키족의 침략을 이렇게 처리한 카밀루스는 아들 루키우스에게 포로와 전리품의 경비를 맡기고, 자신은 적군의 본국으로 쳐들어갔다. 그는 아이퀴족의 도시를 장악하고 볼스키족과 조약을 맺은 다음, 수트리움을 향해 곧바로 진격했다. 그때까지도 수트리움 주민들의 운명이 어찌 되었는지 알지 못했던 카밀루스는 아직도 그들이 토스카나인들에게 포위되어 있으리라고 생각했다. 그러나 사실을 알아보니 그들은 이미 적군에 도시를 내준 뒤였고, 등에 옷 한 벌만 걸친 채 쫓겨날 정도로 어려움에 빠져 있었다.

군대를 이끌고 가던 카밀루스가 처자식을 데리고 나오는 주민들을 만났더니, 그들은 자신들의 비참함을 울며 호소했다. 카밀루스는 괴로워했다. 또한 자기들의 목에 매달려 호소하는 주민들의 모습에 로마 병사들도 눈물을 흘리며 분노했다. 그는 더 이상 복수를 미룰 수 없다고 생각하고, 그날로 수트리움을 향하여 진군하기로 결정했다. 그는 물자가 풍부한 도시를 점령한 적군이 성 안팎에 모습을 드러내지 않는 것을 보고 그들의 기강이 풀리고 보초도 없으리라고 판단했는데, 그 판단은 정확했다.

카밀루스

카밀루스는 누구의 눈에도 띄지 않게 도시를 통과하였을 뿐만 아니라, 적군이 알아차리기에 앞서 성문으로 다가가 성벽을 장악했다. 보초도 없었고, 집 안의 병사들은 술과 음식을 즐기고 있었다. 카밀루스의 군대가 쳐들어온 것을 알았을 때, 그들은 너무 취하고 배가 불러 몸을 가눌 수가 없었다.

많은 병사가 도망할 엄두도 내지 못하고 집 안에서 기다리고 있다가 치욕스러운 죽임을 겪거나 카밀루스의 병사들에게 항복했다. 이렇게 하여 수트리움은 하루에 두 번 주인이 바뀌었다. 처음에 빼앗겼던 무리가 다시 찾고 빼앗았던 무리가 빼앗겼으니, 이 모든 것이 카밀루스의 지혜로움 덕분이었다.

36

이번의 승리를 기리는 개선식은 지난날 두 번에 걸친 개선식에 못지않게 찬란했다. 카밀루스가 타고난 용맹 때문이 아니라 운이 좋아 이겼을 뿐이라고 둘러대며 그의 승리를 가장 시샘했던 시민조차도, 이번의 승리야말로 그의 능력과 열정 덕분이라며 그가 얻은 영광을 칭송하지 않을 수 없었다.

그럼에도 그의 승리를 가장 싫어하고 시샘한 인물은 저 유명한 마르쿠스 만리우스였다. 그는 갈리아족이 밤중에 신전의 언덕을 기어오르며 공격할 때 그들을 절벽으로 밀어 떨어뜨림으로써 카피톨리누스(Capitolinus)라는 명성을 얻었던 바로 그 인물이었다.[6] 그는 로마의 최고 지도자가 되고 싶었으나, 영광을 향한 경쟁에서 카밀루스를 이길 수 없었다. 그래서 그는 독재자들이 흔히 하는 방법을 따르기로 했다.

곧 만리우스는 대중의 환심을 끌기로 마음먹고, 그 가운데에서도 빚을 진 시민을 자기편으로 만들고자 했다. 만리우스는 채권자들에게 대항하여 채무자들을 변론하거나 항소했

6 　로마어로 언덕을 'capitol'이라 한다.

고, 구속된 이들을 풀어 주었으며, 법의 절차를 이용해 재판을 방해했다. 이런 방법으로 그는 성난 군중을 주변에 많이 모았다. 토론의 광장에서 보여 준 그들의 대담하고 폭력적인 처사는 선량한 시민을 두렵게 만들었다.

원로원은 이러한 무질서를 진정시키고자 퀸투스 카피톨리누스(Quintus Capitolinus)를 독재관으로 선출했다. 그는 만리우스를 감옥에 집어넣었다. 이렇게 되자 그를 따르던 민중은 상복을 입었는데, 이는 나라에 큰 슬픔이 일어났을 때나 하는 일이었다. 민중의 소란으로 겁에 질린 원로원은 곧 그를 풀어 주었다. 석방된 만리우스는 자기의 잘못을 뉘우치기는커녕 민중을 더욱 도전적으로 선동하여, 온 거리에 파벌 다툼이 넘쳤다. 이에 카밀루스가 다시 군무 위원으로 임명되었다.

만리우스의 재판이 열렸을 때, 재판정의 위치가 검사들에게 매우 불리했다. 피고석은 그가 지난날 갈리아족과 야간 전투를 벌여 전공을 세웠던 광장이 빤히 내려다보이는 곳이어서, 보는 이들의 가슴을 뭉클하게 했기 때문이었다. 만리우스도 팔을 벌리고 눈물을 흘림으로써 방청객들이 그 유명한 전투를 회상하게 했다.

일이 이렇게 되자 판사는 어쩔 줄 몰라 재판을 두 번씩이나 휴정했다. 증거가 명백한 까닭에 재판관들로서는 범인에게 무죄를 선고할 수도 없었고, 사람들이 모두 그 장소를 바라보고 있는 와중이라 법대로 집행하기도 어려웠다.

카밀루스는 이런 모든 일을 감안하여 재판정을 페텔리누스 숲(Lucus Petelinus)으로 옮겼다. 그곳에서는 신전의 언덕이 보이지 않았다. 그제야 고발인은 기소장을 작성했고, 재판관은 현재의 범죄에 대한 명백한 분노로 말미암아 지난날의 업적을 잊을 수 있었다. 형리는 유죄 판결을 받은 만리우스를 신전의 언덕으로 끌고 올라가 그곳 바위 절벽에서 밀어 죽였다.

그리하여 만리우스의 최고의 영광과 최악의 불행은 같은

카밀루스

장소에서 일어났다. 로마 시민은 그의 집터를 없애 버리고 모네타 신에게 바치는 신전을 그곳에 세웠다. 그리고 앞으로는 어느 정치인도 신전의 언덕에 집을 지을 수 없도록 하는 법률을 제정했다.

37

이제 여섯 번째로 군무 위원에 선출된 카밀루스는 영예로운 직책을 사양했다. 이미 나이가 많은 데다, 자신과 같은 인생을 산 사람들의 영광스러운 성공에 흔히 따라오는 사람들의 시샘과 신의 분노가 두려웠기 때문이었다. 그러나 무엇보다도 중요한 이유는 건강이 나빠졌기 때문이었다. 공교롭게도 그 무렵에 그는 몸이 아팠다.

그러나 시민은 카밀루스를 군무 위원의 직책에서 빼 주지 않았다. 시민은 그가 기병대나 중무장 보병을 이끌 필요도 없고, 다만 고문(顧問)이 되어 지시만 해 달라고 소리쳤다. 그렇게 군중이 억지로 직책을 맡기자 그는 동료 루키우스 푸리우스(Lucius Furius)와 함께 군대를 이끌고 적군을 치고자 떠났다.

침략자는 플라이네스티네(Plaenestine)족과 볼스키족이었다. 그들은 많은 병력을 이끌고 쳐들어와 로마의 동맹국들을 짓밟고 있었다. 군대를 이끌고 진군하여 적진 가까이에 진영을 차린 카밀루스는 시간을 끄는 것이 가장 좋은 방법이라고 생각했고, 끝내 싸워야 할 때가 되면 좀 더 건강한 몸으로 결정적인 승리를 얻고 싶었다.

그러나 그의 동료인 푸리우스는 영광을 얻고 싶은 마음에 빨리 전쟁을 하고 싶어, 부하 장교들도 같은 생각을 하도록 부추겼다. 그토록 싸우고 싶어 하는 젊은이를 질투해서 승리를 빼앗으려 한다는 말을 듣기 싫었던 카밀루스는 푸리우스가 나가서 싸우도록 마지못해 허락했다. 그리고 자신은 몸이 아파 부하 몇 명만 데리고 후진에 남아 있었다.

무모하게 쳐들어갔던 푸리우스는 곧 혼란에 빠졌다. 로마 군이 대패했음을 안 카밀루스는 참지 못하고 병상에서 일어나 부하들을 이끌고 진문(陣門)으로 달려 나갔다. 도망하는 아군을 뚫고 그는 적군을 향해 나아갔다. 본진으로 도망쳐 들어오던 로마군은 되돌아서서 그를 따랐으며, 밖에서 그에게로 달려오던 병사들은 걸음을 멈추고 그를 둘러싸더니 자신들의 장군을 버리지 말자고 서로 격려했다. 이렇게 하여 그날 적군은 추격을 멈추고 본진으로 돌아갔다.

다음 날, 카밀루스는 군대를 이끌고 나가 전투를 벌인 끝에 상대를 크게 깨뜨리고, 본진으로 도망치는 적군을 따라 들어가 대부분을 죽였다. 이런 일이 있은 뒤에 토스카나인들이 사트리쿰(Satricum)을 점령하고, 대부분이 로마인이었던 그곳의 주민들을 죽였다는 소식이 들려왔다. 이에 카밀루스는 중무장 보병으로 구성된 주력 부대를 로마로 돌려보낸 뒤, 젊고 용맹한 병사들만 이끌고 도시를 장악하고 있던 토스카나인들을 급습하여 승리를 거두었다. 이 전쟁에서 적군의 일부는 도망치고 나머지는 모두 죽었다.

38

카밀루스는 많은 전리품을 챙겨 로마로 돌아왔다. 경험과 용기만 있다면 육신의 늙음이나 허약함은 걱정할 일이 아니라고 생각한 로마 시민의 선택은 현명했음이 입증되었다. 더욱이 그는 그 자리를 바라지도 않았고, 몸은 병들어 있었으며, 많은 젊은이가 그 자리를 그토록 탐내고 있던 터였다. 투스쿨룸(Tusculum)의 주민들이 반란을 꾸미고 있다는 소식이 들려왔을 때도 로마인들은 그와 같은 지혜를 다시 한번 보여 주었다. 카밀루스에게 다섯 명의 막료 가운데 한 사람을 뽑아 함께 정벌군을 조직하도록 지시했던 것이다.

다섯 사람 모두 서로 뽑혀 정벌군이 되기를 간절히 바랐지만, 카밀루스는 그 가운데 루키우스 푸리우스를 뽑음으로써 모든 사람을 놀라게 했다. 그는 카밀루스의 판단에 따르지 않고 서둘러 전투를 하려다가 패배한 적이 있었기 때문이었다. 그러나 카밀루스는 푸리우스의 불운을 덮어 주고 불명예를 씻어 주고자 다른 막료들을 제치고 그를 선택했던 것으로 보인다.

카밀루스가 군대를 이끌고 투스쿨룸에 도착했을 때 주민들은 아주 교묘하게 자신들의 음모를 숨기려 했다. 들판에는 밭을 매는 사람들이 가득하고, 양 떼가 노닐어 평화스러운 때와 다름이 없었다. 성문은 모두 열려 있고, 아이들은 학교에서 공부하는 시늉을 했다. 주민들 가운데 수공업자들은 가게에서 열심히 일했고, 한가한 사람들은 평상복을 입고 토론의 광장을 천천히 거닐었으며, 관리들은 로마 병사가 묵을 숙소를 마련하느라고 부산을 떨면서 아무런 악의가 없는 듯이 행동했다.

그들의 행실은 그들이 반역을 꿈꾸고 있다는 카밀루스의 의심을 지워 주지 못했다. 그러나 그들이 반역을 도모했던 과거를 뉘우치는 모습을 보고 측은한 마음이 든 카밀루스는 그들에게 로마의 원로원으로 가서 용서를 빌라고 지시했다. 카밀루스 자신도 그들이 용서받을 수 있도록 도와주었다. 그리하여 투스쿨룸 주민들은 모든 잘못에 대한 처벌을 받지 않고 로마 시민권을 얻었다. 이는 카밀루스가 여섯 번째 호민관으로 재직하면서 이룬 가장 탁월한 업적이었다.

39

이런 일이 있고 나서 리키니우스 스톨로(Licinius Stolo)가 로마 시내에 커다란 분란을 일으켜 민중과 원로원을 충돌시켰다. 그는 민중이 두 사람의 집정관을 뽑되 두 사람 모두 귀족 가운데서 뽑아서는 안 되며, 한 명은 반드시 평민 출신이어야 한다고 주장했다. 그에 따라 평민 출신의 호민관이 선출되었지만, 민중은 이에 만족하지 않고 합법적으로 치르게 되어 있는 집정관 선거를 방해했다.

이처럼 고위 관리의 선출이 늦어져 모든 일이 어려워지자 원로원은 민중의 반대를 무릅쓰고 네 번째로 카밀루스를 독재 관에 임명했다. 그는 그 자리에 앉고 싶지 않았고, 자신에게 말 할 기회를 얻기 위해 수많은 난관을 헤쳐 온 이들과 맞서고 싶 지도 않았다. 그들이 한 말은 다음과 같다.

"그대의 업적은 우리와 함께 전쟁터에서 얻은 것이지 귀 족들과 함께한 정치판에서 얻은 것이 아닙니다. 귀족들이 지 금 그대를 독재관으로 임명한 것은 미움과 시샘 때문입니다. 그대가 이기면 귀족의 반대파인 민중을 쳐부술 것이고, 그대 가 지면 그대가 쓰러질 것이니 어느 쪽이든 저들이 바라는 바 일 것입니다."

어쨌거나 카밀루스는 사악한 무리의 위협을 걷어 내려고 애썼다. 호민관들이 법안을 제출하기로 한 날짜를 확인한 카 밀루스는 그날을 군중집회의 날로 선포하고, 모든 시민은 토 론의 광장이 아닌 군신의 광장으로 모이되 이를 따르지 않는 시민에게는 무거운 벌금을 물리겠노라고 선언했다. 이에 맞서 호민관들은 만약 그가 시민의 법안 투표권을 빼앗으려 한다면 그에게 은화 5만 드라크마의 벌금을 매기겠노라고 엄숙히 선 언함으로써 그를 압박했다.

이제 두 번째로 추방된다는 것은 자신의 나이나 그동안 이룬 공적으로 볼 때 감당할 수 없는 일이라고 겁을 먹은 탓인 지, 아니면 자신이 그 자리에 앉더라도 저토록 막 나가는 민중 의 기세를 꺾을 수 없다고 판단한 탓이었는지는 알 수 없으나, 카밀루스는 집으로 돌아가 며칠 동안 아프다고 핑계를 대더니 독재관 직책을 사임했다.

그러자 호민관들은 다른 사람을 독재관으로 임명했는데, 그가 바로 소란을 일으킨 장본인 리키니우스 스톨로였다. 그 는 스스로 기병대장이 된 다음, 법안 하나를 통과시켰다. 그러나 그 법은 귀족들을 매우 분노케 했다. 그 법에 따르면, 누구도 2백만 제곱미터 이상의 땅을 가질 수 없기 때문이었다. 그 무렵 투표에서 이긴 그는 매우 주목할 만한 인물이었다. 그러나 시간이 조금 지나자 스톨로 자신이 2백만 제곱미터 이상의 땅을 차지하고 있다는 것이 밝혀져, 자신이 만든 법에 따라 벌금을 물었다.

40

그러나 분란의 가장 큰 원인이었던 집정관 선출 문제는 그대로 남아 있었다. 이는 민중과 원로원 사이의 다툼을 일으키는 첫 번째 문제였다. 그런데 갈리아족이 엄청나게 많은 병력을 이끌고 아드리아해를 떠나 로마로 출항했다는 소식이 갑자기 들려왔다. 이 소식과 함께 실질적인 전투가 벌어졌다. 온 나라가 유린되자 쉽게 로마로 피난할 수 없었던 주민들은 산속으로 흩어졌다.

전쟁에 대한 두려움은 로마 안의 분란을 멈추게 했으며, 부자와 가난한 사람, 원로원 의원과 평민을 모두 한자리에 모이게 했다. 모든 사람이 한마음으로 카밀루스를 다섯 번째로 독재관으로 선출했다. 그는 이제 나이도 많아 거의 여든 살에 가까웠다. 그러나 자신에게 위험이 닥쳐오고 조국이 자신을 필요로 한다는 것을 안 그는 지난날처럼 핑계나 변명을 대지 않고 곧장 지휘권을 받아 군대를 소집했다.

갈리아족의 주요 무기는 칼이었다. 그들은 이 칼로 적군의 어깨와 머리를 찍어 내리는 것 말고는 별다른 기술을 쓰지 않았다. 그 사실을 잘 알고 있던 카밀루스는 대부분의 병사에게 표면이 매끄러운 철갑 투구를 쓰게 했다. 적군이 칼로 그 투구를 내려치면 미끄러지거나 칼이 부서지게 되어 있었다. 그는 또한 테두리에 구리를 두른 긴 방패로 병사를 무장시켰다. 지난날의 나무 방패는 적군의 칼을 막아 낼 수 없었기 때문이

었다. 병사들은 또한 긴 투창을 쓰는 방법을 훈련했는데, 이는
적군의 검술 공격에 대응하고자 함이었다.

41

갈리아족이 다가와 아니오강 가까이에 진영을 차렸는데, 전리
품이 너무 많아 기동조차 불편했다. 카밀루스는 완만하게 비
탈지고 땅이 팬 곳에 병사를 배치한 다음, 주력 부대를 매복시
켰다. 그리고 적군의 시야에 노출된 로마 병사들은 겁에 질려
언덕배기에 웅크리고 있는 것처럼 보이게 했다. 이런 분위기
는 카밀루스가 바라던 바였다. 그는 눈앞에서 적군이 약탈하
는 것을 막지 않았으며, 오로지 방책을 튼튼히 하고 조용히 기
다렸다. 어떤 적군은 무리를 지어 진지 밖으로 나와 약탈을 저
질렀고, 진지 안에 있는 병력은 먹고 마시는 일밖에는 하는 것
이 없었다.

드디어 밤이 되자 카밀루스는 경기병을 보내 적군이 전투
대형을 갖추지 못하도록 방해했다. 그들이 진영 밖으로 나왔
을 때는 커다란 혼란에 빠져 있었다. 날이 밝기에 앞서 카밀루
스는 중무장 보병을 평야로 내보내 전투 대형을 갖추었다. 갈
리아족이 바라보니 예상했던 것처럼 적군의 수가 적지도 않았
고, 겁에 질려 있지도 않았다. 먼저 공격받는 것을 수치로 알고
있던 갈리아족은 처음부터 자신감을 잃었다. 이런 상황에서 카
밀루스가 다시 경보병을 투입하여 적군이 대오를 갖추기에 앞
서 먼저 공격하니 적군은 질서를 잃고 마구잡이로 저항했다.

드디어 카밀루스가 중무장 보병을 이끌고 공격을 개시했
다. 적군이 칼을 높이 빼 들고 접근전을 펼치려 하자 로마군은
그들의 얼굴에 투창을 던졌다. 적군은 로마군의 철갑을 내리
찍었으나 연금(鍊金)이 제대로 되지 않은 칼끝은 쉽게 휘어졌
고, 그들의 갑옷은 로마군의 긴 창에 뚫렸다. 그렇게 되자 갈리
아 병사들은 자기들의 무기를 버리고 로마군의 무기를 빼앗으

카밀루스

려 했다.

그들은 방패에 꽂힌 로마군의 창을 뽑으려 했으나, 그들에게 무기가 없는 것을 알아차린 로마 병사들은 곧 칼을 빼 전방 부대의 많은 적군을 죽였다. 나머지 무리는 평야 쪽으로 도망했다. 언덕과 높은 지대는 이미 카밀루스에게 점령되어 있었다. 갈리아 병사들은 자신들의 진지가 쉽게 함락되었음을 알고 있었다. 자신들을 너무 믿은 나머지 진지를 요새화하지 않았던 것이다.

들리는 바에 따르면, 이 전투는 로마가 점령당한 지 13년 뒤에 일어난 일이라고 한다. 이 전쟁은 로마인들에게 갈리아족을 이길 수 있다는 믿음을 심어 주었다. 그 앞서 로마인들은 갈리아족을 얼마나 무서워했던지, 그들이 점령하고 있던 땅을 처음 되찾았을 때는 자신들이 이긴 이유가 갈리아족의 전투력이 약해서가 아니라 그들에게 전염병이 돌고 운이 나빴던 탓이었다고 생각할 정도였다. 어쨌거나 로마인들은 사제들에게 병역의 의무를 면제해 주면서도 갈리아족이 쳐들어올 때는 예외로 두었을 만큼 그들을 두려워했다.

42

이는 카밀루스가 치른 마지막 전투였다. 벨리트라이(Velitrae)를 점령한 것도 이 전쟁의 결과이기는 하지만, 이 도시는 싸우지도 않고 되찾았다. 그러나 승리에 도취한 민중을 다스리는 일이 가장 어려운 문제로 남아 있었다. 그들은 법에 정해진 바와는 달리 평민 가운데에서도 집정관을 뽑아야 한다고 주장했다. 원로원은 그들의 요구를 받아들이지 않고 카밀루스가 독재관 자리에서 물러나지 않기를 바랐다. 그들은 카밀루스의 권력과 영향력이 자신들의 귀족 정치를 지키는 데 도움이 되리라고 생각했다.

언젠가는 카밀루스가 토론의 광장에서 공식적으로 업무

를 보고 있는데, 민중 호민관이 보낸 어떤 사람이 그에게 따라 오라면서 그의 어깨에 손을 얹고 마치 끌고 가려는 듯한 시늉을 했다. 광장에서는 전례 없이 고함이 오가고 큰 소란이 벌어졌다. 카밀루스의 막료들이 그 평민 관리를 단상에서 끌어 내리자 밑에 있던 민중은 카밀루스를 끌고 나가자고 소리쳤다. 카밀루스는 이러한 상황에 당황했지만 관직을 내놓지는 않았다. 그 대신에 그는 의원들을 이끌고 원로원으로 갔다.

원로원에 들어가기에 앞서, 그는 신전의 언덕을 향해 이번의 소동이 행복한 결론에 이르도록 해 달라고 신께 기도하고, 이 소란이 끝나면 화합의 신전(Templum Concordiae)을 세우겠다고 엄숙히 맹세했다. 원로원에서는 법안의 반대를 둘러싸고 격론을 벌인 끝에, 온건파가 승리하여 평민에게 집정관 자리 한 좌석을 주는 것으로 양보가 이뤄졌다. 원로원이 이에 기꺼이 동의했다고 카밀루스가 선포하자 예상했듯이 원로원과 평민 사이에 화해가 이뤄졌고, 평민들은 기뻐 소리치며 카밀루스를 집까지 배웅했다.

다음 날 평민들은 민회를 열고 카밀루스가 맹세한 대로 화합의 신전을 짓는 의안을 통과시켰다. 그 신전은 토론의 광장과 민회를 모두 마주 보게 지어짐으로써 그날 있었던 일을 기념했다. 그들은 또한 이른바 라틴 축제(Feriae Latinae)의 날을 정하여 나흘 동안 잔치를 벌였는데, 이때 그들은 머리에 화관을 쓰고 제물을 바쳤다.

그 뒤 카밀루스가 주재(主宰)한 선거에서 귀족을 대표하는 마르쿠스 아이밀리우스(Marcus Aemilius)와 평민을 대표하는 루키우스 섹스투스(Lucius Sextus)가 집정관으로 뽑혔다. 이것이 카밀루스의 마지막 공무였다.

43

그 이듬해에 로마에 전염병이 돌아 수많은 평민과 대부분의

카밀루스

관리가 죽었다. 카밀루스도 이때 죽었다. 그러나 그의 나이와 업적을 생각할 때, 그는 누구보다도 영예롭게 천수(天壽)를 누렸다고 볼 수 있다. 로마인들은 이때 전염병으로 죽은 모든 사람보다도 그 한 사람의 죽음을 더 슬퍼했다.

테미스토클레스는 열정이 넘쳐
결과를 전혀 고려하지 않았다.
그런가 하면
카밀루스는 청년 시절부터
진주를 품으려고 기다리는 조개 같았다.
— 뒤 아이양

1

이제 앞의 두 위대한 인물, 테미스토클레스와 카밀루스 사이
에서 주목할 만한 공통점과 차이점을 생각해 보자. 먼저 두 사
람 모두 보잘것없는 집안 출신이었지만 자신들의 분별력과 용
맹스러움으로 높은 지위를 얻었다. 그러한 지위는 그들이 살
았던 나라의 부름에 따라 위대하게 봉사한 데 대한 보답이었
음을 우리는 알 수 있다.

테미스토클레스와 카밀루스는 자신들의 의무에 어긋나
는 일을 하기보다는 차라리 모욕을 견디는 쪽을 택했다. 그러
나 내가 보기에 테미스토클레스는 비록 카밀루스와 마찬가지
로 보잘것없는 가문 출신이었지만, 좀 더 일찍 자신의 능력을
보여 주었다. 그는 군사 훈련, 보유한 지식, 적국의 점령, 그에
대한 대응력, 국사(國事)에서 중요한 조언을 제시하는 측면 등

I   플루타르코스의 원본에는 「테미스토클레스와 카밀루스의 비교」가 없
다. 이 글은 아미요 주교가 살았던 시기에 뒤 아이양 경이 보완한 것이다.
뒤 아이양 경은 아미요의 『플루타르코스 영웅전』에 주석을 달아 최종본
을 완성한 사람이다.(프랑스어판의 원주)

에서 카밀루스를 훨씬 앞섰다. 그러나 카밀루스는 평범한 군인이었고, 소규모 교전에서 두각을 보이기까지 여전히 알려지지 않은 인물이었다.

2

더욱이 테미스토클레스는 페르시아와 벌인 전쟁에서 지휘권을 얻으려고 비겁하게 행동한 에피키데스가 야망을 버리도록 매수했다. 또한 동맹을 유지하고자 스파르타의 에우리비아데스에게 지휘권을 넘겨주었으며, 과감한 책략으로 그리스 전체를 엄청난 위험에 빠뜨리게 될 아르키텔레스 선장의 출정을 제지했다. 이에 따라 테미스토클레스는 베이이에 근거를 두고 있던 카밀루스보다 훨씬 큰 명예를 얻었다.

카밀루스는 늦게야 베이이에 갔으며, 그것도 소환을 받고서야 움직였는데, 이는 로마의 적국이었던 베이이가 이미 기능을 유지할 수 없었기 때문이다. 테미스토클레스가 더 훌륭했던 부분은 그의 지략이다. 그는 페르시아 군대에 맞설 수 있는 강력한 힘을 얻고자 아테네 사람들을 설득하여 함선에 오르게 했다. 그리고 조국의 안녕을 위해 큰 용기를 품고 지속적으로 시민에게 현명한 조언을 해 주었다.

테미스토클레스는 시민을 위해 아리스티데스와 적절한 시기에 화해했고, 생각할 수 있는 가장 뛰어난 책략으로 페르시아 사람들을 속였으며, 그로 말미암아 전쟁에서 일찍이 그 유례가 없는 승리를 거두었다. 그것은 역사가들이 본 가장 뛰어난 승리였다. 이러한 지략이야말로 카밀루스에게는 없는 미덕이었다.

카밀루스는 로마로 돌아오면서 위험에 빠지자 자신의 맹세를 지키고 베이이를 보다 쉽게 점령하고자 자신의 병사들에게 그들의 전리품에서 10분의 1을 반환하라고 강요했다. 그는 병사들에게 많은 자유를 허용하면 안 되겠다고 판단했던 것이다. 이 조치는 시민이 그에게 원망을 품고 저항하는 계기가 되었다.

3

테미스토클레스는 적군의 모략에 맞서 자신을 변호하려고 온갖 시도를 했지만 결국 그리스를 떠나야 했다. 그러나 그는 자신이 살아온 지난날의 품위를 손상하거나 조국의 이익에 어긋나는 언행을 하지 않고 조용히 조국을 떠나 페르시아 왕의 환대를 받았다. 그는 강력한 정적들에게 자신의 가족이 핍박받는 것을 보면서 자기 목숨을 연장하느니 차라리 죽음을 택하고자 했다. 그와 달리 카밀루스는 막료들의 조언보다 자신의 열정과 사사로운 견해를 더 중요하게 생각했고, 그가 손쉽게 기분을 맞춰 줄 수 있던 시민의 공격을 받자 분노하며 고국을 떠나 비열하게 조국을 저주했다.

이탈리아를 침공한 갈리아족을 보고서도, 카밀루스는 조국을 구하는 데 그토록 절실한 조언과 원조의 손길을 내밀어 돕기보다 방관하기를 선택했고, 마치 마음속으로 로마가 패배하는 것을 보려는 것 같은 느낌을 주었다. 대단히 화가 났던 그는 적군을 향해 달려 나가기보다 오히려 동포들이 재난을 겪는 모습을 보면서 자신의 노여움을 푸는 듯했다. 그는 재난이 더 가까이 다가와 자신을 자극하지 않으면 전투태세에 들어가지 않는 것처럼 보였다.

4

그와 달리 테미스토클레스는 겉으로는 자발적으로 동포들과 화해한 듯 보이지만, 사실은 그 역시 자신을 귀국시킬 생각이 없는 아테네 사람들을 부당하고 가차 없이 비난했다. 그러나 카밀루스는 아무리 작은 전투라도 전념하여 싸웠고, 몇 가지 어려움이 있었어도 자발적으로 조국을 구원하려고 했다. 카밀

481   테미스토클레스와 카밀루스의 비교

루스의 절대 권력, 그가 겪은 다양한 전투와 거기서 거둔 승리에 관한 증언들과 견주어 보면, 테미스토클레스의 업적은 거의 미미해 보인다.

여기에 대해서는 가치 있는 업적의 수(數)로 인물의 우수성을 판단할 것이 아니라, 이러한 행동의 결과와 중요성에 따라 판단해야 한다고 사람들은 반박할 수 있다. 테미스토클레스가 해전에서 거둔 승리는 카밀루스가 치른 모든 전쟁과 승리를 모은 것과 비슷한 무게를 지니거나 조금 못 미치는 정도였다.

5

그러나 테미스토클레스는 매우 두드러진 악덕으로 말미암아 다른 미덕의 빛을 잃었음을, 나는 다시 한번 말하지 않을 수 없다. 물론 그는 고결한 정신, 위대한 업적을 이루려는 갈망, 관대하고 공정한 태도, 잘 드러나지 않은 일에 대하여 심사숙고하는 미덕을 지니고 있었으며, 이를 통해 빠른 결단을 내리고 적절하게 기회를 포착할 수 있었다.

이런 모든 미덕은 테미스토클레스의 뛰어난 기억력, 믿을 수 없을 정도의 근면함, 신중함, 인내심과 그가 겪은 다양한 사건들에서 드러난 놀라운 배려심과 같은 장점을 바탕으로 이루어졌다. 따라서 전쟁 시기든 평화의 시기든, 그는 언제나 위대한 인물이었다. 그가 그리스의 어려운 문제들을 해결하고 공동의 적에 맞서 서로 협력을 유지하고자 도시들을 결속한 일에 대해서는 사람들이 아무리 칭찬해도 지나치지 않다.

테미스토클레스는 그리스 사람들을 타락시킬 목적으로 페르시아 사람들이 제공한 은을 받았던 아르트미오스와 그 가문의 공민권을 박탈한다고 선언했다. 그 밖에도 그의 친절과 용맹스러움을 보여 주는 행동이 많다.

그러나 테미스토클레스의 야심은 지나쳤고, 말과 행동에

서 헛된 영광을 좇는 모습이 두드러졌다. 결국 테미스토클레스는 끝내 우스운 자만심에 사로잡혔다. 자신이 모든 면에서 다른 누구보다도 뛰어난 존재가 되기를 바라게 될 정도였다. 더욱이 분쟁이 일어나면 상대가 강자이든 약자이든 관계없이 자기 지위를 유지하려고 온갖 수단을 찾아냈다. 그는 열정이 넘쳐 결과를 전혀 고려하지 않았다.

테미스토클레스가 스파르타 사람들과 여러 차례 연합할 때도 그는 아주 거칠게 그들을 억압하여 아테네 사람들과 협력하도록 했고, 필요 이상으로 자신의 미덕을 알리도록 했다. 그로 말미암아 그는 끝내 패각 투표로 추방되었고, 그를 지켜본 파우사니아스의 제의를 받아들이는 등의 경솔한 행동을 하다가 페르시아로 도망쳐 그곳의 관습에 따라 살아야 했다. 한 인간의 갑작스럽고 합당치 않은 죽음은 스스로를 지나치게 신뢰했던 인간의 본성을 매우 잘 느끼게 해 주는데, 테미스토클레스가 바로 그런 인물이었다.

6

카밀루스는 테미스토클레스보다 훨씬 뛰어난 장점을 지녔다. 테미스토클레스가 어린 시절부터 수선스럽고 무모한 성격을 드러낸 것에 견주어, 카밀루스는 청년 시절부터 진주를 품으려고 기다리는 조개처럼, 어떤 특이한 행동도 하지 않고 줄곧 조용히 지내다가 갑자기 모습을 드러냈다.

그리고 테미스토클레스가 정치 무대에 나갈 길을 찾고 발견하는 데 많은 시간을 보낸 것과 달리, 카밀루스는 자신의 미덕에 따라 두각을 나타낸 뒤 단 한 번의 시도로써 감찰관의 지위에 이르렀다. 또한 그 지위에 합당하도록 현명하게 행동했다. 더욱이 로마 시민을 괴롭히던 수많은 적군에 맞선 그의 수훈으로 적군은 속수무책으로 무너졌다.

테미스토클레스 인생의 큰 흐름은 연민, 정의, 신중함, 너

　　　　　　테미스토클레스와 카밀루스의 비교

그러움 등의 많은 미덕으로 선명하게 빛났으며, 그로 말미암아 그가 이룩한 여러 다른 명성은 빛을 잃었다. 테미스토클레스는 잔인한 희생을 치름으로써 전쟁에서 빛났던 지략을 훼손시켰고, 자기 시민의 칼과 페르시아 사람들의 시기심으로부터 자신을 보호하지 못한 채 갈팡질팡하다가 위신을 잃었다고 우리는 말할 수 있다. 카밀루스는 영광스럽게도 전리품을 쌓으면서 지속적으로 조국의 이익을 위해 봉사했으며, 모든 사람의 두려움과 존경의 대상이 되었다.

7

로마인들이 카밀루스의 주변 사람들을 부당하게 다뤘기 때문에 그가 로마를 떠난 것은 사실이다. 그러나 그 자신의 명예가 훼손된 것은 결코 아니었으며, 오히려 로마인들이 배은망덕했다고 우리는 말할 수 있다. 그의 자발적인 망명에 이은 갈리아족의 약탈, 파괴되던 로마의 상황은 카밀루스가 타고난 덕성들을 입증하고 드러내기에 알맞은 마당이었다.

그리고 만일 카밀루스가 로마를 떠나지 않았다면 자신의 명성을 되찾을 수 없었으리라고도 말할 수 있다. 로마가 그를 아버지이자 구원자라 부르고, 로마가 진실을 말할 수 있을 때가 되고, 카밀루스가 자신의 책무를 다함으로써 로마가 너무나도 놀랍게 해방과 복구를 이루었을 때, 사람들은 그의 이름을 본떠 로마를 '카밀레(*Camille*)'라고 불렀다.

카밀루스의 이와 같은 업적은 테미스토클레스가 나랏일에 관여하기 이전이나 그가 손을 뗀 이후에도 아테네가 계속하여 번영한 것과는 아주 다르다. 심지어 나는 카밀루스가 활리스키족, 아이퀴족, 볼스키족을 상대로 쟁취한 승리에 대해서는 언급하지 않았다. 더욱이 카밀루스가 상대한 적군은 그 이전이나 이후의 적군보다 더 영리하고 용맹했다.

또한 그가 두세 번의 전투로 로마와 이탈리아 전체를 갈리아족의 공포에서 해방하고, 로마 시민이 예전에 누렸던 것보다 더 큰 위안과 번영을 되돌려 주었다는 것은 분명하다. 이것은 테미스토클레스의 시대를 넘어선 업적이다. 테미스토클레스는 우리가 예상했던 것처럼, 그리스의 운명에 대한 엄청난 회한과 걱정 속에 죽었다.

테미스토클레스는 그리스를 기이한 어려움 속에 말려들게 했고, 강력한 적군에게서 늘 전쟁의 위협을 받게 했다. 더욱이 우리는 카밀루스가 더 인간적인 마음을 지녔던 모습도 볼 수 있다. 갈리아의 왕 브렌누스와 그의 전사들이 로마로 쳐들어왔을 때, 그들은 성을 포위하고 공격하지 않는 대신에 금을 요구하면서 오만함을 보여 줬다.

이때 카밀루스는 지배자답게 로마는 철(鐵)을 가지고 나라를 지킨다는 사실을 적군이 확실하게 느끼도록 해 주었다. 바로 이와 같은 로마의 고귀한 행동에 대한 사람들의 칭송은 모두 카밀루스의 지혜와 용기를 두고 한 말이었다. 물론 페르시아 군대에 맞선 살라미스 해전에서 테미스토클레스가 한 일도 그와 비슷하다. 그는 동맹을 맺은 다른 지휘관들에게 적절한 조언과 군사력을 제공했다.

8

이러한 특성에 덧붙여 강조할 것이 있다. 카밀루스는 적절한 방식으로 얻었던 공적인 책임을 수행하면서 원만하고 고결한 인격을 유지했다는 사실이다. 그는 80년에 이르는 여정을 끈질기게 살았다. 그는 다섯 차례나 독재관으로 선출되어 이름을 알렸다. 또한 그 몇 해 앞서 토스카나 사람들을 쳐부순 유명한 전쟁에서 보여 준 것처럼, 노쇠(老衰)한 몸과 시민의 반감조차도 그의 양식과 대담함을 조금도 누그러뜨리지 못했다.

그와 달리 자신의 나라에서 스스로를 지키려는 술책이 없었던 테미스토클레스는 인생의 중반에, 이를테면 영감을 상실

테미스토클레스와 카밀루스의 비교

했고, 큰 회한도 없이 아주 비참하게 삶을 끝맺었다.

카밀루스는 로마 시민의 마음을 하나로 모음으로써 화합의 통치를 이뤄 낸 뒤, 더 이상 그의 봉사를 받을 수 없는 로마 사람들에게 많은 회한을 남긴 채 평화로운 죽음을 맞았다. 그의 근면한 인생을 두고 사람들이 말한 바를 들어 보면, 그는 정치적으로도 현명했고 전장에서도 용감했던 귀족으로서, 그리스와 로마의 역사에서 기록된 사람들 가운데 가장 뛰어난 본보기라고 한다. 내게는 이 말이 솔직한 고백이자 진실처럼 들린다.

아리스티데스
ARISTIDES

기원전 530~468

인간의 덕성은
세 가지의 빼어남을 담고 있는데,
이를테면 영원(immortality), 힘(power),
그리고 적선(virtue)이다.
— 플루타르코스

권력은 정의를
신성한 것으로 만들 필요가 있다.
권력이 공의롭지 못하다면
짐승과 같다.
— 플루타르코스

진정한 장군이라면
손이 깨끗해야 한다.
— 아리스티데스

1

리시마코스의 아들 아리스티데스는 안티오키스(Antiochis) 부족 출신으로, 알로페케에서 살았다. 그의 재산에 대해서는 사람들의 말이 서로 다르다. 어떤 사람은 그가 평생 가난하게 살아, 그가 죽었을 때 두 딸은 너무 가난하여 시집도 가지 못했다고 한다.

그런가 하면 많은 사람이 그와 다른 말을 하고 있다. 이를테면 팔레룸의 데메트리오스가 『소크라테스 평전』에서 한 말을 들 수 있다. 그에 따르면, 아리스티데스는 팔레룸에 많은 땅을 가지고 있었고, 죽어서 그곳에 묻혔다는 것이다.

아리스티데스가 부자였다는 증거가 있다. 첫째로, 그는 9인의 정무 위원 가운데 수석 정무 위원(Archon Eponymous)이었는데, 이는 펜타코시오메딤니(Pentacosiomedimni)라는 부자들

아리스티데스

가운데서 제비로 뽑는 자리였다. 펜타코시오메딤니라는 말은 그가 가진 곡식과 포도주와 기름이 5백 부셸(bushel)에 이른다는 뜻이다.

둘째로, 그는 패각(貝殼) 투표에 따라 추방되었는데, 가난한 사람들은 이 법으로 추방되는 일이 없었다. 오직 명문가의 출신들이 가문을 향한 질투로 말미암아 이 법에 따라 추방되었다.

셋째로, 그는 어떤 경연에서 승리한 기념으로 디오니소스 신전에 세발솥을 바쳤는데, 거기에는 오늘날까지도 다음과 같은 명문(銘文)이 새겨 있음을 볼 수 있다.

안티오키스족이 승리를 거두었다.
아리스티데스가 돈을 대고[1]
아르케스트라토스(Archestratos)가 극을 지었도다.

위에서 든 이유 가운데 세 번째가 그가 부자였다는 가장 강력한 증거인 듯 보이지만, 꼭 그런 것만은 아니다. 공연을 주최했다고 해서 모두 부자는 아니었기 때문이다. 이를테면 우리가 잘 알고 있는 인물 가운데에는 평생을 가난하게 살았던 에파미논다스와 철학자 플라톤을 들 수 있다. 에파미논다스는 사람들에게 피리를 가르쳐 준 뒤 공연을 열었고, 플라톤은 소년들의 노래와 춤으로 이루어진 공연을 주최한 바 있다.

그러나 아리스티데스는 펠로피다스(Pelopidas)에게서 돈을 받아 공연에 썼고, 플라톤은 제자인 시라쿠사이의 귀족 디온(Dion)에게서 돈을 받아 공연을 지원했다. 지혜로운 사람은 친구들의 도움을 불쾌하게 생각하지 않는다. 그런 선물을 자

---

[1]   해마다 아테네에서 열리는 축제의 후원자 또는 주최자를 코레고스(Choregos)라고 불렀다.

기 재산을 늘리는 데 쓴다면 그것이야말로 천박하고 정직하지 못한 일이겠지만, 공익을 위해 훌륭한 일을 할 때는 그러한 호의를 거절할 이유가 없다.

그러나 스토아 철학자 파나이티오스(Panaitios)의 말을 들어 보면, 세발솥에 관해서는 데메트리오스가 잘못 알고 있다고 한다. 그의 말을 빌리면, 페르시아 전쟁 때부터 펠로폰네소스 전쟁이 끝날 때까지 열렸던 경연의 우승자 목록에는 두 사람의 아리스티데스가 기록돼 있는데, 그 가운데 누구도 리시마코스의 아들이 아니었다고 한다.

두 사람 가운데 한 명은 크세노필로스(Xenophilos)의 아들이었고, 다른 사람은 그보다 훨씬 뒤의 시대에 살았음이 명문으로 입증된다고 한다. 그때 쓴 문자는 에우클레이데스(Eukleides) 이후에 쓰던 것이고,[2] 극을 썼다는 아르케스트라토스라는 인물도 페르시아 전쟁 때에는 보이지 않다가 펠로폰네소스 전쟁 동안에 작가로 등장하고 있다. 따라서 파나이티오스의 그와 같은 주장이 맞는지는 좀 더 정밀하게 살펴보아야 한다.

그러나 보통 사람보다 명성이 높거나 가문이 좋거나 웅변이 탁월한 사람들은 누구나 패각 추방법에 따라 추방당했던 게 사실이다. 페리클레스의 스승인 다몬(Damon)도 그런 일을 당했는데, 민중이 그의 지혜가 탁월하다고 생각했기 때문이었다. 더 나아가 크레타의 왕 이도메네우스(Idomeneus)의 말에 따르면, 아리스티데스는 제비뽑기로 수석 정무 위원에 당선된 것이 아니라 아테네 시민의 선거로 당선되었다고 한다.[3]

만약 아리스티데스가 데메트리오스의 말처럼 [기원전 479

2 에우클레이데스가 수석 정무 위원으로 있던 기원전 403~402년에 이오니아 문자를 정식으로 아테네에서 쓰기 시작했으니, 아리스티데스가 살던 시기보다 훨씬 뒤의 일이다.

3 기원전 508~487년 동안에 수석 정무 위원은 민회에서 선출되었으며, 거듭 선출할 때만 제비뽑기의 방법에 따랐다.

년의] 그리스와 페르시아 사이에 벌어졌던 플라타이아이 전투 뒤에 수석 정무 위원으로 당선되었다면, 그는 플라타이아이 전투에서 큰 공을 세운 다음, 그 위대한 업적을 통해 보통 부자들만 선정되었던 집정관 자리를 특별히 차지했을 가능성도 충분하다. 사실 데메트리오스는 아리스티데스뿐만 아니라 소크라테스에게서도 가난이라는 누명을 벗겨 주려고 한 사람이다. 그래서 그는 소크라테스에게 집이 있었으며, 크리톤(Crito)에게 70미나의 돈을 빌려주고 이자를 받았다는 말까지 한 바 있다.

2

아리스티데스는 독재자 페이시스트라토스 가문(Peisistratidae)의 무리를 몰아낸 뒤에 나라의 질서를 세운 클레이스테네스의 가까운 친구였다.(제13장 「페리클레스전」, §3) 그는 또한 스파르타의 리쿠르고스를 누구보다도 존경하고 닮으려 했다. 그는 귀족 정치를 지지하여, 네오클레스의 아들로서 그와 더불어 민중의 지도자가 되고자 했던 테미스토클레스와 늘 다투었다.

어떤 사람의 말에 따르면, 그들은 어렸을 때부터 모든 행동과 말에서 늘 부딪쳤다고 한다. 중요한 일이든 하찮은 일이든 마찬가지였다. 그들은 타고난 성품도 너무 달랐는데, 테미스토클레스는 교활하고 무모하고 부도덕한 면이 있어서 모든 일을 충동적으로 처리했지만, 아리스티데스는 심지가 굳고 의협심이 있으며, 운동 경기에서조차도 거짓이나 천박한 행동이나 속임수를 용납하지 않았다.

그러나 키오스 사람 아리스톤의 말에 따르면, 아리스티데스와 테미스토클레스가 그토록 사이가 나빠진 것은 연애 문제 때문이었다고 한다. 두 사람은 키오스 출신의 스테실라오스라는 소년을 함께 사랑했는데, 그는 동년배 가운데 가장 빛나 보일 정도로 아름다웠다고 한다. 그들은 분별을 잃을 만큼 그 소년을 사랑했다. 나이가 들어 그 소년의 아름다움이 사라진 뒤에도, 그들은 마치 그때의 연애 문제는 전초전에 지나지 않았다는 듯 끝없이 대립했으며, 정치적인 안건을 두고서는 불같이 뜨거운 열정으로 다투었다. 테미스토클레스는 정치에 입문하자 무시할 수 없을 정도의 지지와 세력을 얻었다. 어떤 사람이 그에게 이렇게 말했다.

"만약 그대가 모든 사람에게 공정하고 편을 가르지 않는다면 좋은 통치자가 될 것이오."

그 말을 들은 테미스토클레스가 이렇게 대답했다.

"만약 군무 위원이라는 직위가 나로 말미암아 나의 동료들에게 더 많은 것을 얻게 해 줄 수 있는 자리가 아니라면, 나는 그 자리에 앉지 않겠소."

그러나 아리스티데스는 자신이 목표한 바에 따라 혼자서 훌륭한 정치인의 길을 걸었다. 말하자면 그는 첫째로, 옳지 못한 일에 엮일까 봐 친구들과 어울리지 않았고, 친구들이 요청하는 호의를 거절하여 그들을 화나게 하지도 않았다.

둘째로, 그는 친구들의 도움으로 잡은 권력이 많은 사람을 잘못에 빠뜨린다는 것을 잘 알고 있었다. 그는 훌륭한 시민이란 봉사와 공의로운 행동에 바탕을 두는 것이 마땅하다는 생각에 따라 친구를 멀리했다.

3

국사를 다룰 때, 테미스토클레스는 하는 일마다 아리스티데스에게 반대하고 방해했다. 그래서 아리스티데스도 그가 하고자 하는 일에 반대하지 않을 수 없었는데, 이는 한편으로는 자기를 지키고자 함이었고, 다른 한편으로는 정적의 기세를 꺾으려 함이었다.

테미스토클레스가 온갖 방법을 동원해 자신을 방해하자, 아리스티데스는 자신도 그와 같은 방식으로 대응하는 수밖에 없다고 생각했다. 언젠가 그가 꼭 필요한 조처를 하려 했을 때도 테미스토클레스가 나서서 반대하여 일을 그르친 적이 있었다. 이에 더 이상 참을 수 없었던 아리스티데스는 민회를 나서며 이렇게 말했다.

"나와 테미스토클레스가 함께 죽지 않으면 아테네가 더 이상 평화로울 수 없다."

또 언젠가는 아리스티데스가 민생을 위한 의안을 제출한 적이 있었다. 비록 반대파의 의견이 있었지만, 의장은 이 안건을 최종 표결에 부칠 예정이었다. 그러나 테미스토클레스 쪽에서 반대한다는 것을 알게 된 의장은 부적절한 방법으로 표결을 철회했다. 이렇게 테미스토클레스가 국가에 이익이 되는 일인 줄 알면서도 정적에 대한 반감에 휩쓸려 처신할지도 몰랐기 때문에, 아리스티데스는 다른 사람의 이름으로 의안을 제출하는 일이 자주 있었다.

정치적인 격동을 겪으면서도 아리스티데스가 일관되게 처신했다는 점은 칭찬할 만하다. 그는 명예를 얻어도 지나치게 들뜨지 않았고, 역경을 맞아서도 차분했으며, 일을 처리하면서도 돈이나 명예와 같은 대가를 바라지 않았고, 자유롭게 국가에 봉사하는 것이 자기의 의무라고 생각했다. 그는 언젠가 이런 일을 겪기도 했다. 그리스의 비극 시인인 아이스킬로스가 극장에서 자신의 시 가운데 아르고스의 왕 암피아라오스 (Amphiaraos)에 관한 구절을 다음과 같이 읊은 적이 있었다.

그는 정의롭게 보이려 하지 않고
다만 정의롭게 살고자 했으며,
마음 깊은 고랑에서 추수하였으니
존경할 만한 말씀이 거기에서 솟아났도다.
(아이스킬로스, 「딘도르프」, 『테베와 싸운 7인의 투사들』, §592)

낭독이 끝나자 관객들은 모두 아리스티데스에게로 눈을 돌렸다. 그들이 생각하기에 그 시구에 들어맞는 사람은 그 말고는 는 없었기 때문이었다.

4

아리스티데스는 자신이 개인적으로 호의를 베풀어야 할 사람은 더 말할 나위도 없고, 자신이 분노하거나 미워하는 사람을 상대할 때에도 매우 공의롭게 처신하려고 노력했다. 들리는 바에 따르면, 언젠가 그는 자기의 정적을 법정에 고발한 적이 있었다고 한다. 그의 발언이 끝나자 판사는 피고의 말을 들어 보려 하지도 않고 곧장 평결하려 했다. 이에 아리스티데스가 일어서더니 피고의 말을 들어 보고 합법적인 절차를 밟도록 판사에게 요구했다.

또 언젠가 그는 두 사람의 다툼을 중재한 일이 있었는데, 그들 가운데 한 사람이 다툼의 주제에 대해서는 말하지 않고 상대가 아리스티데스를 해코지한 적이 있다며 고자질했다. 이에 아리스티데스가 이렇게 말했다.

"그 사람이 당신에게 잘못한 일이나 말하시오. 이 자리는 당신에 대한 잘못을 밝히려는 것이지 나에 대한 잘못을 밝히려는 것이 아니오."

아리스티데스가 국고 감독관에 선출되어 살펴보니, 자기의 동료들뿐만 아니라 지난해 그 자리에 있던 사람들도 재산을 많이 횡령했음을 알 수 있었다. 그 가운데 유독 횡령이 많았던 테미스토클레스는 "영리하기는 했지만, 손버릇을 고치지는 못했다"는 말을 들었다.

이도메네우스의 말에 따르면, 그 사건이 있은 뒤로 테미스토클레스는 많은 사람을 부추겨 아리스티데스에 반대하게 했고, 끝내는 그가 회계를 감사하면서 공금을 착복했다고 고발하여 유죄 판결을 받아 냈다고 한다. 그러나 가장 현명한 아테네 시민은 테미스토클레스의 그러한 조치에 분노하여, 아리

아리스티데스

스티데스의 벌금을 면제해 주었을 뿐만 아니라 그를 다시 국고 감독관으로 뽑았다.

그런 일이 있은 뒤에 아리스티데스는 그토록 엄격했던 과거를 후회하는 듯한 시늉을 하면서 감독도 하지 않고 회계를 엄격하게 집행하지도 않았다. 부패한 관리들은 기뻐했다. 배가 부르도록 착복한 관리들은 아리스티데스를 하늘까지 추어올리면서 그에게 유리하도록 민중을 설득하고, 그가 재선되기를 진심으로 바랐다. 그러나 막상 재신임 투표를 하려 하자 그는 아테네 시민을 이렇게 꾸짖었다.

"참으로 기가 막힙니다. 내가 성실하고 영예롭게 업무를 수행할 때는 나를 비난하고 고발하더니, 이제 도적들에게 공금을 나누어 주니 나를 선량한 시민으로 보는군요. 나로서는 지난날 여러분에게 고발당했을 때보다 지금의 삶이 더 부끄럽습니다. 여러분의 눈에는 공금을 지키는 일보다 천박한 사람들을 기쁘게 해 주는 것이 더 영광스럽게 보이니, 나는 그것이 더욱더 가슴 아픕니다."

이러한 말로써 아리스티데스는 부패한 관리의 정체를 드러냈을 뿐만 아니라 목소리 높여 자신을 칭송하던 무리의 입을 닫게 하였으며, 덕망 높은 시민에게서 진정한 칭송을 들었다.

5

다리우스왕은 아테네인들이 리디아 왕국의 수도 사르디스를 불태운 것을 문책한다는 구실로 다티스(Datis)에게 많은 군대를 딸려 아테네로 보냈다. 실은 그리스 전체를 정복할 뜻을 품고 있던 그들은 마라톤 지역을 거점으로 삼아 온 국토를 유린하고 있었다.

이때 아테네에서는 전쟁을 치르고자 열 명의 장군을 뽑았는데, 그 가운데 밀티아데스가 가장 훌륭한 군인이었고, 명성과 영향력이라는 점에서는 아리스티데스가 그다음이었다. 그

때 아리스티데스는 전략에 관해서는 밀티아데스의 의견을 들음으로써 전세를 유리하게 돌려놓았다.

장군들은 하루씩 돌아가며 군대를 지휘하게 되어 있었다. 아리스티데스는 자기에게 지휘권이 돌아왔을 때 이를 밀티아데스에게 넘겨줌으로써 지혜로운 사람을 따르며 충성하는 것은 불명예스러운 일이 아니라 오히려 명예롭고 유익한 일이라는 것을 부하들에게 가르쳐 주었다.

그런 방법으로 아리스티데스는 동료들 사이에 생길 수 있는 질투심을 덮고, 그들이 가장 좋은 단 하나의 전략을 채택하는 데 기꺼이 동의하게 만듦으로써 최대한의 전략적 효과를 보았으며, 그럼으로써 밀티아데스에게 막강한 지휘권을 안겨 주었다. 모든 장군이 자기에게 지휘권이 돌아오는 날이면, 아리스티데스가 그랬듯이 밀티아데스에게 지휘권을 양보하고 스스로 그의 지휘를 받았기 때문이었다.

전쟁이 일어나자 아테네의 중군(中軍)은 많은 고초를 겪었다. 적군이 가장 오래 저항한 그곳에서, 아테네 쪽에서는 레온티스족과 안티오키스족이 함께 맞섰다. 테미스토클레스와 아리스티데스는 어깨를 나란히 하여 용맹스럽게 싸웠다. 아리스티데스는 안티오키스 출신이었고, 테미스토클레스는 레온티스 출신이었다. 아테네 군사들에게 대패한 페르시아 병사들은 바다로 밀려났다. 그런데 그들은 주변의 섬으로 나가지 않고 바람과 파도에 밀려 아티카 쪽으로 들어가고 있었다.

이에 아테네군은 정작 아테네의 수비가 비어 있다는 사실을 적군이 눈치챌까 두려웠고, 아홉 부족과 함께 서둘러 돌아와 그날로 아테네에 이르렀다. 그러나 아리스티데스는 전리품과 포로들을 감시하고자 자기 부족들과 함께 마라톤에 남았다. 그는 이곳에서 자신의 명성이 거짓이 아님을 보여 주었다. 금은보화가 무더기로 쌓여 있고, 빼앗은 천막과 배 안에는 온갖 옷가지와 값진 보물과 가구들이 가득했지만, 그는 거기에

아리스티데스

손대지 않았고 남이 가져가는 것도 허락하지 않았다. 그러나 몇몇 사람은 그가 모르게 물건을 빼돌렸다.

그러한 인물 가운데 직위가 높은 장군이 있었다. 엘레우시스 제전에서 횃불을 드는 일을 했던 그의 이름은 칼리아스(Kallias)였다. 몇몇 페르시아 병사가 그에게 다가왔는데, 그의 긴 머리칼과 머리띠를 보고 그가 왕인 줄 알았던 것으로 보인다. 그들은 칼리아스에게 머리를 조아린 뒤, 시중드는 모습으로 그를 안내하여 어느 지점에 묻혀 있는 금덩어리를 보여 주었다.

가장 야만적인 무법자였던 칼리아스는 자기의 도적질이 탄로 나지 않도록 그 사실을 알 만한 주위 사람들을 모두 죽였다. 들리는 바에 따르면, 그런 일이 있은 뒤로 희극 작가들은 그가 금덩어리를 발견한 곳을 따서 그의 자손들을 라코플루티(Laccopluti)라고 불렀다. 이는 '금덩어리가 나온 구멍'이라는 뜻으로, 조롱의 의미를 담고 있다.

이 전쟁을 치른 뒤에 아리스티데스는 곧 수석 정무 위원에 뽑혔다. 그러나 오늘날 팔레룸 출신의 데메트리오스의 말에 따르면, 아리스티데스가 수석 정무 위원이 된 것은 죽기 조금 앞선 시기[기원전 479~478]로서 플라타이아이 전쟁이 끝난 뒤였다고 한다. 그러나 그리스가 이 전쟁에서 페르시아의 마르도니우스를 무찔렀을 때의 집정관은 크산티피데스(Xanthippides)였다.

크산티피데스 이후로는 역대 집정관 목록에서 아리스티데스라는 이름을 찾아볼 수 없다. 마라톤 전투[기원전 490~489] 때 수석 정무 위원이었던 파이니포스(Phainippos)의 임기가 끝난 뒤 아리스티데스라는 이름의 인물이 당선되었다는 기록이 있지만, 이 장(章)의 주인공인 아리스티데스는 이미 그보다 앞서 [기원전 468년] 죽었기 때문에 두 사람은 같은 인물이 아니다.

6

아리스티데스의 덕망 가운데 민중에게 가장 칭송을 들은 것은 정의감이었다. 그의 생애를 통틀어 한 번도 변함이 없었던 정의감은 여러 분야에서 나타났다. 그는 가난한 평민 출신이었지만, 가장 제왕답고 가장 신의 경지에 가까운 이에게 주어지는 '의인(義人, The Just)'이라는 칭호를 들었다.

왕이나 독재자들은 이러한 이름을 탐내지 않고, 오히려 '도시 함락자'니, '벽력왕(霹靂王, Thunderbolt)'이니, '정복자'니 '독수리'니 아니면 '매'라는 이름을 좋아하여, 덕망보다는 권력이나 폭력에 바탕을 둔 명성을 부추겼다.

그러나 사람들이 감히 얻고 싶어 하고 자신과 동일시하고 싶어 하는 신의 덕성은 세 가지로 볼 수 있다. 영원성(immortality),[4] 힘(power), 적선(virtue)이다. 이 가운데에서도 가장 신성하고 존경받는 덕성은 적선이다. 왜냐하면 영원성은 비움[空]이나 가장 순수한 자연 원소들 속에도 들어 있고, 힘은 지진, 벼락, 태풍, 홍수를 통해서도 나타난다. 그러나 근본적인 정의는 이지적인 이성의 힘을 거치지 않고서는 누구도 이룰 수 없는 덕성이다.

그러므로 인간들은 신성에 대해 세 가지 마음을 품는다. 바로 부러움과 두려움과 영예로운 존경심이다. 신이 가지고 있는 불멸이나 영원을 부러워하고, 신이 가진 힘을 두려워하며, 신이 선보이는 공의로움을 사랑하고 존경하고 경배하는 것이다.

그러나 인간은 자신의 천성으로써는 얻을 수 없는 불멸성을 바라고, 운명의 여신이 손아귀에 쥐고 있는 권력을 열렬히

4 　판본에 따라서는 이 단어를 incorruption이라고 번역한 것도 있다. 그럴 경우에는 그 의미가 다소 다를 수 있는데, 여기서는 스튜어트와 롱의 판본을 따랐다.

갖고 싶어 하면서도, 정작 우리의 손길이 닿을 수 있으면서 가장 신성하기도 한 덕성을 우리가 이뤄야 할 목록 가운데 맨 마지막에 적어 두고 있으니, 이 얼마나 어리석은 일인가! 인간은 우주의 힘과 운명의 신이 이끄는 대로 덧없이 흘러가지만, 지도자는 정의롭게 삶으로써 신성을 구현해야 한다. 권력이 공의롭지 못하다면 짐승과 같다.

7

이제 다시 아리스티데스 이야기로 돌아가면, 처음에 그는 이 칭호 덕분에 사랑을 받았지만 나중에는 시샘을 많이 받았는데, 이는 주로 테미스토클레스의 비방 때문이었다. 그는 아리스티데스가 재판에서 모든 사건을 사사로이 처리함으로써 법정을 쓸모없게 만들었으며, 근위대만 없다 뿐이지 아무도 눈치채지 못하는 사이에 왕 노릇을 하고 있다고 민중에게 말했다.

안 그래도 그즈음 자신들의 승리에 기고만장했던 민중은 자기들에게는 더 이상 필요한 것이 없다고 생각했고, 직책으로나 명성으로나 자기들 위에 있는 사람들을 짜증스러운 존재로 여겼다. 그래서 지방 곳곳에서 모인 사람들은 아리스티데스를 패각 투표로 추방했다. 그의 명성에 대한 시샘과 미움에 독재자라는 이름을 덮어씌워 정당화한 것이다.

본디 패각 추방은 어떤 정치인의 비리를 꾸짖으려는 것이 아니라 지도자가 민중의 뜻을 억압하는 데 권력을 쓸 경우에 이를 억제하려고 만든 법이었다. 그러나 실상은 인간의 질투심을 어루만지고자 하는 법이었다. 당사자를 재기할 수 없는 상태로 만들지는 않고, 10년 동안만 해외로 추방하는 이 법안은 남을 해코지하려는 욕망을 적당히 사그라뜨렸다. 세월이 지나자 이 법은 정치판에서 인간쓰레기 같은 사람을 몰아내는 데 적용되다가 [기원전 417년에] 히페르볼로스(Hyperbolos)를 끝으로 사라졌다.

히페르볼로스가 패각 추방을 겪은 연유는 다음과 같다. 이 무렵에는 알키비아데스와 니키아스(Nikias)가 정가에서 가장 큰 영향력을 휘두르고 있었다. 그런데 두 사람이 화목하지 않아 민중은 패각 투표를 실시하여 두 사람 가운데 하나를 나라 밖으로 추방하기로 했다. 그러자 두 사람은 손을 잡고 연합 전선을 만들어 히페르볼로스를 희생양으로 삼아 추방했다. 이렇게 되자 민중은 패각 추방이 타락하고 남용된다는 사실에 분개하여 이를 없애 버렸다.

　　패각 추방의 일반적인 진행 절차를 살펴보면, 모든 유권자는 패각을 가져와 그가 추방하고자 하는 시민의 이름을 거기에 써넣은 다음, 나무 울타리 안에 던진다. 집정관은 먼저 패각의 총수(總數)를 세는데, 모두 합쳐 6천 개가 넘지 않으면 투표는 무효가 된다. 그런 다음 이름대로 분류하여 그 가운데 가장 많은 패각을 받은 사람이 추방된다. 그는 추방 기간 동안 국내에 남겨 둔 재산에서 얻는 수익을 사용할 권리가 있다.

　　내가 이야기하고자 하는 아리스티데스의 시대로 돌아가면, 이런 이야기도 들린다. 유권자들이 패각에 이름을 써넣고 있는데 글자도 모르고 누추하게 생긴 어떤 사람이 아리스티데스에게 패각을 내밀며 거기에 '아리스티데스'라고 써 달라고 부탁했다. 그는 지금 자기가 부탁하는 사람이 아리스티데스가 아니라 그저 허름한 시민인 줄 안 것이다. 이에 놀란 아리스티데스가 그에게 물었다.

　　"아리스티데스가 당신에게 무슨 해코지를 했나요?"

　　이에 그는 이렇게 대답했다.

　　"나는 그가 어떤 사람인지도 모릅니다. 그런데 세상 사람들이 모두 그를 '공정한 사람'이라고 하니 나도 이제 진절머리가 나서요."

　　이 말을 들은 아리스티데스는 아무 말도 하지 않고 패각에 자기 이름을 써 건네주었다. 과거 아킬레우스가 하늘에 애원했던 바와는 달리,[5] 그는 추방되던 날에 손을 들어 하늘을 가리키며 이렇게 기도했다.

"이 나라 사람들이 아리스티데스를 기억하게 만드는 불행이 이 땅에 다시는 일어나지 않기를……"

8

그러나 아리스티데스가 추방된 지 3년이 되던 해[기원전 480년]에 페르시아의 크세르크세스왕이 테살리아와 보이오티아를 거쳐 아티카로 쳐들어왔다. 그러자 아테네인들은 패각 추방법을 폐기하고 추방당한 사람의 귀국을 허락하는 법안을 통과시켰다. 법을 통과시킨 결정적인 이유는 아리스티데스가 적군의 편에 붙어 자신의 부하들을 이끌고 쳐들어오지 않을까 하는 두려움 때문이었다.

그러나 이는 사람을 잘못 본 것이었다. 그들이 아리스티데스를 귀국하도록 하는 법안이 통과되기에 앞서, 그는 이미 그리스인들에게 자유를 되찾으라고 고무하며 격려하고 있었다. 법이 통과되고 테미스토클레스가 홀로 장군의 직책을 행사하고 있을 때, 아리스티데스는 그를 도와 자문 역할을 했다. 아리스티데스는 그와 같은 행동으로써 자신이 가장 증오하던 정적을 가장 유명한 인물로 만들었다. 모두 대의를 위해서였다.

그럴 즈음에 스파르타의 에우리비아데스 장군이 살라미스를 포기하려 하자, 페르시아의 전함이 밤을 틈타 그가 정박해 있던 해협을 포위하고 섬들을 괴롭혔다. 그러나 그리스인들은 이러한 사실을 모르고 있었다. 이에 아리스티데스가 아이기나에서 배를 몰고 와 과감하게 적군의 함대를 뚫고 들어

---

5   『일리아스』, I : 407~412. 아킬레우스는 그의 어머니에게 이렇게 애원했다. "저들이 아카이아인들 가운데 가장 용감했던 사람을 존중하지 않았던 어리석음을 깨닫게 하소서."

갔다. 그는 밤중에 곧장 테미스토클레스에게로 달려가 그를 불러내어 이렇게 말했다.

"테미스토클레스 장군, 우리가 지혜로운 사람들이라면 이제 헛되고도 유치한 경쟁을 끝내고 그리스인들을 구출하고자 고결한 투쟁을 펼칩시다. 그대는 사령관으로서, 나는 부관으로서 경쟁해야 합니다. 나는 처음부터 그대의 전략이 최선이었다는 것을 잘 알고 있소. 이 좁은 해안에서 되도록 빨리 결전을 치르자는 그대의 주장은 옳습니다. 비록 동맹들이 그대의 전략을 반대할지라도 그대의 원수들은 오히려 그대를 도우려는 것 같소. 우리 둘레의 모든 바다는 이미 적선들로 가득 차 있습니다. 이제는 내키지 않는 시민까지도 용감하게 싸워야 합니다. 정말로 우리에게는 도망할 길이 없습니다."

이에 대하여 테미스토클레스가 이렇게 대답했다.

"아리스티데스 장군, 나는 지금 여기에서 그대에게 지고 싶은 마음이 없소. 그러나 나는 그대가 공정하게 시작한 이 전쟁에서 고귀한 승리를 거두어 행동으로 그대를 뛰어넘고 싶소."

그 말과 함께 테미스토클레스는 페르시아군을 깨뜨릴 수 있는 계책을 아리스티데스에게 들려주었다. 그리고 이어서 그는 아리스티데스가 자기보다 더 에우리비아데스의 신임을 받고 있으니, 아리스티데스가 그를 찾아가 해전밖에는 달리 방법이 없다는 점을 설득해 달라고 부탁했다. 장군들의 작전 회의가 열리자 코린토스 출신의 클레오크리토스(Kleocritos)가 테미스토클레스에게 이렇게 말했다.

"아리스티데스가 이 자리에 있으면서 아무 말도 하지 않는 것을 보면, 그도 장군의 작전에 반대하는 것이오."

이에 아리스티데스가 이렇게 대답했다.

"테미스토클레스의 작전이 최선이 아니었다면 나도 조용히 있지는 않았을 것이오. 나는 테미스토클레스의 작전에 동의했기 때문에 침묵을 지킨 것이지, 그에 관한 호의가 없어서

아리스티데스

침묵을 지킨 것이 아니었소.”

9

그리스의 함장들이 이와 같은 계획을 논의하고 있을 때, 아리스티데스는 살라미스 해협에 있는 작은 섬 프시탈레이아 (Psyttaleia)에 적군이 모두 몰려 있다는 사실을 알았다. 이에 그는 시민 가운데 가장 용맹한 전사들을 작은 배에 태우고 그 섬에 상륙하여 페르시아 병사를 모두 죽이고 몇몇 장교만을 붙잡아 돌아왔다. 포로들 가운데에는 페르시아 왕의 여동생인 산다우케의 세 아들도 있었다. 아리스티데스는 이들을 곧 테미스토클레스에게 보냈다.

들리는 바에 따르면, 그들은 예언자 에우프란티데스의 말을 좇아 ‘육식을 하는 디오니소스 신’이라는 뜻을 가진 디오니소스 카르니보루스 신전의 제물이 되었다고 한다. 그런 다음 아리스티데스는 섬에 상륙하는 무리를 살피고자 둘레에 경비병을 세웠다. 이 조치 덕분에 동족이 사라지는 일도 없었고 포로가 탈주하는 일도 없었다. 바로 이곳에 가장 많은 배가 몰려들어 가장 치열한 전투를 치렀기 때문에, 이 섬에 전승탑이 서 있다. 전쟁이 끝난 뒤에 테미스토클레스는 아리스티데스의 속셈을 떠볼 셈으로 이렇게 말했다.

“우리가 지금 이룬 공적은 위대하지만 아직 더 큰 일이 남아 있습니다. 다름이 아니라 되도록 빨리 헬레스폰트로 배를 몰고 가 다리를 끊어서 퇴로를 막고 페르시아인들을 유럽에 가두어 두는 것입니다.”

이에 아리스티데스는 목소리 높여 이렇게 말했다.

“그것은 안 될 일입니다. 우리는 그리스에서 메디아족을 더 빨리 몰아낼 방도를 찾는 데 전력을 쏟아야 합니다. 그들을 이곳에 가두어 도망할 곳까지 막아 버리면 저들은 어쩔 수 없이 막강한 병력으로 항전할 것입니다.”

이 말을 들은 테미스토클레스는 포로가 된 내시 아르나케스를 불러 이렇게 말했다.

"내가 그대를 풀어 줄 터이니, 돌아가 페르시아 왕에게 내 말을 잘 전하라. 지금 그리스인들은 다리를 파괴하여 그대들이 돌아가지 못하도록 할 작전을 세우고 있는데, 내가 페르시아 왕의 목숨을 살려 주고자 그들의 마음을 돌려놓았으니 다리를 부수지는 않을 것이다."

10

이 말을 들은 크세르크세스는 크게 두려워하며 헬레스폰트로 곧장 돌아갔다. 그러나 페르시아의 마르도니우스 장군은 정예군 30만 명을 데리고 뒤에 남아 있었다. 그는 만만치 않은 장군이었다. 자신이 이끄는 보병의 강성함을 확신했던 그는 그리스군에 다음과 같은 협박 투의 편지를 보냈다.

"그대들의 해군이 무찌른 페르시아군은 노를 저을 줄도 모르는 벌목꾼들이었으니 승리를 자랑할 것도 없다. 테살리아와 보이오티아의 평야는 용맹한 기병대와 중무장 보병이 싸울 만한 곳이니, 그곳에서 자웅을 겨루자."

그런 편지와는 달리 마르도니우스는 아테네군에 또 다른 편지를 보내 페르시아 왕의 제안을 전달했다. 그 글에 따르면, 페르시아 왕은 아테네인들이 자신에 대한 적대 행위를 멈춘다면 그들의 도시들을 재건시켜 줄 것이고, 많은 돈을 주어 아테네를 그리스의 맹주로 세울 것을 약속했다.

그 소식을 듣고 놀란 스파르타인들은 아테네에 사절을 보내 그곳의 아내와 자식들, 노약자들을 스파르타로 보내면 도움을 주겠노라고 말했다. 그들은 아테네가 최근에 영토와 도시를 잃고 큰 슬픔에 빠져 있음을 알고 있었다. 사절의 말을 들은 아테네인들은 아리스티데스의 제안에 따라 다음과 같은 찬탄할 만한 답변을 들려주었다.

아리스티데스

"우리는 돈과 재물만 있으면 무엇이든 살 수 있다고 생각하는 적군을 너그럽게 상대할 수 있다. 그들은 그 이상의 그릇이 되지 못하기 때문이다. 그러나 우리는 지금 아테네인들의 궁핍한 모습만 바라보는 스파르타인들의 편협한 시선을 견딜 수가 없다. 그들은 우리가 마치 배급이나 얻으려고 싸우는 것처럼 바라봄으로써 우리의 용맹함과 야심을 무시하고 있다."

이와 같은 결의를 마친 아리스티데스는 스파르타의 사절을 데리고 의회로 가서 이렇게 말했다.

"그대들은 스파르타로 돌아가 그곳 사람들에게 알려라. 아테네인들이 그리스의 자유와 맞바꿀 수 있을 만한 황금은 땅 위와 아래 어디에서도 찾을 수 없을 것이라고."

그러면서 그는 태양을 가리키며 마르도니우스의 사절에게 이렇게 말했다.

"저기 있는 태양이 궤도를 돌고 있는 한, 우리는 페르시아인들이 유린한 땅을 지키고, 저들이 불태우고 짓밟은 성전을 지키고자 페르시아인들에게 항전할 것이다."

이어서 그는 메디아족과 휴전을 교섭하거나 그리스의 부족 동맹을 흔드는 행위를 하는 무리에게는 사제가 엄숙한 저주를 내리도록 하는 의안을 발의했다. 마르도니우스가 두 번째로 아티카를 침범하자 아테네인들은 다시 살라미스로 건너갔다.

그 무렵에 사절 자격으로 스파르타에 머물고 있던 아리스티데스는 그들의 게으름과 무관심을 크게 비난했다. 그는 스파르타가 다시 한번 아테네를 야만인들에게 넘겨주었다고 지적하면서, 그리스에 남아 있는 땅마저 빼앗기지 않도록 도와달라고 요청했다.

그 말을 들은 스파르타의 민선 감독관들은 별일 아니라는 듯이 하루 종일 축제를 즐겼다. 그날은 마침 아폴론의 연인이었던 히아킨토스를 위한 축제가 열리고 있었다. 그러나 밤이 되자 스파르타인들은 용사 5천 명을 뽑고 각자에게 노예를 일곱 명씩 붙여 아테네인들도 모르게 적진을 공격했다.

영문을 모르고 있던 아리스티데스가 다시 나타나 스파르타인들을 비난하자 그들은 웃으면서 잠꼬대 같은 소리 하지 말라고 말했다. 스파르타군은 이미 아르카디아에서 '이방인들'을 향해 진군하고 있었기 때문이었다. 그들은 페르시아인을 '이방인'이라고 불렀다.

그러나 아리스티데스는 때아닌 농담이 지나치다고 생각했다. 그들의 행위가 적군이 아닌 동맹국을 속이는 짓이었기 때문이었다. 이 일화는 이도메네우스의 글에 적혀 있다. 그러나 아리스티데스가 이 사절단을 보낸 건 확실하지만, 사절단 명단에는 그의 이름이 없다. 명단에 적힌 이름은 키몬과 크산티포스와 미로니데스(Myronides)다.

11

아리스티데스는 앞으로 벌어질 전투의 성격을 고려하여 전권을 가진 장군으로 선출되었고, [기원전 479년 봄에] 아테네 출신의 중무장 보병 8천 명을 앞세우며 플라타이아이에 이르렀다. 그곳에서 그는 스파르타군을 거느리고 있던 그리스 동맹 총사령관 파우사니아스를 만났다. 그리스의 다른 곳에서도 병사가 물밀듯이 모여들었다. 페르시아군에 대해 말하자면, 아소포스(Asopos)강을 따라 포진한 그들의 진영은 그 끝을 모를 만큼 길었다. 그들은 짐과 지휘부 주변에 사각으로 벽을 둘러쳤는데, 한쪽의 길이가 10스타디온[6]이나 되었다.

엘리스 출신의 예언자 티사메노스(Tisamenos)는 파우사니아스와 그의 막료들에게 지키기만 하고 공격하지 않으면 승리할 것이라고 예언했다. 이에 아리스티데스가 사람을 델포이에

6   1스타디온(stadion)은 약 201미터이다.

보내 신탁을 구했더니 다음과 같은 대답이 나왔다.

"만약 아테네인들이 제우스와 키타이론(Kithairon)산의 헤라 여신과 목장의 신 화우누스와 스프라기티데스(Sphragitides)에 살고 있는 요정에게 맹세하고, 플라타이아이를 건설한 안드로크라테스(Androkrates)와 레우콘(Leucon)과 피산드로스(Pisandros)와 데모크라테스(Democrates)와 히프시온(Hypsion)과 악타이온(Aktaion)과 폴리에이도(Polyeido) 등의 영웅들에게 제물을 바치고, 엘레우시스의 두 여신인 데메테르와 코라[7]의 평원 안에 있는 자신들의 땅에서 싸우면 이기리라."

이 예언을 들은 아리스티데스는 몹시 당황했다. 그가 제사를 드려야 할 영웅들은 사실상 고대 도시 플라타이아이를 창건한 사람들이고, 스프라기티데스의 요정들이 살고 있다는 동굴은 키타이론산의 꼭대기에, 여름 해가 지는 방향으로 나 있는 곳이었다.

들리는 바에 따르면, 동굴 안에는 옛날에 신탁을 받던 곳이 있는데, 그곳의 원주민들은 거기에서 예언을 받았던 까닭에 님폴렙티 즉 '신을 받은 이(nympholepti)'라고 불린다고 한다. 그러나 엘레우시스의 데메테르 평원에서 싸우라는 예언이나 자기들의 땅에서 싸워야 아테네인들이 이기리라는 예언은 그들에게 아티카로 돌아가라는 말이나 다름없었다. 신탁에 따르려면 전쟁터를 바꾸어야만 했다.

이 무렵 플라타이아이의 장군 아림네스토스(Arimnestos)가 꿈을 꾸었다. 그 꿈에서 구원자 제우스인 듯한 이가 물었다.

"그리스인들은 어찌하기로 했느냐?"

이에 아림네스토스가 이렇게 대답했다.

"신이시여, 저희는 아폴론의 신탁에 따라 엘레우시스로 진군하여 야만족과 싸우기로 했나이다."

---

7   코라는 데메테르의 딸이자 하데스의 아내인 페르세포네의 다른 이름이다.

그러자 제우스 신이 알려 주었다.

"너희는 잘못을 저지르고 있다. 아폴론의 신탁이 알려 준 장소는 엘레우시스가 아니라 플라타이아이에서 가까운 곳에 있다. 그대들이 찾아보면 어디인지 알 수 있을 것이다."

그 꿈이 너무도 선명해 아림네스토스는 잠에서 깨자마자 마을에서 경험 많은 원로들을 불러오게 했다. 그들의 말에 따라 그곳을 찾아보았더니 키타이론산 자락에 히시아이(Hysiae)라는 마을이 있는데, 그곳에 엘레우시스의 두 신인 데메테르와 코라의 신전이 있었다. 이에 그는 곧 아리스티데스를 데리고 그곳으로 갔다.

지형을 살펴보니 천연적으로 보병이 기병대를 맞아 싸우기에 아주 적합한 곳이었다. 키타이론산 자락은 평원 끝에 닿아 있어 기병대가 싸우기에는 적합하지 않았다. 그뿐만 아니라 근처에 있는 군신 안드로크라테스의 사당은 울창한 나무가 그늘을 이루고 있어 매복하기에 좋았다.

승리를 바라는 마음에서 신탁을 이행하는 데 조금도 허술함이 있어서는 안 된다고 생각한 플라타이아이인들은 아림네스토스의 발의에 따라 자신들과 아티카 사이의 국경을 없애고, 그 안의 땅을 아테네인들에게 주기로 결의했다. 아테네인들은 이렇게 함으로써 신탁이 지시한 대로 자기들의 땅에서 그리스를 지키는 전쟁을 치를 수 있게되었다. 플라타이아이인들의 이와 같은 헌신적인 조치에 대하여 뒷날 [기원전 331~330년에] 아시아의 왕이 된 알렉산드로스 대왕은 깊이 감동받아 이곳에 성을 쌓아 준 다음, 올림픽 경기에 전령을 보내 이렇게 선포했다.

"짐(朕)은 메디아족과 벌인 전쟁에서 기꺼이 영토를 떼어 주고 온갖 열정을 보여 준 그대들의 용맹과 너그러움에 대한 보답으로 성을 쌓아 은전을 내리노라."

12

그러던 터에 테게아 병사들은 전열(戰列)을 어떻게 펼 것인지를 놓고 아테네인들과 다투었다. 테게아인들은 늘 해 오던 대로 스파르타인들이 오른쪽 날개를 맡았으므로 자기들이 왼쪽 날개를 맡아야 한다고 주장하면서, 이를 뒷받침하고자 조상들의 업적을 소리 높여 외쳤다. 이에 아테네인들이 분노하자 아리스티데스가 앞으로 나서며 이렇게 연설했다.

"우리는 지금 가문의 위대함과 용맹함을 테게아인들과 따지고 있을 여유가 없습니다. 스파르타인과 그 밖의 그리스인들에게 말씀드리건대, 누가 어떤 전열을 맡느냐 하는 문제는 용기가 있고 없고와는 아무런 관계가 없습니다. 여러분이 우리에게 어느 전열을 맡기든, 우리는 그것을 지키고 준수할 것이며, 우리가 앞서 이룩한 전쟁의 승리를 불명예스럽게 만들지 않을 것입니다. 우리는 동맹국들과 다투려고 여기에 온 것이 아니라 원수를 무찌르려고 왔으며, 우리의 조상을 칭송하고자 온 것이 아니라 그리스에 충성하면서 우리 자신의 용맹을 보여 주고자 온 것입니다. 이 전쟁은 어느 도시의 어느 장군과 어느 병사가 그리스에 얼마나 값진 존재인가를 보여 주는 자리가 될 것입니다."

참모들과 장군들은 이 말을 듣고 아테네인을 위해 싸울 것을 선언하면서 각기 다른 쪽의 전열을 맡았다.

13

그리스의 부족들이 저마다 이토록 불안스러워하고 더욱이 아테네인들이 큰 위험에 빠져 있던 그때, 부유했던 귀족들은 전쟁으로 말미암아 가난해지고 있었다. 귀족들은 자신들이 그 많은 재산과 세력과 명성을 잃고 있는 가운데 엉뚱한 사람들이 명예와 공직을 차지하고 있음을 알게 되었다. 그리하여 그들은 플라타이아이의 어느 집에 은밀하게 모여 민주정을 무너뜨릴 음모를 꾸몄다. 그리고 만약 계획이 실패로 돌아가면 명분을 잃는 한이 있더라도 자기의 조국을 페르시아에 넘겨주기로 결심했다.

그와 같은 음모가 병영 안으로 스며들었고, 많은 사람이 매수된 뒤에야 아리스티데스는 이러한 사실을 눈치챘다. 음모에 호의적인 분위기가 감돌자 아리스티데스는 두려웠다. 이를 모른 체할 수도 없었고, 그렇다고 해서 전모를 파헤칠 수도 없었다. 만약 이 문제를 현명하게 해결하려 하지 않고 오직 사법(司法)에 따라 처리할 경우에는 얼마나 많은 사람이 처벌받을지 도무지 알 수 없었다. 따라서 그는 그 많은 모반자 가운데 여덟 명만 체포했다.

가장 먼저 중죄로 다스려야 할 두 사람, 곧 람프트라이(Lamptrae) 지역의 아스키네스(Aschines)와 아카르나이 지역의 아게시아스(Agesias)는 도주했다. 아리스티데스는 나머지 연루자들을 풀어 줌으로써 아직 자기들의 음모가 발각되지 않았다고 스스로 생각하고 있는 이들이 참회하고 사기를 끌어올릴 기회를 주었고, 만약 그들이 앞으로 조국을 위해 진정으로 공의롭게 협조한다면 이번 전쟁이야말로 그들이 자신의 죄를 씻을 수 있는 가장 좋은 기회임을 넌지시 알려 주었다.

14

이런 일이 있은 뒤에, 페르시아의 마르도니우스 장군은 스스로 가장 강력하다고 여기는 부하들을 시켜 그리스 병사를 시험해 보고자 했다. 그는 모든 기병대를 보내 키타이론산 자락에 진영을 차리고 있던 그리스인들을 공격했다. 그리스군의 진영은 거의 바위투성이 지형에 위치했는데, 오직 메가라족의 병사 3천 명만이 널찍한 평원에 진영을 차리고 있었다.

그런 탓에 메가라의 병사들은 물밀듯이 밀려오는 기병대에 무참하게 패배했다. 사방에서 보이는 것이 적군이었다. 이에 따라 메가라족은 그리스의 총사령관인 파우사니아스에게 도움을 요청하는 전령을 보냈다. 자신들의 힘만으로는 페르시아군을 감당할 수 없기 때문이었다.

소식을 듣고 파우사니아스가 달려가 바라보니 메가라족의 진영은 적군의 장창과 화살에 가려 잘 보이지도 않았고, 수비병들은 좁은 진영에 갇힌 채 뒤엉켜 있었다. 파우사니아스가 이끄는 스파르타 병사들은 밀집 대형을 이룬 데다 장비가 너무 무거워 움직임이 더디다 보니 메가라 진영에 접근할 길이 없었다.

그래서 파우사니아스는 주변에 있는 장군과 장교들에게, 누군가 용기를 내어 자원해서 달려가 메가라족을 구원하라고 권고했다. 다른 장군들이 머뭇거리자 아리스티데스가 나서서 아테네의 명예를 위해 임무를 맡았다. 그는 가장 용맹한 장군 올림피오도로스(Olympiodoros)에게 정예 병력 3백 명과 궁수를 이끌고 진격하도록 했다.

올림피오도로스의 부대는 재빨리 전열을 갖춘 다음 적군을 향해 짓쳐 나갔다. 거기에는 페르시아의 기병대장 마시스티우스(Masistius)가 기다리고 있었다. 그는 몸집이 우람하고 무예가 뛰어났을 뿐만 아니라 잘생긴 남자였다. 마시스티우스는 곧바로 말을 몰아 그리스군을 공격했다. 양쪽은 밀고 밀리면서 처절하게 싸웠다. 그들은 이 전투가 전쟁 전체의 전세에 어떤 영향을 끼치는지 잘 알고 있기 때문이었다. 그러는 가운데 마시스티우스의 말이 화살을 맞고 쓰러지면서 그도 함께 땅에 떨어졌다. 그러나 그는 갑옷이 너무 무거워 혼자서는 일어날 수가 없었다. 그럼에도 그는 아테네 병사들에게 쉽게 잡히지 않았다.

마시스티우스는 갑옷뿐만 아니라 투구와 팔다리까지도 금과 청동과 무쇠로 덮여 있었다. 그러나 아테네 병사의 창이 투구의 눈구멍을 뚫어 그를 죽였다. 페르시아의 남은 병사들은 그의 시체를 수습할 겨를도 없이 도망했다.

그리스 병사들이 거둔 이 승리가 위대하다고 알려진 것은 그들이 많은 적군을 죽여서가 아니었다. 실제로 이 전투에서 죽은 페르시아 병사는 많지 않았다. 이 전쟁이 유명해진 것은 마시스티우스의 죽음으로 말미암아 페르시아인들이 매우 슬퍼했기 때문이었다. 그들은 말과 노새와 자신들의 머리칼을 깎아 마시스티우스의 영전에 바치며, 들판을 울음소리로 채웠다. 그들은 용맹과 권위에서 마르도니우스에 다음가는 인물을 잃었다고 생각했다.

15

기병대와의 전투가 끝난 뒤, 양쪽은 얼마 동안 전투를 자제했다. 양군 모두 지키는 쪽이 이기리라는 믿음에 따라 행동했다. 그리스와 페르시아의 예언자 모두 공격하는 쪽이 진다고 신탁을 해석했다. 그러나 식량이 며칠 치밖에 남지 않은 데다, 날이 갈수록 그리스 지원군의 수가 늘어나자 마르도니우스는 더 이상 참지 못하고 마침내 다음 날 새벽에 아소포스강을 건너 아테네군을 기습하기로 결정했다.

밤이 되자 마르도니우스는 지휘관들에게 암호를 전달했다. 그런데 그날 밤 기병 한 명이 그리스군의 막사로 조용히 접근했다. 말에서 내린 그는 아테네의 장군 아리스티데스를 만나게 해 달라고 말했다. 초병이 서둘러 위에 보고하였고, 아리스티데스를 만난 기병은 이렇게 말했다.

"저는 마케도니아의 알렉산드로스입니다. 장군께 제 호의를 알리고자 엄청난 위험을 무릅쓰고 여기에 왔습니다. 장군께서 기습을 받아 어려운 처지에 빠지지 않기를 바랍니다. 내일 아침에 마르도니우스는 틀림없이 쳐들어올 것입니다. 이긴다는 희망이 있거나 용맹스러워서가 아니라 군수품이 떨어졌기 때문입니다. 신탁의 불길함을 알고 있는 예언자들이 말렸는데도 전쟁을 강행한다는 말을 들은 병사들은 크게 낙담하고 있습니다. 그는 운명을 과감하게 시험하거나, 턱없이 모자란 군수품의 보급을 앉아서 기다릴 수밖에 없는 처지입니다."

　　말을 마친 알렉산드로스는 이 사실을 아리스티데스 혼자만 알고 누구에게도 말하지 말라고 간곡히 당부했다. 아리스티데스는 이러한 사실을 상관인 파우사니아스에게 말하지 않는 것은 명예롭지 않다고 대답했다. 파우사니아스가 자신에게 최고 지휘권을 부여했기 때문이었다. 그러나 그는 전투가 벌어지기에 앞서 다른 지휘관들에게는 비밀을 말하지 않을 것이며, 그리스인이 전쟁에 승리한 뒤에는 알렉산드로스의 열정과 용기를 모르는 사람이 없을 것이라고 대답했다. 이야기가 끝나자 마케도니아의 왕[8]은 돌아가고 아리스티데스는 파우사니아스의 막사를 찾아가 자기가 들었던 이야기를 보고했다. 그런 다음 지휘관을 소집하여 다가올 전투에 대비해 전열을 갖추도록 지시했다.

16

헤로도토스의 『역사』(IX : 46)에 따르면, 이 무렵에 파우사니아스는 아리스티데스에게 전령을 보내, 처음부터 왼쪽 날개를 맡고 있던 아테네 부대가 위치를 바꾸어 오른쪽 날개에서 페르시아군을 맞아 싸우도록 요구했다고 한다. 파우사니아스의 말에 따르면, 아테네군은 이미 페르시아군과 싸워 본 경험이 있고 지난번의 승리로 사기가 높다는 것이었다.

　　왼쪽 날개는 조국을 버리고 페르시아로 넘어간 그리스인들과 싸우게 될 터인데, 파우사니아스는 자신이 스파르타군을 거느리고 그쪽에서 싸우겠노라고 말했다. 아테네의 다른 장군

8　여기에 등장하는 알렉산드로스는 스스로 마케도니아의 왕이라고 말하고 있지만 잘 알려진 알렉산드로스 대왕과는 다른 인물이다.

들은 파우사니아스의 전략이 사려 깊지 못하다고 생각하면서, 자신의 군대는 처음에 배치된 대로 두고 마치 노예 부리듯이 다른 사람들을 격전지에 몰아넣는 것을 불쾌하게 여겼다. 그 말을 들은 아리스티데스가 이렇게 설득했다.

"이 문제에 대해서는 여러분이 크게 잘못했습니다. 여러분은 얼마 전까지만 해도 왼쪽 날개를 맡고 싶어 테게아인들과 다툰 적이 있으며, 자신들이 적군을 맞이할 수 있다는 것을 자랑스럽게 생각했습니다. 그러나 지금에 와서 스파르타인들이 스스로 오른쪽 날개 자리를 내놓고 여러분에게 그리스의 주도권을 어느 정도 양보하고 있음에도, 여러분은 명성을 얻을 기회를 반가워하지도 않고, 오른쪽 날개를 맡음으로써 동족과의 전쟁을 피하고 여러분의 숙적인 페르시아군과 싸우게 된 것도 기쁘게 생각하고 있지 않습니다."

이 말을 들은 아테네의 장군들은 기꺼이 스파르타군과 진영을 바꾸었다. 아울러 그들의 적군은 마라톤 전투 때보다 더 강하지도 않고 더 용맹하지도 않으며, 활 쏘는 실력도 그때나 마찬가지이며, 사내답지 못한 정신과 나약한 육체에 갑옷과 금장식을 둘렀을 뿐이라는 소문이 이 입에서 저 입으로 퍼져 나갔다. 그러면서 그들은 이렇게 외쳤다.

"우리는 지금 마라톤 전투 때 우리 형제들이 지녔던 무기와 육신을 그대로 지니고 있을 뿐만 아니라, 승리로 말미암아 주어진 용기가 넘쳐흐르고 있다. 우리는 지금 선배들이 그랬듯이 그저 땅을 차지하고 도시를 지키고자 싸우는 것이 아니라, 마라톤과 살라미스에서 이룩한 승리의 영광을 재현하고자 할 뿐이다. 그리하여 우리는 이 승리가 오직 밀티아데스의 개인적인 역량이나 행운에 따른 것이 아니라 아테네인들이 함께 이루어 낸 것임을 온 세상 사람들에게 알릴 것이다."

그리고 나서 스파르타군과 아테네군은 서둘러 좌우의 진영을 바꾸었다. 탈주병에게서 이러한 소식을 들은 테베인이

이를 마르도니우스에게 알렸다. 아테네군과 싸우는 것이 두려 웠는지 아니면 스파르타군과 싸우고 싶었기 때문이었는지는 알 수 없으나, 그 말을 들은 마르도니우스는 곧 페르시아군을 오른쪽 날개로 바꾸고 그리스 출신의 병사들은 자기와 함께 아테네군과 싸우도록 명령했다.

그가 적군의 전투 대형에 따라 이렇게 전열을 바꾼 것이 알려지자 파우사니아스는 다시 오른쪽 날개로 돌아갔고, 이를 알아챈 마르도니우스는 다시 원래대로 왼쪽 날개를 맡아 스파르타군과 싸우고자 했다. 그러느라고 그날은 아무런 전투도 없이 지나갔다. 그리스군은 깊이 생각한 끝에 진영을 더 멀리 옮겨 맑은 물이 넉넉한 위치를 차지했다. 이전 진영 부근의 샘물은 페르시아의 강력한 기병대가 오염시켰기 때문이었다.

17

밤이 되자 그리스의 장군들은 병사를 이끌고 지정된 위치에 진영을 차렸다. 그러나 병사들은 대열을 제대로 유지하지 않은 채, 제1차 저지선을 버리고 플라타이아이로 서둘러 옮겨 갔다. 이렇게 곳곳으로 흩어진 병사들이 질서 없이 막사를 설치하면서 커다란 혼란이 일어났다. 그러는 사이에 스파르타 병사들은 자기들의 뜻과 상관없이 뒤처졌는데, 이는 지휘관 아몸파레토스 때문이었다.

성격이 거칠고 모험을 좋아하여 전쟁을 하고 싶어 안달하던 아몸파레토스는 접전이 여러 차례 미뤄지자 실망하고 있었다. 그러다가 허둥대며 진영을 좌우로 바꾸는 것은 도망치는 것이나 다름없다고 비난하면서, 자신은 진지를 포기하지 않고 병력과 함께 그대로 남아 마르도니우스를 기다리겠노라고 선언했다.

이에 놀란 파우사니아스 사령관이 달려와 이번 작전은 그리스인들이 회의를 거쳐 공식적으로 결정한 것이라고 말하자 아몸파레토스는 커다란 돌을 들어 투표할 때 패각을 던지듯이 사령관 발 앞에 던지면서 이렇게 말했다.

"나는 전투를 하자는 쪽에 이 돌을 던지겠소. 나는 다른 사람들이 비겁하게 결의한 바에는 관심이 없소."

이에 당황한 파우사니아스는 아테네 부대에 전령을 보내 조금 기다리다가 자기들과 함께 진군하자고 요청한 뒤 나머지 병력을 이끌고 플라타이아이로 떠났다. 그는 이렇게 하면 아몸파레토스도 자기를 따라 움직일 줄 알았다.

그러는 사이에 날이 밝았다. 마르도니우스는 그리스 병사가 진영을 버리고 떠난다는 정보를 놓치지 않았다. 페르시아군은 아우성을 치며 스파르타군을 덮쳤다. 그렇다고 페르시아군이 치열하게 싸울 뜻이 있었던 것은 아니었다. 그들은 물러서는 상대를 손쉽게 쓸어버릴 거라고 예상했다. 그런데 일이 뜻대로 되지 않았다.

이 상황을 모두 관찰한 파우사니아스는 행군을 멈추고 전투 대형을 지키도록 명령했다. 그런데 그는 그리스 연합군에 전투 신호를 보내는 것을 깜빡 잊었다. 그가 아몸파레토스에게 화가 치밀었던 탓이었는지, 적군의 진군 속도를 혼동해서 실수한 것인지는 알 수 없다. 어쨌든 그런 연유로 지원군이 바로 오지도 못했고, 그나마도 이미 전투가 벌어진 뒤에 찔끔거리듯이 왔다.

신전에 제물을 바치고도 상서로운 신탁을 받지 못한 파우사니아스는 스파르타 병사들에게 방패를 땅에 박고 조용히 앉아 명령을 기다리되, 결코 적군에게 항전하지 말라고 지시했다. 그런 다음 다시 신전으로 들어가 제물을 바쳤다. 이때 적군의 기병대가 스파르타군을 공격하여 화살이 날아오자 많은 병사가 죽었다. 그리스군 가운데 가장 추앙을 받으며 가장 우람했던 칼리크라테스(Kallicrates)는 화살에 맞아 죽어 가면서 이렇게 말했다.

　　　　　　　　　　　아리스티데스

"그리스를 위해 죽기를 결심하고 고향을 떠났으니 죽는 것이 슬프지는 않으나, 화살 한 번 쏘아 보지 못하고 죽는 것이 원통하구나."

그들이 겪은 참상은 참으로 끔찍했으나 그들의 자제력 또한 놀라웠다. 그들은 다가오는 적군에게 항전하지 않았으며, 다치고 죽으면서도 그들의 장군과 신으로부터 좋은 소식이 오기를 기다렸다. 어떤 사람의 말에 따르면, 전투 대열에서 조금 떨어진 곳에서는 파우사니아스가 제사를 드리고 있었다.

그때 리디아 병사가 몇 명 들이닥쳐 무례하게 제물을 빼앗아 달아났다고 한다. 파우사니아스와 그의 부하들은 무기가 없어 제단에 있는 막대기로 침입자들을 두들겨 팼다. 오늘날까지도 그날의 습격을 본떠 스파르타 신전의 주변에서 젊은 전사들을 두들겨 패고 그들을 따라 리디아의 행렬이 지나가는 의식을 치른다.

18

사제들이 거듭하여 제물을 드려도 사태가 나아질 기미를 보이지 않자, 괴로워하던 파우사니아스의 얼굴은 눈물로 뒤덮였다. 그는 두 손을 높이 들고 키타이론산에 있는 헤라 신전(Her-aeum)을 바라보며 헤라 여신에게 이렇게 빌었다.

"이번 전쟁에서 이기지 못하는 것이 그리스인의 운명이라면, 적어도 그들이 위대한 모습이라도 보여 주게 하소서. 그리하여 자신들이 용맹스럽고 싸우는 법을 알고 있는 민족과 싸웠다는 것을, 적군이 확실히 알게 하소서."

파우사니아스가 기도를 드리는 동안, 바쳐진 제물이 상서로운 조짐을 보이자 예언자는 그리스군의 승리를 선언했다. 곧 그리스군은 적군을 향해 대오를 갖추라는 명령을 받았다. 그들의 밀집 대형은 마치 자신을 지키고자 갈기를 곤두세우는 들짐승과 같았다. 페르시아군은 이제 죽음을 각오하고 달려드는 적군을 만났다는 사실을 확인하게 되었다. 페르시아군은 그들의 허술한 방패를 목책처럼 세우고 스파르타군의 대오를 향하여 활을 쏘았다.

그러나 스파르타군은 서로 방패를 밀착한 채 적진으로 돌진했다. 그들은 적군의 방패를 무너뜨리고 얼굴을 찍은 다음, 긴 창으로 가슴을 찔러 많은 적군을 죽였다. 그럼에도 페르시아군은 죽을 때까지 처절하게 항전했다. 그들은 맨손으로 적군의 창을 잡고 부러뜨렸으며, 접근전을 벌이며 단검과 언월도(偃月刀)를 휘둘러 적군의 방패를 찔렀고, 끝내는 적군을 껴안아 전진을 막았다. 그들은 오랫동안 그렇게 싸웠다.

그러는 동안에 아테네 병사들은 스파르타군을 조용히 기다리고 있었다. 들리는 바에 따르면, 전투를 시작한 병사들의 함성이 들려오고 파우사니아스가 보낸 전령이 다가오고 있음을 알려 주자 아테네 병사들은 재빨리 대오를 갖추어 그들을 도우러 떠났다. 그러나 파우사니아스의 지원군을 맞이하러 평원을 달려가던 그들은 중간에서 그리스를 배신하고 페르시아군에 가담한 무리를 만났다. 그들을 본 아리스티데스가 먼저 앞으로 나아가 그리스의 여러 신을 내세우며 이렇게 소리쳤다.

"그대들은 전투를 멈추라. 우리는 그리스를 위하여 위험과 맞서고 있는 이들을 도우러 가는 길이니, 그 앞을 막지도 말고 방해하지도 말라."

그러나 적군이 자신의 말에 귀를 기울이지 않자 아리스티데스는 파우사니아스를 도우러 가던 일을 접어 둔 채 이들을 먼저 무찌르자고 제안했고, 곧 전열을 갖춘 아테네군은 전투에 돌입했다. 적군은 대략 5만 명 정도였다. 그러나 페르시아군이 먼저 물러서자 그리스를 배신한 무리도 대부분 곧 도망치기 시작했다.

들리는 바에 따르면 주로 테베군이 항전했다고 한다. 그 무렵, 테베 사람들 가운데 가장 뛰어나고 영향력 있는 무리가

아리스티데스

열렬히 페르시아 편을 들면서 민중이 그리스를 배신하도록 민중을 이끌고 있었다. 테베 민중은 그들을 따랐지만, 이는 민중 자신의 선택이 아니라 소수 무리의 명령을 따른 것이다.

19

이런 일이 있은 뒤 두 곳에서 전투가 일어났다. 먼저 스파르타인들이 페르시아군을 무찔렀다. 마르도니우스는 스파르타 사람 아림네스토스의 손에 죽었다. 아림네스토스가 돌멩이로 마르도니우스의 머리를 때려 죽였는데, 이는 마르도니우스가 암피아라오스 신전에서 받은 예언과 같았다.

헤로도토스가 쓴 『역사』(8 : §135)에 따르면, 그에 앞서 마르도니우스는 리디아 사람을 암피아라오스 신전으로 보내고, 카리아 사람을 트로포니오스(Trophonios)로 보내 신탁을 간구한 적이 있었다. 카리아인은 예언자에게서 자기 나라 말로 신탁을 전해 들었다. 한편, 리디아인은 암피아라오스 신전 안에서 누워 잠을 자고 있었는데, 꿈속에 신의 사자가 옆으로 다가오더니 어서 여기서 나가라고 말했다. 이에 리디아인이 거절하자 사자가 돌멩이를 들어 그의 머리를 내리쳐 죽였다. 그는 놀라 잠에서 깼다. 그들은 이 신탁을 마르도니우스에게 그대로 보고했다.

이런 일을 겪은 뒤에 스파르타군은 페르시아군을 목책 안으로 몰아넣었다. 그 뒤에 곧 아테네군은 테베인을 무찌르고 가장 치열한 전투에서 그들의 지도자 3백 명을 죽였다. 아테네군은 그들을 쫓아가 더 많이 죽일 수도 있었지만, 이때 스파르타군의 전령이 와서 페르시아군이 목책 안에 갇혀 있다고 알려 주었다. 이에 아테네군은 적군이 도망하는 것을 버려두고 목책으로 달려갔다. 공성전을 경험한 적이 없어 고전하던 스파르타군은 그들의 도움이 반가웠다. 아테네군은 적군의 목책을 쳐부수고 들어가 많은 적군을 죽였다.

들리는 바에 따르면, 페르시아군 30만 명 가운데 오직 4만 명만이 아르타바조스(Artabazos)와 함께 도주했다고 한다. 그리스 병사는 1,360명만 죽었다. 그리스 작가 클레이데모스의 기록에 따르면, 죽은 무리 가운데 52명이 아테네 출신이었는데 그들 모두가 아이안티스(Aiantis)족이었다고 한다.

아이안티스족은 매우 용감한 전사들이었다. 이런 일이 있은 뒤로 그들은 승리를 예언한 피티아의 신탁에 따라 스프라기티데스 요정들에게 제물을 바치는 풍습이 생겼고, 그 비용은 정부가 지원해 주었다. 전사한 사람 가운데 91명은 스파르타인이었고, 16명은 테게아인이었다.

그러므로 전투에 참가한 그리스인은 이들 159명의 전사자를 기록한 헬라인들, 곧 아테네, 스파르타, 테게아 사람들뿐이며, 나머지 그리스인들은 참전하지 않았다는 헤로도토스의 『역사』(IX : 85)의 주장은 놀랍다. 그들을 기리고자 세운 전승비는 말할 나위도 없고, 총 전사자의 수로 미루어 보더라도 이 전쟁의 승리는 그리스인 모두의 참전을 증명하고 있다. 만약 이 전쟁에 아테네인과 스파르타인과 테게아인 세 부족만 참전하고 다른 도시는 손 놓고 있었다면, 제단 비명(碑銘)에 다음과 같은 시가 새겨져 있을 리가 없다.

여기 그리스의 병사가
군신 아레스의 도움으로 승리를 얻었나니
그들은 모두 힘을 합쳐 페르시아군을 무찌르고
그리스를 해방하였기에
그리스의 해방자 제우스의 제단을 세우도다.

이 전쟁은 아테네의 달력으로 보이드로미온월 4일, 보이오티아의 달력으로는 파나모스월 27일[기원전 479년 8월 1일]에 벌어졌다. 오늘날 그리스인들은 이날 플라타이아이에 모여 승리를 안겨 준 해방자 제우스에게 제물을 드린다. 두 달력의 날짜가 다른 것에 놀랄 필요는 없다. 천문학이 발달한 오늘날에도 달력의 초하루와 그믐을 정하는 방법이 민족마다 다르기 때문이다.

20

이런 일이 있은 뒤에 아테네인들은 스파르타인들에게 용맹스러웠다는 찬사를 보내지도 않았고, 스파르타인들이 전승비를 세우는 것도 허락하지 않았다. 만약 아리스티데스가 이 문제를 모든 그리스인이 모인 회의에서 결정하자며 양측의 장군, 곧 레오크라테스(Leokrates)와 미로니데스를 간곡하게 설득하고 경고하지 않았더라면, 그리스는 내전에 휘말릴 수도 있었다. 이리하여 소집된 회의에서 메가라 출신의 테오게이톤(Theogeiton)이 이렇게 제안했다.

"우리가 내전에 휘말리지 않기를 바란다면, 이번 전쟁의 공로를 제3의 도시에 주어야 합니다."

이 말을 들은 코린토스 출신의 클레오크리토스가 발언하고자 일어섰다. 사람들은 모두 그가 코린토스인에게 전공이 돌아가야 한다고 말할 줄로만 알았다. 그들이 스파르타와 아테네 다음으로 많은 전공을 세웠기 때문이었다. 그러나 그는 모든 사람이 놀라고 기뻐할 만한 제안을 내놓았다.

"이번의 전공은 플라타이아이인들에게 돌아가야 합니다. 그들에게 전공을 돌려야 우리는 내전을 막을 수 있습니다. 그렇게 해야 스파르타나 아테네처럼 자기들의 전공을 주장하는 도시에 상처를 주지 않을 것이기 때문입니다."

이 제안에 대해 아리스티데스가 먼저 아테네를 대신하여 동의했고, 뒤이어 파우사니아스가 스파르타를 대신하여 동의했다. 그들은 이렇게 합의에 이른 다음, 전리품에서 80탈렌트를 떼어 플라타이아이인들에게 주었다. 그러자 그들은 그 돈으로 아테네 여신의 신전을 다시 세우고 신전과 사당을 미술

품으로 장식했는데, 그 모습이 지금까지도 선명하게 남아 있다. 스파르타인들은 스스로 돈을 모아 전승비를 세웠고, 아테네인들도 그렇게 했다. 그들이 신전에 바칠 제물에 관하여 신탁을 묻자 델포이의 신 아폴론이 이렇게 대답했다.

"그대들은 해방자 제우스의 신전을 세우라. 그러나 야만족의 손으로 더럽혀진 모든 땅에서는 제물을 바치기에 앞서 모든 불을 꺼라. 그리고 델포이의 화로에서 가져온 신선하고 순수한 불씨로 다시 불을 붙여라."

신탁에 따라 아테네의 장군들은 곧장 여러 곳으로 달려가 지금 사용하고 있는 불을 끄도록 지시했다. 그러는 가운데 가장 빨리 성화를 가져오겠다고 약속한 에우키다스(Euchidas)는 플라타이아이를 떠나 델포이로 달려갔다. 그는 성수로 몸을 깨끗이 씻고 월계관을 쓴 다음, 신전으로 달려가 성화를 얻어 플라타이아이로 돌아왔다.

에우키다스는 하루에 1천 훠롱(furlong)[9]을 달려 해가 지기에 앞서 돌아왔다. 그는 고향 사람들과 인사를 나누고 성화를 건네준 다음 쓰러져 곧 죽었다. 플라타이아이 주민들은 그를 기려 아르테미스 에우클레이아(Artemis Eucleia) 신전에 묻고 다음과 같은 사보격(四步格)의 시[10]를 비명으로 새겼다.

그대 에우키다스여,
델포이로 달려갔다가
그날에 돌아왔도다.

오늘날 많은 사람이 에우클레이아를 아르테미스와 같은 신으로 여긴다. 그러나 어떤 사람의 말에 따르면, 그 여신은 메노이

9   1훠롱은 1스타디온과 같다. 약 210미터의 길이이다.
10   사보격의 시는 4음보(音步)로 이루어진 시행(詩行)을 뜻한다.

아리스티데스

티오스(Menoetius)의 딸이자 파트로클로스(Patroklos)의 여동생
인 미트로와 헤라클레스 사이에서 태어난 딸로서 결혼하지 않
고 일생을 마쳤는데, 보이오티아인과 로크리스(Lokris)인들이
그를 신성시한다고 한다. 오늘날 모든 광장에는 그 여신의 신
전과 신상이 서 있는데, 결혼을 앞둔 신랑 신부가 혼인에 앞서
제물을 드린다.

21

이런 일이 있고 나서 그리스인의 전체 민회가 열렸다. 이 자리
에서 아리스티데스는 다음과 같이 제안했다. 모든 그리스의
도시는 대표를 뽑아 해마다 플라타이아이에서 모임을 열고, 4
년마다 엘레우테리아(Eleutheria)라는 이름으로 해방을 기념하
는 축제를 열고, 이방 민족과 벌일 전쟁에 대비하여 보병 1만
명과 기병 1천 명과 함선 1백 척으로 구성된 그리스 연맹군을
창설하고 이를 유지하는 비용을 분담하며, 플라타이아이를 침
범할 수 없는 신의 성지로 삼아 이곳에서 그리스의 해방자 제
우스에게 제사를 드리자는 것이었다. 이 제안이 통과되자 플
라타이아이인들은 그곳에 묻힌 그리스인들을 위해 해마다 제
사를 드렸다. 이 제도는 지금까지 이어지고 있으며, 절차는 다
음과 같다.

　　그리스인들은 보이아티아의 달력으로 알랄코메니오스월
(Alalkomenios月)에 해당하는 마이마크테리온월(Maimakterion月,
11~12월) 16일에 이 행사를 치른다. 날이 밝으면 전투를 알리는
나팔수가 앞장서 나간다. 그 뒤로 도금양 관목으로 장식한 마
차와 검은 소와 자유민 출신의 젊은이들이 헌주(獻奏)로 쓸 우
유와 포도주를 담은 병과 함께 기름과 몰약을 담은 항아리를
들고 따른다. 노예들은 이 행사에 참여할 수 없는데, 이는 제사
를 받아야 할 이들이 자유를 위해 죽었기 때문이다.

　　이 모든 행렬의 뒤에는 플라타이아이의 행정 장관이 따

른다. 행정 장관은 임기를 치르는 동안에는 손에 쇠붙이를 잡을 수 없고 흰색 옷만 입어야 하는데, 이날만은 자주색 옷을 입는다. 그는 시(市)의 관물 보관소에 간직하고 있던 물병을 높이 들고, 손에는 칼을 쥔 채 도시의 중앙을 지나 묘소로 간다.

거기에서 행정 장관은 성스러운 샘물로 손과 비석을 닦은 다음 성수를 바르고, 장작더미 위에서 황소를 죽인다. 그리고 제우스 신과 지상의 헤르메스에게 기도한 다음, 그리스를 위해 죽은 용사들이 내려와 성찬을 들고 피를 마시도록 부른다. 그런 다음 그는 포도주에 물을 섞어 마시고 이렇게 기도한다.

나는
그리스인의 자유를 지키고자
목숨을 바친 그대들을 위해
이 잔을 드노라.

이 의식이 지금까지도 그날에 거행되는 것을 나는 보았다.

22

아테네인들이 각자 자기들의 도시로 돌아간 다음, 아리스티데스는 민중이 좀 더 민주적인 정부 형태를 바라고 있다는 사실을 알았다. 그는 민중이 이번 전쟁에서 보여 준 용맹을 고려하면 그럴 만한 자격을 갖추었다고 생각했다. 더욱이 더 이상 민중의 바람을 거절하기도 어려워진 상태였다. 그들은 무기를 가지고 있었고, 전쟁의 승리로 말미암아 매우 고무되어 있었다. 그래서 그는 도시의 행정권을 모든 계급에 개방하고, 모든 아테네 시민 가운데에서 정무 위원을 뽑는 법안을 제출했다.

언젠가 테미스토클레스는 모든 시민에게 유익한 일이지만 드러내 놓고 말할 수 없는 구상이 있다고 말했다. 이 말을 들은 시민은 그에게 아리스티데스와 상의하여 그의 판단을 들

아리스티데스

으라고 지시했다. 이에 테미스토클레스가 아리스티데스에게 자기의 구상을 말했다.

"그리스 동맹군의 모든 군항(軍港)을 불태우면 아테네가 최강의 도시로서 맹주가 될 수 있을 것이오."

그의 계획을 들은 아리스티데스는 시민 앞에 나아가, 테미스토클레스의 계획이 대단히 유익한 것이기는 하지만 이보다 더 정의롭지 못한 짓도 없을 것이라고 대답했다. 이 말을 들은 아테네 시민은 테미스토클레스에게 계획을 중단하라고 선언했다. 시민은 이토록 정의를 사랑했으며, 아리스티데스는 그만큼 민중에게 진실했다.

23

[기원전 478년에] 전쟁을 수행하고자 키몬과 함께 장군을 맡은 아리스티데스는 오랫동안 해외에 파견되어 있었다. 그는 파우사니아스와 그의 막료들이 동맹국의 병사들을 가혹하고 무례하게 다루었다는 사실을 알고 나서, 자신은 병사들을 더욱 정중하고도 인격적으로 대했다. 그리고 아리스티데스는 키몬에게 스파르타인들과의 관계를 더욱 편하게 하고 그들의 전쟁에 적극 동참할 것을 권유했다. 그렇게 함으로써 아리스티데스는 스파르타인들이 눈치채기에 앞서 보병이나 기병대나 전함으로써가 아니라 전략과 외교로써 스파르타인들의 권위를 떨어뜨렸다.

아리스티데스의 정의로움과 키몬의 합리적인 생각으로 말미암아 그리스인들은 아테네인들에게 호의를 품었다. 더욱이 파우사니아스의 탐욕과 잔혹함은 그리스인들에게 아테네인들이 주도권을 잡기를 더욱 갈망하게 만들었다. 파우사니아스는 동맹군의 장군들에게 화를 내고 잔혹하게 굴었다.

파우사니아스는 평민들이 죄를 지으면 채찍으로 때리거나 무거운 무쇠 닻을 어깨에 메고 온종일 서 있게 했다. 그리고 어느 누구도 스파르타군보다 먼저 잠자리에 깔 짚을 구하거나 여물을 구하거나 물을 뜨러 샘에 내려갈 수 없었다. 그런 사람들이 다가오면 몽둥이로 무장한 노예들이 그들을 몰아냈다.

이런 상황에서 아리스티데스는 다시 한번 파우사니아스를 책망했으나, 그는 노여운 표정을 지으며, 지금은 바빠서 말을 들을 겨를이 없다고 대답했다. 그 결과로 말미암아 그리스의 장군과 막료들, 그 가운데에서도 키오스와 사모스와 레스보스 출신의 장군들이 아리스티데스를 찾아와 이렇게 말했다.

"장군께서 동맹군의 주도권을 잡고 우리를 지원해 주십시오. 우리는 이미 오래전부터 스파르타군을 몰아내고 아테네군의 편에 서고 싶어 했습니다."

그러자 아리스티데스는 이렇게 대답했다.

"나는 그대들의 제안이 절박하고 공의롭다는 것을 잘 알고 있지만, 아테네인들이 이를 믿도록 만들려면 어느 정도 분명한 태도를 보여 주어야 하오. 그래야 민중이 다시는 돌아서지 못할 것이오."

그 말을 들은 사모스의 울리아데스(Uliades)와 키오스의 안타고라스(Antagoras)는 서로 모의하여 비잔티온(Byzantion) 앞바다에 있던 파우사니아스의 삼단 노의 전함을 양쪽에서 들이받았다. 그 모습을 본 파우사니아스는 자리에서 벌떡 일어나 분노에 찬 목소리로 이렇게 소리쳤다.

"너희들은 지금 나의 배를 침몰시키고 있는 것이 아니라 바로 너희들의 조국을 침몰시키고 있다는 것을 세상이 곧 알게 만들어 주겠노라."

이에 장군들이 이렇게 말했다.

"그대는 고국으로 돌아가라. 그리고 플라타이아이 전투에서 이길 수 있게 해 준 행운의 여신에게 감사할 줄 알아라. 우리가 그대를 징벌하지 않는 것은 그대가 훌륭해서가 아니라 그리스인들이 아직도 그 전쟁을 위대하다고 생각하고 있기 때

아리스티데스

문이다."

그리고 그들은 해안을 떠나 아테네군에 합류했다. 이런 일이 있고 나서 스파르타인들의 고결한 지혜가 찬란하게 드러났다. 장군들이 권력으로 말미암아 부패했음을 알았을 때, 그들은 스스로 동맹군에서 자신들의 지휘권을 포기하고 장군들을 전쟁에 내보내지 않았던 것이다. 스파르타는 그리스 연맹에 대한 주도권을 행사하기보다는 조상들이 남겨 준 사려 깊고도 진실한 전통의 길을 선택했다.

24

스파르타인들이 연맹의 주도권을 잡고 있을 때 그리스인들은 전쟁 비용을 부담했지만, 이제 그들은 각 도시의 형편에 맞게 분담금이 조정되기를 바랐다. 그러자 동맹국들은 [기원전 478~477년에] 아테네인들에게 요청하여 아리스티데스를 조정관으로 임명했다. 그에게 각 지방의 영토와 세입을 조사하고, 각국의 능력에 따라 전쟁 비용 납부액을 결정하는 일을 맡긴 것이다.

아리스티데스는 그토록 대단한 권력을 잡고 있었고, 그리스인들은 자신들의 모든 재산에 대한 권리를 어느 정도 그에게 주었다. 그럼에도 그는 이 임무를 맡고 출발할 때 이미 가난했으며, 임무를 마치고 돌아올 때는 더욱 가난해졌다. 이는 그가 금전 문제를 투명하고 정의롭게, 그리고 모든 사람이 만족하고 도움을 얻을 수 있도록 처리했기 때문이었다.

옛날 사람들이 제우스의 아버지였던 크로노스의 시대를 황금시대라고 칭송하였듯이, 아테네의 동맹국들은 아리스티데스의 전쟁 비용 정책을 칭송했다. 그들은 아리스티데스가 이 정책을 담당했던 시기는 그리스인이 축복을 받은 때였다고 했는데, 뒷날 아리스티데스가 물러나고 분담 금액이 두세 곱절로 높아져 부담이 늘어나자 사람들은 그가 일하던 시기를 더욱더 그리워했다. 아리스티데스가 부과한 전쟁 비용은 460 탈렌트였지만 페리클레스는 거의 3분의 1을 증액했는데, 이는 투키디데스의 『펠로폰네소스 전쟁사』(II : 13)에 나와 있다. 펠로폰네소스 전쟁이 일어났을 때 아테네인들은 동맹국들로부터 6백 탈렌트를 받았다고 한다.

페리클레스가 죽자 선동 정치가들은 전쟁 비용을 조금씩 올리더니 끝내 1천3백 탈렌트까지 올렸다. 이는 전쟁 기간이 길어졌다거나 우여곡절이 많아 전쟁 비용이 턱없이 늘어나서가 아니었다. 정치가들이 이 공금을 공연 제작비나 조상(彫像)과 신상을 설치하는 데 쓰도록 민중을 유도했기 때문이었다. 그럴수록 아리스티데스는 전쟁 분담금 정책과 관련해서 칭송을 들었다.

들리는 바에 따르면, 테미스토클레스는 아리스티데스가 칭송을 받자 이렇게 빈정거렸다고 한다. 그가 칭송받는 이유는 사람이 훌륭해서가 아니라 돈지갑이 두둑하기 때문이라는 것이었다. 그러나 그는 아리스티데스의 평범한 말 한마디에 고꾸라졌다. 언젠가 테미스토클레스는 아리스티데스에게 이렇게 말한 적이 있다.

"장군의 가장 훌륭한 덕목은 적군의 계획을 꿰뚫어 보는 것이지요."

이에 아리스티데스는 이렇게 대답했다.

"테미스토클레스 장군, 그 말이 맞겠지요. 그러나 그보다 더 영예로운 것이 있습니다. 진정한 장군이라면 손이 깨끗해야 합니다."

25

아리스티데스는 그리스인들이 적국에 맞서 함께 동맹을 지키기를 바랐고, 자신도 아테네를 위해 그러기를 맹세했다. 그는 시뻘겋게 달군 쇳덩어리를 바다에 던지며 이를 지키지 않는 무리는 이와 같은 저주를 받으리라고 말했다. 그러나 상황이 어렵게 돌아갈 때면, 그는 맹세를 어기는 책임은 자신이 질 테니 아테네인들은 그저 자신들에게 유리한 쪽으로 사태를 호전시키라고 말했다.

그리스의 철학자 테오프라스토스가 말한 바와 같이, 그는 대체로 시민과의 사사로운 관계에서는 매우 엄정했던 반면, 공적인 문제에서는 그 길이 공의롭지 않다고 느꼈을 때도 그의 조국이 선택하는 길을 따랐다. 이를테면 약속과 달리 [기원전 454년에] 사모스 사람들이 동맹군의 자금을 델로스에서 아테네로 옮기자고 제안하면서 논란이 일어났을 때, 아리스티데스는 그것이 공의롭지 않은 일이기는 하지만 모두에게 이롭다고 선언했다.

아리스티데스는 아테네를 다른 어느 나라보다도 부강한 나라로 만들었지만, 그 자신은 원래 갖고 있던 재산만으로 생활했다. 그는 자신이 전쟁에서 얻은 영예보다 청빈하다는 평판을 더 만족스럽게 여겼다. 그런 예로 다음과 같은 이야기가 있다.

횃불을 나르는 관리였던 칼리아스(Kallias)는 아리스티데스의 친척이었다. 그를 미워하던 사람들이 그를 살인죄로 고발장을 제출했다. 여기까지는 절차에 따라 온건하게 진행되었는데, 이윽고 고소인들은 주제를 벗어나 판사들에게 다음과 같이 말했다.

"여러분은 리시마코스의 아들 아리스티데스가 그리스인들 사이에서 얼마나 칭송받고 있는가를 잘 알고 있습니다. 그가 그토록 허름한 옷을 걸치고 민회에 들어설 때, 여러분은 그의 가정생활이 어떠했으리라고 생각합니까? 공직을 맡을 때의 모습도 그토록 빈한한데 가정생활은 어떨 것이며, 생활 도구들은 얼마나 쪼들리겠습니까? 그러나 그의 사촌이자 아테네에서 가장 부자인 칼리아스는 그의 도움은 물론 여러분의 도움까지 그토록 많이 받았음에도, 아리스티데스의 가족이 저 정도까지 가난하게 살도록 내버려 두었습니다."

이러한 비난에 판사들이 동요하면서 자기에게 나쁜 감정을 품게 되었다는 사실을 알아차린 칼리아스는 아리스티데스를 불러 자신이 도움을 주겠다고 제안했고, 그렇게 도움받기로 한 사실을 판사들 앞에서 증언해 달라고 사정했다. 아리스티데스는 칼리아스의 도움을 거절하면서 이렇게 말했다.

"자네가 자네의 재산을 자랑스럽게 여기는 것보다, 나는 가난한 나 자신을 더 자랑스러워한다네. 돈으로써 착한 일을 하는 사람도 많고 나쁜 짓을 하는 사람도 많지만, 고결한 정신을 지니고 가난하게 사는 사람을 만나기란 쉽지 않다네. 가난을 부끄럽게 생각하는 사람들은 부자가 되고 싶었으나 자기의 뜻과 달리 가난하게 된 사람들이지."

아리스티데스는 칼리아스를 위해 이와 같은 맥락으로 법정에서 증언했고, 그 말을 들은 사람들은 칼리아스와 더불어 부자로 살기보다는 아리스티데스와 더불어 가난하게 살고 싶다고 말하며 집으로 돌아갔다. 이 이야기는 소크라테스의 제자였던 아이스키네스(Aischines)가 남긴 기록이다. 플라톤은 『고르기아스』(§518, 526)에서 이렇게 말하고 있다.

그리스의 위인들 가운데 오로지 아리스티데스만이
칭송받을 만하다. 테미스토클레스와 키몬과
페리클레스는 현관 달린 집과 돈과 말도 안 되는
물건들로 아테네를 가득 채웠지만, 아리스티데스는
덕망으로 자신의 정치를 펼쳤다.

아리스티데스가 테미스토클레스를 상대하면서 얼마나 이성적이었던가를 보여 주는 명백한 증거들이 있다. 테미스토클레스는 공직 생활 내내 그의 정적이었고, 아리스티데스도 그 사실을 잘 알고 있었다. 패각 투표에 따라 아리스티데스를 추방한 사람도 테미스토클레스였다.

그러나 테미스토클레스가 꼭 같이 어려움에 빠져 법정에 섰을 때, 아리스티데스는 그에 관한 나쁜 일들을 기억하지 않았다. 오히려 알크마이온과 키몬과 그 밖의 많은 사람이 테미스토클레스를 비난할 때도 아리스티데스는 그에게 나쁜 말이나 행동을 하지 않았으며, 그가 잘나갈 때 그를 부러워하지 않았던 것과 마찬가지로 정적의 불행을 이용하여 자기의 행복을 도모하지도 않았다.

26

아리스티데스의 죽음을 두고, 어떤 사람들은 그가 공무로 출장을 나갔다가 폰토스에서 죽었다 하고, 어떤 사람들은 그가 아테네에서 동포들의 칭송을 받으며 천수를 마쳤다고 한다. 그러나 마케도니아 사람인 크라테로스(Krateros)가 그의 죽음에 관하여 기록한 바에 따르면, 테미스토클레스가 추방된 뒤에 민중은 교만에 빠졌다고 한다. 민중에게 많은 아첨꾼이 따르기 시작한 것이다. 아첨꾼들은 이제 돈도 벌고 권력도 손에 넣은 민중의 악의를 부추김으로써 고결하고 영향력 있는 귀족들을 공격하고 먹잇감으로 삼았다. 크라테로스는 이렇게 말하고 있다.

"그러한 피해자 가운데 아리스티데스도 암피트로페(Am-phitropé) 출신의 디오판토스(Diophantos)가 고발하여 뇌물죄로 기소되었다. 죄목을 보면 그가 동맹국들 사이에 전쟁 분담금을 모으러 다니면서 이오니아인들에게 뇌물을 받았다는 것이다. 50미나에 이르는 재판 비용을 장만하지 못한 그는 외국으로 나가 그곳에서 죽었다."

크라테로스는 그런 일들을 완벽하게 기록하기로 권위가 있는 사람이었지만, 이 사건에 대해서는 입증할 만한 문서를 증거로 제시하지 못했다. 판결문도 없고 기소장도 없다. 감히 이야기를 더 하자면, 민중에게 부당한 처우를 겪은 아테네 지도자들의 말로(末路), 이를테면 망명한 테미스토클레스와 투옥된 밀티아데스와 벌금형을 받은 페리클레스, 그리고 유죄 판결을 받고 법정에서 자살한 파케스(Paches)의 이야기 등을 기록한 작가들은 대부분 아리스티데스가 패각 추방을 겪은 사실도 기록했지만, 그가 뇌물을 받아 기소되었다는 말은 어디에서도 하지 않았다.

27

이 밖에도 아리스티데스의 무덤이 팔레룸에 있다는 기록도 있다. 들리는 바에 따르면, 그는 장례비조차도 남기지 않아 시민이 국고로 무덤을 세워 주었다고 한다. 그들의 말에 따르면, 그의 딸들은 국고의 지원을 받아 시청(Prytaneion)에서 결혼식을 치렀으며, 지참금으로 각각 3천 드라크마를 주었다고 한다.

이 밖에도 알키비아데스의 발의에 따라 그의 아들 리시마코스(Lysimachos)에게는 은화 1백 미나와 몇 에이커(acre)[11]의 포도밭과 하루 4드라크마의 연금을 주었다. 더 나아가서 그리스 역사학자 칼리스테네스의 말에 따르면, 리시마코스가 딸 폴리크리테(Polykrité)를 남기고 세상을 떠나자, 민회는 그에게 올림픽 경기의 승자에 준하는 생활비를 지급하기로 결정했다고 한다.

팔레룸 출신의 데메트리오스와 로도스 출신의 히에로니모스(Hieronimus), 음악가 아리스토크세노스, 그리고 아리스토텔레스가 『귀족의 탄생(On Nobility of Birth)』에서 주장한 것이 맞는다면, 아리스티데스의 손녀 미르토(Myrto)는 저 유명한 성

II   1에이커는 본디 중세 영국에서 황소가 하루갈이를 할 수 있는 면적이었는데, 지금은 통상 4,046제곱미터에 해당한다.

인 소크라테스와 결혼했다. 소크라테스는 이미 아내를 두었지만 그 여인이 너무 가난하여 먹고살 수 없었기 때문에 미르토를 아내로 맞이했다. 그러나 파나이티오스는 소크라테스에 관한 그의 저서에서 이러한 주장에 반대했고, 충분한 근거도 제시하고 있다. 또한 데메트리오스는 그의 저서 『소크라테스 평전』에서 다음과 같이 말하고 있다.

> 나는 아리스티데스의 아들 리시마코스를 잘 기억하고
> 있다. 그는 너무 가난하여 이아코스 신전 가까운 곳에서
> 남의 꿈을 풀어 주는 일로 먹고살았다. 나는 그의
> 어머니와 누이에게 하루 3오볼의 연금을 지급하는
> 법안을 통과시키도록 민회를 설득했다. 그 뒤에 내가
> 입법 의원이 되었을 때 그 여인들 각자에게 3오볼씩
> 지급하던 연금을 1드라크마로 올려 주었다.

아테네 민회가 도시에 남아 있던 그의 가족을 돌보려 했다는 것은 놀라운 일이 아니다. 정치가 아리스토게이톤(Aristogeiton)의 손녀가 렘노스(Lemnos)에서 결혼도 하지 않은 채 가난하게 살고 있다는 사실을 안 아테네 민회는 그를 아테네로 불러들여 가문 좋은 남자와 결혼시켰고, 포타모스(Potamos)에 있는 토지를 지참금으로 주었다. 오늘날까지도 아테네는 이처럼 인정과 자비심에 관한 훌륭한 선례를 계속 보여 주면서 찬사를 듣고 있다.

대(大)카토

MARCUS PORCIUS CATO

기원전 234~149

MARCVS CATO·CLAR·OLYM·179·
Si pingenda·foret mentis constantia, pictor
Ipse tuo exemplum sumad ab ore Cato·

카토는
위대한 영웅 쿠리우스가 살던
오두막을 찾아가
그의 작은 텃밭과
초라한 살림집을 바라보며
한 영웅을 회상했다.
― 플루타르코스

카토의 아내는 노예의 아이들에게도
자주 젖을 먹였는데,
그는 이렇게 함으로써
자기의 아들과 노예의 아이들이
형제처럼 사랑하며 살기를 바랐다.
― 플루타르코스

1

카토의 집안은 투스쿨룸 출신이었다고 한다. 그러나 카토가 군인이자 정치가로서 첫발을 내딛기에 앞서 살았던 곳은 선조들이 사비니에 남겨 놓은 땅이었다. 들리는 바에 따르면, 그의 조상들은 보잘것없고 평범한 사람들이었지만, 카토는 자기의 아버지가 용감한 군인이었다고 주장했다. 그의 말에 따르면, 그의 할아버지는 여러 차례 무공 훈장을 받았다. 또한 전투 도중에 말이 다섯 마리나 죽는 격전을 치렀고, 그 뒤에 나라에서 그 보상을 받았다고 한다.

로마인들은 보잘것없는 집안 출신이 공을 세워 주목을 받으면 그를 '신인(新人)'이라고 불렀는데, 카토도 그렇게 불렸다. 그러나 카토는 여러 번 강조해 말했다. 가지고 있는 관직이나 명성으로 가문을 평가한다면 자신은 신인임에 틀림없지만, 조상이 남긴 용맹한 업적으로 본다면 자기 가문은 명문 가운

대(大)카토

데 명문이라는 것이다.

처음에 그의 이름은 카토가 아니라 프리스쿠스(Priscus)였으나, 그 뒤에 위대한 능력을 인정받아 카토라는 이름을 썼다. 로마인들은 지혜롭고 생각이 깊은 사람을 카투스(*catus*)라고 부른다.

카토의 생김새를 보면 머리가 붉고, 눈은 날카로우며 회색인데, 어느 심술궂은 시인의 널리 알려진 풍자시가 그의 모습을 잘 보여 주고 있다.

이것저것 덥석 물어뜯는 빨간 머리,
번쩍이며 덤벼들 것 같은 잿빛 눈의 포르키우스,
그가 어둠의 땅으로 가도
그곳의 여왕 페르세포네는
그의 등을 떠밀어 돌려보낼 것이니.

어려서부터 혼자 힘으로 열심히 일했고 절제하는 삶을 살았으며, 군대에서 단체 생활을 했던 카토는 남을 도와주는 것이 몸에 배었으며 활기차고 건장했다. 그는 또한 웅변을 제2의 신체처럼 중요히 여겼고, 그만큼 열심히 연습했다. 그럭저럭 게으르게 살려는 사람을 제외하면, 웅변술은 누구에게나 필요한 기술이었고, 보다 고귀하고 드높은 목적에 봉사하기 위한 도구이기도 했다.

그래서 카토는 로마 주변에 있는 마을과 도시를 돌아다니며 웅변을 연습하고 실력을 다듬었다. 그는 자신을 필요로 하는 사람들을 찾아다니며 변론을 하면서 정열적인 변호사로 명성을 얻었고, 나중에는 훌륭한 웅변가가 되었다.

그 뒤 카토의 성품이 지닌 힘과 위엄은 그와 함께한 사람들에게 더욱 뚜렷하게 드러났다. 그들이 보기에 카토는 큰일을 할 사람이었으며, 언젠가 나라를 이끌어 갈 위치에 오를 만한 인물이었다. 그는 시민을 변호하면서도 보수를 받지 않았고, 자신의 야망을 이루고 명성을 추구하려는 것처럼 보이지도 않았다. 오히려 전투에서 더 큰 명성을 얻고 싶어 했던 그의 가슴은 어렸을 때부터 이미 영광스러운 상처로 덮여 있었다. 그는 [기원전 217년에] 한니발이 이탈리아를 유린했을 때 열일곱 살의 나이로 그 전쟁에 처음으로 참전했던 사실을 자랑스럽게 말하곤 했다.

전쟁에서 카토의 손은 날랬으며, 발은 흔들리지 않았고, 표정은 험악했다. 그는 말로 위협했고, 난폭하게 고함을 지르며 적군에게 돌진하곤 했다. 그런 모습을 보여 주는 것이 때로는 칼보다 더 적군을 두렵게 만든다는 사실을 정확히 알고 있었다. 행군할 때면 그는 자신의 무기를 직접 들고 다녔으며, 숙영에 필요한 장비를 들고 다니는 시종 한 명이 그를 따랐다.

들리는 바에 따르면, 그는 시종에게 화를 낸 적이 없고, 시종이 음식을 제공할 때 투정한 적도 없으며, 오히려 근무 중만 아니면 식사를 직접 준비하거나 옆에서 거들었다고 한다. 전투가 벌어졌을 때에는 물만 마셨으며, 목이 마르면 식초를 요구했고, 기운이 떨어지면 포도주를 조금 섞어 마셨다.

2

카토의 밭 가까운 곳에 마니우스 쿠리우스(Manius Curius)가 한때 살았던 오두막이 있었다. 그는 세 번이나 개선식을 치른 위대한 집정관이었다. 카토는 자주 그 오두막을 찾아가 작은 텃밭과 초라한 살림집을 바라보며 그곳에 살던 영웅을 회상하곤 했다.

쿠리우스는 로마에서 가장 위대한 영웅이 되어 가장 호전적인 이웃 나라들을 정복했고, 에페이로스의 왕 피로스(Pyrrhos)를 물리치고, 개선식을 세 번 치렀음에도 손수 이 작은 텃밭을 가꾸며 오두막에서 살았다. 삼니움(Samnium)의 사절들이

대(大)카토

이곳을 찾아왔다가 쿠리우스가 난로 옆에 앉아 순무를 요리하는 것을 보고 금덩어리를 선물했다. 그러나 그는 금을 거절하면서 이렇게 말했다.

"이런 음식으로 만족하는 사람에게는 금덩어리가 필요 없습니다. 나는 황금을 얻는 것보다 황금을 가진 무리를 정복하는 것이 더 영광스러운 일이라고 생각합니다."

카토는 그 오두막을 떠난 뒤에도 이런 일들을 회상했다. 그는 자신의 집과 토지와 생활 방식을 돌아보면서 손수 일하고 사치스러운 마음을 떨쳐 버렸다.

[기원전 209년] 화비우스 막시무스(Fabius Maximus)가 타렌툼(Tarentum)을 점령했을 때, 졸병이었던 카토는 우연히 그의 막료로 복무한 적이 있었다. 이때 카토는 피타고라스학파의 네아르코스(Nearchos)라는 병사와 함께 같은 막사에서 생활하게 되었고, 그에게서 피타고라스의 학문을 배우려 했다. 네아르코스는 카토와 대화를 나누면서 플라톤의 화법으로 이렇게 말했다.

"쾌락은 악행을 저지르게 하는 가장 큰 유혹이며 몸은 영혼을 망치게 하는 가장 큰 적이니, 그러한 유혹에서 벗어나 최고의 이성으로써 자신을 정화하여 마치 아기가 젖을 떼듯이 육체적 감각에서 벗어날 때, 인간은 단순하고도 절제된 삶을 살 수 있다."

들리는 바에 따르면, 카토는 늘그막에 이르도록 그리스어를 배우지 않다가 아주 늦게야 그리스어로 쓴 책을 읽기 시작했다고 한다. 역사가 투키디데스의 글은 그에게 웅변술을 가르쳐 주었지만, 카토는 웅변가 데모스테네스에게서 더 많은 것을 배웠다. 그러나 카토의 글에는 그리스의 사상과 일화를 적당히 다듬어 옮긴 부분이 많고, 그의 명언(名言)과 경구 가운데에는 그리스의 원전을 그대로 옮긴 것들도 있다.

3

이 무렵에 로마에는 명문가 출신으로 대단히 영향력이 큰 인물이 있었다. 그는 젊은이의 싹수를 알아보고 교육하여 많은 사람으로부터 존경받는 인물로 키워 내곤 했다. 그의 이름은 발레리우스 플라쿠스(Valerius Flaccus)였다. 그는 카토의 집 건너편에 농장을 가지고 있어, 카토가 근면하고 검소하게 산다는 사실을 그의 하인들로부터 전해 들어 알고 있었다.

카토가 아침 일찍 일어나 걸어서 광장으로 나가 자기를 필요로 하는 사람들을 변론해 주고, 집으로 돌아와서는 겨울이면 작업복을 입고 여름이면 웃통을 벗어젖힌 채 하인들과 함께 일하며, 그들과 함께 같은 빵을 먹고 같은 포도주를 마신다는 말을 들은 플라쿠스는 놀라움을 멈출 수가 없었다. 그의 하인들은 주인의 재치를 드러내는 여러 경구를 플라쿠스에게 들려주었다.

이에 드디어 플라쿠스는 카토를 저녁 식사에 초대했다. 플라쿠스는 그 자리를 통해 카토가 매우 온화하고 정중하다는 점, 또한 마치 나무를 키우듯이 그를 더 길러 낼 공간이 필요하다는 점을 발견했다. 플라쿠스는 그에게 로마로 올라가 공직에 나가 보라고 강력하게 설득했다.

이에 따라 로마에 거처를 마련한 카토는 그동안 변호사로 활약한 노력에 힘입어 곧 자기를 따르는 동지들을 얻었고, 거기에 플라쿠스의 호의로 크게 명성을 얻어 군무 위원이 되었다가 다시 재정관이 되었다. 이때부터 그는 탁월한 명망가로 발돋움하여 플라쿠스와 함께 집정관을 거쳐 감찰관이 되었다.

카토는 선배 정치인들 가운데에서 화비우스 막시무스와 가장 가깝게 지냈다. 화비우스가 높은 명성을 지녔고 막중한 영향력을 행사하고 있던 것은 사실이지만, 카토가 그를 존경한 것은 그의 인격과 생활 방식을 자신의 본보기로 삼았기 때문이었다. 화비우스의 인격은 카토가 본받고자 하는 가장 홀

대(大)카토

릉한 모습이었다. 그래서 카토는 화비우스의 젊은 경쟁자인 대(大)스키피오(Great Scipio)에 대한 공격을 멈추지 않았다.

카토는 이제 겨우 서른 살에 지나지 않는 스키피오가 화비우스를 시기한다고 생각했다. 카토는 [기원전 204년에] 스키피오의 재정관이 되어 아프리카 원정에 참가했는데, 이때 그는 스키피오가 늘 하던 버릇대로 사치에 빠져 있으며, 병사들에게 돈을 헤프게 쓰는 것을 보았다. 이에 그는 용기를 내어 스키피오에게 이렇게 말했다.

"경비 문제는 제가 이러니저러니 할 문제가 아니지만, 지금 장군께서는 부하들이 필요로 하는 것보다 더 많은 급료를 줌으로써 그들을 쾌락에 빠뜨려 검약 정신을 병들게 하고 있습니다."

이에 스키피오는 이렇게 대답했다.

"지금처럼 전쟁의 풍운이 온통 몰려오고 있는 때에 인색한 재정관은 필요없다."

스키피오의 말인즉, 지금 자신이 로마에 바칠 것은 돈이 아니라 승전이라는 것이었다. 이에 카토는 시킬리아를 떠나 화비우스에게로 돌아왔다. 그들은 원로원에 출두하여 지금 스키피오가 엄청난 돈을 낭비하고 있으며, 군대의 지휘관이 아니라 축제의 주최자가 된 것처럼 체육관과 극장에서 유치한 놀이에 빠져 있다고 비난했다.

이렇게 공격한 결과, 원로원은 만약 그와 같은 비난이 사실로 드러날 경우에는 그를 로마로 불러들이기로 하고 군무위원을 아프리카로 파견했다. 그러자 스키피오는 전쟁의 승리란 얼마만큼 준비했느냐에 달려 있다는 점을 군무 위원들에게 확신시킨 다음, 자기가 시간이 남을 때 막료들과 함께 어울린 것은 사실이지만 크고 중요한 문제를 소홀히 한 적은 없음을 보여 주었다. 그리고 그는 배를 타고 아프리카의 전쟁터로 떠났다.

4

카토의 웅변은 그에게 커다란 영향력을 안겨 주었고, 세상 사람들은 그를 가리켜 로마의 데모스테네스라 일컬었다. 그러나 그는 생활 방식 때문에 더 유명해졌고, 그 명성은 외국에까지 널리 알려졌다. 그의 웅변 실력이야 이미 많은 젊은이가 그의 수준에 이르고자 열심히 노력하고 있을 정도였다.

그러나 카토는 당대에 찾아보기 어려운 인물이었다. 그는 선조들처럼 손수 농사를 짓고, 익히지 않은 아침 식사와 검소한 저녁 식사를 하고, 단출한 의복을 입고 허름한 집에 살았으며, 그러한 것들 이상을 갖기를 바라지 않았다.

이제 로마는 예전 방식으로 살기에는 너무 커져 있었다. 영토와 인구가 늘어나면서 풍습이 많이 뒤섞였고, 온갖 삶의 방식이 들어왔다. 사람들은 힘든 일에 지치고 쾌락에 빠져 흐느적거렸다. 따라서 그 두 가지를 모두 이겨 낸 카토를 사람들이 찬양한 것은 당연한 일이었다. 그는 야심 찬 젊은 시절뿐만 아니라 집정관을 지내고 개선식을 치른 뒤 머리가 백발이 되었을 때도 여전히 그렇게 살았기 때문이었다. 그는 마치 운동선수처럼 훈련을 거르지 않았으며, 죽는 날까지 그 마음을 바꾸지 않았다.

카토의 말에 따르면, 그는 1백 드라크마 이상 값나가는 옷을 입어 본 적이 없었다. 재정관이나 집정관을 지낼 때도 노예들이 마시는 포도주를 마셨고, 저녁 식사는 장터에서 30아스를 주고 사 온 생선과 고기였다. 그나마도 국가를 위해서였다. 그가 빵 이외의 음식을 먹은 이유는 군대에 복무할 수 있도록 체력을 강화하고자 함이었다. 그는 언젠가 바빌로니아의 비단에 수를 놓은 예복을 유산으로 물려받자 곧 시장에 내다 팔았다. 그가 소유한 여러 오두막집 가운데에는 벽에 회칠을 한 집이 하나도 없었다.

카토는 노예 한 명을 사는 데 1천5백 드라크마 넘게 값을

대(大)카토

치른 적이 없다. 그가 바란 것은 마부나 목자와 같이 힘센 일꾼이었지 잘생긴 노예가 아니었다. 또한 늙어서 쓸모없는 노예는 계속 먹여 살리느니 시장에 내다 팔아 버리는 것이 자신의 의무라고 그는 생각했다. 그는 대체로 쓸모없는 것은 아무리 싸도 값싸지 않다고 생각했고, 필요 없는 것은 설령 한 푼이라 할지라도 비싸다고 생각했다. 그는 또한 곡식을 재배하고 가축을 먹일 수 있는 토지만을 샀으며, 물을 주거나 길을 쓸어야만 하는 정원은 사지 않았다.

5

어떤 사람들은 카토의 이런 처사야말로 그가 인색했다는 증거라고 말한다. 그런가 하면 어떤 사람들은 그가 다른 사람들의 사치를 바로잡고 절제하도록 하고자 그런 규범적인 삶을 살았다고 믿음으로써 그를 감싸고 있다. 그러나 내가 생각하기에, 노예를 짐승처럼 여겨 끝까지 부려 먹다가 늙으니까 시장에 내다 판 것은 천박한 짓인 듯하다. 그런 삶은 인간과 인간 사이의 인연을 보지 않고 오로지 필요성만을 본 것이다.

인정은 정의보다 폭이 넓다. 우리는 인간에게만 법과 정의를 적용하는 것을 당연하다고 생각한다. 그러나 자비심이란 마치 큰 샘에서 물이 넘치는 것과 같아, 따뜻한 가슴에서 흘러나와 말 못 하는 짐승에게까지 이르는 때가 많다. 인정 많은 사람이라면 말이 늙어 쇠약해지더라도 잘 돌볼 것이며, 개도 어렸을 적부터 보호가 필요한 늙은 나이에 이르기까지 잘 돌보아야 한다.

아테네인들은 파르테논 신전을 지을 적에 열심히 일한 노새들을 나중에 풀어놓아 초원에서 마음껏 풀을 뜯도록 해 주었다. 들리는 바에 따르면, 그 노새들 가운데 한 마리는 옛날이 그리워 그 초원에서 일터로 돌아왔고, 신전의 언덕을 오르는 동료 노새를 따라 걸으면서 마치 동료들을 격려하기라도 하듯이 함께 걸었다고 한다. 아테네인들은 그 노새를 죽을 때까지 국고로 먹여 살리는 법을 통과시켰다.

키몬에게는 올림픽에서 세 번 우승한 말이 있었는데, 그는 이 말들의 무덤을 가족묘 곁에 써 주었다. 또한 개들도 오래도록 주인과 함께 지내다가 영예롭게 묻히는 경우가 흔했다.

옛날에 페리클레스의 아버지인 크산티포스에게 개 한 마리가 있었다. 사람들이 도시를 버리고 떠나자 그 개는 삼단 노의 함선을 따라 헤엄쳐 왔다.(제7장 「테미스토클레스전」§10) 사람들은 해안에 도착한 뒤 그 개를 어느 만(灣)에 영예로이 묻어 주었는데, 지금도 그곳을 '개의 언덕'이라고 부른다. 우리는 어떤 생물이 병들고 소용없다 하여 신발이나 찌그러진 냄비 버리듯 해서는 안 된다. 특별한 이유가 없는 한, 인간의 자비심을 키우는 뜻에서라도 우리는 다른 생명체에게 자비심을 갖는 버릇을 들여야 한다.

나라면 늙었다는 이유만으로 나를 위해 일한 소를 팔지 않을 것이다. 따라서 그저 늙었다는 이유로, 몇 푼 안 되는 돈을 받으려고 그 노예의 고향과 같은 삶의 터전을 빼앗지도 않을 것이다. 게다가 파는 사람에게 쓸모가 없다면, 사는 사람에게도 쓸모가 없기는 마찬가지일 것이다.

그러나 카토는 국고를 아끼고자 자신이 집정관으로 스페인을 정벌할 때 타던 말을 그곳에 두고 왔다며 자랑스럽게 말하고 있다. 이와 같은 처사가 그의 위대함을 보여 주는 것인지, 아니면 그가 그만큼 인색한 사람이었다는 뜻인지는 한번 터놓고 따져 볼 일이다.

6

그러나 다른 일들을 보면, 카토의 절제력은 찬사를 뛰어넘을 정도였다. 이를테면 그는 군대를 지휘할 때 자신과 부관에게 보급되는 한 달 치 밀가루를 고대 그리스(Attica) 단위로 3부셸 넘게 받지 않았으며, 말먹이로 매일 지급되는 보리도 1.5부셸 넘게 받지 않았다.

카토가 [기원전 198년에] 사르디니아의 총독이 되었을 때였다. 그의 전임자들은 자신의 천막과 침대와 옷값을 공금으로 지불하고, 그들의 부관과 노예와 막료들을 위한 막대한 경비와 호화로운 잔치 비용을 걷고자 그곳 주민들을 핍박했지만, 카토는 그들에 견주면 믿을 수 없을 만큼 적은 비용을 썼다.

카토는 공금을 쓰지 않았다. 그는 도시를 순회할 때는 걸어 다녔으며, 그의 옷과 성배(聖杯)를 들 종자 한 명만 데리고 갔다. 그는 아랫사람들에게는 너그럽고 검소했으나, 한편으로는 그에 상응하는 위엄과 엄격함을 보였다. 그는 정의를 구현할 때 물러섬이 없었고, 정부의 법령을 시행할 때는 정확하고 단호했다. 그가 다스리는 동안, 그 지역의 백성들은 로마의 권력을 다른 어느 때보다 두려워했고 또 지지했다.

7

카토의 그러한 경향은 그의 웅변에서도 잘 나타나고 있다. 그의 웅변은 우아하면서도 강렬하고, 즐거우면서도 위압적이며, 농담 같으면서도 준엄하며, 교훈적이면서도 논쟁적이다. 플라톤이 그의 스승 소크라테스를 일컬어 "겉으로 보기에 그는 주변 사람들에게 거칠고 무례하고 악의적인 느낌을 준다. 그러나 그의 내면은 진심으로 가득하며, 듣는 이의 눈물을 자아내고 가슴을 쥐어짜는 것들로 채워져 있다"(플라톤, 『향연』, §215)라고 말했는데, 카토의 웅변이 그랬다.

어떤 사람들은 카토의 연설이 아테네의 평범한 웅변가였던 리시아스(Lysias)와 비슷하다고 하는데, 나는 그들이 무슨 뜻으로 그렇게 말하는지를 모르겠다. 그러나 그런 문제는 나보다는 로마의 사조에 더 관심 있는 사람들이 결정할 일이고, 나는 다만 그의 명언(名言) 몇 가지를 기록해 두고자 한다. 어떤 사람의 성격은, 누가 말한 것처럼, 그의 외모에서보다는 그의 말에서 더 잘 드러난다고 나는 믿기 때문이다.

8

언젠가는 로마인들이 양곡을 배급하라고 터무니없이 요구한 적이 있었다. 카토는 그들을 설득하면서 다음과 같이 말을 꺼냈다.

"로마 시민 여러분, 위장(胃腸)에다 대고 논쟁하기란 참 어렵습니다. 위장에는 귀가 달려 있지 않기 때문입니다."

또한 그는 사치가 유행하는 것을 보면서 이렇게 비꼬았다.

"생선값이 황소값보다 비싼 도시를 살려 내기란 어려운 일입니다."

카토는 또한 로마인들을 양(羊)에 견주어 말한 적이 있다. 한 사람씩 설득하기는 어렵지만 무리를 지으면 맹목적으로 따라오기 때문이었다. 그는 이렇게 말했다.

"아, 예 그렇습니다. 어떤 사람이 개인적으로 충고하면 치사스럽게 생각하며 따르지 않지만, 무리를 지으면 그를 잘 따라가지요."

여성의 힘에 관하여 그는 이런 말을 했다.

"다른 모든 남자는 아내를 지배합니다. 우리는 그 모든 남자를 지배하지요. 그리고 우리의 아내들이 우리를 지배하고 있습니다."

그러나 이 말은 테미스토클레스의 말을 옮긴 것이다. 그는 자신이 자기 아내의 말을 통해 자기 아들의 뜻에 따르고 있다는 것을 알고서는 이렇게 말했다.

"여보, 아테네인들이 그리스인을 지배합니다. 나는 아테네인들을 지배합니다. 당신은 나를 지배하고 당신의 아들은 당신을 지배합니다. 그러니 그가 권력을 아끼도록 해 줍시다. 그가 비록 어리기는 해도 그리스에서 가장 강력한 인물이니

까."(제7장 「테미스토클레스전」, §18)

카토는 로마인들이 염료의 시장 가격뿐만 아니라 행동의 시장 가치까지 결정한다면서 이렇게 말했다.

"염료업자들은 여러분이 가장 좋아한다고 여기는 물감을 가장 많이 씁니다. 이와 마찬가지로, 여러분의 청년들은 여러분이 기뻐할 만한 행동을 배우고 실행합니다."

그는 로마인들에 대해 이런 말을 했다.

"로마인들이 덕망과 절제를 실행하면서 위대해졌다면, 더 나빠지지 않도록 현재를 지켜야 한다. 그러나 무절제와 악행을 저지르면서 위대해졌다면, 더 나아지고자 앞으로 바뀌어야 한다. 로마는 이미 무절제와 악행으로는 위대해질 만큼 위대해졌기 때문이다."

고위 관직을 자주 맡고 싶어 하는 사람들에게 그는 이렇게 충고했다.

"길을 잃지 않으려고 늘 시종(lictor)들을 데리고 다녀야 하다니, 길을 모르는 사람들인 듯하다."

그는 로마인들이 고위 공직자로 같은 사람을 자꾸 뽑는 것을 보면서 이렇게 견제하는 말을 했다.

"당신들이 그 자리가 별것 아니라고 생각하거나, 그 자리에 어울리는 사람이 많지 않다고 생각하거나 둘 가운데 하나일 겁니다."

명예롭지도 않고 평판도 나쁜 삶을 사는 정적에게 그는 이렇게 말했다.

"이 인간의 어머니가 자기보다 자기 아들이 더 오래 살기를 바랐다면, 그것은 경건한 기도가 아니라 악담이었을 것입니다."

그는 바닷가에 있는 조상의 땅을 팔아먹은 사람을 칭찬하는 척, 그가 바다보다 더 강한 사람이라고 말하면서 이런 말을 덧붙였다.

"이 사람은 바다도 쓸어 가지 못하는 땅을 참 쉽게도 삼켰군요."

에우메네스 2세(Eumenes II)가 로마를 방문했을 때, 원로원은 지나치리만큼 그를 환대했다. 도시의 주요 인사들이 그에게 관심을 보이려고 앞을 다투자 카토는 의심에 찬 눈길로 그를 바라보며 경고했다. 어떤 사람이 그에게 말했다.

"분명히 그는 위대한 사람이며 로마의 친구입니다."

그러자 카토가 이렇게 말했다.

"그럴 겁니다. 그러나 왕이라는 짐승은 천성적으로 육식을 좋아합니다."

그는 또 이렇게 말했다.

"사람들이 칭찬하는 어떤 왕도 테베의 에파미논다스나 페리클레스나 테미스토클레스나 마니우스 쿠리우스나 번개왕(Barcas)이라는 별명이 붙은 카르타고의 하밀카르(Hamilcar) 장군에 견줄 수는 없습니다."

카토가 자주 한 말에 따르면, 정적들이 그를 미워한 것은 그가 늘 해 뜨기 전에 일어나며, 사사로운 일을 우습게 알고 공무에 시간을 쏟아부은 탓이라고 한다.

"나는 나쁜 일을 하고도 벌을 받지 않기보다는 차라리 옳은 일을 하고서도 보답받지 못하는 길을 갈 것이다. 또한 모든 사람의 잘못을 용서할 수 있지만 나 자신의 실수는 용서할 수 없다."

9

언젠가 로마인들은 비티니아에 보낼 사절 세 명을 뽑은 적이 있는데, 한 사람은 통풍 환자였고, 한 사람은 머리에 수술 자국이 있었고, 마지막은 바보 같은 사람이었다. 이 말을 들은 카토가 농담 삼아 이렇게 말했다.

"로마인들은 발 없는 사람과 머리 없는 사람과 심장 없는

대(大)카토

사람'을 사절로 보냈다."

원로원은 아카이아(Achaea)에서 추방되어 아테네에 사는 사람들을 어찌할 것인가를 두고 오랫동안 논쟁을 벌였다. 그 자리에서 누구는 돌려보낼 것을 주장했고, 누구는 돌려보내지 말자고 주장했다. 이때 망명자 가운데 한 사람인 폴리비오스(Polybius)의 의뢰를 받은 스키피오가 카토에게 도움을 청하자 그가 일어나서 이렇게 말했다.

"우리는 지금 별로 할 일도 없는 사람들처럼, 늙고 가난한 그리스인들을 여기에 묻을지 아카이아에 묻을지를 논의하느라 온종일 여기에 앉아 있습니다."

원로원이 그들의 귀국을 허락하기로 결의한 지 며칠이 지나, 폴리비오스는 귀국하는 사람들이 고국에 돌아가면 지난날 아티카[그리스]에서 누렸던 명예를 다시 누릴 수 있도록 원로원이 허락해 달라고 요청하면서 카토의 의견을 물었다. 카토는 웃으며 폴리비오스에게 이렇게 말했다.

"오디세우스가 키클롭스에게서 도망칠 때, 그곳에 두고 온 모자와 허리띠를 찾으러 다시 그곳으로 돌아가고 싶었다더니 당신이 꼭 그 짝이군요."

그는 이렇게 말했다.

"바보가 현자에게 배우는 것보다 현자가 바보에게서 배우는 것이 더 많습니다. 현명한 사람은 바보들이 저지른 실수를 저지르지 않으려고 노력하지만, 바보들은 현자의 성공을 본받으려 하지 않기 때문입니다."

"나는 얼굴이 파리한 젊은이보다 얼굴이 붉은 젊은이를 더 좋아합니다."

"행군할 때 손을 더 잘 쓰는 사람이나 싸울 때 발을 잘 쓰

I   여기에서 '심장이 없는 사람'이라 함은 감정이 없는 사람이라는 뜻이 아니라 지혜롭지 못한 사람이라는 뜻이다.

는 사람, 코 고는 소리가 전쟁터에서 지르는 함성보다 더 요란한 사람은 군인으로서 쓸모가 없습니다."

그는 뚱보 기수를 보고 비웃으며 이렇게 말했다.

"목구멍에서 사타구니까지 가진 것이라고는 위장밖에 없는 그 몸으로 국가에 봉사하겠다는 것이 가당키나 하오?"

어느 식도락가가 그와 친하게 지내고 싶어 하자 그는 다음과 같은 말로 사양했다.

"나는 미각이 심장보다 더 예민한 사람과는 함께 살고 싶지 않습니다."

사랑에 관하여 그는 이런 말을 남겼다.

"사랑하는 사람의 영혼은 그 사랑을 받는 이의 몸속에 살고 있습니다."

후회에 관하여 그는 이런 말을 했다.

"나는 평생에 세 번 후회한 적이 있는데, 첫 번째는 아내에게 가슴속에 있는 말을 털어놓은 것이고, 두 번째는 걸어가도 되는 곳을 배를 타고 가느라 뱃삯을 물은 것이고, 세 번째는 어느 날 아무 일도 하지 않고 하루를 멀거니 보낸 것이다."

어떤 노인이 온당치 않은 일에 깊이 빠지는 것을 본 카토가 이렇게 말했다.

"여보시오. 늙는다는 것 자체가 영예롭지 못한 일입니다. 거기에 부끄러운 악덕까지 더하지 마십시오."

누군가를 독살했다는 혐의를 받고 있는 민중 호민관이 쓸모없는 법안을 통과시키려고 애쓰는 것을 본 카토가 이렇게 말했다.

"젊은이, 나는 그대가 주는 독약을 마시는 것과 그대의 법안을 통과시키는 것 가운데 어느 것이 더 악독한 짓인지를 잘 모르겠네."

부끄러운 줄도 모르고 방탕한 생활을 하던 사람에게 욕을 들은 카토가 이렇게 말했다.

대(大)카토

"나는 지금 당신과 불공평한 싸움을 벌이고 있소. 당신은 욕을 먹으면서도 태연하고 입심 좋게 남을 욕하고 있지만, 나는 욕하는 것도 싫고 욕먹는 것도 싫기 때문이지요."

위의 어록들은 카토의 성격을 잘 보여 주고 있다.

10

카토는 [기원전 195년에] 가까운 친구인 발레리우스 플라쿠스와 함께 집정관에 선출되어 로마인들이 동부 에스파냐(Hispania Citerior)라고 부르는 지방을 다스리게 되었다. 이곳에서 그는 어떤 부족은 무력으로 정복하고, 어떤 부족은 협상으로 복속시켰다. 그러는 가운데 엄청나게 많은 이민족이 쳐들어왔고, 그는 불명예스럽게도 그 지방을 잃을 위험에 빠졌다. 그래서 그는 이웃에 있는 켈트-이베리아(Celtiberi)족에게 동맹을 맺자고 요청했다.

그들이 지원해 주는 대가로 2백 탈렌트를 요구하자 그의 막료들은 로마가 야만족에게 그러한 대가를 지불하는 것은 있을 수 없는 일이라고 생각했다. 그러나 카토는 그러한 흥정을 두려워할 이유가 없다고 말했다. 만약 자신이 이긴다면 적국에서 노획한 전리품으로 갚으면 되고, 지면 갚을 사람도 없고 받아 갈 사람도 없으니 잃을 게 없다는 것이 그의 생각이었다.

이 전쟁에서 카토는 적군을 완전히 깨뜨렸고 그 밖의 전투에서도 찬란한 승리를 거두었다. 폴리비오스의 기록에 따르면, 단 하루 만에 바이티스(Baetis)강을 따라 포진한 그 많던 성벽과 전사들이 그의 지휘 아래 무너졌다고 한다. 또한 카토의 말에 따르면, 스페인에서 재직하던 시절에 정복한 도시보다 이때의 전투에서 정복한 도시가 더 많았다고 한다.

그가 그때 정복한 도시가 실제로 4백 개였으니, 이는 단순히 자랑삼아 하는 말이 아니었다. 이 전투에서 카토의 병사들은 전리품을 두둑이 챙겼다. 그는 전리품 말고도 병사마다 5백

그램씩 은을 나누어 주면서, 몇몇 사람이 금을 가지고 가는 것보다는 더 많은 사람이 주머니에 은을 가지고 가는 쪽이 낫다고 말했다. 그러나 그의 말에 따르면, 그 자신은 먹고 마신 것말고는 전리품을 하나도 챙기지 않았다고 한다. 그는 이렇게말하고 있다.

"그런 상황에서 전리품을 챙기려 한 사람들에게 잘못이 있다고 생각하지는 않지만, 나는 탐욕스러운 사람들 틈에서 탐욕을 다투기보다는 용맹한 사람들 틈에서 용기를 겨루고 싶었다."

카토는 자신뿐만 아니라 그의 막료들이 탐욕으로 얼룩진 전리품을 욕심내지 않도록 하려고 애썼다. 그는 전장에서 시종 다섯 명을 거느렸다. 그들 가운데 파쿠스(Paccus)라는 시종은 전쟁 포로들 가운데 소년 셋을 자기 몫으로 사들였다. 그러나 카토가 그 사실을 알고 있음을 알아차린 그는 주인의 얼굴을 보기보다는 목매어 죽기를 선택했다. 카토는 그 소년들을 팔아 수입금을 국고에 넣었다.

11

카토가 스페인에서 머뭇거리는 동안, 그의 정적이었던 대스키피오는 카토의 승세를 막고 스페인의 통치권을 장악하고 싶었기에 자신이 카토의 뒤를 이어 그곳의 총독으로 임명되도록 힘을 썼다. 그런 다음 그는 전속력으로 달려가 카토의 지휘권을 차지했다. 그러나 카토는 5개 코호르트(cohort)[2]의 중무장 병력과 기병 5백 기의 호위를 받으며 귀국하는 도중에 라케타니(Lacetani)족을 정복했고, 라케타니족이 데리고 온 로마군의 탈영병 6백 명을 처형했다. 이와 같은 사태에 스키피오는 분개했지만, 카토는 겸손한 체하면서 이렇게 말했다.

---

2   코호르트는 그 시대의 병력 단위로서 대체로 5백~6백 명으로 구성되었다.

"지체 높은 사람들이 낮은 신분의 사람들에게 영광의 종려나무를 양보하지 않고, 나와 같은 평민이 고귀한 출생과 높은 명성을 자랑하는 사람들과 그 공로를 공평하게 겨룰 수 있을 때 로마는 더 위대해질 수 있다."

스키피오가 불쾌하게 여기고 있음에도, 원로원은 카토가 지시했거나 마련해 둔 것들을 바꾸지 않기로 결의했다. 그러자 스키피오의 지휘부는 아무 일도 하지 않거나 게으름만 피운 것처럼 보였고, 그럼으로써 카토가 명성을 잃었다기보다는 스키피오가 더 많은 명성을 잃었다.

카토는 [기원전 194년에] 개선식을 치렀다. 덕망을 쌓기보다 명성을 좇는 사람들 대부분은, 일단 집정관과 같이 높은 영예나 승리를 얻은 뒤에는 즐거움 속에서 여생을 보내려 하며 공직자로서의 소명감을 버린다. 그러나 카토는 덕망 쌓기를 포기하지 않았다. 아니, 오히려 그는 마치 공직에 처음 들어온 사람처럼 영예와 명성에 목말라하며 허리띠를 졸라맸고, 광장이나 전쟁터에서 자신의 동지들과 시민을 위해 봉사할 준비를 하고 있었다.

12

이러한 이유로 카토는 집정관 티베리우스 셈프로니우스(Tiberius Sempronius)의 사절이 되어 다누비우스(Danubius, Danube)강 유역과 트라키아 지방을 정복하는 일을 도왔다. 그는 또한 마니우스 아킬리우스(Manius Acilius)의 참모 장교가 되어 시리아의 안티오코스(Antiocus) 대왕을 무찌르러 그리스로 진격했다.

그 무렵 안티오코스는 한니발 이후로 누구보다도 로마에 두려움을 주는 인물이었다. 안티오코스는 지난날 셀레우코스 니카토르(Seleucos Nicator)가 정복했던 땅을 모두 되찾고 호전적인 이민족을 많이 정복한 뒤에 로마를 정복하고 싶어 안달이었다. 그는 오직 로마만이 자기의 적수라고 생각했다. 그리하여 안티오코스는 군대를 이끌고 그리스로 진격하면서 그리스의 해방을 위해 전쟁을 시작한다고 설명했다.

그러나 안티오코스 군대는 그리스를 해방할 필요가 없었다. 그리스인들은 이미 로마인들의 호의로 마케도니아의 필리포스왕에게서 해방되어 독립을 누리고 있었기 때문이었다. 안티오코스의 침략을 받은 그리스는 곧 기대와 두려움의 폭풍 속에 빠졌다. 그 무렵의 선동가들은 차라리 안티오코스의 왕정이 풍요로움을 가져오리라며 민중을 속이고 있었기 때문이었다.

이에 따라 그리스의 집정관 마니우스는 여러 도시에 사절을 보내 민심을 수습하고자 노력했다. 내가 「플라미니누스전」(§15~17)에서 기록한 바와 같이, 티투스 플라미니누스(Titus Flamininus)는 어느 쪽에 충성을 바쳐야 할지 몰라 방황하는 민중의 마음을 곧 진정시켰고, 카토는 코린토스, 파트라이(Patrae), 아이기온(Aigion)을 로마 편으로 돌려놓았다.

카토는 아테네에서 오랫동안 머물렀다. 들리는 바에 따르면, 그가 그리스에 사는 아테네인들에게 들려준 연설문이 지금까지도 전해 내려오고 있다고 한다. 그 연설에서 그는 그리스어로 그리스인들의 덕망을 찬양했고, 그토록 아름답고 장엄한 도시를 보게 되어 기쁘다고 말했다고 한다. 그러나 이는 사실이 아니다. 그는 통역을 거쳐 그리스인들에게 연설한 것이다. 그는 그리스인들에게 직접 그리스어로 연설할 수 있었지만 늘 로마의 방식을 따랐고, 그리스의 미덕을 칭송하느라고 넋을 잃는 이들을 조롱했다.

이를테면 카토는 그리스어로 역사를 쓰면서 그 점에 대해 독자들의 양해를 얻은 포스투미우스 알비누스(Postumius Albinus)를 공격했다. 그러나 만약 알비누스가 인보 동맹의 결정에 따라 마지못해 그리스어로 역사를 썼다면 이해될 수도 있다고도 말했다.

대(大)카토

더 나아가서 카토는 아테네인들이 빠르고 날카로운 자신의 말에 놀랐다고 말했다. 이는 자기의 말이 간결한 것과는 달리 통역이 길게 여러 말로 되풀이하기를 좋아했기 때문에 일어난 일이었다. 대체로 그가 생각하기에, 그리스어는 혀끝에서 나오지만 로마어는 가슴에서 나오는 것이었다.

13

[기원전 191년에] 안티오코스왕은 병력을 동원해 테르모필라이의 좁은 계곡을 막고 자연적인 방어선에 참호를 팠다. 그리고 그는 성벽을 쌓은 다음 거기에서 머물렀다. 그는 그리스인이 이곳을 넘어 진격하지 못하리라고 생각했다. 실제로 로마 병사들은 이 계곡을 직접 돌파해야 한다는 사실 때문에 깊은 절망에 빠져 있었다. 그러나 카토는 지난날 페르시아 군대가 이곳을 돌아 통과했던 유명한 역사적 사건을 떠올리면서 어둠을 틈타 상당히 많은 병력을 이끌고 앞으로 나아갔다.

그들은 고개를 넘었지만, 전쟁 포로인 길라잡이가 길을 잃고 헤매다가 넘을 수 없는 절벽 앞에 이르자 커다란 절망에 빠졌다. 자기들이 위험에 빠졌음을 안 카토는 병력을 조용히 그곳에 머무르도록 남겨 두고 루키우스 만리우스(Lucius Manlius)라는 전문 산악인 하나만 데리고 길을 찾아 나섰다. 달빛도 비치지 않는 어둠 속에서 앞으로 나아가기란 매우 어려운 일이었다.

야생 올리브나무와 절벽이 그들의 시야를 막았다. 그러다가 그들은 마침내 길을 찾았다. 그들은 이 길이 적군의 야영지로 이어진다고 생각했다. 그들은 칼리드로모(Kallidromo)산을 내려다보는 절벽에 표지를 그려 넣은 다음 본진으로 돌아왔다. 그들은 그 표지가 가리키는 대로 길을 따라 앞으로 나아갔다. 그러나 그들이 조금 나아갔을 때 길이 끊기고 협곡이 입을 벌리고 있었다. 다시 실의와 두려움이 찾아왔다. 그들은 자신들이 찾고 있던 적군이 바로 앞에 있다는 사실을 알지도 못했고 보지도 못했다.

어슴푸레 날이 밝아 오자 어디선가 사람의 목소리가 들려오는 것 같았다. 곧이어 절벽 밑으로 그리스식의 참호로 둘러싸인 초소가 보였다. 이에 카토는 거기에서 병력의 진군을 멈추고 휘르뭄(Firmum) 출신의 병사를 따로 불렀다. 이들은 카토를 돕는 일에 늘 믿음직스러웠고 열정적이었다. 그들이 달려와 둘레에 모여 서자 카토가 이렇게 말했다.

"우리는 적병을 하나 사로잡아 그를 심문하여 누가 이 전초(前哨) 부대를 이루고 있고, 수는 얼마나 되며, 어떤 대오를 이루고 있는지 알아야 한다. 그러나 이 일을 하려면 우리는 사자가 겁에 질린 먹잇감을 향해 돌진하듯이, 무장하지 않은 채로 빠르고 용감하게 쳐들어가야 한다."

카토의 말이 끝나자 휘르뭄의 용사들은 차림 그대로 산기슭을 달려 내려가 적군의 초병을 덮쳤다. 예기치 않은 습격을 겪은 적군은 커다란 혼란에 빠진 채 흩어져 도망했다. 휘르뭄의 전사들은 적병 한 명을 무장한 채로 잡아 카토에게 데려왔다. 카토가 포로에게 알아낸 정보에 따르면, 적군의 주력 부대는 왕과 함께 협곡에 주둔해 있으며, 산 너머 협곡을 지키고 있는 부대는 6백 명의 아이톨리아(Aitolia) 사람들이라는 것이었다.

그들의 수가 적고, 심지어 방심하고 있다는 사실에 웃음을 지은 카토는 곧 나팔을 불고 군호를 외치면서 군대를 짓쳐 적진으로 돌진했다. 이때 카토는 칼을 뽑아 들고 앞장을 섰다. 절벽을 따라 물이 쏟아지듯이 내려오는 카토의 부대를 본 적군은 본진으로 도망을 치는데, 모두 혼란에 빠져 있었다.

14

그러는 동안에 마니우스도 아래의 협곡을 향하여 전군을 짓쳐 내려가 적군의 요새를 덮쳤다. 돌에 입을 맞아 이가 부러진 안

대(大)카토

티오코스왕은 괴로워하며 말 머리를 돌렸다. 그의 군대는 로마군의 돌격에 곳곳에서 도망했다. 도망이라고는 하지만 갈수 없는 길로 몰리고 정처 없이 방황하는 것이었다. 그들은 깊은 늪지와 가파른 절벽에서 미끄러지고 넘어졌다. 안티오코스의 병력은 협곡으로 쏟아져 들어갔지만, 적군의 끔찍스러운 무기가 무서웠던 그들은 서로 뒤엉키며 스스로 무너졌다.

자신의 공적을 칭찬하는 데 너그러웠고 자신의 위대한 업적을 칭송하는 데 주저하지 않았던 카토는 이번 원정의 결과에 대해서도 매우 우쭐해 있었다. 그는 이렇게 말했다.

"적군을 추격하면서 죽이는 모습을 본 사람들은 내가 로마에 빚을 진 것이 아니라 로마가 나에게 빚을 졌다고 확신했을 것이다. 집정관 마니우스가 승리에 도취하여 무기를 버린 채 한참 동안 나를 껴안았다. 기쁨에 겨웠던 그는 자신은 말할 것도 없고 로마의 모든 시민 가운데 어느 누구도 나의 공적에 보답할 수 없노라고 소리쳤다."

전투가 끝나자 카토는 자신의 승리를 알리고자 스스로 로마로 행군했다. 브룬디시움(Brundisium)으로 가는 뱃길은 순탄했다. 거기에서 그는 반도를 지나 하루 만에 타렌툼으로 갔다가 나흘을 더 행군한 다음, 육지에 상륙한 뒤 닷새째 되는 날에 로마에 이르렀다. 그곳에서 그는 처음으로 자신의 승리를 알렸다. 시민은 기뻐하며 제물로 도시를 가득 채웠으며, 자신들이 온 땅과 바다를 정복할 수 있다는 자부심을 서로에게 심어주었다.

15

이 시대가 아마도 카토의 생애에서 가장 주목할 만한 시기였을 것이다. 정치 활동이라는 점에서 보면, 그는 악한 무리를 고발하여 유죄 판결을 받아 내는 것이 가장 열정적인 노력을 기울일 만한 가치가 있는 일이라고 생각하는 듯했다. 그는 스스로 많은 사람을 고발했을 뿐만 아니라 다른 사람들의 고발을 도와주었고, 심지어는 사람들이 고발하도록 부추기기도 했는데, 이를테면 페틸리우스(Petillius)가 스키피오를 고발한 사건이 있었다.

그러나 위대한 영웅 스키피오는 가문의 영광과 자신의 고결한 덕망에 힘입어 그 고소 사건을 발로 깔아뭉갰고, 그를 사형시킬 수 없다고 판단한 카토는 그 사건의 고소를 취하했다. 그러나 이번에는 스키피오의 동생인 루키우스(Lucius Scipio)를 고발한 사람들과 협력하여 그가 무거운 벌금을 국가에 물도록 했다. 그 많은 돈을 벌금으로 물 수 없었던 루키우스는 투옥당할 위험에 빠졌으나 군무 위원들의 도움을 받아 가까스로 자유의 몸이 될 수 있었다.

들리는 바에 따르면, 어느 젊은이가 죽은 자기 아버지의 정적을 고발하여 공민권을 박탈하는 판결을 얻어 내는 데 성공했다고 한다. 그가 그 사건을 종결짓고 광장을 지나가다 카토를 만났는데, 카토가 그에게 축하 인사를 하면서 이렇게 말했다.

"돌아가신 부모님의 영혼 앞에 우리가 바쳐야 할 제물은 양이나 새끼 양들이 아니라 부모님의 정적들이 유죄 판결을 받아 눈물을 흘리게 하는 것이라네."

그러나 카토 자신도 늘 무사했던 것은 아니었다. 아주 작은 구실만 잡혀도 그의 정적들은 늘 그를 고발하여 유죄 판결의 위험으로 몰아넣었다. 들리는 바에 따르면, 그는 거의 50회나 고발당했고, 마지막으로 고발당한 것은 여든여섯 살 때였다고 한다. 이런 일을 겪으면서 그는 잊지 못할 명언을 남겼다.

"한 시대를 살아온 사람이 뒤따라오는 세대의 사람들 사이에서 변론한다는 것은 괴로운 일이군요."

그러나 이 사건으로 카토의 법정 다툼이 끝난 것은 아니었다. 4년이 지나 아흔 살이 된 그는 세르비우스 갈바(Servius

Galba)를 탄핵했다. 마치 호메로스의 작품에 나오는 네스토르 (Nestor)처럼, 카토는 3대에 걸쳐 열정적이고 적극적인 삶을 살았다고 말할 수 있다. 앞서 내가 말한 것처럼, 그는 대스키피오와 숱한 정치적 투쟁을 치른 뒤에 그의 입양 손자인 소(少)스키피오와도 같은 시대에 활동했으며, [기원전 168년에 피드나의 전투에서] 페르세우스(Perseus)를 물리치고 마케도니아를 정복한 아이밀리우스 파울루스의 아들과도 같은 시대를 살았다.

16

[기원전 184년] 집정관을 지낸 뒤 10년이 지났을 때, 카토는 감찰관(Censor)에 출마했다. 감찰관이라는 직책은, 말하자면 어떤 민선(民選) 직책보다 높은 것으로서 정치 경력의 정점에 올라가는 자리였다. 그 권력도 다양하여, 시민의 생활 방식까지 심사했다. 처음 감찰관이라는 직책을 만든 이들은, 결혼이나 출산부터 하루 일과를 짜거나 친구들과 모여 노는 일에 이르기까지 공권력에 따르는 감시나 검토를 받지 않고 자기 멋대로 살 수 있는 사람은 아무도 없다고 생각했다.

아니, 로마인들은 오히려 그와 같은 일상적인 일들이 공직 생활이나 정치 활동보다 인간의 성품을 더 잘 보여 준다고 생각했다. 그래서 그들은 관리들을 뽑아 민중을 감시하고 꾸짖음으로써 누구도 방종에 빠지지 않게 하고, 자신의 본성과 관습적인 생활 양식을 저버리지 못하도록 했다. 로마인들은 이 일을 담당하는 귀족 한 명과 평민 한 명, 합쳐서 두 명의 관리를 뽑았는데 이들이 곧 감찰관이었다.

감찰관들은 기사(騎士)의 신분을 강등시키거나 방종하고 무질서한 원로원 의원을 몰아낼 수 있는 권한이 있었다. 그들은 또한 시민의 재산을 재평가하고, 그들의 정치적·사회적 등급에 따라 명단을 작성했다. 그 밖에도 감찰관은 많은 권한을 행사했다. 그렇다 보니 카토가 감찰관에 출마하자 거의 모든 유명 인사들과 유력 인사들이 뭉쳐 카토를 반대했다. 미천한 출신의 인물이 높은 자리에 오르면 자신들은 수렁 속에 빠져 짓밟히리라고 생각한 귀족들은 카토에 대한 질투심을 불태우며 움직이기 시작했다. 그런가 하면 비열한 짓을 하면서 선조의 관습과 달리 처신하며 살아오던 사람들은 카토가 엄격하고도 가차 없이 권력을 휘두를까 두려워했다.

따라서 귀족들은 여러모로 생각하고 준비한 끝에 카토에 대항할 후보 일곱 명을 내세웠다. 그 후보들은 부드러운 정책을 수행하리라고 약속하며 대중의 호감을 사고자 했다. 귀족들은 민중이 느슨한 정책을 기대한다고 생각했던 것이다.

이와 달리 카토는 타협의 모습을 전혀 보이지 않았다. 그는 연설에서 범법자들을 공공연히 위협했고, 지금 이 도시가 필요로 하는 것은 대대적인 정화라고 소리 높여 외쳤다. 그리고 만약 민중이 지혜롭다면 가장 마음에 드는 말을 하는 의사(醫師)를 뽑을 것이 아니라 가장 성실한 의사를 뽑아야 한다고 역설하면서, 자신과 발레리우스 플라쿠스가 바로 그러한 의사라고 말했다.

그와 함께 자신을 감찰관으로 뽑아 준다면, 그리고 그렇지 못할 경우 플라쿠스만이라도 감찰관으로 뽑아 준다면, 카토는 히드라(Hydra)의 머리처럼 자라난 사치와 나약함을 베어 내고 그 자리를 불로 지져 없앨 수 있다고 생각했다. 그가 보기에, 다른 후보자들은 감찰관 직책을 제대로 수행할 사람들을 두려워한 이들이 보낸 사람들이었다. 따라서 그들이 당선되면 오히려 행정을 망치는 쪽으로 직권을 수행할 것 같았다.

그러나 로마 시민은 참으로 위대했고, 위대한 지도자를 가질 자격이 있음을 보여 주었다. 그들은 카토의 단호함과 당당한 자부심을 두려워하지 않았으며, 오히려 자기들의 비위를 고분고분 맞춰 주었던 후보자들은 뽑지 않았다. 그리하여 [기원전 184년에] 그들은 카토와 플라쿠스를 감찰관으로 뽑았다. 시

대(大)카토

민은 카토가 관직을 얻으려는 사람이 아니라 이미 관직에 취임하여 법령을 발표하는 사람이라도 되는 듯이 그의 말에 귀를 기울였다.

17

감찰관에 선출된 카토는 동지인 발레리우스 플라쿠스를 원로원 의장으로 임명하고 많은 의원을 제명하였는데, 그 가운데에는 루키우스 퀸티우스(Lucius Quintius)도 들어 있었다. 이 사람은 7년 전에 이미 집정관을 지낸 적이 있었지만, 그 경력보다 더 유명한 사실이 있었다. 그는 [기원전 198년에 키노스케팔라이 전투에서] 마케도니아의 필리포스 5세를 무찌른 티투스 플라미니누스의 동생이었다. 그런 그가 제명된 이유는 다음과 같다.

퀸티우스에게는 젊었을 때부터 함께한 아름다운 동성 연인이 있었다. 그는 이 젊은이를 늘 곁에 두었고, 심지어 전쟁터에까지 젊은이를 데려가면서 다른 어떤 친구나 친척보다도 더 큰 영예와 권력을 주었다. 언젠가 퀸티우스가 속주(屬州)의 총독으로 일하면서 잔치를 벌인 적이 있었는데, 늘 그렇듯이 그 젊은이가 그의 곁에 비스듬히 누워 있었다. 젊은이는 술이 오르면 남의 말에 귀를 잘 기울이는 퀸티우스에게 아첨의 말을 늘어놓았다.

"저는 장군님을 많이 사랑합니다. 고향에서 검투사의 경기가 벌어지고 있었는데, 그런 경기를 전에 본 적이 없었던 저는 사람을 죽이는 그 경기가 그토록 보고 싶었음에도 경기를 보러 가지 않고 장군님을 보러 달려왔습니다."

그 말을 들은 퀸티우스가 이렇게 말했다.

"아, 그런 일이라면 그렇게 누워 조바심 내지 말게. 내가 그 소원을 풀어 주지."

그러고는 사형 선고를 받은 죄수 하나를 잔치 자리에 불러오게 하여 시종 옆에 세운 다음, 자신의 연인에게 사람 죽이는 모습을 보고 싶으냐고 물었다. 젊은이가 그렇다고 대답하자 퀸티우스는 그 죄인의 목을 쳐서 죽이라고 명령했다. 작가들 대부분이 이 사건에 대하여 같은 말을 하고 있다.

키케로도 그의 저서 『노년(*On Old Age*)』에서 이 이야기를 카토의 말이라며 인용하고 있다. 그러나 리비우스는 그의 『로마사』(XXXIX : 42)에서 말하기를, 그때 죽은 사람은 갈리아족의 탈주병이었으며, 퀸티우스는 자신의 부하를 시켜 그를 죽이지 않고 자신이 직접 죽였는데, 그 내용이 카토의 연설에 나온다고 말하고 있다.

퀸티우스가 원로원에서 쫓겨나자 그의 형 티투스 플라미니누스는 몹시 분노했다. 그는 민중에게 하소연하는 동시에 동생을 쫓아낸 이유를 설명하라고 카토에게 요구했다. 카토는 퀸티우스가 잔치에서 사형수를 죽인 이야기를 들려주었고, 퀸티우스는 그런 일이 없었다고 부인했다. 이에 카토가 돈을 걸고 정식 재판을 해 보자고 도전해 오자 퀸티우스가 뒤로 물러섰다. 그럼으로써 카토는 그를 처벌한 것이 정당했음을 입증했다.

그러나 언젠가 극장에서 공연이 있어 구경하러 갔던 퀸티우스는 원로원 의원들이 앉는 좌석에 앉지 않고 될 수 있는 대로 멀리 떨어진 곳에 자리 잡았다. 이를 보고 측은함을 느낀 관중은 소리를 질러 그가 원로원 의원들을 위한 자리에 앉도록 만들었다. 어느 정도 그의 권위를 세워 주고 입장을 완화해 준 것이다.

카토는 또한 마닐리우스(Manilius)라는 사람을 원로원에서 쫓아냈는데, 그는 집정관으로 선출될 수 있을 만큼 명망 높은 사람이었다. 그는 밝은 대낮에 딸이 보는 앞에서 아내를 껴안았다는 이유로 쫓겨났다. 이와 관련하여 카토는 자기의 경험을 이야기했다. 그는 요란하게 천둥 치는 날이 아니면 아내를 껴안지 않는다고 말하면서, 자기는 천둥 치는 날만 되면 행

대(大)카토

복한 남자가 된다고 너스레를 떨었다.

18

카토는 저 유명한 개선장군 대스키피오의 동생 루키우스에게서 기사의 영예를 박탈함으로써 격심한 비난을 받았다. 그가 루키우스에게 그런 행동을 한 것은 대스키피오에 대한 민중의 추억에 흠집을 내려는 것이라고 세상 사람들은 생각했다. 그러나 카토가 민중에게 극심한 적대감을 산 이유는 그가 사치를 뿌리 뽑았기 때문이었다. 그 무렵에는 시민 대부분이 부패하고 타락해 있어, 카토는 이 문제를 정면으로 돌파할 수 없었다. 그래서 그는 돌아가는 길을 선택했다.

카토는 의복, 수레, 보석, 가구, 식기 등의 물건을 합친 금액이 1천5백 드라크마가 넘으면 그 재산을 열 배로 평가함으로써 재산세를 더 많이 부과하려 했다. 그는 그렇게 늘어난 부자의 재산에 1천분의 3의 세금을 물렸다. 그는 그런 방법으로써 부자들이 부담을 느끼도록 만들었다. 같은 재산을 가지고서도 검소하고 단출하게 사는 사람들이 사치스러운 삶을 사는 사람들보다 세금을 덜 낸다는 사실을 보여 주면 부자들이 사치스러운 삶을 포기할 것이라고 그는 생각했다.

그렇게 되자 사치스럽다는 이유로 세금을 문 사람들이나 세금이 두려워 사치스러운 삶을 살 수 없게 된 사람 모두가 카토에게 분노했다. 사람들은 대부분 자기 재산을 남에게 과시할 수 없을 때 재산을 빼앗겼다고 생각한다. 그런 점에서 본다면 재산 자랑은 반드시 있어야 할 일이 아니라 없어도 되는 일이다.

들리는 바에 따르면, 키오스의 스토아학파 철학자였던 아리스톤은 다음과 같은 사실을 발견하고 놀랐다고 한다. 없어도 될 것까지 가진 사람들이 반드시 행복한 것은 아니며, 반드시 삶에서 필요한 것들만 가진 사람들이 더 행복하더라는 것이다. 테살리아의 유명한 폭군이었던 스코파스(Skopas)에게 어느 친구가 이렇게 부탁했다.

"대왕에게 반드시 필요한 것은 그대로 갖고 계시고, 혹시 대왕에게 그다지 필요하지 않은 것이 있다면 저에게 좀 나누어 주십시오."

그 말을 들은 스코파스가 이렇게 대답했다.

"나의 재산과 행복은 바로 당신이 쓸모없고 대단치 않다고 여기는 바로 그것들에서 온다네."

그러므로 물욕이란 타고나면서부터 영혼 속에 담고 나오는 것이 아니라, 바깥세상의 그릇된 견해로 말미암아 영혼에 강요된 것이다.

19

그러나 카토는 자신을 비난하는 사람들에게 아랑곳하지 않고 더욱 엄격해져 갔다. 그는 개인이 공공 용수에서 물을 빼내 자기 집과 정원에 쓰려고 설치한 수도관들을 끊어 버렸으며, 공유지를 침범한 모든 건물을 부숴 버렸고, 공공사업에 드는 비용은 한껏 낮추었으며, 공유지의 임대료는 한껏 높였다.

이 때문에 카토는 미움을 많이 받았다. 티투스 플라미니누스는 그에게 반대하는 무리를 이끌고 원로원을 설득하여 카토가 신전과 공공건물을 짓고자 체결한 계약을 무효화했으며, 가장 용감한 군무 위원들을 시켜 민중 앞에 그를 불러내어 벌금 2탈렌트를 물렸다.

원로원은 또한 카토가 광장의 민회 건물 아래쪽에 공금으로 회관을 세우고, 자기 가문 포르키아(Porcia)의 이름을 따서 포르키아 회관(Basilica Porcia)으로 명명하려던 것을 좌절시켰다. 그러나 오늘날에 와서 보면 민중은 감찰관으로서 카토가 집행한 일들을 놀라울 정도로 잘 받아들였다. '치유의 신' 아테나 히기에이아(Athena Hygieia) 여신의 신전에 그의 입상을 세운 시민은 그 명문(銘文)에 그의 군사적 업적이나 승리에 관한 내용 대신 다음과 같은 이야기를 기록했다.

로마 제국이 비틀거릴 때
그는 감찰관으로 선출되어
유익한 영도력과 지혜로운 절제와 건전한 가르침으로
나라를 다시 세웠도다.

이런 일이 있기에 앞서, 그는 자신의 모습을 담은 조각상이 세워지는 것을 보고 즐거워하는 사람들을 향해 웃으면서 이렇게 말했다.

"그들의 자존심은 겨우 초상화나 조각상에 기대야 하겠지만, 내 가장 아름다운 인상은 민중의 가슴속에 새겨져 있다. 그들은 그런 사실을 모르고 있다."

그는 또한 그다지 유명하지 않은 사람들의 동상도 많은데, 정작 카토의 동상은 없다며 놀라워하는 사람들에게는 이렇게 말했다.

"나에게 왜 나의 동상이 서 있느냐고 묻기보다는, 왜 동상이 없느냐고 물어보는 쪽이 좋습니다."

요컨대 그는 선량한 시민이라면 자신을 향한 칭찬조차 허락해서는 안 되며, 국가에 이익이 될 때에만 예외적으로 허용할 수 있다고 생각했다. 그러나 카토는 누구보다 자기 자랑을 많이 한 사람이었다. 그의 말에 따르면, 행실이 좋지 않은 사람들은 욕을 먹을 때 이렇게 대답했다고 한다.

"우리를 너무 욕하지 마세요. 우리는 카토가 아니랍니다."

또한 사람들은 카토의 행실을 흉내 내려다가 뜻대로 되지 않은 사람을 가리켜 '왼손잡이 카토'라고 불렀다. 국가에 가장 위험한 시기가 닥쳐오면 원로원은 뱃사람들이 키잡이를 찾듯이 그를 찾았고, 그가 나타나지 않으면 올 때까지 중대한 일의 처리를 미루었다. 이처럼 카토가 자신을 자랑했던 내용은 다른 사람들의 말로도 입증할 수 있다. 그가 살아가던 모습과 그가 남긴 말 그리고 그의 경력이 보여 주듯이, 그는 로마에서 가장 존경받는 권위를 가지고 있었다.

20

카토는 훌륭한 아버지였고, 생각이 깊은 남편이었으며, 집안 살림에도 탁월한 재주가 있어 작은 일이나 중요하지 않은 일에도 소홀함이 없었다. 그러므로 나는 이런 문제와 관련하여 그의 행실 몇 가지를 예로 들지 않을 수 없다. 그는 부잣집 딸보다는 명문가의 딸을 아내로 맞았다. 부잣집 딸이나 명문가의 딸이나 모두 자긍심이 있겠지만, 명문가의 딸이 불명예를 더 두려워하여 명예로운 일을 하려는 남편에게 더 순종하리라고 그는 생각했다.

또한 그는 아내나 자녀들을 때리는 것은 거룩한 것 가운데 가장 거룩한 것을 때리는 것이라고 자주 말했다. 그는 훌륭한 원로원 의원이 되기보다는 훌륭한 남편이 되는 것이 더 가치 있는 일이라 생각했고, 고대의 소크라테스가 잔소리 심한 아내와 모자란 아들을 상대하면서 그토록 친절하고 정중하지 않았더라면 지금처럼 존경받지 못했을 것이라고 생각했다.

아들이 태어나자, 그에게 가장 중요한 일은 아내가 아이를 목욕시키고 기저귀를 가는 일을 도와주는 것이었다. 다급한 공무를 처리할 때가 아니면 그는 늘 그렇게 했다. 그의 아내는 아이에게 직접 젖을 먹였고, 노예의 아이들에게도 자주 젖을 먹였는데, 그는 이렇게 함으로써 자기 아들과 노예의 아이들이 형제처럼 사랑하며 살기를 바랐다.

그의 집안에는 킬로(Chilo)라는 학식 높은 노예가 교사를 맡아 많은 아이를 가르쳤지만, 아이가 기호를 이해할 수 있는 나이가 되자 카토는 직접 아들을 가르쳤다. 그가 남긴 기록을

대(大)카토

읽어 보면, 그는 노예가 아들을 야단치거나 공부에 게으름을 피운다는 이유로 귀를 잡아끄는 것은 옳은 일이 아니라고 생각했다. 그리고 자녀 교육과 같이 값으로 따질 수 없는 일을 남에게 맡기고 싶지도 않았다.

이에 따라 카토는 자기 아들의 읽기를 가르쳤을 뿐만 아니라, 법률을 가르치고, 신체를 단련시키고, 창 쓰는 법과 무장을 하고 싸우는 법과 말 타는 법과 격투하는 법을 가르쳤으며, 더위와 추위를 견디는 법과 소용돌이치며 거품을 뿜는 티베리스강을 용감하게 건너는 법도 가르쳤다. 그가 우리에게 들려주는 바에 따르면, 그는 자신이 편찬한 『로마사』를 손수 큰 글씨로 옮겨 썼다고 한다. 아들이 집 안에 있을 때도 조국의 고대사를 배울 수 있도록 하려는 것이었다.

또한 그는 아들 앞에서는 마치 불의 신(Vesta)을 모시는 사제들 앞에서처럼 천박한 언어를 삼갔으며, 아들과 함께 목욕하지 않았다고 한다. 이는 실제로 로마인들의 보편적인 버릇이어서, 심지어 장인과 사위가 함께 목욕하지도 않았다. 그들은 벗은 몸을 보여 주는 것을 수치로 알았기 때문이었다. 그러나 그리스인들에게서 옷을 벗는 풍습을 배운 로마인들은 여성들 앞에서조차 옷을 벗었으며, 이 버릇은 다시 그리스인들에게로 퍼져 갔다.

자기 아들이 나무랄 데 없이 열정적이며, 그의 정신도 그러한 천성에 맞음을 안 카토는 아들의 덕성을 다듬고 틀을 갖추도록 하는 데 노력을 기울였다. 그러나 아들이 강도 높은 훈련을 따르기에는 몸이 허약한 것을 안 그는 자신의 올곧고 가혹한 생활 방식을 아들에게는 조금 완화해서 적용했다. 비록 몸이 약하기는 했지만, 뒷날 강인한 군인이 된 그의 아들은 [기원전 168년에 피드나에서] 아이밀리우스 파울루스 장군의 부하로 참전해 마케도니아의 페르세우스왕을 상대로 눈부신 전공을 세웠다.

이 전투에서 아들은 손에 땀이 나 미끄럽던 터에 적군의
공격을 받아 칼을 놓쳤다. 이 작은 사고에 부끄러움을 느낀 그
는 본진으로 돌아온 뒤 동료를 모아 다시 겹겹의 적진 속으로
쳐들어갔다. 길고도 처절한 전투 끝에 그는 적군을 물리쳤고,
적과 동지의 시체와 무기가 뒤엉켜 있는 곳에서 드디어 잃어
버렸던 칼을 찾았다. 이를 본 그의 지휘관 파울루스는 젊은이
의 용맹을 칭송했다. 아들이 칼을 찾으면서 보여 준 명예로운
열정을 높이 찬양하는 카토의 긴 편지가 지금까지 전해 내려
오고 있다.

그 뒤로 이 젊은이는 지휘관이었던 파울루스의 딸 테르
티아(Tertia)와 결혼했는데, 테르티아는 바로 소(少)스키피오의
누이이다. 그가 이토록 명망가의 사위가 될 수 있었던 것은 아
버지의 명성에 못지않게 그 자신도 덕망을 갖추었기 때문이었
다. 자식 교육에 대한 카토의 세심한 배려는 그렇게 열매를 맺
었다.

21

카토는 노예를 많이 거느리고 있었다. 그는 젊은 전쟁 포로들
을 강아지나 망아지처럼 잘 키워 훈련하면 쓸 만하다고 여겨
자주 사들였다. 그의 노예들 가운데 누구도 카토와 그 아내의
심부름이 아니면 남의 집에 들어가지 않았으며, 카토가 지금
무슨 일을 하고 있느냐고 누가 물으면 한결같이 모른다고 대
답할 만큼 입이 무거웠다.

그는 노예들이 집에서 열심히 할 일이 없으면 잠을 자야
한다고 생각할 정도로 잠을 잘 자는 노예를 좋아했다. 잠을 잘
자는 노예가 잠을 안 자는 노예보다 유순하고, 하늘이 준 잠이
라는 선물을 제대로 즐기는 노예가 그렇지 못한 노예보다 일
을 잘한다고 생각했기 때문이다. 노예가 일을 잘 못하는 것은
성적 욕망이 좌절되어서라고 믿었던 그는 남자 노예들이 일정

한 대가를 치르고 여자 노예와 동침할 수 있도록 허용했지만, 다른 여자에게 접근해서는 안 된다는 약속을 받았다.

돈도 없이 군대 생활을 시작했던 젊은 시절, 카토는 먹을 것과 마실 것을 놓고 노예와 다투는 것은 부끄러운 일이라고 말했으며, 자기 앞에 나오는 음식에 대해서도 흠을 잡지 않았다. 그러나 뒷날 생활이 나아지고 친구와 동료들을 저녁 식사에 초대할 때면, 식사가 끝나자마자 음식 준비나 시중들기에 소홀했던 노예를 매질했다. 그는 늘 노예들이 서로 다투고 투정하게 했는데, 이는 그들이 화목해지는 것을 두려워했고 의심스럽게 여겼기 때문이었다. 그는 중대한 죄를 지었다고 여겨지는 노예를 동료 노예들 앞에서 재판하여, 죄가 확실하면 처형했다.

그러나 돈을 만드는 데에는 누구보다도 머리가 빨랐던 그는 이제 농업이란 소일거리에 지나지 않는다고 여겨, 좀 더 안전하고 확실한 사업에 돈을 투자하기 시작했다. 그는 연못, 온천, 모직물 가공업자들의 작업 구역, 역청(瀝靑) 공장, 천연의 목초지와 숲이 딸린 토지를 사들였는데, 그의 말을 빌리면, 이 땅들은 "유피테르조차 망칠 수 없는" 엄청난 이익을 그에게 안겨 주었다.

그는 또한 가장 악랄한 방법으로 돈놀이를 했다. 선박을 담보로 잡고 대출해 주는 것으로서, 그 수법은 다음과 같았다. 카토는 먼저 채무자들이 단체를 구성하도록 요구했다. 그들이 50명을 모아 결과적으로 한 집단을 이루어 담보로 배 50척을 잡을 수 있게 되면 자기도 그 집단의 일원이 되었다. 그 뒤로는 해방 노예인 퀸티오(Quintio)가 카토의 역할을 맡았다. 퀸티오는 그 집단의 회원이 되어 모든 항해에 함께함으로써 담보를 날리는 일이 없게 했다. 이와 같은 방법으로 카토는 자신의 담보가 위험에 빠지지 않게 함으로써 손실을 최소화하고 이익을 최대화했다.

카토는 또한 원하는 노예들에게 돈을 빌려주었다. 노예들은 그 돈으로 소년들을 샀고, 카토가 대는 경비로 1년 동안 가르치고 훈련시킨 뒤에 다시 팔아넘겼다. 카토 자신도 그런 노예를 사들이곤 했는데, 그럴 때면 그는 그 노예에게 제시된 최고의 값을 치렀다. 그는 또한 그의 아들에게도 그러한 이재(理財)를 북돋아 주려고 노력하면서, 재산을 까먹는 일은 홀어미나 할 짓이지 남자가 할 일은 아니라고 말했다. 그러나 카토는 남자란 유산으로 물려받은 재산보다 더 많은 재산을 유산으로 남길 때 신처럼 추앙받을 수 있다고 말했는데, 이는 매우 지나친 말임이 틀림없다.

22

카토가 노인이 되었을 때, [기원전 155년에] 아카데미아 출신의 카르네아데스(Karneades)와 스토아학파의 디오게네스[3]가 사절의 몸이 되어 아테네에서 로마로 찾아왔다. 로마인들이 아테네인들에게 5백 탈렌트를 벌금으로 매긴 어떤 결정을 취소해 달라고 부탁하고자 함이었다. 지난날에 오로포스(Oropos) 사람들이 아테네인들을 상대로 소송을 제기한 적이 있었는데, 그때 아테네인들이 법정에 나오지 않자 시키온 사람들이 아테네인들에게 불리한 판정을 내리면서 부과된 벌금이었다.

이 철학자들이 로마에 이르자 학구열이 매우 높았던 로마 청년들은 그들을 기다리고 있다가 달려가 그들의 강의에 흠뻑 빠졌고, 그들의 열렬한 제자가 되었다. 둘 가운데 카르네아데스는 무엇보다도 엄청난 흡인력이 있었고, 그 흡인력은 커다란 명성을 가져다주었다. 그를 따르는 청중이 몰려와 도시를 메웠는데 그 모습이 마치 바람을 몰아오는 듯했고, 이 철학자

---

3   이 사람은 알렉산드로스 대왕과의 일화를 남긴 그 디오게네스와는 다른
     인물이다.

대(大)카토

들을 찬양하는 소문 때문에 온 도시가 시끄러울 정도였다.

그 소문에 따르면, 놀라운 능력을 지닌 그리스인이 나타나 그의 매혹적인 능력으로 모든 반대파의 마음을 무너뜨렸고, 로마 젊은이들의 마음에 엄청난 열정을 불러일으킴으로써 그들이 쾌락을 벗어던지고 철학의 길을 찾아 몰두하도록 만들었다는 것이다. 많은 로마인이 이러한 현상을 좋게 받아들였다. 그들은 로마 청년들이 그리스 문화에 빠지고 그토록 위대한 철학자와 어울려 지내는 모습에 기뻐했다.

그러나 이와 같이 토론에 대한 열정이 로마에 들어오기 시작할 때부터, 카토는 이 현상을 반기지 않았다. 그는 로마의 젊은이들이 전투에서 공적을 쌓으려 하기보다는 그리스식 사고에 따라 언어의 유희(遊戱)에 기초를 둔 명성을 추구하게 될까 걱정했다.

그리스 철학자들의 명성이 로마에서 치솟아 오르자, 저명인사로서 그리스어에 능통했던 가이우스 아킬리우스(Gaius Acilius)가 원로원에서 있을 그들의 첫 연설을 로마어로 통역하겠다며 자청해서 나설 정도가 되었다. 이에 카토는 그럴듯한 구실을 대어 그들을 모두 로마에서 몰아내기로 결심하고 원로원에 나가 관리들을 비난했다. 누구보다 높은 설득력을 갖고 있어서 자기들이 원하는 것이라면 무엇이든 할 수 있는 사절들이 로마에 너무 오래 머물도록 놓아두었다는 것이었다. 그는 이렇게 말했다.

"그 어느 쪽이든 이제 우리는 마음을 정하여 저 사절들이 제안한 바를 투표로 결정해야 합니다. 그래야만 저들은 학교로 돌아가 그리스 청년들을 가르칠 것이고, 로마 청년들은 지난날처럼 자신들의 법률과 관리들의 말에 귀를 기울일 것입니다."

23

카토의 이러한 행동은, 어떤 사람들이 생각하는 것처럼 카르네아데스에게 개인적인 감정이 있어서 그런 것이 아니었다. 그가 그리스 철학을 몹시 싫어했고, 로마를 향한 충정에서 우러나온 그의 마음이 그리스 문화와 교육을 멸시했기 때문이었다. 이를테면 그는 이렇게 말했다.

"소크라테스는 대단한 수다쟁이로서, 풍속을 무너뜨리고 시민에게 법과는 다른 여론을 불어넣어 자기 나라의 독재자가 되려고 온갖 짓을 다 한 사람이다."

또한 그리스의 저명한 수사학자이자 연설가였던 이소크라테스(Isokrates)학파를 조롱하면서 이렇게 말했다.

"그의 제자들은 늙을 때까지 공부를 하기 때문에, 그들은 죽어서 저승사자(*Minos*) 앞에 가서야 배운 바를 써먹을 수 있을 것이다."

카토는 또한 자기 아들이 그리스 문화에 대한 편견을 갖도록 하려다 보니 나이에 맞지 않게 분별없는 말을 했다. 그는 마치 무당이나 예언자가 하는 말투로, 만약 로마가 그리스의 문명에 물들게 되면 로마는 그 제국을 잃을 것이라고 했다. 그러나 세월이 흐르면서 그와 같은 상서롭지 못한 말들은 모두 덧없는 짓이라는 것이 드러났다. 로마 제국의 힘이 절정에 이르렀을 때, 그들은 그리스 문학과 문화를 자신의 것으로 만들어 버렸기 때문이었다.

카토는 그리스 철학만을 미워한 것이 아니라 로마에 병원을 운영하던 그리스 의사들마저도 의심했다. 명의(名醫) 히포크라테스(Hippokrates)는 페르시아의 왕이 두둑한 보수를 약속하면서 의견을 물었을 때, 자기는 그리스의 적국인 이민족을 위해 의료 활동을 하지는 않을 것이라고 대답한 적이 있었는데, 아마도 카토는 이러한 이야기를 들은 적이 있었던 것 같다. 카토는 모든 그리스 의사들이 그렇게 맹세했다고 말하면서, 자기 아들에게도 이런 사실을 똑똑히 알고 있으라고 가르쳤다.

대(大)카토

카토의 말에 따르면 그는 손수 의학서를 썼고, 그의 가족 가운데 아픈 사람이 생기면 그 책의 처방과 식이 요법에 따라 치료했다고 한다. 그는 자기 환자들에게 금식을 요구하지 않았으며, 푸른 채소와 오리 고기, 비둘기 고기, 토끼 고기를 조금씩 먹였다. 그의 말에 따르면, 이런 식이 요법은 환자들에게 자주 꿈을 꾸게 하는 단점이 있지만 치료가 간단하고 효과가 좋았다고 한다. 이렇게 그는 자신의 건강을 지켰을 뿐만 아니라 가족들을 건강하게 해 주었다고 말했다.

24

카토의 그러한 주제넘은 행동은 아마도 하늘의 벌을 받은 것 같다. 아내와 아들을 잃은 것이다. 그러나 그는 자신의 건강과 활력에 대해서는 늘 자신 있었고, 오랫동안 세월의 공격에 맞설 수 있었다. 더욱이 그는 늙어서도 욕정에 빠져, 결혼하기에는 너무 늦은 나이임에도 끝내 새 아내를 맞이했다.

그 뒤의 이야기는 이렇다. 아내가 죽은 뒤에 그는 아들을 스키피오의 누이인 아이밀리우스 파울루스의 딸에게 장가보냈고, 자신은 홀아비로 지내면서 노예 출신의 처녀를 몰래 불러들여 동침하는 것으로 위로를 삼았다.

젊은 며느리와 한집에 살다 보니 소문이 나지 않을 수 없었던 것은 더 말할 나위도 없다. 언젠가는 그 노예 여자가 마치 으쓱거리기라도 하듯이 당당하게 카토의 방으로 걸어 들어갔다. 그때 아들이 그 광경을 보고 민망스러워하며 고개를 돌리면서도 아무 말 하지 않았는데, 카토가 그것을 보았다. 자기의 처사가 아들과 며느리를 불쾌하게 만들고 있다는 사실을 눈치 챘지만, 카토는 그 자리에서 그들을 꾸짖지 않았다.

그러던 어느 날 카토는 늘 하던 대로 의뢰인들과 함께 광장으로 걸어가다가 살로니우스(Salonius)라는 사람을 만나 크게 소리쳐 불렀다. 그는 지난날 카토의 하인이었으나 지금은 그의 수행원이었다. 카토는 느닷없이 그에게 물었다.

"너는 딸의 사윗감을 찾았느냐?"

이에 그가 대답했다.

"아직 찾지 못했습니다. 어르신과 상의 없이는 결정하지 않겠습니다."

그러자 카토가 이렇게 말했다.

"아, 그런가. 내가 마땅한 사윗감을 하나 찾아 두었네. 나이가 많다는 것이 좀 마음에 걸리기는 하지만 그 밖에는 흠잡을 데가 없다네. 사실 그는 나이가 아주 많거든."

살로니우스는 그 자리에서 그 문제를 카토에게 맡기고, 자기 딸의 문제를 그가 해결하도록 했다. 사실 그의 딸은 카토에게 딸린 몸이었고, 그의 친절한 도움이 필요했다. 이에 카토는 더 이상 머뭇거리지 않고 그 딸을 자기의 아내로 달라고 말했다. 처음에 살로니우스가 몹시 놀란 것은 당연했다.

살로니우스가 생각하기에 카토는 결혼을 하기에 너무 늙었고, 집정관을 지내고 개선식을 올린 가문과 혼인하기에는 자기의 신분이 너무 낮았다. 그러나 카토의 말이 진심임을 안 그는 제안을 받아들였고, 그들이 광장에 도착하자마자 결혼이 발표되었다. 결혼을 준비하는 동안 카토의 아들이 친구들과 함께 아버지를 찾아와 이렇게 물었다.

"지금 아버지가 계모를 들이는 것은 저희가 아버지를 잘 모시지 못한 데 대한 불만 때문인가요?"

이에 카토가 외치듯이 대답했다.

"맙소사, 얘야, 전혀 그렇지 않다. 나에 대한 너의 모든 처사는 칭찬받을 만했다. 너는 잘못한 것이 하나도 없다. 나는 단지 너와 같은 아들을 더 낳아 나 자신과 이 나라에 복을 안겨 주고 싶을 뿐이다."

그러나 이 말은 이미 오래전에 아테네의 폭군 페이시스트라토스가 아들이 장성했을 때 아르골리스(Argolis) 출신의 티

대(大)카토

모나사(Timonassa)라는 여인을 후실로 맞이하면서 한 말이다. 들리는 바에 따르면, 페이시스트라토스는 그 여인의 몸에서 이오폰(Iophon)과 테살로스(Thessalos)라는 자식을 얻었다고 한다. 재혼한 카토 또한 아들을 얻었는데, 그 외할아버지의 이름을 따 살로니우스라고 불렀다.

그러나 카토의 맏아들은 법정관으로 재임하다가 죽었다. 카토는 그의 책에서 죽은 아들이 용감했고 훌륭한 청년이었다고 여러 차례 말했다. 들리는 바에 따르면, 그는 아들을 잃고서도 공직 생활에서 열정을 잃지 않음으로써 철학자와 같은 담담한 마음으로 아픔을 견뎌 냈다고 한다.

뒷날 루키우스 루쿨루스(Lucius Lucullus)와 메텔루스 피우스(Metellus Pius)는 노쇠하여 국가에 대한 봉사를 귀찮게 여기면서 민중에 대한 봉사를 소홀히 했고, 그보다 앞서 살았던 대 스키피오는 자신의 명성을 시기하는 사람들로 말미암아 민중에 등을 돌리고 남은 생애 동안 자신의 목적을 버린 채 조용히 살았지만, 카토는 그러지 않았다. 누군가 시라쿠사이의 왕 디오니시오스에게 이런 말을 했다.

"권력은 가장 아름다운 수의(壽衣)이다."

카토는 공공을 위한 봉사야말로 노년에 누릴 수 있는 가장 아름다운 특권이라고 생각했다. 그리고 시간이 날 때면 그는 재미 삼아 글도 쓰고 농사도 지었다.

25

그 무렵에 카토는 『역사(Origins)』를 비롯해 농업 등 온갖 주제에 관해 글을 썼다. 그의 말에 따르면, 그가 젊고 가난했을 때, 돈을 버는 방법이라고는 농사와 검약밖에 없었다고 한다. 그러나 이제 나이가 들어, 그는 이론과 상상 속에서 농사를 지었다. 그는 또한 농사에 관한 책인 『농축학(De re Rustica)』을 써 빵을 만들고 과일을 저장하는 법을 남겼다. 그는 야심이 많아 온갖 분야에서 남다른 뛰어남을 보였다. 그가 시골에서 차리는 탁상은 매우 풍성했다.

카토는 마음에서 우러난 호의로 이웃을 초청하여 함께 즐겼다. 그와 같은 나이 또래의 노인들은 그에게서 공감할 수 있는 이야기들을 많이 들었다. 그들뿐만 아니라 젊은이들도 그와 어울리고 싶어 했다. 그는 읽은 것도 많고 들은 것도 많아 온갖 경험을 쌓았기 때문에, 한 말을 또 해도 싫증 나지 않았다.

카토는 탁상이야말로 우정을 나누기에 가장 좋은 자리라고 생각했다. 그의 탁상에서는 영예롭고 값진 인생을 산 시민을 칭송하는 이야기가 많이 오갔고, 천박한 인생들에 대해서는 입도 열지 않았다. 카토는 그런 인간들에 관해서는 칭찬이든 비난이든 탁상에 올리지 않았다.

26

카토가 공직에서 마지막으로 한 일은 카르타고를 멸망시킨 것으로 알려져 있다. 그러나 [기원전 146년에] 실제로 그 과업을 마친 사람은 소스키피오였다. 로마인들이 이 전쟁을 일으킨 것은 주로 카토의 조언과 자문(諮問) 때문이었다. 그 내막을 살펴보면 다음과 같다.

[기원전 150년에] 로마는 카르타고인들과 누미디아(Numidia)의 마시니사(Masinissa)에게 카토를 사절로 파견한 적이 있었다. 카르타고와 누미디아가 서로 전쟁을 벌이고 있었으므로, 이 전쟁의 원인이 어디에 있는지를 알아보고자 그를 파견했던 것이다. 마시니사는 처음부터 로마인들에게 우호적이었고, 카르타고인들은 대스키피오에 패배한 뒤로 로마와 평화 조약을 맺은 상태였다.

카르타고는 이 조약으로 말미암아 제국을 잃고 부담될 만큼의 배상금을 바치고 있었다. 그러나 카토가 살펴보니 그들은 로마인들이 생각하고 있는 것처럼 가난하거나 초라하지 않

대(大)카토

앗다. 그들은 오히려 전의(戰意)에 불타고 있었고, 물품은 넘쳐 났으며, 온갖 무기와 군수 물자가 나라에 가득했다. 이 때문에 그들은 여간 거만하지 않았다. 그러므로 마시니사와 누미디아인들에 관한 문제는 지시나 조정 정도로는 해결될 일이 아니며, 저 반항적이며 놀랄 만큼 성장한 적군을 다시 진압하지 않는다면 로마는 지난날에 겪었던 것처럼 엄청난 위험에 빠지리라고 카토는 생각했다.

그러한 판단에 따라 서둘러 로마로 돌아온 카토는 원로원에 나가, 지난번에 카르타고인들이 무참한 패배를 겪은 뒤에 그들의 국력이 꺾이기는커녕 무모한 배짱만 커졌으며, 이제 그들은 더 이상 약자가 아니라 전쟁에 능숙해졌노라고 충고했다. 카르타고인들이 지금 누미디아인들과 다투고 있는 것은 로마와 전쟁을 하기에 앞서 준비 운동을 하는 것이며, 그들이 로마와 맺은 조약은 기회가 무르익을 때까지 전쟁을 미루려는 명분에 지나지 않는다는 것이 카토의 판단이었다.

27

들리는 바에 따르면, 카토는 이에 더 나아가, 원로원에서 겉옷을 벗다가 마치 우연히 벌어진 일처럼 리비아산(産) 무화과를 떨어뜨렸다. 원로원 의원들이 그 크기와 아름다움에 놀라자 카토가 이렇게 말했다.

"이 무화과가 자라고 있는 나라는 로마에서 뱃길로 사흘밖에 되지 않는 곳입니다."

카토는 이와 관련하여 한 가지 더 야만적인 짓을 했다. 곧 그는 모든 문제를 표결할 때마다 이렇게 말을 덧붙였다.

"내가 생각하기에, 카르타고는 멸망해야 합니다(*Carthago delenda est*)."

그러나 푸블리우스 스키피오 나시카(Publius Scipio Nasica)는 표결을 할 때면 항상 다음과 같은 선언으로 끝을 맺었다.

"내가 생각하기에, 카르타고는 살려 두어야 합니다."

그때 푸블리우스 스키피오는 이미 교만에 빠진 로마 시민이 엄청난 죄를 짓고 있고, 경제적 번영에 우쭐하여 원로원의 통제를 우습게 알았으며, 광기(狂氣)에 따라 하고 싶은 대로 나라를 질질 끌고 간다는 사실을 잘 알고 있었다. 카르타고가 로마를 정복할 만큼 강력하지도 않지만, 그렇다고 해서 무시할 만큼 약하지도 않다고 믿었던 그는 카르타고에 대한 두려움을 살려 둠으로써 그 두려움이 마치 로마인의 무모함을 억제하는 굴레처럼 작용하기를 바랐다.

로마 시민이 권력의 막강함에 도취하여 휘청거리는 동안에, 적국은 전쟁의 참화를 거치면서 정신을 차리고 힘을 비축하여 로마를 위협하는 존재로 성장하고 있었다. 카토는 이런 현실을 걱정했는데, 이와 같은 그의 판단은 정확했다. 외부에서 밀려들어 오는 위협을 모두 제거한 뒤에야 국내적인 실정(失政)을 자유롭게 고쳐 나갈 수 있다고 카토는 생각했다.

[기원전 151~146년에 걸쳐] 그와 같은 방법으로 카토는 카르타고와 세 번째이자 마지막이 될 전쟁을 치렀다고 한다. 그러나 [기원전 149년에] 전쟁이 일어나자마자 그는 죽었다. 그는 죽으면서도 전쟁을 끝낼 수 있는 인물에 대한 예언을 남겼다. 그 무렵 이 사람은 젊었지만 군무 위원으로서 판단력이 빨랐고, 적군과 교전할 때는 용맹했다. 그에 대한 소식이 로마에 들려오자 카토는 호메로스의 다음과 같은 시구를 소리 높이 외쳤다고 한다.

오직 그 사람만이 제정신이고,
다른 사람들은 허둥대는 그림자로다.
(『오디세이아』, X : 495)

스키피오는 이와 같은 카토의 예언이 현실로 이뤄졌음을, 자

대(大)카토

신의 행동으로 금방 입증했다.

내가 이미 앞에서 말한 바와 같이, 카토는 두 번째 부인에게서 아들 하나를 얻었는데, 그의 이름은 살로니우스였다. 또한 그에게는 앞서 죽은 아들에게서 낳은 손자가 있었다. 살로니우스는 카토가 법정관으로 재임하던 때에 죽었지만, 그가 낳은 아들 마르쿠스는 집정관이 되었다. 이 마르쿠스가 그 시대에 가장 위대했고 훌륭했던 철학자 카토의 할아버지이다.

밖에서 의로운 사람은
가정도 소홀히 여기지 않는다.
......가정에 소홀한 사람은
남들에게도 도움이 되지 않을뿐더러
자신과 가족에게도
세심한 주의를 기울이지 않는다.
— 플루타르코스

무력하고 집도 없고 가난에 찌든 사람들은
돈 많은 것으로 허세를 부리는 사람보다
국가에 더 큰 해악을 끼친다.
......오로지 신만이
욕망에서 완전히 자유롭다.
— 플루타르코스

1

이제까지 나는 아리스티데스와 카토라는 두 인물의 생애에서 주목할 만한 점을 모두 기록하려 했다. 그러나 이들 가운데 어느 한 사람의 생애 전체를 다른 사람과 비교하고자 한다면 워낙 공통점이 많아 차이를 찾아내기가 쉽지 않을 것이다. 시나 그림을 비교하듯 각각의 요소를 하나씩 비교한다고 해도, 그들이 정치적으로 몸을 일으켜 탁월한 명성을 얻은 이유가 비슷하다는 사실을 알 수 있다. 부모에게서 물려받은 재산이 아니라 그 자신들의 탁월한 능력 때문이었던 것이다.

그러나 아리스티데스가 정치적으로 유명해졌을 때 아테네는 그렇게 위대하지도 않았고, 그의 막료나 장군들도 그리 잘살지 않았으며, 남달리 운이 좋은 것도 아니었다. 그 무렵에 가장 잘산다는 사람의 재산은 곡식 5백 부셸 정도였고, 중류층은 3백 부셸이었고, 하층 계급은 2백 부셸이었다.

그런가 하면 시골 출신으로서 생활 방식도 촌스러웠던 카토는 마치 로마라는 정치판의 바닷물에 거꾸로 뛰어든 것과 같았다. 그 무렵은 세 번이나 개선식을 올린 마르쿠스 쿠리우스(Marcus Curius)[1]나 집정관 화브리키우스(Fabricius)나 제1차 포에니 전쟁을 승리로 이끈 집정관 마르쿠스 아틸리우스 레굴루스와 같은 사람들이 정치를 하던 시대도 아니었고, 쟁기와 곡괭이로 농사를 짓던 가난뱅이가 연단에 올라 관리와 지도자가 되는 것이 환영받던 시절도 아니었다.

시민은 오히려 거대한 명문가나 부자들을 우러러보았고, 자신들에게 재산을 뿌리면서 관직을 간청하는 사람들을 더 좋아했다. 그러다 보니 민중의 권력과 오만함은 하늘을 찌를 듯했다. 명문가 출신도 아닌 데다가 관직에 나갈 때 재산이라고는 3탈렌트, 아무리 많이 쳐도 5탈렌트밖에 되지 않았던 테미스토클레스를 정적으로 상대하며 싸웠던 아리스티데스의 입장과는 달리, 카토는 대스키피오, 로마 황제 세르비우스 갈바, 로마의 정치가이자 장군이었던 퀸티우스 플라미니누스와 싸우면서도 가진 것이라고는 정의를 위해 과감하게 말할 수 있는 언변밖에 없었다.

I 마르쿠스 쿠리우스는 앞서 마니우스 쿠리우스로 기재된 인물이다. 마니우스를 경칭으로 부르면 마르쿠스가 된다.

그 밖에도 마라톤과 플라타이아이에서 아리스티데스는 열 명의 장군 가운데 하나였지만, 카토는 여러 경쟁자 가운데 두 사람만 뽑히는 집정관에 선출되었으며, 가장 뛰어난 로마 시민 일곱 명이 후보로 출마한 가운데 두 명만 뽑는 감찰관에 선출되었다.

더 나아가 아리스티데스는 자신이 거둔 승리에서 가장 탁월한 전공을 세운 사람도 아니었다. 마라톤 전투에서는 밀티아데스의 전공이 가장 컸고, 살라미스에서는 테미스토클레스의 공적이 가장 컸으며, 헤로도토스의 『역사』(IX : 64)에 따르면, 플라타이아이에서는 모든 승리를 통틀어 파우사니아스의 전공이 가장 컸는데, 아리스티데스는 그 둘째 자리에서 소파네스(Sophanes), 아메이니아스, 칼리마코스, 키나이게이로스(Kynaigeiros)와 겨루는 정도였다고 한다.

그와는 달리, 카토는 집정관으로 재직하는 동안에 스페인 전쟁에서 전투를 계획하고 전쟁을 수행하는 데 주도적인 역할을 했을 뿐만 아니라, 자신은 군무 위원으로 활약하고 다른 사람이 집정관으로 활약할 때도 승리의 영광을 차지했다. 이때 그는 안티오코스를 향하여 달려가 로마군을 위해 협곡을 뚫고, 오직 눈앞만을 바라보던 페르시아 왕의 배후를 가격했다. 이 전쟁은 분명히 카토의 전공이었으며, 이로써 로마는 페르시아군을 그리스에서 몰아냈을 뿐만 아니라 뒷날 스키피오가 아시아로 진출할 수 있는 길을 열어 주었다.

아리스티데스와 카토는 모두 늘 전쟁에서 이겼지만, 정치 무대에서 아리스티데스는 몰락하여 소수파로 몰리거나 패각 투표로 추방되었다. 그러나 카토는 로마에서 가장 유능하고 위대하다는 인물들과 늘 정적 관계를 유지하며 노년에 이르기까지 그들과 겨루었지만 설 자리를 잃은 적이 없었다. 그는 민사 소송에서 원고와 피고로 연루된 적이 수없이 많았으나, 원고일 때는 승소했고 피고일 때는 지지 않았다. 그의 삶을 지켜 준 유용한 무기는 웅변술이었다.

카토가 불명예를 겪지 않은 것은 행운이나 어떤 수호신 의 덕분이었다기보다는 그의 웅변술 때문이었다고 말할 수 있 다. 안티파트로스는 철학자 아리스토텔레스가 세상을 떠난 뒤 그의 생애에 관한 글을 쓰면서, 모든 재능에 더하여 탁월한 설 득력이 있었다고 기록했는데, 카토야말로 바로 그러한 재능을 타고난 인물이었다.

3

세상 사람들이 다 인정하고 있듯이, 인간에게는 도시와 국가 를 위해 일하는 것보다 더 고귀한 일이 없다. 그러나 세상 사람 들은 이처럼 고결한 능력에는 가정을 잘 꾸려 가는 능력도 포 함돼 있다고 믿고 있다. 도시란 가정을 모아 조직한 것에 지나 지 않으며, 시민의 사사로운 삶을 풍요롭게 해 줄 때 도시 역시 활력을 갖기 때문이다.

리쿠르고스는 스파르타에서 금과 은을 몰아내고 불로 녹 인 쇠붙이를 화폐로 썼는데, 그렇다고 그가 시민에게 가정을 꾸려 가야 할 의무를 면제해 준 것은 아니었다. 리쿠르고스는 다만 지나치게 부풀어 오른 금전적 방종을 없앰으로써 모든 사람이 삶에 필요한 것들을 넉넉히 가질 수 있도록 한 것이다. 무력하고 집도 없고 가난에 찌든 사람들은 돈 많은 것으로 허 세를 부리는 사람보다 국가에 더 큰 해악을 끼친다는 것을 알 고 있었기에, 그는 그런 정책을 폈다.

카토는 나라를 다스리는 일에 못지않게 가정도 훌륭하게 일으켰다. 그는 자기 재산을 늘렸을 뿐만 아니라, 남들에게는 가정 경제와 농업을 가르치는 스승이었으며, 이런 주제에 관 하여 유용한 지침들을 많이 편찬했다. 그와는 달리 아리스티 데스는 너무 가난하여 자신의 정의로움조차도 불명예스럽게 만들었다.

아리스티데스는 가정을 돌보지 않아 자신을 거지꼴로 만들었으며, 자신의 재산을 늘리지는 못하면서 남들에게 좋은 일만 했다. 그러나 헤시오도스는 그의 글 『일과 나날(*Works and Days*)』(§309)에서 공의로움과 가정 경제는 함께 가는 것이라고 여러 번 이야기하고 있다. 또한 호메로스는 이렇게 읊고 있다.

> 나는 노동을 좋아하지도 않았고
> 집안을 잘 꾸려 자식들을 잘 키우지도 못했다.
> 다만 배에 노를 달고
> 전쟁에서 이기고
> 창과 화살을 빛나도록 닦는 것만을 즐겼느니.......
> (『오디세이아』, XIV : 222)

위의 글에는 가정을 소홀히 한 사람은 의롭지 않은 삶을 살았다는 뜻이 담겨 있다. 의사들이 우리에게 가르쳐 준 바와 같이, 기름은 몸에 바르면 유익하지만 먹으면 해로운 법이다. 그러나 이 교훈은 정의로운 인간에 대해서는 적용되지 않는다. 밖에서 공의로운 사람은 가정도 소홀히 여기지 않으며, 가정에 소홀한 사람은 남들에게도 도움이 되지 않는다.

그뿐만 아니라 가정에 소홀한 사람들은 자신과 가족에게도 세심한 주의를 기울이지 않는다. 많은 작가가 기록한 것처럼, 아리스티데스가 가난한 딸들의 결혼 비용이나 자신의 장례 비용도 마련하지 못할 정도로 앞을 내다보는 안목이 없었다면, 그의 가난은 그의 정치 인생에서 허물이라 할 수 있다.

카토의 가문은 4대에 걸쳐 그의 아들과 손자와 증손자들이 로마의 행정관과 집정관을 지내면서 국가의 최고위 공직에 올랐다. 그런가 하면 아리스티데스의 가문은 그리스의 최고 명문가였지만 그의 후손들은 너무 가난하여 점을 봐 주고 번 돈으로 생활할 수밖에 없었고, 정부의 보조금을 간청해야 할 지경에 이르기도 했다. 가난은 그들에게 유명해지고 싶다거나 위대한 선조들에 부끄럽지 않은 후손이 되고 싶다는 야심마저 빼앗아 갔다.

4

다음과 같은 점을 논의해 볼 필요가 있다. 가난 자체는 부끄러운 것이 아니지만, 가난이 게으름과 무절제와 낭비와 사려 깊지 못한 행동의 결과라면 이야기는 달라진다. 어떤 사람이 민중을 위해 자기의 권력을 모두 쏟아부으면서 냉철하고 근면하고 공의롭고 용맹하게 살았는데도 가난하다면, 그것은 천박한 생각을 품지 않은 고결한 정신의 징표라 할 수 있다.

자잘한 일에 시달리는 사람은 큰일을 도모할 수 없다. 궁핍한 사람은 궁핍한 남들을 도와줄 수 없다. 따라서 공익을 위한 최고의 도구는 재산이 아니라 자족감이다. 만족할 줄 알아야만 공익을 위한 길에 걸림돌이 없다. 오로지 신만이 욕망에서 완전히 자유로울 수 있으나, 가능한 가장 낮은 단계까지 자신의 욕망을 줄이는 것이 인간의 탁월함 가운데 가장 완전하고도 신성한 자질이다.

신체를 단련하고 건강을 유지하는 사람은 넘치는 음식이나 의복이 필요하지 않듯이, 건강한 개인과 가정은 최소한의 경비만으로도 살아갈 수 있다. 인간은 자신의 재산에 자신의 욕심을 맞추어야 한다. 많은 재산을 쌓아 놓고도 쓰지 않는 사람은 만족할 줄도 모르고 홀로 서지도 못한다. 필요하지도 않고 원치도 않는 물건을 마련하는 것은 어리석은 짓이다. 그러나 얻을 수 있는 즐거움을 인색하게 줄여 스스로를 비참하게 만드는 사람 역시 불행하다. 그러므로 나는 카토에게 감히 다음과 같이 물어보고 싶다.

"만약 재산이 즐기기 위한 것이라면, 그대는 어찌하여 그토록 많은 재산을 가졌을 때 그토록 적은 씀씀이로 만족하려고 애썼는가?"

만약 보통 사람들이 먹는 빵을 먹고, 일꾼이나 노예들이 마시는 포도주를 마시고, 자주색 겉옷을 입지 않고, 회칠한 집에 살지 않는 것이 훌륭한 삶이라면, 아리스티데스, 에파미논다스, 마니우스 쿠리우스, 카이우스 화브리키우스(Caius Fabricius)야말로 참으로 옳은 삶을 살았다고 보아야 할 것이다. 순무를 맛있는 재료라고 생각하여 아내가 직접 빵 반죽을 미는 동안 스스로 요리하는 카토 같은 사람에게는, 동전 몇 푼을 가지고 옥신각신하거나 많은 돈을 벌어다 줄 직업에 관한 글을 쓰는 것은 가치 없는 일임이 분명하다.

소박한 삶은 위대하며 자유롭다. 사치스러운 물건을 얻고 싶어 조바심을 내지 않기 때문이다. 들리는 바에 따르면, 아리스티데스는 칼리아스의 재판정에서, 스스로 부자가 되기를 원했으면서도 가난하게 된 사람들만이 가난을 부끄럽게 여긴다고 말한 바 있다. 그 자신이 그랬듯이, 스스로 가난한 삶을 선택한 사람들은 가난을 자랑스럽게 여겨야 한다는 것이다. 불명예스러운 짓을 할 필요도 없이, 야만족의 옷을 벗기고 천막 하나만 빼앗아도 부자가 될 수 있었던 아리스티데스가 게을러서 가난하게 살았다는 말은 터무니없다. 이 이야기는 이것으로써 충분하다.

5

카토의 원정은 이미 넓어질 대로 넓어진 로마 제국의 영토 확장에 보탬이 되지 않았다. 그러나 아리스티데스의 원정은 그리스의 입장에서 가장 정정당당하고 찬란하고 중요한 전쟁이었다. 이를테면 마라톤과 살라미스와 플라타이아이에서 벌였던 전투가 그런 것들이었다.

물론 아리스티데스가 페르시아의 크세르크세스왕과 벌

였던 전쟁은 카토가 시리아의 안티오코스왕과 벌였던 전쟁에 견줄 것이 못 되며, 카토가 스페인 도시의 성벽을 헐어 버리고 바다와 육지에서 수많은 페르시아군을 무찌른 전공과도 비교할 수 없다. 자신이 참여한 전투에서 아리스티데스는 실제로 누구에게도 뒤지지 않는 전공을 세웠으나, 그는 재산을 버릴 때처럼, 영광을 더 바라는 사람들에게 그것을 넘겨주었다. 그는 이런 모든 것을 초월한 사람이었기 때문이었다.

카토는 어느 연설 자리에서 자기를 치켜세우는 것을 두고 자신을 낮추는 것과 마찬가지로 어리석은 짓이라고 말했지만, 그 스스로는 끝없이 자기 자랑을 늘어놓았고 어느 누구보다도 잘난 체했다. 나는 그런 것까지 비난하지는 않는다. 그러나 늘 자신을 칭찬하는 사람은 남들이 자기를 칭찬해 주는 것조차 바라지 않는 사람보다 훌륭하지는 않다고, 나는 생각한다. 야망을 품지 않는다는 것은 고결한 정치가가 갖추어야 할 미덕으로서, 결코 작지 않은 필요조건이다. 왜냐하면 야망은 냉혹하며, 시기심을 가장 잘 불러일으키기 때문이다.

이런 점에서 아리스티데스는 야망에서 완전히 자유로운 사람이었고, 카토는 그러한 야망으로 가득 찬 사람이었다. 이를테면 아리스티데스는 커다란 공적을 세우면서 테미스토클레스와 협조했으며, 어느 작가가 말했듯이, 지휘에 몰두한 테미스토클레스를 지켜 줌으로써 아테네를 위험에서 구출했다.

그러나 카토는 스키피오에 대한 적개심 때문에, 스키피오가 카르타고를 상대로 펼친 위대한 정복 전쟁의 가치를 훼손시켰고, 심지어 거의 망칠 뻔했다. [기원전 202년에 자마(Zama)에서 벌인] 이 전쟁에서 스키피오는 무적의 한니발을 무찔렀지만, 끝내 카토는 스키피오에게 온갖 혐의를 덮어씌우고 중상하여 그를 로마에서 추방하였으며, 그 동생에게는 가장 수치스러운 죄목인 공금 횡령죄를 덮어씌웠다.

6

더 나아가서 카토는 자제심이야말로 최대의 미덕이라고 칭찬했는데, 아리스티데스는 바로 이 점을 몸소 순수하게 지켜 냈다. 이와 달리 카토는 합당하지 않고 어울리지 않는 여인과 늦은 나이에 결혼함으로써 절제할 줄 모른다며 적지 않은 비난을 들었다. 그 나이에, 먹고살고자 공직에 나선 자기 하인의 딸을 집 안으로 데려와서 다 성장한 아들과 며느리에게 이 사람이 너의 계모라고 말한 것은 외설스러운 짓이었다. 단순한 욕정 때문이었든 아니면 자기의 노예 출신 애첩을 탐탁지 않아 했던 아들에 대한 분노 때문이었든, 그의 처사는 명예롭지 않았다.

그리고 그가 새장가를 들면서 자신의 아들에게 내세운 변명도 사실이 아니었다. 만약 그가 좀 더 훌륭한 아들을 얻고 싶어 결혼한 것이라면, 그는 그토록 오랫동안 비밀스럽게 유지해 온 하층 계급의 애첩과 함께 사는 것에 만족하지 말고 처음부터 훌륭한 집안의 여자와 결혼했어야 한다. 결국 문제가 불거졌을 때 그가 장인으로 삼은 남자는 그에게 명예를 안겨 줄 사람이 아니라 가장 손쉽게 부려 먹을 수 있는 사람이었다.

아리스티데스와 대(大)카토의 비교

플루타르코스

서기 45~50년경 보이오티아섬의 북쪽 마을 카이로네이아에서 태어났다. 스무 살에 아테네로 가 암모니우스의 지도를 받으며 그리스 철학을 익혔고, 이후 이 집트와 이탈리아를 방문하며 학식을 쌓았다. 로마에서는 황제를 비롯한 명사 들과 친교를 맺으며 로마 시민권을 얻었으며, 만년에는 델포이에 있는 아폴론 신전의 사제로도 일했다.

그러나 그의 본분은 철학자이자 저술가로, 모두 200종이 넘는 저술을 집 필했다고 알려져 있다. 특히 그리스와 로마의 역사를 담은 기록이자 플루타르 코스 자신의 인간관을 투사한 대작 『플루타르코스 영웅전』은 지금까지도 많 은 이들에게 삶의 영감을 선사하는 고전으로 사랑받고 있다.

옮긴이 신복룡

충청북도 괴산에서 태어났다. 건국대학교 정치외교학과를 졸업하고, 동 대학 원에서 정치학 박사학위를 받았다. 고등고시위원을 역임하고, 건국대학교 정 치외교학과 교수, 미국 조지타운대학 객원 교수로 활동하였으며, 한국정치외 교사학회 회장(1999~2000), 건국대학교에서 [상허]중앙도서관장·대학원장을 거쳐 정치외교학과 석좌 교수를 끝으로 현직에서 퇴임했다.

주요 저서로는 『동학사상과 갑오농민혁명』, 『한국정치사』, 『서재 채워드 릴까요?』, 『한국분단사연구: 1943-1953』(2001년 한국정치학회 저술상 수상), 『The Politics of Separation of the Korean Peninsula, 1943-1953』, 『한국사 새로 보기』, 『이방인이 본 조선』, 『한국정치사상사』(2011년 한국정치학회 仁齋저술 상 수상), 『대동단실기』, 『해방정국의 풍경』, 『전봉준평전』, 『한국사에서의 전 쟁과 평화』 등이 있다.

번역서로 『외교론』, 『군주론』, 『모택동자전』, 『한국분단보고서』, 『한말외 국인기록』(전23권), 『入唐求法巡禮行記』, 『삼국지』 등이 있다.